骨太シリーズ２

 刑事訴訟法講義
Criminal Procedure Law Lecture

植 村 立 郎

法 曹 会

は し が き

1　本書発刊へのいきさつ

　筆者は，平成23年6月に裁判官を退官しましたが，判事になる直前頃からは，司法行政を担当した期間を除いて，一貫して刑事の1審・2審における裁判を担当してきました。そして，上記退官の2年前頃から平成29年3月まで，法科大学院において，刑事実務，少年法，刑事訴訟法等の刑事関連の講義，ゼミ等を行っていました。この間に，法科大学院において双方向型講義ということで，学生に対して様々に質問しましたが，筆者の質問を学生が理解しない，適切な解答ができない，などの体験が重なりました。この点については，筆者の質問の仕方，学生の理解力にも問題があったかとは思いますが，同時に，研究者の手になる刑事訴訟法の教科書で学修している学生と，実務家である筆者との発想・着眼点・問題意識等の違いも，その大きな原因であるように感じられました。

　補足しますと，手続法である刑事訴訟法は，刑事訴訟規則と合わさって，実体法である刑法が定める「犯罪」と「刑罰」との間を結ぶ役割を果たしています（＝犯罪を解明して犯人を起訴し《＝これが捜査の主な役割》，裁判手続を経て有罪の判決が確定した《＝これが公判等の訴訟手続の役割》者に対する刑の執行《＝これは，法曹ではもっぱら検察官の役割》を行うことを通じて果たす役割）。しかし，普通の国民である学生にとっては，犯罪は非日常の出来事なので，刑事訴訟手続になじみがない（薄い）ため，刑事訴訟法は分かりにくい性質を元々持っています。法廷傍聴，捜査見学等の活動は，その分かりにくさを解消する役割を果たしていますが，限界もあります。

　そのため，学生が，将来，法曹等として刑事訴訟法と接していくとすれば，実務家の手になる刑事訴訟法の教科書も手近にあった方が良いのではないかとの思いが，特に，学生の解答振りを思い返すたびに，強くなりました。そして，筆者は，小林充先生の刑事訴訟法の教科書の第5版の発刊（2015年5月，立花書房）に監修者として参画する機会を得，小林先生のすばらしい教科書の

内容をじっくりと拝読することができました。その際の知見やその折に自分なりに考えたことを別の形で生かせないかとも考えるようになりました。そして、どのような形式の出版が良いのかと考えておりました折、『骨太少年法講義』を発刊する機会を得ました（2015年11月，法曹会）。幸い、みなさんに好意的に受け入れて頂けているようですので、刑事訴訟法の教科書も、同様の視点から発刊できるのではないかと思い定め、本書の発刊となった次第です。

2　本書の概要

　筆者は、法科大学院の授業を通じて、基本的な事項を着実に理解するように、と力説してきました。しかし、学生にとっては、このことがなかなか達成できない課題であることが実感できましたので、そういった理解に資する工夫もしました。その結果、本書は、筆者の講義案（公判手続以降）を土台としつつ、小林先生の上記教科書も参考としながら、筆者なりの考えに基づいて作成したものです。

　法科大学院、学部の学生や法曹を目指す方々が主要な対象となることはもちろんですが、弁護士に成り立てでこれから刑事事件をやろうとする人、民事中心に仕事をしてきて、たまたま刑事事件を担当することになったベテランの弁護士、実務に関心のある研究者などの方々へも有益なものとなるように、筆者なりの工夫を随所に盛り込んだものとなっています。

　工夫としては、細かな議論を措いて、筆者が基本と考えることを筆者なりの視点から説明する、最初に一般的、抽象的な事柄に関する説明が多いと益々取っつきが悪くなるので、手続の流れに沿った説明をできるだけ早い段階から行うことに心がけました。

　説明においては、刑事訴訟では規則、犯罪捜査規範等も重要な役割を果たしているのに、学生の関心が今一つだったので、規則、犯罪捜査規範にも目配りした説明振りに心がけました。

　併せて、刑事訴訟の分野での判例の充実振りは目を見張るものがありますから、その全てを網羅的に紹介することはできないものの、判例、特に最高裁の判例を中心とした最低限の判例を紹介し、重要なものや様々な観点から比較的詳しい説明を要するものについては、末尾に参考裁判例として、その内容の要約紹介・検討を行いました。なお、個別の事項で、詳しい説明を必要とするも

のも，参考裁判例の箇所で説明しています。

　筆者が，教科書に判例を取り込むことにこだわるのは，参照に便利というのが一番ですが，それだけではありません。学生に，いくら判例が重要だと説明しても，例えば，答案で，違法収集証拠について，判例が構築してきた論理を書いているのに，その原典である判例の存在については全く言及しない，といった学修態度からなかなか脱却できない学生を見続けてきたことに依るところも大きいのです。判例を判例として理解し，身近なものとしてほしいとの願いの反映でもあるのです。

　そのため，本書を通読すれば，刑事手続の概要が理解でき，同時に，そういった刑事手続の形成に寄与している判例の役割も理解できることになっているはずです。

　説明の対象としては，1審の特に地方裁判所における手続を中心としたものとし，上訴，再審等の説明は簡略なものにとどめました。なお，上訴審の刑事弁護については，筆者が監修者として参画した『刑事上訴審における弁護活動』(2016年，成文堂)を参照願えればと思っております。

　そして，学生の考え違い，思考方法等をも念頭に置いて，各箇所に関係事項を集中させて(その分，事柄によっては，他の箇所でも必要に応じ再度説明しています)，分かりやすい説明振りとなるように心がけました。また，学生は，法令用語に習熟していないのは当然のこととして，字が良く読めなかったり，誤読・誤記したりすることが少なくないところから，必要に応じて，注記したり，ルビを振ったりしました。

　以上をまとめて本書をキャッチコピー的に表現すると，刑事訴訟法に関する理論と実務の基本的な事項がすっきりと骨太に理解できるように，判例を中心とした視点から分かりやすく説明した教科書ということになりましょう。

3　ステップアップを望む方へ

　本書を学修して更に刑事訴訟法を広く深く学びたいといったステップアップを望む，積極的で頼もしい方にふさわしい参考文献は，井上正仁等編『刑事訴訟法判例百選』《第10版》(2017年，有斐閣)，小木曽綾監修『設題解説刑事訴訟法（二）』(2015年，法曹会)等既に多数発刊されていますが，筆者が編者等として関係しているものでは，①筆者及び小林充編『刑事事実認定重要判決

50選』上下巻《第2版》（2013年，立花書房），②筆者及び井田良・田口守一・河村博編『事例研究刑事法Ⅱ刑事訴訟法』《第2版》（2015年，日本評論社），③で拙著『実践的刑事事実認定と情況証拠』《第3版》（2016年，立花書房），関連法令に関しては既に言及している④拙著『骨太少年法講義』を紹介しておきます。

4 さいごに

本書の発刊全般にわたって，法曹会出版部編集課の稲葉唯さん，森田優さんに大変お世話になりました。記して厚く御礼申し上げます。

平成29年8月

（基本稿脱稿日：平成29年2月8日）

植 村 立 郎

目　次

はしがき……………………………………………………………………… i
凡例…………………………………………………………………………… xx

本　編

第1章　訴訟関与者 …………………………………………………… 3

第1　裁判所 …………………………………………………………… 3
　1　3審構造 ………………………………………………………… 3
　2　管轄 ……………………………………………………………… 3
　　(1)　概説…3　(2)　事物管轄…4　(3)　土地管轄…4　(4)　関連事件の併合管轄…5　(5)　その他…7
　3　裁判所の構成 …………………………………………………… 8
　　(1)　裁判所と裁判官の区別…8　(2)　合議体と単独体…8　(3)　補充裁判官，受命裁判官，受託裁判官…9　(4)　除斥・忌避・回避…10
第2　検察官及び司法警察職員 …………………………………… 16
　1　概説 …………………………………………………………… 16
　2　検察官 ………………………………………………………… 16
　　(1)　検察官の組織，種類等…16　(2)　準司法官としての役割…17　(3)　職務…17　(4)　検察事務官…19
　3　司法警察職員 ………………………………………………… 19
　　(1)　概説…19　(2)　一般司法警察職員・特別司法警察職員…19　(3)　司法警察員・司法巡査…20　(4)　検察官との関係…20
第3　被告人・被疑者・弁護人等 ………………………………… 22
　1　被告人・被疑者 ……………………………………………… 22
　　(1)　概説…22　(2)　被告人の有り様…22　(3)　被告人の特定…26　(4)　被告人の当事者能力・訴訟能力…32　(5)　被疑者…36

2　弁護人 ……………………………………………………………………… 37
　　　(1)　概説…37　　(2)　私選弁護人…38　　(3)　国選弁護人…42
　　　(4)　弁護人選任の効力…46　　(5)　弁護人の任務…50　　(6)　弁護人の権限…51
　　3　補佐人 ……………………………………………………………………… 52

第2章　捜査 …………………………………………………………………… 53

第1　捜査の意義等 ………………………………………………………………… 53
　　1　捜査の意義 ………………………………………………………………… 53
　　　(1)　概説…53　　(2)　捜査観…53　　(3)　捜査の密行性…54
　　2　捜査における基本原則 …………………………………………………… 54
　　　(1)　概説…54　　(2)　令状主義…55　　(3)　任意捜査の原則…57
　　　(4)　捜査比例・警察比例の原則…58

第2　捜査の開始（捜査の端緒） ………………………………………………… 58
　　1　概説 ………………………………………………………………………… 58
　　2　訴訟条件の欠如と捜査の開始 …………………………………………… 59
　　3　職務質問 …………………………………………………………………… 60
　　　(1)　概説…60　　(2)　職務質問の態様…61　　(3)　所持品検査…62
　　4　自動車検問 ………………………………………………………………… 63
　　5　検視 ………………………………………………………………………… 64
　　6　告訴，告発，請求 ………………………………………………………… 65
　　　(1)　概説…65　　(2)　告訴権者…67　　(3)　親告罪における告訴の意義…68　　(4)　告訴（告発）の手続…73　　(5)　親告罪の告訴期間…74　　(6)　告訴権の放棄…75　　(7)　告訴の取消…75
　　7　自首 ………………………………………………………………………… 75

第3　逮捕 …………………………………………………………………………… 75
　　1　概説 ………………………………………………………………………… 75
　　2　通常逮捕 …………………………………………………………………… 76
　　　(1)　発付の手続…76　　(2)　逮捕状による逮捕…79
　　3　現行犯逮捕 ………………………………………………………………… 82
　　　(1)　概説…82　　(2)　現行犯人…83　　(3)　準現行犯人…84

　　　　(4)　現行犯逮捕と準現行犯逮捕との関係…86
　4　緊急逮捕 ·· 86
　　　　(1)　憲法33条との関係…86　　(2)　緊急逮捕の要件（法210条）…87
　5　逮捕に伴う有形力の行使 ·· 88
　6　逮捕に対する不服申立の不可 ·· 88
第4　勾留 ··· 89
　1　概説 ·· 89
　　　　(1)　事件単位の原則（一罪一勾留の原則）…89　　(2)　逮捕前置主義
　　　　…90　　(3)　勾留の意義…91
　2　勾留の手続，要件·· 91
　　　　(1)　勾留請求の適法性…91　　(2)　勾留の理由…92　　(3)　勾留の
　　　　裁判…96
　3　被告人勾留 ·· 98
　　　　(1)　裁判所による職権勾留…98　　(2)　被疑者勾留の被告人勾留への
　　　　移行…98　　(3)　勾留の裁判の判断対象…98
　4　勾留期間 ·· 99
　　　　(1)　被疑者勾留の場合…99　　(2)　被告人勾留の場合…99
　5　保釈 ·· 100
　　　　(1)　権利保釈（法89条）…100　　(2)　裁量保釈（法90条）…100
　　　　(3)　保釈の裁判（法93条）…101　　(4)　保釈の取消（法96条）…
　　　　101
　6　勾留の執行停止（法95条，207条1項） ··································· 101
　7　勾留の取消し（法87条，207条1項） ······································· 102
　8　勾留理由開示（法82条〜86条，207条1項） ··························· 102
　　　　(1)　概説…103　　(2)　勾留理由開示の手続…103　　(3)　勾留理由
　　　　開示請求の回数…104
　9　準抗告，抗告 ·· 104
　　　　(1)　準抗告…104　　(2)　抗告…107
　10　勾留に関連した問題（余罪捜査）··· 107
　　　　(1)　一括処理相当の余罪捜査は原則として許容されること…107
　　　　(2)　別件逮捕の問題性…108

第5	証拠の収集	110
1	供述証拠	110

　　(1)　被疑者…111　　(2)　合意制度（施行は平成28年6月3日の法律公布から2年以内）…115

2	通信傍受	122

　　(1)　秘聴，会話当事者による秘密録音…122　　(2)　通信傍受と判例，立法の動き…123

3	写真撮影	125

　　(1)　概説…125　　(2)　撮影の適法性…126

4	参考人	130

　　(1)　概説…130　　(2)　強制的取調べ…131

5	捜索・押収	131

　　(1)　概説…131　　(2)　捜索差押許可状…133　　(3)　無令状での捜索・押収…142　　(4)　差押え拒絶…144　　(5)　提出命令…144　　(6)　不服申立…144

6	検証，実況見分	145

　　(1)　概説…145　　(2)　検証…145

7	鑑定の嘱託等	147

　　(1)　鑑定等の嘱託…147　　(2)　捜査関係事項の照会…148

8	捜査手法の適法性の検討	148

　　(1)　おとり捜査…148　　(2)　コントロールド・デリバリー…150

第6	捜査の終結	151
1	成人事件	151

　　(1)　終局処理…151　　(2)　訴訟費用の負担…152

2	少年事件	152

　　(1)　家庭裁判所への送致等…152　　(2)　起訴強制等…152

第7	被疑者側の防御	152
1	概説	152
2	証拠保全	153

　　(1)　概説…153　　(2)　不服申立…154

3	被疑者と弁護人との接見交通	154

　　　　(1) 概説…154　(2) 被疑者と弁護人等との接見交通…154

　　4　被疑者と弁護人等以外の者との接見交通……………………………157

第3章　公訴……………………………………………… 159
第1　概説 ……………………………………………………………159
　　1　我が国の公訴の特徴 ………………………………………………159
　　2　起訴便宜主義に対する修正原理 …………………………………159
　　　　(1) 起訴便宜主義…159　(2) 内在的制約（いわゆる公訴権濫用論）
　　　　…160　(3) 付審判請求手続（準起訴手続）…160　(4) 検察審
　　　　査会…162
第2　公訴提起の手続と効果 ………………………………………164
　　1　公訴提起の手続……………………………………………………164
　　　　(1) 要式行為…164　(2) 起訴状の記載要件…164
　　2　公訴提起に伴う関係書類の差出し等 ……………………………167
　　　　(1) 起訴状一本主義との関係…167　(2) 裁判所に対する書類の提
　　　　出等…168
　　3　公訴提起の効果……………………………………………………168
　　　　(1) 訴訟係属…168　(2) 訴訟の進行…171　(3) 公訴時効と訴
　　　　訟係属…171
第3　訴因と公訴事実…………………………………………………176
　　1　訴因と公訴事実との関係 …………………………………………176
　　　　(1) 概説…176　(2) 訴因の記載…177
　　2　訴因変更 ……………………………………………………………181
　　　　(1) 概説…181　(2) 審判の対象…184　(3) 訴因変更の意義…
　　　　185　(4) 訴因変更の要否…187　(5) 訴因変更の手続…191
　　　　(6) 訴因変更命令…193　(7) 訴因変更可能な範囲＝公訴事実の広
　　　　義の同一性…195
第4　訴訟条件……………………………………………………………200
　　1　訴訟条件の意義……………………………………………………200
　　　　(1) 概説…200　(2) 訴訟条件の認定…200　(3) 実体形成と訴
　　　　訟条件…201

2　訴訟条件の追完の可否 ……………………………………………… 201
　　3　形式的訴訟条件 …………………………………………………… 202
　　　(1)　管轄違い…202　　(2)　公訴棄却…203
　　4　実体的訴訟条件 …………………………………………………… 204
　　　(1)　概説…204　　(2)　免訴事由の審理…204　　(3)　不服申立…205

第4章　公判手続 …………………………………………………… 207

第1　公判手続に働く原理 …………………………………………… 207
　1　当事者主義と職権主義 ……………………………………………… 207
　2　公開主義 …………………………………………………………… 209
　　(1)　概説…209　　(2)　公開停止の手続…210
　3　口頭弁論主義 ……………………………………………………… 211
　　(1)　口頭主義…211　　(2)　弁論主義…211
　4　直接主義 …………………………………………………………… 211

第2　公判手続総説 …………………………………………………… 212
　1　訴訟指揮権 ………………………………………………………… 212
　　(1)　概説…212　　(2)　訴訟指揮権行使の態様…212　　(3)　訴訟指揮権行使の実効性の担保…214　　(4)　訴訟指揮に対する異議…214
　2　法廷警察権 ………………………………………………………… 214
　　(1)　概説…214　　(2)　法廷警察権行使の場所的，時間的範囲…214　　(3)　法廷警察権行使の態様…215
　3　公判期日 …………………………………………………………… 215
　　(1)　概説…215　　(2)　公判期日の指定…216　　(3)　公判期日の変更…216
　4　公判廷 ……………………………………………………………… 217
　　(1)　公判廷の場所…217　　(2)　列席者，出席者…217　　(3)　被告人の出頭の権利と義務…217　　(4)　弁護人の出席権と必要的弁護制度…220　　(5)　被害者等とその弁護士…221

第3　公判準備 ………………………………………………………… 223
　1　概説 ………………………………………………………………… 223
　2　被告人の召喚・勾引・勾留 ………………………………………… 223

　　　　(1)　召喚…223　　(2)　勾引…224　　(3)　勾留…225
　　3　第1回公判期日前の公判準備………………………………………225
　　　　(1)　起訴状謄本の送達…225　　(2)　弁護人選任権の告知等…226
　　　　(3)　第1回公判期日の指定等…227　　(4)　訴訟関係人の事前準備…227
　　4　公判前整理手続……………………………………………………227
　　　　(1)　概説…227　　(2)　証拠開示手続…234　　(3)　争点及び証拠の整理の結果の確認等…244
　　5　期日間整理手続……………………………………………………244
第4　公判期日の手続………………………………………………………244
　　1　概説………………………………………………………………244
　　　　(1)　公判期日の手続の4分類…244　　(2)　公開の法廷における被害者特定事項の秘匿等…244
　　2　冒頭手続…………………………………………………………246
　　　　(1)　人定質問…246　　(2)　起訴状の朗読…246　　(3)　訴訟法上の権利告知…247　　(4)　被告人・弁護人の罪状認否…247
　　3　証拠調べ手続……………………………………………………248
　　　　(1)　概説…248　　(2)　冒頭陳述…249　　(3)　公判前整理手続の結果顕出…254　　(4)　証拠調べの請求…255　　(5)　証拠決定…259
　　　　(6)　証拠調べの実施…262　　(7)　証明力を争う機会…291　　(8)　法309条の異議…291
　　4　弁論の分離・併合・再開…………………………………………294
　　　　(1)　概説…294　　(2)　主観的併合・客観的併合…295　　(3)　併合の効果…296
　　5　公判手続の停止…………………………………………………297
　　　　(1)　概説…297　　(2)　被告人が心神喪失の状態にある場合…297
　　　　(3)　被告人の病気による不出頭の場合…298　　(4)　重要証人の病気による不出頭の場合…298
　　6　公判手続の更新…………………………………………………299
　　　　(1)　概説…299　　(2)　更新の手続…300
　　7　論告・弁論・結審…………………………………………………301

　　　　(1)　検察官の論告・求刑…301　　(2)　弁護人の弁論・被告人の最終意見陳述…302　　(3)　弁論の方法等…302　　(4)　被害者参加人等の弁論としての意見陳述…303

　　8　判決宣告 …………………………………………………………… 303
　　　　(1)　判決の成立…303　　(2)　判決宣告の手続…304　　(3)　判決宣告の効果等…305

　　9　公判調書 …………………………………………………………… 305
　　　　(1)　公判調書の意義…305　　(2)　公判調書の機能…306

　　10　簡易な手続 ………………………………………………………… 308
　　　　(1)　簡易公判手続…308　　(2)　即決裁判手続…310　　(3)　略式手続…314

　　11　刑事免責制度 ……………………………………………………… 317
　　　　(1)　概説…317　　(2)　個別の要件の説明…318　　(3)　第1回公判期日前の証人尋問との関係…321

　　12　裁判員の参加する公判手続 ……………………………………… 321
　　　　(1)　概説…321　　(2)　対象事件…322　　(3)　合議体の構成…323
　　　　(4)　裁判官及び裁判員の権限…323　　(5)　公判手続の特則…323
　　　　(6)　区分審理及び裁判の特例…326　　(7)　控訴審及び差戻審…328

第5章　証拠 ……………………………………………………… 329

第1　全体の概観 ………………………………………………………… 329
　1　学修の視点 …………………………………………………………… 329
　2　証拠に関連した構造的な理解 ……………………………………… 329

第2　法317条 ……………………………………………………………… 330
　1　証拠裁判主義 ………………………………………………………… 330
　2　法317条にいう「事実」…………………………………………… 330
　3　法317条にいう「証拠」…………………………………………… 330

第3　証明 ………………………………………………………………… 330
　1　証明の意義 …………………………………………………………… 331
　2　厳格な証明 …………………………………………………………… 331
　　　　(1)　厳格な証明の意義…331　　(2)　証明の対象…331　　(3)　被告

　　　　　人に有利な事実…333　　(4)　間接事実（情況証拠）等と証明…334
　　　　(5)　厳格な証明における心証の程度…335
　　3　自由な証明 ………………………………………………………… 336
　　　　(1)　自由な証明の意義…336　　(2)　自由な証明における心証の程度
　　　　…337　　(3)　自由な証明の対象事実…337
　　4　疎明 …………………………………………………………………… 339
　　5　証明を要しない事実 ………………………………………………… 340
　　　　(1)　公知の事実…340　　(2)　裁判所に顕著な事実…341
　　　　(3)　推定…341
　　6　証明責任＝挙証責任 ………………………………………………… 346
　　　　(1)　実質的挙証責任…346　　(2)　形式的挙証責任…348
第4　証拠 ……………………………………………………………………… 349
　　1　証拠能力 ……………………………………………………………… 349
　　　　(1)　概説…349　　(2)　証拠能力を制約する法理…350
　　2　証拠の種類 …………………………………………………………… 353
　　　　(1)　人証・物証・書証…353　　(2)　供述証拠と非供述証拠…354
　　　　(3)　直接証拠と間接証拠…356
　　3　伝聞証拠 ……………………………………………………………… 357
　　　　(1)　概説…357　　(2)　伝聞証拠と非伝聞証拠との区別の各論…359
　　4　伝聞法則の例外 ……………………………………………………… 368
　　　　(1)　概説…368　　(2)　法320条の構造（法325条〜328条につい
　　　　ての説明を含む）…368　　(3)　法321条1項柱書き…378　　(4)
　　　　供述不能…379　　(5)　裁判官の面前調書（法321条1項1号）…
　　　　380　　(6)　検察官の面前調書（法321条1項2号）…382　　(7)
　　　　その他の書面（法321条1項3号）…386　　(8)　ビデオリンク方式
　　　　による証人尋問調書（法321条の2）…388　　(9)　法321条2項該
　　　　当書面…389　　(10)　捜査機関作成の検証調書・実況見分調書（法
　　　　321条3項）…390　　(11)　鑑定書（法321条4項）…399　　(12)
　　　　その他の書面（法323条）…400
　　5　自白 …………………………………………………………………… 402
　　　　(1)　概説…402　　(2)　自白の証拠能力…403　　(3)　自白の取調べ

時期…407　　(4) 自白の証明力…407

　6　被告人の供述を記載した書面 ……………………………………… 413
　　　(1) 概説…413　　(2) 不利益事実の承認…414　　(3) 不利益事実の承認以外の供述…415

　7　公判（公判準備）期日における伝聞供述 …………………………… 415
　　　(1) 供述者が被告人以外の者の場合…415　　(2) 供述者が被告人の場合…416　　(3) 再伝聞供述…417

　8　違法収集証拠 ……………………………………………………… 417
　　　(1) 違法収集証拠排除法則の採用…417　　(2) 検討の視点…418

　9　共同被告人と証拠関係 …………………………………………… 420
　　　(1) 概説…420　　(2) 共同被告人の一部が不出頭の場合…422

　10　原本と謄本等 ……………………………………………………… 423

第6章　裁判 …………………………………………………… 425

第1　裁判の意義と裁判の種類 ……………………………………… 425
　1　裁判の意義と主体 ………………………………………………… 425
　2　形式面からみた裁判の種類 ……………………………………… 425
　3　内容面からみた裁判の種類 ……………………………………… 425
　4　行われる時期からみた裁判の種類 ……………………………… 426
　5　裁判書 ……………………………………………………………… 426

第2　有罪・無罪の判決 ……………………………………………… 427
　1　有罪の判決 ………………………………………………………… 427
　　　(1) 概説…427　　(2) 主文…427　　(3) 理由…429
　2　無罪の判決（法336条） …………………………………………… 432
　　　(1) 概説…432　　(2) 無罪の判断と説明の要否…433　　(3) 無罪の判断と主文…433　　(4) 無罪判決が確定した場合…434

第3　裁判の効力 ……………………………………………………… 434
　1　裁判の確定力 ……………………………………………………… 434
　　　(1) 形式的確定力…434　　(2) 内容的確定力…434　　(3) 一事不再理効…435　　(4) 判決の当然無効…436
　2　裁判の付随的効力 ………………………………………………… 436

第7章　付随手続 ……………………………………… **439**
 1　訴訟費用負担の手続 ………………………………………… 439
 2　刑の執行猶予の取消手続 …………………………………… 440

第8章　裁判の執行 …………………………………… **441**
 1　概説 …………………………………………………………… 441
  (1)　確定後執行が原則型…441　(2)　検察官による書面で行う執行が原則型…441
 2　刑の執行 ……………………………………………………… 441
 3　執行に関連した申立て ……………………………………… 442

第9章　上訴 …………………………………………… **443**
 第1　全体の概観 ………………………………………………… 443
 1　概説 …………………………………………………………… 443
 2　上訴権者 ……………………………………………………… 443
  (1)　裁判を受けた者…443　(2)　法定代理人，原審弁護人等（法353条〜355条）…444
 3　上訴の利益 …………………………………………………… 445
 4　上訴権の発生，消滅等 ……………………………………… 445
  (1)　上訴権の発生，消滅…445　(2)　上訴の放棄・取下げ（法359条）…446　(3)　上訴権回復（法362条）…446
 5　上訴の申立 …………………………………………………… 447
  (1)　上訴申立の手続…447　(2)　上訴申立の効果…448
 第2　控訴 ………………………………………………………… 449
 1　控訴審の構造 ………………………………………………… 449
 2　控訴審の手続 ………………………………………………… 450
  (1)　控訴の意義等…450　(2)　控訴審における審査・審理…450
 3　控訴の理由 …………………………………………………… 454
  (1)　概説…454　(2)　訴訟手続の法令違反等…456　(3)　理由不備・理由齟齬（法378条4号）…460　(4)　その他の控訴理由…460

4 控訴審の裁判 ……………………………………………………… 461
(1) 控訴棄却の決定，公訴棄却の決定…461　(2) 控訴棄却の判決…462　(3) 原判決破棄の判決…462　(4) 差戻し・移送後の手続…465

第3 上告 ………………………………………………………………… 466
1 概説 …………………………………………………………………… 466
(1) 上告審の位置付け…466　(2) 上告審が対象とする裁判…467
2 上告の理由 …………………………………………………………… 467
(1) 法405条1号の憲法違反…467　(2) 法405条2号，3号の判例違反…468
3 上告受理制度等（法406条）……………………………………… 469
4 上告審の手続と裁判 ………………………………………………… 469
(1) 上告審の手続…469　(2) 上告審の裁判…469
5 訂正の判決（法415条〜418条）………………………………… 470

第4 抗告 ………………………………………………………………… 471
1 抗告と即時抗告 ……………………………………………………… 471
(1) 概説…471　(2) 手続等…472
2 準抗告 ………………………………………………………………… 472
(1) 法429条による準抗告…472　(2) 法430条による準抗告…473
3 特別抗告（法433条，434条）…………………………………… 473

第10章　非常救済手続 …………………………………… 475
第1 概説 ………………………………………………………………… 475
第2 再審 ………………………………………………………………… 475
1 概説 …………………………………………………………………… 475
2 再審の理由 …………………………………………………………… 476
3 再審の手続 …………………………………………………………… 477
(1) 再審請求審の手続…477　(2) 再審審の審判手続…477
第3 非常上告 …………………………………………………………… 478
1 概説 …………………………………………………………………… 478

2　非常上告の手続 ··· 479

参考裁判例

第1章該当（■1～■9） ··· **483**

　　1　最決昭和30年5月17日刑集9巻6号1065頁 ················· 483
　　2　最決昭和48年10月8日刑集27巻9号1415頁 ················· 483
　　3　最大決昭和34年7月1日刑集13巻7号1001頁等 ············· 483
　　4　最大判昭和37年5月2日刑集16巻5号495頁 ················· 484
　　5　最決昭和50年5月30日刑集29巻5号360頁 ················· 484
　　6　最決昭和60年11月29日刑集39巻7号532頁 ················· 485
　　7　最決昭和29年7月30日刑集8巻7号1231頁等 ················· 486
　　8　最決平成4年12月14日刑集46巻9号675頁 ················· 486
　　9　最決平成17年11月29日刑集59巻9号1847頁 ················· 487

第2章該当（■10～■24） ··· **487**

　　10　最大判昭和47年11月22日刑集26巻9号554頁 ············· 487
　　11　最決昭和51年3月16日刑集30巻2号187頁 ················· 487
　　12　最判昭和53年6月20日刑集32巻4号670頁 ················· 487
　　13　最判昭和45年12月22日刑集24巻13号1862頁 ············· 489
　　14　最判昭和45年12月17日刑集24巻13号1765頁 ············· 489
　　15　最決昭和33年6月4日刑集12巻9号1971頁 ················· 489
　　16　最決昭和42年9月13日刑集21巻7号904頁 ················· 490
　　17　最決平成8年1月29日刑集50巻1号1頁 ······················ 490
　　18　最決昭和48年7月24日裁判集刑事189号733頁等 ········· 490
　　19　最決昭和59年11月20日刑集38巻11号2984頁 ············· 490
　　20　最決昭和53年10月31日刑集32巻7号1847頁 ············· 491
　　21　最決昭和56年11月20日刑集35巻8号797頁等 ············· 491
　　22　最決昭和28年3月5日刑集7巻3号482頁等 ················· 492
　　23　最大判平成11年3月24日民集53巻3号514頁 ············· 492
　　24　最判平成12年6月13日民集54巻5号1635頁 ············· 492

第3章該当（■25～■32） ··· **493**

　　25　最決昭和25年6月8日刑集4巻6号972頁等 ················· 493

26	最大判昭和 41 年 7 月 13 日刑集 20 巻 6 号 609 頁等	493
27	最大判昭和 35 年 12 月 21 日刑集 14 巻 14 号 2162 頁等	494
28	公訴棄却との関係	495
29	東京地判昭和 49 年 4 月 2 日判時 739 号 131 頁	496
30	最判昭和 36 年 6 月 13 日刑集 15 巻 6 号 961 頁等	496
31	最判昭和 33 年 6 月 24 日刑集 12 巻 10 号 2269 頁等	496
32	最判昭和 34 年 12 月 11 日刑集 13 巻 13 号 3195 頁等	497

第 4 章該当（■33 ～ ■39） 497

33	最決平成 12 年 6 月 27 日刑集 54 巻 5 号 461 頁等	497
34	規則 217 条の 19 等	498
35	関係法令等	498
36	最決平成 25 年 3 月 18 日刑集 67 巻 3 号 325 頁	498
37	証人の取扱と対比した形での被告人の公判供述の信用性の評価	499
38	最判昭和 25 年 11 月 17 日刑集 4 巻 11 号 2328 頁等	499
39	最大判平成 23 年 11 月 16 日刑集 65 巻 8 号 1285 頁等	500

第 5 章該当（■40 ～ ■55） 501

40	併合罪関係を区分する確定裁判について	501
41	最判昭和 23 年 8 月 5 日刑集 2 巻 9 号 1123 頁	501
42	最大判昭和 41 年 7 月 13 日刑集 20 巻 6 号 609 頁等	501
43	東京高判昭和 62 年 1 月 28 日東京高刑時報 38 巻 1 号～ 3 号 6 頁，判タ 647 号 222 頁，判時 1228 号 136 頁	502
44	近接所持の法理に関する補足説明	503
45	名誉毀損罪における摘示事実の真実性の証明の程度等について	503
46	最決平成 28 年 3 月 24 日刑集 70 巻 3 号 1 頁等	505
47	最判平成 24 年 9 月 7 日刑集 66 巻 9 号 907 頁等	506
48	最決昭和 41 年 11 月 22 日刑集 20 巻 9 号 1035 頁等	506
49	東京高判平成 24 年 4 月 26 日（判例秘書登載）	507
50	札幌高判平成 26 年 7 月 8 日（岡田馨之朗・研修 795 号《2014 年》75 頁）等	507
51	最決平成 17 年 9 月 27 日刑集 59 巻 7 号 753 頁等	508
52	最判昭和 41 年 7 月 1 日刑集 20 巻 6 号 537 頁等	508

	53	最判昭和 24 年 7 月 19 日刑集 3 巻 8 号 1348 頁等 ……………… 513
	54	最判昭和 53 年 9 月 7 日刑集 32 巻 6 号 1672 頁等 ……………… 514
	55	最判昭和 58 年 7 月 12 日刑集 37 巻 6 号 791 頁 ………………… 522

第 6 章該当（■56 ～ ■61） ……………………………………… 522

	56	未決勾留日数の算入 ………………………………………………… 522
	57	法 335 条 2 項の主張の該当性 …………………………………… 523
	58	最決昭和 25 年 10 月 3 日刑集 4 巻 10 号 1861 頁等 …………… 524
	59	最決昭和 56 年 7 月 14 日刑集 35 巻 5 号 497 頁 ………………… 525
	60	一事不再理効と公訴事実の同一性の範囲との関係 ……………… 526
	61	最判平成 15 年 10 月 7 日刑集 57 巻 9 号 1002 頁等 …………… 527

第 9 章該当（■62 ～ ■66）（第 7 章，第 8 章，第 10 章該当なし）……… 528

	62	法 375 条の類推不可について ……………………………………… 528
	63	最大判昭和 46 年 3 月 24 日刑集 25 巻 2 号 293 頁等 ………… 528
	64	最決昭和 29 年 9 月 30 日刑集 8 巻 9 号 1565 頁 ……………… 529
	65	是正すべき事実誤認が限定されている理由 ……………………… 530
	66	最大判昭和 44 年 10 月 15 日刑集 23 巻 10 号 1239 頁等 ………… 530

判例索引 ………………………………………………………………… **532**

凡　例

法令の略語

　本文中で「法」や「刑訴法」とあるのは，刑事訴訟法を指し，「規則」とあるのは，刑事訴訟規則を指す。それ以外の法令の略語は，以下のとおりである。

裁判員法	裁判員の参加する刑事裁判に関する法律
民訴法	民事訴訟法
民訴規則	民事訴訟規則

判例集の略語

刑集	最高裁判所刑事判例集
裁判集刑事	最高裁判所裁判集刑事
高刑集	高等裁判所刑事判例集
高判特	高等裁判所刑事判決特報
東高時報刑事（東京高刑時報）	
	東京高等裁判所判決時報刑事
刑裁月報（刑月）	刑事裁判月報
民集	最高裁判所民事判例集
下民集	下級裁判所民事裁判例集

刊行物の略語

条解刑訴	条解刑事訴訟法〈第4版増補版〉（2016年，弘文堂）
警學	警察學論集
刑ジャ	刑事法ジャーナル
司研論集	司法研修所論集
曹時	法曹時報
判解刑	最高裁判所判例解説刑事篇
判解民	最高裁判所判例解説民事篇
判時	判例時報
判タ	判例タイムズ

本編

第1章　訴訟関与者

　捜査から説明を始めた方が興味の点では分かりやすいが，ある程度の訴訟の枠組みの理解がないと，個々的な説明がしにくいところから，本章の説明から始めることとする。

第1　裁判所

1　3審構造

　刑事においては，裁判所は3審構造になっている。すなわち，刑事裁判に関しては，裁判所法に規定があり，1審は地方裁判所・簡易裁判所が担当し，控訴・抗告は簡易裁判所の裁判に対するものも含めて高等裁判所が担当し，上告・特別抗告は最高裁判所が担当する。

　▼1）　最高裁判所は，裁判所法7条によって上告と特別抗告を担当する。
　　高等裁判所は，同法16条1号によって控訴及び同条2号によって抗告を担当する。同条4号に関しては次注で説明する。なお，「項」と「号」の区別ができない人がいるから，正確にその区別ができるようになろう。
　　刑事の1審の原則的な担当裁判所は地方裁判所であり（同法16条2号参照），簡易裁判所は限定された刑事事件の1審を担当する（同法33条1項2号参照）。
　▼2）　これも原則型であり，例外的には，高等裁判所が刑事第1審を担当することもある（裁判所法16条4号が定める刑法77条《内乱》等の罪に関する裁判）。
　　他方，家庭裁判所も，かつては，成人の刑事事件と称される刑事事件の1審を担当していたが，平成20年の法改正によって，関連する法条が削除され，刑事事件の1審を担当することはなくなった。
　▼3）　この点は，注1で説明している。民事では，簡易裁判所の判決については，控訴は同法24条3号によって地方裁判所が担当し，高等裁判所はその上告審を担当する（同法16条3号）。このような上訴審構造の違いは，刑事では，迅速な事件処理をより重視するところに，その根拠の一端があるものと解される。

2　管轄

(1) 概説

　管轄というと，途端に馴染みがなくなるかと思うが，沢山ある事件をどの裁判所に担当させるのが良いのか，といった事件の分配に関する定めである。事柄としては取っつきにくいが，冷静に考えれば，実務上は重要な事柄であっ

て，事件処理上，必要となる当然の定めであると理解できよう。

管轄には，審級管轄，事物管轄，土地管轄との3種類がある。

審級管轄は，上記3審制を前提とした管轄である。そのため，この点は，既にした説明で理解されよう。

事物管轄と土地管轄は，1審における事件の分類に関するものである。事物管轄で大枠な事件の篩い分けをし，土地管轄で更に具体的な担当裁判所を絞り込んでいく，こういった役割分担をしている定めである。

(2) **事物管轄**

事物管轄は，事件の類型に応じて，担当裁判所を類型として分配する定めである。この点も既に説明したところで明らかとなっているが，高等裁判所，簡易裁判所は，上記の限定された事件に関して事物管轄を有している。これらの事件を除外したその余の事件は全て地方裁判所の事物管轄に属する。このように，刑事第1審の事物管轄を担当する基軸となる裁判所は，地方裁判所である。

(3) **土地管轄**

土地管轄は，同一の事物管轄に属する事件を担当することになる同一類型の裁判所のうちのどの裁判所に当該事件を担当させたら良いのかについて分配する定めである。

土地管轄については，法2条に定められていて，同条1項は，「犯罪地又は被告人の住所，居所若しくは現在地」とされている。これらの用語の詳細な意義はここでは説明しないが，土地管轄として実務的に意義の大きいのは，犯罪地と現在地である。

犯罪地に関しては，起訴状の「公訴事実」の箇所に，犯行の場所，結果発生の場所等が記載されているから，それらの記載によって判断することができる。

現在地といっても，身柄拘束をされていない状態では，被告人がどこへ行ってしまうのか分からない。そのため，土地管轄の判断要素としての現在地は，身柄を拘束されている場所として特定された場所が実務的には意義のある場所ということになる。

そして，例えば，犯罪地が東京都渋谷区である事件は，どの裁判所が担当するのかといったレベルの事柄については，「下級裁判所の設立及び管轄区域に関する法律」の定めに従って決定される。しかし，裁判所が近隣地に林立する

などといったことはないから，通常は，常識的に判断できる事柄である。

　土地管轄の有無は，起訴時を基準に判断すべきものであり，また，起訴後の住居等の変更は原則として管轄権に影響を及ぼさないもの（「管轄肯定の原則」と称される）と解されている。[7]

　そして，法331条1項が土地管轄に関する管轄違いの言渡しを被告人の申立に係らせていることからすれば，土地管轄は，被告人の出頭・防御の便宜を考慮して定められたものと解することができる。

　同時に，同条2項が被告事件について証拠調べを開始した後は，土地管轄に関する管轄違いの申立をすることができない旨定めていることからすれば，法は，土地管轄について早期の確定（＝手続の安定）を望んでいることになり，審判の便宜も，土地管轄の目的とされているものと解することができる。

　なお，瑕疵の治癒論を援用して土地管轄を肯定した判例に，最判昭和58年10月13日刑集37巻8号1139頁（龍岡資晃・判解刑同年度327頁）がある。

　　▼4）条文の読み方が分からない人がいるので説明しておく。「又は」は大きな分類であり，「若しくは」は小さな分類である。そのため，この条項では，犯罪地と被告人の住所等に2分類され，被告人の住所等がさらに，住所，居所，現在地と分類されているのである。「又は」と「若しくは」は，このように大小関係にある分類方法であるが，そのことをしっかり理解していないと，様々な法条を正確に理解できないことになる。例えば，裁判員裁判対象事件を定めた裁判員法2条1号は「死刑又は無期の懲役若しくは禁錮に当たる罪に係る事件」とされている。そして，同号は，死刑と無期の刑に2分類され，無期の刑がさらに懲役と禁錮とに分類されているわけであるが，上記の正しい理解ができていないと，死刑・無期の懲役と禁錮とに2分類して，禁錮の罪の事件は全て裁判員裁判対象事件となるといった誤解が生じてくるのである。
　　▼5）同条2，3項は，国外に在る日本船舶，日本航空機内で犯された罪に関する補足的な規定である。社会のグローバル化に伴って，これらの条項に該当する事件の発生確率は以前に比べれば高まっているといえるが，現状では，こういった規定のあることを認識していれば足りよう。
　　▼6）このような観点からすれば，**参考裁判例1**最決昭和30年5月17日刑集9巻6号1065頁が，現在地について，適法な強制処分によって現在する地域をも含む旨の判断を示している実務的な意義を実感できよう。
　　▼7）細かな議論になるが，仮に，起訴時点では土地管轄がなくても，その後に被告人が住所を土地管轄区域内に移動させた場合には，その時点以降において，土地管轄欠缺の瑕疵は治癒されるものと解される。

(4)　関連事件の併合管轄

　これまでの管轄の説明は事件が1つであることが前提とされている。関連事

件の併合管轄は，事件が複数ある場合における管轄の修正原理として存在する。少し複雑な事柄だが，同じ頻度で全ての事態が生じるわけではないから，実務上意義の高いものを中心に説明する。

ア 関連事件の意義

まず，関連事件については，法9条にその意義が定められている。実務的に意義が大きいのは，一人数罪（同条1項1号）と数人の共同一罪（同項2号）である。一人で数罪を犯したときに，その全てを関連事件として一括して管轄を考えることの合理性は，刑法が各罪に対応した刑を科すのではなく，併合罪関係にある罪については併合加重をするなどして1つの刑を科すこととしていることに照らしても[8]，容易に理解されよう。

数人が共同して一罪を犯したときも同様に合理性があるが，こちらは，併合罪処理をされるわけではないから，同一犯罪を犯した数人間の審理の重複を避け，事実認定・量刑の統一的な処理（合一確定，量刑のバランス）を可能としようとする観点が，その合理性を支えているものと解される。

> ▼8） いわゆる併合の利益を被告人に享受させることができる機会が増えることになる。

イ 事物管轄を異にする関連事件における上級裁判所の併合管轄・審判の併合

法3条2項は高等裁判所に関して定めているが，実務例は限られているから，実務的に一般的に生じる，地方裁判所と簡易裁判所とで，事物管轄を異にする数個の事件が係属した場合を想定する。この場合には，上級の裁判所である地方裁判所がこれらの事件について併合管轄を有するとした方が，一括処理が可能となって合理的である。法3条1項はそのことを可能とする規定である。

しかし，この場合に，上級の裁判所である地方裁判所が，下級の裁判所である簡易裁判所に既に係属している事件を当然に処理できることになるわけではない。そのために必要な手続が法5条が定める「審判の併合」である。

この趣旨からも分かるように，「審判の併合」というのは，事件を既に係属している裁判所[9]から上級の裁判所に移動させる効果を持つものである。しかし，注9の説明からも明らかなように，審判の併合があったからといって，××地方裁判所に当該事件が移動するだけであって，同地方裁判所の刑事◎◎部

△△係といった特定の受訴裁判所が当該事件を担当することになるわけではない。△△係に当該事件を担当させるためには，弁論の併合（法313条1項）という別の手続が必要である。しかし，これまでの説明からも明らかなように，審判の併合は弁論の併合が後に行われることを前提として行われる手続であるから，審判の併合には弁論の併合が含まれていると解する実務が生じるのも，ある意味，自然の推移といえよう。

> ▼9）国法上の裁判所といわれる。例えば○○簡易裁判所※係といった特定の受訴裁判所ではなく，○○簡易裁判所そのものの意義である。そのため，審判の併合があると，当該事件は○○簡易裁判所全体から離脱してしまうのである。

ウ　土地管轄を異にする関連事件の併合管轄

法6条は，事物管轄は同じであって土地管轄を異にする関連事件に関する併合管轄について定めた規定である。この場合は，各事件が係属した各裁判所は，それぞれに，他の裁判所に係属している事件に関しても事物管轄を有しているが，土地管轄を有していないのである。そういった場合には，法8条の審判の併合を行っていずれか1つの裁判所に事件を併合した方が合理的である。法6条はそのことを可能とする定めである。

(5)　その他

管轄に関しては，同一事件が数個の裁判所に係属した場合の規定（法10条，11条）もあるが，実務例が限られているから，その説明は省略する。

①管轄違いの理由によっては，訴訟手続はその効力を失わない旨の定め（法13条），②管轄違いでも要急処分をすることができる旨の定め（法14条）は，そういった事態が生じた場合の適正処理を定めたものとして，実務的な意義がある。

管轄の指定（法15条・16条），管轄移転の請求（法17条・18条）では，法15条，17条が定める「直近上級の裁判所」としては，対応する1審裁判所がいずれも同一高等裁判所の管轄区域内にあれば，その高等裁判所が「直近上級の裁判所」となるが，高等裁判所を異にする場合には，最高裁判所が「直近上級の裁判所」となることだけ説明しておきたい。▼10）

事件の移送を定めた法19条は，旧刑事訴訟法にはなかったものであって，事例は限られているものの，実務的には意義のある規定である。

そして，法は，簡易裁判所に特有の移送の定めも置いている（332条）。

▼10) 裁判員裁判対象事件である強姦致死，殺人等の事件に関して法17条1項2号に基づく管轄移転の請求が最高裁判所になされて棄却された事例に最決平成28年8月1日刑集70巻6号581頁がある。

3 裁判所の構成
(1) 裁判所と裁判官の区別

用語の混乱が見られることがあるが，法は，裁判所と裁判官とを明確に区別している[11]。そのため，関与裁判官は単独の場合でも，裁判所としての行為のときは裁判所と記載されるべきなのである。

▼11) 例えば，法280条は，起訴後第1回公判期日までは裁判官（規則187条1項ただし書からして，この裁判官には受訴裁判所を構成する裁判官は除かれている）が勾留に関する処分を行う旨定めている。

(2) 合議体と単独体
ア 概説

裁判所の構成は，構成員が一人の場合（一人制，単独体。「一人の裁判官」と言われることもある《法23条2項等》）と複数の場合（合議制，合議体）とがある。以前は，裁判所の構成員は全て裁判官であったが，裁判員裁判が実施されるようになってからは，裁判員も構成員となるようになっている。

単独体は，簡易裁判所では全件そうであり（裁判所法35条），地方裁判所でも，合議事件以外の事件であって（同法26条1項），原則型となっている。

高等裁判所や最高裁判所では，単独体の裁判所はない。このような法制度からして，単独体は，裁判の適正さも念頭に置きつつも，簡易迅速な裁判の実現（そうであれば大量の事件処理も期待できることになる）を主眼とするものと解される。

合議体は，地方裁判所では，①死刑又は無期若しくは短期1年以上の懲役若しくは禁錮に当たる罪の事件（正確には同法26条2項2号が定める罪の事件。「法定合議事件」と称される）と，②合議体で審理及び裁判をする旨の決定を合議体でした事件（「裁定合議事件」と称される）とである。そして，裁判員裁判対象事件（裁判員法2条，3条，3条の2）では，裁判員も合議体の構成員となる。

高等裁判所では，全件合議事件であり（裁判所法18条1項本文），構成員は，3人が原則型である（同条2項本文）が，既に説明した内乱等の高等裁判所が

1審となる事件の場合には，5人とされている（同項ただし書）。

　最高裁判所も全て合議体であって，大法廷は全員の裁判官が構成員となり（裁判所法9条2項本文。最大15人となる＝同法5条1項，3項），小法廷は当該小法廷に属する裁判官が構成員となる（同法9条2項本文等。最大5人となる）。

　このように合議体は，迅速な裁判の実現を念頭に置きつつも，適正な裁判の実現を主眼とするものと解される。

イ　最高裁判所における意見

　最高裁判所では各裁判官は意見を表明しなければならない（裁判所法11条）。そして，現在では，各裁判官の個別意見は，補足意見，意見，反対意見の3種類に分類され，補足意見のみが付された場合の多数裁判官による意見は「法廷意見」と，意見又は反対意見が付された場合（更に補足意見が付されている場合も含む）の多数裁判官による意見は「多数意見」と，それぞれ呼ばれる[12]。

　▼12）武藤貴明「最高裁判所における民事上告審の手続について」判タ1399号50頁，特に73頁注208。

(3)　補充裁判官，受命裁判官，受託裁判官

　いずれも馴染みがないと思うので，制度の趣旨その他を踏まえて説明する。

ア　補充裁判官

　開廷後に裁判官が交代すると，更新手続が必要となる（法315条，規則213条の2）。更新手続自体は後に関係箇所で説明するが，この更新手続を不要とするのが補充裁判官制度である。裁判所法78条がその定めであり，補充裁判官が置かれるのは，「合議体の審理が長時日にわたることの予見される場合」である。

　選任された補充裁判官は，「審理に立ち会い」，「合議体の裁判官が審理に関与することができなくなった場合に」，その裁判官に代わって「合議体に加わり審理及び裁判をすることができる」とされている。

　これまでは，審理に長期間を要することが見込まれる大型事件等では選任されることがあったが，例外的な運用であった。他方，近時は，裁判員裁判では日常的に選任されている。このことも，裁判員裁判の特徴の1つとなっている。

　なお，「審理が長時日にわたることの予見される」のは，単独体でも起こり得ることである。しかし，法は，上記のとおり，補充裁判官は合議体の事件に限っていることからすれば，補充裁判官を必要とするような事態が単独体の事

件で生じたら，裁定合議決定をして合議事件とすることを予定しているものと解される。

イ　受命裁判官

合議体が行うべきことを合議体を構成する裁判官に行わせることがある。その裁判官を受命裁判官という。一人の場合が多いが，複数の場合もある。複数の場合でも受命裁判官が合議体を構成するわけではなく，それぞれが単独の立場で行う。

受命裁判官が活用されるのは，1つは緊急事態の場合である。例えば，勾留状の記名押印は本来は裁判長が行うが，受命裁判官が行う場合も定められている（法64条）のは，裁判長が行えない緊急な事態が想定されているからであろう。

他の1つは，執務の合理性による場合である。例えば，受命裁判官に，検証（法142条・125条）や裁判所外で行う証人尋問（法163条1項）を行わせる場合である。

ウ　受託裁判官

執務の内容によっては，合議体の構成員以外の裁判官に当該執務を委託することがある。この委託された裁判官を受託裁判官という。該当の場合も，関係条文を読むとその趣旨が分かりやすい。例えば，いずれも嘱託すべき裁判官を「地方裁判所，家庭裁判所若しくは簡易裁判所の裁判官」としつつ，①法125条1項では，押収又は捜索「をすべき地の」と，②裁判所外で行う証人尋問（法163条1項）の場合には，「証人の現在地の」と，それぞれ限定しているところから，その趣旨が分かりやすい。

(4)　除斥・忌避・回避 ▼13)

ア　概説

裁判員（補充裁判員）については，理由を示した不選任の請求・職権とその決定（裁判員法34条4項）と，理由を付さない不選任の請求とその決定（同法36条，同規則34条）といった手続が設けられていて，選任段階において，裁判員（補充裁判員）となることが，当事者の意向も反映させる形で制限されている。

裁判官の場合は，むしろ自分に配てんされた事件には全件立ち会う責務を負っていて（逆に言えば，自分がやりたい事件だけやる，などといった，事件のえ

り好みもできない），当事者を交えた事前の選任といったことは，そもそも想定されていない制度設計になっている。しかし，公正，中立な裁判所の構成は当事者にとっても重大関心事である。そういった目的で制度設計されているのが，この除斥・忌避・回避の制度である。

なお，必要に応じて民事訴訟の対比も行うこととした。

▼13）「除籍」などと誤記せず，正しい表記ができるように留意する必要がある。

イ　除斥

除斥の特徴は，①該当事由が法20条の1号から7号までに法定されていること，②この法定の事由に該当すれば，当然に除斥されること▼14)，である。

当然に除斥される以上は，その事由が明確になっている必要がある，すなわち，法定されていることが望ましい，といったことを考えると，①，②は相互に関係していることが分かる。なお，除斥の裁判があることも含めて，忌避の説明の中で関連する説明を行っている。

各号の説明は省略するが，例えば，4号では，裁判官が事件について「証人」となったことを除斥事由としている。証言に基づいて事実認定をすることは事実認定の一般的な形態であるところ，裁判官が証人となることで，新たな証人尋問をしなくて済めばその分手っ取り早いし，証人になるくらい事件のことを知っていたら判断も正確だろう，などと考えて，そういった裁判官は当該事件の裁判をするのにむしろふさわしい，といった思いを抱く人がいるかもしれない。この感覚は一面正しいのだが，自分の証言も含めて全ての証拠を公正，中立に判断できるのか，といった観点からは，疑問が多分にあることとなろう。そうすると，この除斥事由にも合理性があることが分かる▼15)。

そして，前審関与が除斥事由であることも同じである（法20条7号，民訴法23条1項6号）が，差戻後に関しては，法20条7号は原判決への関与等を除斥事由としているのに対し，民訴法にはその旨の定めはない。このように除斥事由もそれぞれの訴訟制度に応じて，その定め方に差異もあるのである。

▼14）民訴法では，申立又は職権で除斥の裁判をすることとなっている（同法23条2項）。

▼15）この点は民事訴訟でも同じである（民訴法23条1項4号）。

ウ　忌避

忌避は，頻発する事態ではないが，裁判所と当事者（特に被告人側）との緊

張関係が高まったときに生じる可能性が高く，実務的には重要な意義を持つ場合がある。

忌避の特徴はいくつかあるが，個々に説明した方が分かりやすいので，順次説明する。

① 当事者の申立に係らせていること（法21条1項）

この点で，除斥とは異なる。もっとも，除斥に関しては独立の申立制度がないため，裁判官と当事者とで，除斥事由に関する見解やその前提となる事実認定に関して相違があると，当事者が除斥事由があると判断する裁判官が審理に関与し続ける，といった好ましからざる事態も生じ得る。そのためもあってか，この点は忌避事由の定めに反映させる形で解決されている。

なお，弁護人は，被告人の明示した意思に反することはできないとされている。弁護人としては，被告人の意思が不合理だと思えば，法律専門家として説得を試みたりすることになろうが，忌避を申し立てるか否かということは，その裁判官による裁判を受けるか否かということに直結する事柄であるから，そういった事項については，当該裁判の名宛人となる被告人の意思に最終的には従うとすることに，合理性があるとされたものといえよう。

② 忌避事由が2つ法定されていること（法21条1項）

Ⅰ 裁判官が職務の執行から除斥されるべきとき

この定めが，除斥に関する上記問題点の立法的な解決である。しかし，そうであれば，民事訴訟のように除斥に関して，直接申立制度を設けた方が端的な処理方法であるようにも思える。そのためか，規則12条1項によれば，裁判所は，除斥事由があると認めると，職権で除斥の決定をすることになっているから，申立を介する点では異なるものの，職権による除斥の裁判が行えることを定めている上記民事訴訟の規定と類似する定めとなっている。

Ⅱ 不公平な裁判をする虞があるとき

これが本来の忌避事由の定めである（ちなみに，民訴法24条1項も同趣旨の定めである）。除斥に比べて，包括的な定めとなっていて，個別の忌避事由が定められていないことに特徴がある。しかし，「不公平な裁判をする虞」を類型化したものと解することのできる除斥事由が先行して定められているから，それ以外での「不公平な裁判をする虞」は，仮に例示しても，個別性の高いものとなる可能性がある。このように考えると，上記の包括的な定めにも合理性

がないとはいえない。

この点に関しては，後に述べる簡易却下に関する**参考裁判例2**最決昭和48年10月8日刑集27巻9号1415頁は，①忌避の原因は当該事件の手続外の要因がその内容をなすこと，②訴訟手続内における審理の方法，態度などは，それだけでは直ちに忌避の理由となしえないこと，③「②」の事由を理由とする忌避申立は，「訴訟遅延のみを目的とするものとして，」法「24条により却下すべきものである」ことを判示している。

裁判所と当事者との緊張関係は，訴訟手続内の事柄（特に，訴訟指揮権，法廷警察権に関連した事柄）を契機として生じることが多いが，それらが，原則的には忌避事由とならないこととされた意義は大きい。

▼ 16) 注としては説明が長くなるので，**参考裁判例3**の中で補足説明する。

③ 申立に時期的制限が設けられていること（法22条）

ⅰ忌避事由があることを知りながら訴訟を続けていることは，矛盾した行動であるし，ⅱ訴訟手続は積み重なっていくから，忌避の問題は早期に決着しておくことが訴訟経済の点からも合理性がある。そうすると，忌避の申立に時期的制限があることには合理性があることになる。

法22条は，「事件について請求又は陳述をした」ことを忌避申立の時期的制限の根拠事由としているのは，上記観点からすれば，了解できることといえる。

他方，同条ただし書で，「忌避の原因があることを知らなかったとき」と，「忌避の原因がその後に生じたとき」とを上記時期的制限の例外事由として定めていることにも，合理性がある。すなわち，前者は，ⅰの前提が欠けるからである。後者は，上記時期的制限事由の時点では生じていないことであるからである。

なお，民訴法24条2項にも同旨の定めがある。

④ 申立に対しては決定という裁判が行われること（法23条）

忌避の申立に対しては，合議体によって判断され，決定の形式でその判断が示される（23条1項，2項本文）。そして，当然のことながら，忌避の申立を受けた裁判官は，当該合議体の構成員とはなれない（同条3項）。

もっとも，忌避の申立を受けた裁判官が同申立に理由があるとするときまで，上記決定手続を経る必要はない。そのため，同条2項ただし書では，そう

いった場合には，同決定があったものとみなすこととしている。[17)]

　　▼17) そのため，忌避を申し立てられた裁判官は，同申立に対する意見書の提出が原則として求められている（規則10条）。

⑤　訴訟手続の停止（規則11条）

忌避の申立がされているのに，当該裁判官が訴訟手続を行い続けるのは不合理である。そのため，原則として訴訟手続は停止されることになっている（規則11条本文）。しかし，急速を要する場合にまで，訴訟手続を行えないことになると，他の支障・弊害が出るおそれがある。そのため，急速を要する場合は，訴訟手続の停止の例外事由とされている（同条ただし書）。[18)]

　　▼18) 民事訴訟では，除斥についても申立に係らせているところから，除斥と忌避について一括した同旨の規定が置かれている（民訴法26条）。

⑥　簡易却下の制度が設けられていること（法24条）

「⑤」で説明したように，忌避の申立があると，その裁判があるまでは訴訟手続は停止されるから，訴訟は遅延することになる。逆にいえば，訴訟遅延を目的として忌避の申立が濫用される危険性があることになる。そのため，「訴訟を遅延させる目的のみでされたことの明らかな忌避の申立」に対しては，「却下決定」が義務付けられている（法24条1項前段）。これを「簡易却下」という。しかし，この簡易却下についても，当該忌避の申立をされた裁判官が行えないとすると，「簡易」な処理はできないことになる。そのため，簡易却下は，忌避を申し立てられた当該裁判官が行えることになっている（同項）。

法22条の時期的制限やその他の手続違反の忌避の申立を不適法却下する場合も，同様の処理をする方が合理的であるから，簡易却下すべきものとされている（法24条1項後段）。この簡易却下に関する判例が上記**参考裁判例2**である。

受命裁判官，地方裁判所の一人の裁判官等も，同様の処理ができることとされている（法24条2項）。

⑦　即時抗告・準抗告が可能なこと[19)]

忌避申立却下決定に対しては，即時抗告が可能とされている（法25条）。即時抗告，準抗告については，抗告の項を参照願いたい。

ここで問題なのは，地方裁判所の一人の裁判官が簡易却下した場合である。裁判所の資格による裁判であれば即時抗告，裁判官の資格による裁判であれば

準抗告といった考えもあり得ようが，判例は，法429条1項1号による準抗告をすべきものとするものの，理由付けを示してはいない。しかし，法24条は，1項では裁判形式が「決定」と，2項では地方裁判所の一人の裁判官も含む同項所定の裁判官の裁判形式が「裁判」と，それぞれされているところ，即時抗告を定めた法25条は対象裁判を「決定」とし，準抗告を定めた法429条1項1号は対象裁判を「裁判」としている。こういった文言の対比からすると，注20で紹介した寺尾説が導かれようし，判例で既に結論は示されている手続であるから，こういった線引きによる運用に従って差し支えないものと解される。

▼ 19) 刑訴法では，不服申立の対象裁判を「却下する」としているだけで，理由があるとした場合についての規定はない。民訴法の場合は，除斥，忌避の申立を理由があるとした場合には不服申立ができず（同法25条4項），同申立を理由がないとする決定に対して即時抗告ができる旨定めて（同条5項），上記の点を立法上も明示しているのは，除斥についても申立を可能としていることもその背景にあろう。

▼ 20) 最決昭和29年5月4日刑集8巻5号631頁（寺尾正二・判解刑同年度90頁）。寺尾・前掲92頁は，法429条1項を「法24条2項と対照して読むと，『その他の裁判官がした裁判』の中に地方裁判所の一人の裁判官のした忌避申立却下の裁判が，裁判官の資格においてするとか，裁判所の資格においてするというような区別なく，すべて含まれる」のは「確かである」とされる。しかし，最高裁判所がこの論理を採用したのかは明らかではない。

エ　回避（規則13条）

忌避は当事者からの申立が前提となっているが，回避は，裁判官自らの判断によるものであって，裁量ではなく，義務である。すなわち，「裁判官は，忌避されるべき原因があると思料するときは，回避しなければならない」とされている（規則13条1項）。

忌避の申立があったことは要件とされていない。しかし，忌避申立があった後には，上記のように，法23条2項ただし書による対処も可能であるし，回避も可能ということになるが，「回避しなければならない」とされていることからすれば，回避が先行して行われるものと解される。

他方，裁判官が勝手に事件の担当を外れたりするのは論外であるから，回避の手続も定められていて，書面で裁判所に対して回避の申立を行い，裁判所がその申立に対する決定を行うこととされている（規則13条2～4項）。

なお，回避が規則に定められている点は，民事訴訟でも同様である（民訴規

則12条)。

オ　書記官への準用

書記官に対して除斥，忌避，回避の制度が準用されているのは，書記官が公証官として，公判調書を作成するなど重要な役割を果たし，裁判の中立，公正の実現にも大きく寄与していることの証左といえよう。すなわち，除斥，忌避に関しては法26条で定められており，回避に関しては規則15条で定められている（こういった規定振りは，民事訴訟も同様である《民訴法27条，民訴規則13条》）。

第2　検察官及び司法警察職員

1　概説

刑事訴訟の場面では，検察官と被告人とが相対立する当事者となる。そのため，検察官は原告官たる立場に立つが，純粋の一方当事者の立場に徹するわけではない。検察官は公益の代表者とされていて（検察庁法4条），被告人の利益のためにも活動することが求められている[21]。こういったところにも，刑事訴訟と民事訴訟の違いが現れている。

一方当事者としてみた場合には，原告側として，捜査と公判との2分野をこなすことになる。そして，検察官は捜査と公判を担当し，司法警察職員は，捜査を担当し，第1次捜査機関としての役割を果たす。こういった位置付けがなされている。

他方，被告人は，捜査段階では捜査の対象者であり，公判段階で対立当事者となる，このように手続の段階に応じてその役割が変化する。

> ▼21）例えば，例外的な事態ではあるものの，検察官が，証拠関係に基づいて無罪の論告を行うこともあるし，無罪を求めて控訴をすることもあり得るのである。

2　検察官

⑴　検察官の組織，種類等

検察庁法の規定に基づいて説明する。検察官の行う事務を統括するところが検察庁であり，検察庁は，最高検察庁，高等検察庁，地方検察庁，区検察庁に分かれ（同法1条），裁判所の組織に対応している（同法2条1，2項）。

検察官の種類には，検事総長，次長検事，検事長，検事，副検事の5種類がある（同法3条）が，刑事訴訟として一般的な存在は，検事，副検事であり，

検事総長に関する規定もある（非常上告の申立者と定める法454条等）。

(2) 準司法官としての役割

　検察官は，法務大臣の所轄の下にあるから，行政官ということになるが，上記のとおり公益の代表者として捜査，公判を担当するから，法務大臣を行政官として補佐するといった役割とは異なる側面があることは明らかである。

　①検察官は独任制である。すなわち，検察官は，所属検察庁の対応する裁判所の管轄に属する事項について，公訴の提起その他の職務を行うこととされている（検察庁法4，5条）が，その主語は検察官とあるだけであり，これらの職務を検察官が単独で行うことが定められているからである。

　②検察官については，裁判官と同じではないものの，独自の身分保障の定めが設けられている（同法25条）。

　③法務大臣の指揮監督権に大きな制約があることである（検察庁法14条）。すなわち，検察官の職務を定めた同法4条，犯罪の捜査を定めた同法6条に規定する検察官の事務に関しては，検察官を一般に指揮監督することができるが，個々の事件の取調べ又は処分については，検事総長のみを指揮することができるとされている[22]。捜査，公判への検察官の関与の有り様に対して，政治の介入を限定的なものとする立法的な制度設計といえる。

　他方，行政官としてみた場合には，組織体として一体として執務が実施されていく必要がある。こういった面からの修正もなされている。すなわち，①の独任制に関しては，検察官同一体の原則ということがいわれていて，決裁制度等を通じて上司の検察官の命に服することが求められている（検察庁法7条～10条）。また，検事総長等には，指揮監督する検察官の事務を引き取り移転する権限があることとされ（同法12条），臨時職務代行の定めが設けられているのも（同法13条），その関連する定めといえる。

　　▼22）法務大臣の指揮権発動といった形でマスコミ報道されたりすることになる事態である。

(3) 職務

ア　概説

　検察官の職務には，管轄による制限がある。すなわち，検察官は，原則として，所属する検察庁の対応する裁判所の管轄区域内において，その裁判所の管轄に属する事項について，職務を行うこととされている（検察庁法5条）。[23]

そして，職務に関しては，上記のとおり，同法4条，6条に定められているが，類型としてまとめると，次項で説明する4種類となる。

▼23）もっとも，検察官及び検察事務官については，捜査のため必要があるときは，管轄区域外で職務を行うことができる旨の定めがある（法195条）。

イ　職務の4類型
①　捜査の権限

上記のとおり，第1次捜査機関は司法警察職員であるが，検察官も，必要があれば自ら犯罪捜査を行えるなど（法191条1項），いかなる犯罪についても捜査ができることとされている（検察庁法6条1項）。そして，検察事務官を活用することもできる（同法27条3項，法191条2項）。

②　起訴（＝公訴の提起）の権限[24]

この点は，法247条でも定められている。そして，起訴法定主義が取られていると，起訴は捜査の結果に直結することになるが，起訴便宜主義が取られているから（法248条），有罪の捜査結果となっても不起訴（＝起訴猶予）となることがある。それだけに，起訴の権限の適正な行使が検察官には求められているといえる。検察審査会という別組織の審査機関が設けられているのも，この起訴の権限の適正な行使を担保するものといえる。

▼24）検察庁法の規定の順序からすれば，「②」が4条に，「①」が6条に，各定められているが，手続の順序からすれば，起訴は捜査の結果を踏まえたものであるから，この順序の方が自然である。

③　原告官として公訴を維持する権限

これは，起訴事件について，訴因を構成し（法312条1項所定の訴因変更請求を含む），証拠を提出し，事実認定，法律の適用及び処罰についての意見を述べる（論告・求刑）権限である。

④　裁判の執行権限

裁判の執行は，検察官の権限とされている（法471条以下，特に，472条）[25]。この裁判には，刑罰を言い渡すものはもとより，強制処分としての裁判も含まれる。

▼25）法472条1項ただし書が定める，裁判所が指揮すべき場合など，一部の裁判の執行はその例外である。

(4) 検察事務官

検察事務官と捜査との関係は既に述べたが，改めて説明すると，検察事務官は，検察官を補佐し，その指揮を受けて捜査を行うのである（検察庁法27条3項，法191条2項）。そして，区検察庁の検察事務官は，その庁の検察官の事務を取り扱うことがある（検察庁法附則36条）。これを検察官事務取扱検察事務官という。

3 司法警察職員

(1) 概説

ア 司法警察職員の意義

司法警察職員という言葉からして複合的な意味合いを看取することができ（法39条3項で，定義付けされている），一般司法警察職員と特別司法警察職員とに区別され，また，司法警察職員は司法警察員と司法巡査とに区別される。

イ 第1次捜査機関であること

法第2編第1章「捜査」の冒頭の規定である189条2項に，司法警察職員の捜査権限が定められていることからしても，司法警察職員が第1次捜査機関であるということができる。そして，捜査後に速やかに事件を検察官に送致する（書類及び証拠物とともに）のが原則とされている（法246条本文）。この例外（同条ただし書）には，微罪処分として司法警察員限りで捜査を打ち切ることができる場合（犯罪捜査規範198条）と，少年法41条に基づいて事件を家庭裁判所に送致する場合とがある。

> ▼26) 対象事件としては，犯罪捜査規範198条では，「犯罪事実が極めて軽微であり，かつ，検察官から送致の手続をとる必要がないとあらかじめ指定されたもの」とされている。この指定は，検察官の一般的指示権に基づくものである。

(2) 一般司法警察職員・特別司法警察職員

警察は，警察庁と都道府県警察とからなるが，それらに属する警察官の総称が，一般司法警察職員である。

特別司法警察職員については，法190条で定義付けされていて，特別な事項について司法警察職員として職務を行うべき者の総称である。具体的には，関係法令で個別に定められている。特別法に基づく犯罪発生のおそれのある分野の捜査に関しては，当該関係法規に習熟している者の知識・経験を活用することに有意性があるところから，特別司法警察職員が設けられているものと解

される。

(3) 司法警察員・司法巡査

　警察官には，警視総監以下～警部，警部補，巡査部長，巡査等の階級がある（警察法62条）。通常，巡査部長以上の者が司法警察員と，巡査が司法巡査とされているが，例外的に巡査が司法警察員とされることもある。

　基本的な捜査機関としては司法警察員が予定されていて，司法巡査は補助的位置付けである。例えば，法199条では，1項では，司法警察職員は逮捕状による逮捕をすることができるとされているが，2項では，逮捕状の請求に関しては，警察官たる司法警察員については，国家公安委員会等が指定する警部以上の者に限定されている。組織としての統一性が期待されているといえよう。差押え等に関する法218条1項と4項も同様な定めとなっている。

　特別司法警察職員に関しては，それぞれの関係法令において，司法警察員と司法警察職員との区別が定められている。

(4) 検察官との関係

ア　協力関係

　これまでの説明からも，相互に独立した組織である警察官と検察官との，捜査の場面における関係がどのようなものであるかについて疑問が呈されるかもしれない。しかし，組織は異なるとはいえ，捜査という同一の目的の関係性であるから，相互の協力関係が法定されている（法192条）のは，自然なこととしえる。

　他方，検察官が独自捜査を行うにしても人的な制約がある上，捜査と公判がバラバラの関係にあって良いことにはならないから，捜査や公判を担う検察官に，捜査の場面において，警察官に対して，一定の指示等ができて，円滑で統一性のある捜査が実現されることには合理性があるといえる。この点については，項を改めて説明する。

イ　検察官の一般的指示権

　検察官には，管轄区域により，司法警察職員に対し，捜査に関し，「捜査を適正にし，その他公訴の遂行を全うするために必要な事項に関する一般的な準則を定める」形で，必要な一般的指示をすることができるとされている（法193条1項）。

ウ 検察官の一般的指揮権

検察官は、管轄区域により、司法警察職員に対し、捜査の協力を求めるため必要な一般的指揮をすることができるとされる（法193条2項）。

一般的指揮権の意義は、次の具体的指揮権と対比すると、分かりやすい。具体的指揮権の行使で処理できるものは、それで済ませることができるから、一般的指揮権は、具体的指揮権の行使では対応できない場面で発揮されるものということになる。捜査が数個の警察署にまたがるなどの、いわゆる広域捜査が該当の典型例ということになろうから、統一的な捜査を実現することに資する指揮を行うことが一般的指揮権発動の典型例ということになろう。

エ 検察官の具体的指揮権

検察官は、自ら犯罪を捜査する場合において必要があるときは、司法警察職員を指揮して捜査の補助をさせることができるとされている（法193条3項）。

なお、この場合には、「管轄区域」といった制約は課されていないが、それは、上記のとおり、検察官は管轄区域外で職務を行うことがあり、その場合でも、この具体的指揮権の行使を可能とするためである。

オ 検察官の指示権・指揮権と司法警察職員、公安委員会との関係

指示・指揮がなされたら相手はそれに従う、といった関係にないと有意性がないから、司法警察職員は、検察官の上記指示・指揮に従うこととされている（法193条4項、犯罪捜査規範46条、48条、49条）。そして、該当事例は想定しにくいが、司法警察職員が正当な理由がなく検察官の指示・指揮に従わない場合には、検事総長等は、国家公安委員会等に対して、懲戒・罷免の訴追をして懲戒・罷免を行うことも可能とされている（法194条）。こういった規定を通じて、検察官の指示権・指揮権の実効性が担保されているといえる。

なお、検察官と都道府県公安委員会とは協力関係にある（法192条）が、指示権・指揮権との関係では、上記のとおり都道府県公安委員会はその対象とされていないから、検察官が、都道府県公安委員会に対して、指示権・指揮権を直接行使することはできないものと解されている。勿論、そうであるから直ちに執務に支障が生じるといったことにはならないし、国家公安委員会及び警察庁長官は、検事総長と常に緊密な連絡を保つものとされている（警察法76条2項、16条）から、必要な協力関係が保持されることとなっているといえよう。

第3　被告人・被疑者・弁護人等

1　被告人・被疑者
(1)　概説

　被告人は，公訴を提起された者[27]で，訴訟の当事者となる者である。被疑者は，主として，捜査の対象とされる者である。検察官は自然人であるが，被告人・被疑者は自然人だけでなく，法人も含まれる。他方，被告人と被疑者とを総称した呼称がないから，説明の便宜上，被告人で代表させることがある。

　なお，被告人・被疑者にも，規則1条2項の「訴訟上の権利は，誠実にこれを行使し，濫用してはならない」の定めが及ぶから，訴訟上の権利の誠実行使が求められている。

> [27]　付審判決定（法266条2号）があると，その事件について公訴の提起があったものとみなされるから，この者も被告人に含まれる。

(2)　被告人の有り様
ア　訴訟の主体としての被告人

　既に説明したように，被告人は，刑事裁判の一方の当事者であるが，起訴された者として，起訴事実に対して防御をするのがその基本的な立場である。被告人の出頭が公判期日の原則的な開廷要件とされ（法286条），裁判所が行う訴訟行為について，被告人の意見を聴取することが定められているのも，その当事者性の現れである（法276条2項，281条，158条1項等）。

　そして，検察官が法的専門家であるのに対して，被告人はそうではないから，法的専門家である弁護士たる弁護人の援助を求めることができることとされている（法30条）。しかし，訴訟の当事者は被告人であるから，弁護人との関係も調整されている必要がある。例えば，法298条1項が定める証拠調請求については，「被告人又は弁護人」が証拠調べを請求することができるとされている（証人尋問等に関する法304条2項の定めも同様である）のに対し，検察官から請求された証拠に対する法326条1項の同意をする主体は「被告人」とされているから，同意するかしないかの最終的な決定権は被告人に留保されているのである。

イ　証拠方法としての被告人[28]
(ア)　概説

被告人も，証拠方法となることがある。被告人が法廷で供述したり（法311条，規則197条1項），供述書を作成したり（法322条1項。起訴後の取調べについては次項で説明する）すると，それらは証拠となり得る。

また，法廷で犯行状況を再現したり，身体を検査されたりして検証（法128条，131条）の対象となることもある。

▼28) 証拠の箇所で説明するが，証言，供述等事実認定の直接の資料となるものを証拠資料といい，この証拠資料が得られる証人等を証拠方法という。

(イ) 黙秘権

　a　概説

上記のとおり被告人の公判廷における供述は証拠となるが，旧刑事訴訟法の下では，被告人訊問の制度があり（同法133条〜139条），被告人は供述の義務を負っていた。しかし，現行法では，被告人訊問の制度は採用されず，任意の供述を前提とする被告人質問の制度が設けられた（法311条）。そして，その前提として憲法38条1項に由来する黙秘権が認められている。しかし，同項が個人に対して強要されることから保護しているのは，「自己に不利益な供述」である。他方，法311条1項は「被告人は，終始沈黙し，又は個々の質問に対し，供述を拒むことができる」旨規定していて，「自己に不利益な供述」に限定しない形で黙秘権を規定している（包括的黙秘権ともいわれる）。憲法の趣旨を刑事訴訟法において拡張したものといえる。

　b　黙秘権の範囲

　(a)　氏名

黙秘権に関連して，氏名に関して黙秘権があるかについては，判例は原則としてこれを否定している。もっとも，氏名は黙秘権の対象に原則としてならない，としても，無理矢理話させることなどできるものではないから，氏名を明かさない被告人に関しては，起訴状に添付された写真によって特定するなど，氏名以外の手段によって，特定が図られている。

▼29) 最大判昭和32年2月20日刑集11巻2号802頁（青柳文雄・判解刑同年度116頁）は，憲法38条1項との関係において，「氏名のごときは，原則としてここにいわゆる不利益な事項に該当するものではない」として，「氏名を黙秘してなされた弁護人選任届が却下せられたためその選任の必要上その氏名を開示するに至った」としても，「その開示が強要されたものである」とは認めなかった。

なお，坂本武志・判解刑昭和40年度156頁には，氏名が黙秘権の対象となら

ない場合として2例が例示されている。

(b) 交通事故の報告義務（被疑者になる前の段階のもの）

最大判昭和37年5月2日刑集16巻5号495頁（**参考裁判例4**参照）は，標題の報告義務について，「憲法38条1項にいう自己に不利益な供述の強要に当らない」とした。

微妙な点を含む問題ではあるが，交通事故への早期対処を可能とするという公益があり，他方，運転免許を取って交通に関与するということで，こういった報告義務を負わせることには合理性があることを考慮すると，報告事項が限定されていることを前提として，合憲性を肯定する判例の考え方は支持されるべきである。

(c) ポリグラフ（polygraph）検査[30]

氏名の明示，交通事故の報告は，いずれも被告人（被疑者になる前の段階を含む）が積極的に申述する場合であるから，直接的に黙秘権との関係が問題となる。他方，ポリグラフ検査の場合は，被告人が質問を受けて，その際の身体的な変化（血圧，脈拍，発汗等）が記録化されて証拠となされる点で，異なるところがある。そして，その証拠能力については争いはあるが，供述そのものではないから，黙秘権を侵害するものとして証拠能力が否定されることにはならないものと解される[31]。

[30] ポリグラフ検査及びDNA型鑑定を中心とした科学的証拠の研究に黒崎久仁彦＝岡田雄一＝遠藤邦彦＝前田巖「科学的証拠とこれを用いた裁判の在り方」司法研究報告書64輯2号がある。

[31] 同意書証として取り調べられたポリグラフ検査結果回答書の証拠能力についてではあるが，最決昭和43年2月8日刑集22巻2号55頁（坂本武志・判解刑同年度29頁）は，「被検査者の供述の信用性の有無の判断資料に供することは慎重な考慮を要する」としつつ，証拠能力を認めた原判断を「正当」として支持した。

c 黙秘権の告知

冒頭手続の中で，被告人に対して黙秘権が告げられ（法291条4項），その実効性が制度的に担保されている。捜査段階での告知については，関係箇所で説明する。

d 黙秘権の行使と事実認定

被告人が供述すると証拠になることは既に述べたが，黙秘権を行使した場合はどうかというのがここでの問題である。被告人が供述という形で証拠を提出

していない，その意味で証拠関係に何の変化も与えない，というのが証拠として見た場合の状況であり，それに尽きるのであって，それ以上でもそれ以下でもない，というのが上記問題に対する結論である。

黙秘権を行使したことを被告人に不利に考慮してはいけない，ということが言われており，この指摘は正しい。そのため，××という点について被告人が黙秘していて反証を行っていないから，××に対しては被告人に有利な言い分はないのだろう，などといった被告人に対する不利な推定をすることは許されない。

他方，上記のとおり，証拠関係に変化を与えるものではないから，他の証拠関係を基にして，被告人を有罪とする，被告人に不利な情況証拠を認定する，などは当然に許容されることであって，被告人が黙秘していることは，そういった事実認定を行うことの支障となるものではない。

そのため，被告人としては，自己に不利な証拠状況にある段階で，黙秘をする（続ける）と，その分，自分に有利な証拠は提出されないことになって，上記の不利な証拠状況に変化を与えることができないことが留意されるべきこととなる。しかし，そのことは，黙秘権の行使に伴う当然に想定される事柄であって，何ら黙秘権の行使を不当に制限することにはならないのである。

(ウ) 起訴後の取調べ

被疑者は，捜査段階では取調べの対象となる（法198条1項）。被告人については，訴訟の主体となっていることに着目すれば，訴訟の一方当事者である捜査官の取調べの対象となることは否定されるべきこととなろう。そして，この視点は基本的には尊重されるべきである。しかし，捜査は流動的であって，時間の推移だけで一律に処理できないところがある。例えば，①共犯者が新たに捕まって，その言い分について被告人に確かめたい，②起訴時には判明していなかった目撃者が発見され，その者の供述との関係で被告人を取り調べたい，③新たに遺体，凶器等が発見され，被告人を取り調べたい，など，被告人の取調べを必要とする事態が様々に想定可能である。

勿論，被告人質問において上記必要性を解消することが可能であれば，可能な限り被告人質問の中で処理すべきなことは当然である。しかし，被告人質問は通常証拠調べの最終段階で行われるから，時期的に，被告人に対する取調べの代替措置とはなり得ない場合があり得る。また，上記設例の例えば①の場合

には，質問内容が起訴事実とは関連性に乏しく，被告人質問として質問することがふさわしくないこともあり得よう。そうすると，上記捜査の必要性は，時期的にも内容的にも被告人質問では代替できないことがあり得ることになる。そうすると，例外的ではあっても，被告人に対する起訴後の取調べは肯定されるべきである▼33)。

他方，被告人が，身代わり犯人であったことを捜査官に伝えたいなど，自ら望んで取調べを求めて起訴後の取調べが行われることは，上記の考慮とは視点が異なるから，これを消極に解する理由は通常ないであろう。

▼32) この点は，起訴後の取調べを第1回公判期日前に限定しようなどといった時期的な制約を肯定する考えが適切でない所以でもある。
▼33) 最決昭和36年11月21日刑集15巻10号1764頁（吉川由己夫・判解刑同年度286頁）も，同様に解している。そして，筆者は，実務においては，捜査官が起訴後の取調べであることを告げ，被告人がそのことを了解した上で取調べに応じる旨が当該供述録取調書の冒頭に記載されているのが通例のように受け止めている。

ウ 強制処分の対象としての被告人

被告人の身柄に関する強制処分としては，起訴後は逮捕ということはないが，勾留（法60条），勾引（法58条）とがある。また，法第9章の「押収及び捜索」が定める強制処分の対象となることもあり得る。

(3) 被告人の特定

ア 概説

被告人の特定の場面では，法人の被告人については，登記簿等によって特定されるから，被告人が誰かといった被告人の特定の問題は通常生じない。そのため，被告人の特定との関係では，自然人の被告人のみを対象に説明する。

①捜査段階から捜査対象となっていた者（X）が，②起訴され，③その後も公判審理に臨み，④判決を受けた場合には，Xが被告人であって，Xに判決の効果が及ぶことに問題はない。

問題は，上記①〜④の過程にXを被告人とすることに疑念が生じる事態が起こった場合に，どういった基準に基づいて，誰がその事件の被告人であるかを特定するのかである。この判断においては，ⅰ判断者は裁判所であること，ⅱ起訴状一本主義・予断排除の原則から，裁判所が入手できる資料は手続段階で異なること，の2点が検討の前提としてあることに留意しておく必要がある。

なお，理解ができにくい人もいるが，氏名の冒用と，いわゆる身代わり犯人とは異なる概念である。身代わり犯人の場合には，犯人でない者が犯人だと言っているわけであるが，手続的な瑕疵はなく，①〜④の手続自体に誤りはないのである。そのため，身代わりが判明した段階で，無罪判決・再審無罪といった対応となる。

イ　起訴段階[34)]

　裁判所からすれば，起訴状に書かれているXとの氏名の者（本籍，住居，職業，生年月日で更に特定された者）が被告人と考えるのが自然なことであろう。そして，起訴状の記載を重視して被告人を特定することは，結論を得ることが一義的に明白となる点で，簡便である。起訴状の記載に着目する表示説に有意性があることになる。

　しかし，刑事訴訟では，民事とは異なり，起訴に先行して捜査手続があるから，捜査の対象者が起訴されているはずである。意思説は，この点を重視するものといえる。この情報をも考慮すると，表示説だけで終始被告人の特定を判断することの妥当性には疑問が出てこよう。しかし，上記のとおり，裁判所が入手できる資料は手続段階に応じて異なるから，そういった情報を活用できる手続段階であるか否かが併せて問題となってくる。

　そして，在宅の被告人と身柄の被告人とでは，起訴状の記載が異なっている。すなわち，身柄の被告人については，「勾留中」などといった身柄拘束中の者が被告人である旨の記載がある。そして，人違いといった過誤が起こらない限り，現に身柄を拘束されている者が「勾留中」などと起訴状に記載された者として特定されていることになる。

　この点の記載も考慮すれば，身柄の被告人は，その後保釈されて身柄拘束の状態を解消されたとしても，起訴段階で，被告人として特定されたものとして考えることができる。そうすると，その後の手続段階如何でこの結論に差異は生じない。

　そのため，被告人の特定に関しては，以下の検討は，起訴時に在宅の被告人についてのみ検討すれば良いことになる。もっとも，後記の**参考裁判例6**の最決昭和60年11月29日のように，身柄の被告人が偽名を用いている場合もあるから，その偽名が判明したときの処理については，必要に応じて説明をする。[35)]

▼34）捜査段階でも被疑者の特定の問題は生じ得るが，そういった場合には，まさに捜査を尽くして被疑者が特定されるのであって，公判段階と同じような形では被疑者の特定の問題は通常生じない。例えば，表示説といっても，その前提となる表示自体がない。

▼35）氏名の冒用事案では，Yが完全に架空人である場合は，本籍，住居，職業，生年月日も架空ということになるから，よほど捜査がずさんでない限り，こういったことは捜査段階で発覚してしまい，実務例としてはあり得ないこととなり，想定から除外して良いであろう。

ウ　起訴段階の補足

関連する裁判例を見ておく。

(ｱ)　略式命令

a　三者即日処理方式

略式命令は公判手続がなく，書面審理だけで事件処理がされているから，裁判所には被告人に関する書面の情報しかなく，特に，交通事件に関する三者即日処理方式などの手続では，大量処理に伴う画一的な判断基準が望ましいものといえる。**参考裁判例5**最決昭和50年5月30日刑集29巻5号360頁は，三者即日処理方式による略式命令の効力は，起訴状に書いてある氏名の者（被冒用者）に及び，冒用者である被告人には及ばないとした。表示説的な解決をしたことにはなるが，ここで留意されなければならないのは，この事案は，上記冒用の事実が裁判所に発覚しないまま略式命令が発付（「発布」といった誤記をしない）された事案であるということである。何らかの形で，裁判所がこの冒用の事実に気付いた場合にまで，上記表示説的な運用をすべきものとは解されない。その場合には，検察官に釈明を求めるなどして，被告人の特定に資する資料を収集し，その結果に基づいて，起訴状の氏名をYことXと訂正した上でその後の手続を進めるのが相当であって，冒用の事実を知りながら，被冒用者である者に対する手続を進めるべきものとの判断がなされているわけではないのである。すなわち，この判例については，被告人の特定の基準に関する最終的な判断は示されていないものと解するのが相当なのである。

b　在庁略式

在庁略式の場合には，「在庁」の記載があるため，現に在庁している者を被告人とするといった考えもあり得る。確かに，上記の「勾留中」といった記載に準じて考えられる面はある。しかし，身柄が確保されているわけではないから，裁判所としては，被告人の特定資料があることにはならず，上記**参考裁判**

例5の昭和50年最決の判旨が及んでいくものと解される（同最決に関して紹介した内藤・前掲113頁注8も参照）。

　　　c　逮捕中待命

　他方，「逮捕中待命」の事案の場合には，その旨の記載が明示されている上，逮捕という形でその身柄を拘束されているから，「ａ」「ｂ」の場合とは異なり，被逮捕者を被告人と解することは可能である。この考えは，上記の身柄の被告人について述べたのと同様の視点に立ったものといえ，上記の説明を補強するものである。

　　▼36）大阪高決昭和52年3月17日判時850号13頁は，「逮捕中待命」の表示のある略式命令の被告人は，被冒用者Yではなく冒用者Xであるとし，原決定（＝被告人をYとする略式命令について，請求から4箇月以内にYに対して略式命令が告知されていなかった（＝法463条の2第1項参照）ことを理由に同略式命令を取り消して公訴を棄却した）を取り消した。

　(イ)　判例の検討

　略式命令の事案ではないが，**参考裁判例6**最決昭和60年11月29日刑集39巻7号532頁は，起訴状の記載という点での検討対象となり得る。問題となった確定裁判では，被告人は偽名のYを用いていたから，起訴状には偽名のYが記載されていたものと解されるが，同時に，被告人は被逮捕者であって，起訴状にも「逮捕中求令状」といった記載がある。そうすると，同事件の抗告審は総合的な判断をしているものの，当該事件の被告人をXとする事由が複数存在したからそのような判断となったものと解され，筆者がこれまで説明してきたように，「逮捕中求令状」との記載を重視し，現に逮捕されている者を被告人として特定する，といった考えと，少なくとも齟齬しない判断がなされているものと解することができる。

　　▼37）起訴後の勾留は，被疑段階とは異なり，裁判所が職権で行うところから，逮捕中に起訴して，起訴後は勾留をしてほしいと検察官が考えると，こういった記載をして裁判所に対して，勾留に関する職権の発動を求めることになる。

　エ　在宅の被告人に関する補足

　次項の第1回公判期日までは特段の変化がないこともあるが，起訴状や第1回公判期日の召喚状が送達されてきたりして，Yが，自らが起訴されていることを知って，裁判所に対して，身に覚えのない起訴がされているなどと，問い合わせてきたりすることがあり得る。そういった場合には，裁判所は，適宜検

察官に釈明を求めるなどして，その真偽を確かめ，Ｙが被冒用者と判明すれば，その段階で，Ｙには，本件の被告人ではないから，第１回公判期日に出頭する必要はないことを伝え，同時に，起訴状の被告人の氏名を「ＹことＸ」と訂正の上，改めて，起訴状の送達等の関係手続を進める必要がある。

他方，このように氏名の冒用が判明しても，起訴状には被告人がＹと記載されているところから，表示説に従って，被告人はＹであるとした場合には，検察官が法257条に基づいて公訴を取り消すと，法339条１項３号に基づいて公訴棄却の決定がされる（決定手続なので，その限度ではＹは公判出頭の必要はない）[38]が，公訴が取り消されないと，無罪判決を受けることになって（法336条），その分，公判への出頭の負担を負うことになる。刑事事件で表示説を徹底することの不合理さが現れることになる。

なお，偽名を用いている被告人が第１回公判前にそのことを明らかにすることはあまり想定できないが，そういった事態が生じたら，起訴状の被告人の氏名を「ＹことＸ」と訂正の上，起訴状の送達その他の手続に関して不備なものがあれば，改めて行えば良いことになる。

そして，既に説明したように，在宅の被告人について項を改めて更に説明する。

▼38）「公訴棄却」と「控訴棄却」とは全く異なる法概念であるから，相互に誤記しないように留意する必要がある。

オ　第１回公判期日以降

㋐　出頭しているＹが被冒用者だと冒頭手続で判明した場合

Ｙが出頭し，冒頭手続の人定質問で，Ｙは被冒用者だと判明した場合には，検察官も，捜査段階では，Ｘを捜査の対象としていて，Ｘを起訴したつもりであったが，ＸがＹの氏名を名乗っていたので，起訴状にはＹと記載してしまったなどと釈明するであろう。そうすれば，人違い起訴であることが明らかとなるから，Ｙには帰宅してもらい，起訴状の被告人の氏名を「ＹことＸ」と訂正した上で，改めて，Ｘに対する起訴状の送達，新たな公判期日の召喚手続等を行えば足りる。

㋑　出頭しているＸが偽名を用いていることが冒頭手続で判明した場合

人定質問を行うから，こういったことも生じる可能性がある。この場合には，Ｘが出頭しているから，それまでの手続は，Ｙ名義であってもＸに対して

行われているであろうから，被告人の名義を上記のとおり「YことX」と訂正すれば足りよう。もっとも，起訴状がXに対して法271条2項所定の期間（2箇月）以内に送達されていないと，法339条1項1号に基づいて公訴棄却の決定がなされ，改めてXを被告人とする起訴がされることになる。

　(ウ)　**出頭しているYが被冒用者だと，手続の進行した段階で判明した場合**

　例えば，Yが，Xが犯人であることを秘匿するなどの意図から，人定質問を始めとする一連の手続に被告人として応じていた場合でも，上記と同じ処理で良いかが，次に問題となる。

　当該事件の被告人がXと特定されるべきことに変わりはないものの，Yが被冒用者であると判明するまでに進行した手続が積み重なっているという，事実状態を無視することはできない（単に，なかったことにする，といった曖昧な処理では，手続の適正さは保たれない）。

　この段階では，被冒用者であるYにも事実上の訴訟係属が生じていると解すべきである。そして，Y自体に対する起訴はないわけであるが，法338条4号を類推して，その事実上の訴訟係属を前提とする公訴棄却の判決を行うことによって，明確な処理をすべきである。

　Xに対する手続は，それとは別に進めれば良い。

　(エ)　**出頭しているXが偽名を用いていることが手続の進行した段階で判明した場合**

　この間の手続は，Y名義ではあっても，Xが応じているわけであるから，基本的には，「(イ)」の場合と特に異なることはなく，必要な是正をして手続を進行させれば足りる。

　(オ)　**被冒用・偽名のままで判決がされた場合**

　Yが出頭して判決を受けた場合には，上記のとおり，事実上の訴訟係属が生じているから，当該判決の効果はYに対して及ぶものと解される。しかし，起訴がないという手続的な瑕疵があるから，期間的に控訴ができる場合には，少なくとも検察官から控訴を申し立て，法378条2号に該当するものとして原判決を破棄した上で，公訴棄却の判決がされることとなろう。

　確定した場合には，法454条の非常上告の手続でその是正が図られることとなろう▼39)。

　他方，本来の被告人であるXに対しては，まだ，手続が進行していないので

あるから，独自に手続を進行させる必要がある。

次に，XがY名義の偽名のまま判決を受けた場合には，**参考裁判例6**最決昭和60年11月29日によって判断済みであって，Xに判決の効果が及ぶことになる。

他方，Yに対して判決の効果が及ばないことは明らかであるから，当該判決に対する是正措置は必要ない。[40]

▼ 39) **参考裁判例5**で紹介した内藤・前掲112頁注5によれば，略式命令の被冒用者に対して，再審による救済が提示されているが，これは，当該事件の被告人が上記のように，被冒用者とされることによるものであって，被冒用者ではなく冒用者が被告人であると解する場合の参考とはならない。

▼ 40) **参考裁判例6**で紹介した池田・前掲291頁注10では，当該事件の被冒用者に関しては，前科調書から当該前科が抹消される事実上の措置が取られたことが紹介されている。

(4) 被告人の当事者能力・訴訟能力

被告人を当事者として訴訟が展開されて行くに当たって，被告人に必要な能力を検討しようとするものである。[41]

▼ 41) 対立当事者である検察官については，検察官同一体の原則がいわれ，組織体として対応するので，これらの点は問題とならない。

ア 当事者能力

当事者能力は訴訟の当事者たり得る能力であるが，刑事では，個々具体的な事件を措いて，一般的・抽象的に被告人たり得る能力ということになる。

自然人については，それだけで当事者能力を肯定すべきである。刑法41条が刑事の責任年齢を14歳としているから，14歳未満の者は刑事責任を問われることはないが，その故に，当事者能力まで否定されるものではないと解される。[42]他方，その終期は死亡であるから，既に死亡した人に対する起訴に対しては，法339条1項4号で公訴棄却の決定が行われることになる。

法人については，当事者能力が肯定されている。問題は，法人格のない場合である。自然人と法人とを「人」として対置する前提でいえば，法人格のない社団・財団は，その要件を欠いているから，原則として当事者能力を欠くとすることには合理性があるといえる。しかも，法人格のない社団・財団の有り様は多様であるから，一律に考えることは相当とはいえない。例えば，両罰規定である銀行法64条1項では，法人に「法人でない団体で代表者又は管理人の

定めのあるものを含む」とされ，法人格のない団体のうちの同項に該当するものについては，罰則規定の適用が定められている。また，民訴法でも，29条では，「代表者又は管理人の定めがある」「法人でない社団又は財団」については，民事訴訟における当事者能力を認めている。これらを踏まえると，「代表者又は管理人の定めのある」法人格のない団体については，当事者能力が肯定されて良いと解される。

他方，「代表者又は管理人の定め」を欠く法人格のない団体の場合には，これらの法条によっては当事者能力が肯定されることにはならず，そして，独自に，当事者能力を認めるまでの必要もないといえる。

さらに，当事者能力を失った法人に対する起訴に対しては，自然人の場合と同様に，法339条1項4号で公訴棄却の決定が行われることになる。しかし，法人がいつ当事者能力を失うことになるかについては，自然人ほど明確ではない。同号は，「法人が存続しなくなったとき」としているから，合併の場合には，その合併の時と解することができる。他方，例えば，解散に関しては争いがあるが，解散しても清算事務が残っていれば法人が存続しなくなるわけではない。判例が当該刑事事件の判決確定時説を採っているのは，自然な判断と解することができる。

▼42) 後でも説明する法28条が同条所定の罪に当たる事件の被告人に意思能力がないときは法定代理人が訴訟行為を代理する旨定めているが，その前提として挙げられている法条の中に刑法41条が挙げられているから，法は，14歳未満の者にも当事者能力を認めているものと解することができる。また，例えば，年齢が誤認されて起訴された被告人が14歳未満であると判明した場合には，当事者能力を欠くことになると，その後何らの訴訟行為もできないことになって不当である。
▼43) 最決昭和29年11月18日刑集8巻11号1850頁（高田義文・判解刑同年度364頁）。

イ　訴訟能力

(ア)　概説

訴訟能力は，公判手続を有効に進められる能力であって，訴訟能力を欠く者がした訴訟行為は無効である。そのため，当該手続を行う時点で，この能力を備えていることが必要となる。

訴訟能力の有無は，裁判所の職権調査事項とされているが，どの程度の能力がこれに当たるかについては，判例によって，その意義が深められている（**参考裁判例7**参照）。これらの判例を踏まえた筆者なりの理解を基に説明する。

a　公判手続続行能力

　まず，訴訟能力といっても，訴訟構造の中で理解されるべきことであるから，刑事事件においては，弁護人の助力及び裁判所の後見的役割[44]を前提として判断されるべきことと解するのが相当である。したがって，純粋な心神喪失の状態よりは上記の役割が考慮できる分だけ低くても良いことになる。しかし，その差異を実務的に確認することは事実上困難であろう。

　そして，法314条1項は，「被告人が心神喪失の状態に在るときは，……公判手続を停止しなければならない」としているから，心神喪失の状態にあれば，訴訟能力を欠くことになる。この点に関して，**参考裁判例7**で紹介した平成7年公判停止最決は「被告人としての重要な利害を弁別し，それに従って相当な防御をすることのできる能力」を「訴訟能力」と同義と解している。これが「訴訟能力」の全てを意味するのであれば，それ以外のことを考慮する必要はないことになる。

　しかし，訴訟能力に関しては，公判手続続行能力，訴訟行為能力といった関連概念も指摘されている。そして，公判審理を前提とした場合には，被告人はまさに当事者として公判に臨むわけである。このことを考えると，そこで求められる訴訟能力は公判手続続行能力ということになろう。したがって，平成7年公判停止最決はこの公判手続続行能力の意義を明らかにしたものと位置付けるのが相当である。

　なお，法28条は，刑法39条又は41条の規定を適用しない罪に当たる事件[45]については，被告人・被疑者が意思能力を有しないときは，その法定代理人が，訴訟行為について代理する旨規定している。この規定を反対解釈すれば，法28条で定められている罪の事件以外では，被告人が意思能力を有しないときは，訴訟を進行できないことになる。そうであれば，平成7年公判停止最決の意義は，この趣旨をより具体的にしたものと解される。

▼44）法289条1項所定の必要的弁護事件以外の非必要的弁護事件では，弁護人が付されない事件も生じ得る。しかし，非必要的弁護事件であっても，訴訟能力の有無が問題となるような被告人の事案では，弁護人の助力を被告人が享受できるように，弁護人のいない被告人については，法37条5号を活用して，裁判所の職権による国選弁護人の選任がなされているはずである。

▼45）この規定の実務的な有用性は，現在ではかなり限定的である。すなわち，刑法犯に該当する罪はなく，かつては専売法違反等の行政取締法規違反の罪にその例があったとされるが，現在は該当の罪の指摘はない。そして，これまでの例は

罰金又は科料のようであるとの指摘がある（永井敏雄・河上和雄他編『大コンメンタール刑事訴訟法【第2版】1巻』(2013年，青林書院) 303頁)。そうすると，少年法20条1項の定めからして，罰金以下の罪の事件は逆送されないから，刑法41条を適用しない罪の事件で，本条に基づく処理が行われる事件は限られよう。また，同・304頁では，現在問題となり得るものとして行政罰則における両罰規定が挙げられている。しかし，両罰規定を過失推定規定と解している判例の立場を前提とすると，過失責任を問えない者は類型的に該当しないことになる。

　b　訴訟行為能力

　個々の訴訟行為において，訴訟能力が問題となることがある。そして，**参考裁判例7**で紹介した昭和29年最決及び「平成7年控訴取下げ無効最決」がいずれも控訴取下げであることからしても，個々の訴訟行為の中でも，控訴取下げにおいて，当該取下げ行為の有効性が問題となることがある。そして，規則224条の2で，同条所定の者による上訴の取下げには被告人の同意書面の差出しが義務付けられているように，上訴の取下げにおいては，被告人の意思が重視されている。他方，控訴の取下げは，検察官控訴のない事件では当該訴訟を確定させる効果を持つから，死刑その他の重い刑の場合には，特に，重大な意義を持つことになる。同時に，そういった重い刑を受けた被告人にとっては，裁判が未確定な状態にあるということ自体による精神的な影響が大きい場合がある。控訴の取下げがなされた場合，上記の背景もあって，その取下げの有効性が争われることがあるのは，了解できることである。

　この場合には，「a」で説明した「公判手続続行能力」といった包括的な能力が問われているわけではなく，まさに，「控訴の取下げ」といったピンポイントの訴訟行為が有効にできるのか否かが問われているわけであるから，訴訟能力といっても，当該訴訟行為を有効に行使できる「訴訟行為能力」が問われていることになる。

　上記2つの最高裁決定は，まさにこの点に関する判例ということになり，昭和29年最決のいう，「一定の訴訟行為をするに当り，その行為の意義を理解し，自己の権利を守る能力」が訴訟行為能力の意義ということになる。

　そして，重い刑を受けた者の行う控訴取下げが及ぼす上記の重大な影響からすれば，そこに裁判所の後見的な役割も発揮されることとなろう。その意味で，「平成7年控訴取下げ無効最決」が1，2審の判断を否定して，「控訴取下げ時において，自己の権利を守る能力を著しく制限されていた」として控訴取

下げを無効と認め，広めに被告人を保護したのも，了解できるところである。同時に，**参考裁判例7**で紹介した中谷・前掲283頁が「本決定の射程範囲はそれほど広くはない」としているのも，事例判例としての色彩の強い判断であったことをうかがわせるものといえる。

　㈦　**訴訟能力が欠ける場合**

　法人については，これまでの説明と合致する形での訴訟能力がないことは明らかである。そのため，代表者が訴訟行為について法人を代表することとされている（法27条）。代表者がいないときは，特別代理人が選任される（法29条1項）。

　自然人については，法28条については既に説明したが，それ以外で，訴訟能力が継続的に欠けている（＝心神喪失の状態にある）ときは，上記のとおり公判手続が停止される（法314条1項）。▼46)

　なお，法27条～29条の規定は被疑者にも適用される（法29条2項参照）。

> ▼46）しかし，この定めは原則型であって，公判手続停止後も被告人の訴訟能力の回復の見込みがなく，公判手続の再開の可能性がないと判断される場合には，裁判所は「法338条4号に準じて，判決で公訴を棄却することができる」ことが，判例で肯定されている（最決平成28年12月19日刑集70巻8号865頁）。

(5) 被疑者

　既に説明したように，捜査段階での被疑者は捜査の対象となる。しかし，手続の主体としての立場も法で認められている。

　弁護人を選任できるし（法30条），法37条の2の要件を満たせば，勾留（受勾留請求）中の被疑者には，その請求により国選弁護人が選任され，立会人なしで弁護人（弁護人となろうとする者を含む）と接見することができる（法39条）。▼47)

　捜査においても，黙秘権が告知され（法198条2項），勾留されると，勾留理由開示の請求ができ（法207条1項，82条1項），勾留の取消し請求ができ（法207条1項，87条1項），準抗告を申し立てることができる（法429条1項2号）。また，証拠保全の請求もできる（法179条1項）。▼48)

> ▼47）現在は，対象事件について「死刑又は無期若しくは長期3年を超える懲役若しくは禁錮」との制約があるが，この制約をなくした改正法が施行予定であることは後に説明する。

> ▼48）法207条1項本文は，「……裁判官は，その処分に関し裁判所又は裁判長と同一の権限を有する」とある。変則的な定めであるが，これも準用規定の一種であ

る。他にも後記の法179条2項等がある。こういった類型の定めを準用規定と理解できるようになろう。

2 弁護人
(1) 概説

憲法37条3項は，被告人に対して，「資格を有する弁護人」の依頼権を保障していて，弁護人になれるのは原則として弁護士に限られている（法31条1項）。法31条1項は，特別弁護人の定めを置いているが▼49)，選任自体に制限がある上実務例も限られているところから，以下の説明では，特に断らない限りは，弁護士たる弁護人を前提としている。

弁護人の基本的な性格は，被告人・被疑者の法的な支援を行う代理人である。検察官は，国家機関として組織的に行動でき，法的強制力の行使も含む広範で強力な捜査権を有していて，しかも当該職務に専念できるのが原則型である。他方，弁護人は，その選任の態様によって，私選弁護人と国選弁護人に二分でき，私選弁護人を原則型とするが，選任の実態としては国選弁護人の方が多数を占めている。

そして，刑事弁護を行う弁護士は，検察官のような強力な調査権限を付与されておらず，事件を単独で受任し，他の職務と並行的に事件処理を行うのが一般的な稼働形態である。その意味で，弁護士は，法的権限だけでなく，人的にも，時間的にも制約を受ける形で弁護活動を行っているのが原則型である。

他方，被告人・被疑者は，知的能力，社会的・組織的背景，犯罪傾向の進行度その他様々な面で多様な存在であって，被告人・被疑者として置かれている状況も様々である。

弁護人は，このような多様な有り様の被告人・被疑者の全てに対応していくことが期待されている。そのため，法的助言者にとどまらない，被告人・被疑者に関する，示談の交渉・成立，就職先・入院先の斡旋，疾病の治療，再犯防止策の探求，保釈請求（被告人），不起訴に向けた活動（被疑者），その他の様々な行動が，弁護活動の一環として期待される場合もある。

このように，弁護人は，検察官とは大きく異なる形で被告人に関与することになるから，検察官との大きな相違を補完する制度等が設けられている必要がある。

▼49) 簡易裁判所，地方裁判所では，裁判所の許可を得れば，弁護士でない者も弁護

人に選任でき，この弁護人を特別弁護人という。もっとも，地方裁判所では，他に弁護士たる弁護人がある場合に限られている。そして，特別弁護人の選任事例は限られてきていて，筆者は，該当事例を経験しなかった。

(2) 私選弁護人
ア 選任権者

法30条2項に「独立して」とあるのは，被告人の明示，黙示の意思の如何を問わない趣旨と解されている。そういった独立した立場で選任できるとすれば，被告人・被疑者の利害に即して弁護するのとは異なる立場から弁護人の選任が行われることもあり得，望ましくない事態が生じるおそれもある。そのため，選任権者を限定することには合理性があるといえる。法が定めているのは，被告人，被疑者（法30条1項），被告人・被疑者の法定代理人，保佐人，配偶者，直系の親族及び兄弟姉妹である。

> ▼50) 例えば，暴力団，会社等の意向を優先させる弁護人を暴力団組織，会社等が選任するということである。
> ▼51) 筆者の経験では，被告人・被疑者以外の選任者では，両親，配偶者が多かった。

イ 選任の手続
(ア) 選任権の告知

弁護人を選任するには，その前提として選任できることを知っている必要がある。そのため，被告人（法76条，77条，272条・規則177条），被疑者（法203条1項，204条1項，211条，216条）に対して，弁護人の選任権が告知されることになっている。

(イ) 選任の申出とその伝達・対応

被告人・被疑者が弁護人に選任すべき弁護士を知っているとは限らないし，むしろ，知らない方が特に初犯者の場合は通常であろう。そのため，身柄拘束を受けている被告人（法78条1項）・被疑者（法209条，211条，216条）が弁護士・弁護士法人・弁護士会を指定して弁護人の選任を申し出たときは，その申出は必ず伝達されるべきものとされている（法78条2項）。

また，在宅の被告人・被疑者を含めて弁護士会に対して弁護人選任の申出があった場合には，弁護士会は，速やかに，所属弁護士の中から弁護人となろうとする者を紹介し，又は，速やかに，上記弁護人となろうとする者がない旨を通知しなければならないものとされている（法31条の2第2・3項）。

⑺　選任の手続

　被告人については，選任者と弁護人とが連署した書面を差し出す必要がある（規則18条）。連署とは文字どおり名前を連ねることであり，氏名の黙秘の関係は既に説明したが，被告人の署名のない弁護人選任届による弁護人の選任は判例で無効と解されている▼52)。

　被疑者については，規則18条のような規定はなく，署名がなくても被疑者段階の弁護人選任届としては適法なものとする考えもあるが，連署の書面が提出されるのが通例である。そして，法32条1項は起訴前の弁護人選任が1審でもその効力を有する旨を，規則17条は，弁護人と連署した書面による弁護人選任が1審でも効力を有する旨をそれぞれ定めているから，上記通例による運用は適切なものといえる。

> ▼52)　①最決昭和40年7月20日刑集19巻5号591頁（坂本武志・判解刑同年度151頁）は，署名のない弁護人選任届による弁護人選任及び上告申立書の事案で，②最決昭和44年6月11日刑集23巻7号941頁（坂本武志・判解刑同年度226頁）は，被告人の署名欄に「菊屋橋署101号」との記載があり指印が押されていた事案で，いずれも本文で紹介した判断を示している。そして，②昭和44年最決では，上記のとおり無効と解しても憲法37条3項に違反しない旨も判断されている。

ウ　弁護人の数

　国選弁護人の場合は，選任数が元々1人が基本である上，裁判所が選任するものであって，弁護人の数はその選任の段階で考慮できる事柄であるから，弁護人の数に関する定めは私選弁護人のみを対象としたものと解される。

⑺　被告人

　被告人・被疑者の弁護人の数は制限できる旨の定めがあり（法35条），被告人については，特別の事情があるときに，3人までに制限することができるとされている（規則26条1項）。国選弁護人が原則として1人であることからしても，多数の私選弁護人の選任は，貧富の格差が刑事裁判にも反映することとなって，望ましいこととはいえない。しかも，法廷の広さや構造等からくる物理的な制約がある（身柄事件の場合は，拘置所等での面会場所でも同様である）上，後に述べる主任弁護人制度があるとはいえ，多数の弁護人がいることは，円滑な訴訟の進行に支障を及ぼすおそれや事務量を増やすおそれがある。他方，上記3人という最低人員は少なくない人数であって，被告人の弁護に支障が生じ

ることは，通常想定し難い。

これらのことを考えると，上記の規則の定めには合理性があるといえる。

　(イ)　**被疑者**

被疑者については被告人とは規定振りが異なり，3人を超えられないとされ，裁判所が，特別の事情があると認めて許可した場合には，3人を超えた選任が可能となる旨の定めとなっている（規則27条1項）[53]。しかし，被疑者弁護の充実が叫ばれ，私選弁護人を選任できない被疑者に対しては，国選弁護人の選任の方法も開かれたことなどを考慮すると，被疑者に対してだけ，私選弁護人の数をまず3人に制限し，特別の事情・裁判所の許可を介在させてその数を増やすといった規定振りの合理性は低下しているように思われる。その意味では，特別の事情が認められる事例が今後増えていく可能性はあると思われる。

　　[53] 6人の弁護人が選任された法人税法違反被疑事件で上記「特別の事情」の存在を認めた判例に，最決平成24年5月10日刑集66巻7号663頁（楡井英夫・判解刑同年度206頁）がある。同事件で指摘されているのは，①犯意，共謀等を争っている複雑な事案であること，②被疑者が接見禁止中で，頻繁な接見の必要性が認められること，③多数の関係者と弁護人が接触するなどの弁護活動も必要とされること，④3人を超える数の弁護人を選任することに伴う支障が想定されないこと，などである。

　(ウ)　**主任弁護人**

　　a　概説

法33条は，被告人に数人の弁護人があるときに，主任弁護人を定めなければならない旨を定めている。この規定を基に主任弁護人制度について検討すると，数人の弁護人があるときは，①被告人側からすれば，統一的な弁護活動を行うことが困難となる場合があり得，そういった事態を回避する方策があった方が合理的であること，②裁判所・検察官にとっても，①の点は，円滑な訴訟の運営や訴訟活動の実現に資する面があること，③裁判所・検察官からすれば，被告人側と連絡を取ったり，文書を送付したりする際は窓口が一本化していた方が便宜であること，が指摘できる。これらの事情が主任弁護人制度の合理性を支えているものと解される。

主任弁護人の存在が重要であるから，後に説明するように，主任弁護人に事故がある場合には他の弁護人から副主任弁護人が指定されることになる。

b　主任弁護人・副主任弁護人の権限

　主任弁護人・副主任弁護人の権限は代表権と同意権である。すなわち，主任弁護人・副主任弁護人は，弁護人に対する通知・書類の送達について他の弁護人を代表する（規則25条1項）。これは，③に対応した権限ということができ，その合理性は容易に理解されよう。そのため，例えば，裁判所が書類を送達したり，通知をしたりする際は主任弁護人・副主任弁護人に対して行えば足り，他の弁護人との関係は，主任弁護人・副主任弁護人において処理することになる。

　また，他の弁護人は，裁判長（裁判官）の許可及び主任弁護人・副主任弁護人の同意がないと，申立，請求，質問，尋問又は陳述をすることができないとされている（規則25条2項本文）。これは，①に対応した定めということができる。もっとも，証拠調べ後の意見の陳述（弁論）等同項ただし書が定める事項については，上記許可や同意を要さずにすることができる。

c　選任の手続

被告人に数人の弁護人がある前提で以下説明する。

(a)　主任弁護人

　主任弁護人は，被告人又は全弁護人が主任弁護人を書面で指定する（規則19条1・2項，20条本文）。その変更も同様である（規則19条3項，20条本文）。ただし，公判期日での変更は，口頭申述で行うことが可能である（規則20条ただし書）。

　実務的には，公判期日前に，全弁護人がする指定・変更が一般的である。そして，全弁護人がする指定の場合には，新たに弁護人が選任されると，その弁護人も含めた全弁護人がする新たな指定が必要となる。

　もっとも，全弁護人がする指定・変更は被告人の明示の意思に反して行うことはできない（規則19条4項）。被告人は自ら指定することができるのであるから，その意思は尊重されるべきである。この規定は，そういった趣旨が反映されたものと解される。

　主任弁護人がいない場合には，裁判長（裁判官）が指定しなければならない。その指定を変更することもできる。この手続が行われるのは，開廷後に主任弁護人がない場合に行われるのが一般的である。しかし，当事者の意思が尊重されるべきであるから，その後に，被告人又は全弁護人が指定・変更した主任弁

護人ができると，その弁護人が主任弁護人となる。

　　　(b)　副主任弁護人

　主任弁護人に事故がある場合に，裁判長（裁判官）が，他の弁護人のうち1人を副主任弁護人に指定することができる（規則23条1項）。しかし，当事者の意思は尊重されるべきであるから，主任弁護人があらかじめ裁判所に副主任弁護人となるべき者を届け出た場合には，その者を副主任弁護人に指定すべきものとされている（規則23条2項）。

　なお，主任弁護人以外の弁護人が1人しかいない場合には，その時点で弁護人として活動できるのはその弁護人しかいないわけであるから，副主任弁護人の指定の有無にかかわらず，副主任弁護人として扱うことができるものと解される。

(3)　国選弁護人

　　ア　概説

　国選弁護人と私選弁護人とでは，弁護人としての役割に差異はなく，選任者を含めた選任手続，費用負担の手続等が異なるだけである。

　　　(ア)　弁護士の中から選任

　国選弁護人は，弁護士の中から選任される（法38条1項，規則29条1項）[54]。以前は，被告人にしか認められていなかったが[55]，平成16年の法改正で被疑者についても認められ，その後の法改正で対象事件が拡大された。

> 　54）国選弁護人は，地方裁判所の管轄区域内の弁護士会所属の弁護士から選任されるのが原則型だが（規則29条1項本文，2項），控訴審，上告審では，原審弁護人を選任できることとされている（同条3項，4項）。
>
> 　55）法36条，37条では，いずれも「被告人」と定められている。

　　　(イ)　数人の被告人・被疑者に関し同一の弁護人選任も可能

　事件が共通していて，争点も同一だったりするなど，数人の被告人・被疑者に関し，お互いの利害が相反しないときは，同一の弁護人に弁護をさせることが可能となっている（規則29条5項）。弁護人からしても，身柄の被告人・被疑者で留置場所が同一ないし近接していると，接見に行くのも便宜があって，早期の事件準備を可能としよう。

　　　(ウ)　選任行為は裁判

　国選弁護人の選任行為の法的性質については争いがあるが，判例[56]（髙木・後掲221頁），裁判実務は，裁判説によっている。

▼56）「注59」で紹介する髙木・後掲220頁を基に筆者なりに紹介すると，①裁判説＝裁判長の意思表示である命令と解し，選任行為があれば当然に被選任者は国選弁護人となり，同人の応諾を必要としないとする説。②公法上の一方行為説＝被選任者の応諾を要件とする裁判長の一方行為とする説。③第三者のためにする公法上の弁護委任契約説＝裁判長は弁護士と交渉して弁護人を選任するから，被選任者の応諾を必要とする説。

⑴　国選弁護人の費用は訴訟費用

　国選弁護人は，旅費，日当，宿泊料及び報酬を請求することができる（法38条2項）。この費用は，訴訟費用となる（刑事訴訟費用等に関する法律2条3号）。そして，刑の言渡しをしたときは，被告人に訴訟費用の全部又は一部を負担させなければならない（法181条1項本文），とされているが，「貧困のため訴訟費用を納付することのできないことが明らかであるときは，この限りでない」（同項ただし書）とされているところから，訴訟費用の負担を命じられている被告人は限られている。

㈵　複数の国選弁護人が選任された場合は，主任弁護人制度の類推適用

　弁護人が複数選任された場合には，私選であろうが，国選であろうが，上記主任弁護人制度を必要とする事情が存在することに変わりはないから，複数の国選弁護人が選任された場合は，主任弁護人制度の類推適用がなされるべきものと解される。

イ　被告人に対する国選弁護人

㈠　請求による国選弁護人の選任

　弁護人がない場合に，被告人が貧困その他の事由により弁護人を選任することができないときは，被告人が請求すると，裁判所は，国選弁護人を附さなければならないとされている（法36条）。本条は，憲法37条3項に基づいた規定である。

　非必要的弁護事件の場合には，被告人は，資力申告書を提出する必要があり▼57）（法36条の2），その資力が基準額▼58）以上であると，弁護士会に対して弁護人選任の申出をしている必要がある（法36条の3，31条の2第1項）。

　上記「その他の事由」とは，弁護士を知らない，選任しようとしたが上手くいかなかった，などが考えられる。

　非必要的弁護事件の場合は，弁護人がなくても審理を行うことが可能であり，上記のとおり国選弁護人は被告人の請求に基づいて選任されるから，この

請求がないと国選弁護人は選任されないことになる。他方，被告人が請求しても，その請求が濫用にわたる場合であるときは，裁判所は選任の義務を負わないものと解される。▼59)

> ▼57) 資力申告書は，同条で，現金，預金その他政令で定めるこれらに準ずる資産の合計額（これが「資力」とされている）及びその内訳を申告する書面とされている。虚偽の記載をすると，10万円以下の過料に処せられる（法38条の4）。
> 　なお，「過料」は行政罰であって，刑罰は「科料」（刑法9条）である。この区別をしっかりと理解しておこう。
> ▼58) 標準的な必要生計費を勘案して，一般に弁護人の報酬及び費用を賄うに足りる額として政令で定める額（法36条の3）であって，現在は50万円である。
> ▼59) 最判昭和54年7月24日刑集33巻5号416頁（髙木俊夫・判解刑同年度201頁）。

(イ) 職権による国選弁護人の選任

被告人が未成年者であるときなど法37条所定の場合には，裁判所は，職権で弁護人を附することができる，とされている。

また，これらの場合に，既に選任されている弁護人が出頭しないときも，裁判所は，職権で弁護人を附することができる，とされている（法290条）。しかし，通常の訴訟の進行状態では，こういった事態が生じることは想定し難く，同条に基づく国選弁護人の選任が行われるのは，裁判所と被告人側が激しく対立する，あるいは被告人が弁護人に対して法廷に出頭することを脅迫するなどして押し止める，など極めて例外的な事態の場合であろう。

必要的弁護事件（＝死刑又は無期若しくは長期3年を超える懲役若しくは禁錮に当たる事件）を審理する場合には，弁護人がなければ開廷できないとされ（法289条1項），その場合に，弁護人が出頭しないとき若しくは在廷しなくなったとき（同条3項によって，「出頭しないおそれがあるとき」も含まれることになる），又は弁護人がないときは，裁判長（裁判官）は，職権で弁護人を付さなければならないとされている（法289条2項）。

もっとも，同項では既に弁護人が選任されている場合に生じる事態が先に規定されているが，事件受理の段階で弁護人がないと，国選弁護人を選任することになるから，実務的には，必要的弁護事件で弁護人がない事件では，受理直後に国選弁護人が選任されることになる。

(ウ) 国選弁護人の数

被告人の国選弁護人の数についての規定はないが，原則として1人の被告人

に1人の弁護人が選任されるものと解されている。そして，①記録が大部で事案が複雑，②被告人との応接に複数の弁護人で対応する必要がある，など特別の事情があるときには，複数の弁護人が選任されることがある。

ウ　被疑者に対する国選弁護人

被告人と同様に，被疑者に弁護人がない前提で説明する。

㈎　対象事件

被告人については，対象事件の制約はないが，被疑者については，対象事件の制約がある。それは，上記必要的弁護事件と同じ範囲の重い罪の事件である（法37条の2第1項）。この点については，被疑者の身柄拘束期間は限られていて国選弁護人を選任しようとすると迅速な対応が必要となるところ，その選任体制の確保に配慮を要したことからの限定であったとされている。しかし，体制整備が進んだことなどから，平成28年の改正（施行は平成28年6月3日の法律公布から2年以内）によって，勾留状が発せられている全ての事件に拡大されることとなっている。

㈏　請求・職権による国選弁護人の選任

貧困その他の事由によって弁護人の選任ができない，勾留状が発せられている（勾留請求されている）被疑者について，裁判官は，その請求により弁護人を付さなければならないとされている（法37条の2第1項本文，2項）。しかし，身柄拘束中が前提となっているから，被疑者が釈放された場合は，除外されている（法37条の2第1項ただし書）。

同請求に当たって資力申告書の提出，その資力が基準額以上である場合に弁護士会に弁護人選任の申出をしていなければならないこと（法37条の3）は，被告人の場合と同様である。

職権による選任については，その要件は，基本的には，請求の場合と同様であるが，「精神上の障害その他の事由により弁護人を必要とするかどうかを判断することが困難である疑いがある被疑者について必要があると認めるとき」が要件とされている（法37条の4）。

被疑者が国選弁護人の請求をしていない状態が，弁護人の必要性についての被疑者の適切な判断に基づく結果であることが健全な状態である。他方，その健全な状態でない疑いがあるときに，被疑者段階では，国選弁護人を選任するという形で，この疑いを打開できるのは，裁判官しかいない。

このように考えると，上記要件設定の合理性が理解できよう。

> ▼60) なお，「(ア)」で紹介した，法37条の2に現在ある制約を削除する改正法が施行されると，連動して本条でも，現在ある「37条の2第1項に規定する事件について」との制約はなくなる。

(ウ) 国選弁護人の数

被疑者の場合も，国選弁護人は，原則は1人選任されるが，死刑又は無期の懲役若しくは禁錮に当たる事件という重い罪の事件について，特に必要があると認めるときは，職権で更に弁護人一人を付することができる，とされている（法37条の5本文）。

被疑者が釈放された場合が除外されているのは，上記の場合と同様である（同条ただし書）。勾留の期間も最大で20日であるから，複数の弁護人を選任するのを必要とする事態の発生は限られており，重い罪の事件について，例外的に手厚い弁護の態勢がとれるようにしようとの考えが想定できる。

選任の時期は，同時でも，追加してでも良いとされている（同条本文）が，勾留請求に伴って国選弁護人が選任される場合には，当該選任の段階では，裁判官に追加選任の必要性を判断できるだけの資料が集められていないのが通常であろうから，事後的な追加選任が自然な選任形態といえよう。

また，選任は職権によるから，被疑者が請求してきても，それは裁判官の職権発動を促す意義しかないことになる。

(エ) 当番弁護士制度

被疑者に対する国選弁護人制度が立法化される前から，各地の弁護士会の創意・工夫で実施されていたいわゆる当番弁護士制度は，現在でも存続している。

> ▼61) 当番表に基づいて事前に割り当てられた弁護士が待機していて，被疑者等から弁護士会へ依頼があると，警察署等に出向いて被疑者に面会し，弁護人に選任されるなどしている。

(4) 弁護人選任の効力
ア 選任の単位と範囲
(ア) 私選弁護人との関係

基本的な説明内容に変わりはないが複雑になるので，被告人を代表させて説明しているところがある。

①弁護人は被告人単位に選任されるのか，事件単位に選任されるのか，②事件単位に選任されるとすれば，その他の事件との関係はどうなるのかが，ここでの検討対象である。

規則18条の2本文は，「一の事件についてした弁護人の選任は，その事件の公訴の提起後同一裁判所に公訴が提起され且つこれと併合された他の事件についてもその効力を有する」としている。

この条項から分かることは，①弁護人の選任は事件単位にされること，②同一裁判所に対して追起訴されて併合された事件については，当該選任の効果が及んでいくこと，の2点である。補足すると，弁護人が被告人を単位として選任されるとすれば，その選任の効果は当該被告人に対して起訴された事件全体に当然に及ぶことになる。これは一見すると便宜なようだが，事件は様々であって，A事件（例えば交通事件）は甲弁護士に，B事件（例えば脱税事件）は乙弁護士に，といった当該弁護士の得意分野に応じた当事者の選択の余地をなくしてしまうなど被告人の弁護人選任権を制約することになる。また，各地の裁判所に別々に起訴された事件についても，その選任の効果が及んでいくとすれば，当該裁判所では記録上判明しない弁護人が存在することになって，手続的に煩瑣でもあるし，過誤の原因ともなりかねない。こういった難点がある。

他方，事件単位に選任されるとすれば，そういった難点はなくなる。このように事件単位の考えには合理性があるから，一般的に支持されている。しかし，事件単位に選任されるとの前提では，最初に選任された事件以外に追起訴された事件が出てくると，その事件との関係を明らかにしていかなければならないという手続上の必要が出てくる。上記規則の定めは，その点を立法的に解決したものといえる。

もっとも，当事者としては，上記規則の定めとは異なる意向を持っている場合もあり得る。そういった場合に備えて，規則18条の2ただし書は，「被告人又は弁護人が」上記同条本文の定め「と異る申述をしたときは，この限りでない」と定めて，上記問題への対処をしている。そのため，被告人・甲弁護人が，特定の併合事件を甲弁護人には担当させない，といった申述をすれば，そのような処理がされることになる。

　(イ)　国選弁護人との関係

国選弁護人については，従前は特段の定めはなかったが，私選弁護人に関す

る上記規則の定めが類推適用されていた。そして，平成16年の法改正で，弁論の併合と国選弁護人選任の効力を定めた法313条の2が設けられ，基本的に，私選弁護人と同様の定めとなった。

なお，同条1項ただし書，2項では，裁判所が同条1項本文とは異なる決定をすることができること，及びその際の手続が定められている。被告人・弁護人側の事情に通じているとは限らない裁判所に同決定を行う権限が与えられていることについては，違和感を覚える人がいるかもしれないが，国選弁護人を選任するのは裁判所の権限であるところから，このような定めが置かれたものと解される。そして，被告人・弁護人から同決定を求める申出があった場合には，規則18条の2ただし書の「申述」がなされたのと同様の状態になるから，同決定がされることもあろう。また，例えば，大規模事件で複数の弁護人が選任された場合に，各弁護人に特定の事件を担当してもらう，といった考えから同決定がされることもあろう。

このように考えてくると，上記定めにも合理性があるといえよう。

イ　審級代理
(ア)　審級代理の内容

法32条は2つのことを定めている。まず，同条2項について説明する。同項は，起訴後の選任は審級ごとにすべきこと，すなわち，審級代理を定めている。補足すると，弁護人の選任は時間的に連続していくのではなく，1つの審級が終わるとそこで終了し，次の審級では新たな選任が必要となるということである。選任の効果が時間的に連続している方が手続的には簡明である。しかし，被告人側からすれば，1つの審級が終わると，当該審級における弁護活動を評価し，次の審級に向けた弁護方針を定めることになるから，審級代理の制度は，そういった実態に沿うものということができる。

同条1項は，起訴前の選任が第1審でも効力を有することを定めている。起訴前と起訴後では手続が異なるから，審級代理の考えを推し及ぼすと，ここでも新たな選任が必要となるはずである。しかし，起訴前は，身柄事件であれば期間も限られている上，起訴前弁護は起訴後のことも念頭に置いて行われているから，起訴前と起訴後を分断することは，そういった弁護活動の実態とも齟齬することになる。

このように考えると，上記規則の合理性が理解されよう。

(イ) 審級における選任の終了時期

審級代理の考えに基づけば，当該審級が終われば選任も終了することになる。しかし，いつがその終了時期なのかについては，手続の流れと記録の流れ，こういった2つの側面に絡めて考え方が分かれている。

すなわち，①終局的判決（決定）の言渡し（告知）があった時とする説，②終局的裁判が確定した時又は上訴の申立てがあった時とする説，③上訴申立てがあった場合には，訴訟記録を上訴裁判所に送付した時とする説とがあり，②，③説は実質的には類似した考えである。

そして，控訴を前提として説明すると，1審判決があって控訴審の審理が始まるまでには，判決後の保釈請求等の身柄関係の処理，控訴するかしないかの判断，控訴趣意書の提出等，様々な場面で弁護人の援助を受けた方が望ましい期間が介在することになる。この面では，①説→③説の順序で選任の終了時期が遅れることになるから，その分，弁護人の援助を受けられる期間が延びることになる。

また，こういった実態を踏まえて，④移審の時期の問題と審級代理の原則とを切り離して考え，個別具体的に検討すべきであるとする説（**参考裁判例8**で紹介する井上・後掲183頁）もある。

このような状況下で，**参考裁判例8**は，少なくとも①説は採用していないものと解される（井上・前掲190頁，195頁）。

ウ 国選弁護人の終任事由

(ア) 裁判所による解任が必要

「(3)」「**ア**」の「(ウ)」で説明した国選弁護人の選任行為の法的性質についての考え方とも絡んで，国選弁護人の終任事由についても争いがある。裁判説を採る判例（注59で紹介した最判昭和54年7月24日刑集33巻5号416頁）は，国選弁護人は，その辞任の申出によって地位を失うのではなく，裁判所による解任が必要であるとしている。

(イ) 解任事由

国選弁護人の解任事由については，従前は格別の定めはなかったが，平成16年の改正で「解任事由」と「解任の手続」を定める法38条の3が設けられた。国選弁護人から解任の申出がなされる典型は，被告人・被疑者との信頼関係の喪失を理由とするものである。確かに，弁護人としては，被告人・被疑

者との信頼関係を活動の基盤としているから，その信頼関係が喪失すると，解任の申出がされるのも，了解できる流れといえる。本条でも，「弁護人にその職務を継続させることが相当でないとき」の事由として，「被告人と弁護人との利益が相反する状況にあり」（1項2号）と，「弁護人に対する暴行，脅迫その他の被告人の責めに帰すべき事由」（1項5号）とを挙げているから，上記信頼関係の喪失との関連性がうかがわれる。

　(ウ)　**被疑者の釈放**

被疑者の国選弁護人に関しては，上記のとおり勾留状態が前提となっているから，勾留の執行停止による場合を除いて，被疑者が釈放されると，選任の効力を失うものとされている（法38条の2）。▼62)

　　▼62)　改正された法37条の2が施行された前提でいえば，勾留を請求された被疑者も該当してくるが，実際問題としては，勾留を請求された状態のままで国選弁護人が選任されるのは想定困難なので，国選弁護人の解任との関係では，除外して考えて良いものと解される。

(5)　**弁護人の任務**

弁護人は，法律専門家として被告人・被疑者の正当な権利，利益を擁護するのを任務としている。例えば，証拠評価に関していえば，裁判官的視点（立場性を抜きにして客観的に証拠を評価する）ではなく，被告人の言い分を踏まえた視点から証拠を評価することが基本的な任務ということになる。被告人が無罪を主張していれば，まずはその視点から証拠を検討して，適切な主張を構成することになる。このことは，弁護人について言われている真実義務の基本にもあるものと解される。

もっとも，明らかに裁判所から認められない主張や証拠評価をしても，有効な弁護活動とは通常ならないから，そういった場合には，被告人に対して，法律専門家としての視点から，上記の情報を提供した上で，最終的な弁護方針を決める必要があり，例外的とはいえ，被告人の言い分とは異なる，法律専門家としての意見を述べることも生じ得る（**参考裁判例9**参照）。

他方，被告人の意思に反した不利益な行動に出ることは，通常は，弁護人制度と矛盾するものといえる。▼63) そうであれば，既に説明した中にもあるように，例えば，規則19条4項で，全弁護人がする主任弁護人の指定・変更は，被告人の明示した意思に反して行うことができない旨定められているのは，創設的な規定ではなく，上記任務から導かれる内容の確認的な規定ということにな

る。さらにいえば，被告人の明示の意思が示されているのに，それと異なる主任弁護人の指定・変更が全弁護人によってされるということ自体，通常は生じない，はなはだしく変則的な事態ということになり，こういった規定が適用される事例は限られたものとなろう。

　もっとも，被告人・被疑者の正当な権利，利益を擁護するものであるから，被告人が身代わり犯人として有罪を希望している場合には，身代わりを止めるように説得すべきだし，法廷でもその旨を明らかにすべきこととなる。[64]

▼ 63）国選弁護人が控訴審で，「控訴の理由なし」との控訴趣意書を提出したことについて，弁護人の義務違反を認めて損害賠償を命じたものに，東京地判昭和38年11月28日下民集14巻11号2336頁。この事件に関する筆者の検討は，『注釈刑事訴訟法【第3版】1巻』（2011年，立花書房）214頁注10参照。

▼ 64）**参考裁判例9**で紹介した芦澤・前掲668頁注24では，同旨の考えが通説とされている。

(6) 弁護人の権限

ア　代理権

　弁護人は，被告人・被疑者を包括的に代理するのを原則型としているから，[65] 被告人・被疑者が行うことができ，代理できる性質の行為については，全て代理できる。しかし，代理権であるから，本人である被告人・被疑者の権利が消滅すれば，同時に消滅するものと解される。

　代理権は，法の形式を基に，本人の意思との関係を中心として，従属代理権，独立代理権に分類される。

　従属代理権は，本人の明示・黙示の意思に反して行うことができないのを原則とする代理である。例えば，既に説明した法326条1項の同意・不同意の意見を述べる場合には，「被告人」が主体として規定されていて，弁護人に関する規定はないから，従属代理権であると解されている。[66]

　弁護人は，刑訴法に特別の定めのある場合には，独立して訴訟行為をすることができるとされている（法41条）。これを独立代理権という。何から「独立」しているかといえば，被告人の意思ということになる。そのため，忌避の申立て（法21条2項），原審弁護人の上訴（法355条・356条）のように，「弁護人」と明示されているものの，「被告人のため」「被告人の明示した意思に反することはできない」との定めのあるものは，黙示の意思に反しても良いが，被告人の明示の意思に反することはできないものと解される。

他方，勾留理由開示の請求（法82条2項），保釈の請求（法88条1項），証拠保全の請求（法179条），証拠調べの請求（法298条1項）のように，法文に「弁護人」が明示されているだけのものについては，被告人の明示の意思に反してもできるものと解されている。

▼65）明文の規定はないが，弁護人制度の趣旨から当然に導かれるものである。もっとも，例えば，「(4)ア　選任の単位と範囲」で説明したように，特定の事件に限った選任が行われると，その事件に限った形での包括的な代理を行うことになる。

▼66）法廷では，弁護人が同意・不同意等の証拠意見を述べ，被告人は何の発言もしないのが通常の有り様であり，そのこと自体から，弁護人の証拠意見は，被告人の少なくとも黙示の意思には反していないと推定されている。もっとも，これは，弁護人が被告人と事前に打ち合わせ等を通じて意思疎通を図っていることが前提となっているから，何らかの事情で被告人と弁護人との意思疎通が円滑に行われていない場合などでは，被告人からも証拠意見を徴し，その結果を証拠等関係カードの関係箇所に付記する運用が望ましいときもある。

イ　固有権

被告人・被疑者の意思如何にかかわらず行使できるものである。そして，被告人・被疑者と重複した形で行使できるものと，弁護人のみが行使できるものとに分類される。前者では，検証（法142条・113条）・証人尋問（法304条2項）の立会い，最終陳述（法293条2項・規則211条）等が例示されている。

後者では，被告人・被疑者との接見交通（法39条1項），書類・証拠物の閲覧謄写（法40条，180条），上訴審における弁論（法388条，414条）等が例示されている。

弁護人との接見交通は，身柄を拘束されている被疑者にとっては，その防御上重要な意味を持っている。特に，法81条によって接見等が禁止されている事案では，外部との交通が事実上弁護人のみに限定されるから，その意義は一段と重いものとなる。

3　補佐人

法42条に補佐人の定めがあり，「被告人の明示した意思に反しない限り，被告人がすることのできる訴訟行為をすることができる」とされているが，筆者は，補佐人が付された事件を経験しなかった。

第2章　捜査

第1　捜査の意義等

1　捜査の意義

(1)　概説

　捜査は，犯罪があると思料される場合に，捜査機関が公訴の提起・公訴の維持に向けて，犯人・証拠の発見・収集を行うこととされている[1]。起訴前の手続がその中心であるが，起訴後の取調べについて説明したように，起訴後にも捜査が行われる可能性はある。

　この定義を前提とすると，捜査機関ではない私人が行う，現行犯逮捕（法213条），犯人・証拠の発見・収集などは，捜査ではないことになる。また，いわゆる行政警察活動[2]，行政機関が行う調査[3]とも区別されることになる。しかし，この調査における手続が憲法の保障と無関係であるわけではなく，判例上（**参考裁判例10**），憲法35条1項，38条1項の保障が及ぶことが明らかにされている。そして，これらの調査でも強制にわたる必要が生じることがあるが，そういった場合には，令状主義に則って捜索差押許可状等の令状が必要となって，捜査に連なることになる。

　　▼1)　法189条2項では，「犯人及証拠」が捜査の対象として規定されているが，これに限定されるものではないと解される。
　　▼2)　警察法2条（自動車の一斉検問），警察官職務執行法2条（職務質問），3条（保護）を根拠とするものなどである。
　　▼3)　①国税犯則取締法の国税犯則事件における収税官吏による調査，②私的独占の禁止及び公正取引の確保に関する法律（独占禁止法）の同法違反事件における公正取引委員会による調査等である。

(2)　捜査観

　捜査に関して，糾問的捜査観と対立させる形で，当事者主義の構造をできるだけ捜査にも及ぼそうとする弾劾的捜査観も主張されている。こういった対立的なネーミングが適切かを措くと，捜査は捜査機関が行う密行的な性質を伴っ

たものであるから，当事者主義の構造をストレートに及ぼすことには元々無理がある。しかし，捜査が適正に行われる必要があり，密行性の制約の中で捜査ができるだけ可視化されて検討・批判の対象となることは，適正な捜査の実現に寄与するところがある。そういった検討過程で弾劾的捜査観の考えが有益な視点を提供する場合があり得る。このように，観点の違いはそのこと自体としての意義を措いて，実務的に有意性を持つこともあり得る。

(3) **捜査の密行性**

「密行性」というと何か後ろ暗い印象を受けるかもしれないが，実態はそうではない。捜査情報を流せば，犯人側にそのことを知られて，逃亡，罪証隠滅，その他の事態を引き起こし，迅速・適正捜査を円滑に行うことが困難となる。こういった捜査機関側の事情が捜査の密行性の背景にあることは容易に理解されよう。しかし，それだけではなく，訓示規定とはいえ法196条では，捜査に携わる者は，「被疑者その他の者の名誉を害しないように注意」することが求められている。このように捜査を行うことは，関係者の名誉，プライバシーにも深く関わってくるのが通常である。そのため，そういった情報を外部に漏らさない，秘密を保護する，といったことが求められることになる。このことも捜査の密行性の背景事情となっている。法47条が訴訟書類の非公開を定めているのも，秘密の保護に着目したものといえる。

他方，公開捜査といったものは，密行性を解消してでも有益な情報を得たいとの捜査の必要性からなされるものといえるが，秘密の保護その他捜査の密行性の根拠となっている事由を不当に侵害することのないように留意されつつ行われることになる。

2 捜査における基本原則

(1) **概説**

捜査は，公権力によって，最終的には強制力を行使し，人権を制約する形で行われる手続であるから，その手続が法令に則った適正で，人権とも調和したものである必要がある。しかし，我が国では，密行性といわれるように，外部からはその実情が分かりにくい形で進められる手続である。そのため，強制処分には裁判所・裁判官による審査を介在させることとするなど，望ましい捜査の実現に向けたいくつかの基本原則があるから，ここで説明しておく。

▼4) 司法的抑制。**参考裁判例10**の最大判昭和47年11月22日刑集26巻9号

554頁は，憲法35条について，「本来，主として刑事責任追及の手続における強制について，それが司法権による事前の抑制下におかれるべきことを保障した趣旨」と判示している。

(2) 令状主義
ア　令状主義の意義

憲法33条，35条の定めからも，逮捕，勾留，捜索等の強制処分に関しては，原則として，その根拠となる，権限を有する司法官憲（＝裁判所・裁判官）が発する令状（＝裁判書）が必要である。強制処分はこのような令状によらなければ許容されないとする原則を令状主義という。換言すれば，令状主義の根拠は，憲法33条，35条ということになる。

以上からも明らかなように，強制処分を行うのは捜査機関であるが，その強制処分の根拠となる令状の発付手続を裁判所・裁判官に行わせることによって，強制処分を行うこと自体の適法性（＝令状によって当該令状執行者に令状内容を強制的に実現できる権限を付与すること）について司法審査を経る構造となっている（強制処分の実施過程の違法の問題は，ここでの問題ではない）。

強制処分は，起訴後も行われ（例えば，法62条等），被疑段階に限ったことではないが，被疑段階での重要度が圧倒的に高い。

イ　令状主義の例外

上記憲法の定めからしても，令状主義にはその例外が認められている。例外は，現行犯の場合その他合理性がある場合であって，現行犯逮捕の場合（憲法33条，法213条），逮捕の現場における捜索・差押えの場合（憲法35条，法220条），勾引状等の執行の際の被告人の捜索の場合（法126条）等である。

ウ　令状
(ｱ)　様式性と令状の法的性質

令状は上記のとおり強制処分の根拠となるものであるから，様式を定めて明確性を確保しておくことが求められており，同時に，そのことが人権保障の役割も果たすことになる。逮捕状等について補足して具体的に説明する。

また，令状の法的性質も同一ではないから，併せて説明する。

(ｲ)　逮捕状

理由となる犯罪の明示が憲法33条によって要請されており，その他の記載事項は法200条（逮捕状請求の記載要件は規則142条）に定められている。

逮捕状は，裁判官の発する許可状と解されているから，逮捕状を得ても実際に逮捕するか否かは捜査機関の判断に委ねられている。弾劾的捜査観からは，この裁量性が批判されているが，逮捕は捜査の初期段階の手続であるから，事情の変更も見込まれ，こういった裁量の存在は認められて良いものと解される。また，法199条2項，規則143条の3が，裁判官に対して，「明らかに逮捕の必要がないと認めるときは」逮捕状請求の却下を命じているということは，「明らか」とはいえない程度に逮捕の必要が低いときでも，逮捕状は発付されることになるから，そういった低い必要性がその後に更に低下して逮捕するまでもない事態となる場合もあり得ることである。そして，そういった判断はその時点では捜査機関が行う以外にないから，上記裁量の存在は，法も予定しているものと解される。

(ウ) 捜索状，差押状

「捜索する場所及び押収する物」の明示が憲法35条によって要請されており，その他の記載事項は法219条（捜索状・差押状の請求の記載要件は規則155条）に定められている。そして，実務的には，この2つの令状を1通にした捜索差押状の形での発付が一般的である。他方，各別の機会に行う捜索・差押えを1通の令状で行うことは，憲法35条2項が「各別の令状」としているところからして，許されないものと解されている。

捜索状，差押状については，逮捕状同様に，許可状と解されている。そして，必要性の判断に関しては，逮捕状のように明文の定めはないものの，判例は必要性の判断も行えるものと解している。▼5)

> ▼5) 最決昭和44年3月18日刑集23巻3号153頁（桑田連平・判解刑同年度39頁）は，法430条による準抗告裁判所について差押えの必要性を判断できることを肯定した。そして，桑田・前掲43頁は，この判断は事案に即しただけで，「令状裁判官の審査権についても等しく妥当するものであろう」とされる。

(エ) 命令状と許可状

起訴後は強制処分は裁判所（第1回公判期日前は裁判官が担当することにつき，法280条，規則187条）が行うから，起訴後の令状は，執行が予定されているだけであって，全て命令状である。

他方，被疑段階では，上記以外では，検証令状（法218条）等は許可状であり，勾留状，鑑定留置状（法207条1項本文，167条2項）等は命令状である。

(オ) 有効期間

　捜査機関が令状の執行について上記のように裁量権を持つ場合もあるところから，令状の有効期間について，ここで説明しておく。

　規則300条で，令状の有効期間は，令状発付の日から7日とされている（同条本文）が，裁判所（裁判官）が相当と認めると，7日を超える期間を定めることができるとされている（同条ただし書）。例えば，所在不明な被疑者に対する逮捕状が数箇月単位の有効期間で発付されることもある。

　なお，初日は不算入（「参入」といった誤記をしない）である（法55条本文）。

(3) **任意捜査の原則**

　ア　概説

　強制捜査は被疑者等の人権を制約するものであるから，捜査の必要性と人権との調和を図ろうとすべく，ごく常識的に考えても，捜査手法としては，任意捜査を原則とする，ということが導かれる。そして，法197条1項は，捜査の目的を達するため必要な取調べをすることができるが，「強制の処分は，この法律に特別の定のある場合でなければ，これをすることができない」とされていることからも，任意捜査の原則が裏付けられているといえる。

　そのため，同一の捜査目的を任意捜査でも強制捜査でも達成できる場合には，任意捜査が選択されることになる。もっとも，これも原則型としていえることであって，例えば，現場に留め置く態様で職務質問を継続していると，かえって，実質上逮捕しているのではないか，などといった問題が生じることがあるため，より早期に強制捜査への移行を選択する方が，人権との調整の関係も適切に行える場合があり得る。そのため，常に，強制捜査を任意捜査に劣後させるのが適切な判断であることにはならず，強制捜査への移行時期の見極めが重要となる場合もあり得ることに留意する必要がある。[6]

　▼6）　興味のある人は，拙稿「判例と捜査手法の適正化」『西田典之先生献呈論文集』（2017年，有斐閣）537頁も参照願いたい。

　イ　強制捜査と対比する形での任意捜査

　任意捜査と対比する形で強制捜査を考える。**参考裁判例11**は，強制手段は，「個人の意思を制圧し，身体，住居，財産等に制約を加えて強制的に捜査目的を実現する行為など，特別の根拠規定がなければ許容することが相当でない手段」であるとし，同時に，有形力の行使を伴う手段は直ちに強制手段とな

るとの考えを明確に否定した。

　そして，任意捜査における有形力の行使の限度について，上記「の程度に至らない有形力の行使は，任意捜査においても許容される場合があ」り，その許容限度は，「必要性，緊急性などをも考慮したうえ，具体的状況のもとで相当と認められる限度」であるとした。同時に，「強制手段にあたらない有形力の行使」は「状況のいかんを問わず常に許容される」との考えを，同有形力の行使も「何らかの法益を侵害し又は侵害するおそれがある」ことを根拠として，明確に否定した。

　これらの定義を基にして実務は動いている。

(4) 捜査比例・警察比例の原則

　捜査は，具体的状況の下で，捜査目的の達成に必要で相当な限度で行われるべきであるとするのが，この原則である。

　捜査は，捜査機関が行うもので人権の制約を伴うこともあるから，過剰な行使は避けられるべきであって，上記原則は，適正な捜査の実現の指針の1つとして働くことになる。

　しかし，比較衡量になるから，①一方の要素としては，被疑事実の重大性の程度，嫌疑の程度，当該捜査の必要性・緊急性の程度といった，広い意味での捜査の必要性が挙げられる。②他の要素としては，侵害・制約される権利・利益の種類，侵害・制約される程度，行使される有形力の有無・程度が挙げられる。

　これらの総合考慮を基にして，具体的な捜査手法が選択されることになる。

第2　捜査の開始（捜査の端緒）

1　概説

　捜査は，捜査機関が「犯罪があると思料するとき」（法189条2項）に開始される。そして，「犯罪があると思料」する契機（手掛かり・原因）となるものを「捜査の端緒」という。捜査の端緒としては，犯罪捜査規範の規定との関係では，被害届（犯罪捜査規範61条），告訴・告発・自首（同63条）が挙げられ，刑訴法との関係では，さらに，現行犯人の発見，変死体の検視が挙げられる。

　しかし，捜査機関が「犯罪があると思料するとき」といった事柄の性質からしても，捜査の開始は，上記の捜査の端緒事由に限定されるわけではない。こ

のことは，犯罪捜査規範 59 条に，警察官に向けた端緒把握の努力として，「新聞紙その他の出版物の記事，インターネットを利用して提供される情報，匿名の申告，風説その他広く社会の事象に注意するとともに，警ら，職務質問等の励行」が挙げられていて，要するに，多様な方法を活用して捜査の端緒となる情報を広範囲に得ることが勧奨されていることからも，裏付けられている。

そして，職務質問，検視等は捜査機関によるものであるが，告訴，自首等は個人の体験に基づくものである。このように捜査の端緒は，主体の面でも様々である。

2　訴訟条件の欠如と捜査の開始

訴訟条件については，後に改めて説明するが，要するに，訴訟の有効要件であり，これを欠くと，裁判所は，実体審理に入らずに，免訴（法 337 条）や公訴棄却（法 338 条，339 条）の裁判をすることになる。

そういった訴訟条件を欠いた場合に捜査が行えるのかについては，個々の捜査の端緒の検討の前に検討しておく。結論から言えば，この点は積極に解される。すなわち，親告罪であっても現行犯逮捕が可能であることからすれば，訴訟条件はあくまでも公訴提起に始まる公訴の適法要件であって，捜査の有効要件ではない，換言すれば，訴訟条件の欠如は捜査の支障にはならない，との結論が導かれる。補足すると，例えば，法 339 条 1 項 4 号で被告人が死亡したときは公訴棄却の決定事由とされているが，犯人が犯行現場で死亡した場合でも，警察が捜査を行っている旨のマスコミ報道に接したことのある人もいよう。しかし，この捜査は，その後に訴訟条件が満たされることのない場合である。既に時効が完成している場合も同様である。そうであっても，本当に死亡したのが犯人だったのかなどと，捜査で解明すべき事由がないわけではない。

他方，親告罪の告訴が欠けている場合のように，その時点では訴訟条件が満たされていなくても，その後に満たされる可能性のあるものもある。このように捜査の時点で訴訟条件が欠けているといっても，その状況は同一ではない。しかも緊急に処理すべきことは，後からやろうとしてもできないこともあり得る。このことは，犯罪捜査規範でも 70 条（親告罪の要急捜査），72 条（請求事件の捜査＝要急捜査を肯定している），75 条（犯則事件の要急捜査）といった規定があることからも，裏付けられているといえる。

これらを考慮すると，上記結論の正当性が裏付けられているといえる。

他方，犯人が死亡した場合だけでなく，捜査の結果時効完成が明確になった場合，親告罪でも告訴がされないことが確定した場合[7]などでは，公訴提起の可能性はないから，任意・強制を問わず無用な捜査をすべきでないことも当然のことである。したがって，強制捜査などについても，そういった公訴の可能性の程度といったものが，令状発付の必要性との関係で検討されることとなろう。

▼7) 例えば，被疑者と被害者との間で示談が成立し，告訴しないことも示談条項に含まれているときである。

3 職務質問

主要な捜査の端緒について検討するが，現行犯人の発見については，現行犯逮捕の箇所で一括して説明する。

(1) 概説

職務質問は捜査の端緒ではないが，犯罪捜査規範59条に職務質問の励行が挙げられていたように，職務質問は捜査の端緒を得るものとしても重要である。

職務質問は，警察官職務執行法2条がその根拠条文である。同条1項は，職務質問の対象者を，①「異常な挙動その他周囲の事情から合理的に判断して何らかの犯罪を犯し，若しくは犯そうとしていると疑うに足りる相当な理由のある者」，②「既に行われた犯罪について，若しくは犯罪が行われようとしていることについて知っていると認められる者」としている。この対象者はいずれも特定の犯罪に関する嫌疑が生じているわけではないから，犯罪捜査の対象となっているわけではない。しかし，両者ともに，上記の定めからして，特定の犯罪の嫌疑と関連してくる可能性のある者である。

このように，この職務質問は，犯罪捜査そのものではないものの，犯罪の予防・鎮圧等を目的とする行政警察作用として位置付けられる性質を持つ行為であると解される[8]。この性質からして，例えば，職務質問の結果，犯罪の嫌疑が生じて犯罪捜査に移行したり，他の情報も加わって犯罪捜査も平行して行われたりしても，了解可能なことといえる。

そうすると，同条3項に，「刑事訴訟に関する法律の規定によらない限り，身柄を拘束され，又はその意に反して警察署，派出所若しくは駐在所に連行され，若しくは答弁を強要されることはない」とあるのは，職務質問が行政警察

行為であることからすれば，いわば当然の事柄を，無用な紛議が生じないように確認的に定めたものと解される。

▼8）　**参考裁判例12**の最判昭和53年6月20日刑集32巻4号670頁も，職務質問・所持品検査について「犯罪の予防，鎮圧等を目的とする行政警察上の作用」としている。

(2) 職務質問の態様

職務質問の態様は，「停止させて質問」することである（同条1項）。そして，①その場での質問が「本人に対して不利であ」る場合，②「交通の妨害になると認められる場合」には，「その者に附近の警察署，派出所又は駐在所に同行すること」（＝任意同行）「を求めることができる」とされている（同条2項）。

この，「その場での質問」，「任意同行」，「任意同行後の質問」，それぞれについて，裁判例でも様々に争われることがあるから，警察官に対して，その適切な指針を提示できることが，裁判実務の課題の1つとなっているといえる。

ア　有形力の行使

上記のとおり職務質問では，対象者を停止させることが認められている。このことからも，有形力が行使されることも予想されているといえる。そういった場合の判断基準としては，既に紹介した判例（**参考裁判例11**）がその役割を果たすことになる。

イ　対象者の意思

警察官職務執行法2条3項の上記規定からしても，対象者の意思に反した質問はできない。しかし，上記のとおり有形力を行使して停止させることも許容されていることからすれば，積極的な同意がないと，それだけで「意思に反した」とされることにはならないことになる。

ここでの判断基準は任意性の有無として考えられていて，①不承不承応じる対応，②「勝手にすれば」などといった投げやりな対応，③返事をしない対応等は，積極的な同意があったとはいえないものの，職務質問の適法性の判断との関係では，任意性が否定される判断にはならないものと解される。任意性の有無が規範的に判断されているといっても良いであろう。

▼9）　判例でも，駐在所に同行後の職務質問中に逃げ出した者を130m追跡し背後から腕に手をかけ停止させたことを適法とした最決昭和29年7月15日刑集8巻7号1137頁（寺尾正二・判解刑同年度191頁）等，職務質問に関連して有形力

を行使した事案を適法としたものがある。その他の最高裁判例については，**参考裁判例 12** で紹介した岡・前掲 212 頁にも，その紹介がある。

(3) 所持品検査

職務質問の一環として所持品検査ができるかについても争いがあるが，判例（**参考裁判例 12**）は，①職務質問との密接関連性，②職務質問の効果を上げる上での必要性，有効性を根拠として，肯定している。[10]職務質問は単なる質問ではなく，上記のとおり犯罪との関連性もある質問であるから，対象者に持ち物がある場合には，その物との関係でも質問が行われることがあるのが自然である。そうすると，上記理由から所持品検査を認めた判例には合理性があるといえる。

そして，**参考裁判例 12** で紹介した岡・前掲 207 頁は，所持品検査のうち，任意的な行為として許容されることに通説，判例が肯定しているものとして，①所持品を外部から観察する行為，②所持品につき質問をする行為，③所持品の任意提示を求めて提示された所持品を検査する行為を挙げている。[11]しかし，①，②は，所持品検査と言わなくても，職務質問そのものとしても可能な行為である。③も職務質問としての理解の余地もあるが，所持品検査という概念を前提に考えれば，所持品検査として考えることがふさわしいものといえる。いずれにしても，これらの行為が任意にされる限り，違法と判断されることは想定し難いところであって，適法性の確認的色彩の強い行為類型といえる。[12]

岡・前掲 208 頁は，許容性が問題となる行為として，相手方の意思に反し，[13]④衣服，携帯品の外側から手を触れて所持品の検査をする行為，⑤衣服に手を入れたり，携帯品を開披（かいひ）する等して所持品の検査をする行為を挙げる。

④は，捜索として違法視される可能性は低いと思われるが，⑤は捜索との差異が微妙となる。**参考裁判例 12** は，所持品検査は，所持人の承諾を得て行うのを原則としつつ，承諾のない限り一切許容されないのではなく，所持品検査の必要性，緊急性，所持品検査によって害される個人の法益と保護されるべき公共の利益との権衡などを考慮し，具体的状況のもとで相当と認められる限度において許容されるとした。

強制にわたれないのは当然のことであるが，一律的な判断枠組みを否定し，上記の諸事情を考慮した上での具体的な判断事項であることを明らかにしたものといえる（岡・前掲 209 頁には，「警察比例の原則」との言及がある）。任意性

の判断について規範的な思考がされているといえる。

▼10) 岡・前掲222頁注9では、所持品検査について警察法2条を根拠とすることができるかについては判断しておらず、これを否定する趣旨を含むものではないとしているから、将来の判断事項といえよう。

▼11) 「呈示」と誤記しないように。法令用語としては提示と呈示とは区別して用いられている。しかし、例えば、広辞苑（第6版）1904頁では、「呈示」は「差し出してみせること」と、「提示」は「差し出して相手に示すこと」とあり、両者の違いは分かりにくい。

▼12) 岡・前掲207頁には、所持品の提示を求めることを適法とした最高裁判例の紹介がある。

▼13) 岡・前掲213頁は、任意手段にいう「任意」について、判例は、「相手方の自発的又は協力的意思をいうのではなく、相手方の意思に反する場合の或る程度の有形力の行使も『任意』に含まれるものであることを示唆している」とし、任意性について規範的な理解を明らかにしている。所持品検査が相手の意思に反しても実施可能である場合があることの根拠は、**参考裁判例12**の説明参照。

4　自動車検問

自動車検問は多様に活用されているから、ここで検討しておく。

自動車検問については、法律上の規定はないものの、「犯罪の予防、検挙のため、警察官が走行中の自動車を停止させて、自動車の見分、運転者又は同乗者に対し必要な質問を行うこと」といった定義がされている。そして、その態様としては、以下の3種類が指摘されている（渡部・後掲153頁）。

すなわち、①緊急配備活動としての検問（＝特定の犯罪が発生した際に、犯人の検挙捕捉と捜査情報の収集を主な目的とする検問）、②警戒検問（＝不特定の一般犯罪の予防、検挙を主な目的とする検問）、③交通検問（＝交通違反の予防、検挙を主な目的とする検問）である。①については、捜査の一手法と位置付けられるから、法197条1項本文の任意捜査として、あるいは、職務質問（警察官職務執行法2条1項）として、その法的根拠付けが可能であろう。

そして、判例は、③の一斉の交通検問の適法性を肯定した。その根拠としては、警察法2条1項を挙げ、任意手段によるからといって無制限に許されるものではないとしつつ、「警察官が、交通取締の一環として交通違反の多発する地域等の適当な場所において、交通違反の予防、検挙のための自動車検問を実施し、同所を通過する自動車に対して走行の外観上の不審な点の有無にかかわりなく短時分の停止を求めて、運転者などに対し必要な事項についての質問などをすることは、」（＝これは一斉の交通検問の説明といえる）「それが相手方の任

意の協力を求める形で行われ，自動車の利用者の自由を不当に制約することにならない方法，態様で行われる限り，適法」（＝これは一斉の交通検問の適法化要件といえる）とした。この一斉の交通検問の説明によって，一斉の交通検問の実態が明らかにされ，適法化要件の明示によって，制約された形での任意手段による一斉の交通検問の適法性が明らかにされている。

他方，一斉ではなく，不審車（例えば，車体の外観，走行態様などに異常・不審な点のある車両）のみを対象として実施する場合には，①～③を通じて問題は少ないとされ，職務質問（①～③），道路交通法61条・63条・67条（③につき），事案に応じて警察官職務執行法5条・銃砲刀剣類所持等取締法24条の2第1項（①～③），法197条1項（①～③）が根拠となることもあり得る。

▼14) 緊急配備については，犯罪捜査規範93条～95条に定めがある。**参考裁判例12**も，緊急配備による検問が行われた事案である。
▼15) 最決昭和55年9月22日刑集34巻5号272頁（渡部保夫・判解刑同年度149頁）。
▼16) 警察法2条1項が「交通の取締」を警察の責務としていることから，「交通の安全及び交通秩序の維持などに必要な警察の諸活動は，強制力を伴わない任意手段による限り，一般的に許容されるべきものである」とする。

5　検視

法229条は検視（司法検視）について定めている。検視は，同条が定める死体について，その死亡が犯罪によるものか否かを判断するために，五官（五感）[17]の作用により，その死体の状況を見分することである。このような説明からも，検視は，検証との類似性を指摘できるが，捜査前の処分であるから，捜査の一手法である検証（法218条）とは法的性格を異にしていて，検視自体については，令状を必要とせず，令状によらずに人の住居に立ち入ることもできると解されている。

検視の主体は検察官であるが（法229条1項），検察事務官・司法警察員に検視をさせることができるので（同条2項），結局これらの者が検視の主体となる。

検視の対象は，変死者又は変死の疑いのある死体である。変死者とは，自然死（老衰死，病死等）ではない不自然死であって，犯罪による死亡ではないかとの疑いのある死体である[18]。したがって，自然死，犯罪によらない不自然死（天災死，自殺など）は，検視の対象とはならない。

「変死の疑いのある死体」とは，変死者の定義との関係で少し分かりにくくなっているが，自然死と不自然死との中間概念ということになり，また，変死者の要件である「犯罪による死亡ではないかとの疑い」との関係性は残るから，自然死か不自然死か不明の死体で，不自然死の疑いがあって，犯罪によるものかどうか不明なものをいうことになる。

この「変死の疑いのある死体」の定義からして，犯罪によるものか否か明らかでない死体は全て検視の対象となるから，変死者と「変死の疑いのある死体」との相違自体は，検視との関係では有意性を持たないことになる。

なお，軽犯罪法1条18号，医師法21条，戸籍法89条，92条1項（本項には，警察官が検視調書を作ることが明記されている）等が契機となって，警察官が犯罪との関連性を抜きにして死体・死胎を見分することがある。従前から行政検視といわれているが，「警察等が取り扱う死体の死因又は身元の調査等に関する法律」によれば，死体発見時の調査等（同法4条），検査（同法5条），解剖（同法6条）が，死体DNA型記録の作成等（死体取扱規則4条）が，それぞれ定められている。

▼17) 五官は目，耳，鼻，舌，皮膚の感覚器官であり，五感は視覚，聴覚，嗅（臭）覚，味覚，触覚の感覚である。この区別をきちんとするように。

▼18) 変死者に「犯罪によることが明白な死亡」も含むかについては，争いがある。しかし，例えば，殺人の現行犯などでは，検視という手続を経る必要がないこともあろう。また，現行犯ではない場合には，犯罪による死亡の可能性が高くても，犯罪による死亡とは断定せず，そうである疑いはある，とするのであれば，実質的には大きな差異を生じることになる争いとはいえない。

6　告訴，告発，請求

(1) 概説

ア　告訴

告訴は，①犯罪の被害者その他一定の者（告訴権者）に主体が限定されていること，②捜査機関に対して犯罪事実を申告し，その訴追を求める意思表示であること，といった意思表示の相手，意思表示の内容が特定されていること，③告訴は一般的には捜査の端緒であるが，親告罪では訴訟条件となっていること，の3点において，他の訴訟行為とは異なっている。

他方，告訴の期間については，以前は限定があったが，近時の法改正で告訴期間の限定がないものも生じている。

イ 告発，請求

法239条1項が定める告発は，捜査機関に対し犯罪事実を申告して犯人の訴追を求めるものであって，意思内容は告訴と同じである。

ただ，主体が告訴と異なり，同項には「何人も」とあるが，告訴権者は告訴すべきであるし，捜査機関も告発を受理する立場にあるから，これら以外の者である。要するに，告発は，主体を制限しないことで，捜査機関に対し，広く捜査の端緒を得させることとされた行為といえる。

また，官吏・公吏（＝国家公務員・地方公務員）は，職務を行うことによって犯罪があると思料するときは，告発しなければならないものとされている（同条2項）点も異なる。なお，この規定が訓示規定なのか，義務を課した規定なのかについては争いがある。しかし，単なる訓示規定であれば規定を設ける意義が乏しいが，他方，「犯罪があると思料する」ということからして，事実認定が絡むし，事案の軽重等を考慮した裁量の余地が一切ないとするのも，行政目的を持った行政機関の支障となることもあろうから，常に義務を負うものとするのも相当とはいえない▼19)。

請求は，特定の犯罪に関するものであって，その内容は告発と同じである。

しかし，一定の場合には，告発も請求も，訴訟条件とされている。告発では，公正取引委員会の告発（独占禁止法96条，89条～91条）等があり，判例によって認められたものもある▼20)。請求では，労働委員会による請求（労働関係調整法42条，39条・37条）等がある。

告発，請求も，告訴の規定が準用されるなどしているから，以下の説明では，一括して行っている。異なる点としては，告訴期間のような制限はないし，代理人による告発・請求及びその取消は認められていないし（法240条参照），法237条1，2項の規定は，告発には準用されていない（同条3項参照）。

▼19) 名古屋高判昭和26年6月14日高刑集4巻7号704頁は，法239条2項を訓示規定と解し，収税官吏は，仮に申告書に記載した収支源の調査から犯罪が発覚したとしても，必ずしもこれを告発するとは限らないなどとする。

▼20) 例えば，議院における証人の宣誓及び証言等に関する法律違反（8条）につき最大判昭和24年6月1日刑集3巻7号901頁。同最大判は，「議院内部の事は議院の自治問題として取扱」，8条の「罪については同条所定の告発を起訴条件としたもの」と解し，同告発を欠く公訴を不適法とし，該当部分に関しては，原判決を破棄して公訴棄却とした。

(2) 告訴権者

ア 被害者

被害者は，法230条では「犯罪により害を被った者」と定められている。権利関係が重なるなどして複数の被害者が生じることがあるが，所有者に限らず，それぞれが被害者である。例えば，放火事件における建物所有者と賃借人とである（**参考裁判例13**参照）。法人も被害者となるが，代表者が告訴することになる。

イ 被害者の法定代理人・被害者の親族

法231条1項に基づくものであって，法定代理人には，親権者（民法818条），後見人（同法839条，843条）がある。

「独立して」とは，本人の意思から独立して行使できる固有権とされ，本人が，告訴期間の経過，告訴の取消によって告訴権を失った後でも，法定代理人は，自己の告訴権の消滅事由がない限り告訴できると解されている[21]。

他方，この法定代理人が，被疑者・被疑者の配偶者・被疑者の4親等内の血族・3親等内の姻族といった，被疑者と緊密な関係にあった場合には，被害者と法定代理人との利害が対立し，適切な告訴権の行使が期待できないおそれがある。そのため，被害者の親族（民法725条）にも，独立した告訴権が認められている（法232条）。

▼21) 最決昭和28年5月29日刑集7巻5号1195頁は，当時親告罪であった強姦事件から6箇月を経過していたものの，被害者の法定代理人（母）が強姦の事実を知った翌日にした告訴について，本文で紹介した趣旨の説示をして，有効とした。

ウ 被害者が死亡した場合の配偶者等

被害者が死亡すると，被害者によって告訴権が行使される余地はない。しかし，被害者の告訴権は保護されるべきであり，同時に，被害者の意思が表明されているときは，その意思は尊重されるべきである[22]。これらが考慮されて規定されたのが法231条2項である。すなわち，被害者死亡の場合には，その配偶者，直系の親族・兄弟姉妹を告訴権者としている。同時に，法定代理人とは異なって，被害者の明示した意思に反することはできないとされている。そのため，この意思に反して告訴がなされても，当該告訴は無効となる。

▼22) ここでは，告訴する方向での問題であるから，被害者の意思も，告訴をしない，といった意思を指すことになる。換言すれば，被害者が告訴する意思を表明して

いるのに，これらの者が告訴しないということにはならないことが前提とされている。

エ 死者の親族等

法233条1項は，死者の名誉毀損の罪（刑法230条2項）について，死者の親族又は子孫を告訴権者としている。親族はともかく，「子孫」が含まれているのが注目される。子孫自体の定義はないが，直系卑属であれば親等を問わない趣旨と解される。

被害者が告訴しないままで死亡すると，法231条2項と同じ状況になるが，対象の罪が限定されているところから，法233条2項は，告訴権者の範囲を同条1項の範囲と同じとして，法231条2項より広げている。他方，被害者の明示した意思に反することはできないとされているのは（法233条2項ただし書），法231条2項ただし書と同じである。

オ 指定された告訴権者

以上のとおり告訴権者は限定されているため，例えば，身寄りのない被害者が死亡した場合のように，該当者がいない事態が生じ得る。親告罪でないときは，捜査の端緒が1つ欠けることになるだけなので，特段の影響はないが，親告罪のときは，訴訟条件が欠けることになって，公訴提起ができなくなってしまう。法234条は，そういった事態に備えた規定である。利害関係人の申立によって，公益の代表者である検察官が告訴できる者を指定することができるようになっている。他方，利害関係人に関する定めはないから，法律上の利害関係者である必要はなく，内縁関係者，婚約者，雇い主，告訴権者ではない親族等が想定される。

(3) 親告罪における告訴の意義

ア 親告罪とされている意義

特定の罪が親告罪とされる理由は，2つに大別されている。1つは，事案軽微なために，告訴を訴訟条件として，告訴があった場合に初めて起訴価値の判断をさせれば良い，換言すれば，被害者が処罰を望まなければ処罰をせずに処理して良いとされている類型の罪である。器物損壊罪（刑法261条・264条）がその典型である。この場合には，被害者を秘匿しておく必要性などといった問題は，通常生じない。

2つは，起訴して，公開の法廷で審理・判決を行うことが，名誉・プライバ

シーの侵害，精神的な二次被害などの新たな苦痛を被害者に与える可能性があるところから，告訴を訴訟条件としている場合である。名誉毀損罪（刑法230条・232条）がその典型である。この場合には，被害者を秘匿しておく必要性なども重要な関心事となることがある。

なお，従前はこの類型の犯罪の典型例には強姦罪（刑法177条）等があったが，平成29年の法改正で親告罪としていた刑法180条等が削除され，同年7月13日から同改正法が施行されたから，もはや親告罪ではなくなった。親告罪とすることの意義付けに変化が生じているといえる。

イ　告訴不可分の原則

告訴が訴訟条件とされているところから，告訴やその取消の範囲が問題となる。この場合には，対象者の面と，事実の面とに分けて考えるのが便宜である。前者が主観的不可分の問題であり，後者が客観的不可分の問題である。

(ア)　主観的不可分

主観的な不可分であるから，単独犯では問題とならず，共犯事件で問題となる。法238条1項はこの主観的不可分に関する定めである。すなわち，共犯の1人又は数人に対してした告訴・告訴の取消は，他の共犯に対しても，その効力を生じる，として，告訴・その取消の主観的不可分の趣旨を定めている。

告訴は，事件について訴追を求めるのであって，特定の個人を対象とするものではないから，元々，当該事件における特定の犯人を対象として告訴しても，その対象者の特定自体に意義があるわけではない。その意味では，この規定は，告訴が事件単位にされるべきことを確認した規定と解することができる。

同条2項は，告発や請求について，1項が準用される旨を定めている。

(イ)　親告罪と非親告罪とが関連している場合と主観的不可分

親族相盗例（刑法244条2項と3項）のように，共犯者間で，親告罪となったり非親告罪となったりする場合がある。この場合の告訴は，親告罪との関係では訴訟条件となるが，非親告罪との関係では訴訟条件ではない。そのため，非親告罪の関係にある犯人甲に対してだけ告訴がなされた場合に，親告罪の関係にある犯人乙に対しても告訴の効力が及んでいくのかが問題となる。法238条1項をそのまま適用すると，常に肯定されることになる。これは不合理だとして，この場合は法238条1項の例外として扱うべきだとの考えもある。

しかし，この点は一律には行かず，告訴権者の意思の確認が必要となる。告訴の取消の場合と併せて説明する。
　告訴権者が事件自体に対して告訴（告訴の取消）をしているとの意思であれば，法238条1項が適用されることに何の問題もない[23]。上記例外説は誤りということになる。
　他方，甲に対する訴追は求めるが，乙に対する訴追は求めない意思である場合には，甲に対する告訴の効果を乙に対して及ぼすのは，刑法244条の2項と3項の規定振りからしても，明らかに不当である。この場合について，法238条1項の例外と考えても差し支えはないが，元々，刑法244条2項に即した告訴はされていない，すなわち，告訴が欠けていると考えるのが事柄の実態に即したものと解される。
　また，甲に対する告訴は取り消すが，乙に対する告訴は取り消さない[24]，という趣旨であれば，その通りの効果（親告罪において告訴が存在している状態）を認めるべきである。
　そして，捜査の過程で共犯関係に変動があった場合における告訴や告訴の取消の効果が及ぶ範囲を考えるに当たっても，上記説明が当てはまる[25]。
　告訴権者の意思が明確でない場合には，「疑わしきは被告人の利益に」の原則から考えて，上記の説明から，被告人に利益な結論を導くほかはないことになる。このことは，告訴権者の意思について，乙の利益に推定することと同じ結論となるのであって，上記例外説も，実質的にはこのような推定を介在させて自らの結論を導いているものと解することができる。
　他方，このように考えるのは，告訴権者に告訴の主観的範囲の選択を認めることになって，法238条1項が定める告訴不可分の原則と矛盾しているようにも思える。しかし，告訴の前提となる罪自体に関する取扱が告訴に関して異なる以上は，同条が定める同一処理には元々限界があることになる。筆者の考えは，そのことを踏まえつつ告訴不可分との法の趣旨を最大限生かしたものと位置付けられるべきである。

　　▼23）甲，乙による名誉毀損とされていて，甲，乙に対して告訴がされた後，甲に対する告訴が取り消されたものの，乙に対する単独犯としての起訴を適法とした大判昭和13年2月28日刑集17巻141頁も，このような理解が可能な事案といえる（条解刑訴463頁も同趣旨の指摘をしている）。
　　▼24）もちろん，乙に対する告訴は取り消すが，甲に対する告訴は取り消さないとい

う想定は可能で，実際には，この方が生じやすいと考えている。しかし，甲は元々非親告罪なので，告訴の取消の効力が及ぶか及ばないかは，その起訴・不起訴の判断に影響を及ぼさないから，設例として考える必要がないのである。
▼25）例えば，当初は甲，乙，丙3名の共犯事件とされていたものの，その後の捜査で，甲が共犯者ではないことが判明したり，結局は丙の単独事件と判明した場合で，告訴や告訴の取消が甲を対象として行われていた場合に，丙を起訴できるかの判断の場面である。

㈦　客観的不可分

一罪の一部に対してされた告訴の効力が一罪のその余の部分に及んでいくのかの問題である。この点は，法の定めがなく，解釈に委ねられている。そして，主観的不可分に関して述べたように，告訴が事件に対して行われるものであるとの前提では，対象となる事実が可分になることはないことになる。このように，客観的不可分は，主観的不可分を支える思考から導かれることになる。判例でも認められている[26]。

客観的不可分の原則は，単純一罪に当てはまるが，包括一罪，科刑上一罪の場合にも当てはまるかについては争いがある。しかし，包括一罪については，事実の特定について，全体として特定されていれば，個別の事実自体の特定は厳格に行われていなくても足りるとされていることを考えると，元々，個別の事実ごとに告訴の効力の範囲を考えることには無理がある（少なくともそういった事案が不可避的に含まれてくることになる）から，客観的不可分の原則は全面的に及ぶものと解するのが相当である。

他方，科刑上一罪に関しては，包括一罪にある上記のような点はないから，個別の事実ごとに考えることについて，事実面からの支障はないといえる。そして，科刑上一罪はそれぞれに一罪であることからすれば，包括一罪とは異なる解釈も可能といえる。説明の便宜を考え，単純化した設例を基に検討する。

▼26）最判平成4年9月18日刑集46巻6号355頁（龍岡資晃＝大谷直人・判解刑同年度62頁）は，ロッキード事件全日空ルートにおいて，一個の宣誓に基づく議院の同一の証人尋問手続でされた数個の虚偽陳述は一罪を構成するとした上で，告発が上記数個の陳述の一部分についてされた事案で，告発の効力は他の陳述部分にも及ぶとした。

【設例1】

1通の文書で甲，乙2名の名誉を毀損したといった，科刑上一罪の関係にあ

る親告罪が各別に個人の法益に関するものである場合には，甲，乙ともに相手の告訴権行使について何らの権限を持っているわけではない。換言すれば，甲（乙）が，乙（甲）の分も含めて告訴する意思を有していたとしても，それは甲（乙）の告訴の効果を乙（甲）に及ぼす根拠とはならない。そうすると，甲，乙それぞれの告訴は，甲，乙それぞれとの関係でのみその効果が及ぶものと解するのが，親告罪とされている趣旨に沿うものといえる。換言すれば，その限度では，客観的不可分の原則は制約を受けるものと解される。[27]

> ▼27) 東京高判昭和30年4月23日高刑集8巻4号522頁は，非同居の親族2名に対して同時にされた恐喝未遂について，1名のみからの告訴は他の1名には及ばず，告訴を欠く者に対する実体審判はできないとし，事件全体について有罪判決をした原判決を破棄し，告訴を欠く者との関係での公訴棄却の点については，上記恐喝未遂は観念的競合の関係にあるところから，主文にはなく理由中で判断が示されている。
> 　ちなみに，恐喝未遂についても，刑法251条によって同法244条の親族相盗例が準用され，非同居の親族については，同条2項によって親告罪となる。

【設例2】

住居侵入，窃盗といった牽連犯の関係にある罪が甲（犯人と非同居の親族関係にある）という1人の法益に関するものである場合に，非親告罪である住居侵入に関してされた告訴の効力が親告罪である窃盗に及ぶかについては，[28][29] 甲は，窃盗を告訴するか・否かについても判断できるから，甲の意思を確認して処理をすれば良いことになる。その結果，甲の意思如何で甲の告訴の効果が及ぶ範囲が異なってくるが，それは，主観的不可分について説明したのと同様であって，客観的不可分特有の事象でない。そして，実務的には，甲が窃盗についても告訴する意思があった場合には，手続的明確性を期する意味から，窃盗に関しても告訴状を得ておくべきである。

> ▼28) 参考として，牽連犯に関する裁判例として紹介しておく。東京高判昭和45年12月3日刑裁月報2巻12号1257頁，判タ259号205頁は，誘拐の告訴（わいせつ目的の点には言及がない）は，起訴事実であるわいせつ誘拐に及び，同わいせつ誘拐と強制わいせつとは牽連犯の関係にあるとし，告訴不可分の原則により，当時親告罪であった強制わいせつの事実にも及んでいるとし，そのように考えても被害者の意思を無視したことにはならないとした。
> ▼29) 設例としては窃盗についてだけ告訴している場合も想定可能だが，こういった事例自体生じる可能性に乏しい上，住居侵入罪は非親告罪であるから，告訴の有無にかかわらず起訴・不起訴の判断は可能であるから，設例としては挙げていない。

(4) 告訴（告発）の手続

　告訴（告発）は，訴訟条件となることもあるから，手続の明確化が図られている必要がある。なお，告訴の追完については，訴訟条件の追完の問題として後に説明する。

ア　告訴（告発）の方式

　書面又は口頭で検察官・司法警察員に対して行う必要がある（法241条1項，243条）。書面の場合には，それ自体でその意思表示が客観的に明らかになっているが，口頭の場合には，検察官・司法警察員は，告訴（告発）調書（告訴《告発》取消調書）を作成することが義務付けられることによって（法241条2項，243条，犯罪捜査規範64条），書面による場合と同等の手続の明確化が図られていることになる。

　そして，書面による告訴（告発）の場合でも，司法警察員の場合には，その趣旨が不明なとき又は本人の意思に適合しないと認められるときには，本人から補充の書面を提出させ，又はその供述を求めて参考人供述調書（補充調書）を作成すべきこととされている（犯罪捜査規範65条）。

　告訴（告訴の取消）は，代理人によっても行うことができる（法240条）が，委任状の差出が求められている（犯罪捜査規範66条1項）。

　刑法232条2項に基づいて，外国の代表者が告訴（告訴の取消）を行うときは，外務大臣に対して行うことができる（法244条）。刑法230条（名誉毀損罪），231条（侮辱罪）について外国の使節が告訴（告訴の取消）する場合も，同様とされている（法244条）。

イ　告訴（告発）後の手続

　告訴（告発，自首）を受けた司法警察員は，速やかに関係する書類・証拠物を検察官に送付しなければならない（法242条，245条）。告訴（告発，自首）の意義を重視し，検察官に早期に関与させることを実務的に確実にしたものといえる。

　告訴（告発，請求）事件については，検察官は，起訴，不起訴（公訴の取消）の処分をした時は，速やかに告訴人（告発人，請求人）に通知しなければならないとされている（法260条）。そして，不起訴処分の場合は，告訴人（告発人，請求人）から請求があると，速やかにその理由を告げなければならないとされている（法261条）。

ウ　告訴人等の費用負担

平成16年の法改正で，告訴（告発，請求）により起訴された事件で無罪（免訴）の裁判があった場合に，告訴人（告発人，請求人）に故意（重大な過失）があったときは，その者に訴訟費用を負担させることができるとされている（法183条1項）。不起訴の場合も同様である（同条2項）。関連する説明を捜査の終結の項で行っている。

(5)　親告罪の告訴期間

ア　概説

(ア)　親告罪についてのみ告訴期間の設定

親告罪の告訴は，原則として犯人を知った日から6箇月間である（法235条1項柱書き本文）。親告罪の告訴は訴訟条件であり，しかも，告訴をするかしないかは被害者が決めることであって，そのことに一定の期間を必要とするわけである。そうであれば，告訴が可能な期間を一定期間に限定することで，早期に訴訟条件充足の有無を確定させることができるようになることには合理性があるといえる。

他方，非親告罪の場合は，告訴は訴訟条件ではないから，告訴期間を定める必要性に欠けている。

(イ)　犯人を知った日

継続犯や包括一罪等では犯行の開始から終了まで日時を要する場合もあるが，いずれにしても，犯人を知った日とは，犯行終了後の日を指すと解されているから，犯行継続中に犯人を知っても，その日が起算日となるわけではない（**参考裁判例14**参照）。

「犯人を知った」というのは，告訴をするか否かの判断可能性との関係で考えるべき事柄である。そうすると，判例[30]が「犯人の住所氏名などの詳細を知る必要はないけれども，少くとも犯人の何人たるかを特定し得る程度に認識することを要する」としているのは，適切である。

> ▼30)　最決昭和39年11月10日刑集18巻9号547頁（井口浩二・判解刑同年度176頁）。

イ　告訴期間のない罪

性犯罪被害者の精神的被害の深刻さ等を考慮し，性犯罪に対する処罰可能性を期間的に拡大すべく，平成12年の法改正で告訴期間が撤廃された罪が生じ

た（当時の法235条1項1, 2号）が，平成29年の法改正で強姦罪等は非親告罪とされたから，同条項の適用の余地はなくなった。適用があるのは外国の代表者等が行う告訴に関してである（法235条1項ただし書）。

ウ　告訴期間の独立

告訴期間は個別に進行し，一人の告訴期間が徒過しても他の者に対しその効果を及ぼさないとされている（法236条）。

(6) 告訴権の放棄

告訴権の放棄については，否定的な下級審裁判例もあるが[31]，捜査段階で示談が成立する際，告訴権放棄の条項が示談中にあることも想定できる。放棄の過程に問題がなければ告訴権の放棄を認めて差し支えないものと解される。

> ▼31) 名古屋高判昭和28年10月7日高刑集6巻11号1503頁は，告訴の取消の規定はあるのに放棄に関する規定がないことを，告訴権の事前放棄否定の根拠としている。

(7) 告訴の取消

告訴（請求）が訴訟条件であるということは，逆に見れば，起訴があるまではその取消（効果が遡るわけではないから，撤回の趣旨。以下同じ）を認めることは可能といえる。法237条1項（3項）は，その旨の定めである。代理人による取消も可能である（法240条後段）。他方，起訴があると，もはや告訴を取り消す余地はなくなる。

また，告訴（請求）を取り消した者に対して，再度告訴権（請求権）を行使することを認めると，訴訟条件の充足の有無が不安定な状態に置かれることになるし，告訴（請求）権の濫用を招くおそれも生じてきて，相当ではない。法237条2項（3項）は，その旨の定めである。

7　自首

自首は刑法42条に定めがあって，任意的刑の減軽事由とされているが，捜査との関係では，捜査の端緒の1つである。告訴の手続に関する法241条，242条が準用されている。

第3　逮捕

1　概説

強制捜査として，まず被疑者の身柄確保の手続について説明する。身柄確保

の手続としては，被疑者段階では逮捕，勾留があり，被告人段階では勾留があるが，共通する部分と異なる部分とがあるから，それぞれにきちんと理解しておく必要がある。

　逮捕は，被告人段階にはない，被疑者段階特有の手続である。逮捕と勾留という2つの身柄拘束手続が捜査段階に設けられていることについては，捜査の発展的性格と，司法審査を関与させる必要性とから理解されるべきものと考えている。すなわち，逮捕は捜査の初期に行われるものであるから，その段階では，事件の全貌も明らかになっていないし，その後の捜査の進展の見通しも確かなものとはなっていない。そういった状況下で行われる身柄確保手続については，とりあえず短期間のものとしておき，その後も引き続き身柄を確保すべき必要性が肯定される場合には，その段階で，再度の司法審査を経るのが相当である，特に，現行犯逮捕の場合には司法審査を経ていないから，早期に司法審査を経ることが望ましい，といったことが考えられる。このような観点からすれば，逮捕が短期間であって，その後に勾留という比較的長期間の身柄拘束の手続が重ねて設けられていて，現行犯逮捕を除く逮捕や勾留に関しては司法審査を経る制度設計となっていることには合理性があるといえる。

　逮捕には，通常逮捕，現行犯逮捕，緊急逮捕の3種類があるから，項を改めて，個別に説明する。

2　通常逮捕

　通常逮捕とは，事前に発付された逮捕状による逮捕である。逮捕状については既に一部説明しているが，その内容も踏まえて更に説明する。

(1)　発付の手続

ア　請求権者と発付裁判官

　逮捕状の請求は，罪を犯したことを疑うに足りる相当な理由があり（法199条2項参照），逮捕の必要性が認められるときに行われるが，請求権者は，検察官，司法警察員（さらに法199条2項で限定された警部以上）である（法199条2項）。検察官が逮捕状を請求するのは限られた事件に関してであるから，実務的には，司法警察員が主要な請求権者となっている。このように請求者が限定されているのは，請求者を限定して，請求の際の審査の質を高め，請求基準の統一化を図り，不当な逮捕を回避するためであると解される。[33]

　請求先の裁判官は，地方裁判所・簡易裁判所の裁判官であるのが原則である

（規則299条）。請求を受けた裁判官は，逮捕状請求書と疎明資料とを審査し，必要があれば，逮捕状請求者の出頭を求めてその陳述を聴き，書類その他の物の提示を求め（規則143条の2，犯罪捜査規範123条），罪を犯したと疑うに足りる相当な理由があると認めた場合には，明らかに逮捕の必要がないと認めるとき（法199条2項ただし書，規則143条の3）でない限り，逮捕状を発付しなければならないとされている（法199条2項本文）。理由となる犯罪の明示が憲法33条によって要請されており，その他の記載事項が法200条に定められていることは既に説明している。

なお，明らかに逮捕の必要がない場合については，規則143条の3が，「被疑者の年齢及び境遇並びに犯罪の軽重及び態様その他諸般の事情に照らし，被疑者が逃亡する虞がなく，かつ，罪証を隠滅する虞がない等明らかに逮捕の必要がないと認めるとき」としている。法60条1項2，3号所定事由の存在が否定された状態が例示されており，逮捕と勾留の判断事項の関連性を窺わせている。

▼32）規則142条1項3号に「逮捕を必要とする事由」と，犯罪捜査規範122条1号にも「逮捕の必要があること」との定めがある。
▼33）犯罪捜査規範118条には逮捕権運用の慎重適正化が規定され，同119条には通常逮捕状請求の手順が定められている。
▼34）逮捕状請求書は規則139条参照。同請求書の記載要件は規則142条参照。
▼35）疎明資料とその添付については，規則143条，犯罪捜査規範122条参照。

イ　軽罪における加重要件

法199条1項ただし書は，30万円以下（同所で定められた罪以外の罪では2万円）の罰金，拘留又は科料に当たる罪については，逮捕の要件が加重されている。逮捕の必要性に関して「犯罪の軽重」が定められていることからしても，犯罪の軽さは逮捕の必要性を減少させることになることを考えると，上記加重要件が付加されているのには合理性があるといえる。

その加重要件は，①住居不定であること，②検察官，検察事務官，司法警察職員の出頭要求に応じなかった場合，である。①は捜査機関に被疑者との連絡を困難にさせる事由であり，②は在宅のまま捜査を続けることを困難にさせる事由であり，いずれも，逮捕の必要性を裏付ける事由に当たるということができ，加重要件としての適正さを肯定できよう。

逮捕の必要性との関係では，この加重要件があればそれだけで必要性が認め

られることにはならないのであって，逮捕の必要性はそれ自体として判断される必要がある。

> ▼36）「勾留」と「拘留」を明確に区別すること。「拘留」は，刑法9条が定める刑の一種である。
> ▼37）当該罪によって当該被疑者が将来受ける刑の重さと身柄拘束による負担とを比較衡量することは，逮捕の必要性判断の一要素たり得るものといえる。

ウ　従前の情報の提供

逮捕状請求に当たっては，検察官・司法警察員に対して，同一の犯罪事実について当該被疑者に対し前に逮捕状の請求（発付）があったときは，その旨を裁判所に通知することが義務付けられている（法199条3項）。逮捕の不当な蒸し返しを回避するためには，裁判官に対して関連する情報が提供されている必要がある。同項はそれを可能とする定めである。既に逮捕された被疑者を再度逮捕することも，合理性があれば肯定されるが，安易にそのことを認めると，逮捕の不当な蒸し返しを容認することに繋がりかねない。そのため，再度の逮捕は例外的な事象として位置付けられるべきであり，1回目の逮捕後に共犯者が確保されたり，有力な物証が発見されたりなどして，被疑者の逮捕の必要性が高まった場合などが，再度の逮捕が許容される例外的な該当事例として想定できる。

そして，規則142条1項8号では，さらに，現に捜査中の他の犯罪事実についても前に逮捕状の請求（発付）があったときは，その旨及びその犯罪事実を逮捕状請求書に記載することが求められている。同一被疑事実に対する複数の令状発付を回避するためにも，また，逮捕の必要性の判断を適正に行うためにも，適切な情報提供といえる。

> ▼38）こういった情報の提供によって，裁判官が，別件とされている既に逮捕状が発付されている被疑事実と，今回逮捕の請求がされている事件の被疑事実との同一性の有無を判断でき，上記のような令状発付を回避することが可能となる。

エ　逮捕状の数通発付

請求があると，逮捕状は数通発付することができる（規則146条）。次項で説明するように，逮捕状によって逮捕する場合には逮捕状を示す必要があるから，被疑者の所在が複数箇所想定されるときには，逮捕状の緊急執行でも対処可能であるとはいえ，逮捕状を数通得ておくのは手続の明確化に資するものと

いえ，その必要性を肯定できる。

(2) **逮捕状による逮捕**

ア **逮捕権者**

検察官，検察事務官，司法警察職員である（法199条1項本文）。逮捕状請求権者より幅広くなっているのは，既に発付されている令状の執行であって，逮捕状の請求権者のような制限事由は想定されないからである。

イ **逮捕の手続**

逮捕状は，裁判官の発する許可状と解されているから，逮捕状を得ても実際に逮捕するか否かは捜査機関の判断に委ねられていることは，既に説明したとおりである。

逮捕の手続としては，逮捕状を示す必要がある（法201条1項）。しかし，逮捕者が逮捕状を所持していない時に被疑者に出会ったりした場合には，急速を要し，逮捕することが可能となっている方が合理的である。法201条2項はそういった際の規定であり，勾引状，勾留状を所持しないで執行できる旨を定めた法73条3項の準用を認めている。そのため，逮捕状を所持しないままで逮捕する際は，被疑事実の要旨及び令状が発せられている旨を告げ，その後できる限り速やかに逮捕状を示す必要がある。この一連の手続を逮捕状の緊急執行といっている。

▼39) 逮捕の際の注意事項については犯罪捜査規範126条。手錠の使用（同127条)，連行及び護送（同128条）についての定めがある。
▼40) 法73条3項に「公訴事実」とあるのをこのように読み替える必要がある。
▼41) 違法収集証拠に関する説明の際に紹介する最判平成15年2月14日刑集57巻2号121頁は，この逮捕状の緊急執行の手続が適切に履行されなかった事例である。

ウ **逮捕後の手続**

(ア) **検察事務官・司法巡査が逮捕した場合**

この逮捕の場合には，身柄の処置を決める権限のある者への引致が必要となる。すなわち，検察事務官が逮捕した場合には検察官に対して，司法巡査が逮捕した場合には司法警察員に対して，それぞれ引致する必要がある（法202条）。換言すれば，検察事務官・司法巡査には，逮捕後に自己の判断で被疑者を釈放する権限はないのである。

この引致によって逮捕が終了するものと解されている。したがって，その後

に被疑者の逃走といった事態が生じても，当該逮捕状によって被疑者の身柄を再度拘束することはできない。

　(イ)　**司法警察員が逮捕した（引致された）場合**
　　a　告知

　直ちに①犯罪事実の要旨及び②弁護人を選任することができる旨を告げる（法203条1項）。ただし，弁護人があるときは，②の告知は不要である（同条2項）。そして，平成28年の法改正[42]によって，②の告知に当たっては，弁護士，弁護士法人又は弁護士会を指定して弁護人の選任を申し出ることができる旨と，その申出先とを教示しなければならないこととなった（同条3項。改正法の施行は平成28年12月1日）。今回の改正で，被疑者の弁護人選任権行使を容易にするための配慮が更に手厚くなったといえる。

　そして，被疑者国選弁護制度の教示が行われる（法203条4項，犯罪捜査規範130条2項）。

　　▼42）平成28年法律第54号によって様々な面で法改正がされ，また，その施行時期も分かれている。その法改正に関しては，これからも様々な解説等が公刊されていくものと思われるが，保坂和人＝吉田雅之＝鷦鷯昌二「刑事訴訟法等の一部を改正する法律（平成28年法律第54号）について」（1）（2）曹時69巻（2017年）2号29頁，3号39頁，吉田雅之「刑事訴訟法等の一部を改正する法律の概要について」警學69巻8号（2016年）6頁等に基づきつつ，以下において，筆者なりの説明をそれぞれの箇所で行う。なお，吉川崇『「刑事訴訟法等の一部を改正する法律」の概要」刑ジャ49号（2016年）71頁（より簡略な形で同改正の概要を説明），酒巻匡「刑事訴訟法等の改正」法学教室433号41頁，434号70頁，今井誠「刑事訴訟法等の一部を改正する法律について」捜査研究787号（2016年）1頁等でも解説がなされている。

　　b　弁解の機会の付与（法203条1項，犯罪捜査規範130条1項3号）

　弁解の機会を与えれば良く[43]，例えば，被疑者が黙秘した場合には，その旨を確認しておけば足りる。

　　▼43）最判昭和27年3月27日刑集6巻3号520頁は，法203条～205条に基づく弁解録取は，法198条の取調べではなく，専ら被疑者を留置する必要の存否を調査するためのものであるとし，黙秘権の告知は不要とした。弁解録取書と被疑者供述調書との内容的関係性については，犯罪捜査規範134条参照。

　　c　その後の手続

　留置不要と思料したときは，直ちに釈放する（法203条1項）。他方，留置の必要があると思料するときは，逮捕時から48時間以内に検察官への送致手

続（書類・証拠物とともに）をしなければならない（同項）。しかし，送致手続を取れば良いのであって，検察官の所に被疑者の身柄が到着している必要はない。他方，上記制限時間内に送致の手続をしないときは，直ちに被疑者を釈放しなければならない（同条5項）。

㈦ 検察官が司法警察員から送致された場合

被疑者に弁解の機会を与え，留置不要と思料したときは直ちに釈放する（法205条1項）。黙秘権の告知は既になされているが，実務的には黙秘権の告知も行われている。

そして，留置不要と思料したときは直ちに釈放し，留置の必要があると思料するときは，被疑者を受け取った時から24時間以内に勾留請求をしなければならない（同条1項）[44]。この勾留請求は，逮捕時から72時間を超えることもできない（同条2項）[45]。

もっとも，これらの制限時間内に起訴すると，勾留請求を要しない（同条3項）[46]。他方，上記制限時間内に勾留請求も起訴の手続もしないときは[47]，直ちに被疑者を釈放しなければならない（同条4項）。

- [44] 勾留請求書の記載要件は規則147条。資料提供は規則148条。
- [45] 48時間と24時間を足すと72時間になるため，72時間の制限時間は不要のように誤解する人がいる。しかし，司法警察員が送致手続をしてから検察官が被疑者を受け取るまでには，被疑者の移動等に必要な時間が介在するから，48時間と24時間の各制限時間だけでは，被疑者が逮捕されてから勾留請求がされるまでに72時間を超える場合が出てくることから，72時間の制限時間は必要なのである。
- [46] 逮捕中の起訴ということになる。被疑者勾留と被告人勾留は異なるので，起訴をする一方で被疑者勾留を請求することは矛盾する行為であって，勾留請求は意味がないことになる。他方，検察官において，被疑者の留置が必要であると思料するときは，「逮捕中求令状」という意思表示をして，裁判所による職権勾留を促すことになる。
- [47] 細かな議論になるが，法205条4項には，「勾留の請求又は公訴の提起をしないとき」とあるが，この場合の「又は」は「and」の意味であって，勾留の請求も公訴の提起もしないとき，の意義である。

㈣ 検察官が逮捕した（検察事務官から引致された）場合

「㈡」の場合と手続の趣旨が同じものについては，そこでの説明も参照されたい。

直ちに，①犯罪事実の要旨及び②弁護人を選任することができる旨を告げる（法204条1項）。ただし，弁護人があるときは，②の告知は不要である（同条

5項)。そして，平成28年の法改正によって，②の告知に当たっては，弁護士，弁護士法人又は弁護士会を指定して弁護人の選任を申し出ることができる旨と，その申出先を教示しなければならないこととなった（同条2項）。さらに，被疑者国選弁護制度の教示が必要である（法204条3項）。

そして，被疑者に弁解の機会を与え，留置不要と思料したときは直ちに釈放する（法204条1項本文）。他方，留置の必要があると思料するときは，逮捕時から48時間以内に勾留請求をしなければならない（同条1項本文）。もっとも，この制限時間内に起訴すると，勾留請求を要しない（同項ただし書）。しかし，上記制限時間内に勾留請求も起訴の手続もしないときは，直ちに被疑者を釈放しなければならない（同条4項）。

　(オ)　**制限時間の不遵守と免責**

やむを得ない事情によってこれらの時間制限を遵守できなかったときは，検察官は，その事由を疎明して勾留請求をすることができる（法206条1項。遅延事由報告書につき犯罪捜査規範135条）。やむを得ない事由としては，天災による交通の混乱等で時間制限を遵守できなかった場合が例示されている。他方，多忙，事案複雑などといった事由は該当しないとされている。

裁判官は，その遅延がやむを得ない事由に基づく正当なものと認める場合には，勾留状を発することができるが，そうでない場合には勾留状を発付できない（法206条2項）。

これらの定めは時間制限以外の点では勾留状を発付できる事案であることが前提となっており，時間制限以外の点でも勾留状を発付できないときには，裁判官は，勾留状を発付できないことは当然のことである。

3　現行犯逮捕

⑴　概説

法216条によって逮捕状逮捕の場合の規定が準用されるから[48]，重複する部分の説明は省略する。

現行犯逮捕は無令状逮捕である。この点は憲法33条でも認められている。裁判官による審査を介さない逮捕であるから，裁判官の審査を経た場合と同等の要件を満たしていることを前提として行うことが許容される逮捕類型である，ということができる。こういった視点から考えると，現行犯性＝犯行の明白性は，犯罪の嫌疑に関する裁判官の審査に代替し得るものとの位置付けが可

能となる。このような理解を踏まえて個別の要件について検討する。

> ▼48) 現行犯逮捕に関する答案等での説明において，この準用を記載し忘れる人が少なくないから，きちんと確認すること。

(2) 現行犯人
ア 現行犯性の意義

法213条は，「現行犯人は，何人でも，逮捕状なくしてこれを逮捕することができる」とし，212条1項は，現行犯人は，「現に罪を行い，又は現に罪を行い終わった者」としている。現行犯性は司法審査と代替できるものであるとの前提では，現行犯人の逮捕権者の制約原理は出てこないから，「何人でも，逮捕状なくして」逮捕できることが導かれる。

そして，犯行を実行中の者が現行犯人であることは明白であって，事実認定上も問題となることは限られた事案においてということになろう。他方，「現に罪を行い終わった」というのは，「終わった瞬間」を指すのであればともかく，そうではないと解されているから，その終期はある幅を持ったものである。そうすると，その幅は，上記の裁判官による審査に代替できるのはどの程度の範囲内のことかと問い直しても良い事柄といえ，「犯罪の性質，態様，その他の具体的事情によって異なってくる」(**参考裁判例15**で紹介する高田・後掲472頁) といった指摘は有益である。そして，判例を基に例示的に説明すると，最決昭和31年10月25日刑集10巻10号1439頁，最決昭和33年6月4日刑集12巻9号1971頁 (**参考裁判例15**) からは，具体的状況に即せば，犯行現場から離れた場所であっても，また，犯行から3，40分離れていても，現行犯人性が肯定されることのあることが導かれる。

他方，これらの事案は，被害者ではなく，被害者から情報を得た承継的逮捕者に関する事案であったところ，そういった承継的逮捕者は犯行そのものを現認しているわけではないから，「現に罪を行い終わった」という段階は，単に犯罪行為の終了時点を指すものではなく，犯罪が行われたという情況が生々しく現存している犯罪の直後をも含めたものとの指摘が有益である（注50で紹介した城・前掲339頁）。

> ▼49) なお，旧刑事訴訟法130条1項は，「現に罪を行い現に罪を行い終わりたる際に発覚したる者を現行犯とす」（表記は筆者が適宜改めた）としていて，法212条1項の定めとは要件を異にしていた。

▼ 50）最決昭和31年10月25日刑集10巻10号1439頁（城富次・判解刑同年度337頁）は，暴行・器物損壊の事件で，届出を受けて急行した巡査が，被害者から暴行の実情を訴えられ，犯人の所在場所と告げられた犯行現場から約20m離れた店舗で，手を怪我して大声で叫びながら足を洗っていた被告人を現行犯人と認め，犯行の3，40分後に同所で逮捕したのを「現に罪を行い終わった」現行犯人の逮捕として適法とした。

イ　現行犯性の存在時期

最判昭和50年4月3日刑集29巻4号132頁からは，現行犯性（面前性，現在性＝犯行との時間的密着性）は逮捕の開始時点で備わっていれば良いこと（注51で紹介した香城・前掲63頁）が導かれる。そのため，逮捕開始の時点で現行犯性が肯定されれば，逮捕行為に長時間を要した場合でも，その故に現行犯性が否定されることにはならないのである。

▼ 51）最判昭和50年4月3日刑集29巻4号132頁（香城敏麿・判解刑同年度59頁）は，密漁事件で罪を犯した現行犯人と認めて約30分間密漁船を追跡した者の依頼により更に約3時間にわたり同船の追跡を継続したという，合計約3時間半の継続追跡後の逮捕行為について適法な現行犯逮捕の行為と認め，同逮捕行為の際の傷害罪について被告人を有罪とした1，2審判決を破棄・無罪とした。

(3)　準現行犯人

準現行犯人は現行犯人とみなされる（法212条2項柱書き）から，準現行犯人性の要件以外は現行犯の説明で足りることになる。

ア　準現行犯人性

準現行犯については，法212条2項に定めがあって，要件は大別して2つある。すなわち，①同項1号〜4号に定められた事由の1つに該当する者であること，と，②罪を行い終わってから間がないと明らかに認められるとき，とである。

まず，②については，時間的接着性（犯行と逮捕との）と明白性（ⅰ対象者が特定の犯罪を犯したこと，ⅱ犯行と逮捕とが時間的に接着していること，の2つが逮捕者にとって明らかなこと）が要件とされている。

そして，時間的接着性については，現行犯性で指摘した「罪を行い終わった」時点よりは遅い時点を指すことになる。そうであれば，判例（**参考裁判例16，17**）が現行犯の判例よりも犯行からの時間的間隔のある事案で，この時間的接着性を肯定したのは，事柄の実態に即した判断ということができよう。

明白性の判断基準については，突然の事態に遭遇した場合等では，判断者に

特段の事前の情報は与えられていないから，何の情報も与えられていない一般人の立場を基準とするほかはない。しかし，警察官のように，警察相互の連絡，被害者・目撃者からの情報，その他の関連情報に接している者の場合には，そういった知識を無視して，上記の一般人の立場を基準とするのは不合理であって，上記情報を得ている者を一般化した標準人の立場を基準とすべきであろう（木口・前掲23頁注3も参照）。▼52)

次に，上記①については，法212条2項1号では，犯人として追呼されているときの「追呼」は馴染みのない言葉であるが，例えば，泥棒，泥棒と呼ぶことである。追呼されて犯人が逃げると，1号，4号に該当することになる。

同項2号に関しては，最判昭和30年12月16日刑集9巻14号2791頁（伊達秋雄・判解刑同年度411頁）が，逮捕の瞬間に同号記載の物件を所持している必要はないとしているのは，当然の判断といえる。

同項3号に関しては，「被服」は馴染みのない言葉であるが，「身体」と対比して用いられているから，着衣に限らず，帽子，靴，手袋等も含まれるものと解される。

同項4号に関しては，「誰何」も馴染みのない言葉であるが，当該逮捕者の行動全体を評価して「誰何」に当たるのかを判断すれば足り，字句通りに「たれか」と問う必要は必ずしもない（**参考裁判例16** 最決昭和42年9月13日刑集21巻7号904頁参照）。

▼52) 純粋に，個別具体的な特定人の立場を基準とすると，その者が明白だと思った，明白だとは思わなかった，といえば，通常，それ以上の反証は困難となって，不合理であるから，ある程度の一般化した形の存在を基準とするのが相当である。

イ　現行犯逮捕手続の特則

現行犯逮捕手続においても法217条に軽罪における加重要件が定められていて，法199条1項ただし書と同一なものも異なるものもある。罪の重さは同じで，30万円以下（同所で定められた罪以外の罪では2万円）の罰金，拘留又は科料に当たる罪である。他の加重要件は，①住居又は氏名が不明であること，②逃亡のおそれがある場合である。法199条1項ただし書との相違は逮捕の類型の違いから理解できるものといえる。

なお，現行犯逮捕に関しても，逮捕の必要性を要件とする裁判例もある（大阪高判昭和60年12月18日判時1201号93頁）。この事件は警察官が逮捕した

事案であるが，私人が現行犯逮捕する場合に，そういった事項まで判断できるのかといった問題がある上，犯行が現に行われているような場合には，逮捕の必要性が否定されることは通常考え難いから，上記の加重要件に加えて，逮捕の必要性まで検討しなければならないような事例は，ごく限られたものといえよう。

次に，逮捕者による手続の相違としては，私人が現行犯逮捕した場合には直ちに検察官又は司法警察職員に引き渡すこととされ（法214条），現行犯人の引き渡しを受けた司法巡査は，速やかに被逮捕者を司法警察員に引致することとされている（法215条1項）。その他の特則が同条2項に定められている。

> ▼53）もっとも，私人は，捜査機関ではないから，被逮捕者を上記検察官等に引き渡さずに釈放したとしても，犯人隠避等にわたらない限りは，違法視することはできないであろう。

(4) **現行犯逮捕と準現行犯逮捕との関係**

現行犯として逮捕されたものの，現行犯の要件を満たさないが準現行犯としての要件は満たしていて，準現行犯逮捕としてみれば適法である，といった逮捕形式の相違は，当該逮捕を違法視させることにはならないものと解される。現行犯，準現行犯といっても，同一の212条に規定されているから，その区別を逮捕手続の違法性としてまで重視する必要はないからである。逆に，準現行犯として逮捕されたものの，準現行犯としての要件は満たさないが，現行犯逮捕としてみれば適法である，といったことは，想定困難であるが，仮にあれば，同様に解することができよう。

4　緊急逮捕

法211条によって逮捕状逮捕の場合の規定が準用される（この準用も記載忘れしないように）から，重複する部分の説明は省略する。

(1) **憲法33条との関係**

憲法33条は，現行犯逮捕と通常逮捕との2種類しか許容していないようにみえる。しかし，このような解釈では，緊急に被疑者の身柄を確保したいといった緊急事態への対応が困難となる。そして，司法審査を経ていない逮捕の場合には，逮捕後速やかに司法審査を受けさせる，といった制度設計は，勾留請求まで司法審査を経ない現行犯逮捕に比べれば，司法審査が早期になされる点で優れているといった評価も可能である。

他方，緊急事態への対処自体の必要性は依然としてあるから，上記のような制度設計を認めないと，①現行犯逮捕（特に準現行犯逮捕）の要件を緩和して緊急事態への対処を幾分なりとも可能とする解釈を生む，②通常逮捕状の発付を求めて被疑者を警察署等に長時間留め置く，などといった別の面の弊害を生じさせかねないのである。

このように制度の問題は，実務に与える影響も含めて多面的に考える必要がある。このような視点からすれば，要件を絞った形での，有形力の行使としての逮捕行為の段階では司法審査を経ていないものの，その後に速やかに司法審査を経るといった類型の逮捕を認めても，憲法33条の趣旨には反しないと解することが可能といえる。そして，そういった逮捕の類型が憲法33条にいう現行犯逮捕に当たるのか，通常逮捕に当たるのか，といったことは重要ではなく，要は，同条が許容する逮捕に該当するのか否かが問題とされるべきであるといえる。

判例が法210条が定める緊急逮捕の合憲性を肯定していて[54]，緊急逮捕が実務的に定着していることには，事柄の実態に即した自然さがあるといえる。

> [54] 最大判昭和30年12月14日刑集9巻13号2760頁（寺尾正二・判解刑同年度398頁）。なお，寺尾・前掲399頁によれば，憲法適否の問題があることを考慮して規則には緊急逮捕に関する定めを置くのが控えられたとある。

(2) 緊急逮捕の要件（法210条）

①「死刑又は無期若しくは長期3年以上の懲役若しくは禁錮にあたる罪」である。一定の重罪に対象の罪が限定されている。

②これらの「罪を犯したことを疑うに足りる充分な理由がある場合」である。通常逮捕の「相当な理由」（法199条2項）と対比し，嫌疑の程度を高めることによって要件を絞り込んでいるといえる。

③急速を要し，「裁判官の逮捕状を求めることができないとき」である。急速性の要件を設け，上記のとおり，緊急逮捕が緊急事態への対処であることが明確になっている。「裁判官の逮捕状を求めることができないとき」は，急速性を明確にした要件に過ぎず，「裁判官の逮捕状を求めることができ」るときは逮捕状を求めるべきであるから，「裁判官の逮捕状を求めることができないとき」自体に意義のある定めではない。

以上が緊急逮捕を行うに当たっての要件であり，以後は，緊急逮捕の手続や

その後の手続である。

④緊急逮捕するに当たっては,「その理由を告げ」ることが求められている。通常逮捕でも現行犯逮捕でもないから,被疑者に対して逮捕の理由を告げることは,人権保障の面からも重要である。

⑤「直ちに裁判官の逮捕状を求める手続をしなければならない」のである。逮捕行為の後に直ちに司法審査を経ることを求めた規定であって,上記のように,憲法33条との関係で緊急逮捕を合憲とする重要な要素であるといえる。

直ちに請求する必要があるところから,逮捕状請求権者には検察事務官,司法巡査も含まれている。

⑥「逮捕状が発せられないときは,直ちに被疑者を釈放しなければならない。」のである。逮捕状が発せられないと,被疑者の身柄拘束の根拠が得られなかったことになるから,被疑者が釈放されるべきことは当然のことである。

なお,緊急逮捕した後捜査機関において被疑者を釈放したとしても,逮捕状の請求はしなければならないものと解されている。司法審査を経ることで当該逮捕行為の適法性を確認する必要があるからである。

以上の要件や手続を見ると,立法者が憲法の規定との関係を意識しつつ,緊急事態への対処を可能とする適切な方法を追求していったことを看取することができる。

5　逮捕に伴う有形力の行使

どの類型の逮捕であれ,逮捕による身柄拘束は,法令に基づくものとして,刑法35条によりその違法性が阻却される。他方,犯人の抵抗を排除して逮捕を可能とするための実力行使は,その全てが法令に基づくものとして違法性を阻却されることにはならないものの,注51で紹介した最判昭和50年4月3日刑集29巻4号132頁は,実力行使は「社会通念上逮捕をするために必要かつ相当な限度内」で許容され,刑法35条によりその違法性が阻却されるものとしている。

6　逮捕に対する不服申立の不可

逮捕に対する不服申立に関しては,現行犯逮捕は私人も行えるものであって,裁判官による司法審査も経ていないから,不服申立の余地はないものと解される。他方,通常逮捕,緊急逮捕は,裁判官による司法審査を経るものであるから,不服申立を認める契機はある。

しかし，最決昭和57年8月27日刑集36巻6号726頁（木谷明・判解刑同年度242頁）は，逮捕に関する裁判は，法429条1項各号所定の準抗告の対象となる裁判に含まれないとして，不服申立の可否については消極の判断をした[55]。木谷・前掲244頁以下の説明を筆者なりに説明すると，裁判官の裁判に対する不服申立制度である準抗告を定めた法429条1項には逮捕に対する不服申立を認めた規定がないということが直接的な理由であると解される。これは，立法者がそういう判断をしたということになるが，その根拠を考えると，①上記のように，現行犯逮捕に不服申立を認めることは困難なので，不服申立との関係で逮捕を一律に取り扱うことができないこと，②逮捕が短期間の身柄拘束であって，その短期間の内に不服申立を認めると，その処理に必要な期間は捜査に大きな影響が及ぶこと，③勾留請求があると，その際に逮捕の適法性等は判断できること[56]が挙げられる。

▼55) 木谷・前掲245頁にもあるように，逮捕状の発付の裁判だけでなく，逮捕状請求却下の裁判に対しても，準抗告はできないとの趣旨である。
▼56) 換言すれば，勾留請求がないまま身柄が釈放されると逮捕に関する司法審査を経ることはできないが，それは，現行犯逮捕の場合も同様である上，通常逮捕であれ緊急逮捕であれ，逮捕の段階で司法審査を経ているから，木谷・前掲245頁が極限的な場合とする事態も，木谷自身の指摘にあるように「実務上にわかに想定し難」く，逮捕に対する不服申立を認めなければならないほどの難点とはいえないことが指摘できる。

第4　勾留

1　概説

勾留請求に関しては，前提として理解されるべき事項がある上，手続的要件と実体的要件とがある。できるだけ理解しやすい形で説明する。

(1)　事件単位の原則（一罪一勾留の原則）

逮捕，勾留は，被疑事実を前提として行われるものであるが，身柄は1つであるから，逮捕，勾留の物理的な効果は全身に及ぶことになる。人単位説は，こういった実態に即したものといえる。しかし，司法審査という観点からすれば，当該被疑事実にしか及ばず，審査を経ていない事実までには及ばないから，事件単位説は，司法審査を踏まえた見解ということになり，その合理性が支持されているのは当然のことである。これを罪の側から見れば，一罪について1つの勾留があることになるので，一罪一勾留の原則といわれる。

次に、事件単位というと、どこまでの事実が単位事実として含まれるのかが問題となる。司法審査を担当する裁判官に送致された被疑事実のみを単位とする、ということが簡明である。しかし、令状審査の裁判官は、送致されてきた被疑事実と心証が合致しない場合は、全て令状請求を却下せざるを得なくなって不合理である。他方、公訴事実については公訴事実の同一性の範囲内では訴因変更が認められている。そうすると、令状に関しても、送致された被疑事実だけでなく、当該事実と公訴事実の同一性の範囲内の事実は、事件単位を構成する事実と解するのが合理的である。また、このような考えは、捜査によって嫌疑が流動する場合にも適切に対処できる範囲を広げることができ、逮捕、勾留の安定的な運用に資することにもなる。

事件単位をこのように解するのが支持されている。

(2) 逮捕前置主義

既に説明したように、捜査段階における身柄拘束の初期段階で、逮捕（現行犯逮捕を除く）、勾留と、裁判官による司法審査を関与させる（その分、不適切な身柄拘束が早期に是正される可能性が高まることになる）という制度設計からすれば、逮捕を前提としない勾留はあり得ないことになる[57]。これを逮捕前置主義という。ここからいくつかのことが導かれる。

①勾留は事件単位で行われるとの理解を前提とすれば、先行する逮捕と勾留とは被疑事実が同一（上記のとおり、公訴事実の同一性の範囲内での「同一」の意義である）である必要がある。甲事実で逮捕されたのに、公訴事実の同一性のない乙事実で勾留するということは許されないのである。

次に、②甲事実に公訴事実の同一性がある丙事実を付加して勾留請求することも、元々単位事実に含まれている事実を明示して付加しただけであるから、許される。

それでは、③甲事実に公訴事実の同一性のない乙事実を加えた被疑事実での勾留は許されるのであろうか。この場合は、甲事実は逮捕前置主義の要件を満たしているから、乙事実については逮捕前置主義の要件を満たしていなくても、勾留は可能であると解されている[58]。

▼57) 換言すれば、いきなりの勾留請求は不適法ということになる。もっとも、被疑者段階の勾留は、検察官請求主義（法204条〜206条）が取られていて、裁判官が職権で勾留する余地はないから、いきなりの勾留請求は実務的にはあり得ない事態といえる。

▼58) 乙事実について別途逮捕から手続を進めることにすると，身柄の関係が輻輳してしまう，他方，甲事実については逮捕前置主義が満たされているから，乙事実について逮捕前置主義を徹底させるまでの必要性が看取されない，からである。

(3) 勾留の意義

法199条3項は，検察官（司法警察員）は，……逮捕状を請求する，とあり，逮捕においては逮捕状が請求の対象となっている。他方，法204条1項（205条1項）は，「検察官は……勾留を請求」とあり，請求の対象は勾留状ではなく，勾留である。この違いは，勾留は「勾留の裁判及びその執行」を含む概念であると解されていることによるものといえる。すなわち，上記のように逮捕状は許可状であるから，裁判官は執行までは命じていないが，勾留状は命令状であるから，裁判官は執行まで命じていることになり，翻って，勾留は裁判及び執行の双方を含むものと解されるのである。

2 勾留の手続，要件

被疑者勾留には，保釈に関する規定を除いて，被告人勾留の規定が準用される（法207条1項）。

▼59) 被疑者勾留に関しても保釈制度を設けることは立法論ということになるが，捜査段階にも弁護人を関与させる範囲を広げるのが望ましいことからすれば，その一環として保釈制度を設けることは制度設計を工夫すれば前向きに検討されて良い課題だと考えている。

(1) 勾留請求の適法性

ア 時間制限違反

逮捕に関しては既に説明した時間制限があるから，この時間制限に違反した勾留請求は不適法である。そのため，法206条によるやむを得ない事情の存在が認められないと，勾留請求は却下される（同条2項）。

イ 逮捕の違法性

前置されている逮捕については，既に説明したように逮捕自体に対する不服申立は認められていないから，勾留請求の審査の過程でその適法性が判断されることになる。そして，上記の時間制限違反以外でも逮捕手続に軽微ではない違法がある場合には，勾留請求は却下されることになる。

▼60) 例えば，現行犯逮捕の要件が認められないのに，現行犯逮捕が行われていた場合である。

ウ　少年に関する加重要件の充足性

少年の勾留に関しては，少年法43条3項，48条1項により，やむを得ない事由（やむを得ない事由については，拙著『骨太少年法講義』（2015年，法曹会）62頁等参照）がなければ勾留請求は認められないことになる。

もっとも，勾留に代わる観護措置（同法43条1項，2項，44条1項）の制度が設けられていて，勾留請求との関係については争いがある。しかし，実務的には，いきなり勾留請求を却下するのではなく，検察官に対し，勾留に代わる観護措置を請求するか否かを求釈明し，その意向がある場合には（通常はこの意向の存在が肯定されよう），予備的な形で付加的にその旨の請求をしてもらい，勾留に代わる観護措置を認める，といった運用が望ましいものと考えている（前掲拙著65頁等参照）。

(2) 勾留の理由

勾留に関しては，勾留請求があると勾留質問以下の手続が引き続いて行われることになるが，勾留の実体的要件に関する理解がないと，説明もしにくいし分かりにくいところがあるため，先に実体的要件について説明する。

ア　嫌疑の相当性

法60条1項柱書きに「罪を犯したことを疑うに足りる相当な理由」とある。誤解する人がいるが，有罪判決に必要な，合理的な疑いを容れない程度の立証（疎明）がされている必要はないのであって，他の可能性や疑いがあっても，結論として，罪を犯したことを疑うに足りるだけの立証（疎明）がされているか否かがここでの判断事項である。通常逮捕の場合の「相当な理由」（法199条1項）と文言的には同じで，他方，緊急逮捕の場合の「充分な理由」（法210条1項）とは異なっている。そのため，通常逮捕と同程度の嫌疑で足りるようにも思われるが，逮捕後の捜査によって通常は嫌疑が高まった状態で勾留請求は行われるから，充分な理由，ないしこれに近い程度の嫌疑があることが前提とされていると解される。

イ　狭義の勾留の理由

㋐　住居不定（法60条1項1号）

召喚状が届かず，所在の確保ができない状態である。被疑者が黙秘するなどして「住居が明らかでない」（法64条3項），「住居が分からない」（法89条6号）といった場合も，本号に該当するものと解される。これは黙秘しているこ

と自体を不利益に判断しているのではなく，被疑者から情報の提供がないので，住居が分からない状態に変化がなく，その結果として本号に該当するとの判断を受けることになるだけである。

軽罪（30 万円以下《同所で定められた罪以外の罪では 2 万円》の罰金，拘留又は科料に当たる罪）については，法 60 条 3 項の該当性が勾留請求の前提となっている。

㈣ 罪証隠滅のおそれ（法 60 条 1 項 2 号）

罪証隠滅のおそれは，勾留だけでなく，接見等禁止，保釈（起訴後）といった様々な場面で重要な判断事項となっているから，検察官，弁護人双方から適切な主張交換があると，それだけ適正な判断が容易となる。

そして，罪証隠滅自体については，漠然とした検討になるのを回避すべく，①対象，②態様，③余地（客観的可能性及び実効性），④主観的可能性に分けて検討されるのが一般的である。

①対象としては，被疑事実（違法性，責任性の存否に関する事実を含む）だけでなく，重要な情状事実も含まれると解するのが一般的である。

②態様としては，既存証拠の証明力の減殺，新たな証拠の作出が典型例として指摘されている。その手段としては，人証との関係では，通謀・口裏合わせ，威迫等が，物証との関係では，証拠の偽造，破棄，隠匿等が想定される。

③余地（客観的可能性及び実効性）は，証拠の収集の度合い，罪証隠滅の対象となる証拠の性状によって変わってくる。すなわち，良質な証拠が多数集まっている分野の事実については，罪証隠滅できる客観的可能性が少なくなるし，その実効性も低くなる，警察官等に対しては，通常は客観的可能性及び実効性は乏しい，といったことが想定される。

④主観的可能性については，被疑者に罪証隠滅行為に出る意図・動機のあることを要する。しかし，通常は，被疑者がそのことを自認することはないから，情況証拠から推認することになる。ⅰ重い罪の事件，前科その他の関係で実刑が見込まれる事件，ⅱ被害者その他の関係者に敵意・害意を抱いている，ⅲ具体的な証拠関係で，罪証隠滅の余地及び実効性が大いにある，ⅳ被疑者が供述を変遷させていて，客観的証拠とも矛盾する不合理な供述をしている，といった場合には，主観的可能性の存在を一定程度推認させるものといえる。

他方，ⅴ被疑者が一貫して事実を認め，客観的証拠とも符合する合理的な供

述をしている，といった場合には，主観的可能性の存在の認定に消極に働くことになる。

被疑者が黙秘している場合には，これまでも度々説明しているように，それ自体を被疑者の不利益に判断するのは適切でないが，住居不定について述べたように被疑者からの情報提供がない状態なので，他の証拠関係から認定される事実関係に変化が生じず，その結果として不利益な判断を受けることがあっても，それはやむを得ないものである。例えば，上記vによって，罪証隠滅のおそれが低く評価されるのに比べれば，罪証隠滅のおそれを低く評価させる情報提供がない分高く評価されることがあり得る，ということである。

(ウ) 逃亡のおそれ（法60条1項3号）

逃亡のおそれは，刑事訴追や刑の執行を免れる目的で，裁判所（官）に対して所在不明となるおそれをいう。換言すれば，こういった目的を充たす期間だけ裁判所（官）に対して不明であれば良く，将来にわたってずっと不明である必要はないし，裁判所（官）以外の，例えば家族と密かに連絡が取れていても，逃亡に該当することがある。

逃亡のおそれの判断要素として，①生活不安定を理由とするもの，②処罰を免れることを理由とするもの，このほかに③「その他の事由」も挙げられることがある。

①については，被疑者が若年で，単身者である，住まいは借家である（短期間で転居を重ねている），就職が安定していない（無職である），などは，現在の生活状態から離脱して所在を不明とする事由として評価されることがある。

②については，事案が重大で，（前科との関係で）重い刑が予想される，暴力団その他の組織に属していて，組織を利用した逃亡が可能である，などは，処罰を免れるために所在を不明とする事由として評価されることがある。

しかし，①，②それぞれを独立して検討するだけでは逃亡のおそれの有無は決まらないことがあるから，そういった場合には，①，②を合わせた形での総合判断になる。換言すれば，①，②は，逃亡のおそれに関する判断対象の事項を落とさないための指標という位置付けが相当だと解している。

なお，被疑者が不出頭でも捜査はできるから，被疑者の不出頭は，本号に直ちには当たらないものと解される。

また，例えば，被害者側（例えば，被害者が暴力団《不良集団》関係者だった

場合）からの報復を恐れて逃げる，といったことは，①，②には当てはまらず，③に該当する，といえよう。

　(エ)　「おそれ」の意義

　「おそれ」は，将来の事態に対する予測的な評価事項であるから，確実性までは元々求められようもない事柄である。他方，その予測の程度を下げると被疑者に過度に不利益となるから，単なる抽象的な可能性ではなく，具体的な資料に基づく蓋然性が要請されているものと解される。

　(オ)　1号～3号の相互関係

　法60条1項1号～3号該当性については，どれか1つでも該当すれば狭義の勾留の理由の存在は肯定される。しかし，次に説明する勾留の必要性の判断，勾留の延長の判断等様々な場面で，特に2，3号に該当しているか否かは影響を及ぼすことがある。そういったこともあって，実務では，法60条1項各号に該当するか否かを個別に判断し（便宜「各号該当性」ということがある），該当すると認めた場合には，該当事由を全て指摘するのが一般的な運用である。

　ウ　勾留の必要性

　(ア)　勾留の必要性の位置付け

　嫌疑の相当性，各号該当性が肯定されると，勾留請求は認容されそうである。しかし，嫌疑の相当性，各号該当性といっても，程度問題のところがある。また，事案の軽重，被疑者の個人的な事情などもある[61]。そういったことまで考慮すると，勾留請求を認めることの合理性に疑問が出てくることがある。こういった場面での判断要素として，「勾留の必要性」が意義を持っているのである。そして，実務的には，勾留請求が却下される理由の主なものは「必要性なし」であるから，「勾留の必要性」は，勾留請求の許否の判断において大きな役割を果たしているのである。

　しかし，法60条等には「勾留の必要性」を明示した条項はない。そして，「勾留の必要性」の条文上の根拠として法87条1項が挙げられることがある。間違いとはいえないが，補足的な説明が必要である。同項は，勾留の必要がなくなった時に勾留の取消しを認めるものであって，勾留の裁判における勾留の必要性を端的に根拠付けるものではない。勾留の必要がなくなったら勾留が取り消されるのだから，「勾留の必要性」は勾留の裁判の判断事項でもあるはずだ，こういった論理操作を介在させて，勾留の必要性の条文上の根拠として同

項が挙げられているのである。その点をきちんと意識しておく必要がある。
　なお，逮捕の必要性（199条2項ただし書，規則143条の3）とは関連してはいても，対象とする身柄拘束の期間が違う上，捜査の段階も異なり，収集されている証拠の量も，捜査側に判明している事件の事情も異なっているから，同一の判断とはならない。

> ▼61) 例えば，勾留されると重要な地位にある会社から解職される，乳幼児（or 老齢の父母）の面倒を見る人が被疑者以外にいない，健康を害していて勾留に耐え難い，など。近時のペットの重要度の高まりからすれば，ペット関連の事項も必要性の判断対象に含まれよう。

(イ)　勾留の必要性の判断

　勾留の必要性の判断は，衡量的な判断であって，その一方には，被疑者を勾留する積極的な必要性があり，反対の一方には，勾留されることによって被疑者が被る不利益・苦痛・弊害等がある。前者が低くなって後者が高くなれば，必要性が否定されることが出てくる。

　そして，勾留の狭義の理由が認められれば，勾留の必要性は推定されるものと解されている。筆者なりに補足すると，勾留の狭義の理由は勾留を根拠付ける事由であるから，そういった事由は，勾留の積極的な必要性を類型化したものと考えることができる。この前提では，勾留の狭義の理由が認められれば，勾留の必要性は推定されることになる。そのため，勾留の積極的な必要性が認められれば，被疑者が被る不利益・苦痛・弊害等が積極的に立証されておらず，良く分からない，不詳である，といった場合にも，上記推定の構造を活用して，必要性を肯定して良いことになる。

　また，実務的に必要性が否定される事由として挙げられているのは，ⅰ事案軽微，ⅱ罪証隠滅・逃亡のおそれが低いこと，ⅲ逮捕中の処理相当事案であること（略式命令による罰金処理相当），ⅳ被疑者の健康状態が不良で，身柄拘束に適さないこと，ⅴ被疑者の人生や家族（例えば，同居の幼児や介護を要する家族）に著しい不利益が生じること，などである。これらからも，勾留の必要性が否定される類型を理解することが出来よう。

(3)　勾留の裁判

ア　勾留質問

　被疑者勾留は，既に説明したように検察官請求主義が取られているから，検

察官の勾留請求があって初めて始まるのであって，裁判官の職権による勾留の裁判はあり得ない。裁判官は，勾留請求書（規則147条），検察官から提供された資料（規則148条）を検討して勾留質問に臨むことになる。

勾留質問では，裁判官は，被疑者に対し，（黙秘権を告げ）[62]，弁護人選任権等を告知（法207条2項，3項，77条）した上で，被疑事件を告げてその陳述を聴く（法207条1項，61条本文）。もっとも，被疑者が逃亡した場合（通常はあり得ない事態だが）は，法61条本文の手続を行う必要はない（同条ただし書）。

> ▼62）逮捕の段階で黙秘権は告げられているから，法は求めていないが，実務では，被疑者に黙秘権を告げている。意見・弁解を聴くという，勾留質問の手続的な性質が根拠となっていると思われる。

イ 勾留の裁判とその執行

勾留の請求を認める場合には速やかに勾留状を発することになり（法207条5項本文），逆に，勾留請求が不適法な場合，勾留の理由が認められない場合（勾留の必要性が認められない場合を含む）には，勾留請求は却下され，直ちに被疑者の釈放が命じられる（同項ただし書）。

勾留状には，一定の方式が定められており（法64条，規則56条，70条），検察官が執行を指揮して検察事務官（司法警察職員）が執行する（法70条）。その際は，勾留状を被疑者に示し，できる限り速やかに，かつ，直接，指定された刑事施設に引致する（法73条2項）。勾留状の緊急執行の定めもある（同条3項）。

ウ 収容（留置）場所

留置場所に関しては，かつては警察署に付設されている，いわゆる代用監獄を勾留場所とすることについて争いがあった。しかし，平成18年に施行された「刑事収容施設及び被収容者等の処遇に関する法律」では，刑事施設（同法3条2号，3号）及び留置施設（同法14条2項1号，2号）に逮捕，勾留された者が収容され，また，刑事施設に収容することに代えて留置施設に留置することができる旨が明記された（同法15条柱書き）。被収容者の大多数が警察で留置されてきた，これまでの運用について大きな変容を生じさせない形の定めとなっている。

他方，留置施設で留置業務に従事する警察官は，当該施設に留置されている被疑者に係る犯罪の捜査に従事してはならない，とされ（同法16条3項），捜

査と留置業務の分離が図られ，警察官による自白強要といった批判への対応がなされている。筆者の個人的な体験でも，この業務分離は適正に行われているように受け止めている。

3 被告人勾留

被疑者勾留に関してまだ説明していない点は，被告人勾留と一括して説明した方が分かりやすいので，まず，これまでの説明と関連する形で被告人勾留についてここで説明しておく。

(1) 裁判所による職権勾留

既に説明したように，被告人勾留は検察官に請求権がなく，裁判所の職権において行われる。また，捜査は前提とされていないから，逮捕前置主義を採る余地はなく，いきなり勾留の裁判が行われることになる。

勾留の裁判の担当者は，法60条に「裁判所」と規定されていることからも明らかなように受訴裁判所である。しかし，第1回公判期日までは予断排除の原則の適用を受けるところから，受訴裁判所は勾留に関する処分に関与できず，受訴裁判所以外の裁判官が行うことになっている（法280条，規則187条）。

(2) 被疑者勾留の被告人勾留への移行

事件単位の原則を前提として，被疑者勾留における被疑事実と公訴事実の同一性の範囲内の事実で，法208条の期間内に起訴が行われた場合には，勾留の裁判は行われず，そのまま被告人勾留に移行する。[63]

> [63] この点をきちんと理解していない人がいる。勾留の裁判が予定されていないことの根拠としては，次の2点と解される。すなわち，①法205条4項，208条1項は勾留の請求・起訴をすれば検察官は釈放義務を負わない，換言すれば，起訴すれば（特段の裁判を介さずに）勾留が続いていくことが前提とされていると解される。また，②法60条2項は，勾留の期間を公訴の提起の日から2箇月としていて，「勾留の裁判の執行の日から」などとしていないから，勾留の裁判は予定されていないことが看取される。

(3) 勾留の裁判の判断対象

被告人勾留は，既に起訴されて訴訟の一方の当事者となり，捜査の対象とは原則としてならない被告人に対して行われるものであるから，法廷への出頭確保がその主目的となっている。他方，被疑者勾留は，捜査の対象である被疑者に対して行われるものであるから，捜査を前提としたものである。こういった

視点の違いが勾留の裁判にも反映している。

　罪証隠滅の対象も，被疑者勾留では収集過程の証拠が前提となるのに対し，被告人勾留では捜査が遂げられた段階での証拠が前提となる。

　勾留の必要性も，被疑者勾留の場合には起訴の可能性が重要な判断要素となるのに対し，被告人勾留では，既に起訴されているから，その点は問題とならない。

　また，逮捕前置主義は採られていないから，「逮捕中求令状」（この意義については**第1章**注37参照）といった形の起訴であっても，逮捕手続の適法性といったものは判断対象とはならない（**参考裁判例18**参照）。

　収容場所は，捜査の対象ではないから，刑事施設への収容が原則型となる。

4　勾留期間

(1) 被疑者勾留の場合

　原則として勾留請求の日から10日以内である（法208条1項）。初日を期間に算入するかについては，格別の定めはない。しかし，法55条1項ただし書が時効期間の初日を算入することとしていることからすれば，勾留に関しても，被疑者に不利益とならないように初日を期間に算入するのが相当であって，実務では，そのように運用されている。

　同様の考慮から，同条3項ただし書との関係で，末日が休日に当たる場合でも期間に算入するのが相当であって，実務では，そのように運用されている。

　やむを得ない事由があると，更に10日以内の延長が認められている（法208条2項）。そして，内乱罪等の特別の罪に関しては更に5日間の延長が認められている（法208条の2）[65]。

> ▼64)「延長」と「更新」の区別ができない人がいるから，正確に理解しよう。10日という期間がそのまま更新されるのではなく，10日の範囲内で必要な日数の延長が認められるのである。
>
> ▼65) 法208条の2を読めば明らかなように，この再延長は特別の罪に関してのみ認められているのであって，筆者は経験したことがない。そうであるのに，被疑者勾留の期間の一般的な定めのように誤解する人がいるから，留意する必要がある。

(2) 被告人勾留の場合

　上記の要件を満たした起訴事件では，起訴日から2箇月，継続の必要がある場合は1箇月ごとの更新（例えば15日だけ「更新」といったことはない。延長との違いを理解すること）である。ただし，法89条1号，3号，4号，6号該当

の場合以外は，更新は1回に限定される（法60条2項）。これだけだと分かりにくいが，一般的な実務例では，法60条1項3号（逃亡のおそれ）のみを理由としてされた勾留は，1回しか更新ができないのである（法60条2項ただし書）。このように勾留の理由を60条1項各号のどれと認定するかは，その後の身柄の拘束期間とも関係してくるのである。

なお，禁錮以上の刑に処する判決宣告があると，法60条2項ただし書は適用されなくなるから（法344条），更新の回数制限はなくなる。

5　保釈

被告人勾留に関してのみ保釈の制度がある。保釈は，保証金の納付等を条件として，勾留の執行を停止し，被告人の身柄を釈放することである。そのため，保釈許可決定は，保釈保証金の納付後に執行されることになっている（法94条1項）。保釈は，請求が可能であって（法88条），被告人に有利な制度であるから，保釈請求権者も幅広く認められている（同条1項）。

(1)　権利保釈（法89条）

法の構造は，保釈請求があると，原則として保釈が許可されることになっている（同条柱書き）。しかし，同条1号から6号までの除外事由が定められていて，特に，4号に「罪証隠滅のおそれ」が定められているところから，この認定如何が「保釈は原則的に許可」という運用となるか否かに大きな影響を持っている。そして，勾留が認められている事案では，罪証隠滅のおそれが肯定される事案の割合が高いから，運用としては，権利保釈ではなく，次条の裁量保釈が保釈される事案の主要なものとなっている。

(2)　裁量保釈（法90条）

法89条所定の除外事由に該当して権利保釈とはならなくても，裁判所が本条に基づいて職権を行使し，裁量によって保釈を許可することがある。通常の運用は，法89条による権利保釈の請求があった場合に，同条の除外事由を認めて権利保釈は認めないものの，その際に，本条に基づいて裁量保釈をするという形である。

権利保釈の除外事由があるのに保釈を認めるわけであるから，それだけ保釈を相当とする特段の事由があることが前提となっている。勾留の必要性の箇所で説明した事由などが，特段の事由としても考慮の対象となる。

平成28年の法改正（施行は同年6月23日）で，本条においては，従前は

「適当と認めるとき」としか定められていなかった裁量の考慮事項が明示され，①被告人の逃亡，罪証隠滅の各おそれの程度，②身体の拘束の継続により被告人が受ける健康上，経済上，社会生活上又は防御の準備上の不利益の程度，③その他の事情が定められた。

③も定められているので，裁量保釈が諸事情を考慮した上での総合的な判断であることに変わりはないものの，①は裁量保釈を認める方向，認めない方向，双方に働き得る要素であって，勾留の狭義の理由ともなっているから，重要な判断要素である。裁量保釈においては，この点がまず判断されるべき事項ということになる。②は，裁量保釈を認める方向に働く事由である。「防御の準備上の不利益の程度」は，特に否認事件における裁量保釈の判断において重要な位置を占めよう。

なお，法91条にも義務的保釈の定めがある。

(3) **保釈の裁判（法93条）**

手続としては，検察官の意見を聴取する必要がある（法92条1項）。保釈の許可決定の場合には，保釈保証金を定め（法93条1項），被告人の制限住居を定め，適当と認める条件を附すことができる（同条3項）。他方，保釈の請求を許可しないときは，保釈請求却下決定をする（法92条1項）。

▼66) 例えば，罪証隠滅を防止するために，被害者や共犯者との接触を禁止する条項などがその典型例である。

(4) **保釈の取消（法96条）**

保釈は被告人にとって重要な制度であるから，その取消事由も法定されている。保釈で釈放された後に保釈取消事由が生じると，保釈が取り消されることがある（法96条柱書きに「できる」とあるように，保釈の取消は裁量行為である）。取消事由の典型例は，保釈中に，逃亡してしまったり（2号），罪証隠滅行為に出たり（3号）した場合である。

保釈を取り消した場合には，保釈保証金の全部又は一部を没取することができる（同条2項）。

6　勾留の執行停止（法95条，207条1項）

勾留の執行停止は，被告人だけでなく，被疑者にも適用され，勾留の執行を停止して被告人・被疑者の身柄を釈放する点では保釈と類似する制度である。

勾留の執行停止は，保証金のような身柄確保の担保となるものに欠けている

から、①親族、保護団体その他の者に依託する、②被告人・被疑者の住居を制限する、といった制度設計がなされている。

実務例としては、頻繁に活用されるものではなく、被告人・被疑者の病気治療のためであることが多く、近親者の病気、冠婚葬祭への出席、受験などの場合もある。

7　勾留の取消し（法87条、207条1項）

勾留の取消しは、身柄拘束の根拠となっている勾留そのものを取り消すものである。将来に向けた取消であって、撤回の性質を有する。

取消事由は勾留の理由・勾留の必要がなくなったときである。請求権者については、検察官以外にも、被告人側の関係者が幅広く規定されている（法87条1項）。もっとも、被疑者勾留においては、検察官は釈放権限を持っているから、本条の請求をすることは想定できない。ということは、法207条1項は準用規定であるから、被疑者勾留についての請求権者に関しては、検察官は準用されない（＝検察官は請求権者から除外される）と解して差し支えない。

なお、取消事由については、事後的に生じた場合が本来予定されたものといえるが、当初から存在した場合も含まれると解されているようである。[67]

> [67] 安廣・後掲判解刑昭和59年度464頁注8には、押印漏れといった手続上のミスによるものが多いとの指摘等の紹介がある。細かな議論になるが、原始的な不存在は、本来当該裁判に対する不服申立制度を利用して解決されるべき問題であるから、不服申立制度ではない本制度にそのようなものを取り込むことには、慎重な考慮を要しよう。もっとも、手続上の重大なミスがあって、令状が無効と解されるような場合には、裁判所自身が是正すべきだともいえ、そのことを前提とすると、裁判所が自ら裁判に対して不服申立をする、といったことはできないから、受訴裁判所が「職権」によって本条を活用する場合には、原始的な不存在も含まれると解する方が適切である。
>
> 　なお、条解刑訴184頁が「……単に判断が変わったというだけの理由で勾留を取り消すことは許されない。勾留裁判官と取消担当裁判官との間の単なる判断の相違による取消も、許されない」とされるのは、問題意識は同じ方向にあると思う。しかし、受訴裁判所は、勾留更新をしない権限を持っているから（この点は上記条解の見解が想定している「取消担当裁判官」とは異なる）、勾留裁判官と見解を異にしても、自らの見解に基づいて勾留を取り消すことは可能であろう。

8　勾留理由開示（法82条～86条、207条1項）

本制度は、保釈や勾留取消請求の前段階の手続として活用されることもあり、条文の位置も、上記両制度よりは前にあるが、保釈や勾留取消請求を理[68]

解しておいた方が本制度は理解しやすいし，次に説明する不服申立と関連する面もあるので，ここで説明することとした。

> 68) 開示された勾留理由を踏まえて，保釈や勾留取消請求を行う，という意味での手段性である。

(1) 概説

憲法34条後段には，「何人も，正当な理由がなければ，拘禁されず，要求があれば，その理由は，直ちに本人及びその弁護人の出席する公開の法廷で示されなければならない。」とあるところから，本制度もその趣旨に基づいて設けられたものと解される。本制度の趣旨に関しても争いがあるが，上記憲法34条後段の文言からしても，勾留理由開示は，文字どおり，勾留の理由を公開の法廷で開示することであって，それ以上の意味付けはないものと解される。[69]

勾留理由開示制度は，被告人だけでなく被疑者にも適用され（法207条1項），被疑者の方がより多く活用している。

> 69) 不法拘禁からの解放といった制度趣旨もあるのであれば，検察官の出席も必要的なものとなろうが，後記のとおり，検察官の出席は，開廷の要件とされていない。

(2) 勾留理由開示の手続

請求権者は，被告人・被疑者及び法82条2項所定の者である。請求は，書面で行う必要がある（規則81条1項）。不適法な請求は却下される（規則81条の2）。

勾留理由の開示は，上記のように憲法34条後段にも「直ちに」とあり，規則84条には，請求と開示期日との間には，原則として5日以上を置くことはできないとされていて，早期の開示実施が予定されている。そして，公開の法廷で行われ（法83条1項。公判期日でも行えることにつき規則83条），被告人・弁護人が出頭しないときは，原則として開廷できないこととされている（法83条3項本文）。これらの点は，憲法34条後段に即したものといえる。しかし，例外的に開廷できる場合の要件は，法83条3項ただし書に定められている。他方，検察官の出席は要件とされていない。筆者の経験でも，検察官が出席しない場合の方が一般的であった。

裁判長（官）は，勾留の理由を告げる（法84条1項）。この告げる勾留の理由が何かについては争いがあるが，勾留状を発した際の勾留の理由を告げれば

足り，開示当時の勾留の理由を告げる必要はないものと解される。上記のとおり勾留の理由を告げる制度だからである。

検察官，被告人・被疑者，弁護人，これ以外の請求者は，意見を述べることができる（法84条2項本文）が，各10分を超えられないとされている（規則85条の3第1項）。裁判長（官）は，法84条2項ただし書の要件を満たせば，意見を記載した書面の提出を命じることもできる（法84条2項ただし書，規則85条の3第2項）。

実務的には，特に，弁護人が意見を述べる前提として，開示担当の裁判長（官）に対して，様々な釈明を求めることがある。

(3) 勾留理由開示請求の回数

判例では[70]，同一勾留に対する勾留理由開示の請求は，勾留が開始された当該裁判所において1回に限り許されるとされている。そのため，通常の事件は1審で勾留されていようから，上訴審では勾留理由開示の請求はできないのである。また，被疑者勾留の段階で，勾留理由開示請求がされていると，同一の勾留である限り，起訴後はこの請求をすることはできない（注70で紹介した高橋・前掲213頁参照）。

> 70) 最決昭和29年8月5日刑集8巻8号1237頁（高橋幹男・判解刑同年度212頁。高橋・前掲214頁には，本制度の意義への疑問が提起されている），同旨最決昭和29年9月7日刑集8巻9号1459頁（城富次・判解刑同年度247頁）。

9 準抗告，抗告

既に説明したように逮捕に関しては不服申立の余地はないが，勾留に対しては不服申立が可能である。

(1) 準抗告

ア 概説

裁判官がした勾留の裁判（被疑者勾留）に対する不服申立は，準抗告である（法429条1項2号）。法429条の準抗告は，合議体で処理されるが（同条3項），地方裁判所の裁判官がした勾留の場合は同じ地方裁判所で処理され，簡易裁判所の裁判官がした勾留の場合も，管轄地方裁判所で処理されるので（同条1項柱書き），記録移動に必要な時間を考慮しても迅速処理が可能となっている。身柄の拘束期間に制限のある被疑者段階での不服申立の処理体制として，優れているといえる。

イ 裁判内容と請求権者等
(ア) 勾留請求却下の裁判

勾留請求却下の裁判に対しては，検察官は準抗告を申し立てられるが，被疑者が許されないのは当然である。そして，勾留請求が却下され，被疑者の釈放が命じられる（法207条5項ただし書）と，準抗告を申し立て，仮にその請求が認められても，釈放されていた被疑者の所在が不明になっていたりすると，勾留の裁判を執行できないことになりかねない。そのため，この釈放命令の執行停止を申し立て，裁判官（or 準抗告裁判所）がその執行停止を認め，少なくとも，準抗告審の裁判がなされるまでは被疑者の身柄の拘束は継続されるのが実務の一般的な運用である。

> ▼71) 法429条では「請求」とされているが，準抗告を中心にすれば申立の方が用語的に馴染むので，文脈に応じて使い分ける。
>
> ▼72) 執行停止については，抗告に関して定めがあり，法424条1項ただし書が原裁判所に対して，同条2項が抗告裁判所に対して，それぞれ執行停止権限を定めている。そして，法432条でそれらが準抗告に準用されている。

(イ) 勾留の裁判

勾留の裁判に対して被疑者が準抗告を申し立てられるのは，当然である。他方，検察官は，公益の代表者であるから，準抗告を申し立てることは可能である。しかし，自ら請求した勾留を認める裁判に対して準抗告を申し立てるのは，事例的に想定困難であるし，釈放の権限があるから，仮に勾留を相当としない事由が発生したら，釈放すれば足りる。そのため，勾留の裁判に関しては，検察官は準抗告申立権者としては想定しなくて良いものと解される。

ウ 準抗告審の構造と準抗告の理由の制限

控訴審は事後審構造とされているが，準抗告審も事後審構造にあるとされている。そのため，準抗告申立人が原裁判を取り消すべき事由を主張し，また，原則として判断資料も原審段階のものに限られる。もっとも，身柄の処理は早期に是正されるべきであるから，準抗告審の迅速処理を害しない範囲内で，原裁判後に生じた事情についても取り調べることは可能であると解される。

そして，法420条3項は「勾留に対しては，」「犯罪の嫌疑がないことを理由として抗告をすることはできない」とし，この規定が，準抗告に関して法429条2項で準用されている。一見すると違和感のある規定であるが，「犯罪の嫌疑」の有無は，本案の裁判における判断対象であるから，派生的な手続に

おける判断事項とすべきではないというのが立法者の考えかと思われる。しかし，犯罪の嫌疑がないのに勾留すべきでないことは明らかであるから，準抗告審が必要に応じて職権で判断しているのが一般的である。

エ　勾留に関する裁判と不服申立との関係

事件の手続としては，被疑段階から起訴を経て公判段階へ移行する。この手続の推移に応じて，身柄の処分としては，被疑者勾留から被告人勾留へと移行する。さらに，予断排除の原則との関係で，第1回公判期日前は受訴裁判所以外の裁判官，第1回公判期日後は受訴裁判所と，勾留に関する処分を行う裁判体が異なることになる。こういった変化の中で，勾留に関する裁判と不服申立との関係について，判例で説示されているところを紹介しておく。

起訴後の勾留と被疑者勾留とを区別して考える視点が明確になっている。すなわち，①起訴前の勾留の裁判に対する準抗告申立は，起訴後は，申立の利益が失われるとして不可とされている（**参考裁判例19**　最決昭和59年11月20日刑集38巻11号2984頁参照）。上記のとおり，起訴前の勾留は起訴を経て被告人勾留に移行する。しかし，手続としては，上記のとおり被告人勾留は裁判所（官）の職権によって行われるものであって，被疑者勾留とはその性質を異にする。こういったことを考えると，判例の考えも理解されよう。

②起訴前の勾留の瑕疵を主張して起訴後の勾留の取消請求をするのは，不可とされている。[73]

③判例（**参考裁判例20**　最決昭和53年10月31日刑集32巻7号1847頁）は，違法に身柄を拘束されていたことが勾留の裁判の効力に影響を及ぼさないとしている。しかし，この事件では，勾留延長が認められ，従前の勾留期間経過後に準抗告でその裁判が取り消され，他方，検察官としては起訴後も身柄拘束の必要性を認めていた，といった事案の特殊性を念頭に置いておくべきであろう。

他方，④既に説明したように，予断排除の原則との関係で，第1回公判期日の前後で勾留に関する処分を行う裁判体が異なるが，[74]判例は，準抗告の申立は同期日の経過のみによっては不適法とならないとしている。例えば，勾留取消請求を認めた裁判に対して検察官が準抗告を申し立てている間に第1回公判期日が経過した場合に，準抗告の申立が不適法とされて，被告人に対する勾留取消が確定してしまうのは不合理だといった観点からは，その合理性が理解され

よう。

▼73）最決昭和42年8月31日刑集21巻7号890頁（桑田連平・判解刑同年度184頁）は，第1次逮捕・勾留（住居侵入・窃盗）の後に，第2次逮捕・勾留（放火未遂・放火）がされ，起訴後に第2次勾留の取消請求があった事案で，上記紹介の判断をした。

▼74）最決平成7年4月12日刑集49巻4号609頁（中谷雄二郎・判解刑同年度186頁）。この点に関しては，さらに，中谷・前掲192頁，安廣・前掲判解刑昭和59年度466頁注12参照。

(2) 抗告

抗告には即時抗告と一般抗告とがある（法419条）。他方，起訴後に裁判所がした勾留に関する裁判は，判決前の決定であるから，原則として抗告をすることはできない（法420条1項）。しかし，同条2項で，勾留，保釈等に関する決定はその制限から除外されているため，抗告の申立をすることができるのである。その他は，準抗告のところで説明したのが当てはまる。

10 勾留に関連した問題（余罪捜査）

(1) 一括処理相当の余罪捜査は原則として許容されること

事件単位の原則を捜査にも及ぼすと，余罪捜査はおよそできないことになる。しかし，1回の身柄拘束で一連の事件が一括処理できれば被疑者にとっても利益なことであって，勾留の蒸し返しを回避することもできる。また，取調べをしていて関連事件への言及があって，そこから余罪捜査に移行することもあり得るが，そのことを全面的に禁じるというのも合理的ではない。

このように考えてくると，一括処理相当の余罪捜査は，許容されて良いことは明らかである。しかし，同時に，一括処理相当の余罪の取調べが可能といっても，程度問題のところがある。例えば，勾留の基礎となっている事件の捜査は終わったが，勾留の満期までに後1，2日あって，一括処理相当の余罪があった場合には，その余罪の捜査を終えて，全体について起訴するといった取扱が直ちに違法となるものとは解されない。

他方，勾留の基礎となっている事件の捜査は勾留期間の前半部分で終わったような場合には，いくら一括処理可能といっても残りの期間を専ら余罪捜査に費やすということになると，その適法性には疑問が出てこよう。次に検討する別件逮捕の問題も，こういった勾留期間内における捜査の有り様が問われるものであるといえる。

(2) 別件逮捕の問題性
ア　概説

　別件逮捕については，注 76 で紹介する新矢・後掲 260 頁では，広義として「『本件』について被疑者を取り調べる目的で，証拠の揃った『別件』で被疑者を逮捕・勾留し，この身柄拘束中に，『本件』を取調べる捜査方法一般」をいうとされ，狭義では，「専ら身柄を拘束するに足りる証拠のない重大な『本件』について被疑者の身柄を拘束して取調べる目的で，証拠が揃っているが，逮捕・勾留の必要性がないか，必要性の乏しい軽微な『別件』で被疑者を逮捕・勾留し，その身柄拘束を利用して，『本件』で逮捕・勾留して取調べたと同様の効果を得る捜査方法をいう」とされている。

　そして，別件逮捕に関しては，別件基準説と本件基準説との争いがあるとされる。しかし，例えば，上記狭義の別件逮捕の定義で示されている，「逮捕・勾留の必要性がないか，必要性の乏しい軽微な『別件』で被疑者を逮捕・勾留し」というのがそもそも問題であって，当該事案として真に勾留すべきなのかどうかが，まず問われなければならない。その意味で，別件に関する勾留審査が出発点になるのであって，別件基準説が実務で支持されているのは自然なことといえる。[75]

　他方，勾留審査の段階では，裁判官は「本件」について知り得ないといった指摘については，もちろんそういった場合が一般的であろうが，例えば，殺人事件の報道があって，その凶器と疑われる刃物の所持による銃砲刀剣類所持等取締法違反で（とか，発見された遺体に関する死体遺棄罪で），逮捕された被疑者について勾留請求があった場合には，殺人事件についても取調べが及ぶ可能性のあることは，仮に当該勾留請求の疎明資料の中に，そういった資料がなかったとしても，勾留裁判官として，推測できる場合はあり得ることである。

　したがって，勾留裁判官が「本件」に関する情報に接することができているか否かが問題なのではなく，ここでも，問題は，勾留請求されている事件が真に勾留すべきなのかどうかなのである。

> 75）逮捕状については，既に説明したように，明らかに必要がないと認められる場合でなければ，請求を却下できないから，通常は，審査姿勢が問われる事態とはならないであろう。
> 　なお，現行犯逮捕も別件逮捕の類型として想定できなくはない（例えば，重罪の容疑者を軽微な違反で現行犯逮捕する）が，令状による逮捕が議論の前提とさ

れていよう。

イ　社会的事実として一連の密接な関係がある場合

次に，上記例示のように勾留の被疑事実（甲）と密接に関連する事実（乙）とがあった場合に，乙に対する取調べをすることが許されないのかが問題となる。この点に関しては，判例は[76]，社会的事実として一連の密接な関係がある場合には，甲事実について逮捕勾留中の被疑者に対し，甲事実について取り調べるとともに，付随して乙事実についても取り調べることが違法ではないとした。

これは，社会的事実として一連の密接な関係がある場合には，乙事実に対する取調べといっても，結局は甲の取調べの一環として位置付けられるから，「付随して」実施されている限りは，別件逮捕として問題視される余地はないものといえる。また，そうであれば，乙の取調べも甲の取調べとして評価されるから，乙事実について改めて逮捕勾留されることは，違法な勾留の蒸し返しではないと解される（新矢・前掲269頁も参照）。

▼76）最決昭和52年8月9日刑集31巻5号821頁（新矢悦二・判解刑同年度253頁）。

ウ　取調受忍義務

法198条1項ただし書について，逮捕・勾留の目的の中に被疑者の取調べが含まれていることを前提として，被疑者は，捜査官の取調べのための出頭要求に対して，出頭を拒み，又は出頭後任意に退去することはできない（取調受忍義務）ものと解するのが実務的には有力である。そして，この取調受忍義務の範囲に関して事件単位の原則が及んでいくのかについては争いがある。しかし，上記のように社会的事実として一連の密接な関係がある場合には取調べが許容されるから，事件単位の原則を及ぼす立場を前提としても厳格に解されているわけではないことになる。

他方，①取調受忍義務の前提となる身柄拘束の根拠となっている逮捕・勾留は特定の被疑事実を前提としてされるものであること，②法223条2項を根拠として勾留中の取調べ対象事実に制限がないというのは支持できないこと[77]，を考えると，取調受忍義務を負うのは，厳密に事件単位の原則を及ぼすことは狭すぎるにしても，当該勾留の趣旨を生かす範囲内ということになろう[78]。

▼77）細かな議論になるが，第三者の取調べについて，法223条2項で198条1項

ただし書が準用されていることについては、準用の意義を考えてみる必要がある。確かに上記のような読み方も可能である。しかし、当該事件では身柄拘束をされているわけではない（当該事件で身柄拘束をされているのであれば被疑者であって、198条1項ただし書が適用される）から、198条1項ただし書にある「逮捕又は勾留されている場合」に該当しないため、その準用は、「出頭を拒み、又は出頭後、何時でも退去することができる」の部分だけであると、解することができる（条解刑訴430頁も同趣旨か）。

そして、実質的に考えても、被疑者の場合には、余罪の取調べは、どのような考えを採るにしても、勾留の処理に影響を受けて（起訴されたり、勾留が取り消されたりといったことで）、制約原理が働く（起訴後は取調受忍義務を負わない）が、第三者の場合には、そういった制約が働かないから、自己に対する身柄拘束が続いている限りは、他人の犯罪について、相当長期間にわたって取調受忍義務を負う取調べを受けざるを得ないことになる、といった不当な結論を導くことになってしまい、何らかの制約原理が必要となる。そうすると、翻って考えると上記のような結論が導かれる。

▼78）比喩的にいえば、庇(ひさし)を貸して母屋を取られた状態に堕(だ)してしまうのは明らかにおかしいから、別件逮捕が本来問題とするのもこういった事態であろう。

エ　許されざる余罪捜査

別件逮捕でいわれる「本件」も勾留の基礎事実から見れば余罪であるから、別件逮捕の問題も、許されざる余罪捜査の一環のものということができる。

この点に関しては、勾留期間内における捜査の有り様で決するほかはないが、単に取調べの回数や時期のみで結論が導かれるものではない。例えば、①訴訟要件である告訴がなされるのを待つ、②鑑定の結果を待つ、③長期間出張中の関係者の帰宅を待つ、など正当な理由があって、捜査が進展しないことがあり得る。そういった期間を利用して余罪捜査を行うと、その期間に限ってみれば、勾留の基礎となっている事件の取調べはない（か少ない）のに対し、余罪の取調べが頻繁に行われている、といった事態も生じ得る。しかし、だからといって直ちに「許されざる余罪捜査」となるわけではない。要は、捜査を全体として見て、別件逮捕として問題とされている捜査について、適正な捜査との評価が可能なのかに懸かっているといえる。

第5　証拠の収集

1　供述証拠

供述証拠は取調べという手続を経て得られるのが通常の形態である。

(1) **被疑者**
　ア　概説

　被疑者の取調べについては，法198条が根拠条文である。同条2項で黙秘権の告知がなされること，同条1項ただし書について実務が取調受忍義務を肯定していることを始め，これまでも説明してきている。そして，取調受忍義務を負った形での取調べは，供述自体を強制的に収集するものでは勿論ないが，強制処分を物理的強制のみならず観念的な義務を負う場合も含むと解すれば，強制処分に当たるものと解される（注76で紹介した新矢・前掲262頁参照）。しかし，それは新たな強制処分ではなく，司法審査を経た勾留という強制処分の一環をなす強制処分であると解される。

　被疑者の供述は証拠として重要な役割を果たすことが多いことから，捜査の態様の適法性（適切さ）も様々に争われることがある。それらは後記の自白の任意性の箇所で一括して説明する。

　イ　録音・録画（施行は平成28年6月3日の法律公布から3年以内）
　　(ア)　**概説**

　平成28年の法改正で取調べに関する録音・録画が制度化されたが，被疑者の供述の任意性について適正な立証を実現することは，刑事裁判の長年の課題の1つであった。以前にも，取調べの過程が録音（録画）されて証拠として提出されたことはあった。また，録音・録画自体は，取調べに限らず，任意同行等，様々な場面で活用（被疑者・被告人側も含めて）されることもあった。そして，捜査機関においては，今回の立法化に先駆けて，取調べに関する録音・録画の運用も行われていた。そういった状況下での今回の録音・録画制度の立法化は，被疑者の供述の任意性の適正な立証を担保するものとして政策的な見地から導入されたものであるが，同時に，録音・録画制度を通じて取調べの適正化に資するものである。

　録音・録画制度は，取調べ及び弁解録取手続（以下「取調べ等」という）における録音・録画義務と当該録音・録画の証拠調べ請求義務（以下「証拠調べ請求義務」という）とからなっている。

　なお，除外事由も法301条の2第4項1号〜4号に定められている。除外事由の立証責任は，検察官が負うことになる。他方，同項柱書きには「……記録媒体に記録しておかなければならない」とあるから，上記除外事由に該当す

る場合でも，「記録媒体に記録」すること自体が禁じられるわけではなく，事案に応じて録音・録画をするかしないか対処すれば良いのである。

(イ) 録音・録画義務及び証拠調べ請求義務の対象事件

法301条の2第1項1号～3号に定められている。録音・録画は，人的・物的な負担を伴うことであるから，録音・録画義務の対象事件が限定されていることにはやむを得ない面もあろう。しかし，次に説明するように，裁判員裁判対象事件以外の警察官捜査の事件が全く対象とされていないのは，残念なことである。この制度が定着化していく中で，録音・録画義務の対象事件が拡大していくことを期待したい。[79]

まず，同項1，2号は裁判員法2条1項1，2号とほぼ同内容である（以下，便宜「裁判員裁判対象事件」という）から，裁判員裁判対象事件は，上記両義務の対象となっているといえる。取調べの実情を知る機会など通常はない裁判員にとっても，分かりやすいものとなろう。

法301条の2第1項3号は，定めの内容が少し分かりにくいが，「検察官独自捜査事件」といわれるものであって，検察官が，直接，告訴・告発を受けて又は自ら認知して捜査を行う事件である。「検察官独自捜査事件」には，これまでは，数期日にわたる取調べをまとめた形での長文の調書が作成されることもあり，その任意性，信用性が熾烈に争われることもあった。他方，その判断資料には限りもあった。そういったことからすれば，この類型の事件が録音・録画義務の対象事件とされたことについて，警察の捜査を経由しておらず，「被疑者の供述が異なる捜査機関による別個の立場からの多角的な質問等を通じて吟味される機会に欠けることとな」り，「録音録画の必要性が最も高い類型の事件である」といった指摘（吉田・前掲9頁）がされているのは，意義深いものと思われる。

▼79）後記のように，録音・録画記録を実質証拠として使用することは妨げられていないなど，録音・録画記録の証拠としての重要性が広く認識されていくことが期待される。

(ウ) 対象となる取調べ等

逮捕・勾留中の被疑者の対象事件についての法198条1項による取調べと弁解録取手続（法301条の2第1項本文・4項柱書き）である。この定めからして，取調受忍義務のある取調べ等が対象手続であると理解できる。このことは

実質的に考えるべきであって，勾留の基礎をなす被疑事実が死体損壊であっても，殺人について取り調べる時は，対象手続となるものと解される。

他方，取調受忍義務を負わない起訴後の被告人に対する取調べや，法223条1項に基づく参考人としての取調べは対象手続とはならないものと解される。

そして，録音・録画の対象となるのは，取調べ等の開始から終了までの全過程における「被疑者の供述及びその状況」である（法301条の2第4項柱書き）。

なお，第4項柱書き1文の括弧書きは分かりにくいが，起訴までの間に，警察での取調べ等が行われることになって，「被疑者の供述が異なる捜査機関による別個の立場からの多角的な質問等を通じて吟味される機会に欠けること」にはならなくなり，録音・録画を必要とする前提事実が欠けることになるところから，対象事件から除外されている[80]。

▼80）吉田・前掲11頁では，「検察官が，司法警察員から送致された窃盗事件で勾留中の被疑者を，今後送致が見込まれる同種余罪の窃盗について取り調べる場合」が，録音・録画義務の対象とならない事例の例示として挙げられている。

(エ) 義務違反の効果

録音・録画の義務に違反した場合には，法301条の2第2項は，裁判所に対して，検察官が同条1項に基づいて請求した書面の取調請求の却下を義務付けている。もっとも，当該義務違反に係る取調べ等で得られた書面の証拠能力が，この義務違反によって直ちに否定されるわけではない。そのため，事案によっては，裁判所が職権で当該書面を証拠として採用して取り調べる，といったことまで否定されるものではない。不合理だと思う人がいるかもしれないので補足する。証拠調べ請求の例外事由として「やむを得ない事情」が定められていて，他方，機械の操作ミスや整備不良で録音・録画記録が作成されなかった場合は，「やむを得ない事情」に該当しないとされている（吉田・前掲16頁）。こういった過誤の発生自体は回避されるべきであるが，そのことを措けば，上記例示に該当するだけの場合には，そういった記録の不作成と任意性の有無との関連性はないと認定されて，裁判所が当該書面の証拠能力を認めることもあり得よう。

(オ) 証拠調べ請求義務（概説）

法301条の2第1項柱書きが，後記任意性立証について，この請求を義務

付けている。他方，そうであるからといって，録音・録画記録を実質証拠として使用することを妨げるものではない。

検察官の義務であって，検察官がその義務に従って録音・録画記録の証拠調べを請求した場合であっても，裁判所は，その請求を認める義務を負うわけではない。また，この義務を履行したことと，任意性の立証が尽くされたことになるかとは，別個の問題であって，必要と思料される立証が付加されて，あるいは，別途，上記立証が更に行われることもあろう。

義務違反の効果は既に説明しているので，それ以外の点について補足する。

(カ) 証拠調べ請求義務（要件）

法301条の2第1項柱書きに定められていて，録音・録画記録を任意性立証のために請求する義務を定めたものであるが，複雑な条文構造になっているので，要件を簡単にまとめる。

①対象事件の公判において，不利益事実の承認を内容とする被告人の供述調書（供述書）の証拠調べ請求について，任意性が争われたこと，②当該供述調書（供述書）が，逮捕勾留中の当該事件の被疑者としての取調べ等の際に作成されていること，である。そのため，①については，取調べ時は対象事件であっても，起訴が非対象事件の場合（例えば，取調べ時は殺人未遂で起訴は傷害の場合）には，①の要件を満たさないから，証拠調べ請求義務は発生しない。[81]

請求の対象は，任意性が争われている供述調書（供述書）が作成された取調べ等の開始から終了までの全過程の録音・録画記録に限定されている（法301条の2第1項柱書き）。

録音・録画自体は，上記のように当該供述調書（供述書）が作成された取調べ等に限定して行われているわけではないが，請求義務の範囲は上記のとおり限定されている。しかし，任意性の立証に必要があれば，義務付けられていない録音・録画記録が証拠請求されることもあろう。他方，除外事由も法301条の2第1項ただし書に定められている。「やむを得ない事情」だけ補足すると，録音・録画が実施された後で，天災地変，落ち度のない火災等によって滅失した場合が考えられる。

▼81) なお，吉田・前掲15頁は，傷害事件で逮捕・勾留・起訴され，その後，被害者が死亡したため傷害致死に訴因変更された場合が非該当の例示として挙げられている。しかし，捜査時点で非対象事件であれば（被害者は当時は死亡していな

いから，傷害致死で取り調べられる可能性もない），録音・録画が義務付けられていない。そのため，公判で不存在の録音・録画記録の取調べ請求が義務付けられるといったことには，そもそもならないはずである。

　(キ)　準用

　法301条の2第3項は，1，2項を準用することで，1項に取り込まれている4項も準用することになって，結局，上記録音・録画義務及び証拠調べ請求義務の全体を準用している。任意性が争われた場合に準用されるが，対象となっている書面が分かりにくい定めとなっている。簡単にいえば，被告人以外の者が対象事件の取調べ等で行った，不利益事実の承認を内容とする被告人の供述を内容とするものを証拠とすることに関して，任意性が争われた場合に準用されるのである。

　(2)　**合意制度（施行は平成28年6月3日の法律公布から2年以内）**

　合意制度も，供述証拠を獲得する手段としての性質も帯びているが，供述を得る手段である取調べとは異なるところから，項を改めて説明することとした。また，被疑者・被告人双方に関係しているので，ここで一括して説明する。他方，刑事免責制度も供述を得ることに関連しているが，公判段階のことなので，該当箇所で説明する。

　　ア　対象事件

　対象事件は，法350条の2第2項で定義されている「特定犯罪」の事件である。同項の定めは，複雑であるが，要するに，刑法犯を含む特定の財政経済犯罪及び薬物・銃器犯罪である。ただし，死刑又は無期の懲役・禁錮に当たる罪は除外されている。

　　イ　合意の主体，内容，書面化

　　(ア)　合意の主体

　検察官と被疑者・被告人である（法350条の2第1項柱書き）。法人の場合には，その代表者が法人を代表する（法27条）。後記のように，弁護人も合意の形成に終始関与している。

　　(イ)　合意の内容

　①被疑者・被告人が，特定犯罪の共犯者等の他人の刑事事件の解明に資する供述をしたり，証拠物を提出するなどの協力行為を行うこと

　②検察官が，被疑者・被告人の事件において，その協力行為を被疑者・被告

人に有利に考慮して，不起訴にしたり，より軽い罪名で起訴したり，一定の軽い求刑をしたり，公訴を取り消したりなどする取扱をすることである（法350条の2第1項1，2号）。

　㋒　書面化

　上記合意は要式行為とされていて，検察官，被疑者（被告人），弁護人が連署した書面によって，その内容を明確にすることとされている（法350条の3第2項）。この書面の名称は「合意内容書面」と法定されている（法350条の7第1項）。

　　ウ　弁護人の関与（法350条の3，4）

　上記合意をするには，弁護人の同意の存在が要件とされている（法350条の3第1項）。合意をするため必要な協議は，検察官，被疑者（被告人），弁護人の間で行うものとされている（法350条の4本文）が，被疑者（被告人），弁護人に異議がないときは，協議の一部を弁護人のみとの間で行うことができるとされている（同条ただし書）。他方，これらの規定からも明らかなように，弁護人を外した形で，検察官が被疑者（被告人）と協議することはできない。弁護人が関与することに巻き込みの危険防止に資する点があるとされていることからすれば，当然の制約といえる。

　　エ　被疑者（被告人）からの供述の聴取（法350条の5第1項）

　　㋐　供述の聴取の意義，手続

　上記協議の過程で，検察官は，被疑者（被告人）に対し，①合意後に被疑者（被告人）から提供される供述内容の確認，②被疑者（被告人）が合意を真摯に履行する意思の確認のために，他人の刑事事件についての供述を求めて聴取することができる，その際は法198条2項が準用されるので黙秘権が告知される，こととされている（法350条の5第1項）。協議の過程なので，法350条の4が適用され，弁護人の同席が必要となる[82]。

　　▼82）筆者は，供述調書の証拠としての重要性からすれば，被疑者（被告人）の取調べに弁護人が立ち会うことが制度化されるべきだと考えている（拙稿・研修828号3頁，特に13頁）。そして，本条の供述の聴取は，取調べとは異なるものの，弁護人が同席する中で供述調書が作成されるものであるから，そういった実績が積み重なっていけば，筆者の上記の考えの立法化にも資することとなるものと考えている。

(イ)　**合意不成立の場合の供述の証拠能力の制限**

　合意が成立しなかったときは，被疑者（被告人）の協議における上記供述は，被疑者（被告人）の事件においても，他人の刑事事件においても，証拠とすることができないこととされている（法350条の5第2項）。これは，合意成立が前提としてされた供述であるから，その前提が欠けることになった以上は，供述は存在しなかったこととする，その実効性を担保する規定である，といった，ある意味，当然の趣旨が法制化されたものであるとの理解は可能である。

　また，吉田・前掲23頁では，検察官がこの供述を自由に証拠とすることができるとすると，被疑者（被告人）が合意不成立を懸念して，検察官の求めに応じて供述をすることを躊躇し，ひいては合意制度の利用自体を躊躇することを回避するための法制化といった旨の説明もある。確かに，上記の証拠制限によって，こういった躊躇が軽減される面はあろう。しかし，供述によって提供された情報自体は，検察官等の記憶から消去されようもないから，上記躊躇を完全に解消することは事実上困難であろう。①当該供述に基づいて得られた証拠（派生証拠）は，対象とされていないし，②被疑者（被告人）が協議においてした行為が法350条の5第3項所定の一定の罪に当たる場合に，それらの罪に係る事件において証拠として用いることは妨げられない（同項）とされているから，なおさらである。

　このようにみてくると，この供述に関しては，合意の成否が不確実な段階では，せいぜい供述の概要程度が述べられ，合意の成立が確実と見られる場合に初めて詳細な供述がなされる，といった事案が主要な流れになるのではなかろうか。

　オ　**司法警察員との関係**
　(ア)　**司法警察員との事前協議**

　対象事件は，司法警察員が送致し（送付した）事件・司法警察員が現に捜査していると認められる事件である。検察官は，被疑者と，対象事件について上記協議を行おうとするときは，司法警察員と事前協議をしなければならないこととされている（法350条の6第1項）。捜査において，検察官と司法警察員とが連携・協調していくことをより確実なものとする制度化といえる。

　他方，「被疑者」とされていることからも分かるように，当該事件の起訴後は，被告人と協議する場合には，こういった制約はない。公判段階での捜査に

おいて，検察官と司法警察員との連携・協調との関連性が薄いせいであろうか。

(イ) **司法警察員の関与**

標題の点については法350条の6第2項で定められているが，この関与の有り様は，場合によっては検察官と司法警察員との間に緊張関係を生むこともあり得よう。その意味でも，同項の運用状況は注目される。

　　a　協議における必要な行為への関与（法350条の6第2項前段）

検察官は，協議の対象である他人の刑事事件の捜査のため必要と認めるときは，被疑者（被告人）に供述を求めることその他の当該協議における必要な行為を司法警察員にさせることができるとされている。上記事前協議は「被疑」段階だけが対象であったが，この関与は，被告人も対象としているから，起訴後もあり得ることになり，1項と2項とでは，対象としている手続段階に異なる面があることになる。

しかし，検察官が，司法警察員に対して，協議に必要な行為をさせるには，検察官と司法警察員との連携・協調が前提となっていようから，事前も含めて，検察官と司法警察員との協議が通常は必要であろう。このように考えてくると，1項では行われない事前協議が，他人の刑事事件の捜査との関係では行われることがあり得ることになる。

　　b　個別授権による処分軽減等の合意内容の提示（法350条の6第2項後段）

司法警察員が法350条の2第1項2号に掲げる処分軽減等の合意内容を提示するには，検察官の個別の授権の範囲内で行う必要がある。これは，検察官が起訴を独占していることとの関連性の強い条文であって，検察官の個別授権の範囲内とされているところに，同条との調整が図られた結果を看取することができよう。

カ　公判手続等の特例

(ア) **合意をした被告人の公判における合意内容書面等の証拠調べ請求義務**

　　a　概説

合意がなされた事件では，裁判所も，訴訟の進行や被告人の情状との関係において，その合意の存在及び内容を承知しておく必要があるといえる。そこで，検察官は，①被疑者段階で合意した場合に，②被告人段階で合意した場合

に，いずれも冒頭持続後遅滞なく，合意内容書面の証拠調べを請求しなければならないものとされている（法350条の7第1項）。そして，合意からの離脱があったときは，後記の合意離脱書面の証拠調べを請求しなければならないものとされている（法350条の7第2項，3項）。

もっとも，被疑段階の合意については，起訴前に合意からの離脱があると，検察官は，合意内容書面等の証拠請求義務を負わないものと解されている（吉田・前掲25頁）。既に離脱があった合意は，起訴後の，訴訟の進行や被告人の情状との関係において裁判所が承知しておくべき事には当たらないと解することができるから，上記の解釈も支持できる。

　　　　b　略式命令の場合

略式命令の場合も，基本的には同様であって，略式命令を請求する場合には，同時に，合意内容書面を裁判所に差し出さなければならないものとされている（法462条の2第1項）。そして，同差出し後で裁判所が略式命令をする前に，合意からの離脱の告知があると，検察官は，遅滞なく，合意離脱書面を裁判所に差し出さなければならないとされている（法462条の2第2項）。

　　(ｲ)　他人の公判における合意内容書面等の証拠調べ請求義務

①他人の公判において合意に基づく供述調書等について，検察官，被告人・弁護人から証拠請求された場合（裁判所が職権で証拠調べ決定をした場合），②検察官，被告人・弁護人から証人尋問請求された場合（裁判所が職権で証人尋問決定をした場合）において，その証人となるべき者との間で当該証人尋問についてした合意があるときは，遅滞なく合意内容書面の証拠調べを請求しなければならないものとされている（法350条の8前段，350条の9前段）。そして，法350条の8後段で法350条の7第2項，3項が，法350条の9後段で法350条の7第3項が各準用されているから，合意からの離脱があった場合には，合意離脱書面の証拠調べ請求もしなければならないものとされている。

　　キ　合意からの離脱
　　　(ｱ)　離脱事由と離脱できる当事者

法350条の10第1項には，離脱事由と離脱できる当事者が定められている。

　①合意の当事者が当該合意に違反したとき　その相手方（同項1号）
　②検察官が合意に基づいて求刑をしたものの裁判所が当該求刑よりも重い刑

を言い渡した場合など同項2号所定の事由　被告人

③被疑者（被告人）が協議においてした他人の刑事事件についての供述内容が虚偽なことが明らかになったときなど同項3号所定の事由　検察官

　　(ｲ)　**離脱の方式及び効果**

離脱も要式行為である。すなわち，離脱合意の相手方に対し，離脱理由を記載した書面によって告知して行うこととされている（法350条の10第2項）。この書面の名称は法定されていないが，「合意離脱書面」との提言がされている（吉田・前掲26頁）。

　　ク　**合意の履行の確保**
　　(ｱ)　**検察官による合意違反の効果**
　　　　a　公訴棄却等

検察官が，①不起訴の合意に違反して起訴するなど，法350条の13第1項挙示の合意違反をしたときは，裁判所は，当該公訴を棄却しなければならない，②合意に違反して訴因等の追加等を請求したときは，裁判所は，これを許してはならない（法350条の13第2項），とされている。

公益の代表者である検察官が，意識的に明白な合意違反を犯すとは想定し難いが，合意に不明確な点があって，その解釈の違いから，該当事案が生じることがあるかもしれない。そのため，文言としての合意の明確性を確保しておくことが肝要であるが，合意に至る協議の過程も明確にしておいて，合意の文言の解釈に争いが起こらないようにしておくことも，同様に肝要である。

　　　　b　証拠能力の制限

検察官が合意に違反したときは，被告人が協議においてした供述及び合意に基づいてした被告人の行為により得られた証拠は，被告人の事件でも，他人の事件でも証拠とすることはできない（法350条の14第1項）。もっとも，これらの証拠が用いられる事件の被告人に異議がない場合は，上記証拠能力の制限はないことになる（同条2項）。また，上記証拠の派生証拠は，この証拠能力の制限の対象とはされていない。

　　(ｲ)　**虚偽供述等の処罰等**

合意に違反して，検察官，検察事務官又は司法警察職員に対して虚偽の供述をしたり，偽造・変造の証拠を提出したりした者は，5年以下の懲役に処せられる（法350条の15第1項）。合意に基づいて行われる供述や提出証拠の信用

性・真正性を確保し，合意制度の円滑な運用を確保するための制度といえる。

　他方，これらの内容虚偽の証拠に基づく不当な裁判が確定してしまうことは避けた方が良いから，上記罪を犯した者が，当該合意に係る，①他人の刑事事件の裁判が確定する前で，②自己の刑事事件の裁判が確定する前に，自白したときは，その刑が減免される（同条2項）。

　しかし，①，②の裁判のいずれであっても，不当な裁判の確定が回避できれば，そのこと自体は有意義なことであるから，同条2項には該当しない場合でも，②の裁判が確定する前に自白した場合には，情状面でそのことを考慮することは可能であろう。▼83)

　▼83）②の刑事事件が確定していれば，①の事件の未確定のときに自白しても，その者との関係では，量刑上の考慮といったことはあり得ないのである。

ケ　検察審査会との関係
㈦　検察審査会への合意内容書面等の提出義務

　検察官は，検察審査会に対して，当該審査に係る事件について被疑者との間でした合意内容書面を提出する義務を（検察審査会法35条の2第1項），また，同書面提出後，検察審査会の議決前に，合意の離脱の告知があったときは，合意離脱書面を提出する義務を（同条2項），それぞれ負っている。

㈣　合意の失効

　失効であるから，合意の効力を将来に向かって失わせることである。法は，その失効事由を3つ定めている。すなわち，検察官が合意に基づいて不起訴処分をした事件について，検察審査会が，①起訴相当（検察審査会法39条の5第1項1号），②不起訴不当（同項2号）の議決，③起訴議決（同法41条の6第1項）をすると，当該合意は失効するとされている（法350条の11）。

　③の起訴議決があると，裁判所は起訴等を担当する弁護士を指定し（検察審査会法41条の9第1項），指定弁護士が原則として起訴することとされている（同法41条の10第1項本文）から，不起訴処分の合意の効力が維持される余地はないことになる。したがって，③の起訴議決が合意の失効事由とされているのは，当然のことといえる。

　他方，①の起訴相当，②の不起訴不当の議決の場合には，検察官は，速やかに，各議決を参考にして事件の処理をすることになるが（同法41条1項，2項），不起訴処分もできることになっている。しかし，不起訴処分とする旨の

合意に基づいて不起訴処分をしたのでは，各議決を参考にして事件の処理をしたことにはならない。

このように見てくると，上記2つの議決は，検察官を両立困難な立場に置くことになる。そうだからといって，国民が参加している検察審査会がそのような議決をすることをできなくすることは，明らかに不合理である。となれば，上記2つの議決も合意の失効事由とすることには合理性があることになる。

(ウ) 証拠能力の制限

a　概説

検察審査会の上記①〜③の議決によって合意が失効し，その後，検察官が当該事件を起訴した場合には，合意失効後の起訴であるから，検察官が合意違反を犯したことにはならない。そのため，上記の検察官の合意違反に伴う制約は及ばず，他人の事件には無影響ということになるから，協議・合意に基づいて得られた証拠等の証拠能力にも影響はない。

b　被告人との関係

しかし，被告人にとっては，不起訴処分の合意に基づいて得られた証拠がそのまま自分の事件に用いられることになるのは，検察審査会の議決という，被告人には何らの帰責事由がない事由によって不利益を被ることになって，不合理である。そのため，①被告人が協議においてした供述，②不起訴合意に基づいてした被告人の行為により得られた証拠，③これらに基づいて得られた証拠（派生証拠）は，当該被告人の事件においては証拠とすることができないものとされている（法350条の12第1項）。もっとも，被告人に異議がなければ，この制限は生じない（同条2項3号）。

また，検察審査会の上記議決の前に被告人がした行為が，不起訴合意に違反するものであったことが明らかになったときなど，同条2項1, 2号に定めるときも，上記制限は生じない。

2　通信傍受

(1)　秘聴，会話当事者による秘密録音[84)]

秘聴の態様も様々だが，公開の場所での会話を通常の手段（例えば，聴覚）で聴くことが適法であることは明らかである。換言すれば，例えば，適法に尾行している警察官が，尾行対象者が連れの友達と話している会話内容を聴いても，任意捜査として問題は生じない。ところが，距離等との関係で通常は聴け

ない音量の会話を増幅器等の機械を用いて聴けるようにした上で聴く場合は，手段が聴覚であっても，問題が出てこよう。このように「秘聴」自体が問題なのではなく，「秘聴」の対象・手段・方法によってその適法性が問題となってくるのである。

次に，信書や電話による会話の場合には，憲法 21 条 2 項が定める通信の秘密との関係が出てくる。しかし，その場合でも，送り手は，送信した以上は，その後の処理は相手方に委ねることになる。そのため，電話も含めて会話の一方当事者が相手の同意を得ないで録音しても（**参考裁判例 21** 参照），また，いわゆる逆探知が適法とされているように，受信者・会話の一方当事者が承諾していれば，その内容を捜査官が知っても，原則として違法の問題は生じない。当該録音が外部に出た段階で，その段階での適法性を別途考えるべきであろう（**参考裁判例 21** で紹介した稗田・前掲 169 頁注 11 にも同様の指摘がある）。

> ▼84) 密(ひそ)かに聴くことを「盗聴」というのが一般的だが，「盗」というとイメージが悪いので，「秘聴」という用語例に従う。
> ▼85) 信書の場合は送り手と受け手とは決まっているが，会話の場合はお互いが発話者・受話者を兼ねることになるので，会話全体について相互が「相手方」となると考えるべきである。

(2) 通信傍受と判例，立法の動き

ア 検証許可状

通信傍受は，捜査機関が通話当事者に無断でその内容を傍受することである。会話当事者は当該会話内容に関して，捜査機関に対して何らの権限付与もしていないから，上記の秘聴，会話当事者による秘密録音とは異なり，問題状況が一変していて，任意捜査として行えないことは明らかである。

通常の犯罪捜査が困難な薬物事犯で通信傍受を強制処分として行うことの可否が下級審裁判例において問題とされ，最終的には，最高裁判例によって，検証許可状（法 218 条 1 項）によって通信傍受を行える場合のあることが確認された。すなわち，捜査機関が電話の通話内容を通話当事者の同意を得ずに傍受することは，重大な犯罪に係る被疑事件について，罪を犯したと疑うに足りる十分な理由があり，かつ，当該電話により被疑事実に関連する通話の行われる蓋然性があるとともに，他の方法によってはその罪に関する重要かつ必要な証拠を得ることが著しく困難であるなどの事情が存し，犯罪の捜査上真にやむを得ないと認められる場合に，対象の特定に資する適切な記載がある検証許可状

によって実施することが許されていた，とされた。

▼ 86) 最決平成 11 年 12 月 16 日刑集 53 巻 9 号 1327 頁（池田修＝飯田喜信・判解刑同年度 220 頁）。

イ 通信傍受法
㈦ 新設

しかし，皮肉なことに，その直前に，平成 11 年 9 月に施行された法律第 138 号によって電気通信の傍受を行う強制処分を定めた法 222 条の 2 が追加され，同条で前提とされている法律として，「犯罪捜査のための通信傍受に関する法律」（以下「通信傍受法」という）が同年 8 月に成立して法整備が図られたため，上記判例に基づいて検証許可状によって処理する余地はなくなった。

通信傍受法は，捜査機関が，裁判官の発する傍受令状（同法 3 条）に基づいて，一定の重大犯罪（薬物関連犯罪，銃器関連犯罪，集団密航に関する罪，組織的な殺人《同法別表》）に関連する通信（同法 3 条）を，当該通信の当事者の同意を得ないで傍受することができることとした。そして，①対象事件が犯され又は犯されると疑うに足りる十分な理由がある場合であって（＝高度の嫌疑の要件。通信傍受法 3 条 1 項 1 号前段），②当該犯罪が数人の共謀によるものであると疑うに足りる状況がある場合において（＝数人共謀の要件。同号後段），③犯罪関連通信が行われると疑うに足りる状況があり（＝蓋然性の要件。同条 1 項柱書き），かつ，④他の方法によっては，犯人の特定等が著しく困難であるときに（＝補充性の要件。同条 1 項柱書き），⑤電話番号等により特定され，犯人による犯罪関連通信に用いられると疑うに足りる通信手段（＝対象の要件。同条 1 項柱書き）について，行い得るものとされている。

そして，請求権者（同法 4 条，同規則 2 条），令状発付権者（地方裁判所裁判官，同法 4 条）を限定し，実施手続・事後手続を厳格に規制している。

しかし，違憲論もあった中での立法であったせいか，[87] 要件が厳格であって，いわゆる使い勝手は必ずしも良くなく，実施例も限られていた。

▼ 87) 池田＝飯田・前掲 226 頁でも，通信傍受法の法案の作成，審議の過程で合憲性に関する激しい議論の応酬があったとされている。

㈡ 平成 28 年改正 [88]

同改正は，施行時期が二つに分かれている。通信傍受の対象犯罪の拡大についての改正法の施行は，平成 28 年 12 月 1 日である。改正内容は，通信傍受

の対象事件が，殺人，窃盗，詐欺等の犯罪へ拡大された（同法別表第2）。そして，今回の改正で追加された犯罪については，「当該罪に当たる行為が，あらかじめ定められた役割の分担に従って行動する人の結合体により行われるもの」であると疑うに足りる状況があることをも要するとされている（結合体の要件。同法3条1項1号）。

通信傍受の手続の合理化・効率化についての改正法の施行は，平成28年6月3日の法律公布から3年以内とされている。改正内容は，①通信の暗号・復号を介する一時的保存を命じて行う通信傍受（一時的保存命令方式。通信傍受法20条1項，21条1項等），②特定電子計算機を用いる通信傍受（同法23条等）を可能としたことなどである。

これまでの通信傍受は，通話に並行して傍受するという即時性（リアルタイム性）を前提としているため，捜査員や立会人が傍受の瞬間にその場にいなければいけないという時間的，人的に大きな制約があった。その点を改めて，通信について暗号・復号を介することによって一時的保存を可能とし，捜査の効率化と通信管理者等の負担の軽減を図ろうとするものである。裁判官も勿論関与するが，変換符号（暗号化鍵）と対応変換符号（復号化鍵）の作成を裁判所書記官等の裁判所職員が担当することとされていることなども注目される（同法9条1号，2号）。

②は，その手続に捜査機関の施設等に設置された特定電子計算機を関与させるものである（同法23条）。他方，この方法による許可があると，現在の方式や一時的保存命令方式による通信傍受はできないこととされている（同条3項）。

▼88）通信傍受法の改正については，鷦鷯昌二「刑事訴訟法等の一部を改正する法律の規定による通信傍受法の改正について」警學69巻8号（2016年）93頁，吉川崇・前掲76頁等があるが，それらを参考にして筆者なりに説明する。

3　写真撮影
(1)　概説

写真は，かつては，カメラ等の機材を用いて人物等を証拠化する手軽で最良の手段であったが，現在では，より手軽にスマートフォン等でいつでもどこでも撮影できるといった，写真自体の手段の変容がある。それに加えて，ビデオ，DVD等の発達で，映像の形での証拠化が簡便にできるようになり，防犯

ビデオカメラも各所に設置されていて日常的に個人の姿態が映像化され，犯罪捜査にも大きく寄与している状況となっている点で，大きな変化を遂げている。

しかし，証拠能力等の検討の場面では，映像は写真の連続したものと考えることができるところから，写真での議論をほぼそのまま当てはめることができる。そのため，基本的には写真について検討することにする。

他方，写真と映像との決定的な違いは，上記の連続性の有無にある。写真は，一瞬の，特定の角度，視野からのものを固定化しているのに対し，映像は，その写された時間分における，その写された角度，視野からのものを包含しているから，証拠としての，特に信用性の場面で，大きな違いを見せることがあり得る。こういったことは，例えば，ある方向からの写真ではラインを超えているように見えても，他の場面から見ると，そうではないことが明瞭に分かる，などといった日常的な体験からも裏付けられているといえる。また，映像に写されている限度では，その間の事態の推移が良く分かり，他の反証の余地を限りなく限縮させる効果も持っている。この利点が，例えば，取調べ状況の可視化といった問題において，取調べの全過程が録音・録画されるべきか，といった議論の背景にもなっていよう。

写真と映像との間にある，こういった相違にも留意しておく必要がある。

(2) **撮影の適法性**

ア **概説**

撮影することは対象者のプライバシーの権利（その一場面としての肖像権《肖像に関する利益》）を侵害することがあるところから，主に場所，状況との関係で検討が必要である。被疑者を対象とするものでは，ⅰ犯行現場やそれに継続する場所，場面における撮影（＝犯人の特定，犯行の特定の両側面があり得る），ⅱ事後における犯人特定のための撮影とに大別される[89]（鹿野・後掲297頁の指摘を筆者なりの形で説明した）。

そして，容貌等に対する，肉眼による視認による不利益と対比して，撮影による不利益の実質は，撮影記録の事後的な利用の問題であるとの指摘（鹿野・後掲309頁）は，秘密録音と同じ視点を提供するものであって，問題点の共通性を浮かび上がらせる指摘として有益である。

▼89) 通常は被疑者の顔貌中心の撮影となり，それ自体が犯人特定の資料として用い

られることもあれば，犯人特定のためのいわゆる写真台帳の写真となる場合もある。そして，事案によっては，被疑者の癖，歩き方，特徴（例えば，目撃者が指摘する特徴）の有無の確認のためなどといった立証のために，被疑者の特定の動作，身体の部位等に焦点を当てた撮影もあり得る。筆者の経験でも，犯人の耳の形が問題となり，後から頭部を写した写真が証拠請求されたことがあった。

イ　公開の場所における撮影と判例の意義

典型例は，デモ行進を撮影する場合である。最大判昭和44年12月24日刑集23巻12号1625頁（京都府学連事件。海老原震一・判解刑同年度479頁）は，任意処分としての適法性を肯定した判例である。この判例は，ⅰの類型に関するものであって，自由に対する制約原理を公共の福祉に置き，①人は，その承諾なしに，みだりにその容貌・姿態を撮影されない自由を有すること，②警察官が，正当な理由もなく，他人の容貌等を撮影することは，憲法13条の趣旨に反して許されないこと，とした。これらの点は異論はないであろう。そして，当該事案への当てはめでは，警察官による個人の容貌等の写真撮影は，③現に犯罪が行われもしくは行われたのち間がないと認められる場合であって，④証拠保全の必要性および緊急性があり，⑤その撮影が一般的に許容される限度を超えない相当な方法をもって行われるときは，撮影される本人の同意がなく，また裁判官の令状がなくても，憲法13条，35条に違反しない，とされた。

④，⑤は一般論として考えても，異論の少ないものといえる。他方，③は，現行犯的な態様に限定しているが，そうであれば，任意処分として写真撮影が許容されるのは，ごく限定されるものとなろう。そのこともあったためか，この判例の趣旨を限定的に理解して，当該撮影の違法性主張の論拠とされることが少なくなかった。しかし，一般論として挙げられている「正当な理由」は，現行犯的なものに限定されないことは明らかであるし，事例の当てはめの冒頭でも，「次のような場合には」といった限定がされていたから，元々事例判例的な判断であったと解する方が自然な判旨であったといえる。その後の判例によって，③の点は，一般的な説示ではなく，当該事案に即した事例判例的な判断であると限定的に解されるようになった（鹿野・後掲307頁には，予想された結論とある）のは，自然な推移といえる。

このように判例の意義は，当該判例が決めるのではなく，後の判例が決めていくわけである。これは，判例法の形成作用として重要な視点・作用である

が，この場合もその一例となっている。

ウ　高速道路における自動速度監視装置による写真撮影

標題の撮影はⅰの類型に関するものであるが，合憲性が争われて下級審裁判例が積み重なっていた中でされた最決昭和 61 年 2 月 14 日刑集 40 巻 1 号 48 頁（松浦繁・判解刑同年度 18 頁）は，「イ」の判例の判断枠組みに沿った判断を示し，現に犯罪が行われている場合になされ，犯罪の性質，態様からいって緊急に証拠保全をする必要性があり，その方法も一般的に許容される限度を超えない相当なものであるとして，標題の写真撮影を憲法 13 条に違反しないとした。▼90)

> ▼ 90)　同乗者の容貌を撮影することになる点は，既にこの点について説示していた「イ」の判例の趣旨に徴して，憲法 13 条，21 条に反しないとした。そして，オービスⅢを含めた撮影機器の説明については，松浦・前掲 23 頁注 1 参照。

エ　内偵捜査とビデオ撮影

最決平成 20 年 4 月 15 日刑集 62 巻 5 号 1398 頁（鹿野伸二・判解刑同年度 289 頁）は，ⅱの類型に関するものであって，容貌等の撮影について，①捜査機関において被告人が強盗殺人等事件の犯人である疑いを持つ合理的な理由が存在し，かつ，②ビデオ撮影が，防犯ビデオに写っていた人物の容貌，体型等と被告人の容貌，体型等との同一性の有無という犯人の特定のための重要な判断に必要な証拠資料を入手するため，これに必要な限度において，③公道上及び不特定多数の客が集まるパチンコ店内にいる被告人の容貌等を撮影したものであるときは，捜査活動として適法であるとした。

①は嫌疑の存在であり，②は捜査の必要性であり，③は，撮影の場所が公道上だけでなく店舗内であるが，不特定多数の客が集まるところから，公道上に準じて考えることが可能な場所であったといえる。このように見てくると，「イ」の判例と対比すると「緊急性」はともかく▼91)，要件的には重なったものがあるから，「イ」の判例でいわれている現行犯性を要件としない新たな類型の撮影行為を適法とすることに，合理性を看取できよう。

> ▼ 91)　鹿野・前掲 310 頁は，「イ」の判例も緊急性を一般的な要件とはしていないとの理解を前提として，「本件は，令状を請求できないような緊急性はなかったともみられる事案であ」ったとしている。

オ　その他で適法とされる場合

　最高裁判例はないが，下級審で検討されて適法とされた事例があるので，簡単に紹介しておく。①東京地判平成元年3月15日判タ726号251頁，判時1310号158頁（上智大学内ゲバ事件）は，犯人特定のために，犯行への関与が疑われる者の居宅に出入りする者の容貌等を撮影した事案（ⅱ類型ないしそれに準じた事案といえよう），②京都地決平成2年10月3日判時1375号143頁は，乱闘現場から病院へ搬送された負傷者2名について，犯人特定と負傷状況の証拠保全のために撮影された事案（写真の証拠決定。ⅰ類型に準じた事案と考えることができよう），③東京地判平成17年6月2日判時1930号174頁は，民家の屋根にビデオカメラを設置して，公道に面する被告人（駐車場の駐車車両への放火事件の嫌疑があった）方玄関付近を中心に撮影した事案（ⅱ類型の事案といえる）がある。

　なお，④東京高判平成19年8月7日高検速報集同年度280頁は，具体的な犯罪嫌疑がなく内偵中の捜査対象者が出入りするアジトの動向視察の目的で，建造物の出入り口付近をビデオ撮影した事案で，重大な違法はないとして証拠能力を認めた原審の判断を支持している（鹿野・前掲304頁は，この判決は違法を前提としていると解している）。また，⑤東京高判昭和63年4月1日判タ681号228頁，判時1278号152頁は，山谷地区派出所付近にビデオカメラを設置し，犯罪の発生に備えてその証拠を保全するために撮影がされた事案，⑥大阪地判平成6年4月27日判タ861号160頁，判時1515号116頁は，行政警察活動として街頭に15台のテレビカメラを設置して町の様子について情報収集し暴動等の防止等を図った事案である。

カ　撮影が違法となる場合と立法論

　通常は外からは見えない場所にいる者を特殊の装置を用いて撮影する場合は，強制処分と解され，検証令状を必要としよう。この場合，なぜ強制処分となるのかは議論が分かれようが，肉眼と対比してみれば，そういった場所に立ち入る必要があるが，それは令状がなければできない行為であるといえる。こういった思考が強制処分性の背後にあるものと解される。また，鹿野・前掲311頁は，「現代のプライバシー意識の高まりと技術の進歩からすれば，一定の撮影方法については令状を必要とするような通信傍受と同様な立法作業も必要」といった指摘をしているが，長期間にわたる内偵中の撮影といったことを

想定すると，裁判所による規制があった方が望ましいとはいえる。

　近時，下級審で，その捜査手法の適法性に関する判断が分かれていたGPS捜査（対象車両に無断でGPS端末を取り付け，同車両の所在を検索してその移動状況を把握する捜査手法）について，最大判平成29年3月15日（裁判所ホームページ）は，GPS捜査は，「対象車両及びその使用者の所在と移動状況を逐一把握することを可能と」し，「合理的に推認される個人の意思に反してその私的領域に侵入する」捜査手法だとして強制処分性を肯定し，「その特質に着目して憲法，刑訴法の諸原則に適合する立法的な措置が講じられることが望ましい」としつつ，他の関係証拠で窃盗罪について有罪とした1，2審の判断を維持した。なお，3名の裁判官による補足意見では，極めて重大な犯罪捜査について高度の必要性がある場合に限定した形での令状発付の余地を認めている。

　また，近時，ドローン飛行体の使用といったことも話題となっている。その捜査手法の適法性や獲得証拠の証拠能力に対する判断においては，この機器がどのような態様で使用され，どのような証拠資料が獲得されるのかによって，その判断枠組みが変わってこよう。そして，写真に関する議論等これまでの検討結果が当てはまる部分もあろうが，上記GPS捜査に関する大法廷判決のように新たな判断を必要とする場合もあろう。今後の実務の動向を見守る必要がある。

4　参考人
(1)　概説

　被疑者以外の第三者も取調べの対象となる（法223条1項）。任意の取調べが原則であるから，出頭を拒む，いつでも退去する，といった事態が起こり得ることは，法が予定しているものといえる。他方，黙秘権を告げるようにはなっていない（法223条2項は，198条2項を準用対象条文から除外している）。これは，第三者であるから，黙秘権の対象である，自己の犯罪事実について取り調べられるものではないことが前提となっていると解すると，その合理性を肯定できる。しかし，当初は参考人であっても嫌疑が高まって被疑者となったり，共犯事件等実質的には自己の犯罪事実の取調べを受けることもあろう。このように取調べの実態まで考慮に入れると，黙秘権を告知するのが期待される取調べもあり得る。もっとも，黙秘権を告知していないことだけで供述の任意性が否定されることにはならない。

▼92) 出田孝一・判解刑平成元年度219頁注12。同所で紹介の①最大判昭和23年7月14日刑集2巻8号846頁は，憲法38条1項は黙秘権を認めているが，黙秘権を尋問前に告知すべき手続上の義務を命じていないとし，②最判昭和25年11月21日刑集4巻11号2359頁は①の判断に準拠し，③最判昭和28年4月14日刑集7巻4号841頁も①等の判例の判断に準拠している。

(2) 強制的取調べ

法226条，227条に該当する場合には，第1回公判期日前に限って，証人尋問の実施が可能である（法226条〜228条）。補足すると，法226条の場合は，上記の任意の取調べを前提とすれば，起こり得る事態への対処方法を定めたものと解することができる。他方，法227条の場合は，供述の変遷ということ自体は，供述を得る手段が任意か強制かといったこととは直接的な関連性は持たないものといえる。犯罪事実に立証責任を負っている検察官に証拠を得る機会を付与した規定と解することができる。

この証人尋問には，証人の規定が準用される（法228条1項）。そして，この手続で作成された証人尋問調書は，速やかに検察官に送付され（規則163条），法321条1項1号書面として証拠能力が認められる場合がある。

他方，被告人（被疑者），弁護人の立会は，裁判官が「捜査に支障を生ずる虞がないと認めるとき」といった限定がされている（法228条2項，規則162条）。捜査の密行性の例外的な制度であることによる制約であろうか。

5 捜索・押収
(1) 概説
ア 物的証拠の重要性とその押収の重要性

物的証拠は，決め手的な証拠となることがあるなど，重要な証拠としての役割を果たすことが少なくない。そして，事件直後にはそういった物的証拠の収集が容易であって，同時に，その時期しか得られない場合もある[93]。このように物的証拠が重要であって，その収集可能な時期に限定があるときもあるところから，初動捜査の重要性が指摘されていて，解決困難な事件の原因として初動捜査の不備が指摘されることがある[94]所以でもある。

▼93) 例えば，テーブルに指紋がないことについて，被告人は，湯飲みのお茶をこぼし，テーブルを拭いたためだ，と弁解していたが，事件直後に実施された実況見分で撮影された写真には，液体がほぼ一杯入った状態の湯飲みが映っていて，被告人の弁解の虚偽性が端的に裏付けられていた事例があった。こういった写真は事件直後しか得られない可能性が高い。

▼94）最判昭和43年10月25日刑集22巻11号961頁（大変な難事件となった八海事件の第三次上告審判決。木梨節夫＝船田三雄・判解刑同年度298頁）でも，初動捜査の不備・疎漏が指摘されている。

イ　物的証拠の押収と捜索

㈠　押収の意義（＝差押えと領置）

　捜査機関による証拠物の占有取得を押収という。なお，法99条1項は，差押えの対象を「証拠物又は没収すべき物」としている。しかし，裁判段階でも，証拠物に該当しない「没収すべき物」は想定するのが困難であって，筆者は，純粋に没収すべき物として証拠請求があって押収したといった経験はない。そうであるから，捜査段階では，「没収すべき物」は，通常，当該被疑事件の立証に資するものであって，証拠物に該当することになる。

　押収には，①占有を強制的に取得する差押え（法222条，99条1項）と，②被疑者その他の者が遺留した物（＝任意に占有を離れた物）又は所有者，所持者，保管者が任意に提出した物の占有を取得する領置（法221条。裁判所が行う領置の定めである法101条も，関係する内容は同一である）とがある。なお，①と②との差異は占有の取得手段の差異であって，占有を取得した後の取扱が異なることになるわけではない，その意味で領置も，取得した占有を継続する関係では強制処分である（鹿野・後掲313頁等）。そのため例えば，任意の取得である領置だから，関係者が自由に捜査機関から取り戻せる（鹿野・後掲320頁注18でも類似の想定が示されている），などといったことにはならないのである。領置の例としては，前掲最決平成20年4月15日刑集62巻5号1398頁（鹿野伸二・判解刑同年度289頁）は，被疑者やその妻が不要物として公道上のごみ集積所に不要物として排出したごみが領置の対象となることを肯定した。

▼95）捜索・差押えの対象となるのは，証拠としての「証拠物」（公判での取調べ方法は法306条）よりは広義であって，物的な証拠との意義である。すなわち，この狭義の証拠物に加えて，手紙，文書等伝聞証拠となり得るものでも物的な性状を持つものは含まれる。

▼96）「その他の」と「その他」は紛らわしいが明確に区別されている。「その他の」は，前を含んだ概念（＝A，Bその他のC，だと，A，BはCの意味に含まれている）であるから，ここでの「その他の者」には被疑者も含まれていることになる。
　他方，「その他」は並列を意味する（＝A，Bその他C，だと，AとBとCは並列であって，CはA，Bを含んでいるわけではない）。

▼97）同決定は，占有取得後における内容物の確認は，法222条，111条2項に基づく必要な処分として行えることを前提としていると解されることにつき，鹿野・前掲315頁。この事件のごみのように，シュレッダーで裁断された文書等のいわゆる廃棄物にも貴重な証拠となる物が含まれている場合がある。ゴミ箱捜査（Dumpster Diving）といった用語への言及につき中川正浩「米国『経済スパイ法』概略」警學70巻1号（2017年）81頁，特に，89頁，107頁がある。

(イ) **捜索**

領置は，捜査官にとって対象物の存在は明らかとなっていて，そのことを前提として占有の取得が行われるのが通常の形態である。差押えの場合も，領置同様に対象物の存在が明らかとなっていて，そのことを前提として占有の取得が行われるときもあり，そのときは，次に説明する捜索令状は必要がない（差押えには常に捜索令状も必要だと誤解する人がいるから，留意しよう）。しかし，差押えの場合は，多くは，対象物の存在がその所在場所も含めて明らかになっておらず，対象物を探して発見するという作業を伴うのである。そして，この作業が公道上で行われるなど，令状を要せずに行えるときもあるが，一般的には，令状を必要とする。この差し押さえるべき物を一定の場所（人の身体及び物を含む）で探す強制処分を捜索という。

憲法35条2項では「捜索又は押収は，権限を有する司法官憲が発する各別の令状により，これを行ふ」とされているが[98]，実務においては，同一の場所，機会において捜索と差押えが行われる場合には，捜索許可状と差押許可状といった各別の令状作成をせずに，1通の捜索差押許可状という令状を作成するのが通例であり，その適法性は判例でも肯定されている[99]。

▼98）「又は」に「or」の意義があるのは当然のことであるが，「or」と「and」を含んだ意義もあり，この場合もそうである。この点を正確に理解していない人がいるから留意しよう。

▼99）最大判昭和27年3月19日刑集6巻3号502頁は，「捜索押収状」について，「捜索」と「押収」との各別の許可が記載されていれば，1通の令状に記載することを妨げないとしている。

(2) **捜索差押許可状**

ア **概説**

法218条4項によって，捜索，差押えの各令状の請求権者は検察官，検察事務官，司法警察員とされていて，法199条2項と対比すると，検察事務官が加わるなど，請求権者の範囲が広がっていることが分かる。

捜索差押許可状の方式は法219条に定められていて，差押状，捜索状の方式を定めている法107条とほぼ同内容である。氏名については，法219条3項で，法64条2項が準用されるから，氏名不明な場合には，「人相，体格その他被疑者を特定するに足りる事項で被疑者を指示することができる」ことになる。誤記も起こりうるが，最判昭和27年2月21日刑集6巻2号266頁は，捜索押収の場所の「佐藤コヨ」方を「工藤コマ」方とした氏名の誤記を認定しつつ，適法に証拠調べを経た当該押収物の証拠能力を認めた。

罪名は記載事項であるが，被疑事実の記載を要しないこととされていることを指摘しておく。この点は，捜索すべき場所は被疑者の関係する場所とは限らないため，捜査の密行性，被疑者の名誉保護等が考慮されたものと解される。しかし，刑法犯だと，例えば，殺人罪，傷害罪といった罪名の記載だけでも，どういった犯罪かということはある程度分かるが，特別法犯の場合には，例えば，覚せい剤取締法違反とだけあっても，具体的にどういった犯罪かまでは分からない。そのため，運用の問題となってしまうが，特別法犯については，罰条も記載すべきだとの意見があるのも理解されよう。

憲法35条1項が令状の記載要件としている「差し押さえるべき物」，「捜索すべき場所」については項を改めて説明する。

イ　差し押さえるべき物

㋐　包括的な記載の許容性

差し押さえるべき物については，個別に特定した記載が望ましいが，捜索を実施する前に対象物を特定するわけであるから，事前の特定としては自ずと限界がある。そのため，包括的な記載の許容性が争いとなるのも，事柄の性質の反映といえる面がある。要は，包括的な記載が令状による捜索，差押えを適法視させるほどには特定できているかが問われることになる。例えば，「会議議事録，闘争日誌，指令，通達類，連絡文書，報告書，メモその他本件に関係ありと思料せられる一切の文書及び物件」という，「その他本件に関係ありと思料せられる一切の文書及び物件」といった包括的な記載を含む事案において，「差し押さえるべき物」の明示に欠けるところはないとする判例[100]は，罪名（＝地方公務員法違反）の記載をも併せると，上記の程度には特定がされていると解したものといえる。もっとも，このような包括的な記載は望ましいことではないから，被疑事実の記載が求められていないのが上記の趣旨だとすると，少

なくとも，被疑者の関係する場所に対する令状に関しては，より具体的に，罰条を記載する，被疑事実を記載した書面を添附する，などといった運用が望ましいことといえる。

▼ 100) 最大決昭和 33 年 7 月 29 日刑集 12 巻 12 号 2776 頁（栗田正・判解刑同年度555 頁）。なお，この判例では，上記「地方公務員法違反」との記載に関し，適用法条を示して記載することは憲法の要求するところではないとの判断も示されていて，「決定要旨」はそちらだけが挙げられている。

(イ) 記載された「差し押さえるべき物」の範囲

「差し押さえるべき物」が個別に記載されていても，実際に発見された物がその記載との関係で，「差し押さえるべき物」に該当するのかについて争いとなることがある。そういった場合には，①差押物件の記載の形式的な意義の解釈で解決できることもあれば，②「等」といった包括的な記載への該当性を検討する必要があることもあり，また，③差押物件の記載の形式的な意義には該当しても，関連性をより実質的に検討しなければならないときもある。

例えば，②の事案としては，罪名が「賭博」で，捜索場所が「麻雀荘」とされている事件で，マージャンパイ，計算棒は，「本件に関係ありと思料される帳簿，メモ，書類等」とある差押物件に含まれるとしたものに，最判昭和 42 年 6 月 8 日判時 487 号 38 頁がある。「マージャンパイ，計算棒」は，「帳簿，メモ，書類」には該当しないから，「本件に関係ありと思料される」で特定された「等」に該当するものと判断されたものと解される。このように一見すると，包括的でとらえどころのない「等」も適法に特定されることによって，令状としての有効性を保つ役割を果たすことがある。

③の事案としては，暴力団組員による恐喝被疑事件で，賭博開帳メモが「暴力団を標榜する状，バッジ，メモ等」とある差押物件に含まれるとしたものに，最判昭和 51 年 11 月 18 日裁判集刑事 202 号 379 頁，判時 837 号 104頁がある。「賭博開帳メモ」は，差押物件にある「メモ」の表記としては関連しているから，該当するとの結論が導かれそうであるが，被疑事実は恐喝事件であることからすれば，関連性がないともいえる。そこで更に検討すると，暴力団組員による恐喝事件であることからして，「賭博開帳メモ」は被疑者と暴力団との関係，当該暴力団の実態の解明等を明らかにする証拠には当たり，そういった観点からすれば関連性が肯定できることになる。このように「字句」

①令状記載の「執行を受けるべき者」とは異なる者の所有に属していた場合はどうかという問題もある。この点に関しては、最判昭和31年4月24日刑集10巻4号608頁（高橋幹男・判解刑同年度115頁）は、差押えが令状掲記の場所において差押えの目的物についてなされた以上、押収品が、令状の執行を受けるべき者以外の者の所有に属するというだけでは、当該差押えは違法とはならない旨の判断を示した。捜索、差押えは、「場所」と「物」とを特定して行われるが、逆にいえば、その物が誰に属するかといったことは、令状の直接の関心事ではないと解することができる[102]。このように考えると、この判例の判断も理解できよう。

> [101] 覚せい剤取締法違反の被疑事実で発付された捜索差押許可状によって、当該事件の被疑者方で捜索差押えが行われた際、同居人の本件被告人所有の覚せい剤が押収された事案である。捜索場所をたまたま訪れた第三者の所有物が押収されたといった事案ではないことは留意されるべきである。
> [102] 高橋・前掲116頁にも、「押収についてはその物の特定が法の要請であり、人権擁護のポイントである」といった指摘がある。

(ｳ) **血液**

血液は身体の構成物であるところから、捜索・差押えの対象とはならないとの考えが強く、実務では、鑑定処分許可状によるものとし、ただ、同令状では強制執行ができないとされているところから、身体検査令状を併用する運用が一般的である。補足すると、捜査機関から法223条1項に基づいて鑑定を嘱託された鑑定受託者は、225条1項に基づき168条1項に規定する処分（＝「鑑定処分」といわれる）をすることができるとされているところから、採血という鑑定処分を行おうとするときは、同項に基づいて裁判所の許可を受ける必要があることになり、この令状が鑑定処分許可状といわれている。

しかし、法168条は、6項で身体検査令状等の規定を準用しているが、身体検査の直接強制を定めた139条を準用していない。そのため、鑑定処分許可状は直接強制ができないと解されているところから、身体検査の強制処分を行う限度で、身体検査令状を併用するという運用が生まれた。他方、採血も身体検査に含まれると考えれば、身体検査令状だけで取り扱えることになるが、採血は身体検査に含まれないとの考えが有力なので、身体検査令状だけによる

取扱は実務の支持を得るには至っておらず，幾分，回り道をしているような論理構造とはなっているが，上記の実務の運用となっているのである。もっとも，血液も老廃物となっていずれは体外に排出される物であるから，次に述べる強制採尿令状に準拠した運用も考えられるが，こちらも，実務の大きな支持を得るには至っていない。

　(エ)　尿

　採尿に関しても，血液と同様な議論もされていたが，最決昭和55年10月23日刑集34巻5号300頁（稲田輝明・判解刑同年度166頁）は，尿を捜索・差押えの対象物とし，導尿管（カテーテル）によって採尿させる等の医師による医学的に相当と認められる方法といった条件を付された強制採尿令状という令状形式を採用し，その後，実務に定着している。

　関連して，身柄を拘束されていない被疑者の場合には，採尿場所まで被疑者を連れて行く方法が問題となったが，最決平成6年9月16日刑集48巻6号420頁（中谷雄二郎・判解刑同年度152頁）は，強制採尿令状の効果として，被疑者を採尿場所へ連行することができるとした。

　(オ)　郵便物等

　通信の秘密との関係があるところから，法222条1項，100条は，郵便物等の押収に関する特則を定めている。被告人から発し，又は被告人に対して発した郵便物等に関する定めが同条1項であり，それ以外の郵便物等に関する定めが同条2項である。そして，その処分をしたことを通信人（受信人）に対して，審理（捜査）が妨げられるおそれがある場合を除いて，通知義務を課しているのが同条3項である。

　(カ)　捜索中に配達された宅配荷物

　差押物件は，通常は，令状執行前から当該捜索場所にある物である。ところが，生活文化の変化によって，捜索中に宅配荷物が捜索場所に配達されるといった事態が生じた。これは，当該事件以後も起こり得ることであって，影響の大きい問題であるが，最決平成19年2月8日刑集61巻1号1頁（入江猛・判解刑同年度1頁）は，執行中の当該捜索差押許可状に基づく捜索が可能であることを肯定した。一見すると疑問に思う人がいるかもしれないが，捜索差押許可状は許可状であって，捜査機関は，既に説明した令状の有効期間内であれば，いつでも執行が可能であるから，捜索差押許可状の執行中に配達された宅

配荷物といっても，執行の開始が少し遅い時点であれば，当該捜索場所にある物ということになって，当然に捜索の対象物となっていた可能性を容易に肯定できる。このように時間の相違だけで捜索の対象物となったりならなかったりするのは，適切な議論とはいえない。このように考えると，上記最決の合理性が肯定できよう。

ウ 捜索すべき場所

(ア) 概説

　捜索を開始する前の段階とはいえ，氏名に比べれば特定は容易であろうが，特定に限界がある場合もある。最決昭和30年11月22日刑集9巻12号2484頁（吉川由己夫・判解刑同年度340頁）は，場所の表示は，合理的に解釈してその場所を特定し得る程度に記載することを必要とするとともに，その程度の記載があれば足る，とした。もっとも，当該事案は，建物の特定を2階に住んでいた被告人の母親の内縁の夫名で行っていたが，被告人も1階に住んでいたから，場所の特定として問題のなかった事案といえる。

　1通の令状で捜索するわけであるから，侵害する住居権・管理権といったものも1個（所有権と占有権といった重畳的なものも1個に含める）である必要がある。そのため，雑居ビル等，物理的には1つの建物であっても，住居権・管理権が異なる複数の部屋等で捜索差押えを行う場合には，各別の令状が必要となる。他方，車，人等捜索差押えの対象が移動する物である場合には，場所を特定しても意味がないから，車両番号，氏名等によって当該対象物を特定することで，場所の特定に代えることになる。

(イ) 場所に対する捜索差押許可状による人に対する捜索差押えの可否

　法102条は，捜索の対象を①人の身体，②物，③住居その他の場所に区別しているから，「場所」と「人」とは，本来，各別の令状を必要とするのであり，場所に対する令状で人の捜索をすることはできない，これが原則である。しかし，人が捜索場所にある物を手に取ったら，途端に場所に対する令状で捜索できなくなるということの不合理性も明らかである。そのため，この中間の考えに許否の限界があることになる。最決平成6年9月8日刑集48巻6号263頁（小川正持・判解刑同年度110頁）は，被告人が同居している内妻方への捜索差押許可状に基づいて，被告人が携帯するボストンバッグの中を捜索して覚せい剤を発見したことを適法とした。場所にある物の捜索の一環として考

えることができる事案であったといえる。

人自体に対する場合は争いがあるが、いずれにしても、場所にある物に対する捜索としての範囲を超えて、人に対する令状と同様の態様で捜索することができないと解されるから、人に対する捜索が、場所にある物の捜索として許容される態様であるかが問われることになる。

エ　電磁的記録
(ア)　概説

電磁的記録（情報）自体は物を対象とする捜索・差押えの対象とはならないが、電磁的記録を保存している電子計算機（パソコン）や記録媒体（USBメモリー等）は物であるから、捜索・差押えの対象とされる。しかし、いずれにしても、一定の操作をしなければ電磁的記録の内容を知ることはできないが、捜索の現場でそういったことができるかは、その場の状況に応じて異なってくる。最決平成10年5月1日刑集52巻4号275頁（池田修・判解刑同年度78頁）は、オウム関連事件で、フロッピーディスク等の中に被疑事実に関する情報が記録されている蓋然性が認められる事案で、捜索・差押えの現場でそのような情報の記録の有無を確認していたのでは記録された情報を損壊される危険があることなどを考慮し、内容を確認せずに同フロッピーディスク等を差し押さえることができるとした。

事案の特殊性はあるが、電子計算機が内蔵する情報を確認するには一定の操作を必要とするという性格からすると、情報が損壊される、改変される、といった危険は想定できることである。そういった危険が認められる場合の一例を示したものといえよう。

(イ)　代替的執行方法の法制化

法222条1項、111条の2は、捜索差押許可状を執行する者に、処分を受ける者に対して電子計算機の操作その他の必要な協力を求めることができるとしている。また、電子計算機や記録媒体を差し押さえられると、処分を受ける者等が大きな影響を受ける場合もあり得る。法222条1項、110条の2は、差押えに代えて、電磁的記録の他の記録媒体へ複写、印刷、移転させ、又はこれらの行為を処分を受ける者に行わせた上、移転後の記録媒体を差し押さえることができる旨を定めている。そして、法99条2項、218条2項は、電子計算機が差押え対象物である場合には、当該電子計算機とネットワークで接続さ

れた他の記録媒体から電磁的記録を複写して取得する方法も許容した。

　さらに，法99条の2は，記録命令付差押え（＝電磁的記録を保管する者その他電磁的記録を利用する権限を有する者に命じて，必要な電磁的記録を記録媒体に記録させ，又は印刷させた上，当該記録媒体を差し押さえることをいう）も許容し，法218条1項で，検察官，検察事務官，司法警察職員にも同様の権限を付与した。

　また，これらの処分の前提として，電磁的記録が消去されずに保全されていることが必要である。そのため，法197条3項，4項は，検察官，検察事務官，司法警察員は，任意の協力要請であるとはいえ，電気通信事業者等に対し，その業務上記録している通信履歴の電磁的記録のうち必要なものを特定し，30日（60日を超えない期間で延長可）を超えない期間，これを消去しないよう，書面で求めること（＝保全要請）ができる旨を定めている。

　以上の各法制化は事柄の性格に即したものといえるが，いずれにせよ，こういった代替的執行方法は，処分を受ける者が協力的であることが前提となる。

　オ　令状の執行
　　㈦　令状の呈示

　差押状，記録命令付差押状，捜索状は，処分を受ける者に示さなければならない（法110条）。これは，「手続の公正を担保するとともに，処分を受ける者の人権に配慮する趣旨に出たものである」とされる（注104で紹介する最決平成14年10月4日等参照）。この趣旨からして，令状の事前呈示が原則とされるが，同原則は，被処分者に対して，少なくともそれなりの受忍的，協力的態度に出ることを予定しているものと解される。被処分者の対応もいろいろであるから，殊更に令状を見ようとしない者に対して無理に閲覧させるまでの必要はなく，要は，呈示によって令状の内容を知る機会を与えればよいのである。また，差押対象物件が短時間のうちに破壊・隠匿されるおそれがあるような場合には，執行に着手した後に呈示すればよいと解される。

　　▼103）東京高判昭和58年3月29日判時1120号143頁参照。同事件では，捜索差押許可状を呈示しようとしたところ相手が逃走を図ったため，令状呈示前に罪証隠滅防止等のための措置を講じたことを適法とされた。
　　▼104）最決平成14年10月4日刑集56巻8号507頁（永井敏雄・判解刑同年度203頁）。

(イ) **必要な処分**

　法222条1項，111条1項前段は，令状の執行について，「錠をはずす」，「封を開」くの2つの行為を例示して「その他必要な処分をすることができる」と規定し，同条2項は，押収物について準用している。このうち，「錠をはずす」措置については，永井・前掲209頁は，「被疑事実の内容，差押対象物件の重要性，差押対象物件に係る破棄隠匿のおそれ，開扉措置によって被捜索者が受ける不利益の内容，開扉措置によって生ずる財産的損害の内容，被捜索者の協力態様など，諸般の事情を総合考慮して，開扉措置の許否を決することになる」といった指摘をしている。代替的手段の有無，効率性などといったものも，諸般の事情の中で考慮される趣旨であろう。

　「その他必要な処分」に関して，例えば，室内に抵抗を受けずに入る手段として，宅配便業者，ホテル従業員等を装うなどの欺罔手段を用いることの適否も論じられている[105]。まさに事案によるところがあるが，上記の程度であれば，室内に抵抗を受けずに入る手段としての趣旨の範囲内のものとしての理解が可能であって，違法とされることは通常ないであろう。他方，「火事だ」「爆発があった」「津波（洪水）が押し寄せてくる」などといった，被捜索者の間近に大きな危難が及ぶことを装う態様になると，被捜索者が逃げようとして怪我をしたり，窓（ドア）を壊したりなど，室内に抵抗を受けずに入る手段としての趣旨を超える影響が及ぶことがあって，その相当性には疑問が投げかけられることが多かろう。

▼　105）大阪高判平成6年4月20日高刑集47巻1号1頁，判タ875号291頁は，警察官が宅配便の配達を装って玄関ドアを開けさせて屋内に入った行為を適法とした。また，注103で紹介した東京高判昭和58年3月29日判時1120号143頁は，警察官が偽名を名乗って被告人に玄関のガラス戸の錠を開けさせて，家屋内に立ち入った事案でもある。

(ウ) **立会人**

　法222条1項，114条に基づいて，令状の執行に当たっては，責任者の立会が必要である。しかし，法222条1項は113条を準用していないため，被疑者・弁護人に立会権はない。捜査の密行性からすれば，やむを得ないものといえよう。他方，捜査官側としては，例えば，証拠物や場所に関する指示，説明等，被疑者の立会を求める方が捜索の実施に有益である場合がある。法222条6項はその趣旨の定めである。

また，女子の身体を捜索する場合には，急速を要する場合を除いて，成年女子の立会が要件とされている（法222条1項，115条）。

(エ) その他の制約等

法222条1項，112条は，令状執行中の場所への出入り禁止を可能としている。これは，当然の措置といえる。また，法222条3項，116条，117条は，令状の執行の時刻による制限やその例外に関する定めである。夜間における私生活の平穏を保護するための規定と解されている。各条文は，夜間でも令状執行を可能としておく必要性と上記趣旨とを調整した定めとなっていることが理解されよう。

(オ) 押収目録の作成・交付・還付・仮還付等

法222条1項，120条に基づいて，押収があると，押収目録を作り，交付することが義務付けられている。他方，留置の必要のない物は，早期に被押収者の元に戻した方が良いわけであって，法222条1項，123条1項～3項は，その趣旨の定めである。そして，判例は[106]，押収処分を受けた者に対して，法222条1項が準用する123条1項にいう「留置の必要がない」場合に当たることを理由とする還付請求権を認めている。

▼106) 最決平成15年6月30日刑集57巻6号893頁（上田哲・判解刑同年度358頁）。

(3) 無令状での捜索・押収

ア 概説

(ア) 無令状での捜索・押収が行える根拠

憲法35条は，捜索・押収に関して，令状を要することから，33条の場合，即ち，現行犯逮捕の場合と逮捕状による逮捕の場合（緊急逮捕も含むことになる）を除外している。ここから逮捕の現場における捜索・差押えが無令状で行えることが導かれ，法220条1項，3項はそれを受けた規定と解することができる。もっとも，緊急逮捕の場合には，逮捕の時点では逮捕状は得られていないから，その後に逮捕状が得られなかった場合には，差し押さえた物は，直ちに還付されることとなっている（同条2項）。

(イ) 無令状で捜索・差押えを行える実質的な理由

この点については争いがあるが，①犯罪の嫌疑があることが肯定されていること，②緊急性・必要性があること，③緊急性・必要性を裏付ける事情がある

こと，④司法審査を介さなくても適法性が担保される状況があること，がその主要なものと解される。補足すると，①については，令状に基づいて（現行犯で）逮捕するのであるから，いずれにせよ犯罪の嫌疑の存在は肯定されている。そうすると，捜索差押許可状を請求しても，嫌疑の不存在を理由として，当該請求が却下される状況にないことが明らかである。

②については，現行犯逮捕はもとより，令状逮捕でも，逮捕の場所が事前に定まっているわけではないから，場所に対する捜索差押許可状をあらかじめ請求しようとしても，それは不可能なことである。換言すれば，令状によらない緊急処理を必要とする理由があることになる。

③については，逮捕の現場に証拠がある（逆にいえば，その瞬間を逃すと，証拠が散逸，隠滅されてしまうおそれがある），被逮捕者の安全を保護する必要がある，など，これまで指摘されてきたことは，この緊急性・必要性を裏付ける事情に当たるといえ，排他的な関係として考える必要のない事項である。

④については，捜索にせよ，差押えにせよ，逮捕の被疑事実を前提として行われるから，その範囲・程度について，司法審査を経ていなくても適法に行われる状況が担保されているということができる。

以上をまとめると，逮捕に当たって，犯罪の嫌疑があって捜索差押許可状を請求した場合には，嫌疑の不存在を理由として請求が却下されることはないが，他方，場所に対する捜索差押許可状は請求しようにも請求できないのである。しかも，③，④のような事情もある。これらを総合すると，逮捕の現場における無令状での捜索・差押えは許容されるものと解される。もっとも，人（＝被疑者）に対する捜索差押許可状は請求できるともいえるが，逮捕の現場には被疑者以外の人がいることもあるから，やはり，人との関係でも，無令状での捜索・差押えは許容される必要性があるのである。

イ 逮捕する場合

逮捕の現場での捜索・差押えは，通常は逮捕した後に行われるので，「逮捕する場合」の意義が問題となることは通常ない。しかし，①被疑者がいない状況下で，あるいは，②いてもまだ逮捕されていない状況下で，捜索・差押えが行われると，「逮捕する場合」の意義が問題となることがある。既に説明した，最大判昭和36年6月7日刑集15巻6号915頁は①に関する事例であり，最判昭和53年6月20日刑集32巻4号670頁は②に関する事例である。いず

れも逮捕に先行して行われた捜索（差押え）を適法とした。「逮捕する場合」の「場合」は，時点を特定するものではなく，「時期，折，局面，状態を意味する漠然たる幅のある概念」（**参考裁判例 12** で紹介した栗田・前掲 146 頁）と理解できるから，文言的には判例のような解釈が可能となる点に特徴がある。

　　ウ　逮捕の現場

　法 220 条 1 項 2 号の逮捕の現場の意義については，通常はまさに逮捕したその現場ということになるが，逮捕の過程で移動があったりするなどの変則的な事態もあり得るところから，通説は，逮捕の着手から完了までの各行為が行われた場所及びそれに直接接続する場所は全て逮捕の現場に含まれるとするとの理解がある（**参考裁判例 17** で紹介した木口・前掲 25 頁）。

(4)　差押え拒絶

　捜索・差押えは，処分を受ける側からすれば，一方的に自分の所有（管理）物の占有を奪われてしまうことである。そのため，法は一定の事由があると，差押えを拒絶できるとしているが，司法の適正な実現との調整も必要である。法 103 条，104 条は公務上秘密に関して，105 条は職務上の秘密に関して，上記の観点からの定めをしている。

(5)　提出命令

　提出命令（法 99 条 3 項）に関しては，アメリカ法を母法としていて，アメリカでは多用されているようである（刑訴百選《第 9 版》225 頁の呼気検査に関する部分参照）。しかし，我が国での実務例は限られていて，筆者は経験しなかった。そのような状況の中で，マスコミとの関係での事例として，最大決昭和 44 年 11 月 26 日刑集 23 巻 11 号 1490 頁（船田三雄・判解刑同年度 414 頁）は，報道機関の取材フィルムに対する提出命令を適法とした。

(6)　不服申立

　裁判官がした裁判に対しては，法 429 条 1 項 2 号に基づいて準抗告の申立ができる。それだけでなく，押収（押収物の還付）に関する処分に対しては，検察官，検察事務官がした場合には法 430 条 1 項に基づいて，司法警察職員がした場合には，法 430 条 2 項に基づいて，準抗告の申立ができるところに特徴がある。そして，法 429 条の準抗告は同条 3 項で合議体で審理されることになるが，法 430 条の準抗告の場合には，そういった規定がないので，単独体でされることになる。

6　検証，実況見分

(1)　概説

　検証，実況見分（犯罪捜査規範104条）は，場所，物，人について，その形状，現象を五官（五感）の作用によって実験[107]，認識する処分である。検証と実況見分との違いは，強制処分か，任意処分かの違いである。この区別が争われることもある。例えば，宅配便業者の運送過程にある梱包された荷物を外部からエックス線を照射して内容物の射影を観察することは，任意の処分ではなく強制処分であって検証令状が必要とされている[108]。

　検証，実況見分の結果はそれぞれ調書に記載されるが，法321条3項は，「検証の結果を記載した書面」とあるところから，同項の書面に実況見分調書も含まれるかについても，争いがあった。最判昭和35年9月8日刑集14巻11号1437頁（田中永司・判解刑同年度342頁）は，同項の書面には実況見分調書も包含する（「準用」ではない点に留意）とし，この判断は実務に定着している。

　また，法222条によって，裁判所の行う検証の規定が多く準用されているが，次項以降で関連した説明を行う。

　　▼107)　ここは，広辞苑（第6版）1251頁にも第1義として紹介されている，「実際の経験」の意味である。
　　▼108)　最決平成21年9月28日刑集63巻7号868頁（増田啓祐・判解刑同年度371頁）。

(2)　検証

ア　概説

　上記のとおり検証は強制処分であるが，令状に基づく場合と無令状で行える場合とがある。後者から説明すると，憲法35条は検証について明示していないものの，法220条1項2号は，逮捕の現場での無令状の検証を可能としている。令状に基づく場合には法218条1項前段（219条1項，222条）がある。

　立会人に関する定めは，捜索差押えと同様である（法222条1項，114条，222条6項）。もっとも，115条は捜索特有の定めなので，検証には準用されない。検証に即した定めについては次項で説明する。

イ　必要な処分

　法222条1項，129条によって，捜索，差押えと同様に検証について必要

な処分をすることができるとされている。他方，その内容としての例示が捜索，差押えと異なっているのが，両者の性質の違いを示していて興味深い。すなわち，「身体の検査，死体の解剖，墳墓の発掘，物の破壊」が例示されている。そして，「身体の検査」，「死体の解剖」は，鑑定との振り分けが問題となる。すなわち，法168条6項は，鑑定においても身体検査が行われることを前提とした定めである。鑑定は専門的知識を活用することが前提となるから，身体検査として行われようとしている行為が，専門的知識を活用することが前提とされるべきか否かで，上記の振り分けを可能とすると一応いえる。そして，体毛（特に頭髪）の抜去，血液の採取等の身体への侵襲を伴う場合には，鑑定処分によるべきものとされている[109]。

死体の解剖は通常鑑定で行われていて，筆者は，検証の必要な処分として死体の解剖が行われた事例には接しなかった。

> 109) 既に説明した強制採尿令状では，捜索差押許可状に，医師による医学的に相当と認められる方法，などといった条件付与を可能としているから，こういった身体への侵襲を伴うものであっても，上記と同様の条件を附すことによって検証令状でも可能といった考えも生じる余地がある。

ウ　身体検査
㈦　身体検査令状

法は，身体に対する検証については特別の保護を行っていて，身体検査令状を必要とすることとし（法218条1項後段），同請求では，身体検査を必要とする理由その他同条5項所定の事項を示すべきことが求められ，さらに，裁判官は，適当と認める条件を附することができることとしている。身体の検査という人権に大きな影響を及ぼす可能性のある検査について，慎重な取扱が求められているといえる。

もっとも，身体の拘束を受けている被疑者の場合には，指紋，足形の採取，身長・体重の測定，写真撮影は，被疑者を裸にしない限り，令状を必要としないこととしている（同条3項）。

㈤　身体検査への階層的規制

法222条の準用との関連で説明すると，131条には，身体検査に対する注意，女子の身体検査への医師等の立会を要件としていることが定められている。次に，身体検査への召喚，出頭拒否と過料の制裁に関する定めである132

条，133条は，裁判所との関係での定めであるから，捜査手続に準用の余地はない。

他方，身体検査の拒否に対する過料の制裁・費用の賠償（137条），刑罰の科刑（138条）は準用されて，222条7項で，137条に対応する処分は裁判所に請求することが定められている。

そして，これらの間接強制が効を奏さないときは，139条に基づく直接強制が可能である。しかし，実際問題として，身体検査を拒否している状況下で，上記の間接強制が有効である事案は限られていよう。

エ　時刻の制限

法222条が130条を準用していないから，同条が例外として認めている住居主等の承諾があった場合に時刻の制約を受けない，といったことはない。他方，法222条4項，5項では，116条，117条に相当する時刻の制限が定められている。

7　鑑定の嘱託等

(1)　鑑定等の嘱託

法223条1項は，検察官等に対して，犯罪捜査上必要があるときは，鑑定，通訳，翻訳の嘱託権限を認めている。鑑定の嘱託について付言する。この場合に，被疑者の留置が必要な場合（法167条1項）には，裁判官に対してその処分を請求することができる（法224条1項）。裁判官は，同条2項に基づいて，その請求を相当と認めるときは，法167条，167条の2が準用され，鑑定留置状を発して鑑定留置の処分をすることができる。その場合には，勾留は執行停止され，病院等相当な場所に被疑者を留置する。他方，法167条6項によって，未決勾留日数の算入については，鑑定留置の日数は勾留とみなされることになっていて，被疑者が不利な取扱とならないように定められている。

鑑定受託者は，裁判官の許可を得ると，法168条1項が定める住居等への立入り等の必要な処分をすることができる。同項が定める身体検査を拒んだ被疑者に対して直接強制ができるかについては，争いがあるが，既に説明したように，同条6項が法139条を準用していないので，消極に解される。

鑑定受託者が作成した鑑定書も，法321条4項の準用によって証拠能力が認められるとするのが判例である（最判昭和28年10月15日刑集7巻10号1934頁参照）。

(2) 捜査関係事項の照会

法197条2項には，公務所，公私の団体に対して照会を行って報告を求めることができる旨の定めがある。情報管理が進み，他方で情報公開ということも言われている状況下では，こういった照会権限が法定されていることは，その意義が増しているものと思われる。

8 捜査手法の適法性の検討

捜査手法によってはその適法性が争われたりすることがある。通信傍受については，既に説明したから，ここでは，おとり捜査，コントロールド・デリバリーについて説明する。

(1) おとり捜査

　ア　おとり捜査の意義

おとり捜査は，任意捜査の手法の1つである。その態様は，捜査員が犯罪組織の内部に潜入する，薬物事犯の買い手を装うなど様々である。おとり捜査の意義については，最決平成16年7月12日刑集58巻5号333頁（多和田隆史・判解刑同年度262頁）では，「捜査機関又はその依頼を受けた捜査協力者が，その身分や意図を相手方に秘して犯罪を実行するように働き掛け，相手方がこれに応じて犯罪の実行に出たところで現行犯逮捕等により検挙するものである」とされている。

犯人側と捜査官側とが犯罪の成立時等に接触することはあり得るが，その全てがおとり捜査となるわけではないし，適法性が明らかなものまでおとり捜査として考える必要はない。上記の定義では，「犯罪を実行するように働き掛け」の内容にもよるが，例えば，違法カジノの客引きに乗った形で捜査官が室内に立ち入って現行犯逮捕する，といった態様のものは，「犯罪を実行するように働き掛け」がなく，おとり捜査には当たらないことになりそうである。そして，こういった類型のものは，違法とされることはないであろうから，最初からおとり捜査の範疇（はんちゅう）から除外しておく方が簡明である。このように考えると，上記の点にも合理性があることになる。

　イ　おとり捜査の適法性の判断枠組み

おとり捜査の適法性は争われてきたが，少なくとも，最高裁レベルでは，違法との判断はされていない（**参考裁判例22**参照[110]）。そして，おとり捜査の適否の判断枠組みとして，これまでは，米国の「わなの理論」に由来する二分説に

よって，おとり捜査を犯意誘発型（＝違法。犯人に当初全く犯意がなく，おとりの働き掛けにより初めて犯意を生じた場合）と，機会提供型（＝適法。犯人に当初から少なくとも概括的な犯意ないし犯罪性向があり，おとりがその犯行のための機会を提供したにすぎない場合）とに分ける議論が，実務を含めて有力にされていた（多和田・前掲269頁，270頁等参照）。

そして，基本的にはこの立場を支持しつつ，おとり捜査の適否の判断枠組みとして，おとり捜査の違法性の程度（対象者の当該同種事犯の犯罪性向，働き掛けの強度等の相関関係による），おとり捜査によって犯罪を摘発し秩序維持を図る公益要素とを比較衡量し，補充性の要件を付随的に加味して判断する。そして，最も比重の重い要素は，対象者の当該同種事犯の犯罪性向についての合理的な嫌疑の存在である，といった提言がされている（多和田・前掲282頁〜285頁）。

犯意誘発型と機会提供型といっても，その境界は微妙な場合もあるから，二分説に固執せずに，比較衡量によって最終的な決着を図ることが実務的な妥当性を保持することを可能としよう。反面，判断のばらつきを避ける意味で，取り敢えずの篩い分けとして二分説に準拠する，といった手法は，実務的には受け入れやすい発想といえよう。そして，上記最決平成16年7月12日も，「少なくとも，直接の被害者がいない薬物犯罪等の捜査において，通常の捜査方法のみでは当該犯罪の摘発が困難である場合に，機会があれば犯罪を行う意思があると疑われる者を対象におとり捜査を行うことは，刑訴法197条1項に基づく任意捜査として許容される」と判示している。

なお，この判例は，おとり捜査は将来起こる犯罪を対象とするものではあるが，そういった将来特定の犯罪の行われることが見込まれる場合の捜査機関の活動が任意捜査の範疇に該当することを肯定した点でも意義がある。

▼110）なお，多和田・前掲296頁以下の注11〜14に関係の最高裁，下級審の裁判例の紹介がある。

ウ　おとり捜査の法的位置付け

参考裁判例22の判例「①」「②」からしても，おとり捜査を受けた者の実体法上の刑事責任は，おとり捜査によって影響を受けないことが判例上確認されている。ちなみに，麻薬及び向精神薬取締法58条，あへん法45条，銃砲刀剣類所持等取締法27条の3には，捜査官の各法禁物の譲受け免責規定もあ

る。

　他方，おとり捜査を違法とした場合の訴訟法的な対処としては，公訴棄却，免訴，といった結論も想定できるが，該当事例は，結局はおとり捜査ともいえない違法性の高いものとなろう。そのため，おとり捜査として違法との判断がされる通常の事例は，司法の廉潔性との観点で，当該捜査で得られた証拠が違法収集証拠として排除されるか否かが主要な検討事項となろう。

▼ 111）捜査機関側の行為に職務犯罪を伴うことが予想される。例えば，供述者と取調官等とが虚偽の供述内容を創作，具体化させて供述調書を作成したとして刑法104条所定の証拠偽造罪の成立を認めた最決平成28年3月31日刑集70巻3号58頁でいわれているような虚偽の証拠を伴うことが予想されるのである。

(2)　コントロールド・デリバリー

　欺罔を伴う点でおとり捜査と類似する点がないわけではないから，引き続き説明する。コントロールド・デリバリーの意義については，「コントロールド」とあるから捜査機関によってコントロールされたと，「デリバリー」とあるから引渡しと，全体として「監視付き引渡し」などと理解できよう。通常は，貨物，郵便物等の通関手続の過程で禁制品が発見されて，この手法が活用されることになる。

　捜査機関においては，禁制品の移動を察知した上で，①その物を流通の過程に置き（「ライブ・コントロールド・デリバリー」といわれる），②その物の代替物を流通の過程に置き（「クリーン・コントロールド・デリバリー」といわれる），関連する犯人を発見・検挙しようとする捜査手法である。そして，薬物犯罪に関しては，麻薬及び向精神薬取締法等特例法3条（上陸手続の特例），4条（税関手続の特例）が定められている。

　この手法は，捜査において上手く行う限りは問題はない。しかし，コントロールド・デリバリーが失敗した場合には，②の場合は，代替物（例えば，覚せい剤に代わる砂糖）が流通に置かれているだけなので，通常，新たな犯罪は生じるといったことはない。他方，①の場合には，禁制品がそのまま社会に流通してしまうので，影響も大きく，新たな犯罪の発生を招くことにもなる。それだけ，①の手法を用いるときは，捜査機関による監視態勢の充実が求められているといえる。

第6　捜査の終結

1　成人事件
(1)　終局処理
ア　起訴処分

捜査が終わると，検察官は，当該事件について最終的な方針を決定しなければならない。成人事件では，起訴処分（法247条）を行うか，不起訴処分を行うかを選択する。起訴処分は，起訴できるだけの嫌疑があり，訴訟条件等を充足している事件であって，次に説明するように起訴便宜主義との関係からも起訴に値する事件が対象となっている。

イ　不起訴処分
(ｱ)　不起訴処分の対象

不起訴処分には，①訴訟条件に欠けている，嫌疑なし，嫌疑不十分といった，そもそも起訴できない事件だけでなく，②検察官には起訴便宜主義（法248条）[112]が認められているところから，起訴猶予とする事件も含まれている。

> ▼112）起訴便宜主義は我が国の実務の中で発達してきた制度である。起訴できる事件は必ず起訴しなければならないとの起訴法定主義は，我が国ではとられていない。

(ｲ)　不起訴処分の告知等

他方，不起訴処分については，法259条～261条に基づいて被疑者，告訴人等に対して告知，通知等がなされ，検察審査会の審査の対象となることもあるし，法262条に基づく準起訴手続の対象となることもある。

(ｳ)　捜査の再起（再開）

不起訴処分には確定力はないと解されているから，必要に応じ，何時でも捜査を再起（再開）[113]し，再捜査結果に基づいて，起訴処分，不起訴処分[114]が決せられることになる。

> ▼113）例えば，親告罪の事件で，それまでの捜査過程では得られなかった適法な告訴が得られた，嫌疑不十分の事件で，新たに，有力な証拠が得られた，など。
>
> ▼114）不起訴処分がされた事件を再起（再開）して捜査したわけであるから，通常は，想定しがたい事態ではある。

(2) 訴訟費用の負担

法183条に関する説明は既に行っているが，被疑者に関しても，平成16年の法改正で，法181条4項が付加され，不起訴処分がされた場合において，被疑者の責めに帰すべき事由により生じた費用があるときは，被疑者に負担させることができることとなった。この際は，検察官の請求によって裁判所が決定で行うことになっている（法187条の2）。

2 少年事件
(1) 家庭裁判所への送致等

成人事件との相違は，家庭裁判所先議主義が採られている点である。すなわち，検察官は，少年事件について起訴処分をする権限がなく，犯罪の嫌疑があるものと思料するときは，家庭裁判所に事件を送致することが義務付けられている（少年法42条1項前段）。そのため，検察官には，犯罪の嫌疑があっても起訴猶予処分とするといった権限もない。

また，犯罪の嫌疑がない場合でも，家庭裁判所の審判に付すべき事由があると思料するときも，同様とされている（同項後段）。「家庭裁判所の審判に付すべき事由」は分かりにくいが，少年法3条1項3号ぐ犯事件がその典型である。

他方，上記に該当しない事件では，不起訴処分をすることは可能である。

(2) 起訴強制等

家庭裁判所に送致した事件が家庭裁判所から送致されてきた場合には，少年法45条5号本文に基づいて，起訴できる犯罪の嫌疑があると思料するときは起訴しなければならない，すなわち起訴強制制度がとられている。

他方，送致を受けた事件の一部について起訴できるだけの犯罪の嫌疑がないなど同号ただし書に該当する場合には，再度，家庭裁判所に送致することになる（少年法45条5号ただし書，42条1項）。

第7 被疑者側の防御

1 概説

被疑者は，既に述べたように捜査の対象であるから，対応としては防御が中心となる。被疑者は，自分で防御することができるが，弁護人の援助を求めることもできる。これまでは，私選弁護人だけであったが，法改正によって国選

弁護人の選任も可能となり，その範囲が広がってきていることは既に説明したとおりである。

被疑者側が独自に防御の準備をすることについては，捜査機関とは異なり，令状を得て強制の処分を行うといったことはできない。原則は，任意の形で行うことになる。

2 証拠保全
(1) 概説

被疑者側も，強制的な形で証拠収集を行う必要がある場合がある。その際の手続については，法179条が定めていて，被告人も含めて定められているが，ここでは，被疑者を中心に説明する。

被疑者（弁護人）は，証拠保全の必要があるときは，第1回公判期日前に限って，裁判官（この裁判官につき規則137条）に対して，押収，捜索，検証，証人尋問，鑑定の処分を請求することができるとされている（法179条1項。請求の方式は規則138条）。

この処分に当たっては，法179条2項で総則規定が準用されるため，検察官が，これらの処分において立会権を持つことになる。他方，被疑者は，その全てに立ち会えるとは限らない。▼115)

そして，弁護人は，法179条1項による処分に関する書類，証拠物を閲覧でき，記録媒体を除いて，裁判官の許可を受けられると，謄写も可能である（法180条1項，2項）。弁護人がいない被疑者も，裁判官の許可を受けられると，上記書類等の閲覧ができる（同条3項）。他方，検察官は，閲覧，謄写は弁護人と同様であるが，裁判所の許可は不要である。

このように，被疑者側からの証拠保全手続であるとはいえ，閲覧，謄写，立会との関係では，被疑者側が万全に保護されているわけではなく，検察官との関係で，秘密保持を図るといった構造にはなっていないのである。そして，この証拠保全の手続は「実務上利用されることも多くなく」との指摘（大野・後掲判解刑平成17年度632頁）は，筆者も同様に感じている。その理由は明らかではないが，上記の制度設計も災いしているのかもしれない。他方，この証拠保全の手続は捜査機関による証拠収集保全を補完するものとの位置付け（大野・後掲同633頁）からすれば，自然な側面があることになろう。

▼115) 例えば，法157条によって被疑者（弁護人）は，証人尋問に立ち会えるが，

113条1項では，捜索，差押え等における立会人から身柄拘束中の被疑者が除外されていて，142条によって同項は検証に準用され，170条では，鑑定に弁護人は立ち会えるが，被疑者は立ち会えないことになっている。

(2) 不服申立

証拠保全の手続に関する不服申立については，特別の定めがなく，最決昭和55年11月18日刑集34巻6号421頁（木谷明・判解刑同年度268頁）は，法179条に基づく押収の請求を却下する裁判は，429条1項2号にいう「押収に関する裁判」に含まれるとし，準抗告の手続に含まれる限度での不服申立を認めたことから，法179条に基づく他の証人尋問等の手続については，不服申立の途がないことが明らかとなった。

そして，捜査機関が収集保管している証拠については，最決平成17年11月25日刑集59巻9号1831頁（大野勝則・判解刑同年度629頁）は，特段の事情がない限り，法179条に基づく証拠保全の対象とはならないと解している。

3 被疑者と弁護人との接見交通

(1) 概説

在宅の被疑者は弁護人と何時でもどこでも自由に会うことができるから，弁護人との接見交通といったことは問題とならない。しかも，被疑者としては，防御のための証拠収集活動も自ら行うことができる。

他方，身柄の拘束を受けている被疑者の場合には，場所的にはもとより，時間的にも，弁護人と会うことには限界がある。しかも，防御のための証拠収集活動も自ら行うことには大きな制約があるから，この面でも，弁護人の協力を得る必要性は高い。さらに，捜査段階では，捜査が進行しているから，捜査官との関係も問題となってくる。

このようなことから，弁護人との接見交通は身柄を拘束されている被疑者の場合には，大きな問題となってくることがある。

(2) 被疑者と弁護人等との接見交通

ア 「弁護人となろうとする者」が含まれている意義

以下の説明では，被告人についても定められているが，被疑者中心に，弁護人は弁護士だけについて説明する。また，「弁護人等」には，弁護人と「弁護人となろうとする者」が含まれている。すなわち，法39条1項の定めによる

と，主体は身柄の拘束を受けている被疑者（被告人）であり，対象者は弁護人（弁護人を選任することができる者の依頼により弁護人となろうとする者）である。この「弁護人となろうとする者」も接見交通の当事者として認められているところに，重要性がある。身柄拘束を受けた当初の被疑者としては，自分以外の弁護人選任権者が選任していない限り弁護人はいないわけであるから，弁護人しか接見交通の対象者ではないとすると，接見交通の実務的な意義は大きく制約されたものとなってしまう。

　この説明からも明らかなように，身柄拘束を受けた直後における被疑者との接見交通の重要なテーマは，弁護人の選任であり，そのため，接見の相手方として「弁護人となろうとする者」が含まれていることが重要なのである。

イ　立会人なしでの接見の意義

　立会人がいない状態での接見が秘密交通権を実質的に裏付けている制度である[116]。同条2項は，被疑者の逃亡，罪証隠滅，戒護に支障のある物の授受を防ぐための必要な措置を法令で規定できる（該当の定めは規則30条，刑事収容施設及び被収容者等の処遇に関する法律の関係条項等）。

　上記制度が設けられていることは，同時に，弁護士に対して法曹としての自律性が求められていることを意味する。①罪証隠滅，逃亡といったことを被疑者との間で通謀する，②留置されている被疑者が本来適法には得られない情報を漏洩する，などといったことが起きると，立会人を置くべきだ，といった議論も招きかねない。そういった事態に陥らないようにするには，弁護士が法曹として自らを律して接見に臨むことが要請されているのである。

　なお，検察庁では庁舎内に秘密交通権を適切に確保できる部屋がないことがあるところから，例外的にこの秘密接見が修正された「面会接見」という方法が判例によって認められた。すなわち，最判平成17年4月19日民集59巻3号563頁（森義之・判解民同年度236頁）は，「立会人の居る部屋での短時間の『接見』などのように，いわゆる秘密交通権が十分に保障されないような態様の短時間の『接見』」を「面会接見」と名付け，検察官に対して，弁護人等が「面会接見であっても差し支えないとの意向を示したときは，面会接見ができるように特別の配慮をすべき義務」の存在を肯定した。限られた時間内で必要な手続を進めていく実務の実情を踏まえた判断といえよう。もっとも，庁舎内からの逃走事例も発生したりするから，この面会接見を遺漏なく実施する実

▼ 116）関連して，捜査機関側がその接見内容について取調べを行うことができるかといった形で争われていて，被疑者と弁護人との間の意思疎通過程を聴取して調書化したことを違法として国家賠償を認めたものに，福岡高判平成23年7月1日判時2127号9頁。

ウ　検察官等による接見等の指定
㋐　概説

　法39条3項に基づいて，検察官，検察事務官，司法警察職員は，捜査のため必要があるときは，被疑者と弁護人等との接見，書類・物の授受（以下，便宜「接見等」ということがある）に関し，その日時，場所及び時間を指定することができる，とされている。

　被疑者段階は，起訴・不起訴が未確定な段階であるから，弁護活動にとっても重要な時期である。他方，身柄拘束期間が限られているから，捜査機関側にとっても，被疑者を捜査との関係で活用したい必要性は高いといえる。本項は，まさに，こういった双方の利害が対立する場面に関する規定ということができ，長年争われてきた。その際のキーワードとなっているのが，「捜査のため必要があるとき」である。そこで，その意義については，項を改めて説明する。

　他方，本項では，「公訴の提起前に限り」とされているから，捜査機関が，被告人と弁護人等との接見等に関して本項に基づく指定をすることはできない。

　それでは，被疑者と被告人との身分が併存していて，両事件共に身柄を拘束されている者の場合はどうであろうか。割り切って考えれば，被疑者としての接見等に関しては指定ができ，被告人としての接見等に関しては指定ができない，ということになる。そして，被告事件についてだけ選任されている弁護人との関係では，こういった考えが当てはまるともいえそうである。しかし，弁護人は上記のとおり立会人なくして接見するわけであるから，その接見内容をあらかじめ制限した上で上記のような議論をするというのは不合理である。また，被告事件の弁護との関係で，被疑事件についても接見しておく必要があるといったこともあり得よう。このように考えてくると，上記の割り切った考えは実態に即したものとはならないことが分かる。

このことを前提とすれば，最決昭和55年4月28日刑集34巻3号178頁（金築誠志・判解刑同年度87頁）が，被告事件について防御権の不当な制限にわたらない限り，法39条3項に基づく接見等の指定は可能とし，一元的な判断を示したことの合理性を理解できよう。そして，被告事件についてだけ選任されている弁護人との関係でも，本項に基づく接見指定は可能ということになる（金築・前掲98頁も同様の指摘をしている）。

この接見指定等に関しては法430条に基づく準抗告が可能であって，かつては激しい争いとなることもあったが，判例の積み重ねもあって，この種の準抗告申立事件は減少している。

▼117）被疑事件が身柄を拘束されていない場合には，法39条3項の定めからして，この接見指定の余地はなく，最決昭和41年7月26日刑集20巻6号728頁（鬼塚賢太郎・判解刑同年度146頁）も，同趣旨の判断をしている。

(イ) 「捜査のため必要があるとき」の意義

この意義については，捜査側と弁護側とで大きく見解を異にしていたが，民事を中心とした累次の最高裁判例（**参考裁判例23**参照）で線引きがなされ，それが実務に定着していて，筆者は，接見指定を巡る争いは近年大幅に減少していると受け止めている。

そして，逮捕直後における弁護人と被疑者との接見の重要性が判例（**参考裁判例24**）によって指摘され，実務に浸透している。

(ウ) 接見指定の方法

検察官は接見指定書の交付による指定を行っていたが，弁護人等にその受領負担を負わせることになる難点があって，争われていた。そして，最判平成3年5月10日民集45巻5号919頁（佐藤歳二・判解民同年度313頁）は，接見指定の方法は，捜査機関「の合理的な裁量にゆだねられている」としつつ，「電話などの口頭による指定」の方法のほか，接見指定書の交付による方法も許されるが，「その方法が著しく合理性を欠き，弁護人等と被疑者との迅速かつ円滑な接見交通が害される結果になるときには，」違法であると説示して決着させた。

4 被疑者と弁護人等以外の者との接見交通

この点は，法207条1項，80条によって，被告人に関する定めが準用されていて，被疑者は，法令の範囲内で，弁護人等以外の者と接見等を行うことが

できる。この場合には，立会人が置かれる（刑事収容施設及び被収容者等の処遇に関する法律116条）。そして，法81条に基づいて，接見等の制限をすることができるが，糧食の授受の禁止はできないこととされている（同条ただし書）。

第3章 公訴

第1 概説

1 我が国の公訴の特徴

　捜査での説明からも窺われるように，「捜査」と「公判」は直結しているわけではなく，「公訴の提起」という訴訟行為が介在している。訴訟が係属（継続といった誤記をしないように）しているのか，否かは，被告人の人権にとって重大な影響を与える事柄であるから，要式行為として定められている。この点は，後で補足して説明する。

　「公訴の提起」についても既に部分的には説明しているが，我が国の公訴の特徴を要約していえば，次の3点が指摘できよう。すなわち，法247条から，①国家が起訴権限を独占していて，いわゆる私人訴追が認められていないこと（＝国家訴追主義），②国家機関の中で起訴権限が検察官に独占されていること（＝起訴独占主義），の2つが導かれる。そして，法248条から，③起訴便宜主義が採られていること，が導かれる。

　①，②についても異論はあり得ようが，③に対する修正原理としての議論に収斂されるところが多いと思われるから，③に対する修正原理を中心として，項を改めて説明する。

2 起訴便宜主義に対する修正原理

(1) 起訴便宜主義

　起訴法定主義ではなく，起訴便宜主義が採られているところから，検察官の訴追裁量が濫用されると制度として成り立たない。そのため，法248条には，不起訴との判断の根拠となる事由が法定されている。そして，我が国では，罰金刑で処理される割合の高い道路交通法違反事件を措くと，一般に，不起訴の割合が高いとされていて，略式起訴ではない正式起訴されるのは限られた事件にとどまっている。それだけ，検察官の訴追裁量が適正に行使されることが強く要請されているといえる。そのような状況の中で，起訴便宜主義自体に対す

る強い疑問が提起されていないことは，国民において，検察官のこの訴追裁量権限について，大枠における信頼を置いている，換言すれば，検察官の日頃の執務振りが大枠において良い方向に評価されているものといえよう。

起訴便宜主義への問題点は，起訴した場合と不起訴にした場合との両面において生じるから，それぞれに即して検討する。

(2) 内在的制約（いわゆる公訴権濫用論）

起訴した場合の問題点である。①起訴に足りる嫌疑がないのに起訴した場合，②不起訴裁量を誤って起訴した場合が，その主要なものである。①の場合は無罪判決によって決着することもあり得るが，①，②を通じて，公訴棄却・免訴で対処すべきとの公訴権濫用の議論も行われてきた。

この点に関しては，判例は，全面的な否定はしていないものの，公訴の提起が無効となるのは，公訴の提起自体が職務犯罪を構成するような極限的な場合に限られるとした。▼1) 検察官の訴追裁量を幅広く肯定し，裁判所が起訴された事件について実体的な判断を示す形での対処を原則形態として承認したものといえる。起訴法定主義が採用されている国もあることからすれば，判例の考えの合理性も理解されよう。

> ▼1) 最決昭和55年12月17日刑集34巻7号672頁（チッソ水俣病川本事件。渡部保夫・判解刑同年度392頁）。なお，原判決は，1年間の執行猶予付き罰金5万円の1審判決を破棄し，公訴権濫用論を採用して法338条4号により公訴棄却としていた。

(3) 付審判請求手続（準起訴手続）

不起訴にした場合については，当該検察官を指揮監督する上級官庁の長に対して処分の取消し・変更等の申立もすることができるとされているが，それは行政手続なので，以下では，付審判請求手続（準起訴手続）と検察審査会とについて検討する。

ア 概説

付審判請求手続については，法262条〜269条，規則169条〜175条に定められているが，請求に基づいて審査が行われ，請求が認められると起訴がされることになる。そのため，上記「1」の①の国家訴追主義の例外とされるのが一般的だが，起訴便宜主義の修正原理としても働いているところから，ここで説明する。

この手続については，最決昭和47年11月16日刑集26巻9号515頁（田尾勇・判解刑同年度239頁）が，本手続は捜査に類似する性格を有し，密行性を重視する必要もあるとしている。田尾・前掲243頁は，本来の訴訟ではなく，請求人，被疑者，検察官も当事者ではないとの立場であるとする。起訴手続の代替手続であると考えると，判例の考えは支持されよう。

イ 手続

(ア) 対象の罪，請求権者，請求先裁判所

刑法193条～196条（公務員職権濫用罪等），その他法262条1項所定の罪である。これらの罪に関しては不当な不起訴処分がなされるおそれが強いとされ，その不起訴処分への不服手続として設けられたものである。

請求権者は，これらの罪について告訴，告発した者である。請求先裁判所は，不起訴処分をした検察官所属の検察庁の所在地を管轄する地方裁判所である。（以上につき法262条1項）

(イ) 請求の手続等

法260条に基づく通知を受けた日から7日以内に不起訴処分をした検察官に対して請求書を差し出すことになっている（法262条2項）。この制度設計からしても，この請求は，検察官に対して，不起訴処分について再度考慮すべき機会を与えるものといえる。

その結果，検察官は，同請求を理由があるものと認めるときは，起訴すべきことが定められているのは，自然なことといえる（法264条）。

他方，請求の取下げも可能である（法263条）。

(ウ) 審判手続

法264条による起訴がない場合に審判手続に移行することになる。その前提として，検察官は，付審判請求が理由がないと認めると，請求書を受け取った日から7日以内に意見書を添えて書類・証拠物とともに上記請求先裁判所に送付することとなる（規則171条）。

裁判所は，合議体で審理し，審判の方式は裁判所の適切な裁量に委ねられており（上記最決昭和47年11月16日参照），請求棄却の決定又は事件を管轄地方裁判所の審判に付する旨の付審判の決定のいずれかを行うことになる（法266条）。付審判の決定があると当該事件について起訴が擬制される（法267条）。この点が，起訴独占主義，起訴便宜主義の例外と位置付けられるもので

ある。付審判の決定に対する特別抗告は不適法とされているのは，起訴が擬制される決定であることからすれば，当然のことといえる。[2)]

他方，付審判請求棄却決定に対しては，法419条に基づく一般抗告が可能である（最大決昭和28年12月22日刑集7巻13号2595頁）。

> ▼2） 最決昭和52年8月25日刑集31巻4号803頁（堀籠幸男・判解刑同年度273頁）。

(4) 検察審査会

ア 概説

検察審査会は，「公訴権の実行に関し民意を反映させてその適正を図るため」に設けられた制度で，各地方裁判所及び主な支部の建物内に現在では合計165置かれている（検察審査会法1条1項等）。

検察審査会は，衆議院議員の選挙権を有する者の中からくじで選定された11人の検察審査員で構成される（同法4条）。審査員の任期は6箇月である（同法14条）が，4群に分かれて，補充員と共に選定され（同法13条），3箇月ごとにその一部が交替していくシステムとなっている（同法13条，14条）。

イ 手続の開始

(ア) 申立

告訴人，告発人，請求人，被害者等（同法30条，2条2項）は，不起訴処分に不服があるときは，当該検察官の属する検察庁の所在地を管轄する検察審査会に対して，その処分の当否の審査申立てをすることができる（同法30条本文）。

(イ) 職権

検察審査会は，その過半数の議決により職権で審査を行うことができる（同法2条3項）。

ウ 議決とその効果

(ア) 議決

議決の種類は，「起訴相当」，「不起訴不当」，「不起訴相当」である（同法39条の5第1項）。そして，「起訴相当」の議決をするには8人以上の多数による必要がある（同条2項）。

議決に当たっては，理由を附した議決書が作成され，その謄本は不起訴処分をした検察官を指揮監督する検事正等に送付される（同法40条）。

(イ) 議決を参考とした検察官による処分

「起訴相当」,「不起訴不当」の議決も,検察官を拘束するものではないが,検察官は,その議決を参考にして検討し,改めて起訴,不起訴の処分をし,その旨を検察審査会に通知しなければならない(同法41条)。

(ウ) 再度の不起訴処分の審査

「起訴相当」の議決がされた事件について再度不起訴処分がされた場合には,検察審査会において,審査補助員を委嘱した上で審査し(同法41条の2,41条の4),8人以上の多数によって,「起訴議決」ができることとされている(同法41条の6)。

このように再度の審査による「起訴議決」は,検察官との関係を抜きにして,起訴を行うものであるから,起訴独占主義,起訴便宜主義に対する例外と位置付けられている。

(エ) 指定弁護士による公訴の提起等

審査補助員に補助させて作成した議決書(認定した犯罪事実も記載されている)の謄本は,当該検察審査会を管轄する地方裁判所等に送付され(同法41条の7),その送付を受けた裁判所は,当該事件の「公訴の提起及びその維持に当たる者を弁護士の中から指定し」,その指定弁護士が起訴その他の手続を行うことになる(同法41条の9,41条の10)。

検察審査会の議決と起訴手続との関係については,従前から議論があったが,法改正によって上記の手続を経ることが可能となる形で,立法的な解決が図られた。検察官が2度にわたって不起訴とした事件を起訴するものであるから,高い有罪率を得るなどといったことは,もともと困難な事柄といえるかもしれないが,有罪率があまりに低いと,制度としての有意性に疑念が寄せられることが生じないでもない。適切な形で民意が反映されていくように見守っていく必要がある。

エ 建議(勧告)

検察審査会は,検察事務の改善に関し,検事正に対し,建議(勧告)をすることができ,検事正は,当該建議(勧告)に基づいてとった措置等を検察審査会に対して通知すべきものとされている(同法42条)。

検察事務という,行政組織としての執務に対して,民意を反映させる制度的な工夫であって,その有意性は高く評価されるべきである。

第2　公訴提起の手続と効果

1　公訴提起の手続
(1)　要式行為
　既に説明したように公訴の提起は要式行為であって、法256条1項には、「公訴の提起は、起訴状を提出してこれをしなければならない」と起訴状（学生は民事と混同して「訴状」と書く誤記が絶えないから、正しく記憶されるべきである）という書面を提出して行うことが明示されている。当然のことであるが、口頭、電話、電報、メール等によって起訴することはできない。

(2)　起訴状の記載要件
　起訴状の記載要件は、法256条2項〜6項、規則164条に定められている。

ア　被告人の特定事項
　公訴の対象者である被告人を特定することは、形式的な事項で重要度も低いように思われがちであるが、裁判の効力が及ぶ対象の特定等、様々な事柄の基盤をなすものであって、極めて重要な事柄であると理解されたい。

　被告人の特定事項としては、氏名（法256条2項）、年齢・職業・住居・本籍（規則164条1項1号）である。被告人の氏名が明らかでないときは、人相、体格その他被告人を特定するに足りる事項で被告人を指示することができ（法64条2項）、被告人が勾留されていると、留置番号を表示したり、写真を添付したりすることで、その特定を行うのが、実務の通例である。

　法人の被告人の特定事項としては、事務所、代表者（管理人）の氏名・住居（規則164条1項1号）である。しかし、通常は代表者であって、筆者は、管理人が記載される事例を経験しなかった。

　規則164条1項1号に掲げる事項が明らかでないときは、その旨を記載すれば足りる（同条2項）。氏名については既に述べたが、その余の事項として、例えば、住居に関しては、「住居不定」「住居不詳」といった記載がなされる。

イ　公訴事実及び訴因
　公訴事実及び訴因に関連した定めは、法256条2項2号、3項、5項、6項にあるが、これらは項を改めて説明する。また、公訴事実（法256条2項2号）と罪名（同項3号）の各記載は相互に関連しているところがあるから、一括して説明する。

ウ　罪名及び罰条

(ア)　概説

　罪名の記載は法 256 条 2 項 3 号，4 項本文に定められているが，通常は，「罪名及び罰条」として，例えば，「殺人未遂　刑法 203 条，199 条」などの形で一括して記載される。そして，刑法犯では構成要件の名称（上記のような「殺人未遂」等）で罪名が示され，特別法犯では覚せい剤取締法違反などのように該当法令名のみが罪名として記載されることが多い。

　罪名は，後に説明する訴因の特定にも寄与している[3]。例えば，罰条として「殺人未遂」と書いてあれば，公訴事実の記載は，殺人未遂の事実を記載した趣旨であることがより特定されていることになる。

　罰条は，罪名を該当法条に当てはめた記載である。そして，覚せい剤取締法違反とだけ罪名に記載されている場合には，罰条に「同法 41 条の 3 第 1 項 1 号，19 条」と記載されていることによって，覚せい剤の自己使用罪が起訴されていることが分かることになる。

　訴因の特定との関係では，「覚せい剤取締法違反」との記載だけでは当該公訴事実の記載が覚せい剤取締法違反の趣旨である限度でしか明確にならないが，罰条の上記記載によって覚せい剤の自己使用罪の趣旨であることまで明らかとなり，訴因の特定にも寄与しているのである。

▼3)　後記最決昭和 53 年 2 月 16 日では，「罰条の記載は，訴因をより一層特定させて被告人の防禦に遺憾のないようにするため法律上要請されている」とされている。

(イ)　罰条の記載の誤り

　罪名の記載の誤りは，被告人の防御に実質的な不利益を生ずるおそれがない限り，公訴提起の効力に影響を及ぼさない，とされている（法 256 条 4 項ただし書）。記載の誤りの最たるものとして記載の欠落を想定することが可能であるから，罰条の記載漏れも同様に考えることができる。そして，罪名の記載漏れ，記載の誤記は，多かれ少なかれ被告人の防御に影響を及ぼすことが考えられるが，公訴事実の特定は訴因の記載によって行われるべきが本来形であるから，罪名の記載漏れ，記載の誤記が公訴提起の効力に影響を及ぼす事態というのは，極めて例外的なものといえよう[4]。

▼4)　香城・後掲昭和 53 年度判解刑 34 頁に，「罰条の記載の誤により『被告人の防禦に実質的な不利益を生ずる虞』がある……とは，右の誤により当初から訴因の

内容が明確性を欠くこととなる場合をいう」とし、「『被告人の防禦に実質的な不利益が生じ』るとは、それまで訴因と罰条の記載を総合して明確性を保ってきた訴因の内容が罰条の変更によって明確性を欠くに至る場合をいう」といった指摘がある。しかし、訴因が不明確であれば、まずもって裁判所が訴因自体に関して求釈明をし、訴因の明確化を図ることになるはずであるから、罰条自体が被告人の防御に与える影響には限界があるのが通常であるはずである。

　(ウ)　罰条の記載の変更

　法312条1項又は2項に基づいて罰条が変更される場合もあるが、検察官において、起訴状の記載を訂正・補正するといった簡略な形で行われることもある。そういった場合の判断基準としては、「被告人の防御に実質的な不利益を生ずるおそれ」の有無・程度が挙げられる。そして、最決昭和53年2月16日刑集32巻1号47頁（香城敏麿・判解刑同年度23頁）が、「訴因により公訴事実が十分に明確にされていて被告人の防禦に実質的な不利益が生じない限り」との前提の下で、起訴状に記載されていない罰条を、罰条変更の手続を経ないで、適用することができるとしたのも、了解可能であろう。もっとも、これは救済判例と受け止めるべきであって、罰条の変更に関して、正規の手続を経た方が良いことは当然のことである。

　　エ　その他の記載
　(ア)　起訴状が公務員作成文書であることによる記載事項

　検察官は公務員であるから、規則58条1項に基づいて、①起訴状作成の年月日、作成検察官の署名（記名＝規則60条の2第2項1号、1項）・押印、所属検察庁の表示が求められる。そして、規則58条3項に基づいて契印が求められ、記載を訂正する場合には59条で所定の方法によることが求められている。

　(イ)　身柄関係の記載

　起訴後は裁判所が身柄の処分を職権で行うから、検察官からの情報提供が必要となる。規則164条1項2号はその旨の定めであって、同号に基づき、被告人が勾留されているときは、「勾留中」と記載される。他方、被告人が逮捕されているときは、同様に記載すると「逮捕中」ということになるが、逮捕だけでは身柄は法定期間の経過で釈放されてしまうから、「逮捕中求令状」との記載をして、裁判所による起訴後の職権勾留を促すのが一般的である。

　(ウ)　付随事項に関する記載

　規則165条2項に基づいて、検察官は、起訴と同時に、既に差し出されてい

た弁護人選任届を裁判所に差し出さなければならないが，それができないときは，起訴状にその旨を記載することが求められている。しかし，こういった記載が必要となる事態は，過誤を除けば通常想定しがたく，筆者も，こういった記載のある起訴状に接したことはなかった。

2　公訴提起に伴う関係書類の差出し等
(1)　起訴状一本主義との関係

　公訴提起に伴って検察官が行うべき事柄と，起訴状一本主義とは，関連するところがある。「起訴状には，裁判官に事件につき予断を生ぜしめる虞のある書類その他の物を添附し，又はその内容を引用してはならない」とされている（法256条6項）。そのため，裁判所が起訴時点で事件に関して得る主要な情報は，起訴状のみということになる。これを起訴状一本主義という。裁判所に対して，事件に対する予断を抱かずに審理に臨むことを制度的に担保するものといえる。

　上記条項では，「物を添附」してはならないことは明確であって，筆者もそういった事案には遭遇しなかった。他方，「その内容を引用」に関しては，微妙な判断が求められる場合があり得る。例えば，当該犯罪で用いられた脅迫文言等に言及する場合である。訴因の構成上必要な範囲内では，原文を部分的にせよ引用せざるを得ない場合が生じ得る。それは，訴因制度上予定されていることといえるから，上記条項には違反しないものと解される。▼5)

　前科に関しては，構成要件や犯罪行為との関係で訴因の記載として必要的となる場合を除けば，その記載は違法な余事記載と解される。▼6) そして，上記6項の定めに違反した起訴は，法338条4号によって公訴棄却の判決がなされることになる。

　もっとも，公判前整理手続が設けられたから，同手続が活用された事件では，裁判所は，起訴状一本主義の状態を超えて事件に対する情報を得ることになる。しかし，それは，検察官，弁護人（被告人）が関与する状況下で，事件の実体についての心証形成に至らない情報を得るものであるから，予断排除の原則には違反しないものと解されている。換言すれば，公判前整理手続が設けられていることは，同制度は予断排除の原則には反しない形で制度設計がされていることが前提となっているということになる。▼7)

　　▼5)　特殊な事案であるが，脅迫文書のほとんど全文が記載された起訴状について，

法 256 条 6 項に違反しないとしたものに，最判昭和 33 年 5 月 20 日刑集 12 巻 7 号 1398 頁（田原義衞・判解刑同年度 339 頁）がある。
- ▼ 6） 詐欺罪の事件で，公訴事実の冒頭の「被告人は詐欺罪により既に 2 度処罰を受けたものであるが」との記載について，「裁判官に予断を生ぜしめるおそれのある事項にあたる」としたものに，最大判昭和 27 年 3 月 5 日刑集 6 巻 3 号 351 頁。
- ▼ 7） 公判前整理手続にも予断排除の原則が適用されることは正しく理解しておこう。すなわち，公判手続に関する規則 217 条の 18 が，旧来型の第 1 回公判期日前の事前準備手続について予断排除の原則の適用がある旨を規定する規則 178 条の 10 第 1 項ただし書の適用を排除していないからである。

(2) 裁判所に対する書類の提出等

　裁判所に対する書類の提出に関しては，起訴状の記載事項との関係で上記(ウ)で説明した弁護人選任届以外では，①被告人の数に応じた起訴状の謄本の提出（規則 165 条 1 項。ただし，略式命令の場合は除外されていることにつき同条 4 項），②逮捕状，勾留状（規則 167 条 1 項。ただし，裁判官宛に）を差し出さなければならないこととされている。そして，②の書類は，第 1 回公判期日が開かれたときは，すみやかに受訴裁判所に送付される（同条 3 項）。そのため，第 1 回公判期日の冒頭手続が終了すると，あらかじめ交付を受けていた書記官から②の書面が，法廷で裁判所に引き渡されている。

　また，被疑者国選弁護人が選任されているときは，検察官は，その旨を裁判所に通知することとされている（規則 165 条 3 項）。

3　公訴提起の効果

(1) 訴訟係属

ア　裁判所の裁判権の発生，裁判義務の発生

　起訴によって被告人に対する訴訟係属が生じる。裁判所は，独自に訴訟係属を生じさせる権限はない（＝上記の起訴独占主義の裏返し）から，この訴訟係属が生じた事実に関して審判を行うことが可能となる。「不告不理の原則」といわれるのは，このような事態を指している。同時に，裁判所は，起訴された事件について，何らかの裁判をしなければならない義務を負うことになる。例えば，起訴が取り消されても（法 257 条），公訴棄却の決定がなされるのである（法 339 条 1 項 3 号）。

イ　訴訟係属の範囲

　訴訟係属は重要な事項であるから，その範囲が明確になっている必要がある。判断対象は，起訴された人の範囲と，起訴された対象事実の範囲（＝物的

範囲）とであるから，それぞれに即して検討する。

　㋐　**訴訟係属の人的範囲**

　この範囲は法定されていて，起訴状で指定した人の範囲に限られる（法249条）。被告人が誰かといった被告人の特定に関しては既に説明した。それ以外では，例えば，公訴事実では共犯事件とされていても，当該共犯者が被告人として指定されていなければ，その共犯者には訴訟係属の効果は及ばない。このように，被告人の特定の問題を除けば，訴訟係属の人的範囲が問題となることは通常生じない。

　㋑　**訴訟係属の物的範囲**

　　a　見解の対立

　この物的範囲に関しては，審判対象に対する考えの反映として争いがある。審判対象が公訴事実の同一性（＝単一性と狭義の同一性）の範囲内の事実全体である（＝公訴事実対象説）とすれば，訴訟係属の物的範囲も，訴因の記載にかかわらず，上記審判対象と同じ範囲内の事実ということになる。このことを公訴不可分の原則という。この考えによれば，訴因変更の手続を経ないで訴因外の事実を認定した場合でも，当該事実が上記物的範囲内にある事実であれば，不告不理違反の問題（＝法378条3号後段所定の絶対的控訴理由）は生ぜず，訴因変更の手続を経ていないという訴訟手続の法令違反の問題（＝法379条所定の相対的控訴理由）が生じるのにとどまることになる。

　他方，審判対象を訴因の範囲内の事実であるとすれば，訴訟係属の物的範囲も同じ範囲内の事実と考えるのが自然であり，公訴不可分の原則はその前提とはされないことになる。この考えによれば，訴因変更の手続を経ないで訴因外の事実を認定すると，不告不理違反の問題（＝法378条3号後段所定の絶対的控訴理由）となる。

　　b　判例の評価と検討

　訴因制度が設けられていることからすれば，公訴事実対象説を徹底させて，訴因外の事実認定を全て訴訟手続の法令違反として考えることは，訴因制度としての整合性を欠くことになろう。他方，訴因変更の手続が設けられていることからすれば，提示された訴因を前提として物事を考えるのは自然なことであって，判例も訴因を前提とした問題解決の姿勢を強めているように筆者は受け止めているが，事実認定の場面に限れば，訴因と異なる事実を認定する場合

には全て訴因変更を要するとまではされていない。そうすると，訴因対象説（＝訴因は検察官の主張とし，審判の対象を設定・画するものとする）を徹底することも，事柄の実態に沿わないところがあるといえよう。

このように考えてくると，上記のように二元対立的に考えて問題を検討することは的確な問題設定とはいえず，訴因と認定事実との関係性において判断されていくべきものと解される。例えば，条解刑訴1026頁が，「公訴事実の同一性は害さないが訴因変更を要する事実について訴因変更しないで判決した場合，」（法378条3号）「後段にあたるのか379条にあたるのか，最高裁の態度は明確でない」とされているのも，筆者の考えに基づけば，事柄の実態に即した有り様と評価できよう（**参考裁判例25**参照）。

▼8）　訴因は，公訴事実の法律的構成を示すものであって，被告人の防御という手続的側面をその主要な機能と位置付ける。

㈦　余罪を考慮できる限度

ａ　概説

余罪であるから，当該事実が起訴されていないことは，裁判所も，検察官，弁護人も分かっていることである。そうであるのに，訴訟係属の物的範囲との関係で，余罪を考慮できる限度が問題となるのは，①量刑判断の場面で余罪を考慮できることが肯定されている一方で，②すぐに想定されるように，起訴された事実と全く同程度に余罪を考慮することができるとすれば，それはまさに不告不理に違反し，訴訟係属の物的範囲を逸脱していることになることが指摘できるところから，この両側面からの限界付けが必要となるからである。

ｂ　判例による判断枠組み

判例（**参考裁判例26**参照）は，「ａ」で提示した限界付けを行い，余罪を犯罪事実として認定しこれを処罰する趣旨をも含めて量刑するのは不告不理の原則に反し，憲法31条に違反するが，量刑のため考慮すべき事情である被告人の性格，経歴，犯罪の動機，目的，方法等を推知させる資料として考慮することは許される旨の判断を示している。これが実務の判断基準となっているが，事柄の性質上一義的な限界付けには困難な面があり，限界事例では微妙な判断となる余地が残されている。

ウ　二重起訴の禁止

訴訟係属の人的，物的範囲が確定すれば，視点を変えれば，訴訟係属が生じ

ている範囲内の事実について再度起訴するということは，無駄であるばかりか，同一事実について被告人に二重の刑事責任を負われる危険が生じることになる。そのため，同一裁判所に対してはもとより，他の裁判所に対しても二重起訴の禁止は及んでいくことになる。仮に二重起訴の禁止に反する起訴があった場合には，公訴棄却の判決（法338条3号）や公訴棄却の決定（法339条1項5号，10条，11条）がなされることになる。

　被告人は同一であるから，同一の捜査機関が同時期に捜査しているときは，通常，こういったことは生じない。しかし，被告人が広域で犯罪を犯していて，各地の警察がそれぞれに捜査しているとき，あるいは，同一の警察であっても，犯罪の発覚時期が異なり，時期を異にして捜査が行われているとき，などでは，余罪として捜査対象となった同一の犯罪について複数の起訴がされてしまう，といった事態も生じないとはいえないから，点検事務を着実に実践する重要性を指摘しておきたい。

　二重起訴の禁止に関しては，訴因の関係でも関係する説明を行う。

(2) **訴訟の進行**

　事件が係属すれば，当該事件の進行が可能となる。そういった一環の事柄として，検察官は，法270条1項に基づいて書類，証拠物の閲覧，謄写（ただし，同条2項所定の記録媒体を除く）をすることができることになる。

(3) **公訴時効と訴訟係属**

　ア　**公訴時効と刑の時効**

　刑事の時効には，公訴時効と刑の時効とがある。この区別が明確にできていない人がいるから，正確に理解しよう。

　公訴時効は法250条以下に関連する定めがあるが，要は，起訴に関する制約としての時効制度である。他方，刑の時効の趣旨は，刑法31条に定められていて，時効によって刑の執行の免除を得ることができることである。このように刑の時効は，刑の言渡しを受けた後のことであって，公訴時効とは全く異なる制度である。

　イ　**公訴時効の趣旨**

　公訴時効の趣旨については争いがあり，競合説が通説とされている。しかし，法定刑によって時効期間に差異を設けている法制度からすれば，一元的な説明は困難である。時間の経過が時効期間の定めの重要な要素となっているこ

とからすれば，時間の経過によって，①可罰性が希薄化していくという実体法的な側面と，②証拠の収集の困難性が増すという訴訟法的側面とが，時効制度を支える主要な要素であることを理解しておけば足りよう。

ウ　時効期間
㋐　時効期間の定め

時効期間については，近時の法改正で変化があったが，法250条に定められている。すなわち，「人を死亡させた罪であって禁錮以上の刑に当たるもの」というのが法250条1項に定められていて，①死刑に当たる罪については時効が適用されない（同項柱書き），②無期の懲役（禁錮）に当たる罪については30年（同項1号），③長期20年の懲役（禁錮）に当たる罪については20年（同項2号），④それ以外の罪については10年（同項3号），となっている。

次に，1項所定の罪以外の罪については2項に定めがあって，①死刑に当たる罪については25年（同項1号），②無期の懲役（禁錮）に当たる罪については15年（同項2号），③長期15年以上の懲役（禁錮）に当たる罪については10年（同項3号。刑法204条の傷害罪が該当），④長期15年未満の懲役（禁錮）に当たる罪については7年（同項4号。刑法235条の窃盗罪が該当），⑤長期10年未満の懲役（禁錮）に当たる罪については5年（同項5号。刑法252条1項の横領罪が該当），⑥長期5年未満の懲役（禁錮，罰金）に当たる罪については3年（同項6号。刑法130条前段の住居侵入罪が該当），⑦拘留（科料）に当たる罪については1年（同項7号。刑法231条の侮辱罪，軽犯罪法1条所定の罪が該当）である。

このように，特に法250条2項については，法定刑に応じて段階的に時効期間を定めているのが顕著な特徴として看取できるから，時効制度の趣旨を一元的に理解することの困難性を実感できよう。

㋑　時効期間の標準となる刑

この点については，法251条と252条とに定められている。即ち，主刑が複数ある場合などでは，重い刑に従って時効期間を適用し，刑を加重，減軽すべき場合には，そういった処置をしない刑に従って時効期間を適用するのである。そして，犯罪後の法律によって刑の変更があった場合には，当該犯罪事実に適用すべき罰条の法定刑によって時効期間は定まるというのが判例の考え方である。▼9)

▼9) 最決昭和 42 年 5 月 19 日刑集 21 巻 4 号 494 頁（堀江一夫・判解刑同年度 93 頁）。なお，同判例では，判旨と異なる大審院，札幌高裁の各判例が変更されている。

　　細かな議論となるが，最判平成 27 年 12 月 3 日刑集 69 巻 8 号 815 頁は，犯行後に変更された公訴時効の規定を遡及的に当該犯行に適用することについて，憲法 39 条，31 条に違反しないとした。

(ウ)　公訴時効の起算点（関係判例は参考裁判例 27 参照）

　時効は，犯罪行為終了後に進行する（法 253 条 1 項）。そして，既に説明したように，時効期間については初日が算入される（法 55 条 1 項ただし書）。また，時効期間の末日が休日に当たっても期間に算入される（同条 3 項ただし書，本文）。共犯の場合には，最終の行為が終わったときが，全ての共犯の時効期間の起算点となる（法 253 条 2 項）。両罰規定に関しては，判例は，事業主と行為者それぞれの刑に応じて各別に時効期間を算定するとの考えによっている。

　犯罪行為の終了については，包括一罪，営業犯，継続犯等全体として一罪の関係にある犯罪においては，最終行為が終わった時点が起算点となる。また，結果犯においては，結果の発生時が起算点となる。そのため，傷害罪を例にとると，傷害の結果自体は通常その場で生じるから，傷害罪としての時効は，まさに犯罪行為終了時点が起算点となる。他方，致死の結果が遅れて生じた場合には，傷害致死罪としての時効はその致死の結果が発生した時点が起算点となる。

　観念的競合については，争いがあるが，判例は，最も重い罪の刑について適用される時効期間によるべきものとしている。これは，行為が 1 つという点に着目したものと解される。

　他方，牽連犯については，複雑であって，手段行為の時効期間経過後に手段行為の結果となる行為が行われた場合には，時効期間の進行は各別に考えることにする。そのため，結果行為が行われたことによって，手段行為の時効期間の経過は影響を受けない。他方，手段行為の時効期間中に結果行為が行われた場合には，全体について最も重い刑を標準に最終行為が行われた時点を時効の新たな起算点とする，といった考えによっている。牽連犯といっても，行為は複数であって，行われる時期も隔たることがあることと，牽連犯ということで科刑上は一罪処理されるということとの両面性に着目したものといえる。

エ　訴訟係属と時効の停止
㈎　一般形態

公訴時効は当該事件が起訴されるまでのことを対象としているから，起訴がされると，当然に公訴時効は停止されることになる（法254条1項前段）。

a　時効停止の範囲

この時効が停止される範囲は，当該訴因事実だけでなく，当該訴因事実と公訴事実の同一性を有する範囲内の事実と解されている。そのため，訴因変更によって時効期間の短い訴因への変更があった場合（例えば，詐欺から横領へ訴因変更があった場合）でも，起訴時点で横領罪の時効期間が満了していなければ，訴因変更の時点では同期間が満了していても，訴訟としての適法性は肯定されている。

この点でも，訴因を前提に考えると，訴因変更しようとした場合に，対象行為について時効が完成している事案も生じ，訴因変更制度を設けた趣旨が損なわれることになる。また，後記のとおり，当該訴因では起訴されていない共犯者との関係でも時効は停止するから，時効制度は訴因対象を超えた（換言すれば訴因変更制度をも前提として）公訴事実を中心に設計されている制度であるといえる。

b　時効停止開始時点

通常は起訴の時点（法254条1項前段）だが，準起訴手続の場合には，法266条2号所定の付審判決定があった時である。少年事件については，少年法47条に特則が定められている。すなわち，①8条1項前段所定の通告・報告事件については，21条に基づく審判開始決定があってから，②8条1項後段所定の検察官からの送致を受けてから，各保護処分決定が確定するまで（なお，20条所定の逆送決定等他の終局決定の際も同様に解される），公訴時効は停止する旨定められている（47条1項）。この特則は20歳に達した場合にも適用される（同条2項）。

c　時効の再進行

起訴後は，有罪・無罪の実体裁判が行われて，当該事件は終了していくのが通常である。ところが，管轄違い（法329条），公訴棄却（法338条，339条。**参考裁判例28** 参照）の裁判が確定すると，再度の起訴が可能となるところから，再び，時効が進行することになる（法254条1項後段）。

なお，時効は停止されているだけなので，再び進行する時効期間はそれまでの時効期間の残期間であって，本来の時効期間が再度進行するわけではない。本来の時効期間が再度進行する「時効の中断」とは異なることに留意する必要がある。

(イ) 共犯事件

共犯事件の場合には，共犯者（甲）に対して起訴がなされると，他の共犯者（乙ら）に対してもその効力を有することとされているから，全共犯者との関係で時効は停止される（法254条2項前段）。この定めからも分かるように，甲に対する裁判が終了すると，時効を停止しておく事由がなくなるから，乙らに対する時効は再度進行するようにする方が合理的である。同項後段はその旨の定めである。

(ウ) その他の時効停止事由

　a　概説

法255条1項の定めであって，①犯人が国外にいる場合には，その期間，②犯人が逃げ隠れているため有効に起訴状の謄本の送達，略式命令の告知ができなかった場合には，その逃げ隠れしている期間は，時効の進行が停止される。①については，起訴を前提とした文言はないから，起訴の前後を問わないことになり，通常は，起訴前の事態である。期間的には一時的な海外渡航も含まれると解されている。▼10)

そして，客観的に外国にいれば，それだけで時効は停止されると理解され，捜査官の認識との関係では，「犯罪の発生またはその犯人を知ると否とを問わ」ないとされている。▼11)

②については，有効に起訴状の謄本の送達，略式命令の告知ができなかったということが要件とされていて，「できないおそれがあった」などとはされていないから，起訴を契機とする事態である。捜査の困難性から見れば，起訴前に逃げ隠れしている場合が重要であるが，そのことで時効の進行が停止されることになれば，かなりの事案で時効の進行が停止されることになり，時効制度が有名無実化しかねない。その意味で，「逃げ隠れしている場合」は，有効に起訴状の謄本の送達，略式命令の告知ができなかった当該起訴前の時効停止事由とはなり得ないものといえる。

▼ 10) 最決平成21年10月20日刑集63巻8号1052頁（鹿野伸二・判解刑同年度

▼ 11）最決昭和 37 年 9 月 18 日刑集 16 巻 9 号 1386 頁（藤井一雄・判解刑同年度 186 頁）。白山丸事件の 1 つで，被告人の帰国によって密出国の事実が初めて捜査官に覚知された事案である。

　　b　証明

　法 255 条 2 項，規則 166 条により，法 255 条 1 項所定の事項について，証明が必要な場合には，検察官は，起訴後速やかに証明すべき資料を裁判所に差し出さなければならないこととされている。

第 3　訴因と公訴事実

1　訴因と公訴事実との関係

(1)　概説

　法が「訴因」「公訴事実」を直接定義する形式をとっていないから，理解に争いがあるのも，ある意味自然なことである。しかし，実務は訴因対象説で確立しているとの理解もあるから，そういった観点から説明する。▼12)

　①法 256 条 2 項 2 号は，起訴状に公訴事実を記載することを求めており，同項には，他に，審判の対象となり得る事項に関する定めはないから，審判の対象は，同号のいう「公訴事実」であると理解できる。そのため，この「公訴事実」の意義が問題となる。それでは，②「公訴事実」とは何かといえば，同条 3 項前段によれば，明示された訴因によって記載された事実ということになる。それでは，③「訴因」とは何かといえば，同条 3 項後段によれば，できる限り日時，場所及び方法を以て罪となるべき事実を特定して明示されたものということになる。隔靴掻痒の感があって，今一つすっきりしない。

　他方，法 312 条 1 項，2 項によれば，「公訴事実」の同一性を害しない限度で訴因変更という手続が行われ得ることが分かる。これらを総合すると，訴因変更がない限りは審判の対象は当初の訴因であるから，審判の対象は訴因であると理解することができる。このことを前提とすれば，上記②の明示された訴因によって記載された事実である公訴事実は，上記①のとおり審判の対象であるから，訴因と公訴事実はほぼ同義と解されることになる。

　他方，法 312 条 1 項にいう「公訴事実」は，その同一性の範囲内で訴因変更が許容される事実であるから，法 256 条 2 項 2 号にいう「公訴事実」よりは広義の事実ということになる。同じ「公訴事実」という用語を異なった内容

のものとして理解することになることの相当性を措けば，審判の対象は訴因（＝法256条2項2号にいう「公訴事実」）ということになる。[13]

そして，審判は，被告人の防御が行われる場である。これらを総合すると，審判の対象である訴因は，「裁判所に対し審判の対象を限定」（明確化）「し，被告人に対し防禦の範囲を示す」[14]ものであるとの理解が導かれる。この理解は，訴因の機能的な側面に関するものといえる。

その上で，改めて同条3項後段を踏まえて「訴因」の意義を考えると，日時，場所及び方法を以て特定された罪となるべき事実が中心的な意義となる。そして，罪となるべき事実は，有罪判決の理由を定めた法335条1項でも用いられていて，有罪判決の理由を構成し，法令適用の対象となる事実でもある。そうすると，訴因は，処罰を求められている具体的な犯罪事実というのが原義ということになり，それを法律的に構成して考えると，犯罪事実と一体となっている社会的事象を当該犯罪構成要件に当てはめて法律的に構成した（換言すれば，無用な事実を削ぎ落とした）具体的な事実である，といった理解が導かれよう。

▼12) 岩﨑邦生・判解刑平成24年度173頁。そして，裁判員裁判との関係でも，訴因対象説が分かりやすいものとして機能しよう。
▼13) 他方，公訴事実対象説は，法256条2項2号にいう「公訴事実」を端的な裏付けとし，法312条1項にいう「公訴事実」とも同義の理解が可能となるが，訴因制度が設けられていることの意義付けが明確でなくなる難点がある。
▼14) 最大判昭和37年11月28日刑集16巻11号1633頁（白山丸事件。川添万夫・判解刑同年度229頁）。

(2) 訴因の記載
ア 余事記載を回避した簡潔な特定された内容
(ア) 予断排除

上記訴因の意義，機能からして，その記載は重要である。法256条3項後段の関係は既に述べている。そして，起訴状記載の「公訴事実」として記載されている「罪となるべき事実」は，予断排除の原則が適用されている段階のものである。他方，有罪判決の内容をなす「罪となるべき事実」にはそういった制約は及ばない。[15]このように考えると，訴因の内容としての「罪となるべき事実」は，余事記載を回避した簡潔な内容であることが要請されているといえる。既に紹介した法256条6項の定めは，事柄の性質に即したものといえる。

▼15）「罪となるべき事実」の判示の程度については，最判昭和24年2月10日刑集3巻2号155頁が「罪となるべき事実とは，刑罰法令各本条における犯罪の構成要件に該当する具体的な事実をいうものであるから，該構成要件に該当するか否かを判定するに足る程度に具体的に明白にし，かくしてその各本条を適用する事実上の根拠を確認し得られるようにするを以て足る」としている。

(イ)　特定した記載

上記のように法256条3項後段は，罪となるべき事実の特定手段として日時，場所，方法を挙げているが，犯罪事実を特定するわけであるから，この3つに限定されるわけではなく，これは例示列挙の趣旨と解されている。そして，実務においては，①犯罪の主体（だれが），②犯罪の日時（いつ），③犯罪の場所（どこで），④犯罪の客体（誰に対して，何を），⑤犯罪の方法（どのような方法で），⑥犯罪の結果（どのようにした），といった六何の原則などと呼ばれる方法で訴因が特定されるのが通例である（②，③，⑤が上記「日時，場所，方法」に対応している）。

しかし，その特定も「できる限り」であるから，関係証拠から立証可能な範囲内での特定ということになる。そのため，どの程度の特定を要するのかが次に問題となるので，項を改めて説明する。

イ　他の犯罪事実と区別可能な記載

(ア)　識別説（特定説）

訴因の機能が審判対象の限定・明確化であるとすれば，一罪一訴因の原則といわれるように，訴因は一罪の関係にある事実のみを記載することが要請されているから，他の事実と区別（識別）できる必要がある。この点に着目する識別説（特定説）が実務の一般的な考えとなっているのは自然なことといえる。

防御権説は，訴因の機能の内の「被告人に対し防御の範囲を示す」ことに着目したものといえる。しかし，識別された事実を提示すれば，そのことは同時に「被告人に対し防御の範囲を示す」ことになるから，防御権説は，そういった識別で提示された事実以上の事実の記載を訴因の内容として求めるものといえる。他方，訴因の特定を欠くと公訴棄却されることになるから，訴因の特定の有無といった判断基準は，一律で明確であることが望ましい。ところが，被告人の防御といっても，これを抽象的にとられる場合と，具体的にとられる場合とでは，対象・範囲となる事実も異なってこようし，いずれにしても，限りなく具体的な事実の記載を要求することに傾斜しがちである。

他方，被告人の防御は，審理の過程全体を通して尊重されるべき事柄であって，冒頭陳述を始めとする審理の各手続を通してそれへの配慮はされていくべきであり，同時に，そのことを通じて対処されていくのにふさわしい側面を帯びている。このように考えてくると，防御権説が被告人の防御を重視している点は尊重されるべきではあるが，訴因の記載の判断基準としてはふさわしくないことが分かる。

(イ) 特定の程度

罰条で特定される特定の構成要件に該当することが判別でき，同時に，他の犯罪事実と区別できる程度に特定されている必要がある。より具体的に考えると，①併合罪関係にある他の事実と区別されている必要があるから，例えば，連続的に犯された複数の窃盗事件であっても，併合罪関係にある場合には，当該訴因が他の窃盗事件と区別できる程度に特定されている必要がある。

また，②当該事実が窃盗にも横領にも構成できる，といった場合には，後に説明する訴因の狭義の同一性の問題であって，併合罪関係にあることにはならず，そういった観点からの特定は問題とならないが，当該訴因が窃盗なのか横領なのかが識別できる程度に特定されている必要があるのである。

このように，他の犯罪事実と区別できる程度といっても，2つの側面から検討する必要があるのである。そのため，①の関係では，当該事実が一罪の関係にあることが明白であれば，包括的，概括的な記載でも，証拠関係上やむを得なければ許されることになる。例えば，犯罪の日時の関係でも著名な，注11で紹介した白山丸事件が「昭和 27 年 4 月頃から昭和 33 年 6 月下旬まで」と，覚せい剤の自己使用に関する最決昭和 56 年 4 月 25 日刑集 35 巻 3 号 116 頁（金築誠志・判解刑同年度 103 頁）が「昭和 54 年 9 月 26 日頃から同年 10 月 3 日までの間」と，それぞれ，幅のある日時の記載であっても訴因の特定を肯定しているのは[16]，一罪の関係にある事実が訴追されていること（＝公訴事実の単一性があること）が明白であることが前提とされているものと解される。

場所，方法その他の特定事項に関しても，同様の視点からの理解が可能である限りは，訴因としての特定性が肯定されても了解可能である。例えば，最決昭和 58 年 5 月 6 日刑集 37 巻 4 号 375 頁（龍岡資晃・判解刑同年度 93 頁）が，殺人未遂事件で，「その手段・方法については，単に『有形力を行使して』とするのみで，それ以上具体的に摘示していない」事案で訴因の特定を肯定し

た。また，最決平成 14 年 7 月 18 日刑集 56 巻 6 号 307 頁（平木正洋・判解刑同年度 141 頁）が，控訴審で予備的訴因として追加された「被告人は，単独又は A 及び B と共謀の上，（日時，場所は特定），……被害者に対し，その頭部等に手段不明の暴行を加え，……頭蓋冠，頭蓋底骨折に基づく外傷性脳傷害又は何らかの傷害により死亡させた」といった，日時，場所は特定されているものの，暴行の態様，傷害の内容，死因等の表示が概括的である傷害致死の訴因について訴因の特定を肯定しているのも，被害者が一人で，日時，場所が特定されている前提では，殺人未遂（死亡）も 1 回限りの出来事であって，他の罪と区別されていると解されるから，支持できる判断といえる。後に訴因変更の関係で紹介する最決平成 13 年 4 月 11 日刑集 55 巻 3 号 127 頁（以下「平成 13 年判例」ともいう）も同様な理解が可能な事案である。

　他方，包括一罪の場合には，一罪の範囲内の事実であれば，他の事実との区別は必要がないから，包括的・概括的記載が許容される。

　このように，訴因の記載の仕方は，罪数関係の影響を受ける側面がある。

> ▼16）両事件共に，場所，方法も具体的な表示を欠く（幅のある）記載などとなっている。しかし，それらの問題は，日時の点に比べれば，訴因の特定における当該事件での重要度は低いと考え，焦点を絞る意味で，日時に限定して紹介・検討した。

ウ　訴因が不確定な場合の措置

　訴因の記載が明確でない場合には，裁判所としては，まずは検察官に対して釈明を求めることになる（規則 208 条）。通常はそこで訴因が特定されるが，そうならなかった場合には，訴因不特定を理由に公訴棄却されることになる（法 338 条 4 号）。注 17 で紹介した判決以前の下級審裁判例には，訴因不特定を理由にいきなり公訴棄却するものもあった（注 17 で紹介した三井・前掲 13 頁以下にもその紹介がある）。しかし，公訴が棄却されても，訴因を書き改めて適法な内容に構成し直して再起訴することは可能であるから，そういった再起訴によるのではなく，まずは，現在の訴因に対して特定化・適法化を図る方が訴訟経済上も妥当である。このように考えると，上記判例の判示の合理性が理解できよう。

> ▼17）最判昭和 33 年 1 月 23 日刑集 12 巻 1 号 34 頁（三井明・判解刑同年度 13 頁）。

エ　予備的，択一的訴因

　同一の公訴事実を前提とした訴因の構成方法の問題である。予備的，択一的

訴因の記載は，法256条5項によって認められている。罰条についても同様に認められているが，罰条は事実を前提とするものであるから，予備的，択一的訴因を中心に説明する。

　㋐　**予備的訴因**

　予備的訴因は，「予備的」というから，「主たる訴因」（本位的訴因，第一次的訴因ともいわれる）があることが前提となる。判断も，主たる訴因，予備的訴因の順序となるから，主たる訴因が認められると，予備的訴因については，通常判断する必要はないことになる。例えば，人の死亡に関しては，殺人，傷害致死，重過失致死，といった構成が考えられる。そして，殺人の訴因のままでも傷害致死は通常縮小認定が可能であるから，殺人を主たる訴因とし，傷害致死を予備的訴因とする，といった構成は，通常行われない。他方，重過失致死の場合には，注意義務とその違反といった殺人の訴因事実には通常含まれない事実の存在が前提となるから，主たる訴因殺人，予備的訴因重過失致死といった構成はあり得る。

　㋑　**択一的訴因**

　択一的訴因は，「択一的」というから，相互の訴因には，予備的訴因のような判断の前後関係はなく，検察官としては，いずれの訴因であっても認定されれば良いという関係にある訴因と理解される。例えば，集金してきた現金（集金途中は当該現金に対する占有は被告人にあった前提）を，一旦，会社の自分の机の中に入れた後，自宅に持ち帰って費消したといった事案で，持ち帰る時点では勤務先に現金の占有があったということになると窃盗罪が成立し，被告人に占有がなおあったということになれば業務上横領罪が成立する，といった事実関係を前提として，窃盗罪と業務上横領罪とを択一的訴因とする場合である。

　裁判所としても，択一関係にある訴因相互の判断に優先関係はないから，事案に即して認定できるいずれかの訴因を認定すれば足りることになる。

2　訴因変更

(1)　概説

　訴因として提示された事実と裁判所が心証形成した事実とに齟齬がなければ訴因事実をそのまま認定することができる。他方，そこに齟齬があった場合には，対処方法が4つに大別される。①心証形成した事実を基にして，訴因事実

を縮小認定する，②訴因事実を中心にその事実を部分的に削除・変更したり，新たな事実を付加したりする，③心証形成した事実に沿うように訴因を変更する，④併合罪の関係にあるから，訴因変更はせずに，無罪等の現在の訴因に対する裁判を行う，である。

　以上は，裁判所から見た場合であって，法312条2項を基礎とした指摘である。他方，同条1項は，検察官からの訴因変更請求について定めている。法の構成からすれば，訴因変更は検察官の請求によって行われるのが本則形となっているが，実務において検討されるべき点は前者の場合なので，後者については該当箇所で説明する。そして，③は項を改めて説明するので，ここでは，それ以外について補足する。

ア　縮小認定と不意打ち認定

　①の縮小認定は，訴因を中心に見た場合には，新たな事実が付加されるわけではなく，既存の訴因の一部が認定される場合である[18]。被告人の防御の観点からすれば，訴因に対して防御を行使しているから，縮小認定される事実についても，通常，防御も尽くしていることになる。そのため，縮小認定は，通常，不意打ち認定として問題となることはない[19]。しかし，事柄によっては，そのように解せられない場合がある。それは，主として，縮小した事実を従前の訴因と同じ法概念に当てはめようとする評価の場面で生じる。例えば，縮小認定された事実を前提としても殺意が認定できるのか，強盗罪における「反抗抑圧」に当たるのか，などといった場面である。こういった場面では，新たな縮小認定事実（この事実自体については，通常攻撃防御はそれまでに尽くされている）を，従前の訴因と同じ法概念に当てはめようとすることについて，検察官もそういった主張をしていないし，被告人も防御をしていないために，新たに必要な攻撃防御を尽くさせないと，不意打ち認定の問題が生じることがあり得る。

　他方，従前の訴因の範囲を逸脱するところはないから，訴因変更の問題は生じない。

▼18）　ⅰ事実の一部が認定されて縮小認定となる場合，ⅱ殺人が傷害致死などと事実は同じで故意が縮小認定される場合，ⅲその複合型とがある。

▼19）　直前に述べたように，縮小認定の場合には，新たな縮小認定事実に文字どおり対応した主張がなくても，それまでに当事者が攻撃防御してきた事項が通常はその縮小認定事実にも当てはまるから，その限度では，不意打ち認定の問題は生じないのである。

イ 訴因変更を要しない修正的な事実認定

②の場合は，縮小認定が基本となる場合もあれば，専ら，事実が付加される付加的事実認定が基本となる場合や，両者の複合の場合が含まれている。そして，この場合も，訴因変更を要しない場合であるが，事柄の性質上，そういえるのかが問題となるときがあり得る。この場合の判断基準としては，訴因変更に関する平成13年判例として既に一部説明している最決平成13年4月11日55巻3号127頁[20]が参考となり得る。すなわち，殺人の共同正犯の事案で，当初は実行者を明示しない訴因であったが，被告人を実行者とする訴因変更がされ，裁判所は，実行者について，訴因変更を経ずに，共犯者又は被告人あるいはその両名において，と択一的な認定をした。最高裁は，ⅰ実行行為者が明示された場合にそれと異なる認定をするとしても，審判対象の画定という見地からは，訴因変更が必要となるとはいえない，ⅱとはいえ，実行行為者がだれであるかは，一般的に，被告人の防御にとって重要な事項であるから，訴因に実行行為者を明示した以上，判決においてそれと実質的に異なる認定をするには，原則として，訴因変更手続を要する，ⅲ被告人の防御の具体的な状況等の審理の経過に照らし，被告人に不意打ちを与えるものではないと認められ，かつ，判決で認定される事実が訴因に記載された事実と比べて被告人にとってより不利益であるとはいえない場合には，例外的に訴因変更手続を経ることなく訴因と異なる実行行為者を認定することも違法ではないとした。

上記判断基準としては，この判示の中のⅲにある，「被告人の防御の具体的な状況等の審理の経過に照らし，被告人に不意打ちを与えるものではないと認められ，かつ，判決で認定される事実が訴因に記載された事実と比べて被告人にとってより不利益であるとはいえない」といった部分が基準となると思われる。補足すると，「訴因変更を要しない修正的な事実認定」であるから，「審判対象の画定」といった事柄に影響する事実はそもそも対象ではなく，それ以外の事実に関するものであって，関係する事実の付加・削除・変更については，不意打性，不利益性の2つの視点が訴因変更を経ずに行えるのか否かを判断可能とするものと考えている。

▼ 20) 池田修・判解刑同年度57頁。この判例に関連した私の考えは，大澤裕＝植村立郎「共同正犯の訴因と訴因変更の要否」法学教室324号（2007年）80頁参照。

ウ　併合罪へは訴因変更不可

　訴因変更は，公訴事実の範囲内で行われることであるから，併合罪関係にある事実に対しては訴因変更は不可能である。そういった場合には，形成した心証に即した事実認定を行うことはできない。例えば，A日，甲宅でxを盗んだという窃盗の訴因（以下便宜「甲事実」という）で，当該事実は認められないが，関係証拠中に，B日，乙宅でyを盗んだという窃盗の事実（以下便宜「乙事実」という）が認定できる場合である。

　甲事実と乙事実とが後に述べる非両立の関係にあるときは，公訴事実の狭義の同一性が認められ，訴因変更は可能である。しかし，両立可能ということになると併合罪の関係にあるから，甲事実の訴因を乙事実の訴因へ訴因変更することはできず，甲事実の訴因について無罪判決をすることになる。

(2)　審判の対象

　訴因対象説，公訴事実対象説については既に説明しているが，現在では，実務的には，こういった相違を前提とした議論が行われることはない。そのため，教科書としての性格から最小限度で付言しておく。学説としては，さらに中間説＝訴因は現実的な審判対象であって，訴因変更手続によって審判の対象となり得るという意味で，公訴事実も潜在的な審判の対象とする，とする考えもある。実態に即した考えであるが，結局は，訴因対象説，公訴事実対象説のいずれかに還元して結論を出さざるを得ないものと解される。

　一事不再理の効力が及ぶ範囲については，どの説によっても，公訴事実の範囲内に及ぶとするので，説明の仕方の相違に還元される。しかし，訴因対象説を前提とすれば，訴因について攻撃防御が尽くされるから，訴因の範囲（＝ほぼ同義の公訴事実の範囲）において一事不再理の効力が及ぶとするのが自然なことといえる。確かに，訴因変更は，法312条1項にいう「公訴事実」の範囲内では可能であるが，そういった現実的な可能性がないのに一事不再理の効果をその「公訴事実」全体に及ぼすというのは，やはり一種の擬制というほかはないものと解される[21]。そのため，筆者としては，訴因対象説の今後の課題の1つは，一事不再理の効果が及ぶ範囲をどのように合理的に規制していくかにあるものと考えている（**参考裁判例29**参照）。なお，関連する事項については後でも説明している。

　▼21）公訴事実の範囲内での同時訴追の義務といったものを検察官に課しても，証拠

関係を無視した立論である限りは，擬制ということになる。例えば，建物内の殺人事件で，自白に基づいて家屋内から発見された死体について殺人事件等として訴追して無期懲役刑が確定した後，家屋内から次々と新たな死体が発見されて上記事件と同一の機会に殺害されたことが判明した場合，一事不再理の効果が当然に新たな遺体に関する事件にも及ぶとするには，疑問の生じる事態も想定できる。

(3) 訴因変更の意義
ア　起訴状の変更に関する法の構成

起訴状の変更に関する法の構成を定めた法312条の1項と2項は，次のような定めである。1項は，「裁判所は，検察官の請求があるときは，」「訴因又は罰条の追加，撤回又は変更を許さなければならない」であり，2項は，「裁判所は，審理の経過に鑑み適当と認めるときは，訴因又は罰条を追加又は変更すべきことを命ずることができる」である。

このように，法は，訴因等の構成は原告官である検察官に第一次的に委ねており，裁判所の訴因への関与は補助的なものと位置付けている。

イ　訴因変更に関する裁判所の心証を前提とした説明

例えば，審判対象を画している訴因に関する裁判所の心証が法312条1項にいう「公訴事実」の同一性の範囲内で異なり，しかも，当該訴因を前提としてはその心証形成（＝実体形成）を反映できないときに行われるのが訴因変更である，といった説明は，要するに，訴因変更をすべきときに行うのが訴因変更である，ということになる。この説明は，上記の法の構成とは異なるが，実務では，裁判所が求釈明・勧告等の手法を活用して主導する形で訴因変更が行われるのが一般的な姿であることの反映といえ，実務の実態には沿ったものといえる。

ウ　検察官による訴因請求

しかし，既に説明したように検察官による訴因の構成が法が定める原則型であるから，この観点から参考となる最判昭和42年8月31日刑集21巻7号879頁（堀江一夫・判解刑同年度179頁）は，1審が検察官の訴因変更請求を許可して行った有罪判決に対して，変更前の訴因に対する証明が十分であるのに，上記訴因変更を経て有罪判決をしたのは，実体的真実の発見を旨とする職責上，訴因変更請求は許可すべきではないとして破棄差し戻した控訴審判決を，「起訴状記載の訴因について有罪の判決が得られる場合であっても，……検察官から，訴因……の請求があれば，公訴事実の同一性を害しない限り，こ

れを許可しなければならない」として，破棄差し戻した。上記実務の実情を前提とすれば，控訴審判決のような判断に陥りがちであるが，上記法の構成からすれば，最高裁判例の考えは支持されるべきである。

関連して説明すれば，上記判例に先行する，裁判所の訴因変更命令には形成的効力はないとする最大判昭和40年4月28日刑集19巻3号270頁（海老原震一・判解刑同年度58頁）は，この延長線上の判断としての一貫性を有するものと位置付けることができる。

エ　訴因変更の時機的限界

①福岡高裁那覇支部判昭和51年4月5日判タ345号321頁は，原審の結審間近にされた検察官の訴因変更請求は，釈明及び冒頭陳述によって訴因からも立証事項からも除外されていた「足蹴り行為」をあらためて立証事項とし，攻防の対象とするものとし，「被告人の防御に実質的な著しい不利益を生ぜしめ，ひいて公平な裁判の保障を損なうおそれが顕著である」として，例外的に訴因変更請求を不許可とした原審の判断を支持した。

②東京高判平成20年11月18日高刑集61巻4号6頁は，公判前整理の結果，犯人性が争点とされていた事件で，審理の途中で裁判所が過失（訴因の過失は追い越しの際の進路安全確認義務違反）の有無を争点化させ，検察官から，同方向に進行中の被害者運転の原動機付自転車との間の安全確認義務違反を追加した形の訴因変更請求があり，弁護人は，公判前整理手続を経た後のものであるとして異議を述べ，裁判所は同許可決定を行った。この訴因変更許可の適否について，高裁は，公判前整理手続を経た後においては，充実した争点整理や審理計画の策定がされた趣旨を没却するような訴因変更請求は許されないとし，目撃者等の証拠調べの結果，事故態様が当初の公訴事実が前提としていたものとは異なることが明らかとなり，他方，訴因変更に伴って追加的に必要とされる証拠調べは極めて限られていたなどとして，上記訴因変更請求許可決定に違法はないとした。

訴因変更が，法312条2項にもあるように，「審理の経過に鑑み」て行われるのであれば，審理の終盤になって訴因変更の請求がなされる場合があり得ることになる。そのため，時機の点だけに着目して訴因変更請求を却下すべきものとすれば，それは，控訴審でも予備的の形式とはいえ訴因変更が認められていることと対比しても，明白な誤りといえる。この場合には，ⅰ「②」の裁判

例でも指摘されているように，公判前整理手続を経ている事件では，そういった手続を経たことを考慮しても許容されるものであるか否か，ⅱ「①」の裁判例にも「誠実な訴訟上の権利の行使（刑訴規則１条２項）とは言い難い」とあるように，信義則ないし禁反言の観点から許容されるものであるか否か，ⅲ審理へ与える影響（＝今後必要となる証拠の量と取調に要する期間）の観点から許容されるものであるか否か，といった視点を総合してその許否が判断されるべきであろう。そして，訴訟は生き物だから，硬直的な対応ではなく，あくまでも事案に即した柔軟な判断姿勢が要請されているといえる。

オ　訴因変更の態様（＝訴因の追加・撤回・変更）

訴因変更というと，「公訴事実の同一性」の範囲内において，新たな事実を付加したり，訴因事実を撤回したり，内容を入れ替えたりして修正する，といった態様が想定される。そういった態様を類型化したものが，訴因の追加・撤回・変更である。勿論，これらが混合して行われることもあるが，説明の便宜上，各類型のもののみが行われる前提で補足して説明する。

訴因の追加・撤回は，現訴因（単純一罪の１個の訴因とする）を前提として，新たな事実を追加し，今ある訴因の一部を撤回することである。事実が追加されるのは，観念的競合，牽連犯といった科刑上一罪の関係にある事実が追加される場合である。判断枠組みとの関係では，予備的訴因，択一的訴因として訴因が追加される場合である。撤回は，上記と逆の形で，訴因事実が取り除かれる場合である。訴因の変更は，同一訴因について変更する場合である。変更であるから，新たな事実が加わることもあれば，訴因事実が取り除かれることもあり，それらが合わさって行われることもある。

他方，公訴事実の同一性の範囲外の事実については，訴因変更での対応はできないから，追起訴によることになる。

(4)　訴因変更の要否

ア　概説

訴因と関係のない形で当事者が主張したり，裁判所が認定したりしては，訴因制度が設けられている意義が有効に発揮されることにはならない。訴因の拘束力といわれるのは，こういった事態を訴因の側から説明したものといえる。

そのため，訴因と異なる主張をしたり，認定したりするには，対象となる訴因を変更させた上でそのように行うのが適切なこととなる。この手続が，訴因

変更の手続である。しかし，僅かな事実の相違でも常に訴因変更をすべきものとすると，手続的に煩瑣であるから[22]，自ずと，訴因変更を要する場合と，そうではない場合との識別のための基準が重要となってくる。

もっとも，筆者のように予防法学の立場からは[23]，事実を記載するものが訴因であるとすると（＝事実記載説を忠実に考えると），訴因と異なる事実を認定・主張する場合には，その都度，訴因変更の手続を経ておくことが望ましいこととなり[24]，そういった運用が行われていると，訴因変更の要否といった問題は，通常は生じないことになる。

以下は，そういった訴因変更が行われていない前提での説明になる。

> [22] ここでいう「煩瑣」とは煩わしいといった意味合いが強いのであって，回数的に多数回行わなければならないとの意義は，通常はない。訴因変更が回数的に頻繁に行われるといったことは通常ないからである。
> [23] 将来紛議の素となることが想定される事態に関しては，事前に必要な対応を行って，紛議発生を回避しようとする考えである。
> [24] 訴因変更を要する必要的訴因変更の場合だけでなく，訴因変更を要しない場合も念のために訴因変更をする任意的訴因変更を含む運用となる。

イ 訴因変更の要否の判断基準としての事実記載説

訴因に関する理解として事実記載説以外に法律構成説もあるが，実務は事実記載説を前提としているから，この説を中心に説明する。

事実記載説は，訴因対象説と親和性があり，訴因について事実が記載されているとの理解を前提とするから，訴因変更の要否は，この事実がどの程度変更されるのかに着目して，訴因変更の要否を判断しようとするものである。そのため，当該事実が法律的構成を異にすることになるのか否か，といったことは重要性を持たないことになる。そして，訴因変更を要しない事実の変化によって法律的構成が異なることになった場合には，罰条の変更で対応することになる。他方，訴因変更を要しない事実の変化は，起訴状の訂正（規則44条1項34号，213条の2第1号参照）で対応することが可能である。

法律構成説は，公訴事実対象説と親和性があり，訴因変更の要否について，法律的構成を異にするのか否かを判断基準とするものである。しかし，事実の記載がされている訴因の実像に沿わない考えといえる。

そして，両説は立論において異なるものの，実際の場面では，事実も変わり法的構成も変わると同じ結論となり，主として，傷害の結果が大幅に重くなっ

た事案など，単に事実が変化する場面で結論が異なるのにとどまっている。
ウ 「平成13年判例」が示した基準
(ア) 概説
　平成13年判例の内容は既に紹介しているが，そこで示された訴因の構造は3層構造となっていて，①審判対象の範囲の画定[25]に関する事項について訴因と異なる認定・主張をするには，訴因変更が必要であること，②それ以外の事項で被告人の防御にとって必要な事項について訴因と異なる認定・主張をするには，原則として訴因変更が必要であるが，例外として，上記のとおり「被告人の防御の具体的な状況等の審理の経過に照らし，被告人に不意打ちを与えるものではないと認められ，かつ，判決で認定される事実が訴因に記載された事実と比べて被告人にとってより不利益であるとはいえない場合」を指摘しているから，要するに，不・不意打ち性と不・不利益性とが訴因変更を要しない例外事由ということになる。③それ以外の事項について訴因と異なる認定・主張をするのに訴因変更を要しない，とするものである。
　この指摘と従前から議論のあった抽象的防御説等の考え方との関係については，平成13年判例は，従来からいわれていた抽象的防御説と具体的防御説とのそれぞれの位置付けを，明示してはいないものの，新たな視点から行い直したものとの理解が可能となる。

　▼25)「確定」と誤記しないように。範囲を確かめたりするのではなく，範囲を画する意義である。

(イ) 「審判対象の範囲の画定」に関する事項と抽象的防御説
　「審判対象の範囲の画定」に必要な事項は，訴因の特定に関する識別説が求めるものと同一であると解されている（岩﨑邦生・判解刑平成24年度180頁等）。「審判対象の範囲の画定」であるから，その画定の範囲を変動させる場合には訴因変更を必要とすることになる。そして，審判の対象は防御の対象でもあるから，どの程度の相違で訴因変更を要するかといったことは，防御との関係性において理解されるべきである。しかし，審判対象の画定という，訴訟の枠組み作りに関することであるから，訴因変更を要するか否かについては，類型的・抽象的にとらえられるべきであって，個別の事情によって左右される度合いを低くしておくことが望ましいことといえる。このように考えてくると，「審判対象の範囲の画定」に関する事項に関する判断基準としては，従前から

主張されている抽象的防御説の主張が当てはまるとの理解が可能である。

なお，抽象的防御説は，訴因変更の要否において，現訴因事実と新訴因事実とを類型的・抽象的に対比して考えて，防御の実質的意義をもつ不利益性を判断しようとするものであって，判例もこの立場にあると理解されている（**参考裁判例30**参照）。

(ウ) 原則的に訴因変更を要する事項と具体的防御説

上記のとおり，この事項に関しては，不・不意打ち性と不・不利益性とが訴因変更を要しない例外事由とされているから，訴因変更の要否を，当該事件審理の具体的経過において個別的，具体的に考えようとする具体的防御説（**参考裁判例31**参照）の主張が当てはまるとの理解が可能である。

最近の判例としては，最決平成24年2月29日刑集66巻4号589頁（岩﨑邦生・判解刑平成24年度163頁）は，平成13年判例を先例として引用した上で，現住建造物等放火の方法に関し，ガスに引火，爆発させた方法は，被告人の防御にとって重要な事項であるとし，1審判決が訴因の範囲内で「被告人が点火スイッチを頭部で押し込み，作動させて点火した」と認定したのを，控訴審判決が，訴因変更を経ることなく，「被告人が『何らかの方法により』上記ガスに引火，爆発させた」と認定したのは，審理の経過に照らし，被告人に不意打ちを与えるもので，違法とした▼26)（ただし，上告は棄却）。

> ▼26) 細かな議論となるが，この場合の違法は，法379条の訴訟手続の法令違反であって，法378条3号違反ではないと解される（岩﨑・前掲190頁注18）。

(エ) 争点の顕在化

不・不意打ち性との関係では，訴因変更という手続を経なくても不・不意打ち性の要件を充足する途はあり，その手法としては，裁判所からの求釈明（規則208条），質問等による「争点の顕在化」があるものと解される。その典型例は，訴因事実とはなっていない場合である。例えば，最判昭和58年12月13日刑集37巻10号1581頁（木谷明・判解刑同年度472頁）は，訴因とはされていないものの，共謀の日時に関して，検察官が釈明して特定していた日時とは異なる日時を原審が認定したことについて，争点として顕在化させる措置をとることなく，卒然として上記認定をしたのは，被告人に不意打ちを与え違法である，とした。

エ 法的評価と訴因変更

㋐　概説

　法律構成説ではなく，事実構成説を前提とするから，法的評価の変化によって当然に訴因変更が必要となるわけではない。例えば，一罪とされていた窃盗罪が併合罪の関係にある（その逆も）とされても，当然に訴因変更が必要となるわけではない。そして，法律の適用は裁判所の職権に属するから，検察官による罰条の変更請求がなくても，異なる法令の適用が可能である。しかし，こういったことも細かく見ていくと補足的な説明が必要となる。

　併合罪を一罪とする場合には，通常は，被告人にとって有利である（＝併合加重されなくなる）から，特段の措置を必要としない。しかし，例えば，傷害罪と窃盗罪を一罪として強盗致傷罪としようとするときは，事実面でも，故意の点，暴行の程度が反抗の抑圧するに足りるものであったとする点などを付加する必要もあるから，訴因，罰条の変更を必要とするのは当然のことである。

　一罪を併合罪とする場合も，各一罪としての特定性を必要とするから，日時，場所その他の事項を付加する必要が生じ，訴因変更をする必要が生じることもあり得る。また，併合罪となると，処断刑が増加して被告人に不利となる場合もあり，そういった場合には，罪数評価に関しても被告人の防御を尽くさせておく必要が生じることもあり得る。

　㋑　追起訴と訴因変更

　検察官は，現訴因の甲罪とは併合罪の関係にあるとして乙罪を追起訴したところ，裁判所が甲，乙両罪は一罪の関係にあると解した場合には，二重起訴ではないかとの疑いが生じる。しかし，この場合には，起訴という，より鄭重な手続でされた訴因変更請求と解するのが事柄の実態に沿ったものといえる（川添万夫・判解刑昭和35年度394頁参照）。判例も同様である（**参考裁判例32**参照）。

(5)　訴因変更の手続

　ア　概説

　訴因変更請求は，検察官の書面による（規則209条1項）請求によって行われる（法312条1項）。その際は，近時のIT化によって，全文交換の形で訴因変更請求がされるのが一般的なので，当該請求書を見ただけでは，旧訴因のどこがどのように変わったのか分からないことがある。そのため，求釈明等によってその点を明確にしておくことが望まれる。そして，この請求書は，公判

期日で朗読される（規則209条4項）。

　他方，被告人が在廷する公判廷では，口頭による訴因変更の請求も可能である（規則209条7項）。そして，実務では，相対的に軽微な事実の変化にとどまる場合等では，訴因変更が口頭で行われることもある。

　イ　裁判所の許可

　訴因の変更は同請求によって変更されるのではなく，裁判所の許可決定があって初めて訴因が変更される。そして，法312条1項は，裁判所は，検察官からの訴因変更請求について，公訴事実の同一性を害しない限度において，許さなければならない旨規定している。

　この定めによって，2つのことが明らかとなっている。すなわち，①訴因の設定・構成は検察官の専権であること，②公訴事実の同一性は裁判所の判断事項であることである。補足すると，①については，これまでも説明しているように，公訴の提起は検察官に独占されている。そのことから，訴因の設定・構成も，検察官の専権であることが導かれる。本項は，そのことを確認したものといえる。もし，訴因の内容についても裁判所に許否の権限があるのであれば，「許すことができる」と規定されているはずだからである。

　②については，訴因は「公訴事実の同一性を害しない限度」でしか変更できないから，本項に「公訴事実の同一性を害しない限度」といった文言があることは，ある意味当然の事柄であって，無用な文言のようにも思える。しかし，「公訴事実の同一性を害しない限度」の理解については，検察官と裁判所とで見解が異なる場合があり得る。そういった場合にも，公訴を独占している検察官の見解を優先させるといった立場には立たず，裁判所の見解を優先させることを本項は明示している。「公訴事実の同一性を害しない限度」という法的解釈に関しては，裁判所の判断に優位性があることを確認した規定ということになる。

　そのため，既に説明したように，現訴因についての裁判所の心証といったものは，訴因変更請求を不許可とする事由とはなり得ないのである。他方，本項の文言上は明らかではないが，「許さなければならない」前提となる訴因変更請求は，それ自体としての適法性を有していることが要件となっているものと解される。既に説明したように，ⅰ訴因自体が不適法であるなどの違法がある場合，ⅱ時機その他の事由から訴因変更請求が制限される場合等では，そういった事由を根拠として，訴因変更請求が不許可となることもあり得るのであ

ウ　不服申立は不可

　法420条1項は，裁判所の訴訟手続に関し判決前にした決定に対しては，除外される場合を除いて，抗告できない旨を定めていて，訴因変更請求に対する決定も上記決定に該当するから，抗告をすることはできないものと解される。上訴した場合に争い得ることになる（法379条の訴訟手続の法令違反等）。[27]

> [27] 最決昭和36年2月7日刑集15巻2号304頁（寺尾正二・判解刑同年度25頁には，この点に関する実質的な解説はない）は，予備的訴因の追加許可決定に対しては特別抗告はできない旨の判断をしている。

エ　公判手続の停止

　法312条4項の定めによるもので，裁判所は，訴因変更によって被告人の防御に実質的な不利益を生じる虞があると認めるときは，被告人（弁護人）の請求により，決定で，被告人に十分な防護の準備をさせるため必要な期間公判手続を停止しなければならない，とされている。「……虞があると認めるときは，」「公判手続を停止しなければならない」としているから，見方を変えれば，「公判手続を停止しなければならない」ようなものが「実質的な不利益」の程度を示唆するものであり，そういった程度の不利益が生じる「虞」の有無が，ここでの判断事項であるということになる。

　しかし，訴因変更はそれまでの審理結果を踏まえて行われるのが通常であるから，公判手続の停止を必要とするような訴因変更請求がなされるのは例外的な事態であって，筆者はそういった経験をしなかった。

(6)　訴因変更命令

ア　概説

　訴因変更命令については，形成力がないことを既に説明しているが，関連する事項をここで説明する。①当事者主義の訴訟構造からすれば，訴因の変更は検察官の請求によってされるのが原則型であること，②裁判所は当該事件の終局裁判に向けた心証を形成するから，その心証と現訴因とが訴因変更を要するほどに食い違った場合には，検察官に対して求釈明等の手段を介して訴因変更請求を促すことは，これまでの説明からも容易に理解されよう。

　ここでの説明はその先にあり，検察官が訴因変更請求をしない場合の対応策を法は定めていることである。それが法312条2項であって，法1条が定め

る実体的真実主義との関係で,「審理の経過に鑑み適当と認めるとき」に,裁判所に対して訴因変更命令を発する権限を付与している。

イ 訴因変更命令の義務性

「できる」とあるから,原則は裁量行為である[28]。そして,当事者主義の訴訟構造からしても,裁判所が訴因変更命令を発することは例外的な事態であって,筆者はそういった経験をしなかった。しかし,上記法312条2項の定めと,法1条が定める実体的真実の尊重との観点とを調整すると,例外的であっても,この命令を発する義務性が肯定される場合があり得るものと解される。最決昭和43年11月26日刑集22巻12号1352頁(石田穰一・判解刑同年度379頁)は,裁判所の検察官に対する訴因変更手続の促し・命令義務について,原則的には否定しつつも,起訴状の殺人の訴因については無罪とするほかなくても,重過失致死という相当重大な罪の訴因に変更すれば有罪であることが明らかな場合には,例外的に肯定し,殺人の訴因のままで無罪の判決をするのは審理不尽の違法があるとした[29]。

証拠の明白性と犯罪の重大性の2要件を提示した本判例自体は支持されるべきであるが,本事例とは異なり[30],裁判所が適切な形で訴因変更を促したにもかかわらず,検察官がこれに応じなかった場合でも,本判例が説示するように裁判所が訴因変更を命ずべき義務を負うのは,当事者追行主義が強調され,裁判所の職権行使が謙抑的に運用されている現状においては,まさに例外的な事態であろう[31]。

- ▼28) 最判昭和33年5月20日刑集12巻7号1416頁(栗田正・判解刑同年度347頁)は,裁判所の検察官に対する訴因変更手続を促し・命ずべき義務はないとしていた。
- ▼29) 興味深い事案であって,是非原典に当たって頂きたいが,1審では検察官は,証拠調べを踏まえた裁判所からの訴因変更の打診には応じなかったが,控訴審では,重過失致死の訴因を予備的に追加請求し,弁護人から異議も出ず,許可された。
  公判前整理手続は証拠調べの前の手続なので,今後も,公判前整理手続を経た事件でも起こり得る事態である。
- ▼30) 1審における訴因に関する裁判所と検察官とのやりとりは,石田・前掲387頁に紹介されている。
- ▼31) ぴったりの事案ではないが,最判昭和58年9月6日刑集37巻7号930頁(渡邊忠嗣・判解刑同年度248頁)は,現場共謀の訴因を事前共謀の訴因に変更することにより被告人に共謀共同正犯としての罪責を問い得る余地があっても,検察官が1審の審理の全課程を通じ一貫して現場共謀に基づく犯行であると主張し,

審理の最終段階における裁判長の求釈明に対しても従前の主張を変更する意思はない旨釈明するなどした事案で，裁判所としては，検察官に対し，訴因変更を命じ又はこれを積極的に促すべき義務を有するものではないとした。

(7) 訴因変更可能な範囲＝公訴事実の広義の同一性

ア　概説

　訴因変更可能な範囲が公訴事実の同一性の範囲内であることは，これまでの説明で理解されよう。ここでは，この公訴事実の同一性の範囲内について，さらに説明する。そのため，これまで説明してきた公訴事実の同一性を広義のものと位置付け，この広義の公訴事実の同一性を，さらに単一性と狭義の公訴事実の同一性とに分けて説明する。

イ　公訴事実の単一性

(ｱ)　概説

　訴因は最大で一罪に対応するものであるから，公訴事実も一罪の範囲内である必要がある。そのため，公訴事実が1個であること，それを公訴事実の単一性という。したがって，公訴事実が2個あれば，単一性はないことになる。こういった説明から既に理解できている人がいるかもしれないが，公訴事実の単一性は実体法上の罪数で決まることである。すなわち，併合罪の関係にあれば公訴事実の単一性はなく，他方，観念的競合，牽連犯，包括一罪などの場合には公訴事実の単一性はあることになる。

(ｲ)　公訴事実の単一性と主文

　公訴事実が1個である限り，主文も1個である（一罪一判決）。そのため，例えば，牽連犯，観念的競合，包括一罪等の一部について無罪・公訴棄却の判断に達した場合でも，他の部分が有罪だと，主文としては有罪を前提とした科刑の内容だけが表示され，無罪・公訴棄却の点は理由中で説明されることになる。

　他方，上記のような事態が併合罪の関係にある事実において生じた場合には，主文も2個となり得るから，有罪を前提とした科刑の部分と無罪・公訴棄却の部分とがいずれも表示されることになる。

ウ　狭義の公訴事実の同一性

(ｱ)　概説

　狭義の公訴事実の同一性といっても，観念的にそういったものがあるわけで

はなく，あくまでも具体的な判断事項である。すなわち，旧訴因（＝甲訴因）と訴因変更請求のあった新訴因（＝乙訴因）とを比べた場合に，法312条1項にいう公訴事実の同一性の範囲内に乙訴因が含まれているかを検討し，これが肯定される場合に，狭義の公訴事実の同一性があるとするのである。要は，甲訴因と乙訴因とが訴因変更を可能とする関係にあるのか否かの確認概念として，狭義の公訴事実の同一性は位置付けられる。そして，狭義の公訴事実の同一性については，時点を隔てた事実の変動・ずれといった形で説明されることが多いが，事実が変動しないと訴因変更の必要は生じないし，事実が変動するのは通常は証拠調べを経ることで生じるから，上記説明は，このような事柄の通常の態様を踏まえたものといえる。しかし，起訴直後に訴因変更請求がされた場合でもこの狭義の公訴事実の同一性を検討すべきときがあり得るから，時間・証拠調べを経た後に起こる事態とは限らないのである。例示すると，窃盗の訴因での証拠調べの結果を踏まえて，盗品等有償譲受けへの訴因変更請求がされた場合である。甲訴因（＝窃盗）と乙訴因（＝盗品等有償譲受け）との間に狭義の公訴事実の同一性があることになれば訴因変更は可能であるが，それがないということになれば，訴因変更は許されないことになる。この場合は，訴因変更が許されない関係にあるから，甲訴因と乙訴因とは併合罪の関係にあることになる。

　このように考えてくると，狭義の公訴事実の同一性が否定される場合は，公訴事実の単一性が否定されることになっている。すなわち，狭義の公訴事実の同一性といっても，見方を変えた罪数論であるということができる。ただ，事実の変化が前提とされるので，実体法の罪数論を単純に当てはめることができない関係にあるのに過ぎないといえる。

(イ)　狭義の公訴事実の同一性の判断基準

　判例は，基本的事実同一説であるとされている。これは，甲訴因と乙訴因とを対比した場合に，犯罪を構成する基本的事実関係が社会通念上同一であれば，公訴事実の同一性が認められるとするものである。その犯罪の日時・場所，行為の方法・態様・相手方・結果等の事実の共通性がその判断要素となっている。この判断要素からしても，判断基準としての明確性・一義性に欠けるところがあることは否めない。他方，上記判断の結果，例えば，詐欺罪から横領罪などと法的構成が変わっても，そのことは，狭義の公訴事実の同一性を否

定する理由とはならないのである。

　しかし，当然のことながら併合罪の関係にあってはならないから，甲訴因と乙訴因とが両立する関係にないこと（＝択一関係）が前提となっているといえる。そのため，非両立の関係にあるか否かを考えて，この狭義の公訴事実の同一性を検討することが分かりやすいと考えている。[32] この点に関しては，批判として，過失運転致死傷（自動車の運転により人を死傷させる行為等の処罰に関する法律5条）と，運転者の身代わりを行った犯人隠避とが挙げられることがある。確かに，この2つは，両立しないが，運転行為と身代わり行為とは全く異なる事態であるから，社会的事実関係を異にしているといえる。このように見てくると，非両立の関係の有無の判断と基本的事実関係の同一性の判断とは関連していることが分かる，というより，非両立の関係の有無の判断は，基本的事実関係の同一性の判断をより明確化したものであるから，その補完要素として，社会的事実関係の有無を用いることは自然なことなのである。[33]

　▼32）最決昭和63年10月25日刑集42巻8号1100頁（川口宰護・判解刑同年度374頁）等の関係判例がある。
　▼33）細かな話になるが，日時，場所が著しく離れている場合（例えば，東京と札幌）は，例外的に公訴事実の同一性が否定されるという指摘がある。しかし，これは，証拠関係を無視しては論じ得ないことである。例えば，被害者が東京から札幌へ旅行に行き，その途中で財布を盗まれ，当初はその場所を東京と思って被害届を出していたが，その後に札幌が被害場所だと思い出した，といった証拠変化に沿った形で上記のとおり訴因の犯行場所が東京から札幌へ変更されたからといって，公訴事実の同一性が否定されることにはならないからである。しかし，この場合は，犯人も東京から札幌に移動している必要が生じるから，通常は，こんなことは起こらない。そのため，東京と札幌といった遠隔地に犯行場所が変化する事件は，通常，別事件であるとすれば，上記指摘のように公訴事実の同一性がないことになる。しかし，そうなるかは，あくまでも証拠関係によるのである。

(ウ) 公訴事実の同一性の判断は訴因中心に

　公訴事実の同一性をどういった資料に基づいて判断するかについても争いがある。しかし，判例は，訴因を中心に判断する傾向を強めている。[34] しかし，これも，これまで争われているのは，本来は訴因変更をしなければ認定できない事実について訴因を無視して認定した上での議論を否定しているのであるから，訴因制度を前提とすれば自然なことといえる。

　例えば，確定裁判を経た窃盗罪（＝甲罪）と，現在起訴されている窃盗罪（＝甲罪の裁判の確定前に犯された乙罪）とが実体法上一罪として常習特殊窃盗

を構成するかは，証拠関係を基にすれば認定可能であり，その認定を前提とすれば乙罪は確定裁判を経たものとして免訴の判決を受けるべきこととなる（法337条1号）。といった議論がこれまで有力である。しかし，訴因を前提とすればこういった認定はそもそもできないから，誤りということになる。判例がそのことを確認しているものといえる。換言すれば，甲訴因と乙訴因とが公訴事実の同一性を有するか否かは，証拠関係を抜きにしては判断できないことであるが，他方，そのことと，そういった実体法的な心証をそのままの形で認定することは，訴因制度と矛盾するのである。そのため，訴因と訴因とを対比して公訴事実の同一性を判断することになるのである。

他方，甲訴因が窃盗罪で，乙訴因が常習特殊窃盗罪の場合には（甲，乙が逆でも結論に影響はない），乙訴因（甲訴因）を前提とすれば，上記実体法的な心証に沿った認定は可能であるから，甲訴因は乙訴因の公訴事実の同一性の範囲内の事実ということになり，乙訴因は確定裁判を経たものとして免訴の判決を受けるべきこととなる（法337条1号）。

そのため，判例上は，「常習性」を要件とする事案に関しては，公訴事実の広義の同一性（この場合は単一性）に関して，実体法上の一罪との厳密な同一性を保持しなくなっていると解される（注34で紹介した多和田・前掲481頁参照）。この限度では，公訴事実の同一性を実体法上の一罪と同義と解することも修正されていることになる。こういったことは，二重起訴の禁止，一事不再理効の各範囲に関する判断にも当てはまる。

そして，こういった考えを今直ちに全ての場面に推し及ぼしていくことには抵抗も大きいことと考えられるが，筆者は，長い目で見れば，訴因中心に物事を考えていく傾向が強まれば，当該訴訟の証拠構造を無視した形での実体法的な思考から離れて，訴訟法的に公訴事実の同一性を考える傾向が強まっていくべきだし，被告人にとっても，訴訟を介した適切な危険の範囲で，その地位が保護されることにもなっていくものと考えている。

▼34) 最判平成15年10月7日刑集57巻9号1002頁（多和田隆史・判解刑同年度456頁）。

▼35) 一部起訴の適法性を否定すると，証拠上常習特殊窃盗と分かった段階で，窃盗罪（甲罪）の訴因を常習特殊窃盗罪の訴因へ変更することが義務付けられることになる。しかし，一部起訴の適法性が肯定されているから，上記のような証拠関係になっていても，窃盗罪（甲罪）の訴因はそのままにしておいて，何らの支障

▼36）訴因中心に考えていくと，例えば，牽連犯に関しても公訴事実の同一性について異なる視点から考える余地もあるように考えている。例えば，窃盗罪が確定した場合には，通常，住居侵入との関係は証拠構造上も想定されているから，住居侵入にも一事不再理効が及んでいくことに抵抗はない。他方，住居侵入罪が確定した場合には，当該住居侵入後に犯されたとされる，殺人，窃盗等一切の行為にも一事不再理効が当然に及んでいくといった考えには支持し難いものがある。同様なことは，詐欺罪と有印私文書偽造・同行使との関係にも当てはまるように考えている。

　なお，観念的競合の関係にある酒気帯び運転と無免許運転に関して酒気帯び運転の略式命令の効力は無免許運転には及ばないとした東京地判昭和49年4月2日判時739号131頁（最決昭和50年5月30日刑集29巻5号360頁の1審）については既に説明した。

▼37）筆者は，現状は，被告人にとって当該訴訟で負担した危険を超える保護となっている側面もあるように考えている。

エ　訴因変更と公訴事実

　公訴事実は訴因（甲訴因）を明示して記載されるから，法312条1項の訴因変更の前提となる公訴事実の同一性も訴因を前提に考えることになる。そして，甲訴因が甲′訴因へと訴因変更がされた場合には，法312条1項の公訴事実の同一性は甲′訴因を前提として考えられることになる。問題とされている事項を例示して説明すると，①窃盗教唆から窃盗に訴因変更した後（①が可能なことは争いがない），②更に盗品等有償譲受けに訴因変更できるかについては争いがある。②を否定する考えは，当初の訴因である窃盗教唆と②の訴因変更後の盗品等有償譲受けは併合罪の関係にあることをその理由としている。これは，法312条1項の公訴事実の同一性を当初の訴因を前提としたそれに限定して考えようとするものである。

　しかし，既に説明したように，法312条1項の公訴事実の同一性は現在の訴因を前提として判断すべきことであるから，②の訴因変更は，①の訴因変更後の訴因である窃盗を前提とすれば公訴事実の同一性を肯定できるから，可能と解され，そこには何らの問題はないというべきである。訴因変更を介することによって元々は併合罪の関係にある罪への訴因変更が可能となるのを疑問と思う人がいるかもしれないが，窃盗教唆の罪が確定しても，盗品等有償譲受けを起訴することは可能である。それは，窃盗教唆を前提として公訴事実の同一性を考えて，両者の公訴事実の同一性を欠くと判断しているからである。ところが，窃盗教唆が訴因変更されて窃盗罪が確定すると，盗品等有償譲受けで起

訴することはできない。それは，窃盗罪を前提として公訴事実の同一性を判断して，両者の公訴事実の同一性を肯定しているからである。

このように，訴因を前提として公訴事実の同一性を考えると，訴因変更によって公訴事実の同一性の範囲の変化する場合が生じるが，訴因変更という制度は元々そういった性格をも帯びているのである。さらにいえば，裁判員裁判が始まり，訴因中心に審理を行い，訴因の背後の事実といったことなど基本的には考慮しない形での審理形態が追求されていけば，訴因変更制度の意義に対する評価・理解も変化していき，実体法的な思考を基礎として公訴事実の同一性を考えるのではなく，訴訟法的に公訴事実の同一性をとらえ直していくことになるのではないかと考えている。

第4　訴訟条件

1　訴訟条件の意義

(1)　概説

訴訟条件の意義についても争いがあるが，公訴提起の有効要件と理解しておけば足りよう。しかし，公訴提起の有効要件というと，公訴提起の際にだけ備わっていれば足りるように誤解されかねないが，訴訟の係属中は備わっている必要があり，これが欠けると形式裁判（公訴棄却，管轄違い，免訴。関連した説明は項を改めて行う）によって訴訟は終了してしまう。その例外は，土地管轄である（法331条2項）。

そして，訴訟条件は訴因を前提として考えるべきであり，訴訟条件が備わっていると，裁判所は，事件の実体について審理していくことになるから，訴訟条件は実体的審理を可能とする条件でもある。

(2)　訴訟条件の認定

訴訟条件の存否は職権調査事項とされている。そして，最決平成23年10月26日刑集65巻7号1107頁（小森田恵樹・判解刑同年度212頁）は，覚せい剤の営利目的輸入罪に訴因変更で関税法違反（覚せい剤の輸入未遂）が付加された事案で，関税法違反の訴訟条件である告発の認定について，証拠調べを経なくても適宜の方法でその事実を認定することができることを肯定した。職権調査の特質を反映した判断といえる。

同時に，この事件の1，2審判決については，上記訴因変更までに訴訟条件

を満たす告発がされている場合には，その証拠が当該判決までに提出されていなくても，当該判決の無効事由とはならないことも，上記判例によって確認された[39]。

> [38) 関税法 140 条により税関職員（同法 137 条ただし書）又は税関長（同法 138 条 1 項ただし書，2 項）の告発が訴訟条件とされている。
> 39) 本件は 1 審が裁判員裁判の事件であるが，本件の訴訟条件は上記のとおり訴因変更の結果必要となったものであるから，訴訟対象の変化に伴って検討すべき点が変化した事案といえる。裁判所としては，訴訟係属中に生じる，このような変化にも的確に対応していかなければならないが，本件は，そういった事柄の重要性を示唆している。もっとも，控訴審が看過したのは過誤ということになろう。

(3) 実体形成と訴訟条件

実体審理を経て裁判所が心証を形成し（＝実体形成），訴因を前提とすれば訴訟条件を満たしているが，心証を前提とすれば満たさなくなる場合に，どういった処理をすべきかが，ここでの問題である。

こういったことは，①形式的訴訟条件の場合，例えば，非親告罪である窃盗罪の訴因で，親告罪（刑法 264 条）である器物損壊罪の心証を得ている場合，②実体的訴訟条件の場合，例えば，殺人罪の訴因で，傷害罪の心証しか得られていないが，傷害罪であれば公訴時効が完成している場合，等様々な事態が想定される。次項で説明する訴訟条件の追完といった形で処理できる場合もあるが，そうはできない場合もある。

後者の場合に裁判所としてどうすべきかである。訴因中心の判断との前提では，心証に併せて訴因を変更した上で，当該心証に沿った裁判をするというのが本則であるが，既に説明したように，訴因変更命令には形成力はないから，心証に沿った形で訴因変更が行われる保障はない。そうすると，現在の訴因のままで心証に沿った裁判をするということも想定される。縮小認定がそういった場合の典型例であろうが，当事者にとって不意打ちとなることがあり得るから，その点への配慮も必要となる[40]。

> 40) 最判昭和 31 年 4 月 12 日刑集 10 巻 4 号 540 頁（吉川由己夫・判解刑同年度 98 頁）は，名誉毀損罪の訴因で有罪とした 1 審判決を破棄して訴因変更をせずに侮辱罪で有罪とした控訴審判決を破棄し，侮辱罪との認定を前提として，公訴時効の完成を理由とする免訴の言渡しをした。

2 訴訟条件の追完の可否

訴訟条件は公訴提起の有効要件であるとすると，追完などは問題とならない

ようにも思われる。しかし，訴訟経済の観点からは，欠けている訴訟条件が補われて公訴提起が有効となるのであれば，それを認めても良い場合があるといえる。この場合に主たる検討対象となるのは，親告罪における告訴である。特に，当初の訴因では非親告罪であったが訴因変更によって親告罪となった場合（例えば，非親告罪である窃盗の訴因が親告罪である器物損壊へ訴因変更された場合）には，当該訴因変更の際に告訴が備わっていれば足りるものと解される。こういったものは，不適法であったものが後に適法化されるといったことではないから，追完というまでもないものと考えている。

他方，訴訟条件を欠く訴因から訴訟条件を満たす訴因への変更（上記の例に則れば，告訴を欠く器物損壊から窃盗へ訴因変更する場合）が可能かについては，争いがあるが，判例は積極説に立っている。

▼41) 追完を認めないと，公訴棄却の形式裁判がされ，再度，起訴がされるといった進行が想定される。

▼42) 最決昭和29年9月8日刑集8巻9号1471頁（天野憲治・判解刑同年度255頁）は，親告罪である親族相盗例の事案で，告訴を欠く当初の訴因から，被害者の氏名を改め，窃盗の訴因に変更することを許容した。当初の被害者は被告人と6親等の血族者で，訴因変更後の被害者はその子であり，7親等の血族者であって，刑法244条2項の親族要件を満たさない者である。

3　形式的訴訟条件

訴訟条件に関しては，形式的訴訟条件と実体的訴訟条件とに分ける考えがあるから，まず，形式的訴訟条件について説明する。

形式的訴訟条件を欠くと公訴棄却・管轄違いの言渡しがなされることになる。なお，これらの裁判が確定すると，公訴時効が再び進行することについては，既に説明した。

(1)　管轄違い

管轄違いは限られた事態なので，先に説明する。管轄違いの言渡しになるのは，被告事件が裁判所の管轄に属しないときである（法329条）。関連して，法330条は高等裁判所に対して，管轄違いの言渡しを制限し（決定移送を定めている），また，上記の点を含めて土地管轄に関する定めも設けている（法331条1項，2項）。

ちなみに，少年事件では，管轄違いといった取扱はされず，管轄家庭裁判所への移送が定められている（少年法5条3項）。少年という対象者の特殊性に着

目した迅速処理を念頭に置いたものといえる。刑事事件でも，立法論としては，同様の定めとすることは可能と解される。

管轄違いの裁判に対して被告人が不服申立をすることは，自らの訴追を求めることに帰するから，許されないものと解される（大判明治37年6月27日刑録10輯1416頁）。

(2) 公訴棄却

ア 概説

法338条は公訴棄却の判決を，法339条は公訴棄却の決定を定めている。多様な事由が定められている。補足すると，例えば，公訴の取消し（法339条1項3号），被告人の死亡（同項4号）といった場合には，当該事由が発生した時点で訴訟が終わったような印象を与えがちであるが，訴訟法としては，裁判所による公訴棄却の決定があって初めて訴訟係属は終了する構造となっていることに留意する必要がある。

また，法338条4号は，「公訴提起の手続がその規定に違反したため無効であるとき」とあるが，同条や339条の他の条項によって公訴提起が無効とされる場合のあることを前提として，それ以外の事由に関する定めである。該当典型例として実務例が想定できるのは，①親告罪について告訴がないとき，②少年に関して家庭裁判所を経由しないで公訴が提起されたとき，③道路交通法の反則行為について反則金の納付通告をしないで公訴を提起したとき（同法130条），などである。

イ 再訴の可否

公訴棄却の裁判には一事不再理効はないと解されているから，再訴は可能である。例えば，公訴棄却後に欠如していた告訴が得られて再起訴した場合である。しかし，公訴棄却の裁判にも内容的確定力はあるから，同一の状態で再起訴することはできない（通常は，そんなことをしようと思う人はいないはずである）のは当然のことである。

他方，公訴の取消し後に無条件で再起訴を認めるのは明らかに不合理であるから，公訴の取消しに関しては，事後に「犯罪事実につきあらたに重要な証拠を発見した場合」といった限定的要件の下で，再訴を可能とする定めがある（法340条）。

ウ　不服申立

　法339条2項は，即時抗告の定めをしているが，判例は，被告人・弁護人からの上訴を認めていない[43]。

　そして，判例は，「上訴の利益に関するかぎり，免訴，管轄違，公訴棄却の裁判は被告人を刑事訴訟から迅速に解放するもので最も利益な裁判であ」るとして，被告人・弁護人の上訴の利益を欠くものとしているとの理解がある（注43で紹介した堀籠・前掲420頁）。

> 43）　最決昭和53年10月31日刑集32巻7号1793頁（堀籠幸男・判解刑同年度415頁）。弁護人は，被告人の死亡の経緯を争い，被告人と発見された死体とは別人だと主張し，死体と被告人との同一性が争われた事案である。

4　実体的訴訟条件

(1)　概説

　実体的訴訟条件を欠くと，法337条により免訴の言渡しがされることになる。免訴事由も同条に定められている。補足すると，同条1号所定の確定判決には，有罪・無罪・免訴の判決を含み，形式は判決ではないものの，略式命令も含まれる（法470条）。また，保護処分がなされた事件について起訴がされた事件（少年法46条1項。なお，同条3項），検察官関与決定がされた場合に不処分決定がされたとき（同条2項）も，同様と解されている。

　免訴の判決の効力についても争いがあるが，判例は次項で説明するとおり形式裁判説によっている。そして，一事不再理効を有するかについても争いがあるが，内容的確定力を認めれば，いずれにしても実体審理には入れないから，積極説で問題は生じない。

　また，判例では，異常な事態といえるが，訴訟係属中に迅速な裁判の保障条項に反する事態が生じた場合には，免訴によって事件を終了させるといった処理も認められている[44]。

> 44）　最大判昭和47年12月20日刑集26巻10号631頁（高田事件。時国康夫・判解刑同年度255頁）。実体的訴訟条件が欠如する（時国・前掲273頁）との理解が前提となっていよう。

(2)　免訴事由の審理

　起訴事件について免訴事由がある場合に，被告人側から，無罪等の裁判を可能とすべく実質審理の実施を求められることがある。しかし，判例は，そう

いった無罪主張を違法とし，形式裁判説によっている。すなわち，最大判昭和23年5月26日刑集2巻6号529頁（「プラカード事件」として著名。刑訴百選10版255頁）は，不敬罪の事件で，1審の有罪判決（不敬罪ではなく名誉毀損罪）の翌日，不敬罪について大赦令が公布，施行されたが，控訴審は，本案の審理をして不敬罪の該当性を認めた上で，免訴の判決を言い渡した事案で，大赦令施行時以後公訴権消滅の効果を生ずるとし，不告不理の原則の当然の帰結として，裁判所は，その事件につき実体上の審理を進めることはできず，法363条（筆者注：旧法の条文で，現在の法337条）に従って免訴の判決をすべく，公訴事実の存否又はその犯罪の成否などについて実体上の審判を行うことはできないとし，実体審理をした控訴審の違法性を指摘した。[45)]

> 45) 同旨の判例として，最大判昭和29年11月10日刑集8巻11号1816頁（青柳文雄・判解刑同年度350頁），最大判昭和30年12月14日刑集9巻13号2775頁（岩田誠・判解刑同年度405頁）。

(3) 不服申立

免訴の裁判に対して，被告人・弁護人には上訴の利益はないとするのが判例であると解されていることは既に述べたが，上記プラカード事件の最大判昭和23年5月26日は，被告人・弁護人による上訴を違法としていて，注45で紹介した最大判昭和29年11月10日は同旨の判断を示している。

第4章　公判手続

第1　公判手続に働く原理

1　当事者主義と職権主義

　事案の解明・証拠の提出等訴訟の追行に関する主導権を，①当事者に委ねる当事者主義と，②裁判所が保持する職権主義とは，対立的に受けとめられかねない。しかし，現在の司法制度の下では，両者は対立的なものではなく，適切な協働関係を形成して全体として適切な訴訟を実現するのに資するものと解される。もっとも，その力点の置き方は政策判断であって，時代によって変化するものであり，現在は，当事者主義が強調され，職権主義は謙抑的な位置付けとなっている。

　そのことを念頭に置きながら，当事者主義と職権主義とが適切な協働関係を形成することについて考えてみる。まず，法1条の定める「事案の真相を明らかに」することが維持されていることが前提となる。当事者が主体的に訴訟を追行することによって明らかにされる「事案の真相」は当然ながら存在する。それだけで法が満足するのであれば，職権主義の働く余地はないことになろう。しかし，例えば，公判前整理手続終了後の証拠調べ請求の制限を定めた法316条の32でも，その第2項に「裁判所が，必要と認めるときに，職権で証拠調べをすることを妨げるものではない」と，職権による証拠調べが規定されていることからも窺われるように，法は，当事者主義で明らかにされる「事案の真相」だけでは満足していないといえる。そして，既に説明したように法312条2項が裁判所に対して訴因変更命令発付の権限を付与していること，さらには，法294条が定める訴訟指揮権，規則208条が定める釈明権を適切に行使することによって，裁判所が訴訟の各場面に関与することを可能としていることからも，上記のようにいうことができるのである。

　他方，職権主義のみによって明らかにされる「事案の真相」に法が満足していないことも明らかである。

それでは，当事者主義・当事者追行主義が強調されている現在，当事者主義と職権主義との関係をどのように考えるべきであろうか。この点に関しては，裁判所の視点の変化を意識すべきであろう。職権主義の下では，裁判所が事件を背負い込み，事案の問題点を探索し，事案の真相を究める，といった一人で呻吟する探索者的な視点が前提とされがちである。他方，当事者主義・当事者追行主義が強調されている現在では，まずは，当事者が主張し，立証してくるのであるから，提示された争点に即して，取り調べられた証拠を吟味して自らの心証を形成していこうとの中立的・判断者的な視点が前提とされよう。このように当事者主義・当事者追行主義が強調されている現在では，裁判所の視点が大きく変わることがまず前提とされなければならない。そうであれば，職権主義がどのように働くべきかといえば，時代によって変遷する要素があるとはいえ，基本的には補充的な役割にとどまるものといえる。

　このことを具体的に考えてみよう。訴訟であるから訴訟進行の巧拙によってその結果が影響を受けることは避けられない。こういった要素を職権主義が完全に補完するものとすれば，職権主義は，補充的な役割にとどまるどころか，積極的にその役割を果たすことになり，現在強調されている訴訟の有り様とは異なるものとなろう。そのため，職権主義が補充的な役割にとどまる前提では，より謙抑的になる。とすると，訴訟進行の巧拙によって生じる軽微な誤認，違法，あるいは自己選択された訴訟の推移などについては，被告人にとって不利となるものも含めて，職権発動の対象とはならないとの位置付けが導かれよう▼1)。

　他方，補充的とはいえ，職権行使の余地があるのであるから，有罪，無罪を問わず（量刑上重要な事実を含む），その結論に直結する（あるいは重大な影響を及ぼす）ような重要な事項については，職権発動が義務とされるものも含まれるものと解される。この中間の分野は，まさに裁判所の裁量に属するものと解されるが，その基本的な運用姿勢は謙抑的なものとなろう。

　このように考えてくると，被告人の不利に働く場合は例外であって，職権が積極的に行使されるべきではないかといった声が聞こえてくる。確かに，職権行使の判断に当たっては，職権を行使しないことで訴訟が被告人に不利に推移していくことも考慮の対象となる。しかし，それは重要ではあってもあくまでも一判断要素にとどまり，例外として，格別に考慮すべきものではないものと

解される。補足すると、当事者主義は、基本的には、当事者の責任において実践されるものである。確かに、刑事訴訟において、検察官と被告人との力量の大きな違いはあるが、それについては、弁護人制度等の諸制度全体で対処すべきものであることからして、当事者主義が被告人に不利に及ばないように下支えするものとして職権主義が常に働くべきものとするのは、相当とは解されない。

▼1) 例えば、自己選択されたものとしては、1審では犯罪事実について全面否認していたが実刑になったので、控訴審では一転して犯罪事実を全面的に認め、1審では行っていなかった情状立証をして執行猶予を求める、といった事案では、1審において、裁判所が、被告人側のこのような意図を察知でき、他方、被告人側が意図する無罪などといった結論とはならないことが、一定の訴訟段階で推測できる場合があり得る。そういった場合に、裁判所が、職権を行使して、被告人側の上記のような訴訟進行の是正を図るかといえば、そういったことは行わないのが原則型となろう。

2 公開主義

(1) 概説

公判手続を公開することは憲法の要請である（憲法37条1項、82条）。一般国民の傍聴の下で公判手続を行うことが、適正な裁判の実現の基盤であり、同時に、裁判手続に対する国民の信頼の基盤ともなっている。裁判を公開することにはこのような重要な意義があるから、公開が制限されることについては、その理由、手続の両面から慎重に対処されるべきことが強く要請されているといえる。憲法82条2項は、公開停止の要件、手続を定めていて、①公の秩序又は善良の風俗を害する虞があることについて、裁判所が裁判官の全員一致で決した場合に、②公開停止できるがその手続は対審であること、ただし、政治犯罪、出版に関する犯罪又は憲法第3章で保障する国民の権利が問題となっている事件の対審は非公開とできないこと、が定められているのは、上記要請との関係でも適切なものといえる。

傍聴人がメモをとることは原則的に自由とされている▼3)。他方、公判廷における写真撮影、録音、放送といった形態まで、当然に公開の範囲に入るものではないから、裁判所の許可に係らせる制度設計となっている（規則215条▼4)）。これらは後に説明する法廷警察権とも関連する。

なお、傍聴人の数は、使用法廷の規模によって異なり、合理的な人数に制限することも可能であると解されている。

▼2）公判手続をいうものと解されている（『裁判所法逐条解説下巻』《1969 年，法曹会》15 頁）。この解釈を前提とすれば，少年審判手続は対審ではないため，非公開とされていても（少年法 22 条 2 項），憲法違反の問題は生じないものと解されている。

なお，公開というからには，最低限度物理的に公開されていなければならない。過誤事例だが，被告人の戒護役の警察官が誤って法廷の傍聴席入り口扉を施錠してしまい，傍聴人が物理的に入廷できない状態に陥ったのを看過して行われた公判手続について，裁判公開の原則，公開裁判を受ける権利に反するとして無効とされ，後日，再度裁判がやり直された事案があった（平成 28 年 11 月 26 日朝日新聞朝刊 27 頁《さいたま版》）。

▼3）関連する判例に最大判平成元年 3 月 8 日民集 43 巻 2 号 89 頁（レペタ事件。門口正人・判解民同年度 43 頁）がある。

▼4）最大判昭和 33 年 2 月 17 日刑集 12 巻 2 号 253 頁（三井明・判解刑同年度 61 頁）は，規則 215 条は憲法 21 条に違反しないとしている。

(2) 公開停止の手続

ア　概説

裁判所は，まず，公判手続を停止する旨をその理由とともに言い渡した上で，公衆を退廷させる（裁判所法 70 条前段）。▼5) 公開の停止を解除する決定があるまで，公開の停止は続くことになる。公開の停止を解除する決定があると，公衆は再び入廷できる。

強制性交等事件等での犯罪行為に直接関連する尋問を被害者に対して行う場合などが，「公の秩序又は善良の風俗を害する虞がある」場合の典型例といえる。そういった場合には，該当尋問の開始前の段階で公開を停止し，当該尋問が終了した段階で公開手続の停止を解除する，といった運用になる。

また，判決の言渡しは対審ではないから，公開の停止を解除する決定がなくても，判決の言渡しの段階になったら，公衆を入廷させなければならない（同条後段）とされているのは，当然の定めである。

▼5）裁判所法 70 条では裁判の形式は明示されていないが，刑事訴訟法の適用のない「決定」によるものと解されている（前掲『裁判所法逐条解説下巻』14 頁，16 頁注 2）。

イ　公開に関する規定違反と不服申立

裁判の公開は憲法の要請であるから，その要請に違反した場合には，絶対的控訴理由であり（法 377 条 3 号），上告理由ともされている（法 405 条 1 号）。

3　口頭弁論主義

口頭弁論主義は，口頭主義と弁論主義とを合わせた言葉である。判決は，口頭弁論に基づいて行われるのが原則型である（法43条1項）。

(1)　口頭主義

口頭主義は，書面主義に対応するもので，裁判所に対する訴訟資料を口頭で提供し，法廷での心証形成を可能かつ容易にするものである。ただ，文字どおり全ての手続を口頭のみによって行うといった徹底した口頭主義は我が国では採られておらず，書面の活用を前提とした口頭主義が採用されている。実際に法廷を傍聴すれば，そこでの発言を正確に理解・記録化するには書面の活用が欠かせないことを実感されよう。我が国の現状は，こういった実務の実情を踏まえたものといえる。

そして，開廷後に裁判官・裁判員が交替した場合には，新たな裁判官・裁判員との関係や，それまでに行われた手続との関係で口頭主義が問題となるが，更新手続（法315条本文）を行うことによって，口頭主義が貫徹される構造になっている。

(2)　弁論主義

弁論主義は，職権探知主義に対応するものであって，当事者双方の主張・立証に基づいて裁判をすることである。もっとも，弁論主義も徹底した形では採用されておらず，様々な原理に基づく制約がある。例えば，被告人が殺意を認めると陳述しても，証拠裁判主義との関係で，殺意に関する立証は行われることになっている。また，例えば，公判廷で自白すれば，証拠調べを省略して直ちに量刑手続に移行する，といったことも弁論主義の発現としてはあり得ることである。しかし，我が国では，補強法則との関係で現在は採用されていない。

他方，訴因変更命令（法312条2項）や職権による証拠調べ（法298条2項）は，弁論主義の例外である。

4　直接主義

直接主義は，公開主義との関係で，裁判所が自らの面前で取り調べられた証拠のみを基礎として裁判をするという主義を意味するものと解されている。上記更新手続は，この意義の直接主義を満たすものとの位置付けがされている。

そして，直接主義は，伝聞証拠との関係で更にその意義が限定されて，事実

の証明に関しては，書証によらずに証人の証言等の直接的な証拠によるべきとの主義とされることもある。

第2　公判手続総説

1　訴訟指揮権

(1)　概説

　訴訟は，訴訟関与者の訴訟活動を前提として手続が進んでいくが，合理的な秩序形成がされていることがその前提となる。そういったことを可能とする権限が訴訟の主宰者[6]である裁判所に付与されている。それが訴訟指揮権[7]である。訴訟指揮権について，訴訟の進行を秩序だったものとし，審理の円滑化を図る合目的的な活動に関する裁判所の権限などと解されているのも，事柄の実態に即したものといえる。

　このように訴訟指揮権は，本来的には裁判所に帰属する権限である。しかし，その場に応じた迅速な対処が求められる公判期日における訴訟指揮は，裁判長に委ねるのが相当である。このようなことから，証拠調べの範囲等の決定，変更（法297条），訴因変更許可・訴因変更命令（312条1項，2項），弁論の分離，併合，再開の決定（313条）等の権限は，裁判所に留保されている一方で，公判期日における訴訟指揮権は裁判長の権限とされている（法294条）。

　　▼6）　類似の語義であるが，「主催」と誤記しないように。ここでの，「主宰者」の語義は，人々の中心となって物事を取りはからう人であり，「主催者」の語義は，中心となってあることを催す人である（以上につき，広辞苑《第6版》1341頁参照）。
　　▼7）　少年事件でも同様の権限があるのが望ましいところから，少年法22条3項に，裁判長が審判指揮権を行使する旨の定めがある。

(2)　訴訟指揮権行使の態様

　公判期日における訴訟指揮権の発動としては，①相当でない尋問，陳述の制限（法295条1項〜4項[8]）がある。また，②求釈明がある。求釈明は，当事者の訴訟活動の不備の点，不明確な点を指摘して，補正，明確化等の措置をとらせることであり，訴因の特定，当事者の主張，罪数等に関して行われることが多い。この求釈明の権限は，裁判長だけでなく（規則208条1項），陪席裁判官にも，裁判長に告げることを前提として，認められている（同条2項）。釈

明を求める必要性を感じる事項は，各人で異なる上，迅速な対処を必要とする場合もあり，他方，バラバラの求釈明があると訴訟が混乱するおそれが生じる。同条2項の定めは，そういったことを総合した結果として，陪席裁判官にも求釈明権限を付与すると同時に，裁判長に告げることを前提とすることによって，不適切な求釈明が行われることを事前に抑制することを可能とする制度設計がされているといえる。

　さらに，訴訟関係人も，裁判長に対し釈明のための発問を求める権限が付与されている（同条3項）。実際の訴訟では，訴訟関係人が，求釈明・釈明のやりとりを相互で直接行うことがあり，事項によっては，その手続的な誤りが敢えて是正されることなく済まされてしまうこともないではない。しかし，訴訟関係人には直接上記のことを行うことは認められていないことに留意する必要がある。すなわち，求釈明はあくまでも訴訟の主宰者である裁判所（裁判長）が必要と認めた事項に関して行われることが前提とされているからである。そのため，訴訟関係人としては，釈明を求める必要性を裁判所（裁判長）に理解させる必要があるのである。

　③法規に明文の定めがない事項であっても，法の趣旨に反しない限り，裁判所の訴訟指揮権（法294条）に基づいて必要な事項を行うことが可能と解されている。例えば，公判前整理手続に関して設けられた証拠開示制度とは異なって，特段の定めのない従前の証拠開示の根拠が上記訴訟指揮権と解されており▼9)，また，ロッキード事件では，第1回公判期日前の証人尋問が日米2国間の協議に基づく国際司法共助として嘱託されたが，その嘱託の根拠も上記訴訟指揮権と解されている。

▼8)　公判前整理手続を経た事件に関して，最決平成27年5月25日刑集69巻4号636頁は，「公判前整理手続終了後の新たな主張を制限する規定はなく，公判期日で新たな主張に沿った被告人の供述を当然に制限できるとは解し得ない」としつつ（主張の明示状況等の）「諸般の事情を総合的に考慮し，前記主張明示義務に違反したものと認められ，かつ，公判前整理手続で明示されなかった主張に関」する被告人質問「を許すことが，公判前整理手続を行った意味を失わせるものと認められる場合」には，被告人質問が「刑訴法295条1項により制限されることがあり得る」とした。

▼9)　証拠開示に関する2判例として著名な，最決昭和44年4月25日刑集23巻4号248頁（田尾・前掲166頁），最決昭和44年4月25日刑集23巻4号275頁（近藤和義・判解刑同年度145頁）。

(3) 訴訟指揮権行使の実効性の担保

裁判所は，尋問，陳述の制限（法295条1項～4項）に従わない検察官，弁護士たる弁護人に対しては，当該検察官を指揮監督する権限者，弁護士会等に適当な措置をとるべきことを請求することができることとされている（同条5項，6項）。もっとも，いわゆる荒れる法廷の減少で該当事例も減少していよう。

(4) 訴訟指揮に対する異議

検察官，被告人（弁護人）は，法309条2項に基づいて異議を申し立てることができる。しかし，その場合には，法令違反のみを理由とすることができ（規則205条2項），不相当を理由とすることはできない。訴訟指揮の行使は裁量を伴うことがあり，相当性に関してまで異議申立を認めることは相当とはいえないから，こういった制度設計には合理性があるといえる。

2 法廷警察権

(1) 概説

法廷警察権は，広義では訴訟指揮権に含まれるが，裁判所が法廷の秩序維持のために行使する権限である。訴訟手続への障害排除を目的とし，訴訟関係人だけでなく，傍聴人も対象とする点で，訴訟指揮権と異なっている。

裁判長（開廷をした一人の裁判官）が行使し（裁判所法71条1項，法288条2項），補助機関として廷吏（裁判所法63条1項，2項），裁判所職員（法廷等の秩序維持に関する規則2条2項），警察官（裁判所法71条の2）を活用できる。

> ▼10) 廷吏はかつては開廷時には常時法廷にいたが，現在では，廷吏不在の法廷もあるから，常に廷吏を補助機関として活用できる体制ではなくなっている。

(2) 法廷警察権行使の場所的，時間的範囲

法廷警察権を開廷時の法廷内で行使できるのは当然のことである。しかし，法廷外の騒音によって審理が妨害されることもあるし，退廷命令の執行も裁判所構外にまで行う必要があるときもある，といったことなども考えると，法廷警察権を行使できるのが開廷時における法廷内だけといったことでは狭すぎることが分かる。このことを前提とすれば，退廷命令を執行中の警察官に対する傷害，公務執行妨害の事案において，最判昭和31年7月17日刑集10巻7号1127頁（足立勝義・判解刑同年度236頁）が，法廷警察権は，場所的には，法廷の内外を問わず裁判官が妨害行為を直接目撃・聞知し得る場所（筆者注：

例えば，法廷前の廊下）まで，時間的には，開廷中及びこれに接着する前後の時間（筆者注：例えば，①開廷に備えて法廷に近接する場所で裁判所が待機している時間，②閉廷後に，同所で判事室へ移動すべく待機している時間）まで，及ぶものと解していることの合理性が理解されよう。

また，裁判所法 72 条では，裁判所が法廷外の場所で職務を行う場合（例えば，後に説明する裁判所外での証人尋問，検証）にも，処分が可能な旨が定められている。

(3) 法廷警察権行使の態様

この態様としては，①予防，②妨害排除，③制裁の 3 類型があるとされている。①の予防に関しては，傍聴人の数の制限・所持品検査，危険物の持込み禁止，不当な行状等をすることを疑うに足りる顕著な事情が認められる者の入廷禁止等がある。

②の妨害排除に関しては，「法廷における裁判所の職務の執行を妨げ，又は不当な行状をする者に対」する退廷命令，「その他法廷における秩序を維持するのに必要な事項」の命令・措置である（裁判所法 71 条 2 項，法 288 条 2 項後段）。この例としては，入廷禁止命令，発言禁止命令，在廷命令（法 288 条 2 項前段）等がある。

これらの命令・措置に対して法 309 条 2 項の異議申立てができるかについては，争いがある。しかし，積極説に立っても，例えば，退廷命令に対して異議の申立てがあった場合には，その瞬間に退廷命令の執行を停止していては法廷内の混乱を収拾できない，などといった事態が容易に想定できるから，これらの命令・措置を執行し，法廷の混乱を終息させた上で，当該異議の申立てに対応するといった手順によることとなろう。

③の制裁に関しては，裁判所法 71 条，72 条の規定による命令に違反して裁判所（裁判官）の職務の執行を妨げた者に対する審判妨害罪（同法 73 条），法廷等の秩序維持に関する法律に基づく監置・過料の制裁（同法 2 条）がある。

3　公判期日

(1) 概説

公判期日は，裁判所，当事者等が公判廷に会して，公判手続が行われる期日である。通常は，公判期日の開始時刻だけが指定される。しかし，終了時間が不明では関係者にも影響が及ぶから，通常は，おおまかな終了時間も予定され

ている。また，例えば，単独の自白事件といった定型的な事件では，審理時間が1時間などと事実上関係者で予定されているものもある。

そして，裁判員裁判開始を控えた平成16年の法改正で，「できる限り，連日開廷し，継続して審理を行わなければならない」との連日的開廷・継続審理の定めが設けられ（法281条の6），この定めに沿った運用が一般化している。

(2) **公判期日の指定**

公判期日の指定権限は裁判長にある（法273条1項）。そして，第1回公判期日が指定されると，その召喚状が被告人に対して送達される。しかし，起訴状の送達より先に送達されると，被告人は起訴状の内容も知らない状態で第1回公判期日の召喚を受けることになって不合理であるから，起訴状の送達より前には行えないこととされている（規則179条1項）。

また，当事者は公判期日に向けた準備を行わなければならず（規則178条の2），第1回公判期日を定めるについては，訴訟関係人がなすべき訴訟の準備を考慮しなければならないこととされていて（規則178条の4），第1回公判期日と被告人に対する召喚状との送達との間には，少なくとも5日（簡裁では3日）の猶予期間を置かなければならないとされている（規則179条2項）。

上記猶予期間を満たさない事態は，次回期日との間にされた追起訴事件に関して生じることが多いから，追起訴事件を前提として補足する。到来した当該次回期日では，追起訴事件の審理は行わずに終わることもある。しかし，訴訟の迅速な進行は被告人にとって一般的には有益な事柄であるから，被告人側からの異議が出されなくて当該期日に追起訴事件の審理が行われることもある（規則179条3項）。

(3) **公判期日の変更**

公判期日の変更は，裁判所の権限であって，検察官，被告人（弁護人）の請求又は職権で行われる（法276条1項，規則179条の4～179条の6）。その際は，検察官，被告人（弁護人）の意見を原則として聴かなければならないものとされている（法276条2項本文）。

他方，一旦決まった公判期日が安易に変更されては，訴訟も遅延し，迅速な裁判を計画的に実現することなどできないこととなる。そこで，安易な期日変更がなされないように規定整備がなされていて（規則182条～186条），公判期日の変更請求が認められないと却下され（規則179条の4第2項），公判期日

変更請求却下決定は送達を要しないものとされている（規則181条）。さらに，不当な期日変更に関しては，訴訟関係人は司法行政監督上の措置を求めることができる（法277条，規則182条2項）。

4　公判廷
(1)　公判廷の場所

公判廷は，公判手続が行われる場所である（法282条）。裁判所（その支部）で開かれ（裁判所法69条1項），通常は，「法廷」という特別の構造の部屋で開かれる。臨時に他の部屋で開廷することも可能だが，その場所が公開されている必要がある。最高裁判所は，裁判所以外の場所で法廷を開き，その指定する場所で下級裁判所に開廷させることができるとされている（同条2項）。[11]

> [11] 少年事件の審判は，裁判所外でも行うことができることとされていて（少年審判規則27条），少年の収容先である少年鑑別所，少年院で行われることもある。

(2)　列席者，出席者

列席者としては，裁判官，書記官である。出席者としては，検察官である。（以上につき法282条2項）

この三者が公判廷における人的な最低構成単位ということになる。この点に関しては，裁判員は？　被告人・弁護人は？　と疑問に思われる人がいるかもしれない。しかし，裁判員は，裁判員の関与する判断をするための審理をすべき公判期日の列席者であるのにとどまっている（裁判員法54条1項，2項）。また，被告人，弁護人も，訴訟で重要な役割を果たすが，後に説明するように，公判廷での不可欠な構成要員とはならない場合がある。したがって，上記疑問は正確ではないのである。

なお，検察官に対しても出頭命令等を発することが可能とされている（法278条の2）が，通常の事件で，検察官に対して同条所定の命令が発せられることはないであろう。

(3)　被告人の出頭の権利と義務
ア　原則的出頭

被告人が公判期日に出頭しないと開廷できないのが原則である（法286条）。被告人が居なければできない手続はもとより，それ以外でも，裁判の実体に関連する手続はできないことは明らかである。しかし，被告人が出頭しないから，公判期日を変更するといった公判期日の変更決定を公判廷で行うことは可

能と解されるから，そういった裁判の実体に関係しない形式的な手続を行う限度では，公判期日を開くことは可能と解される。▼12)

▼12) 勿論，公判期日は開かずに期日外で，上記公判期日の変更決定を行うことも可能である。

イ 原則的出頭の例外

この例外は以下のとおりである。分類すれば，ⅰ被告人が出頭義務を負わない場合（①～④），ⅱ被告人に不利益でない裁判を行う場合（⑤），ⅲ被告人に帰責事由がある場合（⑥，⑦），ⅳ証人との関係で退廷する場合（⑧），となろう。

①法人の被告人の場合には，代理人を出頭させることができる（法283条）。補足すると，法人の被告人の場合は，その代表者が訴訟行為について被告人を代表する（法27条）から，上記「代理人」は代表者以外の者ということになる。

②50万円以下の罰金，科料等の法284条所定の軽微事件では，被告人は，公判期日への出頭義務を負わないし，代理人を出頭させても良いことになっている。

③拘留に当たる事件の被告人は，判決宣告の場合には公判期日に出頭していることを要するが，その他の場合は，裁判所の許可を得ると出頭しないことができる（法285条1項）。

④長期3年以下の懲役（禁錮），50万円を超える罰金に当たる事件等，法285条2項所定の事件の被告人は，冒頭手続（291条），判決宣告の場合には，公判期日に出頭しなければならないが，その他の場合は，裁判所の許可を得ると出頭しないことができる。

⑤被告人が心神喪失の状態に在るときでも，無罪，免訴，刑の免除，公訴棄却の裁判をすべきことが明らかな場合には，被告人の出頭を待たないで，直ちにその裁判をすることができる（法314条1項ただし書）。

⑥被告人の出頭が開廷要件とされている場合でも，勾留中の被告人が召喚を受けた公判期日に正当な理由がないのに出頭を拒否し，刑事施設職員による引致を著しく困難にしたときは，被告人が出頭しなくても，当該期日の公判手続を行うことができるとされている（法286条の2，規則187条の2～187条の4）。▼13) 当該期日に行うことが予定されていた公判手続であれば，その内容を問わず行うことができ，法326条2項所定の擬制同意の適用があるものと解さ

れる。しかし，被告人の不在の状況にもよるが，当該期日に限った出頭拒否と推定される場合などでは，被告人が不在のままで行う公判手続の範囲を緊急性，必要性の高い手続に限るといった限定的な運用が望ましいといえよう。

⑦出頭した被告人が陳述をせず，許可を受けないで退廷し，又は裁判長から秩序維持のために退廷を命ぜられたときは，その陳述を聴かないで判決をすることができる，とされている（法341条）。弁論が終結している事件は別として，そうでない事件ではいきなり判決を言い渡すことはできないから，それ以前の証拠調べ等の必要な手続もできるものと解される[14]。また，擬制同意の適用については争いがあるが，積極に解される[15]。

⑧証人尋問の際に，証人が被告人の面前では圧迫を受けて十分な供述ができないときに，被告人を退廷させて証人尋問を行うことができるとされている（法304条の2）。しかし，この場合には，証人尋問終了後に被告人を入廷させ，証言の要旨を告知してその証人を尋問する機会を与えなければならない，とされているから，退廷中の訴訟手続に事後的に参加できていることになり，他の類型と異なっている。

▼13) 例えば，裸になって収容場所の便器にしがみついて引致されるのを激しく拒む場合である。
▼14) 最決昭和50年9月11日裁判集刑事197号317頁，判時793号106頁は，被告人が法廷の秩序維持のため退廷を命じられたときは，裁判所は，法341条に基づいて被告人不在のまま当日の公判審理を行うことができるとした。
▼15) 最決昭和53年6月28日刑集32巻4号724頁（反町宏・判解刑同年度223頁）。

ウ 在廷義務

上記のとおり，被告人が出頭していることは原則的な開廷要件であるから，被告人は，裁判長の許可がなければ退廷することができない（法288条1項）という形での在廷義務を負っており，在廷命令を受けることもあり得る（同条2項）。

エ 身柄不拘束

公判廷では，被告人の身柄不拘束が原則型である（法287条1項[16]）が，看守者を附することができる（同条2項[17]）。もっとも，被告人が暴力を振るったり逃亡を企てた場合は，その例外とされている（同条1項ただし書）。

▼16) 従前は被告人は手錠等で身体を拘束された状態で入廷し，裁判官も入廷して開

廷の直前に身体の拘束が解かれるというのが一般的な形態であった。しかし，裁判員裁判開始後は，裁判員との関係に配慮され，裁判員の目に触れない時点で身柄の拘束状態が解かれる運用となっている。
▼17）細かな議論となるが，身柄が不拘束となっても，被告人を同行してきた刑事施設職員（看守。拘置所に移監されていない段階では警察官）が，被告人の近辺に在廷している。その根拠については争いがあるが，本項によって附された看守者としてであると解するのではなく，各収容施設の法規に基づく戒護権にその根拠を求めるべきであろう。

(4) 弁護人の出席権と必要的弁護制度

ア 概説

弁護人は，公判期日の通知を受けることになっている（法273条3項）。しかし，既に部分的な説明をしている必要的弁護事件（ここでは，便宜，法316条の29所定の事件，350条の23所定の場合も含む）以外の事件においては，弁護人が出席していなくても開廷は可能と解される。

また，平成16年改正で，検察官と同様に，弁護人に対しても出席・在廷命令を発することができるようになり（法278条の2第1項，2項），その実効性担保も制度的に整備された（同条3項，5項，6項）。弁護士も法曹であるから，個人として，裁判所と敵対し，出廷しないなどといったことは想定できないが，弁護すべき被告人がそういった意向を抱いている場合に，これに同調して同様の対応に出る，などといった事例はこれまでも生じていた。特に，必要的弁護事件では，弁護人が出廷しないことで訴訟が遅延する，といった事例も生じていた。上記条項はそういった事態が生じても迅速な裁判が実現できるように，法整備が図られたものといえる。

イ 必要的弁護制度

(ア) 同制度の趣旨

必要的弁護制度の趣旨は誤解されがちである（＝憲法37条3項と関連付けて，被告人の意思を前提とした制度であるとの理解）。この理解だと，被告人が弁護人の選任を希望しなければ，あるいは，弁護人の選任権を適正に行使せず，濫用したり，放棄したとみなされる事態を現出させたりすれば，弁護人がない状態でも，事件の審理を行うことが可能ということになろう。

しかし，法289条は，法定刑の重い罪のみに着目した制度設計となっていて，上記のように，被告人の意思を前提とする解釈の根拠となる手掛かりはない。同条は，憲法37条3項とは直接の関連性のない刑訴法独自の制度として

の定めと理解されるべきである。すなわち，上記のような法定刑の重い事件（近時の法改正で同じく必要的弁護事件となった法316条の29，350条の23に関しては，各所定の事件や場合の特性に着目して必要的弁護事件とされているもの）では，弁護人を付した形で鄭重に審理を行い，被告人の権利・利益を擁護する，といった形で刑事司法を運用するのが，刑罰権の公正な行使を確保する我が国の司法制度としてふさわしい，との立法者の判断に基づく，国家の側からの事件への制度的な係わり方を定めた規定と解されるのである。そのため，弁護人が被告人の意向に同調して公判期日に出廷しないといった事態が生じた場合に，被告人の弁護人選任権に関連付けた形で，弁護人が出頭しないままで当該期日の手続を行うことを可能とする，といったことは，直接的にはできないのである。ではどう解すべきかといえば，憲法37条1項，法1条が定める「迅速裁判」の保障条項が必要的弁護事件における上記のような弁護人不出頭の場合の対処方法を根拠付けるものとなると解される。そのため，弁護人不出頭のまま審理を行うべきかは，個々の当該期日ごとに判断していくのが相当である。必要的弁護事件で弁護人の立会のないまま実質審理を行ったことについて，法289条1項違反ではないとした最決平成7年3月27日刑集49巻3号525頁（中谷雄二郎・判解刑同年度141頁。拙稿『注釈刑事訴訟法（第3版）1巻』（2011年，立花書房）85頁，432頁，440頁）も，「適正かつ迅速の公判審理を実現することをも目的とする刑訴法の本来想定しないところ」といった指摘をしている。

　(イ)　弁護人の立会を必要とする範囲

　法289条1項は「審理する場合」とされているから，弁護人の立会を必要とする範囲は，「審理」の範囲ということになる。しかし，大半の公判手続は審理に含まれるが，①審理冒頭に，冒頭手続に先立って行われる人定質問（規則196条），②弁論終結後に行われる判決の言渡しは，いずれも「審理」には該当しないと解されているから，これらの手続は弁護人不在のままでも行える。もっとも，人定質問はともかく，判決の言渡しは，弁護人にとっても最重要な訴訟手続の1つといえるから，事後に，裁判所に対して判決内容の確認を行うべきは当然のことである。

(5)　被害者等とその弁護士

　ア　概説

被害者と刑事訴訟との関係は，近時の一連の法改正で劇的に変化し，検察官，被告人といった訴訟当事者に準じる立場としての位置付けが強まっている。平成19年の法改正で被害者参加に関する法316条の33～316条の39が設けられ，法廷内に被害者やその弁護士が参加するようになったのは，その象徴的な出来事といえる。

　被害者等の定義は法290条の2第1項にあるが，「被害者又は被害者が死亡した場合若しくはその心身に重大な故障がある場合におけるその配偶者，直系の親族若しくは兄弟姉妹」とされている。

　被害者等は様々に刑事手続と関与しているので，その概要を説明する。

イ　被害者参加の許可等

　被害者参加については法316条の33に定められていて，①同条1項所定の罪に係る被告事件の被害者等（被害者法定代理人，これらの者から委託を受けた弁護士）から，当該被告事件の手続への参加申出があると，②裁判所は，被告人（弁護人）の意見を聴き，犯罪の性質等から相当と認めるときは被告事件の手続への参加を許可する旨の決定をする，という手続過程を経ることとされている。そして，③この決定は取り消されることもある（同条3項）。

　②に関して，検察官の意見を聴く必要は？　と疑問を持つ人がいるかもしれない。しかし，同条2項に定められているとおり，上記申出は，あらかじめ検察官にされる必要があり，検察官は，意見を付して裁判所にその申出を通知することとされているから，裁判所は，改めて検察官の意見を聴く必要はないのである。

ウ　公判期日への出席等

　被害者参加人又はその委託を受けた弁護士は，公判期日（法316条の34第1項），証人尋問・検証を行う公判準備（同条5項）に出席できる。そして，被害者参加人への付添い，遮へいの措置も可能である（同条の39）。しかし，裁判所は審理の状況等を考慮して，上記公判期日等の全部又は一部への出席を許さないことができるとされている（同条の34第4項）。

　▼18）　この場合の「又は」はor & andの意味と解されるから，被害者参加人とその委託を受けた弁護士が同時に公判期日に出席することは可能と解される。

エ　意見陳述等

　被害者参加人（その委託を受けた弁護士）は，当該被告事件についての検察官

の権限行使に関して意見を述べることができる。他方，検察官は，当該権限を行使し（行使しないこととし）たときは，必要に応じ，当該意見を述べた者に対し，その理由の説明義務を負う（法316条の35前段，後段）。

また，被害者参加人（その委託を受けた弁護士）は，証人尋問等を行えるが，関係箇所で説明する。

第3　公判準備

1　概説

公判期日は，上記のとおり関係者が集まって手続を行うから，円滑に迅速に進行することが望ましく，そのためには，事前の充実した準備が前提となり，裁判所，検察官，被告人・弁護人，それぞれの立場からこの事前準備を充実した形で行うことが求められているといえる。しかし，裁判所は，起訴状一本主義・予断排除の原則との関係で，第1回公判期日前に行えることには制約がある。そういった状況下で公判前整理手続が設けられ，事前準備の有り様も大きく変貌した。関係箇所で更に説明する。

2　被告人の召喚・勾引・勾留

既に説明したように，被告人が出頭しないと，原則として，公判期日は開廷できないから，その出頭を確保することは，事前準備としても重要である。

(1) 召喚

第1回公判期日に関する召喚状のことは既に説明したが，その前提となる召喚についてここで説明する。

召喚は，特定の人に対して，特定の日時に，一定の場所へ出頭すべきことを命じる裁判をいうものとされている。そして，裁判所は，被告人を召喚することができ（法57条），その召喚状と出頭との間には，原則として，少なくとも12時間の猶予を置かなければならない（規則67条1項）が，被告人に異議がないときは，この猶予期間をおかなくてもよいとされている（同条2項）。

召喚は召喚状を送達して行われるのが原則型である（法62条，63条，65条，規則71条，102条）。しかし，① i 被告人が期日に出頭する旨を記載した書面を差し出したとき，ii 出頭した被告人に対し口頭で次回の出頭を命じたとき（法65条2項），iii 裁判所構内にいる被告人に対し公判期日を通知したとき（法274条）は，いずれも，召喚状を送達した場合と同一の効力を有するとされて

いる。

　また，②裁判所に近接する刑事施設にいる被告人に対して刑事施設職員を介して通知をしたときに，召喚状の送達があったものとみなされている（法65条3項）。

　そして，裁判所は，被告人に対し，指定の場所への出頭命令，同行命令を発することも可能とされている（法68条）。急速を要する場合には，裁判長，陪席裁判官もこれらの裁判を行うことが可能である（法69条）。

(2) 勾引

　勾引は，特定の者（＝被告人に限らず証人も含まれるが，鑑定人は除かれる）を一定の場所に強制的に引致する裁判及びその執行をいうとされている。執行も含む点で，勾留と類似する概念である。なお，証人に関する勾引については，後に，証人の箇所でも説明している。

　勾引の要件は，①住居不定，②正当な理由なく召喚に応じない（応じないおそれがある）とき（以上につき法58条），③正当な理由なく出頭命令・同行命令に応じないとき[19]，である。

　他の裁判所（＝地方裁判所，家庭裁判所，簡易裁判所）の裁判官に嘱託して行うことが可能であり（法66条，67条，規則76条），また，急速を要する場合には，裁判長，陪席裁判官も勾引をすることが可能である（法69条）。

　勾引は勾引状を発して行われ（法62条，64条，規則71条，102条），検察官が指揮して，検察事務官（司法警察職員）が執行する（法70条1項本文，71条）。急速を要するときは，裁判長（裁判官）も執行指揮をすることができる（法70条1項ただし書）。その執行方法は，法73条1項，3項，74条に定められている。

　被告人を勾引したときは，直ちに公訴事実の要旨及び弁護人がないときは，弁護人選任権，国選弁護人請求権があることを告げなければならない（法76条）。そして，被告人の対応等については法78条に定められている。

▼19）細かな点だが，召喚に関しては，「応じないおそれがあるとき」も勾引が可能であるが，出頭命令・同行命令に関してはその点の定めはない。そのため，召喚に関しては，召喚状発付前の勾引といったことも可能となるが，出頭命令・同行命令に関しては，そういった対応は困難となる。

(3) 勾留

被告人勾留については既に説明しているから、参照願いたい。付加すると、裁判後の勾留については、①上訴提起がない間、②上訴があって訴訟記録が上訴裁判所に到達するまでの間は、原裁判所が決定することになっている（法97条、規則92条1項、2項）[20]。そして、原裁判所が勾留それ自体をすることができるかについては明らかではないが、判例は肯定している[21]。そして、細かな議論となるが、無罪判決があると法345条によって勾留状が失効する。しかし、その後に検察官が控訴した場合には、主に、外国人被告人について、その退去強制手続との関係で、勾留の必要性が生じることがある。この場合の勾留の可否に関しては、**参考裁判例33**参照。

> [20] 細かな点だが、原審が訴訟記録を送付したものの、上訴審に当該訴訟記録が到達するまでに必要となる勾留に関する裁判については、どのように処理するのだ、といった疑念の湧く人がいそうである。もっともな疑念だが、訴訟記録がない状態で勾留に関する裁判はできないから、原審では、訴訟記録を送付後上訴審に到達するまでに必要となると想定される勾留に関する裁判（勾留更新しか通常想定されない）については、該当する裁判をあらかじめ行った上で訴訟記録を送付する運用となっている。

> [21] 最決昭和41年10月19日刑集20巻8号864頁（第三次八海事件。坂本武志・判解刑同年度193頁）。また、この最決は、当該勾留の裁判では、当該被告事件の審理において同事件に関する陳述を聞いている場合には、改めて法61条のいわゆる勾留質問をしなくてもよい旨も判示している。

3 第1回公判期日前の公判準備

(1) 起訴状謄本の送達

ア 起訴状謄本の送達

起訴状の内容を知ることは被告人の防御にとって重要なことであるが、起訴状謄本の送達はそれにとどまらない効果がある。すなわち、被告人は、起訴によって当該事件の訴訟係属が生じるが、通常、そのことを直ちに知ることはない。起訴状謄本の送達を受けることによって初めて自分が起訴されたことを知るのである。このように、被告人に対して起訴状の謄本を早期に送達することは、重要事なのである。法271条1項が起訴後「遅滞なく起訴状の謄本を被告人に送達しなければならない」と定めている（規則176条1項、165条1項本文も関連事項を定めている）のは、事柄の実質に沿ったものといえる。

イ　起訴状謄本不送達の効果

　起訴状謄本を送達できなかった場合には，裁判所は，直ちにその旨を検察官に通知する義務を負っている（規則176条2項）。そうすると，通常，検察官が被告人の所在を再確認し，新たな送達先を裁判所に連絡してくる。しかし，そういった過程を経ても起訴状の謄本が送達できないことがある。この場合には，被告人に対する訴訟係属が生じていても，被告人はそのことを知ることができないし，裁判所としてもその後の手続を進めることができない状態が続くことになる。法は，そういった状態の放置を避けるべく，起訴後2箇月以内に起訴状の謄本が被告人に送達されなかったときは，さかのぼって，起訴は失効することとしている（法271条2項）。しかし，この失効によって直ちに訴訟係属が失われるのではなく，裁判所は，法339条1項1号に基づいて公訴棄却の決定をすることになる。この決定に対しては，即時抗告が可能とされている（同条2項）。しかし，訴訟係属を解消するという事柄の実質からして，被告人（弁護人）は即時抗告を申し立てることはできないものと解される[22]。

　なお，このように起訴状謄本の送達時期を確認することは重要な事柄なので，訴訟記録においては，起訴状の次に起訴状謄本の送達報告書を編てつする取扱とされ，上記確認が容易かつ正確にできるように配慮されている。

　　▼22）既に紹介した最決昭和53年10月31日刑集32巻7号1793頁（堀籠幸男・判解刑同年度415頁）参照。

(2)　**弁護人選任権の告知等**

　起訴があると，裁判所は，被告人に弁護人が選任されている場合を除いて，遅滞なく，被告人に対し，①弁護人選任権があること，②貧困その他の事由により弁護人を選任することができないときは弁護人の選任請求ができること，③必要的弁護事件では，弁護人がないと開廷できないこと，を知らせなければならないとされている（法272条，規則177条）。そして，被告人に弁護人がないときは，④必要的弁護事件については弁護人を選任するかどうかを，⑤その他の事件については国選弁護人の選任請求をするかどうかを，確認しなければならない（規則178条1項）。この場合には一定の期間を定めて回答を求めることができ（同条2項），そういった運用がされている。

　この期間内に回答がなく又は弁護人の選任がないときは，裁判長は，直ちに被告人のため弁護人を選任しなければならない（同条3項）。

(3) 第1回公判期日の指定等

 裁判長が第1回公判期日を指定し（法273条1項），被告人を召喚し（同条2項），検察官，弁護人（補佐人）に通知しなければならないとされている（同条3項）。しかし，被告人に対する第1回公判期日の召喚状の送達は，起訴状謄本の送達前にすることはできない（規則179条1項）ことは既に説明した。

(4) 訴訟関係人の事前準備

 訴訟関係人の事前準備に関しては，規則178条の2～178条の16の定めがある。近時の立法に応じて新設された178条の8～178条の12を措くと，その余の規定は，刑事訴訟法の施行後の運用実績を踏まえて規則化されたものである。公判前整理手続と対比すると，予断排除の原則の適用を全面的に受ける結果，裁判所が主導的にこの事前準備を行うことには限界がある。裁判所側としては，書記官が中心的な役割を果たすことになり，公判前整理手続とは構造的に異なる側面もある。そして，規則217条の19によって，この事前準備の規定中，適用される場面が想定されない規則条項は適用されないこととされている（説明が長くなるので，**参考裁判例34**参照）。しかし，**参考裁判例34**で説明しているように，適用除外となっている条文も公判前整理手続の定めの中に同趣旨の規定が設けられたことによるものが多い。また，公判前整理手続においても重要な役割を果たしている打ち合わせの根拠条文は規則178条の15である。このように，公判前整理手続は，従前の事前準備手続と対立的・隔絶的なものではなく，制度的な連続性が保持されているのである。

4 公判前整理手続

(1) 概説

 公判前整理手続が平成16年の法改正で新設・実施され，刑事裁判手続は大きな変貌を遂げつつあって，現在もその渦中にある。そのため，公判前整理手続を正確に理解することは，極めて重要なこととなっている。

ア 公判前整理手続は争点と証拠を整理する手続

 公判前整理手続については，法316条の2以下に定めがある。それらの規定に関する法の第2節の標題である「争点及び証拠の整理手続」に端的に示されているように，公判前整理手続は，争点及び証拠を整理する手続である。
 ではなぜ，「争点及び証拠」を整理するのかといえば，それまでの刑事裁判における五月雨的審理などと評されていた審理の有り様に対する反省を踏まえ

て，争点中心の証拠調べその他の審理を計画的・効率的に行い，審理関与に制約が伴いがちな裁判員にも適した適正・迅速な裁判を実現しようとするところにある，といえる。

▼23）審理が1箇月に1回ないしそれ以下といった間延びした開廷間隔での審理状況を揶揄した表現である。

イ 「争点及び証拠を整理する」に着目して導かれること

「争点及び証拠を整理する」ことに着目すれば，公判前整理手続の構造の理解が容易になるように筆者は考えている。

㈠ 争点整理は，効果的な証拠開示制度を前提として行われることになること

まず，争点を整理しようとすれば，検察官，弁護人（煩雑になるので被告人側は，便宜，弁護人で代表させる）の手持ち資料が同一であることが最もふさわしい状態であるといえる。お互いに同一の資料を基にすれば（いわゆる隠し球的な予想外の重要証拠が出てくるといった事態もないので），立場の違いによる証拠評価の差異に基づく争点設定が容易となるからである。このことは，検察官，弁護人共に同程度の分量の資料を集めることができるのであれば，対等な立場でお互いの手持ち資料を交換することになり，比較的容易に実現することができよう。

ところが，現実の刑事手続においては，検察官と弁護人とでは，資料収集能力に関して質的な相違がある。すなわち，①捜査は，検察・警察が協力し合って組織的に集中的に（公務員としてその事件に掛かり切りになれるという意味を含む）行われるのに対し，弁護活動は，弁護人が一人で，他の事件処理と並行して行うのが原則型である，②権限の面でも，強制捜査権限の有無といった面で大きく異なる，③収集した証拠に対する証拠能力の付与の定めも異なる，▼24）などから，上記のようにいうことができる。こういった差異は一見すると異様だが，検察官は刑事裁判において原則として立証責任を負っていることを踏まえて，その適正さを評価する必要がある。

次に，手持ち資料の同一化を図ろうとすれば，上記のような証拠収集能力の差異からして，検察官の手持ち証拠を弁護人に開示することが，その主要な手段となるのが必然的な有り様ということになる。ここに証拠開示の制度設計の重要性が端的に表れているといえよう。このように，争点の整理は，効果的な

証拠開示制度を前提として行われることになるのである。

▼ 24) 例えば，検察官作成の供述録取書は法321条1項2号の適用対象書面となるのに対し，弁護人作成の供述録取書は同項3号の適用対象書面となるのにとどまる。また，弁護人作成の実況見分調書の同条3項該当性は，判例を前提とすれば，消極に解される。

(イ) 検察官だけでなく弁護人が証拠資料に基づく主張を明示することが，争点整理の前提となっていること

弁護人が検察官から開示された証拠資料を得ても，それらの証拠をも踏まえた被告人側の主張を明示しなければ，争点は明らかとはならない。そのため，証拠資料に基づく主張を明示することが，争点整理の前提となっているといえる[25]。

▼ 25) 主張を明示せず，あるいは小出しにして，できるだけ手の内を明かさない，といったことも，刑事弁護の手法として言明されることがこれまではあった。しかし，そういったことでは争点設定などできないのである。

(ウ) 争点中心の審理の実現は証拠整理の指針たり得ること

証拠を整理しようとすれば，整理の指針が必要となる。争点を設定し，争点中心に審理を行う，といった指針は，証拠整理に有効である。他方，裁判員裁判と関連して，口頭主義，直接主義を強調し，書証ではなく人証中心の審理といったこともいわれる。このことも，現在では審理の重要な指針となってきているが，筆者は，人証中心の審理といったことは，今まで説明した「争点と証拠の整理」という公判前整理手続の直接の目的から導かれるものではなく，証拠調べの結果の分かりやすさの相違に依拠したものと理解している。補足すると，書証によろうが人証によろうが，同じ内容であれば同じ証明力を発揮することは可能であるが，審理への関与時間に制約のある裁判員裁判では，人証の方が，分かりやすさの点でより効果的であるといった政策判断に基づくものと解される。

しかし，こういった政策判断が前提とされる場合には，人証を優先させた証拠整理も求められることになる。細かな議論となるが，補足する。捜査段階で作成される書証は，当然のことながら，その後に行われる公判前整理手続で設定される争点を先取りして想定した上で作成されるわけではない。そのため，争点中心の審理という観点からは，既に設定されている争点を前提として行うことが可能な人証の方が，争点に即して作成されているわけではない書証より

もふさわしい，といった側面はある。そして，この点は，捜査段階で予想される争点と公判前整理手続で設定された争点とが大きく異なる場合にはより当てはまるが，争点が同じ（大差がない）場合には，格別に考えるべき事項とまではいえないこともあり得るし，争点に即して作成し直す（不要部分を削除するといった手法も含む）ことで対応可能な場合もあり得る。

ウ　裁判所が主宰する手続であること

　法316条の2第1項の規定振りからも窺われるように，公判前整理手続は，裁判所が主宰して行う手続である。この点に関しては，予断排除の原則との関係がまず問題となる。すなわち，公判前整理手続を経ない事件の事前準備は，前記のように，予断排除の原則の適用があるため，事前準備へ裁判所が関与できる範囲・程度には大きな制約がある。他方，公判前整理手続に関しては，法292条ただし書に予断排除の原則の全面的な適用はないことが明示されているため，この面からの制約は大幅に解消されている[26]。こういった定めには合理性があるのだろうか。予断排除は，事前に証拠から心証を得て審理に臨むことを排除することにその主眼があるといえる。他方，公判前整理手続では，裁判所は，証拠を見ないから，当該事件に対する心証を形成しないことが当然の前提となっており，上記の意味での予断排除の原則に違反しないことは当然の制度設計となっていることが分かる。

　次に，例えば，法256条6項の定めからも明らかなように，立法者は，当事者からの情報の提供それ自体も，予断排除の原則と関連付けている。その上で考えると，こういった規制は，裁判所が一方当事者からの不適切情報を得ることを排除しようとする趣旨から出たものと解するのが合理的である。そうすると，訴訟の両当事者がそろっている席での，事件の実体についての心証形成に至らない情報を受けることは，不適切情報が訴訟の両当事者からの適切な訴訟活動によって排除される前提でのことであるから，予断排除の原則に反しないものと解される[27]。このことを前提とするだけでも，公判前整理手続が必要的弁護事件とされている（法316条の4）のは，必然的な制度設計といえる。

　▼26）もっとも，証拠調べまでは行えない（法316条の5に該当の定めがない）から，証拠の内容を見て心証を形成することが可能となる冒頭手続終了後の予断排除の原則が完全に適用されない状態とは異なる側面も残されている。
　▼27）条解刑訴721頁，池田修＝合田悦三＝安東章『解説裁判員法』《3版》（2016年，弘文堂）141頁注3等にも，同様の視点からの指摘がある。

エ　公判前整理手続の概要

　公判前整理手続における手続の方法は，書面の提出によって行うことも可能であるが，訴訟関係人を出頭して行うことが通例である（法316条の2第3項）。そして，正式な公判前整理手続期日の前後において，既に説明した規則178条の15に基づく打ち合わせが活用されているのが一般的である[28]。

　公判前整理手続で具体的にどのようなことをするのかは，法316条の5に定められている。①捜査を行って関係資料を保持している検察官が，まずはそれらの資料に基づいて証明予定事実を明示して立証に必要な証拠を請求・開示し・証拠の一覧表を交付し（法316条の13，316条の14）[29]，②被告人・弁護人は，そういった主張・立証を前提として，類型証拠開示請求をして開示された証拠（法316条の15）も踏まえて，検察官請求証拠への意見を表明し（法316条の16），公判で行う予定の主張を明示して関係証拠を請求・開示し（法316条の17，316条の18），主張関連証拠開示の請求をし（法316条の20第2項），③検察官は，弁護人の請求証拠への意見を表明し（法316条の19），主張関連証拠開示請求された証拠について開示し（法316条の20第1項），必要な主張を行う（法316条の21），④裁判所は，証拠内容に立ち入れないものの，当事者双方の主張・立証の有り様を手掛かりとして争点を詰め，公判審理計画を策定していく（規則217条の2第1項），というのが大枠のイメージである。こういった大枠の理解を先行させる方が，公判前整理手続全体の早期理解を容易にする。

　そして，法316条の5では，①主張・争点の整理に関するものとしては，訴因・罰条に関する事柄が1号，2号に，主張明示を前提とした争点整理に関する事柄が3号に，②証拠の整理に関するものとしては，証拠調べの請求に関する事項が4号〜6号に，証拠決定に関連した事項が7号，8号に，異議申立に関する事項が9号に，③証拠開示に関するものとしては10号に，④被害者参加に関するものとしては11号に，⑤審理計画の策定に関するものとしては12号に，定められている。

　なお，同条の末尾に，「その他関連する事項」などといった一般条項がないから，一見すると上記の手続しか行えないような印象を与える。しかし，公判前整理手続が公判準備の一環として行われる手続であることからすれば，上記のように制限的に解するのは，事柄の実態に沿わないものと解される。そして，現に，上記のように規則178条の15が適用されるから，裁判所と検察

官，弁護人が集まって打ち合わせをすることが重要な役割を果たしているのである。こういったことを踏まえると，求釈明等も可能であるし（規則208条），法316条の5に定められた裁判等を行う必要上，事実の取調べを行う（法43条3項，規則33条3項，4項），などといったことも可能と解される。

そして，公判前整理手続の長期化が指摘されることもあるから，訴訟関係人は，公判に向けた準備の手続であることを正しく自覚し，相互協力の下で，早期の終結が期待されている（法316条の3第1項，2項，規則217条の2第2項）のである。

なお，主張関連証拠開示までの手続後に，検察官，被告人（弁護人）は，必要があるときは，主張の追加・変更を行うとともに，追加の証拠調べ請求，請求証拠の開示等をしなければならないとされている（法316条の21，316条の22）。

▼28）例えば，司法研修所刑事裁判教官室『プラクティス刑事裁判』（2015年，法曹会）でも，第1回公判整理手続期日（19頁以下の説明）より前に，2回の打ち合わせが行われている（5頁以下の説明）公判前整理手続の有り様が例示されている。

▼29）事実と請求証拠との関係の具体的明示も求められており（規則217条の20），通常は，左側に証明予定事実を記載し，縦線で区分した右側に請求証拠を甲1，乙1などといった形で簡潔に記載する形式である。

なお，検察官請求証拠は，甲号証と乙号証とに区分されている。乙号証は，被告人の供述調書，供述書，身上・前科関係の証拠をいうものとされていて，甲号証はそれ以外の証拠をいうものとされている。ただし，1審では，被告人質問は，当事者の請求によって行われるものではなく，裁判所の職権で行われるものであるから，甲，乙号証の区分には属さず，職権の箇所に記載されることになっている。

オ　公判前整理手続の決定と方法

公判前整理手続の決定と方法については，法316条の2に定められている。

(ア)　対象事件

対象事件に制約はない。すなわち，裁判員裁判対象事件については，裁判員法49条によって公判前整理手続に付すことが義務付けられている。そして，法316条の2第1項によれば，「充実した公判の審理を継続的，計画的かつ迅速に行うため必要があると認めるとき」は，裁判員裁判対象事件以外の事件についても，公判前整理手続を活用することは可能とされているのである。筆者の個人的な経験でも，裁判員裁判対象事件以外の事件であっても，この手続を

有効活用することによって，「充実した公判の審理」を実現できると思われるから，事件によっては公判前整理手続の有効活用が積極的に試みられるべきである。

　(イ)　**公判前整理手続の決定と方法**

　公判前整理手続に付する手続は，従前は，裁判所の職権によることとされていたが，平成28年の改正で，検察官，被告人（弁護人）の請求も認められた（法316条の2第1項。改正法の施行は平成28年12月1日）。しかし，この請求は，上記のとおり，裁判員裁判対象事件は必要的な公判前整理手続事件であるから，検察官，被告人（弁護人）が請求する余地はなく，非裁判員裁判対象事件に関してのみ行われることになる。

　この決定を行うに当たっては，検察官，被告人（弁護人）の意見を聴くこととされている。もっとも，上記のとおり裁判員裁判対象事件は必要的な公判前整理手続事件であるから，検察官，被告人（弁護人）の意見を聴く必要はなく，その限りでは本項の定めは無用である。この点は，平成28年の法改正の際に修正されるのが望ましかったといえる。

　カ　**公判前整理手続期日**

　同期日に行われる事項自体は既に説明しているから，それ以外のことについて説明する。

　(ア)　**期日指定等**

　前提として期日指定が行われ（関連する定めとしては，法316条の6，規則217条の6），指定された期日は変更しないのが原則である（規則217条の7～217条の10）。

　(イ)　**公判前整理手続を行う場所**

　公判前整理手続は，憲法82条1項が定める「裁判の対審及び判決」には該当しないから，非公開の手続であって，法廷を用いる必要はなく，被告人が出頭しない場合には準備室等法廷以外の場所で行われるのが通例である。他方，身柄を拘束されている被告人が出頭する場合には，戒護の便宜も考慮し，法廷の使用が一般的である。しかし，この場合でも，上記のとおり法廷を用いる必要はないから，法廷以外の場所で行うことはもとより可能である。

(ウ)　**出頭者等**

　検察官，弁護人の出頭が手続開始の前提となっている（法316条の7）。そのため，弁護人の不出頭等に対応すべく，国選弁護人の選任が可能とされている（法316条の8）。しかし，いきなり選任されても，事前の準備もなしに弁護人として行えることには限度があるから，上記の該当事例として国選弁護人が選任されるのは限られた事案においてであろう。

　被告人は，出頭することはもちろん可能であるが，必要的な出頭者ではない（法316条の9第1項）。他方，裁判所は，必要と認めるときは，被告人の出頭を求めることができる（同条2項）。

　(エ)　**黙秘権の告知**

　裁判長は，被告人が出頭する最初の期日に，被告人に対して黙秘権を告知することとされている（法316条の9第3項）。この点に関して，同項では，「被告人を出頭さ・せ・て・公判前整理手続をする場合」との限定が付されている。しかし，被告人が任意に出頭した場合でも，その最初の期日に黙秘権を告知しておいた方が，被告人の権利を擁護し過誤防止の観点からも相当である。そうであれば，上記限定自体を重視する必要はないであろう。

　他方，公判前整理手続は，証拠を調べる手続ではなく，供述を被告人に求めるわけではないから，この義務的な黙秘権告知が定められているのは何故であろうか。法316条の31で顕出される公判前整理手続の結果には，被告人の同手続内での発言も含まれている。そうすると，そういった言動が，少なくとも，公判で取り調べる証拠の信用性の判断に用いる補助証拠として活用される可能性は否定されない。そうであれば，上記のような黙秘権告知の規定を設けておくことは，被告人の黙秘権を保護する観点からは望ましいことといえる。[30]

　　▼30）例えば，自首を主張した時期といったことが，弁論の全趣旨として，あるいは，裁判所に顕著な事実として，補助証拠として用いられることはあり得る。

(2)　**証拠開示手続**

　ア　**概説**

　　(ア)　**公判前整理手続までの状況と非公判前整理手続における証拠開示**

　証拠開示は，上記のように検察官と弁護人との証拠収集能力の顕著な差異を解消する手段であったが，長年関係の立法がなされず，運用に任されていた（関係法令等は**参考裁判例35**参照）。しかし，「『証拠開示』は，現行刑訴法20

年の運用の結果，最後まで残された最大の問題」とされていたように（田尾勇・判解刑昭和44年度175頁），実務の中でその適切な解決を図るには限界があった（関係判例は注9で紹介した2つの最高裁決定である）。判例では，法294条の訴訟指揮権に基づく証拠開示が認められたが[31]，反対尋問権の有効行使との関係において証拠開示の相当性が判断されていたといえる。しかも，より早期に広範囲に証拠開示が行われることによって争点設定等との関係でも便宜なことが想定できる事案でも，検察官は，証拠開示に有益性が認められないと，上記2つの最高裁判例を厳格に解し，証拠開示について制限的な対応に固執する事例も見られた。

　他方現在では，公判前整理手続に伴って証拠開示制度が設けられてその運用が安定的に行われるようになったことから，上記法定の証拠開示制度が適用されない非公判前整理手続事件でも，任意開示が積極的に実践される運用が広がる，といった好影響が現れ，証拠開示における問題（証拠開示を巡る争いも含めて）は大幅に減少している。

> ▼31）注9で紹介した判例は，証拠調べの段階で，弁護人から具体的必要性を示して証拠開示の申出があった場合，裁判所は，事案の性質，審理の状況，閲覧を求める証拠の種類及び内容，閲覧の時期，程度及び方法その他諸般の事情を勘案し，その閲覧が被告人の防御のため特に重要であり，かつこれにより罪証隠滅，証人威迫等の弊害を招来するおそれがなく相当と認めるときは，その訴訟指揮権に基づき，検察官に対し，その所持する証拠を被告人側に閲覧させるよう命ずることができるとした。

(イ) 公判前整理手続における証拠開示概説

　公判前整理手続においては，①請求証拠開示（検察官につき法316条の14，被告人・弁護人につき法316条の18），②類型証拠開示，③主張関連証拠開示の3類型が法定されている。②類型証拠開示，③主張関連証拠開示については項を改めて説明するが，①請求証拠開示については，請求証拠を相手方に開示することは，ある意味当然のことであるから，詳細な説明は必要ないといえる。ただ，平成28年の法改正によって証拠開示制度も拡充された（施行は平成28年12月1日）から，その中で，証拠の一覧表の交付手続についてまず説明する。

イ　証拠の一覧表の交付手続

(ア) 概説

類型証拠開示と主張関連証拠開示の二つの手続に関しては，検察官請求証拠以外には開示対象証拠の存在を推測する手掛かりがないため，刑事弁護の経験に乏しい弁護人にとっては，上記二つの開示手続を有効活用することは必ずしも容易なことではなく，開示対象証拠の存在を知る手掛かりを得るべく，証拠の一覧表の交付が望まれていたところ，今回の法改正でその点が制度化された。

(イ) 証拠の一覧表の交付義務，交付の時期

検察官は，証拠の一覧表の交付義務を負い，その交付時期は，検察官請求証拠を掲示した後，被告人・弁護人から請求があったときに，速やかな時期である（法316条の14第2項）。また，手続は変化していくから，証拠の一覧表の交付後に，検察官が証拠を新たに保管するに至ることがあるが，その場合にも，速やかに，新たな保管証拠に関する証拠の一覧表の交付が義務付けられている（法316条の14第5項）。このように一覧表の対象となる証拠は広範である。

(ウ) 一覧表の記載と不記載

一覧表の記載事項は，法316条の14第3項に，①証拠物（同項1号），②供述を録取した書面で供述者の署名又は押印のあるものと，それ以外の証拠書類（同項2，3号）に分けて定められている。いずれも，検察官の実質的な評価・判断を要しない事項である。提供する情報量は限られているが，簡易迅速に記載することが可能であって，同時に，記載自体から新たな争いが生じるおそれも乏しいという利点も看取できる。

他方，証拠自体を開示するわけではないが，一覧表の開示によって氏名等一定の情報が開示されるから，そのことによる弊害の予想される場合がある。そのため，法316条の14第4項では，一定の事由を明示し，該当する場合には当該事項を一覧表に記載しないことができることとされている。そして，同項の1号，2号は，被告人・弁護人側からも，その不記載の適切さについて，ある程度検証可能な事項といえる。しかし，3号の「犯罪の証明又は犯罪の捜査に支障を生ずるおそれ」については，捜査官側にはその事情が分かっても，被告人・弁護人側からの検証可能性は限られたものとなろうから，同号に基づく不記載については，その適切な運用が強く望まれているといえる。次項で説明するように不服申立制度が設けられていないため，なおさらである。

(エ) **不服申立は不可とその意義**

証拠の一覧表の交付手続に関しては，不服申立はできない。そのため，被告人・弁護人としては，不満があるときは，検察官と交渉することになろう。

他方，一覧表に関係なく証拠開示の請求はできるから，一覧表への過度の依存を避けて，適切な証拠開示の請求が望まれていることは，この証拠の一覧表の交付手続制度が設けられた前後で変わりがないといえる。

ウ **類型証拠開示**

(ア) **概説**

　　a　類型証拠開示制度が設けられた必然性

類型証拠開示については，法316条の15に定められている。検察官の手持ち証拠を全面的に開示する制度であればともかく，何らかの形で制約された部分的な証拠開示制度であれば，何らかの形で，開示すべき証拠を制限する必要がある。後に述べるように，被告人側から主張がされるとその主張に関連した証拠の開示といった形での制約を設けることは容易であるが，この段階では，まだ，そういった手掛かりとなる主張はされていない。

この前提で考えると，検察官の請求証拠を手掛かりとして，証拠開示の対象証拠を絞り込むことが考えられる。その結果として，開示対象証拠について検察官請求証拠を前提として想定される一定の類型の証拠に限定する，といった制度設計が想定できる。筆者は，こういった思考の必然的な産物として類型証拠開示制度が設けられたものと考えている。

　　b　法316条の15の構造

類型証拠開示を定めた法316条の15の規定は，必ずしも分かりやすいものとはなっていないし，特に初学者には誤解を生む可能性の否定できないものとなっている。すなわち，同条では，1項，2項で請求を受けた検察官が開示する事項が，3項で被告人（弁護人）が請求する事項が，それぞれ定められていて，請求→開示といった手続の流れに逆行する構造となっており，その分，分かりにくくなっている。また，類型証拠開示制度の意義が正しく理解されていないと，開示されるべき証拠（＝開示対象証拠）が同条1項のどの類型に該当するかが問題とされるべきであるのに，開示の前提となる「証明力を判断する」対象となる「特定の検察官請求証拠」（例えば，甲1号証）が，同条1項のどの類型に該当するかを検討し，その結論を前提として開示請求をする，など

といった，学生にしばしば見られる全くの誤解も生じるのである。

こういったことが類型証拠開示制度の運用，特にその使い勝手の良さの程度に影響を及ぼしている側面もあり得よう。

(イ) 類型証拠開示の請求

被告人（弁護人）は，次の事項を明示することが求められている（法316条の15第3項柱書き）。開示対象証拠の特定に当たって，上記証拠の一覧表の有効活用が期待されていることになる。

明示すべき事項は，①同条1項の開示請求に関しては，ⅰ同項所定の類型と開示対象証拠を識別するに足りる事項（同条3項1号イ），ⅱ開示対象証拠が当該検察官請求証拠の証明力を判断するために重要であることその他の被告人の防御の準備のために当該開示が必要である理由（同号ロ），②証拠物の押収手続記録書面の開示請求に関しては，ⅰ請求に係る押収手続記録書面を識別するに足りる事項（同項2号イ），ⅱ証拠物により当該検察官請求証拠の証明力を判断するために当該開示が必要である理由（同号ロ），である。

(ウ) 類型証拠開示

a 検察官の証拠開示義務と類型該当性

検察官は，特定の検察官請求証拠の証明力を判断するために重要であると認められるものについては，証拠開示義務を負っている（法316条の15第1項柱書き）[32]。特定の請求証拠（例えば，甲1号証）に関して上記証拠開示義務が発生するが，開示対象証拠を制約するものとして，同項が定める類型該当性が求められている。そして，上記の時期に施行された平成28年の法改正で類型証拠開示の対象も拡大された。

同法改正による拡大後のものとして紹介すると，同条1項が定める類型は，①証拠物（同項1号），②法321条2項所定の裁判所・裁判官による検証調書（法316条の15第1項2号），③法321条3項所定の捜査機関による検証調書・これに準ずる書面（法316条の15第1項3号），④法321条4項所定の鑑定書・これに準ずる書面（法316条の15第1項4号），⑤証人等の供述録取書等[33]（同項5号），⑥検察官が特定の検察官請求証拠により直接証明しようとする事実の有無に関する供述を内容とする参考人の供述録取書等（同項6号），⑦被告人の供述録取書等（同項7号），⑧被告人・共犯者（ただし，身柄拘束又は起訴された者で5号のイ・ロに掲げる者）に係る取調状況記録書面（同項8号），⑨

証拠物の押収手続記録書面（同項 9 号[34]）である。

また，平成 28 年の法改正で，上記以外でも，⑩同条 2 項所定の証拠物の押収手続記録書面も追加された。

- [32] 開示の方法は，法 316 条の 14 第 1 項 1 号と同様であって（316 条の 15 第 1 項柱書き），閲覧，謄写である。
- [33] 供述録取書等の定義規定は，平成 28 年の法改正前は旧法 316 条の 14 第 2 号中にあったが，改正後は法 290 条の 3 第 1 項柱書き中に移動した。しかし，内容に差異はなく，「供述書，供述を録取した書面で供述者の署名若しくは押印のあるもの又は映像若しくは音声を記録することができる記録媒体であって供述を記録したものをいう。」とされている。
- [34] 同号による定義では，「押収手続記録書面」は，「押収手続の記録に関する準則に基づき，検察官，検察事務官又は司法警察職員が職務上作成することを義務付けられている書面であって，証拠物の押収に関し，その押収者，押収の年月日，押収場所その他の押収の状況を記録したもの」とされている。

b 特定の検察官請求証拠の証明力を判断するために重要であると認められること

この要件は法 316 条の 15 第 1 項柱書きに定められているが，必ずしも理解が容易でない事例について若干補足して説明する。

5 号ロに関しては，例えば，甲 3 号証として被害者 V の検察官面前調書が請求されている場合には，検察官は，甲 3 号証が不同意とされると V の証人尋問を請求することになろう。そうすると，V の甲 3 号証以外の PS，KS は，5 号ロにいう V の供述録取書等に該当することになる。そして，甲 3 号証以外の PS，KS は，甲 3 号証との関係では，V の供述の経緯を示すものであって，矛盾，変遷の有無その他甲 3 号証の証明力を判断するために重要な手掛かりを与えてくれる可能性のあるものといえる。[35] そうすると，甲 3 号証以外の PS，KS は，甲 3 号証の証明力を判断するために重要であると認められることとなろう。

6 号に関しては，例えば，上記甲 3 号証によって検察官が被害状況を直接証明しようとしているときには，その被害の有無に関して目撃した者の供述録取書等の存在が想定できる。そういった証拠が 6 号に該当することになる。

- [35] 実務では，検察官面前調書は「PS」と，警察官面前調書は「KS」との略語が用いられている。

c　開示相当性

　この要件も，法316条の15第1項柱書きに定められている。検察官は，①上記「b」で説明した重要性の程度その他の被告人の防御の準備のために当該開示をすることの必要性の程度，②当該開示による弊害の内容及び程度を考慮し，相当と認めることが必要である。すなわち，開示に関する積極的要素（＝上記①）と消極的要素（＝上記②）との比較衡量によって相当性が判断されることになる。

　なお，弊害については，罪証隠滅，証人威迫といった証拠に直接影響を及ぼすものだけでなく，関係者の名誉やプライバシーの侵害，国民の捜査協力維持の困難化などといった事柄も想定できる。

エ　主張関連証拠開示
㋐　概説
a　主張関連証拠開示と類型証拠開示との関係

　主張関連証拠開示については，法316条の20が定めている。そして，同請求においては，先行して，法316条の17第1項に基づく証明予定事実等の事実上・法律上の主張をしている必要がある[36）][37）]。類型証拠開示において既に説明したように，主張関連証拠開示の場合には，主張という開示対象証拠を絞り込む手掛かりが与えられているから，類型証拠開示のように類型によって開示対象証拠を絞り込む必要はない，その意味で，主張関連証拠と類型証拠開示とは関連性がないのである。しかし，初学者の中には，この点の理解が徹底せず，主張関連証拠開示請求に関しても法316条の15所定の類型該当性を前提として検討しようとする，などの誤解が生じることがあるので留意されるべきである。

> ▼36）被告人に対し主張明示義務及び証拠調べ請求義務を定めている法316条の17と憲法38条1項との関係については，**参考裁判例36**参照。
> ▼37）法316条の17第1項にも，「証明予定事実」とあるところから，同項に基づく主張を記載した書面も「証明予定事実記載書面」というように誤解する人がいるが，実務では，主張をすることを予定していることに着目されているためか，通常，「予定主張記載書面」と題されている。

b　主張関連証拠開示制度の意義

　被告人側の防御手法として，主張をできるだけ明示せずにおく，手の内をできるだけ明かさない，などといったこともいわれていたことについては既に説

明したが，筆者は，こういった弁護方針は，証拠開示が十分されていないために，検察官が隠し球的な立証をするのではないかなど，検察官立証に対する不安感の表れの一態様であったように受け止めている。

他方，主張関連証拠開示が制度化され，法が被告人（弁護人）に対して，先行して，予定主張を明示することを求めているのは，予定主張を明示することを可能とするだけの証拠開示は制度的に行われている，ということが前提とされているものといえる。そして，予定主張を明示することに引き続いて主張関連証拠開示請求が可能となる制度設計となっているということは，証拠開示が一段と広範囲に行われることを可能とすることによって，被告人（弁護人）に対して，予定主張を先行して行うことへの積極的な動機付けとなっているといえる。

　(イ)　**被告人（弁護人）からの請求**

法316条の20の構造は，316条の15と基本的には同じであって，分かりにくさも共通している。被告人（弁護人）は，開示請求に当たっては，①開示対象証拠を識別するに足りる事項（法316条の20第2項1号），②開示対象証拠と主張との関連性その他の被告人の防御の準備のために当該開示が必要である理由（同項2号）を明らかにする必要がある。例えば，弁護人が正当防衛の主張を行い，当該状況を目撃した者の供述録取書等の開示を求める場合である。こういった者の供述録取書等は，上記正当防衛の主張を裏付ける可能性があって，関連性があることになろう。

なお，念のために付言すれば，ここでは，弁護人の主張との関連性が問題となっていて，検察官の特定請求証拠との関連性は問題とならないから，法316条の15第1項の類型とは全く関連性がないことをきちんと理解している必要がある。

　(ウ)　**主張関連証拠開示**

検察官は，開示義務を負っていて，①上記(イ)で説明した関連性の程度その他の被告人の防御の準備のために当該開示をすることの必要性の程度，②当該開示による弊害の内容及び程度を考慮し，相当と認めることが必要である（法316条の20第1項）。

①の内容が異なるものの，類型証拠開示と，ほぼ同様の判断構造である。開示の方法は，類型証拠開示と同じく閲覧・謄写である（同項，316条の14第1

項 1 号)。

オ 証拠開示に関する裁定
(ア) 概説

関連する定めは，法316条の25〜316条の27である。公判前整理手続が実施されて間もない時期には，証拠開示に関する運用も安定しておらず，裁判所に対してこの裁定が求められ，更には上訴審にも不服が申し立てられるといった事例も多数生じていた。[38] しかし，証拠開示に関する運用が次第に安定し，また，そういった運用を踏まえて検察官が任意開示にも柔軟に応じるようになる，といった証拠開示全体の運用の変化に伴って，この裁定が求められる事例は大幅に減少しているように受け止めている。

法316条の25第1項では，裁判所は，開示の必要性の程度，弊害の内容・程度等を考慮して必要と認めるときは，当該当事者の請求により，決定で，開示の時期，方法を指定し，条件を付することができるとされている。

法316条の26第1項では，裁判所は，証拠開示が行われていない場合には，相手方の請求により，決定で，当該証拠の開示を命じなければならないとされ，開示の時期，方法を指定し，条件を付することができるとされている。

▼38) こういった時期の成果として，酒巻匡編著『刑事証拠開示の理論と実務』(2009年，判例タイムズ社) がある。

(イ) 開示命令の対象は検察官の手持ち証拠に限定されないこと

証拠開示は，検察官の手持ち証拠を被告人(弁護人)に開示するところにその主要な役割があるから，開示命令の対象となる証拠も原則として検察官の手持ち証拠であることは当然のことである。しかし，証拠には流動的なところがあるから，厳密に，検察官の手持ち証拠に限定すべきかについては検討の余地が残されていた。そして，一連の最高裁判例によって，①当該事件の捜査の過程で作成され又は入手等した書面等であって，公務員が職務上現に保管し，且つ検察官において入手が容易なものも含むとされ，[39] ②警察官が犯罪捜査規範13条に基づき当該捜査状況等を記録した備忘録で捜査機関において保管されている書面も，開示対象の証拠となるとされ，[40] ③警察官が私費で購入して自宅に持ち帰ったりしていた大学ノート (捜査の過程で作成されたメモ[41]) も，開示対象の証拠となるとされた。

また，②の判例によって，開示命令の対象となるのか否かを判断するため

に，法316条の27第1項に基づく提示命令を発することができることも確認された。その結果，開示対象証拠の範囲も明確になり，法定された証拠開示だけでなく任意開示も柔軟に行われるようになった現在の運用を下支えしているといえる。

> 39) 最決平成19年12月25日刑集61巻9号895頁（山口裕之・判解刑同年度495頁）。
> 40) 最決平成20年6月25日刑集62巻6号1886頁（増田啓祐・判解刑同年度520頁）。
> 41) 最決平成20年9月30日刑集62巻8号2753頁（上岡哲生・判解刑同年度638頁）。

　(ウ)　**即時抗告**

決定は，相手方の意見を聴いて行われるが（法316条の25第2項，316条の26第2項），決定に対しては即時抗告ができることとされている（法316条の25第3項，316条の26第3項）。

　カ　**開示証拠の目的外使用の禁止**

関連する定めは，法281条の3〜281条の5である。重要な定めであって，その趣旨は正確に理解されるべきであるが，証拠開示関連の規定とは全く異なる箇所にあるところから，条文の存在自体を気付かれない危険性がある。

①弁護人は，検察官から被告事件の審理の準備のために開示された証拠の複製等を適正に管理し，その保管をみだりに他人にゆだねてはならないとされている（法281条の3）。

②被告人，弁護人又はこれらであった者は，検察官から閲覧・謄写の機会を与えられた証拠の複製等を，当該事件の審理等，法281条の4第1項が定める手続又はその準備に使用する目的以外の目的で，人に交付するなどしてはならないとされている（同条）。

③被告人（被告人であった者）が目的外使用をした場合の罰則が法281条の5第1項である。弁護人（弁護人であった者）に関する定めが同条2項であるが，罰則規定は同じである。

> 42) 審理の準備のために謄写の機会を与えられた証拠の複製等をインターネット上の動画投稿サイトに掲載することが法281条の5第1項の目的外使用罪に当たるとしたものに東京高判平成26年12月12日高刑集67巻2号1頁（この研究に河村博・刑ジャ50号《2016年》107頁）がある。同事件は上告棄却で確定している（河村・前掲108頁）。

(3) **争点及び証拠の整理結果の確認等**

法316条の24が定める公判前整理手続の終結の手続である。そして，公判段階でその結果が顕出される（法316条の31）など，公判手続の特例が定められているが，その詳細は当該箇所で説明する。

5 期日間整理手続

期日間整理手続は，第1回公判期日以後における新たな公判期日に向けた公判準備手続である。証拠調べが開始され，予断排除の原則の適用がない状態での手続であることが公判前整理手続との大きな違いである。他方，それ以外では，公判準備の手続である点で公判前整理手続と共通しているところから，法316条の28第2項で，公判前整理手続に関する規定が準用されているのは，事柄の実態に即したものといえる。

手続的には，平成28年の法改正で公判前整理手続と同様の改正がされた結果（改正法の施行は平成28年12月1日），検察官，被告人（弁護人）の請求又は職権で期日間整理手続を行うことが可能となった（法316条の28第1項）。

第4 公判期日の手続

1 概説

(1) **公判期日の手続の4分類**

公判期日の手続は大別すると，4つに分類される。冒頭手続，証拠調べ手続，弁論の終結（結審）手続，判決手続である。

(2) **公開の法廷における被害者特定事項の秘匿等**

標題の点については，法290条の2，290条の3が定めているが，起訴状の朗読にも影響を及ぼす事柄なので，冒頭手続の前に説明しておく（平成28年の法改正の施行は平成28年12月1日）。

　ア **被害者特定事項の秘匿**

公開の法廷における被害者特定事項の秘匿について定めた法290条の2では，対象事件は同条1項に定められているが，性犯罪に係る事件のほか，「犯行の態様，被害の状況その他の事情により，被害者特定事項」（氏名及び住所その他の当該事件の被害者を特定させることとなる事項）「が公開の法廷で明らかにされることにより被害者等の名誉又は社会生活の平穏が著しく害されるおそれがあると認められる事件」（同項3号）である。

裁判所は，当該事件の被害者等（「被害者等」の定義，この申出権者については，同条１項柱書き参照）から申出があったときには，被告人（弁護人）の意見を聴き相当と認めるときは，被害者特定事項を公開の法廷で明らかにしない旨の決定をすることができるとされている。もっとも，法290条の２第３項で，上記対象事件以外の事件に関しても，同項の要件を満たす場合には，裁判所は，上記と同様の手続を経て，被害者特定事項を公開の法廷で明らかにしない旨の決定をすることができるとされている（以下，この両決定を便宜一括して「秘匿決定」ということがある）。

　なお，公開の法廷が原則であるから，同条４項は，上記各決定を取り消すべき場合を定めている。

　そして，裁判所は，秘匿決定をした場合には，被害者の氏名その他の被害者特定事項に係る名称に代わる呼称を定めることができるとされている（規則196条の４）。

▼43）この申出は，検察官に対してなされ，検察官は，意見を付して裁判所に通知することとされている（同条２項）。

▼44）被害者の氏名を起訴状に記載しないなど，より徹底した秘匿の形式の起訴状の記載が適法かも論じられている。

イ　証人等の特定事項の秘匿

　氏名等の被害者特定事項を公開の法廷で明らかにしないで訴訟手続が行えるようにする制度は，被害者に限らず証人等においても設けられるべきであるところから，法290条の３が設けられた。

　裁判所は，同条１項１号，２号所定の場合に，証人等からの申出があるときは，証人等特定事項（＝氏名及び住所その他の当該証人等を特定させることとなる事項）の秘匿決定をすることができるとされている（同条１項）。同決定があると，起訴状・証拠書類の朗読は，証人等特定事項を明らかにしない方法で行われ（法291条３項，305条４項），訴訟関係人のする尋問，陳述等が証人等特定事項にわたるときは，裁判長により制限され得ることとされた（法295条４項）。

　他方，証人等特定事項を公開の法廷で明らかにしないことが相当でないと認めるに至ったときは，秘匿決定を取り消さなければならないとされている。これは，裁判の公開の原則からして当然の規定といえる。

2 冒頭手続

冒頭手続の眼目は被告人に公訴事実を告知してその弁解を聴き，争点を明確にしていくところにある。

(1) 人定質問

ア 概説

人定質問は，起訴状の朗読に先立って，裁判長が，審判の対象者の同一性を確認する手続である。規則196条は，「裁判長は，……被告人に対し，その人違でないことを確かめるに足りる事項を問わなければならない」としている。通常は，氏名，年齢（生年月日），職業，住居，本籍（外国人の場合は国籍）を確認している。形式的な事項を確認するだけの手続のように思われがちだし，実際に問題もなく終わるのが大半である。しかし，手続上も大きな問題に発展することがあるから，丁寧に確実に行う必要がある[45]。

> [45] 公判前整理手続を経た事件はともかく，人定質問は，通常は，裁判長と被告人とが最初に言葉を交わす重要な機会であるから，人定事項を問うのも，きちんとした質問の形で行うべきであって，「名前は？」などと，不完全な形での質問は相当とはいえない。

イ 人定事項が判明しない場合

逮捕状の記載要件を定めた規則142条で，「被疑者の氏名が明らかでないときは，人相，体格その他被疑者を特定するに足りる事項でこれを指定しなければならない」としている（同条2項）から，被告人の場合も同様の取扱が相当である。ただ，被告人の氏名が不明な場合には，捜査段階からそうなっていて，通常は，起訴状に写真を添付するなどの特定のための工夫がされているから，そういった資料を活用して，特定に努めるのが一般的である。

また，同条3項は，「被疑者の年齢，職業又は住居が明らかでないときは，その旨を記載すれば足りる」としている。被告人の場合も，同様の取扱で足りる場合が多い。しかし，年齢については，一見して成人と分かる場合はともかく，若年の被告人の場合には，少年であるか否かが問題となり得る。特に，外国人の場合には生年月日の正確な情報を得るのが困難な場合があり，起訴後の調査で少年であることが判明し，家庭裁判所を経ていないとして公訴棄却の判決がなされる（法338条4号）といった結果に終わることもある。

(2) 起訴状の朗読

ア　概説

起訴状の朗読（法291条1項）は，通常は，起訴状に記載されている「公訴事実」と「罪名及び罰条」を中心に行われている。これは，上記のとおり冒頭手続の眼目をなす部分に属する手続である。

イ　秘匿決定があった場合

秘匿決定があった場合には，法291条2項に基づいて，被害者特定事項を明らかにしない方法で行うこととされ（上記「呼称」を用いることも可能である），検察官は，被告人に起訴状を示すこととされている。この点は，後に説明する法290条の3に基づく証人等特定事項の秘匿決定があった場合も同様である（法291条3項）。

(3)　訴訟法上の権利告知

裁判長は，被告人に対して，黙秘権等の訴訟法上の権利告知を行うこととされている（法291条4項，規則197条）。黙秘権の告げ方に関しては，規則197条1項の定めに準拠することが基本形といえよう。その上で，被告人の理解度を推測しながら，さらに説明すべき場合のあることは規則197条2項が定めているとおりである。

(4)　被告人・弁護人の罪状認否

ア　概説

起訴状の朗読を前提として，被告人及び弁護人が被告事件について陳述をする機会が与えられる。この陳述を実務では「罪状認否」と称している。この罪状認否の手続が冒頭手続の眼目であって，適切な罪状認否が行われる前提として黙秘権等の告知も行われているのである。

しかし，まだ証拠調べにも入っていない審理の冒頭での手続であるから，争点を明示すべく，公訴事実に対して認めるのか認めないのかを，例えば，行為自体は認め，故意を争う，などと簡潔に陳述するのがあるべきものといえる。被告人から詳細な意見陳述の希望が述べられた場合などでは，被告人質問の際に適正な形で述べることにしてもらう，又は書面の提出を促し，その要旨を簡潔に口頭で述べてもらう，などといった取扱が冒頭手続の趣旨に沿ったものといえる。

被告人側に罪状認否の機会を与えれば良いから，実際には，黙秘して罪状認否を行わない，などといったことがあっても，手続としては終了したことにな

イ　求釈明

　かつては，この陳述の前提として，起訴状に対して詳細な求釈明の申出があり，この処理に多数の日時を要する事例もあった。しかし，上記のように冒頭手続としての陳述が出来る程度の情報が得られていれば求釈明の必要はなく，実際にも，そういった求釈明の内容は大半は証拠調べの段階で明らかにされれば足りることであったといえる。現在は，こういった事例もごく限られたものとなっていよう。

> ▼46）そして，罪状認否では「黙秘する」，「犯罪事実は全部否認する」などと，それまでに行われた求釈明の手続の有り様と罪状認否の内容との関連性に多大な疑問を抱かせる事案もあった。

ウ　第１回公判期日の終了とその意義
(ア)　第１回公判期日の終了

　罪状認否が終わると，第１回公判期日は終了したことになり，証拠調べの段階に移行する（法292条本文）。ここでいう「第１回公判期日」は法的な意味であって，物理的（形式的）な「第１回公判期日」をいうのではない。そのため，上記のように求釈明の手続処理等の関係で，罪状認否を終えるまでに複数回の期日を要し，例えば，第４回公判期日に冒頭手続が終了した場合には，上記の意味での「第１回公判期日」の終了は，第４回公判期日の罪状認否が終了した時点である。

　他方，「第１回公判期日」として指定された期日での手続が順調に進行し，冒頭手続を終えて証拠調べに入った後に同期日が終了しても，ここでいう「第１回公判期日」は，同期日の冒頭手続が終了した段階で終了しているのである。

(イ)　第１回公判期日の終了の意義

　第１回公判期日が終了した意義は２つある。１つは，証拠調べ段階に移行するから予断排除の原則の適用がなくなることである。２つは，その延長線上にある事柄であるが，身柄に関する処分を受訴裁判所が行うことになることである。法280条１項，規則187条は，この趣旨を踏まえた定めといえる。

3　証拠調べ手続
(1)　概説

ア　証拠調べ手続の位置付け

　法317条，318条は自由心証主義を前提とした証拠裁判主義を定めているが，証拠調べ手続は，まさにそのための手続である。簡易公判手続などといった変則型もあるが，それらは項を改めて説明することとし，ここでは原則型の証拠調べ手続を説明する。

　証拠調べは，①裁判の基礎となる証拠を公開の法廷で取り調べるという審理の公開の実質をなすものであること，②証拠調べの過程を通じて当事者が当該証拠に対して弁駁(べんばく)を行い，裁判所がそういった公判廷での手続を通じて心証を形成するという裁判の中立性，公平性の担保が図られること，を実現するものといえる。

イ　証拠調べ手続の意義

　狭義の証拠調べは，裁判所が心証を形成するために，証拠方法（例えば，証人）を取り調べて証拠資料（例えば，証言）を獲得する，といった証拠調べを実施することを意味する。広義の証拠調べは，狭義の証拠調べに加えて，①立証課題（冒頭陳述，証明予定事実，予定主張）の提示，②証拠調べの請求，その採否，などの準備行為も含まれると解されている。

　公判前整理手続との関係でいえば，狭義の証拠調べはできない（＝法316条の5に証拠調べ自体に関する定めがない）が，広義の証拠調べを行うことも重要な目的としている手続であるということができる。予断排除の原則との関係で，この広義の証拠調べを行う余地など全くなかった従前の事前準備とは，この点でも手続の質を異にしている。

　また，公判期日外で行われる証拠調べ（これ自体の説明は該当箇所で行う）は，証拠方法から証拠資料を得る手続であるが，その結果を法廷で取り調べることを通じて裁判所が心証を形成するものである点で，公判廷での証拠調べとは手続の質を異にしているものの，広義の証拠調べには含まれる。

(2)　冒頭陳述

ア　概説

(ｱ)　冒頭陳述の現在的意義（「心証引継型」から「公判立証中心型」へ）

a　「心証引継型」から「公判立証中心型」へ

　法296条本文の定めを踏まえ，「証拠により証明すべき事実」を明らかにするものを冒頭陳述と呼んでいる。そして，冒頭陳述に対する理解は時代と共に

変化している。

　検察官の冒頭陳述では，事実関係を時系列的に詳細に述べる方式も活用されていた。筆者は，争点も詰まっておらず，請求証拠に対する相手方の意見も不明で，請求証拠が最終的に証拠として採用になるのかも不明な状態で行われるところから，手持ち証拠を基にして目一杯立証可能な事実を提示し，事件に対する自分たちの見方を裁判所に伝えようとの意図があったように受け止めている。筆者は，こういった冒頭陳述を「心証引継型」と呼んでいる。

　他方，公判前整理手続を経ると，争点も明らかになり，証拠の採否の決定もされているから，どの主張はどの証拠で立証できる（逆にいえば，どの主張は裏付け証拠を欠くことになって立証できない）ということが分かっている。そうすると，手持ち証拠を基にして目一杯立証可能な事実を主張する，といった心証引継型的な冒頭陳述を行う必要はなく，争点に関連する事実は何であり，それをどういった証拠で立証するのかを中心として簡潔で分かりやすい内容の冒頭陳述を行う傾向が強まっているのは，ごく自然な流れということができる。筆者は，こういった冒頭陳述を「公判立証中心型」と呼んでいる。

　　　　b　冒頭陳述の有り様に対する評価

　冒頭陳述は，これから行う公判立証でどういう証拠で何を立証しようとするのかを提示するものであるから，「公判立証中心型」が本来型となるはずである。しかし，そのことを可能とするには，争点と証拠の整理が不可欠な前提となっているから，それらを欠いた状態でなされる冒頭陳述では，「心証引継型」も一定の必然性を持った有り様であったと評価されるべきである。

　このように考えてくると，裁判員裁判では，裁判員に対する分かりやすさといった観点も冒頭陳述の有り様に大きな影響を与えていると思われるが，争点と証拠を整理するという公判前整理手続の有り様が冒頭陳述の有り様を規定している度合いの方が高いとの受け止めが合理的なように解される。

　　　(イ)　**冒頭陳述の二面性**

　これまでの説明からも明らかなように冒頭陳述は，当該当事者にとっての立証目標を明らかにしたものといえる。同時に，当事者主義の訴訟構造からすれば，自分が提示した立証目標は，相手方にとっては，その訴訟活動の攻撃対象となるから，その限度で，相手方の訴訟活動に便宜を与えるとともに，無用となる訴訟活動を回避させる趣旨で，相手方の訴訟活動を制約するものでもあ

る。このように，冒頭陳述は，それを行った当事者に対してだけでなく，相手方へも影響を及ぼすという二面性を持ったものなのである。

　(ウ)　冒頭陳述の内容的な規制

　憲法37条1項は公平な裁判を受ける権利を被告人に保障している。そして，検察官の冒頭陳述について定めた法296条ただし書は，「証拠とすることができず，又は証拠としてその取調を請求する意思のない資料に基いて，裁判所に事件について偏見又は予断を生ぜしめる虞のある事項を述べることはできない」とし，この規定は，公判前整理手続を経た事件であると否とを問わず，弁護人（被告人）が行う冒頭陳述にも当てはまる。[47]

　これらは，証拠によって事実を立証するとの観点からすれば，主張と証拠が分離している状態での主張の提示を禁止したものであって，予断排除の原則との関係を考えるまでもなく，当然の事柄を定めたものということができる。しかし，裏付け証拠を欠く主張はおよそできないかといえば，そうではなく，証拠評価の視点を提供するなど，自由心証との関係で有用性のある主張提示もあり得なくはない。そういった観点からすれば，主張と証拠が分離している状態での主張の提示を一律に禁止することはせず，「裁判所に事件について偏見又は予断を生ぜしめる虞のある事項」に限定した形での証拠と分離した主張の提示を禁止していることには，合理性があることになろう。

　また，裁判員法55条は，検察官，被告人（弁護人）が行う冒頭陳述に対して，公判前整理手続によって整理された争点及び証拠に基づいて，証拠との関係を具体的に明示することを求めているのも，上記の趣旨に沿った，「公判立証中心型」の具体化と解することができる。

　　▼47)　規則198条2項は同趣旨の規定であり，法316条の30後段は296条ただし書を準用している。

　(エ)　**冒頭陳述の位置付け，ひいては公判期日における証拠調べの位置付けの変化**

　　　a　冒頭陳述の位置付けの変化

　従前のイメージだと，証拠調べは冒頭陳述を契機として開始され，その後に行われる証拠調べの結果を踏まえて論告，弁論の内容が徐々に形成されていく，などといった，手続の流れに沿って検察官・弁護人の主張内容も自ずと完成していくと想定されるものであった。

ところが，公判前整理手続を通じて広範な証拠開示が行われる結果，まず，弁論の内容を想定し，その想定を前提として立証内容を想定し，その前提となる冒頭陳述を想定する，などといった「遡り型」の立証構造の理解（「遡り型」は筆者の呼称である）が，弁護側で強調されるようになった。そして，この「遡り型」の立証構造の理解が，検察側にも共通のものとなりつつある（なお，当然のことながら，検察官は，論告内容を想定して遡ることになる）ように，筆者は，受け止めている。

公判前整理手続で整理された証拠関係が公判段階でも基本的には変化しないとの訴訟構造を前提とすれば，このような「遡り型」の立証構造の理解には実務的な有意性があり，その分広く受け入れられる余地があるといえよう。このような理解を前提とすれば，冒頭陳述は証拠調べを文字どおり開始させる契機となるものといった従前の位置付けとは異なり，弁論を前提とした証拠調べの一コマに位置付けられているように筆者は受け止めている。

　　b　公判期日における証拠調べの位置付けの変化

他方，こういった「遡り型」の立証構造の理解は，冒頭陳述の位置付けを変化させるだけでなく，証拠方法から証拠資料を得る証拠調べ自体の位置付けも変化させているように筆者は受け止めている。すなわち，従前も，検察官立証について，捜査段階の調書の内容を復元しているといった批判がないわけではなかった。しかし，弁論を前提として冒頭陳述を考えるということは，証拠調べの過程は，公判前整理手続で請求のあった証拠内容が原則として再現される過程であることを，弁護人，検察官双方が前提としていることになる。そうなると，捜査段階の証拠そのものではないものの，公判前整理手続において設定された争点に沿う形で再構成された証拠内容が公判廷で再現されることを検察官，弁護人ともに想定していることになる。

このように証拠調べは，公判前整理手続で整理された証拠関係の再現・確認過程となっているように筆者は受け止めている。

　　イ　検察官の冒頭陳述
　　　(ア)　概説

法296条本文によれば，検察官には証拠調べの初めに冒頭陳述をすべき義務が課されている。これは，刑事事件において主要な立証責任を負っている原告官たる検察官の訴訟上の地位からすれば当然の定めといえよう。

そして，原告官の立証目標の提示は当該事件の訴訟としての有り様に大きな影響を与えるから，適切な内容であることが強く要請されているといえる。[48]

> [48] 例えば，争点と関係のない事情を詳細に述べたりすると，無用な争いを招き，争点との関連性に乏しい事項まで立証がされることになったりして，争点中心の訴訟の実現が困難となる弊害が生じる。

(イ) 論告との相違

冒頭陳述はこれから立証しようとする立証目標を提示するものであり，論告はそれまで立証されてきた結果を踏まえて，何が立証されたのかを提示し，裁判所に対して判断対象を提供するものである。このように，冒頭陳述と論告は目指す視線の方向が正反対であって，その役割も異なるから，その違いは容易に理解されているはずである。ところが，冒頭陳述において，証拠の証明力に立ち入った言及がある（例えば，甲証人の証言は××の観点から信用できる，など）など，立証目標の提示を超えて，立証した事実の評価にわたる主張がされることが全くないわけではないから，論告との相違は適切に自覚されておくべきである。

ウ 弁護人の冒頭陳述

法の建前としては被告人も冒頭陳述をすることは可能であるが（現に，規則198条，法316条の30は，被告人の冒頭陳述も前提とした定めとなっている），実務的には，被告人が冒頭陳述を行うことは通常ないから，ここでの説明は弁護人の冒頭陳述だけを対象とする。

(ア) 立法者の位置付け

立法者は，「弁護人の冒頭陳述」について，検察官の冒頭陳述とは大きく異なる扱いをしている。まず，公判前整理手続の制度が設けられるまでは，刑事訴訟法には弁護人の冒頭陳述に関する規定はなかった。規則198条1項も，検察官の冒頭陳述の後といった限定は付しているものの，それ以上に弁護人が行う冒頭陳述の時期を指定せず，また，弁護人が冒頭陳述を行うのは義務ではなく，任意的なものであって，裁判所の許可を要したのである。[49]

このことは，一見すると不合理なようにも思える。しかし，既に説明したように，起訴の時点における検察官と弁護人との手持ち証拠の差は歴然としていて，しかも，検察官からの証拠開示が十分でないと，弁護人としては，冒頭陳述をしようとしても，証拠の裏付けを欠く主張部分が相当程度生じてしまう，

といったことも起こり得なくはなかったものと想定される。また，手の内を明かしたくないといった弁護活動もあったわけである。このように考えてくると，立法者が，弁護人の冒頭陳述を訴訟における不可欠な手続とまでは位置付けない，その分軽視した取扱としたことにも，やむを得ない側面があったといえよう。

▼ 49) 同項は「裁判所は，……許すことができる」としている。しかし，弁護人が冒頭陳述をしたいと申し出た場合に，裁判所が不許可とすることは想定しにくいから，実際の運用としては，裁判所の許可の要件によって，弁護人が行う冒頭陳述が制約されることはなかったであろう。

(イ) **公判前整理手続を経た事件における弁護人の冒頭陳述**

このような状況を一変させたのが法316条の30であって，弁護人の冒頭陳述について，刑事訴訟法上の定めとして，検察官の冒頭陳述に引き続いて行うべき旨を規定したのである。当事者主義を前提として争点中心の審理を行おうとすれば，弁護人に，主張すべき事柄があるのであれば，早期にその点を明示してもらうのが適切なことは明らかである。特に，主張関連証拠開示までされた事案で，弁護人が冒頭陳述を行うのは任意的なものだとすれば，制度的な矛盾ともいえる。そのため，同条は，必然性のある規定ということができる。そして，その前提には，証拠開示制度が整備されたことがあるのである。また，弁護人によるアナザーストーリーの提示といったことが強調されるようになったのも，このような証拠開示を介して弁護人の手持ち証拠が増大したことが前提となっているといえる。

しかし，弁護人としては，基本的には，検察官の立証に対して合理的な疑いを提起し，少なくともその限度での立証に成功すれば良いわけであるから，検察官の主張全体に対してアナザーストーリーを提起するのは，勿論，そういった主張が可能な事案で行うのは当然のこととして，そうでない事案においては必要のないことである。ポイントを絞った反駁が効果的な場合が少なくないと思われる。

(3) **公判前整理手続の結果顕出**

公判前整理手続の結果顕出の関係法条は，法316条の31，規則217条の31である。筆者は，この手続には2つの側面があると考えている。1つは，文字どおり公判前整理手続の結果を顕出して口頭弁論の内容とすることである。規則217条の31第1項が，公判前整理手続調書の朗読といったことを，この顕

出の手法として規定しているのも，上記の趣旨の手法として理解できる。

　他の1つは，裁判官と裁判員との情報ギャップを埋める手続であるということである。補足すると，裁判官は，公判前整理手続を通じて証拠の内容を知ることはないものの，当該事件に関する上記以外の情報は相当程度得ていることになる。他方，裁判員は，そういった情報を欠いたまま審理に臨んでいるが，この「公判前整理手続の結果顕出」手続より前の段階には，そういった情報ギャップを埋める手続はない。換言すれば，この「公判前整理手続の結果顕出」の手続過程を通じて，上記情報ギャップの解消が図られることが期待されているといえる。▼50)法316条の31は，弁護人の冒頭陳述が終わった後に「公判前整理手続の結果顕出」の手続を行うことになっているが，上記の観点からすれば，同条は同手続の主要部分を行う趣旨のものと解するのが相当である。すなわち，上記情報ギャップを埋める観点からも，裁判員が検察官，弁護人双方の冒頭陳述を当該事件における争点を理解した上で聴いた方が分かりやすいことは明らかである。そのため，裁判長において，証拠調べの冒頭で，公判前整理手続において設定された争点を告げ，この争点を念頭に置いてこれから行われる当事者双方の冒頭陳述をよく聴いて下さい，などといった形で手続を進める方が望ましいと筆者は考えている。そして，「公判前整理手続の結果顕出」においても，弁論への上程手続としてでなく，上記情報ギャップの解消の観点から必要な情報提供を積極的に行うべきであり，この▼51)「公判前整理手続の結果顕出」は形式的な手続ではなく，上記のような実質を伴った意義の高い手続であると筆者は考えている。

　なお，期日間整理手続の結果顕出も上記両条項で定められているが，規定の趣旨は公判前整理手続の結果顕出と同様なので，格別の説明は省略する。

　　▼50) 勿論，休廷時間等を活用して，この情報ギャップの解消に向けた配慮が試みられるかもしれない。しかし，それは，事実行為にとどまるのであって，公判廷で行う制度的な手続としては，この「公判前整理手続の結果顕出」手続に上記情報ギャップを埋める役割も含められているものと解される。
　　▼51) 公判前整理手続調書に記載されていない情報を提供するという趣旨ではなく，同調書の記載内容で，上記情報ギャップの解消に資する情報を分かりやすくかみ砕いて説明することなどである。

(4) 証拠調べの請求

　ア　概説

(ア) 証拠調べ請求権者等

証拠調べに関しては，請求による場合と裁判所の職権による場合とがある（法298条）[52]。証拠調べの請求権者は，検察官，被告人・弁護人である（同条1項）。そして，公判前整理手続の場合を除いては，第1回公判期日後であれば，期日外でも行うことができる（規則188条）。しかし，規則189条の2に定められているように，厳選した証拠を請求すべきは当然のことである。

> ▼52) 職権による場合としては，例えば，法303条が定める公判準備の結果に関する証拠調べがある。

(イ) 証拠調べの方式

証拠調べの請求は，要式行為とされていないから，口頭でも可能であるが，一定の事項の履践が要請されている。

a 立証趣旨の明示

証拠調べ請求に当たっては，証拠と証明すべき事実との関係を具体的に明示する必要がある（規則189条1項）。裁判所が証拠の採否を決するに当たっては，まずもって立証趣旨に着目するし，また，立証趣旨の明示は，反対当事者の訴訟準備にも便宜を与えるものである。このように，立証趣旨を明示することは，重要な事柄である。したがって，同項に違反すると証拠請求を却下することができる（同条4項）。しかし，実際問題としては，裁判所は釈明権を行使して立証趣旨の明確化を図るから，立証趣旨不明確として証拠請求が却下されるのは限られた事案においてであろう。

そして，証拠が採用された場合に，その証明力が立証趣旨によって拘束されるかについては争いがあり，筆者は積極説であるが，消極説が多数説とされている。しかし，多数説も，①法328条の証拠など，立証趣旨の限度で証拠能力が認められる証拠の場合，②立証趣旨に限定して法326条の同意が行われた場合，などでは，立証趣旨の限度で証拠能力を認めるから，両説の実質的な差異が表面化することは限られているといえる。そして，不意打ち防止の観点を適切に活用すれば，多数説でも，多くの場合において積極説と同様の結論となろう。

b 請求証拠の特定

①証人，鑑定人，通訳人，翻訳人の尋問請求に当たっては，氏名・住居を記載した書面の提出が（規則188条の2第1項），②証拠書類その他の書面の取調

べを請求するに当たっては，標目を記載した書面の提出が（同条2項），③証人尋問の請求に当たっては尋問時間の申出が（規則188条の3第1項），それぞれ求められている。▼53)

　また，書面の一部の取調べを請求するに当たっては，当該部分を明確にしなければならない（規則189条2項）。そして，法321条ないし323条又は326条の規定によって証拠とすることができる書面が捜査記録の一部である場合には，検察官は，できるかぎり他の部分（＝この部分は証拠能力を有しない部分でもある）と分離して取調べ請求をすることが求められている（法302条）。

　　▼53) 当該証人尋問が採用されると，相手方も証人尋問に要する見込み時間を申し出ることが義務付けされている（同条2項）。

(ウ) 証拠調べ請求の撤回

　証拠調べ請求は，証拠調べの実施まではいつでも撤回可能と解されている。しかし，証拠調べが実施されると，当該証拠は裁判所による心証形成に係わることになるから，証拠調べ請求の撤回は許されない。もっとも，証拠排除が行われると，当該証拠によって形成された心証部分は解消されることになる。

(エ) 相手方の知悉権

　証人，鑑定人，通訳人，翻訳人の尋問請求に当たっては，あらかじめ，相手方に対し，その氏名，住居を知る機会を与えなければならないし，証拠書類，証拠物の取調べ請求に当たっては，あらかじめ，相手方に対し，閲覧の機会を与えなければならないとされている（法299条1項，規則178条の6，178条の7）。これは，不意打ち防止措置といえるが，広くは証拠開示の一環の措置と考えることができる。

(オ) 証人等の保護

　証拠請求者（検察官又は弁護人）は，証人との安全が脅かされるおそれがあるときは，相手方に対し，その旨を告げ，証人等の住居等が特定される事項が，犯罪の証明等に必要な場合を除き，被告人を含む関係者に知られないようにすることその他証人等の安全が脅かされることがないように配慮することを求めることができる（法299条の2）。

　また，検察官は，法299条1項の規定により証拠開示等を行う際に，被害者特定事項が法廷で明らかにされることによって被害者等の名誉等が著しく害されるおそれがある又は被害者等の身体等への加害行為がなされるおそれがあ

るときは、弁護人に対し、その旨を告げ、被害者特定事項が被告人の防御に関し必要がある場合を除き、被告人その他の者に知られないようにすることを求めることができる（法299条の3本文）。なお、同条ただし書で、被告人に関しては、起訴状に記載された被害者特定事項が除外されている。

　両条項において、情報遮断の対象者に被告人も含まれていることが注目される。それだけ弁護人の適切な弁護活動が期待されているといえる。

　イ　検察官による証拠調べ請求
　　(ア)　原則型

　検察官は、事件の審判に必要と認める全ての証拠の取調べを請求しなければならないとされている（規則193条1項）[54]。この点に関しては、法301条が、自白調書について、犯罪事実に関する他の証拠が取り調べられた後と、その取調べ請求時期を限定していることとの関係が問題となる。判例（最決昭和26年6月1日刑集5巻7号1232頁）は、同条を自白調書の取調時期に関する定めと限定解釈し、自白調書の請求自体は、上記規則193条1項に基づいて、他の証拠と一括して請求することを肯定している。実務は、この判例に従った運用がなされている。

> [54] 公判前整理手続においては、法316条の13以下の関係規定に基づいて証拠請求がなされる。ちなみに、規則217条の19で、この規則193条の適用は除外されている。

　　(イ)　法300条の意義

　法300条は、321条1項2号該当書面の請求義務を検察官に課している。しかし、筆者は、現在では、この規定は、証拠開示が不十分であったり、尋問が適切に行われなかった場合を懸念した念のための定めと化していると解している。すなわち、検察官が立証上必要と考える場合には、本条によるまでもなく、自ら当該書面を証拠請求するであろう。他方、被告人側が立証上必要と考えるような書面については、適切な証拠開示がなされていて、尋問も適切な形で行われれば、弁護人としても、本条に該当する当該書面の存在とその内容とを知ることができるはずであるから、自ら、証拠請求すれば足りるのである[55]。まさに当事者追行主義が発揮されるべき場面であるといえる。そして、当事者双方が立証上必要性を感じないような書面まで、本条に基づいて検察官に証拠請求させる必要はないものと解される。

このように考えてくると，本条の実務的な意義は限られたものであって，基本的には，当事者の適切な訴訟活動に任せておけば足りるものと解される[56]。

▼55) 被告人側が本条該当書面の存在を知り得る機会としては，事前準備として事前に当該証人と面会した際（後に説明する証人テスト）も挙げられる。
▼56) 筆者は，明示的に本条に基づいた形での請求がなされた事例には接しなかったから，従前から，本条の実務的な意義は限られていたのかもしれない。

ウ　被告人・弁護人の証拠調べ請求

標題の請求は，検察官の証拠調べ請求の後に行われる（規則193条2項）。刑事の訴訟構造からすれば当然の規定ということができる。なお，公判前整理手続においては，検察官に関して説明したのと同様である。

エ　証拠の適正化・真正化の方策

証拠調べは単に手続的に適正であるだけでなく，取り調べた証拠自体が適正で質の高い証拠であることが欠かせない事柄である。そういった観点からは，平成28年の法改正で，証拠隠滅等の罪等の法定刑が引き上げられた（施行は平成28年6月23日）のは，歓迎すべきものといえる。

しかし，勿論，こういった処罰規定が活用されなくても証拠の適正化・真正化が図られていくことが期待されるところである。

(5)　証拠決定

ア　概説

証拠調べは，いきなり行うのではなく，証拠としての採用決定があったものについて行うことになる。証拠決定には，当事者の証拠調べ請求に対するもの（規則190条1項）と，職権によるもの（法298条2項）とがある。前者の場合には，請求を認容する証拠採用決定と請求を却下する却下決定とがある（規則190条1項）[57]。

証拠決定は，訴訟法上の決定であるから，証拠調べが行われていない段階では，撤回することも可能である。例えば，証拠採用決定後に当該証拠を取り調べる必要がなくなってしまって，当該証拠採用決定を取り消す場合である。

証拠調べを経た後では，当該証拠の内容が裁判所の心証形成の一部となっているから，当該証拠採用決定を取り消すことはできず，必要があれば，証拠排除決定を行うことになる。

▼57) 誤解する人がいるから付言する。請求が不適法である場合に「却下決定」がされるのは当然として，請求に理由がない場合も，「棄却決定」ではなく「却下決

定」がされることに留意する必要がある。

イ　証拠決定の手続

証拠決定を行う手続は，①請求に基づく場合は，相手方（その弁護人）の意見を，②職権による場合は，検察官及び被告人（弁護人）の意見を，聴かなければならない（法299条2項，規則190条2項）とされている。[58)]

> ▼58)　被告人が出頭しないでも証拠調べを行うことができる公判期日における例外的手続につき規則190条3項。

(ア)　請求による場合

証拠調べの決定を行うに当たって必要があるときに活用できる提示命令（規則192条）は，実務的に有益な手続であって，訴訟関係人に証拠書類・証拠物の提示を命ずることができるとされている。裁判所は，証拠調べ決定をするのに必要な限度で，提示された証拠書類・証拠物を見ることになるが，あくまでもその限度であって，その程度を超えて心証を形成するわけではないから，予断排除の原則に反することにはならない。

証拠の採否は，裁判所の自由裁量によることとされている（最大判昭和23年6月23日刑集2巻7号734頁）。しかし，裁量といっても，合理性，相当性が必要なことは当然のことである。証拠採否の決定は法309条1項による異議申立の対象となるが，規則205条1項ただし書により，異議の理由は法令違反に限定されていて，不相当は異議の理由とできないこととされている。証拠決定を行うに当たっては上記のとおり当事者の意見を聴取しているから，その手続を経て行われる証拠決定に関しては，相当性のレベルでの不満は異議として争うことを許容しないとの立法選択がなされたものと解される。

(イ)　職権による場合

a　概説

証拠決定に関連した事項で請求による場合と共通するものについては，同所での説明に譲る。

職権による証拠調べは，当事者主義を基調とする訴訟手続では，補充的，限定的なものとの位置付けが自然である。そして，近時，当事者追行主義が強調され，一般的には，裁判所による職権の行使は謙抑的に運用されているから，職権による証拠調べが活発に行われるといった状況にはない。そうはいっても，職権による証拠調べが必要な場合もあることは当然のことである。

明文で義務付けられている場合については，項を改めて説明するから，ここでは，それ以外について説明する。職権による証拠調べをするよりは，当事者の請求に基づく形で証拠調べを行う方が当事者主義に沿ったものといえる。そのため，まずは，規則208条に基づく釈明権を行使して，関係当事者に対して当該証拠調べ請求を行うことを促すのが通例であろう。こういった場合の典型的な該当事例が，当事者に重大な過誤がある場合である。もっとも，レベルの低い訴訟活動をしている当事者がより多く職権発動の恩恵を受けるといったことは不合理であるから，まさに救済に値する過誤の存在が前提となろう。[59)]

勿論，被告人に弁護人が付いていなかったり，弁護人の訴訟活動が極端に不活発であって，上記裁判所の求釈明にも適切に対応しなかった，などといった場合には，裁判所が職権を行使して証拠調べを行うこともあり得よう。

▼59) 最判昭和33年2月13日刑集12巻2号218頁（龍岡資久・判解刑同年度51頁）が，例外的に裁判所が検察官に対して証拠の提出を促す義務があるとしたのも，被告人が多数で併合分離が重ねられた事件で，当該被告人との関係では他の被告人に対しては請求していた有罪の証拠となる複数の供述調書を請求し忘れたという過誤が検察官にあった事例である。細かな説明になるが，現在用いられている証拠等関係カードはこの当時はまだ使用されておらず，証拠関係の手続の一覧性が劣っていた時代の判例である，換言すれば，現在でもこの判例の趣旨が及んでいくのかは慎重に検討すべきものであることに留意する必要がある。

b　明文で義務付けられている場合

この場合の該当例としては，2類型がある。1つは，公判手続としてはまだ行われていないものを公判手続として行って，裁判所の心証形成の対象とすることを可能とするものである。すなわち，法303条は，公判準備でした証人尋問等について，裁判所に対して，公判期日に証拠書類又は証拠物としての取調べ義務を課している。

他の1つは，公判手続として行われたものについて，新たな判断者との関係における直接主義・口頭主義を満たすためのものである。すなわち，規則213条の2第3号本文は，裁判所に対し，更新手続において，従前の証拠資料について証拠書類又は証拠物としての取調べ義務を課している。

ウ　証拠調べの範囲等の決定

証拠調べの大枠を決めることも重要であって，法297条は，裁判所は，検察官，被告人（弁護人）の意見を聴いて，証拠調べの範囲，順序及び方法を定めることができるとされ（同条1項），受命裁判官にも行わせることができる

とされている（同条2項）。そして、当然のことであるが、その変更も可能である（同条3項）。

(6) 証拠調べの実施

ア　概説

証拠調べをどのような形で行うのかは、裁判所が法廷で心証を形成する前提としての直接主義・口頭主義の実質的な確保の関係から重要である上、近時は、裁判員裁判が実施され、裁判員との関係での分かりやすさの確保といった視点も加わり、その重要度が増している。そのため、法や規則に詳細な定めが設けられている。

個別の定めは関係箇所で説明するが、証拠調べの実施の構造に関連した2点について説明しておく。

(ア)　情状事実と犯罪事実との立証上の区別

規則198条の3は、犯罪事実に関しないことが明らかな情状に関する証拠の取調べは、できる限り犯罪事実に関する証拠の取調べと区別して行うように努めなければならないことを定めている。[60]

犯罪事実と情状事実の証拠調べの区別は、例えば、犯罪事実の認定は陪審が行い、量刑手続は裁判官が行う、といった法制度の下では特に重要であり、手続二分論などとして我が国でもかねてから論じられてきた。しかし、我が国では、裁判官が事実認定も量刑も行うところから、厳密な形で手続を二分して行うことの実務的な必要性を欠いていたといえる。

ところが、裁判員も裁判体に加わると、手続の明確性、心証形成の容易さなどといったことからすれば、犯罪事実の立証と情状事実との立証とは区別して行われることが望ましいことになる。そうはいっても、例えば、被害者が証人の場合に、犯罪事実と情状事実とを1回の証人尋問で取り調べる方が、被害者にとっても便宜なことが多いであろう。また、被害状況を述べる被害者証人の言動から被害感情の有無、程度などが感得できる場合もあり、引き続いて被害者に関する情状立証がされる方がかえって分かりやすいこともあり得る。

このようなことを考えると、犯罪事実の立証と情状事実の立証とを完全に分離した形で行うことには実務上の難点もあるから、規則198条の3が上記のとおり「できる限り」との限定を付していることにも合理性のあることが理解されよう。

▼ 60）現在では，量刑に関しては，行為責任主義が強調され，犯罪事実がその中心になり，動機，行為態様，結果等の主要な犯情事実と，それ以外の一般情状とが区別して取り扱われている。このことを前提とすれば，「犯罪事実に関しないことが明らかな情状に関する証拠」は，この一般情状に関する証拠をいうものと解される。

(イ) 取調べ状況に関する立証

供述調書の任意性，信用性が争われた場合には，捜査官と供述調書の供述者（被告人・被告人以外の者）との言い分が対立し，他方，各言い分を裏付ける客観的証拠に欠け（乏しく），いわゆる水掛け論状態に陥ることが少なくなかった。

他方，規則198条の4では，検察官は，被告人・被告人以外の者の供述に関し，その取調べの状況を立証しようとするときは，取調べの状況を記録した書面その他の取調べ状況に関する資料を用いるなどして，迅速かつ的確な立証に努めなければならないとされている。この規定は，上記の水掛け論に陥ることを回避すべく，客観的な証拠による立証を求めているものといえる。換言すれば，この規定によって取調べの状況に対する適正な立証の実現が期待されているといえる。

イ 証人尋問

(ア) 証人の意義

証人適格を定めた法143条は，法に特別の定めのある場合を除いて，何人でも証人として尋問できる旨を定めているものの，証人とは何かについて直接定義してはいない。他方，法156条1項は，証人には実験した事実により推測した事項を供述させることができる，と定めている。同項は，証人が供述できる対象・範囲を拡大したものと解されるから，逆にいえば，立法者は，証人について，実験した事実を供述するのを基本型とする者との位置付けをしているものと解することが可能となる。

そうすると，証人について，裁判所・裁判官に対して直接経験した事実を供述すべき第三者（後に説明するように被告人は証人適格はないと解されている）をいう，などといった定義が一般に行われているのも，上記のような条文解釈を前提とすれば，支持し得るものといえる。

(イ) 証人適格

a 概説

証人適格を定めた法143条は，原則として全ての人に対して証人適格を認め，同時に証人となる義務を課したものといえる。「(ア)」で説明した証人の意義を前提とすれば，誰でも証言をしてもらうことが求められる対象となり得る，換言すれば，誰にでも証人適格を認めておく必要があることになるから，同条の定めには合理性があることになる。

その例外に関する定めとして，公務上の秘密と証人適格を定めた法144条・145条がある。また，証人適格について議論のある対象者に関しては，項を改めて説明する。

もっとも，法143条を前提とすれば，年少者，高齢者等様々な人に証人適格があることになるから，各人の能力に応じて，証言能力（＝自己の記憶に基づいて，実験した事実を供述できる能力）がないとして証人適格が認められなかったり，宣誓無能力として宣誓を行わせない（法155条），といった取扱がなされることもあり得る。

b 被告人

被告人に証人適格がないことは既に述べたが，補足する。この点に関する直接の定めはない。しかし，①被告人には黙秘権があるところ，証人となった場合の黙秘権との関係，偽証の制裁との関係について定めた規定がないこと，▼61)②被告人は，法311条によっていつでも任意の供述をすることができるから，証人適格を認める必要性に乏しいこと，などから，被告人には証人適格はないものと解されている。▼62)

もっとも，複数の被告人が主観的併合によって同時に審理を受ける場合（以下，便宜「甲被告人」，「乙被告人」とする）には，乙被告人のみに関する事実関係（例えば「乙事件」）について甲被告人（例えば，乙被告人との共犯事件である「甲事件」で起訴されている）に対する被告人質問が行われる場合には，甲被告人は乙事件に関する証人として供述していることになるから，実質は甲被告人に対する証人尋問である。しかし，弁論を併合したままの状態では，甲被告人について，乙事件との関係で証人として採用するといった手続は行われず，被告人質問としてしか行われていない。この点については争いもあり得るが，法は，被告人の地位を維持しつつ，証人としても供述するといった手続を設けていないことからして，被告人は，被告人質問という形でしか，供述をしないとの制度設計をしているものと解される。▼63)

甲被告人を証人として尋問したければ（黙秘権がなくなる），弁論を分離して証人尋問の手続を行う必要がある。そして，その後も共同審理の必要性があると，証人尋問終了後に再び甲被告人と乙被告人の弁論を併合することになる。このような運用は，これまでも行われてきているが，手続が複雑になって分かりにくくなることが避けられず，近時は，該当事例が減少しているように筆者は受け止めている。

▼61) 被告人に供述義務がないところから，被告人から供述を得る手続は「被告人質問」（法311条1項では「質問」）とされていて，供述義務のある証人に対する「証人尋問」（法143条でも「尋問」とされている）と，用語の面でも区別されている。したがって，被告人の証人適格を認めると供述義務が課されることになるため，黙秘権との関係について何らかの調整規定が必要となるはずである。

　なお，旧刑事訴訟法は，338条で「被告人訊問及証拠調ハ裁判長之ヲ為スヘシ」としていて，「被告人訊問」の制度が設けられていたが，被告人は供述義務を負わない点で，真実を申述する義務を負う証人と異なるとされていた（注63で紹介する大決大正15年9月13日刑集5巻407頁参照）。

▼62) 被告人に証人適格を認める旨の立法化に関して検討はされているが，立法化には至っていない。

▼63) 大決大正15年9月13日刑集5巻407頁は，事実審理に関する決定であるが，1審が当該被告人を共同被告人のみに関する公訴事実について証人尋問をしたことを違法とし，破棄を免れないとした。この判断の前提として，注61で紹介した判断をしている。

c　当該事件の裁判官等

当該事件の裁判官には証人適格はない。判断者と証拠提供者との立場は両立し得ないからである。そのため，当該裁判官は，当該事件の担当を離れると証拠提供者の立場のみとなるから，証人適格を有することになるが，証人となると，当該事件との関係では除斥事由があることになるから（法20条4項），その後は当該事件を担当することができなくなるのである。裁判所書記官は，判断者ではないが，公判手続についての公証官としての立場を有するから，裁判官と同様の取扱となる（法26条1項）。

検察官は，証人となると，その場面では尋問者たり得なくなるから，尋問者としての役割を他の検察官に代わってもらう必要がある（当初から他の検察官も共同立会していると，こういった必要もない）が，証人となったことは，その後も引き続き検察官としての職務を行うことの支障とはならないものと解されている。証拠提供者の立場と訴訟当事者の立場とは両立し得るからである。弁護人も，同様に解される。

ウ　証人の権利義務

㈠　概説

　証人の権利としては，証言拒絶権，旅費等の請求権があり，義務としては，出頭義務，宣誓義務，証言義務がある。証言拒絶権については次項で説明する。また，刑事免責との関係（法157条の2，157条の3）は，後に一括して説明する。

　証人は，旅費，日当，宿泊料を請求することができるが，正当な理由がなく宣誓又は証言を拒んだ者は，この請求ができないとされている（法164条1項）。また，返納の定めもある（同条2項）。

　証人尋問が決定されると，証人が裁判所構内にいると直ちに尋問をすることが可能である（規則113条2項）。しかし，そうでないのが通例であるから，そういった場合には召喚手続が行われる。この点を補足すると，平成28年の法改正で，裁判所が証人を召喚することができる旨を明示した規定が設けられた（法143条の2。施行は平成28年12月1日）。また，勾引については，被告人に関しては説明しているが，証人に関して更に説明する。これまでは，一度召喚を行い，それに応じない段階で初めて可能となっていたが，「召喚に応じないおそれがあるとき」が付加され，召喚を行わなくても勾引ができるようになった（法152条，153条，規則112条）。安易な勾引は回避されるべきであるが，「召喚に応じないおそれがある」と認められる証人がいるのも事実であるから，これまでより適切な運用が可能となろう。

　そして，指定の場所への同行に関しても，勾引が可能となる（法162条）。

　証人には宣誓させることになる（法154条，規則116条～120条）。正当の理由なく宣誓・証言を拒むと，過料，費用賠償（法160条），懲役・罰金の刑罰制裁（法161条）があり，法160条と161条とは択一関係にはなく，双方を科すこともできるものと解されている。

㈡　証言拒絶権

　証言拒絶権に関する定めは法146条～149条である。しかし，権利であって義務ではないから，証言拒絶権を行使せずに証言することは可能である。そうであっても，主尋問に対して証言しつつ，反対尋問に対しては証言拒絶権を行使するといった片面的な行使は認められないものと解されている。そのため，証人は，証言するに当たって事前に証言拒絶権の存在を知っていることが

望ましいから，尋問前に，証言拒絶権を告知すべきことが定められている（規則121条1項，2項）。

証言拒絶権の内容は以下のとおりである。すなわち，①自己（法146条），配偶者等法147条所定の者が「刑事訴追を受け，又は有罪判決を受ける虞のある証言」の証言拒絶権が認められている。ただし，他の共犯者のみに関する事項については，この拒絶権の範囲外とされている（法148条）。純粋に証人として証言するだけであるから，当然のことであって，念のための確認的な定めといえる。

②医師，弁護士，宗教者等法149条所定の職に在る者（在った者）[64]については，業務上知り得た他人の秘密に関する証言拒絶権が認められている。ただし，本人が承諾した場合，同条ただし書所定の権利濫用に該当する場合が，この拒絶権の範囲外とされている。

証言拒絶権は，黙秘権とは異なり，該当事由を示さなければならず（規則122条1項），開示しないと，過料その他の制裁を受けることがある旨を告げて証言を命じなければならないとされている（同条2項。なお，同項の主語の記載はない）。これらの定めからは，該当事由を示せばそれだけで証言拒絶が認められるとの誤解を招きかねないが，そうでないことは当然のことである。証人は証言義務を負っているから，その義務を解放するに足りる事由が示されているかを裁判所が判断し，裁判所の許可を得て初めて証言拒絶が認められることになる。

▼64) これらの職は限定列挙と解されているところから，表現の自由との関連性の強い新聞記者等のマスコミ関係者の該当性が争われることがある。新聞記者に関しては，証言拒絶権の類推適用を否定する判例（最大判昭和27年8月6日刑集6巻8号974頁）があるが，時代も変化しており今後の実務を注目していく必要がある。

エ　証人尋問の方法

(ア)　概説

　　a　証人尋問の流れ

証人尋問の流れを概観する。まず，人定尋問を行う（規則115条）。被告人と異なり，本籍地の確認までは行わないが，氏名，年齢，住所，職業について確認する。そして，証人が出頭すると，あらかじめ所定の用紙に上記の必要事項を記入しておいてもらい，その記載内容を適宜活用する形で行うのが，通常

の人定尋問のやり方である。

　直ちに尋問手続に移行する。しかし，証拠調べの方式を定めた法304条は，職権による場合には当てはまるが，請求による，特に証人尋問の場合には，現在の実務とは原則と例外が逆転した形となっている。すなわち，同条に即して説明すれば，同条3項によって変更された順序で尋問は行われている[65]。まず，請求した側が主尋問を行い，相手方が反対尋問を行い，再主尋問，再反対尋問といった流れで，証人尋問は進行し（交互尋問方式），裁判所は，当事者の尋問が終わった後に，補充的な質問を行う，といった方法が一般的である。

　もっとも，裁判長は，いつでも途中で介入して尋問することができるとされていて（介入尋問。規則201条1項），現に，介入尋問は，まさに必要に応じて活用されている。また，陪席の裁判官は，その旨を裁判長に告げて尋問することができるとされている（規則200条。補充尋問の定めにつき規則199条の8。裁判員につき裁判員法56条）。

　証人の身体能力によっては書面による尋問も可能である（規則125条）。

　また，証人が被告人の面前（法157条の3第2項，157条の4第1項の場合を含む）では圧迫を受けて十分な供述をすることができないと認めるときは，弁護人が出頭している場合に限り，その証人の供述中被告人を退廷させることができ（法304条の2前段），特定の傍聴人との関係でも，同様の定めを置いている（規則202条）。しかし，被告人の場合には，証人の供述終了後再入廷し，証言の要旨を告げられた後証人に尋問する機会が与えられることになっている（法304条の2後段）。そのため，こういった手続全体を説明すると，当該証人が被告人の退廷を求めないこともあるから，被告人の退廷は，証人に手続全体を理解してもらった上で行う必要がある。

　他方，当然のことながら，傍聴人に関しては，上記に類似する制度は設けられていない。

> 65) これは，実務が立法者の意思に従っていないというのではなく，起訴状一本主義の下では，裁判所には当該証人を的確に尋問できるだけの情報が与えられておらず，当事者主義の観点からも，当事者がまず尋問するのが適切な運用となるという，現行法の訴訟構造に由来しているのである。

b　個別尋問，対質

証人は各別に尋問するのが原則であって（規則123条1項），後に尋問すべき

証人が在廷するときは，退廷を命じなければならないとされている（同条2項。[66]
補足的な説明は**参考裁判例37**参照）。この点は，証人の証言の信用性を確保するためであるから，証言を終えた証人が引き続き在廷してその後の審理を傍聴することは何ら差し支えない。

　他方，証人と他の証人又は被告人とを同時に質問すること（＝対質。規則124条）はできる。この対質は上手く行く場合は勿論あるが，声の大きい威圧的な人が勝つ，といったことにならないように，関係者の対質適性も十分に見極めて実施する必要がある。

▼ 66) もっとも，例えば，罪体立証時に情状証人が在廷しているときは，仮にそのまま在廷していても差し支えない場合がある。そのため，当事者に異議がなければ，そのまま在廷することもある。

(イ) 交互尋問

　証人尋問の方法については，規則199条の2〜199条の14に定められている。主尋問（＝証人の尋問を請求した側の尋問），反対尋問（＝相手方の尋問），再主尋問までは，当然にすることができる（規則199条の2第1項）。そして，引き続いて再反対尋問等の尋問を行うには，裁判長の許可を受ける必要がある（同条2項）。

　尋問の内容は基本的には各当事者に任されているが，主尋問では，当該証人によって立証すべき事項は事前に明示されているから，この立証事項と関連する事項に限定して行うことが求められている（規則199条の3第1項）。そして，証人の供述の証明力を争うために必要な事項についても尋問することができる（同条2項）。

　反対尋問は，主尋問を前提として行われるものであるから，その実施時期は原則として主尋問終了後直ちに行わなければならないし（規則199条の4第2項），尋問事項も，主尋問に現れた事項及びこれに関連する事項並びに証人の供述の証明力を争うために必要な事項とされている（同条1項）。

　証明力を争う尋問（主尋問も含む）は，証人の観察，記憶又は表現の正確性等証言の信用性に関する事項及び証人の利害関係，偏見，予断等証人の信用性に関する事項について行うこととされている（規則199条の6本文）。また，みだりに証人の名誉を害する事項に及んではならない，とされているのは（同条ただし書），当然のことである。

再主尋問は，主尋問，反対尋問を前提として行われるものであるから，主尋問の例によることになり，反対尋問に現れた事項及びこれに関連する事項について行うことになる（規則 199 条の 7）。

㋒ 誘導尋問

a 概説

誘導尋問は，「イエス」「ノー」といった返答を得ることで尋問に対する答えとなる尋問方法である。立証との関係では，問に対して証人が「イエス」と答えれば，問の内容が証拠化されることになる。そのため，誘導尋問は，尋問者の意図する内容を確実に証拠化することができる方法であるから，尋問者にとっては誘惑的な方法といえる。そして，近時は，オープンクエスチョン，クローズドクエスチョンといった標語の下に，特に，反対尋問では，証人に自由な発言を許容することになるオープンクエスチョン（例えば，この点についてはどうですか，など）ではなく，クローズドクエスチョンである誘導尋問の活用が強調されている。確かに，反対尋問が主尋問の上塗りの結果しか生まない，などといった指摘があるように，反対尋問を的確に行うには困難な面があり，それなりの技倆が必要である。証人に自由な発言を許して主尋問と同旨どころかそれを補強・補完する内容の発言をさせれば，何のために反対尋問をしているのか，といったことになってしまう。そのため，クローズドクエスチョンである誘導尋問の活用が強調されることには，合理性，必然性があるといえる。特に，弁論要旨，論告要旨をまず想定して冒頭陳述，証拠調べをその内容充足のための情報形成過程と位置付ければ，誘導尋問で確実に立証事項を証拠化させることは，手っ取り早くて確実な実現方法となろう。

しかし，ここで留意されなければならないことは，誘導尋問で得られた証言は，問を肯定しているのに過ぎないから，問の内容が証拠化されたという以上の証明力を有しない（証人自身の記憶・認識の程度等の最低限度の情報も得られないなど），換言すれば，心証を得にくい証言であって，当該証人から特定の立証事項を積極的に立証したいといった場合には有効ではないのである。そのため，仮に，オープンクエスチョンを行って，証人が尋問者の意図する内容以外の返答をしても，容易に弾劾ができて反証を挙げられる，などといった場合には，オープンクエスチョンを行って尋問者の意図する返答を得た方が，遙かに尋問効率は良いのである。換言すれば，誘導尋問の活用は，このような尋問効

率の比較を経た上で行われるべきなのであって，やみくもにその活用がされても有効なものではないのである。

　　b　尋問者に応じた規制

　法は，尋問者と証人との関係性に着目して尋問の方法を規制している。主尋問では，通常は，尋問者と証人との関係は円滑であるから，誘導尋問は禁止されている。他方，準備的な事項のように誘導尋問をしても悪影響がない場合，争いのない事項，証人の記憶を喚起する場合，証人が敵意を示している場合等では，誘導尋問が例外的に認められている（規則199条の3第3項）。

　しかし，尋問者の陥りがちな誤りは，この規制とは逆になることである。例えば，オープンクエスチョンによっても立証に悪影響のないことが確実に予測される準備的な事項等については，誘導尋問を活用せずにオープンクエスチョンによって尋問を行い（その分，尋問に時間を要することになる），他方，立証の眼目事項であって誘導尋問が許されない尋問事項については，オープンクエスチョンによると立証への悪影響も懸念されるところから，誘導尋問を活用しがちなのである。こういった誤用については，反対当事者，裁判所が法規に則って適切に是正する必要がある。しかし，当事者は，場面が異なると自分も同じ状況に陥る可能性があり，その意味でいわばお互い様といったこともあるところから，当事者からの，この誤用の是正が積極的に行われにくい側面もあることが留意されるべきである。

　他方，反対尋問においては，通常は，敵対する証人に対してされることになるから，誘導尋問は必要がある限り許されている（規則199条の4第3項）。

　また，反対尋問の機会に新たな事項の尋問をする場合には，それは，もはや反対尋問ではあり得ないが，裁判長の許可を受けると，そういった尋問が可能となる（規則199条の5第1項）。しかし，この場合が主尋問とみなされる（同条2項）のは，当然のことである。また，新たな立証となるから，法316条の32による制限も受けることになる。

　　(エ)　その他の尋問

　個別的・具体的・簡潔な尋問を行うべきであって（規則199条の13第1項），威嚇的・侮辱的な尋問は，禁止されている（同条2項1号）。また，誤導尋問が許されないことも当然のことである。[67)]

　重複尋問，意見を求める尋問・議論にわたる尋問，直接体験しなかった事実

についての尋問は，原則として禁止されるが，正当な理由がある場合は許容されている（同条2項2号～4号）。例えば，重複尋問は，既に返答が得られていることを再度尋問するわけであるから，原則として許容されないのは当然のことである。他方，証人の記憶の正確性を確かめたい，などの正当事由が認められる場合もあり得る。補足すると，証人と尋問者との関係をどのように規制するかは国によって異なり得るが，我が国では，例えば，弁護人は，第1回公判期日前に被告人その他の関係者に面接することは可能とされていて（規則178条の6第2項1号），証人尋問に先立って，証人テストと称して，主尋問者（検察官，弁護人を問わない）が証人と面接して，尋問内容を確認する運用が確立している。そのため，主尋問は，そういった証人テストの結果の反映に過ぎず，証人の真の記憶が発現されているわけではないおそれもあるところから，主尋問と同じ質問をして証人の記憶を確かめる，といった必要性もあり得るのである。

　また，伝聞供述を求める尋問は，当該返答は相手方の同意がないと証拠能力は得られない（法320条1項，326条1項）。そのため，こういった尋問に対して，相手方が異議を申し立てれば（法309条1項），それはすなわち法326条の同意はしないという意思表示を含むものと解されるから，当該尋問に対する証人の伝聞供述は証拠能力が得られないことが明確となって，当該異議は認められることになり，当該尋問は撤回させられることになる（規則205条の6第1項）。

▼67）誤った前提に立った尋問であって，証人の認識・記憶と異なる証言をさせる危険性の高い尋問である。この不許容性については，特別の定めはないが，解釈で当然のこととされている。

(オ)　書面等を用いた尋問

　証人は自らの記憶に基づいて供述するわけであるから，書面等を用いた尋問は原則として禁止されている。しかし，そういった尋問を行う必要性もあるところから，規則199条の10～199条の12が関係する定めをしている。もっとも，こういった規定の活用は，原則の例外であるから，あくまでも証人が自らの記憶に基づいて供述するように試みるのが先行として存在することが，当然の前提となっていることが留意されなければならない。

　まず，規則199条の10は，書面・物の成立，同一性，これに準ずる事項に

関する尋問では，書面・物を示すことができる旨を定めている（同条1項）。そして，この点に関しては，規則199条の11，199条の12とは異なり，裁判長の許可は要件とされていない。書面・物の成立，同一性についての供述を得るには，書面・物を示す方法が端的なものであり，同時に，証人の供述に悪影響を与えるものとは解されないから，上記のように，裁判長の許可を要件としていないことには合理性があるといえる。

　規則199条の11は，記憶喚起のための書面・物を示して尋問することができる旨を定めている（同条1項）。この尋問は，記憶を喚起するための尋問であるから，書面・物を示すことが証人の供述に悪影響を与える可能性がある。そのため，裁判長の許可が要件とされていることには合理性がある。

　他方，示すことのできる書面・物については，証拠調べを経ていることは要件とされていないから，相手方が異議がない場合を除いて，相手方への閲覧の機会の付与が定められている（同条3項，199条の10第2項）。[68]

　なお，示すことができる書面から供述録取書は除外されているが，この規則の定めの合理性には疑問の余地があり，必要があれば，供述録取書を示すことも可能と解される。例えば，◎◎といった供述をしていませんかと尋問しても記憶が回復しない証人に対して，供述録取書の該当箇所を示して尋問することに不合理さのない場合は容易に想定可能だからである。

　規則199条の12は，証人の供述を明確にするために，図面，写真，模型，装置等を利用して尋問することができるとしている。供述の明確化といった，その必要性自体争いのあり得る事柄であり，また，図面等を示すことが証人の供述に悪影響を与える可能性があるものといえる。そのため，裁判長の許可が要件とされていることには合理性がある。そして，規則199条の10第2項も準用されているが，この点の説明は省略する。

　関連する判例としては，最決平成23年9月14日刑集65巻6号949頁（上岡哲生・判解刑同年度123頁）は，被害再現写真を示して証人尋問を行う場合に関して，「被害状況等に関する具体的な供述が十分にされた後に」被害再現写真を規則199条の12に基づいて証人に示して尋問することを許可したことに違法はないとした。写真を示されて初めて供述がなされるのでは，証人自身の記憶に基づくものか，写真に影響された供述なのかの判断が困難となるから，写真を示す前提として，当該証人が供述すべき事項は供述されている必要

がある。上記判例はこの趣旨を確認したものといえる。

　他方，立会人の指示説明部分を全て除いた形の現場見取図に証人に必要事項を書き込んでもらうといった場合には，上記のような弊害は想定されないから，尋問当初から上記見取図を示して証人尋問を行うことは可能である。このように図面等を示す時期は，当該図面等と証言内容との関係性に応じて変わり得ることである。この点は，実況見分調査に関連して後でも説明する。

　次に，これら3箇条に共通して問題となる事柄であるが，示した書面等と証人の供述との関係である。

　上記最決平成23年9月14日は，証言に引用されている限度で被害再現写真の内容は証言の一部となっているとし，そのような証言全体を事実認定の用に供することができるとした。そして，最決平成25年2月26日刑集67巻2号143頁（岩﨑邦生・判解刑同年度36頁）は，被告人に示して質問がされ，規則49条に基づいて公判調書へ添附されたものの，証拠としては取り調べられていない電子メールについて，その存在及び記載内容を被告人の故意，共謀の認定の用に供し，そこに訴訟手続の法令違反はないとした原判決を違法とし，被告人の「供述に引用された限度においてその内容が供述の一部となるにとどまる」とした（ただし，上記被告人の供述等から犯罪事実は認定できるとして上告は棄却した）。

　このように，判例は，証拠となるのは証人の供述であることを前提として，示した書面等はその証言に引用されている限度において証拠となることを認めている。既に説明したように，示すことができる書面等は証拠調べを経ている必要はないから，示しただけで当然に証拠として認められるとすることは明らかに不合理であり，判例の上記判断には合理性があるといえる。

　次に，示した書面等の取扱については，上記最決平成23年9月14日は，相手方の同意を求めずに，証人に示した写真を規則49条に基づいて証人尋問調書に添附したのを適切な措置とした。裁判所にとって，証人に示した書面等が記録に編てつされている方が便宜な場合は容易に想定でき，そういった必要性は専ら裁判所の判断によるものである。また，当該書面等は既に示すという形で訴訟手続に組み込まれているから，当該書面等を記録に編てつするに当たって，相手方の同意は必要でないと解される。これらからして，上記判例の判断の合理性が肯定されるものといえる。

▼68) 例えば，違法収集証拠として証拠能力が認められない書面・物であっても，本条に基づいて示して尋問する必要性がある場合はあり得る。

オ　被害者等の保護のための制度
近時の法改正を通じて被害者等の保護の制度が拡充・整備され続けている。

㈦　氏名，住居の保護
平成28年の改正法（施行は平成28年12月1日）の内容を前提としてその概要を説明する。

a　概説
証人等に関しては，その尋問請求に当たって既に説明したように，氏名，住居を相手方に知る機会を与えることが義務付けられている（法299条1項）。それと同時に，加害行為等がなされるおそれがある場合の対応策として，相手方に対して，住居等の特定される事項が被告人を含む関係者に対して知られないようにすることなどの配慮を求めることができる（法299条の2，299条の3）ことに加えて，検察官は，弁護人に証人等の氏名等を知る機会を与えた上で，被告人に知らせてはならない旨の条件を付し，又は被告人に知らせる時期・方法を指定することができ（法299条の4第1項），被告人及び弁護人に対し，証人等の氏名等を知る機会を与えないことができ（同条2項前段），その場合には，氏名に代わる呼称を，住居に代わる連絡先を知る機会を与えることが義務付けられている（同項後段）。

また，証拠書類等に関しては，検察官は，弁護人に閲覧する機会を与えた上で，証人等の氏名等を被告人に知らせてはならない旨の条件を付し，又は被告人に知らせる時期・方法を指定することができ（同条3項），被告人及び弁護人に対し，証拠書類等の証人等の氏名等が記載・記録されている部分について閲覧する機会を与えないことができ（同条4項前段），その場合には，氏名に代わる呼称を，住居に代わる連絡先を知る機会を与えることが義務付けられている（同項後段）。

検察官は，以上の措置をとったときは，速やかに，裁判所にその旨を通知しなければならないとされている（同条5項）。しかし，上記の事柄は，いずれも，裁判所における手続外の，本来当事者間で処理される事項であるにもかかわらず，裁判所に対する通知義務を負わせているのは，次の裁定の前提行為としての意義があるからであろう。

検察官が上記措置をとった場合等において，裁判所は，検察官及び弁護人の意見を聴き，相当と認めるときは，当該措置に係る者の氏名等が，弁護人による書類等の閲覧・謄写（法40条1項），被告人による公判調書の閲覧等（法49条）の機会に，被告人側に知られることを防止するための所定の措置をとることができることとされている（法299条の6）。

　　b　裁定等

被告人・弁護人から裁判所による裁定の請求があると，裁判所は，検察官の意見を聴いた上で，検察官の措置が法299条の5第1項1号〜3号所定の要件に該当すると認めるときは，決定で，当該措置の全部又は一部を取り消さなければならず（法299条の5第1項，3項），その際に，条件付与等の措置をとれる（同条2項）とされている。

この裁定が裁判所の職権ではなく，被告人・弁護人の請求に係らせているのは，上記のとおり本来は当事者間で処理される事項だからであると解される。この決定に対しては即時抗告ができることとされている（同条4項）。

そして，検察官及び裁判所による条件付与等の措置の実効性を担保するために，弁護士会等に対する処置請求及びそのとった処置の通知義務に関する規定が定められている（法299条の7）。出頭命令に関する法278条の2第5項，6項と同趣旨の規定である。

　　(イ)　付添人，遮へい，ビデオリンク方式

裁判所は，証人が著しく不安・緊張を覚えるおそれがあると認めるときは，その証人尋問中，適当な者を当該証人に付き添わせることができることとされている（法157条の4第1項）。

裁判所は，証人が被告人又は傍聴人の面前で証言することによる精神的負担を軽減するために，証人とこれらの者との間で遮へい措置をとることができることとされている（法157条の5）。

ビデオリンク方式[69]による証人尋問については，法157条の6が定めている。対象者については同条1項が定めていて，性犯罪の被害者（同項1号），児童被害者（同項2号），同項3号該当者の精神的負担を軽減するために，証人に対して所定の場所への出頭を求めてビデオリンク方式によって証人尋問ができることとされた。[70]

そして，平成28年の法改正（施行は平成28年6月3日の法律公布から2年以

内）によって，証人の出頭場所の制限が緩和された。従前は，証人が裁判官等の在席する場所と同一構内に出頭することが義務付けられていた（同条1項）が，同一構内への証人の出頭は，被告人その他の関係者に，証人の所在を知られる可能性を帯びたものであって，証人が精神の平穏を害されたり，被害を受けたりするおそれも想定できるものである。そこで，法157条の6第2項の1号～4号が定める場合には，同一構内以外の場所に証人を出頭させて証言させる制度が設けられた。

　ビデオリンク方式による証人尋問の状況は，記録媒体に記録して調書の一部とすることができる（同条4項）。そして，当該調書は，証人が複数の公判で繰り返し尋問を受ける負担を軽減するために，伝聞法則に則った法321条1項の例外として，当該調書を取り調べた後に，訴訟関係人に対し当該供述者を証人として尋問する機会を与えることを条件として，証拠能力が認められている（法321条の2第1項）。

▼ 69）次注で紹介する最判平成17年4月14日刑集59巻3号259頁は，ビデオリンク方式について，「映像と音声の送受信により相手の状態を相互に認識しながら通話することができる方法によって尋問する」方式をいうものとしている。
▼ 70）最判平成17年4月14日刑集59巻3号259頁（山口裕之・判解刑同年度89頁）は，当時の法157条の3（遮へい措置の定め。現行の法157条の5），157条の4（ビデオリンク方式の定め。現行の法157条の6）について，憲法82条1項，37条1項の公開原則，37条2項の審問権の保障に違反しないとした。

(ウ) 被害者参加人等による証人尋問

　被害者参加人等には，証人尋問請求権は認められていない。しかし，法316条の36は，被害者参加人等による証人尋問について定めている。すなわち，裁判所は，証人尋問において，被害者参加人等から当該証人を尋問することの申出があり，被告人（弁護人）の意見を聴き，審理の状況等から相当と認めるときは，申出人に対し，犯罪事実に関するものを除いて，情状に関する事項（＝示談，謝罪，反省の状況等がその典型例である）に関する証人の供述の証明力を争うために必要な事項について尋問することを許すものとされている（同条1項）。

　この申出は，検察官の尋問が終わった後（同尋問がないときは，被告人・弁護人の尋問が終わった後）直ちに，尋問事項を明らかにして，検察官にしなければならないものとされている。そして，その申出を受けた検察官は，自分で尋

問することもできるが，そうしないときは，意見を付して裁判所に通知することとされている（同条2項）。

裁判所は，その許否について決定する（規則217条の38第3項）。そして，裁判長は，被害者参加人等のする尋問が，法295条1項～4項といった一般的な規制条項に加えて法316条の36第1項所定事項以外の事項にわたるときは，当該尋問を制限することができることとされている（同条3項）。

　カ　鑑定（通訳・翻訳を含む）
　㋐　概説

法165条は，裁判所は，学識経験のある者に鑑定を命ずることができる，とする。我が国における鑑定は，裁判所に欠けている専門的知見を補完するものであって，その意味で当事者性のない価値中立的なものである。訴訟当事者の請求に基づいて行われる場合でも，当該請求者のための鑑定ではないところに特徴がある。裁判所の専門的知見を補完するものであるから，裁判所が必要とする専門的な学識経験を有する者が鑑定人として想定されるのは当然のことといえる。

鑑定は，①関係資料（それまでの訴訟の過程で収集されている関係の訴訟資料に加えて，鑑定において新たに収集・作成される資料を含む）を基にして鑑定人が一定の事実認定を行い，②そこに，当該鑑定人の有する専門的な学識経験に基づく法則を適用して結論を得る過程を経て行われるものである。

裁判所は，法律上は鑑定に拘束されるものではないと解されるものの[71]，専門的な学識経験に基づいて行われるものであるから，①に関しても，鑑定人の有する専門的な学識経験によって認定された事実については，それなりに尊重されるべきである。しかし，そうでないものについては，裁判所が行う事実認定の一環をなすものであるから，裁判所として独自の評価が可能な分野といえる。

他方，②については，適用されるべき法則はもとより，当該法則を適用して得られた結論も，鑑定人の有する専門的な学識経験の反映であることが通常であろうから，裁判所としてはそれなりに尊重すべきものといえる[72]。

鑑定の事例としては，捜査段階で行われるものも含めると，死因鑑定，精神鑑定，交通事故の原因に関する鑑定，DNA型鑑定等がある。

　　▼71）最決昭和58年9月13日裁判集刑事232号95頁，判時1100号156頁，判

▼ 72) 最判平成 20 年 4 月 25 日刑集 62 巻 5 号 1559 頁（前田巌・判解刑同年度 346 頁）が，精神鑑定に関して，「生物学的要素である精神障害の有無及び程度並びにこれが心理学的要素に与えた影響の有無及び程度については，……専門家たる精神医学者の意見が鑑定等として証拠となっている場合には，鑑定人の公正さや能力に疑いが生じたり，鑑定の前提条件に問題があったりするなど，これを採用し得ない合理的な事情が認められるのでない限り，その意見を十分に尊重して認定すべきものというべきである」としているのは，基本的な判断姿勢の指摘として支持できる。

タ 513 号 168 頁が，裁判所は，鑑定のどの部分についても評価し直すことができ，法律上は鑑定に拘束されない不拘束説を確認的に明らかにしたものとの理解につき，次注で紹介する前田・後掲 359 頁。

(イ) **DNA 型鑑定**

DNA 型鑑定については，技術革新を経ている類型の鑑定であること，その鑑定精度が高まり，決め手的な証拠として用いられる事案が生じていること，の 2 点について説明する。

科学技術を活用して鑑定することは有益なことである。しかし，技術の発展途上においては，鑑定としての位置付け，評価を慎重にしておく必要がある。例えば，足利事件において，最決平成 12 年 7 月 17 日刑集 54 巻 6 号 550 頁（後藤眞理子・判解刑同年度 172 頁）は，技術の形成期にあった MCT 118 型による DNA 型鑑定の証拠能力を認めた。そのこと自体の意義は現在も適正に評価されるべきものと考えているが，再審事件において最新の技術を基にした DNA 型鑑定によって，鑑定としての誤りが指摘され，足利事件自体は被告人が無罪とされて決着した（宇都宮地判平成 22 年 3 月 26 日判時 2084 号 157 頁）。著名な事例であるが，鑑定の主眼となる技法が発展途上にある場合における当該科学的鑑定の証明力を適切に評価することの重要性を示唆する事例といえよう。

他方，横浜地判平成 24 年 7 月 20 日判タ 1396 号 379 頁は，殺人，強姦致死事件で犯人性が争われ，DNA 型鑑定を唯一の証拠として犯人性を認定した。[73]このように，DNA 型鑑定の鑑定精度が高まり，決め手的な証拠として用いられる事案が生じるのは，ある意味自然なことである。しかし，鑑定である以上，様々な原因から過誤が生じる可能性は否定できないから，鑑定への過度の依存を避け，当該争点に沿った情況証拠の幅広い収集・取調べといった地道な作業が可能な限り実践されていくべきである。

▼ 73) 被害者の膣内に挿入されていた被害者の靴下から検出された精液の精子から抽

出したDNA型と被告人のDNA型が16座位全てについて一致したとの鑑定2つが直接の根拠となっている。確率としては、4兆7000億人に1人という出現頻度から、「本件靴下から抽出された精子由来のDNAは被告人固有のものであると考えるのが合理的である」とした。

(ウ) **その他の鑑定**

最高裁で証拠能力が認められたものとしては、①筆跡鑑定については、最決昭和41年2月21日判時450号60頁は、検察官等に対して送付された脅迫状の筆跡と、被告人の筆跡との同一性が争点で、この同一性を肯定する、伝統的筆跡鑑定法による4回を含む5回（最後の鑑定人はそれまで筆跡鑑定経験なし）の鑑定が行われた事案で、筆跡鑑定の証拠能力を認め、有罪の原判決を維持した。筆跡鑑定は、その後も活用されているが、その技法の性格からして鑑定人の主観から完全には独立性を有しないから、その証明力に限界があることは避けられない。

②臭気選別に関しては、最決昭和62年3月3日刑集41巻2号60頁（カール号事件。仙波厚・判解刑同年度37頁）は、臭気選別の証拠能力を認めた。犬の臭気選別能力が高いことは明白な事実であるが、人間の臭気選別能力を超えているため、人間がその正確性・信用性を直接確認できない類型の選別である。そのため、①選別犬の選別能力・当日の体調、②選別に関わった技官の能力、③関係する臭気の保管状況等、周辺の事項の正確性・適正性を検討して、判断対象である臭気選別の証拠能力を推定・判断するほかはないものである。

下級審で証拠能力が認められたものとしては、声紋鑑定について、東京高判昭和55年2月1日判時960号8頁（検事総長にせ電話事件）は、声紋鑑定を「音声を高周波分析や解析装置によって紋様化し画像にしてその個人識別を行う声紋による識別方法」とし、その証拠能力を認めている。[74]

方言学等の手法を用いた鑑定も活用されている。

また、鑑定そのものではないが、疫学的証明による立証も認められている（最決昭和57年5月25日判時1046号15頁）。

> [74] 最決昭和56年11月10日刑集35巻8号797頁（佐藤文哉・判解刑同年度258頁）は、同事件の上告審決定であるが、この点に関する説示はない。

(エ) **鑑定の手続**

鑑定が採用されると、鑑定人が定められ、召喚される。もっとも、召喚に応じなくても勾引されることはない（法171条、規則135条）。[75] もっとも、鑑定人

は，特別の知識によって知り得た過去の事実に関しては証人たり得る（「鑑定証人」と呼ばれる）から，そういった場合には勾引されることもあり得る（法174条）。鑑定人には宣誓をさせ（法166条），具体的な鑑定事項を定めて鑑定を命じる。

鑑定人が用いる資料については既に説明したが，裁判長の許可を得て，書類・証拠物の閲覧・謄写ができるなど，規則134条が定める各種の手段を利用することができる。

そして，被告人の心神又は身体に関する鑑定をさせるについて必要がある場合には，鑑定留置という制度の利用も可能である（法167条，規則130条の2～131条）。さらに，裁判所の許可を得て，死体解剖等の必要な処分も行うことができる（法168条，規則132条，133条）。

鑑定の結果については，口頭又は書面で報告される（規則129条）。従前は，鑑定人が専門的知見を反映させた長文で，時に難解な鑑定書を作成・提出するといった事例が一般的であったが，裁判員裁判事件を契機として，分かりやすさの視点が重視され，口頭報告が積極的に活用され（鑑定書は取り調べられないこともある），鑑定書も簡略化・平易化等の工夫が行われている。

鑑定人は，鑑定料その他の支払いを受けることができる（法173条）。

▼75）証人と異なり鑑定人には代替性がある，というのがその根拠となっている。しかし，鑑定人候補者の内諾を得てから鑑定手続に移行するのが通例であるから，鑑定人が召喚に応じない，といった事態は通常想定されないし，筆者も，そういった経験はなかった。

(オ) 通訳・翻訳

日本の裁判所であるから当然のことともいえるが，「裁判所では，日本語を用いる」こととされている（裁判所法74条）。そのため，日本語以外の言語については，日本語化する必要が生じ，そのための手段としての通訳（法175条）・翻訳（法177条）が必要となる。耳の聞こえない者・口のきけない者の陳述についても，通訳を付することができる（法176条）。

この説明からも明らかなように，通訳・翻訳ともに，担当者の専門的な知見が生かされることになるから，鑑定の一種と位置付けることができる。そのため，鑑定に関する規定が準用される（法178条，規則136条）のは，自然なことといえる。

我が国の国際化とともに，通訳・翻訳いずれもその需要が高まっているが，多様な言語に対応する形で有能な通訳人・翻訳人を確保することが困難な場合があり，通訳の正確性に対する検証作業が必要となる事例も生じているのは，残念なことである。[76)]

▼76) 平成28年10月28日朝日新聞朝刊によれば，ジャカルタ事件で，通訳の正確性が問題とされ，弁護人の指摘では，誤訳や訳し漏れなどが約200箇所に達したという。もっとも，基本的には正確に訳されていたようで，証人の供述の正確性は担保されていたと判断されている。

キ 証拠書類・証拠物の取調べ

(ア) 証拠書類の取調べ

証人尋問は，尋問の過程が同時に証言の証拠調べ過程となっているから，証拠としての取調べが別途あるわけではない。他方，証拠書類については，証拠として採用されても，それだけで，直ちに，裁判所の心証形成の対象とはならず，取調べという手続を経る必要がある。法廷で心証を形成するという判断枠組みからすれば，朗読（法305条1項，2項）が原則とされているのは当然なことといえる。[77)]そして，特に，裁判員裁判においては，朗読による取調べが積極的に実践されている。心証形成との関係でいえば，朗読は，心証形成の対象事項に関する証拠が過不足なく取り調べられているときに，最もその有効性が発揮される。他方，過剰な情報が取調べの対象となっている場合には，その過剰な情報を朗読すれば，情報自体が多い上に朗読に要する時間も長くなり，心証形成者の集中力を持続させることが困難となって，的確な心証形成を阻害することになりかねない。このように，朗読では，証拠調べの前提として，論点と証拠が整理されていることが望ましいことといえる。まさに，公判前整理手続を経た事件での証拠書類の取調べでは朗読がふさわしい，という帰結が得られよう。

他方，「要旨の告知」について現在の視点で考えると，論点と証拠が整理されていない中での証拠調べでは，上記のとおり，朗読では心証形成が困難となって，当該証拠のポイントを告げてもらった方（＝要旨の告知の方）が心証形成が容易であることがあり得る。公判前整理手続が設けられる以前から，朗読に代えて要旨の告知が証拠調べの方法として設けられていた（規則203条の2）ことにも，そういった観点からの制度的な必然性もあったと解することができる。[78)]

▼77）法305条3項，4項は，被害者・証人等の特定事項の秘匿決定があった場合（法290条の2第1項，3項，290条の3第1項）の朗読の特則を定めている。そして，法305条5項，6項では，記録媒体の取調べについては，再生，供述内容の告知などといった特則を定めている。

▼78）法が「朗読」を規定しているのに，規則で「要旨の告知」が認められている，といった若干変則的な定めとなっている。しかし，証拠調べをより簡略に済ませる傾向があった当時の実務の実態を改善する方向での定めであったようである。要するに「朗読」と定めても実務がそれを忠実に実践しなくては（逆にいえば，立法者が理想型を提示しても，実務から離れすぎていると，）絵に描いた餅に陥りかねない。上記規則の定めは，そういった状況の改善策であったわけである。このように制度の理解においては，その外観を単純に比較するだけでは正確な理解が得られない場合がある。

(イ) 証拠物の取調べ

　a　概説

　証拠物の取調べは，当該証拠物を示すことであって（法306条），実務では「展示」といわれている。この展示の際に，刑法19条所定の没収要件の充足の有無を確認する趣旨などから，当該証拠物の所有関係等に関する被告人質問が行われることも一般的であった。しかし，近時は，証拠物の取調べと被告人質問とを明確に区別し，証拠物の展示の際に上記のような被告人質問を行わない運用もある。

　なお，実況見分調書等に添付されている写真，図面等も，証拠物と同様に被告人に示す形で取調べを行う運用が一般的であろう。

　　b　証拠物中書面の意義が証拠となるもの

　この点については法307条が定めていて，法306条と305条とを履行する必要がある（＝展示と朗読）。そして，朗読に代えて要旨の告知も認められている（規則203条の2）。

　「証拠物中書面の意義が証拠となるもの」の意義については，書面の言語的内容だけでなく書面の存在や状態が証拠となるものをいう，などとされるが，特に初学者にとっては分かりにくいものであろう。こういった場合には，典型例を念頭に置くと分かりやすい。例えば，脅迫文書は，脅迫の犯罪行為を立証する重要な証拠物である。そして，その文面が「昨日，あなたは，××に関して◎◎であると言いましたが，それは大嘘であって，私は深く傷つきました。ついては慰謝料として△△万円の支払を求めます。」であったとして，「××が◎◎である」ことの真偽が問題となることがある。そういった場合には，「×

×が◎◎である」との部分が「書面の意義が証拠となる」のである。その結果として，上記脅迫文書は法307条該当証拠であることが分かる。

　㋒　取調べを終えた証拠の処理

　証拠調べを終えた証拠書類・証拠物は，遅滞なく裁判所に提出しなければならない（法310条本文）。裁判所の許可を得ると，原本に代えて謄本を提出することができる（同条ただし書）。

　提出された証拠書類は記録に編てつされる。そのため，当該証拠を請求した者であっても，当該証拠の取調べ後に行われた証人尋問等で，当該証拠を証人等に示したい場合には，裁判所から，該当記録を借り受けて行う必要がある[79]。提出された証拠物を裁判所が引き続き保管しておこうとすると，法101条に基づいて領置決定をする必要がある。しかし，覚せい剤等の薬物の証拠などについては，近時，裁判所で保管せずに請求者である検察官に返還する運用も広まっている。

　　▼79）手続の流れからすれば当然のことであるが，実務に馴染んでいない人（例えば，模擬裁判の当事者役の学生）は，勘違いしかねないことである。

　ク　検証

　捜査段階での検証については既に説明したが，公判段階で裁判所が検証を行うこともできる（法128条）。公判廷で行う場合には，その結果を公判調書に記載することになる（規則44条1項31号）。そして，被告人の身体的特徴，例えば，頬に傷がある，といったことについては，写真を添付して正式な検証とすることもあるが，被告人質問のやりとりとして傷の状況を表現した供述証拠で代替させることもある。また，被告人の容貌，体格を同一性確認の資料とするような場合には，性質は検証であっても，判例（最決昭和28年7月8日刑集7巻7号1462頁）は，特段の証拠調べを要しないとしている。しかし，認定すべき事柄の内容にもよるが，少なくとも，上記の供述証拠で代替させる方法による方が望ましい場合が多いと思われる。他方，近時は，機器の発達に伴って撮影が手軽にその場でできるようになったこともあって，証人尋問，被告人質問の際に，動作による供述を求めて，供述者が行った動作（＝例えば，暴行事件で，質問に応じて再現された被告人の加害行為の動作）の状況を写真撮影して調書に添付するといった形の検証事例が増えているように思われる。

　公判廷外の検証については，公判廷外の証拠調べにおいて一括して説明す

ケ　被告人質問
㋐　概説

　法311条は、「被告人は、終始沈黙し、又は個々の質問に対し、供述を拒むことができる」（同条1項）として黙秘権・供述拒否権を定め、その前提で、「被告人が任意に供述をする場合には、裁判長は、何時でも必要とする事項につき被告人の供述を求めることができる」（同条2項）とし、「陪席の裁判官、検察官、弁護人、共同被告人又はその弁護人は、裁判長に告げて、前項の供述を求めることができる」（同条3項）として、被告人質問を定めている。

　このように被告人質問は、被告人が任意に供述する場合に初めて実現するものであって、証拠としての採用決定を経て実施される通常の証拠調べとは異なる特異な手続である。他方、被告人の公判廷等における供述は、利益、不利益を問わず証拠となる（規則197条1項）から、証拠調べの性質を持っており、証人尋問の方式に準拠した形で行われるのが通例である。そして、証拠調べの経緯・結果等を記載する書面である「証拠等関係カード」には被告人質問に関する事項も記載されるが、同カードが「証拠等関係カード」とネーミングされているのも、被告人質問の上記のような特異な性格を踏まえたものといえる。

　他方、被告人質問は、上記のとおり証拠請求は前提とされていないから、公判前整理手続後の証拠制限（法316条の32第1項は「証拠調べ請求」を制限している）の直接的な適用はないことは既に説明した。

㋑　被害者参加人等による被告人質問

　法316条の37が定めていて、被害者参加人（同弁護士）は、被告人質問の申出をすることができる。裁判所は、この申出があると、被告人（弁護人）の意見を聴き、刑訴法所定の陳述（法292条の2、316条の38）をするために必要があると認める場合であって、審理の状況等から相当と認めるときは、当該質問を許すものとされている（同条1項）。しかし、裁判長は当該質問を制限することが可能な場合もある（同条3項）。他方、この申出は、検察官に対して、質問事項を明示してなされ、検察官は、当該事項を自ら質問する場合を除いて、意見を付して裁判所に通知するものとされている（同条2項）。

▼80）　被害者が質問することは可能だが、「質問」ではなく「自分の意見」の陳述・相手方への押付になってしまったり、感情が先走って適切な質問とはならない等、

質問することに不慣れな面が出てしまうことが多いから，弁護士が質問する形が一般的であるし，また，その方が望ましいものといえる。

コ　被害者等による心情等に関する意見の陳述

裁判所は，被害者等（法定代理人）から，被害に関する心情その他の被告事件に関する意見陳述の申出があるときは，原則として，その意見陳述をさせるものとされている（法292条の2第1項）。しかし，意見の陳述ではなく書面の提出にとどめることもあり得る（同条7項）。また，付添人，遮へい，ビデオリンク方式の規定が準用される（同条6項）。

このようにこの陳述は証人尋問と類似した側面はあるが，他方，陳述（書面で提出）された心情等は，犯罪事実の認定のための証拠とすることはできないこととされている（同条9項）。同項の反対解釈からすれば，量刑上の資料の限度では証拠として認められるものと解される。

この陳述に対しては，全面的な質問をすることはできず，その趣旨を明確にするための質問（同条3項，4項）を行えることに限定されていることからすれば，上記のような制度設計は，その陳述の法的性質に即したものといえよう。

サ　公判期日外の証拠調べ

㈠　概説

公判期日における取調べは，公判廷で行われる（法282条1項）。もっとも，証人から証言を得る，公判廷外の場所を検証する，などといった証拠の獲得行為自体は公判期日外で行う方がふさわしい場合もあり，少なくともそういったことが可能であった方が裁判手続としての合理性が高いといえる。しかし，そういった証拠獲得行為は証拠調べではないから，その手続で獲得された証拠は，公判廷での証拠調べを経て裁判所の心証形成の対象となるのである。

このように期日外における証拠調べは，公判廷での証拠調べを前提とする，その準備的な訴訟行為である。公判準備の結果について証拠調べの必要性を定めた法303条が，「公判準備においてした」との用語を用いているのも，期日外における証拠調べの公判準備行為としての性格を端的に表したものといえる。

㈡　証人尋問

a　概説

公判期日外に行う証人尋問は，裁判所内で行う場合（法281条）と，裁判所外で行う場合（法158条）とがある。

公判期日において行うべき証人尋問を公判期日外で行うわけであるから，例外的な手続といえる。そのため，必要性・相当性が肯定される必要がある。この点については，裁判所の考慮事項を定めた法158条1項で，①「証人の重要性，年齢，職業，健康状態その他の事情」と，②「事案の軽重」とを考慮した上，とされているところに，端的に現れている。①，②について補足すると，「証人の重要性」，「事案の軽重」は当然のこととして，証人の「年齢，職業，健康状態その他の事情」といった証人の個別事情が考慮できることになっているのが特徴的である。

証人尋問には，検察官，被告人（弁護人）は，立ち会うことができる（法157条1項がその前提となる）。ただし，判例（最判昭和28年3月13日刑集7巻3号561頁）は，身柄拘束中の被告人については，必ずしも立会の機会を与えなくとも良いと解している。[81]

裁判所外での証人尋問は，受命裁判官・受託裁判官に行わせても良い（法163条）が，裁判所内での尋問は，必ず裁判所が行わなければならないとされている。[82]

なお，公判期日外に鑑定人尋問を行う場合の手続は，証人尋問の場合と同様である（法171条）。

- [81] しかし，同事件では，被告人に対して法157条2項の通知がされていなかったのであって，多分に救済判例的な意味合いが看取されるから，この判例の趣旨を拡大して考えるべきではない。
- [82] 最決昭和29年9月24日刑集8巻9号1519頁（松本勝美・判解刑同年度274頁）は，受訴裁判所内で行う証人尋問を受命裁判官をして行わしめることは違法であるとした。もっとも，その瑕疵は，当該事案では治癒されたとしている。
  なお，このような手続が行われたのは，合議体を構成する裁判官の1名が急病になったためのようである（松本・前掲275頁参照）。しかし，こういった緊急の場合には，合議体の残った2名の裁判官を受命裁判官として，当該証人尋問を行うこととしても良いように解され，この判旨には疑問も残る。というのは，支部だけでなく本庁でも他の執務との関係で，急病者の代わりとなる裁判官をすぐに得ることが困難で，他方，証人の都合等で証人尋問自体は速やかに行う必要性が高い場合等が想定できるからである。

b　その他の手続的事項等

証人尋問の決定に当たっては，検察官，被告人（弁護人）の意見を聴くこと

が要件とされている（法158条1項）。

そして、尋問事項を定める必要があり（規則106条、108条、109条）、検察官・被告人・弁護人に対して尋問事項を知る機会を与えなければならず（法158条2項）、これら三者は、付加的な事項の尋問を請求することができる（同条3項）。また、これら三者には、証人尋問の日時、場所があらかじめ通知される（法157条2項本文。その例外は同項ただし書）。他方、その立会は必要的なものではないが、立ち会わなかったときは、証人の供述の内容を知る機会を与えなければならないとされている（法159条1項、規則126条）。そして、法159条2項の要件を満たすと、被告人（弁護人）は、更に必要な事項の尋問を請求することができることとされている。

公判期日の証人尋問における被告人の退席と同様に、期日外の証人尋問においても、同様の定めがある（法281条の2）。

　　C　証人尋問終了後の手続

公判期日外の証人尋問調書については、後の公判期日に裁判所が職権で取り調べなければならないものとされている（法303条）。公判期日における証人尋問は伝聞証拠ではないが、公判期日外の証人尋問は証人尋問調書という形で書面化される結果、伝聞証拠となる。しかし、法321条2項前段によって伝聞例外として無条件に証拠能力が認められている。

　　(ウ)　**公判期日外の被告人質問**

標題の点の可否については争いがある。そして、被告人は、通常、公判廷に出頭しているから、公判期日において被告人質問が行われるのは当然のことである。このことを重視すると、標題の点については、当然に許されないとの考えが生じる。しかし、①法322条2項が、公判準備において被告人が供述をすることがあることを前提とした定めとなっていることは、積極説の有力な根拠たり得るものといえる。そして、②法311条2項は、被告人の供述を求める時期について「何時でも」としているから、その時期について、「公判期日外」を除外することが積極的に裏付けられていないといえる。そして、他に、公判期日外の被告人質問を禁ずる規定もない。これらは、積極説を裏から支えるものということができる。

このように考えると、積極説が解釈としては正しいものといえる。しかし、そうであるからといって、殊更に、公判期日外で被告人質問を行うことは、通

常，必要性も相当性もないし，現に実務でもそういったことは行われていない。こういった実態も踏まえると，積極説といっても，例外的に期日外における被告人質問を適法に行えることの根拠付けをするものとの位置付けが適切なものといえる。このような前提で公判期日外における被告人質問の事例を想定すると，例えば，①公判期日外の証人尋問，検証の現場で，新たに生じた必要性に対応して公判期日外の被告人質問を行う[83]，②共同被告事件で，欠席した乙被告人との関係では当該公判期日が公判準備期日となった場合に，乙被告人との関係でも甲被告人の被告人質問を行う（甲被告人との関係では公判期日における被告人質問である），等である。

[83] 福岡高判昭和26年10月18日高刑集4巻12号1611頁は，公判準備における裁判所の検証に立ち会った被告人の供述を録取した検証調書は法322条2項書面に該当するとしているが，本文の「①」の事例に関するものといえる。

(エ) 検証

公判期日外の検証も裁判所が行う手続であるから，令状を必要としない。夜間検証も可能である（法130条）。事例としては，交通事故に関するものが少なくなかったが，近時は，公判廷外の検証の実施例は減っているように思われる。

法129条所定の身体検査等の必要な処分を行うことができる（規則101条で注意事項が定められている）。そして，身体検査については，事柄の性質上慎重な取扱が定められている（法131条）。他方，身体検査のためには，被告人及び被告人以外の者を召喚し，勾引できる[84]。

検証には，検察官，被告人（弁護人）は立ち会うことができるが，身柄を拘束されている被告人には立会権はない（法142条，113条1項本文，ただし書）。他方，司法警察職員の補助を得ることは可能である（法141条）。

検証には裁判所書記官を立ち会わせ（規則105条），調書が作成される（規則41条1項，2項）。そして，この調書は後の公判期日に職権で取り調べなければならない（法303条）。そして，法321条2項後段によって伝聞例外として無条件に証拠能力が認められる。

[84] 被告人につき法57条，58条，規則102条。被告人以外の者につき法132条～136条。他方，身体検査の拒否に関しては，法137条～140条の定めがある。

㈹ 押収・捜索

a 概説

⒜ 捜査段階との対比

　捜査段階でも，押収・捜索は行われ，この点は既に説明しているが，通常は，捜索して発見した物を押収することになるから，説明の順序としては，捜索・押収ということになる。

　他方，裁判所が行う場合には，通常，押収するのであって，対象物を捜索するのは限られた場面のことである（筆者は経験しなかった）から，説明の順序としては押収・捜索ということになる。

⒝ 裁判所が行う押収の意義

　裁判所が行う押収には3種類あり，①差押え，②領置，③提出命令である。①，②は裁判とその執行を含む概念とされている。

　①差押え（法99条1項）は，強制力によって物（＝証拠物又は没収すべき物と思料するもの）の占有を取得することである。そして，電磁的記録を複写して行う電子計算機等の差押えの特則も定められている（同条2項）。強制処分であるが，公判廷で行う場合には，令状は不要である。公判廷外では，差押状を発して行われる（法106条〜108条）。当事者の立会や，そのための通知について定めた法113条は，検証で準用されている（法142条）から，両者について同じということになり，それ以外では，捜査段階の差押えと同じである。

　②領置（法101条）は，被告人その他の者の遺留物，所有者・所持者・保管者の任意提出物の占有の取得である。領置自体は任意処分であるが，その後の占有は強制処分であって，任意の取戻しが可能となるわけではない。裁判においては，検察官請求の証拠物について領置が行われることが多いから，実務的には領置の方が差押えより活用されているといえる。

　③提出命令（法99条3項）は，差し押さえるべき物を指定し，所有者，所持者又は保管者にその物の提出を命ずることができることとされている。しかし，実務的には，限られた場面での活用にとどまっており[85]，筆者は経験しなかった。そして，提出命令は，命令であるから，相手方に提出の義務を負わせることになるが，強制力はないと解されていて，相手方が提出に応じないと，差押えの必要があれば，差押えを行うことになる。

　押収物の取扱については，法121条〜124条，規則98条の定めがある。

▼ 85) 報道機関の取材フィルムに対する提出命令を適法とした最大決昭和44年11月26日刑集23巻11号1490頁については，捜査段階の提出命令の項でも言及した。報道機関の取材ビデオテープに対する捜査機関の差押えが憲法21条に違反しないとしたものとして最決平成2年7月9日刑集44巻5号421頁（山田利夫・判解刑同年度119頁）がある。

(c) 捜索

捜索の定めである法102条は，被告人と，被告人以外の者とに分けて規定されている。被告人については，身体，物，住居その他の場所がその対象とされている。

被告人以外の者についても，対象は同じであるが，「押収すべき物の存在を認めるに足りる状況のある場合」との限定が付されている。

公判廷で行う場合には，令状は不要であるが，公判廷外では，捜索状を発して行われる（法106条〜108条）。

b 押収・捜索後の手続

押収・捜索の結果を記載した書面，押収物については，後の公判期日において，証拠書類・証拠物として取り調べなければならない（法303条）。

(7) **証明力を争う機会**

法308条，規則204条は，裁判所は，検察官，被告人（弁護人）に対し，証拠の証明力を争うために必要とする適当な機会を与えなければならないし，その旨の告知をするべき旨を定めている。枝番のない条文であることからも，当初からの定めであることが理解できよう。

こういった職権主義的な発想の規定は，当事者追行主義が強調されている現代においては，念のための規定との位置付けがふさわしい。そうはいっても，いわゆる不意打ち認定の回避は重要な課題であるから，実際の場面では，手続の節目節目で，裁判所が確認の意味も含めて，当事者双方に対して，◎◎の点については，更に主張・立証すべき点はないかを確認するなどして，上記定めの趣旨が実践されるのが望まれる。

(8) **法309条の異議**

ア 概説

関連する条項は，法309条，規則205条〜206条である。異議は，手続の是正の契機を当事者に付与したものであって，刑事訴訟の適正な運用のためには重要な制度である。的を射た異議の申立が訴訟を活性化させるものであるこ

とは実感されているところであるから、訴訟当事者には、その適切な活用が強く期待されているといえる。

(ア) 異議申立の構造

異議の対象、理由については、2類型に大別される。訴訟手続全体に対する異議の定めが本則型であって、個別の手続に対する異議の定めが補足型であるのが通常の法形式であろう。しかし、異議に関しては、「証拠調べ」と「その他の手続」とに二分しているところに特徴がある。異議が出される頻度からしても、立法者が、刑事訴訟の手続から「証拠調べ」だけを抽出し、しかも、その手続に対する異議を中心とした形で立法したことは、事柄の実情を反映したものといえる。

法309条は、検察官、被告人（弁護人）に対して異議申立権を認めている。そして、同条1項（同項に基づく異議は「1項異議」といわれる）は、「証拠調べ」に関する異議について定めており、その理由は、「法令違反」と「不相当」である（規則205条1項本文）。「不相当」が理由として認められていることが、実務的には重要である。

なお、証拠調べに関する決定に対しては、「不相当」を理由とすることはできないとされている（同項ただし書）。「決定」という裁判に対する異議であることからの制約といえる。

法309条2項（同項に基づく異議は「2項異議」といわれる）は、「証拠調べ」以外の裁判長の処分に対する異議について定めており、その理由は、「法令違反」に限定されている（規則205条2項）。

学生だけでなく弁護人でもこういった違いを自覚していないことがあるから、適切な理解が期待されているといえる。

(イ) 1項異議の対象

冒頭陳述、証拠調べの請求、証拠決定、証拠調べの方式、証拠調べの範囲・順序・方法を定める決定、証明力を争う機会の付与、尋問の制限、証拠調べに関する裁判長の処分等、証拠調べ全般に対して可能である。また、裁判所、裁判長に関するものだけでなく、訴訟関係人に関するものでも良く、作為・不作為を問わない。

(ウ) 2項異議の対象

裁判長の処分であるが、証拠調べに関するものが除かれる関係で、訴訟指揮

に基づく処分と法廷警察権に基づく処分（法288条等）とに大別される。処分と認められる限りは，作為・不作為を問わない点は1項異議と同様である。

　訴訟指揮（法294条）に基づく処分としては，例えば，起訴状に対する求釈明（規則208条）に関する処分，冒頭手続での陳述（法295条）に関する処分，弁論時間の制限（規則212条）等である。

　法廷警察権に基づく処分に対する異議に関しては既に説明している。

　　イ　異議に関する手続
　①異議の申立は，個々の行為，処分又は決定ごとに直ちにしなければならない（規則205条の2）。この迅速性は重要である。というのは，手続は連続して行われるから，遅れた時期に異議が申し立てられ，その異議が認められると，当該手続を前提として既にされている手続にも影響が及んでいくなど，手続全体が混乱する可能性があるからである。

　②異議申立に対する裁判は決定であり（法309条3項），遅滞なく決定されることが義務付けられている（規則205条の3）。このことを前提とすれば，異議の理由は簡潔に示されることが必要とされているのは（規則205条の2），適切なものといえる。また，上記のように異議の申立は直ちにされるから，申立人としては，必ずしも異議の理由が十分論理的に整理できているとはいえない場合もあり得る。そういった場合に，詳細な理由が求められると，異議の理由を適切な形で述べることは困難となることも生じ得る。簡潔な異議の理由を求めていることは，こういった事態の発生を回避できることにもなっている。換言すれば，例えば，「異議がある，誘導尋問である」などといった簡潔な形で異議の理由を述べることが求められていることは，異議を申し立てる訴訟当事者に対して，異議を申し立てる心理的なハードルを下げる役割も果たしているといえる。

　　ウ　異議申立に対する決定
　①不適法な異議申立（＝ⅰ時機に遅れた異議申立，ⅱ訴訟遅延目的のみでされたことの明らかな異議申立，ⅲその他不適法な異議申立）に対しては，却下決定（規則205条の4本文）。

　ただし，ⅰの異議申立に関しては，申し立てた事項が重要であって，これに対する判断を示すことが相当であるときは，時機に遅れたことを理由として却下してはならないとされている（同条ただし書）。事柄の重要性に即した柔軟性

のある定めといえる。しかし、訴訟当事者には迅速な異議申立が要請されていることに変わりはない。

②理由のない異議申立に対しては、棄却決定（規則205条の5）。

③理由のある異議申立に対しては、「異議を申し立てられた行為の中止、撤回、取消又は変更を命ずる等」の当該申立に対応する決定（規則205条の6第1項）。

そして、同条2項所定の異議の申立に理由があるときは、証拠の全部又は一部を排除する証拠決定も義務付けられている。

なお、証拠排除に関しては、職権による決定で行われる場合もある（規則207条）。

4　弁論の分離・併合・再開

(1) 概説

標題については、法313条が定めている。ここでの弁論は、判決手続を除く事件の審理手続のことと解されている[86]。そして、弁論の単位は、被告人と公訴事実とで考えられている。このことを前提とすれば、被告人は一人であって、1通の起訴状に記載されていても、事件がA、B2個あれば、弁論は2個あることになる。補足すると、法313条1項が分離、併合といった順序で定められていることからすると、実務的には、分離が先行して生じることを法が想定している、換言すれば、先行してAとBとの弁論が黙示的に併合されていること[87]を前提としていると解される。こういった理解も、上記のような弁論の単位の理解の正当性を裏付けるものといえる。

これまでの説明からも分かるように、複数の事件を同時並行的に審理するのが弁論の併合であり、別々の審理を行うようにする手続が弁論の分離である。

そして、同項の定めの内容は、弁論の分離・併合・再開は、①請求権又は職権で行えること、②請求権者は検察官、被告人（弁護人）であること、③裁判形式は決定であること、である。他方、判断基準については、「適当と認めるとき」との定めにとどまり、それ以上の具体的な要件は定められていないから、裁判所の合理的な裁量に任されている部分が大きいといえる。

この前提でいえば、例えば、1通の起訴状にA、Bといった併合罪の関係にある2個の事実が記載されている場合に、AとBとの弁論を分離するということは、通常は行われない。通常は、併合の利益があり、併合審理することに支

障はないからである。そのため，そういった前提でも弁論の分離の必要が生じるのは限られていて，例えば，A事件が裁判員裁判対象事件，百日裁判対象事件などと独自に特別の手続で審理を行うべきことが判明し，他方，B事件はA事件と併合審理する必要まではない，といった場合である。

他方，複数の被告人の弁論を併合する主観的併合がされている事件では，元々別々に審理することが可能な事件が併合されているから，併合の利益がなくなると，弁論が分離されることになる。

再開は，一旦終結した弁論を結審前の状態に戻すことである。他方，弁論の再開請求を却下する決定は送達を要しないものとされている。

> 86) そのため，細かな説明になるが，例えば，複数の被告人（甲，乙）の併合事件で，甲被告人が判決宣告期日に出頭せず，出頭した乙被告人の関係でだけ判決宣告がなされ，出頭しなかった甲被告人に対しては，改めて指定された別の判決宣告期日に判決宣告が行われた，といった判決宣告だけが期日を異にして行われた場合でも，弁論の分離といった必要性は生じないことになる。
> 87) 実務的には，そういった決定は裁判形式としては行われていないから，多分に観念的な想定である。
> 88) 通常は証拠調べを再開する必要から弁論が再開されるから，弁論が再開されると証拠調べも再開されることになる。しかし，例えば，論告，弁論だけを部分的にせよ補充したいなどといった場合には，その段階以降について再開すれば足りる。こういった部分を限った弁論の再開も認められて良いと考えている。

(2) 主観的併合・客観的併合

こういった翻訳用語的な用語方法は刑訴法をとっつきにくくするが，要は，主体の併合と事件の併合のことである。しかし，標題の用語は一般的に用いられているから，学修を重ねる中で馴染んでいく必要がある。

客観的併合は，当該被告人に対して起訴された複数の事件の審理を併合して行おうとするものであるから，通常は，被告人に利益であって，併合すること自体に問題が生じることは限られている。そして，一旦併合されると，分離されることは通常生じないが，当該事件が百日裁判や裁判員裁判の対象事件となった場合等例外的な場合には分離が行われることもあり得る。

他方，主観的併合においては，本来，別々に審理することも可能な事件を併合して審理しようとするのであるから，併合の利益が吟味される必要がある。すなわち，①各被告人に共通する事実の合一的な確定が可能となり，量刑のバランスも図られること，②訴訟行為，特に，重複的な証拠調べが回避できる

こと，③他方，主体が複数となるので，訴訟遅延に陥る危険性があること，などが検討されることになる。そして，一旦併合しても，被告人の権利保護に欠ける事態が生じると，分離する必要が生じる。そういった分離に関しては，法313条2項，規則210条の定めがある。

> ▼89）例えば，既に甲事件の弁論を終結した後に，当該被告人に対して新たな乙事件が起訴された場合に，甲事件の弁論を再開して乙事件を併合するか，弁論は再開せずに，乙事件は別途審理することにするかについては，両事件の性格によって結論が異なり得る。例えば，甲事件について早期に結論を示す必要があり，他方，乙事件の審理に長期間が見込まれるといった場合には，客観的併合が行われないこともあり得よう。また，どちらかの事件が百日裁判対象事件である場合にも，通常は，併合はされないことになろう。
> ▼90）別々の審理では異なる内容の事実認定・量刑判断がなされる可能性があるから，そのこととの比較衡量がされることになる。
> ▼91）被告人間の利害対立が激しいと，併合するとかえって証拠関係が複雑になって，「②」で前提とされている手続の重複回避といった併合の利益が十分に発揮されない事態が生じ得る。こういったことは，主観的併合を行うことについての消極的な要因となり得る。

(3) 併合の効果

弁論を併合しても，併合した時点から審理が同時並行的に進行するというだけのことであって，相互の手続が融合して1つの手続になるわけではないし，過去に遡って新たに併合された事件の審理がなされていることになるわけではない。そのため，例えば，甲事件（甲被告人）の関係で取調済みの証拠Aを新たに併合した乙事件（乙被告人）でも使いたい，といった場合には，乙事件（乙被告人）の関係で，証拠Aについて新たに証拠請求する必要がある。また，併合後に，甲事件（甲被告人）の関係でだけ用いたい証拠Bについては，甲事件の関係でだけ証拠請求して取り調べられるから，甲事件限りの証拠となる。

証拠に対する意見が異なった場合も統一的な取扱は困難となる。同一被告人に対して請求された同一の証拠に対する意見が甲事件と乙事件とで異なることは通常ないから，例えば，伝聞証拠である証拠Bについて，主体を異にする，甲被告人は同意し，乙被告人は不同意とした場合について説明する。こういった場合には，証拠Bを両被告人との関係で同時に証拠とすることができないが，供述者Bの証人尋問を先行して行い，その結果を前提とすれば証拠Bは取り調べる必要がなくなったとして，証拠請求が撤回される（証拠請求を却下する）運用が一般的であろう。

5　公判手続の停止
(1)　概説

　既に説明したように，公判審理は連日的開廷・継続審理を原則としているが，一定の事由があると，その進行が停止されることがある。誤解を避ける意味で説明すると，公判手続が停止されたからといって全ての手続が停止されるわけではない。身柄拘束中の被告人に対しては必要に応じて勾留更新の手続が行われるし，公判手続停止中を活用して鑑定が行われるなど公判手続の再開に向けた準備の手続が行われる場合もある。

　公判手続の停止に関する関係条文は複数ある。そして，訴因罰条の追加変更の場合に関する法312条4項については既に説明しているから，法314条所定の事由による場合には，医学的な専門的判断を要するところから，いずれの場合でも，医師の意見を聴くことが義務付けられている（同条4項）。それ以外の点について個別に説明する。

(2)　被告人が心神喪失の状態にある場合

　同条1項本文では，職権で，検察官及び弁護人の意見を聴いて（被告人が意見聴取の対象者とされていないのは，事柄の性質からして当然なことといえる），決定で，被告人の心神喪失の状態が続いている間，公判手続を停止しなければならないとされている。判例で，心神喪失の状態とは訴訟能力を欠く状態をいう旨定義付けられている[92]。

　もっとも，同項ただし書で，無罪，免訴，刑の免除，公訴棄却の裁判をすべきことが明らかな場合には，被告人の出頭を待たないで，直ちにその裁判をすることができる，とされている[93]。これらの裁判は被告人に有利な裁判と位置付けられていて，そのことを前提として，被告人に防御活動をさせることを省略して早期に訴訟係属状態から解放する方が被告人にとっても良いであろう，といった立法者の選択がされたものと解される。ただ，この前提では，刑の免除の判決（法334条）は有罪判決の一種であるから，異論もあるところである。

　なお，被告人が心神喪失の状態にあるかについて鑑定をする必要があり，その前提として既に説明した鑑定留置が活用されることもある。

[92] 最決平成7年2月28日刑集49巻2号481頁（川口政明・判解刑同年度125頁）は，耳が聞こえず言葉も話せない被告人に関して，「『心神喪失の状態』とは，被告人としての重要な利害を弁別し，それに従って相当な防御をすることのでき

る能力，すなわち訴訟能力を欠く状態をいう」旨定義付けられている。
▼93）関連する規定としては法28条，29条があるが，両規定については既に説明した。

(3) 被告人の病気による不出頭の場合

　法314条2項では，職権で，検察官及び弁護人の意見を聴いて（被告人が意見聴取の対象者とされていないのは，事柄の性質からして当然なことといえる），決定で，被告人が出頭することができるまで，公判手続を停止しなければならないとされている。しかし，短期間の不出頭であると，公判期日の指定間隔を調整することで対応できることもあるから，この不出頭は，通常は，相当長期の期間に及ぶことが前提とされているものと解される。

　同項ただし書では，その例外が定められている。他方，同条1項ただし書のような規定が設けられていないことについては，立法論としては異論のあり得るところである。

(4) 重要証人の病気による不出頭の場合

　同条3項では，犯罪事実の存否の証明に欠くことのできない証人が病気のため公判期日に出頭することができないときは，決定で，出頭することができるまで公判手続を停止しなければならない旨を定めている。被告人に関する2項の定めと類似しているともいえるが，被告人は，本項によって公判手続が停止される間，自己に帰責事由がないのに，訴訟が進行しない状態を甘受しなければならなくなる点で，事情を大きく異にしている。そのため，同項で，「公判期日外においてその取調をするのを適当と認める場合」が除外されているのは，事柄自体として当然のことであることに加えて，上記のような被告人に与える不利益性を軽減する措置としての配慮がなされていると評価できるのである。

　しかし，いずれにしても公判手続の停止に伴う不利益が及ぶことになれば，当該証人に関して法321条1項2号や3号該当の供述録取書がある場合には，両条項にいう「心身の故障」には本項該当の場合も含まれ得るから，その取扱如何も関連してくることになろう。

　以上の説明からも明らかなように本項に基づく公判手続の停止が行われるのはごく限られた事例であろうと推測される（筆者は，経験していないし，こういった事例があったとも聞いていない）。

6　公判手続の更新

(1)　概説

　公判手続の更新は，法の定める更新事由が生じた場合に，公判手続を該当の範囲内でやり直す手続である。更新事由も更新事由とされている根拠も様々である。

　①開廷後裁判官がかわったとき，である（法315条本文）。口頭主義・直接主義に基づくものといえる。しかし，判決宣告の場合は除外されている（同条ただし書）。これは，誤解されかねないが，判決の作成手続に交替した裁判官が関与することを許容する趣旨では全くなく，交替前の裁判官が作成した判決を文字どおり宣告することだけを交替した裁判官が行うことを許容した趣旨である。

　裁判員に関しても更新に関する定めが置かれている（裁判員法61条1項が更新事由の定めであり，同条2項が更新手続の方法の定めである）。もっとも，裁判員裁判では補充裁判員が通常選任されているから，補充裁判員が居る限りは更新手続を行う事態は生じない。また，裁判員裁判では，証人尋問や被告人質問が録画されているから，そういった記録媒体を活用した更新手続が行われている。

　②併合事件審判のための公判手続の更新である（裁判員法87条）。これは，区分事件審理に関連した規定である。前提から説明しないと分かりにくいので，まず，同法86条の概要を述べる。裁判所は，全ての区分事件審判が終わると，区分事件以外の被告事件の審理及び区分事件の審理並びに併合事件の全体についての裁判（これが「併合事件審判」とネーミングされている）をしなければならないとされている。そして，新たに併合事件審判を行う裁判員がいると，併合事件審判をするのに必要な範囲で，区分事件の公判手続を更新しなければならない，とされている。したがって，必要がなければ更新手続は不要である。[94]

　③開廷後被告人の心神喪失により公判手続を停止したとき，である（規則213条1項）。被告人が公判手続停止前の手続について的確な記憶を有していないであろうとの配慮に基づくものと解される。

　他方，裁判官が交替したか否かを問わないから，裁判官も交替していると，両更新事由に基づいて更新手続が行われることになる。

④開廷後長期間にわたり開廷しなかった場合において必要があると認めるとき，である（同条2項）。裁判官の心証が希薄化している懸念を払拭するためと解される。もっとも，通常の訴訟においては，本項に該当する事態が生じるのは想定し難い。

⑤簡易公判手続（法291条の2）を取り消したとき，である（法315条の2本文）。簡易に行った公判手続を本来の手続に則ってやり直す趣旨である。しかし，検察官及び被告人（弁護人）に異議がないときはその例外とされている（同条ただし書）。更新手続を行う必要のある事件であるかを，審理の実情を知っている訴訟当事者の意向に委ねたものといえる。

▼94) 例えば，部分判決で示された，犯行の動機，態様，結果など，罪となるべき事実に関連する情状に関する事実を前提として量刑判断をする限りは，更新手続は不要である。

(2) 更新の手続

更新の手続については，規則213条の2が定めている。従前の公判で行われた手続，証拠調べの結果等を口頭主義・直接主義の観点からやり直す趣旨が定められている。補足すると，筆者は，本条は裁判官が交替した場合を想定した定めのように受け止めている。そして，実務で更新手続が「主張立証は従前どおり」などといった発言を検察官，弁護人が述べ合うなどといった形式的な形で行われることが多く，その実質的な意義を感じにくいのは，原証拠自体書面が多いことによるのかもしれない。そうであれば，同条3号ただし書，同条5号の趣旨が生かされることが期待されているといえる。すなわち，3号ただし書では，証拠とできない書面・物及び証拠とするのを相当でないと認め，訴訟関係人が取り調べないことに異議のない書面・物については，取り調べない旨の決定をしなければならない旨が定められていて，更新手続を通じて従前の証拠関係の整理を行うことが予定されている。また，5号では，「裁判長は，取り調べた各個の証拠について訴訟関係人の意見及び弁解を聴かなければならない」とされている。

そのため，訴訟関係人としては，それまでの審理で問題のあった証拠があれば具体的に指摘し，また，口頭でされた証人尋問の結果が書面化されたことによって印象が違う可能性のある箇所があれば，そういった指摘をする，などして，従前の証拠調べの結果が適切に新たな裁判官の心証形成に寄与するように

することが期待されているといえるのである。

7　論告・弁論・結審

証拠調べが終わった後の手続である。そして，次に説明する論告等の手続が終わって判決宣告手続だけが残された状態となったときを，弁論の終結・結審という。そして，一旦結審した後に弁論を再開することもあるが，この点は既に説明している。

(1)　検察官の論告・求刑

法293条1項は，証拠調べが終わった後に，検察官に対して，事実及び法律の適用についての意見陳述を義務付けている。この事実及び法律の適用についての意見を論告という。それとは別に，科刑に関する意見も述べることが実務慣行として確立しており，この意見を求刑という。証拠調べ終了後に行われるから，論告・求刑は証拠調べの結果を踏まえたものといえる。しかし，公判前整理手続を経る事件では，弁護活動の有り様に連動する形で，まず，論告内容を想定し，そこから遡って証明予定事実その他の訴訟活動の内容を想定していく，といった運用も行われるようになっているようである。こういった運用を前提としても，実際に行われる論告は，当初想定された論告の内容を証拠調べの結果を踏まえて修正されたものとなっていようから，論告が証拠調べの結果を踏まえてなされることになること自体には変化がないといえる。

また，このように説明すると論告は有罪だけを前提としているような印象を与えかねないが，検察官は公益の代表者であるから，無罪の論告をすることも可能であって，例外的とはいえ，そういった論告がないわけではない。また，裁判所としては，検察官に対して，論告を行う機会を与えれば良く，これまた，例外的な事態だが，検察官が論告を行わなくても，手続全体が違法となるものではない。

論告・求刑は，訴訟当事者の意見であって，もとより，裁判所を拘束するものではないが，公益の代表者である検察官が述べた求刑は，国家の刑罰権行使の上限を示唆するものとしてそれなりに尊重されるべきであり，裁判員裁判を含めて考えても求刑を超える量刑の判決が言い渡されることは例外的な事態である。

▼95)　規則211条の2により，この時期については，「証拠調べ後できる限り速やかに」と定めていて，争いのないいわゆる一回結審の事案では，証拠調べ終了直後

に行われる。しかし、検討を要する事件では、別に指定された期日に行われるのが通例である。

(2) **弁護人の弁論・被告人の最終意見陳述**

法293条2項は、被告人及び弁護人は、意見を陳述することができるとしていて、規則211条は、被告人又は弁護人には、最終に陳述する機会を与えなければならない、とされている。実務においては、法293条2項に基づく意見の陳述は弁護人のみが行い（この意見陳述は「弁論」と呼ばれる）、規則211条に基づく最終意見陳述は被告人が行う、運用となっている。法293条2項の定めが「～できる」とされていることからも明らかなように弁論は義務ではないから行わなくても良いことになるが、特段の事情がない限り行われている。

そして、規則211条の2は弁論にも適用されるから、上記一回結審の事案では、論告に引き続いて行われている。他方、検討を要する事件では、別に指定された期日に論告に引き続いて行われることもあれば、更に、別に指定された期日において行われることもある。補足すると、公判前整理手続を経ない事件では、争点と主張がきちんと整理された形で審理が行われるとは限らないから、論告で検察官がどのような主張を展開するのか、弁護人としては事前に正確に予測することが困難な事案も生じ得る。そういった事案では、論告内容を踏まえて弁論内容を修正する必要が生じることもあり、論告と同一期日に弁論を行うことが困難な事案も生じ得るのである。

(3) **弁論の方法等**

論告と弁論を含んだ意味で広義の「弁論」ということがあるが、標題はこの広義の意義である。規則211条の3により、弁論の方法として、「争いのある事実については、その意見と証拠との関係を具体的に明示して行わなければならない」とされている。争いのある事実は、当然のことながら、証拠に基づいて認定することになるから、訴訟当事者としては、自らの主張が証拠との関係をどのように踏まえたものであるのかを明らかにしておくことが肝要といえる。そして、訴訟当事者の主張がこのようなものとなっていれば、近時強調されている裁判所が中立的判断者としての立場に立つことも容易となろう。

このように考えてくると、上記規則は当然のことを定めたものであると同時に、訴訟当事者の努力目標を具体的に提示したものともいえる。

そして，弁論に関しては，明示的な時間制限の定めがある（規則212条）。同条は，検察官，被告人（弁護人）の「本質的な権利を害しない限り」といった当然の制約の下で，裁判長に対して，弁論の時間制限の権限を付与している。しかし，通常は，検察官・弁護人双方から弁論に要する時間を事前に確認した上で，期日が指定され，実際の弁論も，通常は，その予定した時間内で行われているから，上記規則の定めに則った形で弁論の時間制限が行われるのは限られた事例においてということになろう。

(4) 被害者参加人等の弁論としての意見陳述

標題に関しては法316条の38に定めがある。同条1項では，被害者参加人等から，事実・法律の適用について意見陳述をすることの申出があると，裁判所において，相当性が認められると，検察官の意見陳述の後に，訴因として特定された事実の範囲内で意見陳述をすることを許すものとされている。

そして，この意見陳述は証拠とならないとされている（同条4項）。そのため，仮に，被害者自身がこの意見陳述を行い，その中に事実関係に関する自己の体験供述と見られる内容が含まれていたとしても，当該部分が証拠として扱われることはなく，被告人の最終意見陳述が証拠となることとの相違がある。

手続としては，上記申出は，「陳述する意見の要旨を明らかにして」検察官に対して行われ，検察官は意見を付して裁判所に通知するものとされている（同条2項）。

また，裁判長は，この陳述を制限できる場合のあることも定められている（同条3項）。

8 判決宣告

(1) 判決の成立

判決を宣告するには先行して判決が成立していなければならない。そして，判決の成立については，内部的成立，外部的成立ということがいわれる。分かりにくいが重要な概念である。判決の内部的な成立は，合議体，単独体それぞれの受訴裁判所において，内部的に判決の内容が確定された状態をいう。そういった成立があるから，弁論終結後に交替した裁判官でも，弁論の更新をしないまま当該判決の宣告ができるわけである（法315条ただし書）。

しかし，判決宣告という形で外部に表明されていないから（この表明があった段階で判決は外部的に成立するとされる），内部的に成立しているだけの判決は

確定的な拘束力を持たない。そのため，例えば，内部的に判決が成立した後に弁論の再開があったりすると，新たに判決を作成することになる。

他方，判決が外部的に成立すると，判決は内容的確定力を生じるから，その後にその内容を撤回・変更したりすることはできない。

(2) **判決宣告の手続**

判決宣告は，公判廷で，裁判長が，被害者特定事項にも配慮した上で，主文及び理由を朗読し，又は，主文を朗読し理由の要旨を告げる方法によって行われる（法342条，規則35条）。有罪判決の場合には，被告人に対し，上訴期間及び上訴申立書を差し出すべき裁判所を告げなければならない（規則220条）。補足すると，検察官，弁護人は，法曹であるから，改めて上訴期間等を告知する必要はない。そのため，上訴期間等の告知は被告人に対してのみ必要となる。他方，無罪判決に対しては被告人には上訴権がないから，上訴期間等の告知の必要はない。そのため，上訴権等の告知が必要となるのは有罪判決に対してということになる。また，上訴申立書は宛先は上訴審裁判所であるが，差し出すべき裁判所は，上訴審裁判所ではなく，原裁判所であるから，過誤防止の観点からその告知を要するのである▼96)。

さらに，裁判長は，保護観察に付する旨の判決宣告をする場合には，保護観察の趣旨その他適当と認める事項を説示しなければならないこととされている（規則220条の2）。被告人の更生に資する保護観察は，判決宣告後保護観察所に円滑に引き継がれていく（「バトンタッチ」ともいわれる）必要があるから，この説示は被告人の理解力に応じて適切に行われるべきである。

そして，有罪判決の場合には，判決宣告後に，被告人に対して，その将来について適当な訓戒をすることができるとされている（規則221条）。この手続は，判決宣告そのものではないが，当該事件を担当した裁判官が当該被告人に対して行う，社会復帰に向けたメッセージとして大きな役割を果たすことがある。裁判官の人柄，識見の表れる手続である。

▼96) 細かな説明になるが，補足する。上訴申立書を上訴審裁判所に提出するのは一見すると合理的なように思えるが，原裁判所に上訴があったことが分からないと，上訴事件は確定した事件として取り扱われる過誤を招きかねない。そのため，上訴審裁判所としては速やかに原裁判所に上訴申立てがあったことを連絡する必要が生じる。この点に過誤があると，上記の過誤を招くことになる。そのため，原裁判所が一元的に上訴の有無を把握する必要があり，現行の定めとなっているの

(3) 判決宣告の効果等
ア　外部的成立の効果

　判決を宣告すると，上記のとおり判決が外部的に成立する。上訴期間は判決宣告の日から進行する（法358条）。また，禁錮以上の刑に処する判決の宣告があると，保釈等は失効し（法343条），勾留更新回数の制限等の規定が不適用となる（法344条）。無罪等の裁判があると勾留状は失効する（法345条）。また，没収の言渡しがないと押収を解く言渡しがあったものとされる（法346条）。

イ　判決の口頭宣告と判決書との関係

　上記のとおり，判決は，公判廷で宣告により告知されるから（法342条），宣告された内容に従って効力を生じる。そして，判決宣告の公判期日が終了するまでの間に，判決内容を言い直したときは，それが形式的なものであれ（内部的に成立した判決の形式的なミスを訂正したり，逆に，言い間違ったりなど），実質的な内容の変更であれ（実刑を執行猶予としたり，その逆であったりなど），宣告した内容どおりのものとして効力を有するものとされている[97]。

　他方，判決書は，裁判官が作るが（規則53条，54条），判決宣告の際に作成されている必要はない（**参考裁判例38**参照）。そして，判決書は，判決の内容を証明する文書であるのにとどまり，口頭で宣告された判決の内容に取って代わることはできない。そのため，口頭で宣告された判決の内容と判決書の内容とが食い違った場合には，前者の内容によることになる（注97で紹介した最判昭和51年11月4日刑集30巻10号1887頁参照）。しかし，言い間違いなどのように宣告した方に誤りがある場合には，宣告内容と判決書の内容が食い違うことになるから，上訴審で是正される余地がある[98]。

▼97）最判昭和51年11月4日刑集30巻10号1887頁（香城敏麿・判解刑同年度304頁）。
▼98）上記最判昭和51年11月4日は，「判決書の内容及び宣告された内容の双方を含む意味での判決の全体が法令違反として破棄されることがある」とする。

9　公判調書
(1)　公判調書の意義

　公判で行われたことは調書という形で記録化されておくことが必要である。法48条1項は，「公判期日における訴訟手続については，公判調書を作成し

なければならない」として，上記の趣旨を明らかにしている。公判調書は裁判所書記官が作成するが（規則37条），その執務は実務的な有用性が高いものの，高度な専門性が求められ，地味な側面が多いから，特に実務を知らない初学者には理解されにくいところがある。▼99）

　公判で行われる手続は多様であって，その全てを公判調書に記載することにすると，膨大な量となってしまうおそれがある。そこで，公判調書の記載事項は，当然に行われる手続の記載は省略されるなど必要性・相当性のあるものに限定整理されている（規則44条）。また，これまでも部分的に説明してきた規則49条によって，書面等を引用，添付して調書の一部とすることも可能とされている。

　公判前整理手続期日に関しても，裁判所書記官が立ち会って調書を作成する（法316条の12）。その記載要件は規則217条の15に定められている。

　　▼99）我が国では公判調書が作られているから，かえって，その有意性が実感されにくいともいえる。拙著『骨太少年法講義』（2015年，法曹会）270頁以下で紹介している米国連邦最高裁のゴールト判決の事案では，審判調書等が作成されておらず，担当裁判官，傍聴していた少年の両親等の証言から1審の審理内容を知るほかなかったのである（この点は同書272頁参照）。こういった事例と対比すると，公判調書によって証明できる事実が広範に確保されている我が国の公判調書制度の有意性が実感されよう。

(2)　公判調書の機能

ア　当事者の訴訟準備に資する機能

　当事者は，公判期日が終わると，当該公判期日の内容を確認し，次回の公判期日に向けて準備をすることになる。その際の重要な資料となるのが公判調書である。そのため，法は，公判調書について，各公判期日後速やかに，遅くとも判決を宣告するまでに整理しなければならないのを原則としている（法48条3項本文）。そして，判決宣告期日の公判調書や公判期日から判決宣告期日までの期間が10日に満たない場合の公判調書については，その特則が定められている（同項ただし書）。

　ちなみに，最決平成27年8月25日刑集69巻5号667頁は，法48条3項は「憲法31条の刑事裁判における適正手続の保障と直接には関係のない事項」についての定めであるとして，憲法違反の主張を排斥した。

　また，公判調書が次回の公判期日までに整理されないときは，請求がある

と，前回の公判期日における証人の供述の要旨を告げるべきことが定められている（法50条1項前段）。

イ　上訴審の審査に資する機能

1審の公判手続の適法性は上訴審の審査の対象となるが，その際の重要な資料となるのが公判調書である。

まず資料としての限定性がある。公判調書には，絶対的証明力が認められている。すなわち，法52条は，公判期日における訴訟手続で公判調書に記載されたもの[100]は，公判調書のみ[101]によって証明することができるとされている。公判調書の記載の正確性は，それだけ重要度が高まることになる。

そのため，公判調書については，検察官（法270条），弁護人（法40条1項）は閲覧・謄写が可能であり（なお，弁護人につき同条2項），被告人は，弁護人がないときに閲覧が可能とされている（法49条）。そして，検察官，被告人（弁護人）には，公判調書の記載の正確性について異議申立権が認められている（法51条1項）。

注101で例示したような絶対的証明力を有する公判調書が存在しない場合には，訴訟記録の他の部分を参酌し，必要があれば関係者に確認することなども可能と解される。

次に問題となるのは，公判期日における訴訟手続で公判調書に記載されていない手続についてである。規則44条で記載事項が限定されているから，記載事項に該当しない手続は，記載されていないからといって不存在になるわけではない[102]。そして，同条の記載事項について記載がない場合でも，記載がないから不存在と一律に推定することはできない。むしろ，記載のなかった手続については，絶対的な証明力を有するものが存在しないため，他の資料によってその存否を判断することは可能と解される。

> 100）勿論，明白な誤記・記載の脱漏，記載の矛盾等，形式的なミスは，修正した上での記載内容が前提となる。その判断に当たっては，訴訟記録の他の部分を参酌し，必要があれば関係者に確認することなども可能と解される。
>
> 101）適式に成立している公判調書が現存していることが前提となるから，無効な公判調書は対象とならない。また，滅失した公判調書は対象となりようがない。ちなみに，民訴法160条3項本文は，「口頭弁論の方式に関する規定の遵守は，調書によってのみ証明することができる」とし，他方，同項ただし書は「調書が滅失したときは，この限りでない」として，調書の滅失を例外事由として明記している。

▼102) 例えば，起訴状の朗読，黙秘権の告知などといった重要ではあるが，必ず行われる手続は，記載事項とされていないから，公判調書に記載のないのは当然のことであって，記載がないことでそれらの手続はなかった，といった推定を働かせてはならないのである。

10　簡易な手続
(1)　簡易公判手続
ア　概説

　簡易公判手続の特徴は，その名称のとおり手続が簡易化されることである。まず，証拠調べに関連した手続が簡易化されている。すなわち，伝聞法則は原則として適用がなく（法320条2項本文・ただし書），法296条（冒頭陳述）・297条（証拠調べの範囲・方法・順序・方法の予定）・300条～302条（証拠調べの請求）が適用されず（法307条の2），規則198条（弁護人等の冒頭陳述）・199条（証拠調べの順序）・203条の2（証拠書類等の取調べの方法）が適用されず（規則203条の3），証拠調べは，公判期日において，適当と認める方法で行うことができるとされている（法307条の2）。

　判決書についても特例が認められている（規則218条の2）。

　しかし，証拠調べを行うことは求められているから，次項の①に該当する陳述があると，犯罪事実に関する証拠調べを省略して，量刑手続に移行する，といったアレインメント類似の制度とは異なる手続である。

イ　簡易公判手続開始の要件

　簡易公判手続の要件は法291条の2が定めている。すなわち，①冒頭手続で，被告人が，公訴事実について有罪である旨を陳述すると，②裁判所は，検察官，被告人・弁護人の意見を聴き，有罪である旨の陳述のあった訴因（ただし，死刑又は無期若しくは短期1年以上の懲役・禁錮に当たる事件は除外）に限り，簡易公判手続によって審判をする旨の決定をすることができるとされている。

　補足すると，①については，公訴事実について全体として有罪であることを認める必要があり，例えば，当該事件の存在を認めつつ正当防衛であるなどと違法阻却事由の存在を主張する場合には，①の要件を満たさない。要は，簡易な証拠調べ手続で犯罪事実の認定をしても差し支えないかがここでの判断要素であるから，正当防衛を主張するような事案は該当しないことが明らかであるからである。そのため，被告人が，冒頭手続では否認していても，その後になされた訴因変更，更新手続等の際に①に該当する陳述をした場合には，簡易公

判手続によることは可能と解される。しかし，実際には，既に証拠調べが進んでいるような事案では，手続が混乱しかねないから，上記のような活用がされるのは限られた事案においてであろう。

また，被告人は一般的には法的知識に乏しいから，被告人に対しては，有罪を認めている趣旨や簡易公判手続の趣旨を理解させた上で，簡易公判手続に付するか否かの判断は行われるべきである。規則197条の2本文が，裁判長に対して，同条所定の説明や確認を義務付けているのも，上記の趣旨に沿うものといえる。

②については，「有罪である旨の陳述のあった訴因に限り」とあるところから，例えば，A罪，B罪といった併合罪の訴因があって，A罪については①の要件を満たす陳述がなされたものの，B罪に対する陳述がそうでなかった場合でも，A罪の訴因についてだけ簡易公判手続に付することが可能なように読める。しかし，上記のとおり簡易公判手続は，通常とは異なる手続で証拠調べをすることになるから，同時並行的に，簡易公判手続による証拠調べと通常の証拠調べとを行う，というのは，手続的には，混乱をもたらすし，全体として簡易になるとも思われない。そのため，上記設例のような事案で簡易公判手続が行われるのは，限られた事案においてということになろう。

また，上記のとおり法定合議事件は除外されているから，重罪事件については，争いがなくても犯罪事実に関する慎重な証拠調べを求める立法者の姿勢が看取される。もっとも，一定の起訴件数のある常習累犯窃盗（盗犯等ノ防止及処分ニ関スル法律3条の罪）は，事実関係に争いがなく，証拠調べを詳細にしなくても良いと思われる事案もあるけれども，法定合議事件ではないものの（裁判所法26条2項2号で除外されている）短期が3年以上であるところから，上記の重罪に該当し，簡易公判手続を活用する余地はないのである。こういった点は，簡易公判手続の使い勝手を低めるものといえる。

ウ　付簡易公判手続決定の取消とその後の手続

こういった簡易な手続については，その後の事情の変化によって前提の要件を満たさなくなって，取消やその後の手続に関する定めが必要となることがある。法291条の3もそういった類型の定めである。すなわち，①付簡易公判手続決定のあった事件が簡易公判手続によることができないものであり，又は②同手続によることが相当でないものであると認めるときは，付簡易公判手続

決定を取り消さなければならないとされている。

　補足すると，重罪事件であることを見落とした場合，有罪の陳述がなかった場合など過誤事例の場合を措くと，①に該当するのは，訴因変更によって重罪事件となった場合が一般的であろう。また，訴因変更の際等で，被告人の陳述内容が変化して否認に転じた場合もある。

　②に該当するのは，被告人の陳述内容に疑問が出るなど，より慎重な証拠調べを要すると解される場合である。

　既に説明しているが，取り消した後は，検察官，被告人（弁護人）に異議がないときを除いて，公判手続を更新しなければならない（法315条の2）。それまでの手続は口頭主義・直接主義に反する点はないが，簡易な証拠調べをした点を是正する必要があるところから行われる更新手続である。そうであれば，規則213条の2はこの場合の更新手続に完全に適応したものとはいえない，換言すれば，同条は，個々の更新事由に即した形では定められていないのである。

　この場合の更新手続は，上記のとおり証拠調べの手続を正規のやり方でやり直すことが求められているから，正式の証拠調べへの移行に限定して同条に則った更新手続を行うことが求められているといえる。

(2) 即決裁判手続

ア　概説

㋐　手続の位置付け

　実務では，従前，争いのない事案で1回で結審して直ちに判決も言い渡す，要するに，1回の公判期日で当該事件の公判手続を全て終えてしまう裁判の手続について，「即決裁判手続」ということがあった。この説明からも明らかなように，この場合には，手続はそれ以外の事件の場合と異なるところがなかったのである。

　他方，平成16年，平成28年の各法改正によって，法350条の16（平成28年の法改正を前提とした記載としている）～350条の29からなる「即決裁判手続」が新設された。対象となるのは，争いのない明白で軽微な事件である。そして，即決裁判というのにふさわしい簡易・迅速な裁判を実現する手続の合理化・効率化が図られている。[103]

　しかし，この説明からも，捜査との関係が調整されていないことが看取され

よう。すなわち，捜査は通常の事件と変わらない形で行われると，この制度を活用しようとする捜査官側の熱意は高まらないことになろう。この点に着目したのが平成28年の法改正である。この点は，項を改めて説明するが，法制度を設ける場合の多様な思考の必要性を感じさせる事態ということができよう。

▼ 103) 即決裁判手続が憲法38条2項に違反せず，控訴理由を制限している法403条の2第1項も憲法32条に違反しないことについては，最判平成21年7月14日刑集63巻6号623頁（三浦透・判解刑同年度233頁）参照。

(イ) 手続の概要

a 手続の申立

①申立権者は検察官で，申立の時期は起訴と同時であって（法350条の16第1項），申立書には，後記の被告人の同意等の書面が添付されている必要がある（同条6項，5項）。②事件は，事案が明白・軽微であることである。③証拠調べが速やかに終わると見込まれることその他の事情を考慮し相当と認めるときである。（②，③につき同条1項本文）③の相当性の判断主体は，申立権者である検察官である。

死刑又は無期若しくは短期1年以上の懲役・禁錮に当たる事件は除外されている（同条1項ただし書）。これは，②の軽微性の不該当性を前提とした定めであろうが，③の「証拠調べが速やかに終わると見込まれること」にも通常該当しないであろうから，③の相当性も欠くものといえる。

また，被告人の書面による（同条5項）同意が前提となっているが（同条2項），その同意は適正なものであるべきであるから，検察官に，説明義務や書面による確認義務が定められている（同条3項）のは，適切なものといえる。

弁護人がある場合には，弁護人が即決裁判手続によることについて同意し又はその意見を留保していること（この同意・意見の留保は書面によるべきことにつき同条5項）が申立の前提となっている（同条4項）。

b 弁護人の選任，弁護人の役割

被疑者が上記同意の確認を求められた場合，貧困等によって弁護人を選任することができないときは，裁判官は，その請求によって被疑者のために弁護人を付さなければならないとされている（法350条の17第1項本文）。「請求」だけに限定されていて「職権」による選任は規定されていないが，被疑者段階で，しかも，起訴間近な時期という時間的，状況的前提においては，「職権」

なお，同項ただし書では，被疑者以外の者が選任した弁護人がある場合を除外しているが，これは当然のことである。そして，ここでの定めに該当する事案は限られたものとなろう。すなわち，軽微事案であるから，私選弁護人が選任されているのは，限られていよう。また，被疑者国選弁護人が選任されていることはあり得るが，そういった場合に，本項に基づいた請求がなされることは極めて例外的な場合であろう。

　即決裁判手続も刑事裁判であるから，基本的には弁護人の役割に相違はない。しかし，次項で紹介する定めからも，即決裁判手続は，犯罪事実自体は上訴で争えないものとする一方で，全部執行猶予との被告人に有利な量刑を行う，といった制度的な特性を有するものであることが分かる。そのため，弁護人においては，被告人に対して，このような制度的な特性を理解させておく必要がある。[105]

▼104) 細かな議論になるが，罪種による限定がある前提では，軽微事案であると被疑者国選弁護人の対象事件に該当しない場合もあり得るが，既に説明したように，この制限はいずれ外れるから，その後は該当事例が増えよう。

▼105) 注103で紹介した前掲最判平成21年7月14日刑集63巻6号623頁（三浦透・判解刑同年度233頁）は，次項で説明する控訴の制限には相応の合理的な理由があり憲法32条に違反しないとしているが，田原裁判官の補足意見の中には，同事件が上告審にまで争われたことに関して，「被疑者段階並びに一審公判手続の過程において，被告人が即決裁判手続の制度について十分な理解をしていなかったことを示すものであ」るとの指摘があることに，弁護人は留意する必要がある。

c　即決裁判手続の申立があった裁判所の対応

　裁判所は，検察官，被告人（弁護人）の意見を聴いた上で，できる限り早い時期の公判期日を指定することが義務付けられ（法350条の21），できる限り，起訴から14日以内の日の指定が要請されている（規則222条の18）。

　同公判期日の冒頭手続（法291条4項）で，被告人が有罪の陳述をすると，法350条の22所定の除外事由に該当する場合を除き，付即決裁判審判決定をしなければならないとされている（同条柱書き）。また，即決裁判手続も必要的弁護事件とされ（法350条の23），弁護人選任に関連した手続も定められている（規則222条の16）。

　そして，簡易な方法によって証拠調べを行い（法350条の24，350条の27，規則222条の19，222条の21），即日判決の言渡しが原則とされている（法350

条の28)。

　判決に関しては，懲役（禁錮）の言渡しをする場合には，全部執行猶予の言渡しが義務付けられている（法350条の29）。そして，被告人は，事実誤認を理由として（法383条該当事由を理由とすることは除外）控訴をすることはできないし，控訴審裁判所も同事由を理由として破棄することはできないこととされている（法403条の2）。上告審も同様である（法413条の2）。

　　イ　付即決裁判審判決定の取消とその後の手続
　判決言渡し前であれば，①被告人（弁護人）は即決裁判手続についての同意を，②被告人は有罪の陳述を，撤回することは可能であるから，そういった撤回があった場合など，法350条の25第1項所定の場合には，裁判所には，付即決裁判審判決定を取り消すことが義務付けられている（同項）。

　既に説明しているが，この取消決定があると，検察官，被告人（弁護人）に異議がないときを除いて，公判手続の更新をしなければならない旨が定められている（同条2項）。この場合の更新手続の趣旨は，簡易公判手続に関して述べたところに準じて考えれば良いものと解される。

　　ウ　公訴取消後の再起訴制限の緩和
　標題の点に関して，平成28年に法改正があった（施行は平成28年12月1日）。

　　　㋐　法改正の概要
　①法350条の26前段では，即決裁判手続の申立を却下する決定（法350条の22第1項，2号）があった事件で（同条3号，4号による場合が除外されていることにも留意されたい），
　②当該決定後，証拠調べが行われることなく公訴が取り消されて公訴棄却の決定が確定した場合には，
　③法340条の規定にかかわらず同一事件について更に起訴することができるとされた。

　　　▼106）公訴取消による公訴棄却決定確定後の再起訴を，公訴の取消後犯罪事実につきあらたに重要な証拠を発見した場合に限定している。

　　　㋑　改正法の意義
　この定めは，実務の円滑な運用の実現を目指した，はなはだ実践的な規定ということができる。すなわち，起訴後の捜査は限定されており，他方，注106

で紹介したように，公訴を取り消して再起訴するのははなはだ限定されているから，比較的簡易な自白事件で即決裁判手続の利用が考えられる事案であっても，捜査段階においては，起訴後における被告人供述の変遷の可能性を考え，簡易な捜査にとどめることができず，想定可能な弁解についても捜査で解明しておくなどの「念のための捜査」を行うことが実質上避けられなかったといえる。その結果として，捜査は簡易迅速さを欠き，ひいては即決裁判手続を利用する意欲を減退させる，といったマイナス効果が見受けられた。

　このような有り様を逆転させるべく，今回の改正では，起訴後の公訴取消・再捜査の道を広げ，同時に，簡易迅速な処理が可能な自白事件はそういった処理（＝上記のような「念のための捜査」を回避）を行って，即決裁判の活用も図る，といった手続的な選択を可能としたものである。このことは，同時に，限られた人的，物的資源を，より重大・複雑で慎重な捜査を必要とする事件に振り向けることを可能とするものであって，捜査のより適切な運用の実現に資するものでもある。

　ここで見逃せないのは，②の要件である。すなわち，付即決裁判審判決定が取り消された後では，証拠調べが行われないことが前提とされている点である。証拠調べを行うと，公訴取消・再捜査といったことはできなくなるから，公判手続を続行するか，公訴を取り消して再捜査を試みるか，といったことに対する検察官の決断を早期に行わせることになり，その分，被告人の不安定な立場が早期に解消されることになる。

(3) 略式手続

ア　概説

　略式手続については，法の第6編（461条〜470条）に関連した定めがある。要は，専属管轄である簡易裁判所における書面審査によって（＝起訴状一本主義は適用されない），被告人に対して罰金（100万円以下）・科料を科すことのできる手続であって，正式裁判による方途も講じられている。

イ　略式命令発付までの手続

　略式命令が発付されるまでの手続は，①検察官による略式命令に関する被疑者へのあらかじめの説明（法461条の2第1項），②被疑者は略式手続によることについて異議がないときは，書面でその旨を明らかにすることが義務付けられていること（同条2項），③検察官は起訴と同時に書面で略式命令の請求を

行うこと（法462条1項。②の書面も添付して・同条2項），（合意内容書面等の差出し・法462条の2第1項，2項），④検察官は，同請求と同時に，略式命令をするために必要と思料する書類・証拠物の裁判所への差出し（規則289条），⑤遅くとも同請求のあった日から14日以内の（規則290条1項）略式命令の発付（略式命令の方式につき・法464条）である。

ウ　通常の審判

　裁判所は，略式命令の請求を受けると，略式命令としての処理を行うことの相当性を審査する。その結果，略式命令の請求が不適法であるとき（法463条2項），略式命令不可，略式命令不相当と思料するときは，通常の審判を行うことが義務付けられている（同条1項）。そうすると，気になる方も居られるであろうが，請求の際に差し出されていた，上記「イ」④で説明した書類・証拠物を検察官に返還することが義務付けられている（規則293条）。起訴状一本主義への復帰である。

エ　略式命令発付後の手続

㋐　略式命令謄本の不送達と公訴棄却の決定

　略式命令は，被告人に対して対面で告知されるものではないから，謄本を被告人に送達することによって告知をする（規則290条2項参照）。そのことを前提として，略式命令請求の日から4箇月以内に略式命令が告知されないと，起訴は遡ってその効力を失うものとされている（法463条の2第1項）。そして，この場合には，略式命令が既に検察官に告知されているときには（＝これが通常の形態である），略式命令を取り消した上，公訴棄却の決定を行う（同条2項）[107]。略式命令の謄本自体送達できていないのであるから，この公訴棄却の決定が被告人への送達不要とされているのは（規則291条，219条の2），当然なことといえる。

> ▼107）細かくなるが説明すると，検察官に告知されると，略式命令は外部的に成立したことになるから，公訴棄却決定を行う前提として略式命令を取り消す必要が生じる。他方，検察官に告知されていないと，略式命令はまだ外部的に成立していないので，この取消手続を行うことなく公訴棄却決定を行うことが可能なのである。

㋑　正式裁判

a　正式裁判の請求

　略式命令に対する直接の上訴手続は設けられていない。他方，簡易ではない

正式な手続で訴訟を行える道が開かれている。それが正式裁判の制度である。すなわち，①請求権者は，略式命令を受けた者，検察官である。②請求は書面で行うが，その請求期間は，略式命令の告知を受けた日から14日以内である。(以上①，②につき法465条1項，2項)

他方，正式裁判請求は，第1審の判決があるまで取下げ可能である。そして，正式裁判の請求やその取下げについて上訴に関する規定が準用されている(法467条，規則294条)。

> ▼108) 既に起訴されているから，「被告人」といって良いと思われる。なお，氏名被冒用者も該当することについては，最決昭和50年5月30日刑集29巻5号360頁(内藤丈夫・判解刑同年度106頁)で肯定されている(三者即日方式による略式命令に関して，氏名を冒用されて略式命令を受けた者に略式命令の効力が及ぶことを肯定した)。

b　正式裁判請求後の手続

原則として，通常の規定に従って審判すべきことが義務付けられており，その場合には，略式命令には拘束されない(法468条2項，3項)。そして，判例は，法402条(不利益変更禁止)の適用はないとする。

他方，略式命令を発した裁判官は除斥され(法20条7号)，新たな裁判官が審理を担当することになる。正式裁判の請求によって判決がなされると，略式命令は効力を失う(法469条)。

また，正式裁判の請求が①方式違反，②請求権消滅後にされたものである場合には，決定で棄却される(法468条1項前段)。この決定に対しては，即時抗告が可能である(同項後段)。

> ▼109) 最決昭和31年7月5日刑集10巻7号1020頁(高橋幹男・判解刑同年度204頁)は，略式命令で罰金5000円に処せられた被告人が請求した正式裁判において，罰金1万円に処した1審判決の量刑判断を維持した。大審院時代の判例(大判昭和9年12月17日刑集13巻1740頁)を維持したものである。もっとも，量刑事情に何の変化もないのに，被告人のみが請求した正式裁判において，略式命令を超える量刑がなされるのは，通常，想定し難いところである。

オ　略式命令の効力

この点に関しては，法470条に定められている。すなわち，①正式裁判の請求期間の経過・②請求の取下げにより，③正式裁判の請求棄却の裁判が確定したときには，確定判決と同一の効力を有する。

11　刑事免責制度

平成28年の法改正で設けられた刑事免責制度（施行は平成28年6月3日の法律公布から2年以内）は，多方面に関連する制度であるが，便宜，ここで一括して説明する。

(1)　概説

ア　刑事免責制度に関する最高裁の理解との関係

刑事免責制度に関する条文は，法157条の2と157条の3の2箇条である。刑事免責に関しては，判例は，最大判平成7年2月22日刑集49巻2号1頁[110]において，「刑事免責の制度は，自己負罪拒否特権に基づく証言拒否権の行使により犯罪事実の立証に必要な供述を獲得することができないという事態に対処するため，共犯等の関係にある者のうちの一部の者に対して刑事免責を付与することによって自己負罪拒否特権を失わせて供述を強制し，その供述を他の者の有罪を立証する証拠としようとする制度」との理解を示し，同時に，刑事免責制度は立法事項であって，証拠の許容性を運用に委ねるとの解釈を導き出すことはできないとの立場に立っているとされていた[111]（注110で紹介した龍岡ら・前掲53頁〜54頁参照）。

最高裁の上記理解は，今回の刑事免責制度の理解にも当てはまるものと解され，今回の刑事免責制度は，判例の上記のような立場とは矛盾しないものとなっている。

> ▼110）ロッキード事件丸紅ルート上告審判決（龍岡資晃＝小川正持＝青柳勤・判解刑同年度1頁）。
> ▼111）事案への当てはめでは，「しかし，我が国の刑訴法は，この制度に関する規定を置いていないのであるから，結局，この制度を採用していない」とし，「刑事免責を付与して得られた供述を事実認定の証拠とすることは，許容されない」とした。中間的な説明を欠くため，この判断の根拠は端的には示されていないが，本文で紹介した龍岡ら・前掲53頁〜54頁の立場に立つものとされていた。

イ　制度の意義

刑事免責制度は，国家が，証人の意向とは無関係に（＝捜査における合意制度のように，証人との交渉などといった手続を介さずに），一方的に免責を与えて証言拒絶権を消滅させた上で，証言を得るという制度である。そのため，共犯事件，特に，組織的・集団的な事件において証拠収集の方法を多様化することができる。しかも，証言拒絶権が行使されて公判では得られないはずの証拠が

証言という形で提出されるから，その分，公判審理が充実し，口頭主義・直接主義の要請にも適(かな)うことになる。他方，供述を得ようとして無理な取調べをする，といった事態の発生を回避でき，その意味で捜査の適正化にも資するものといえる。

また，免責を与えることによって，憲法38条1項が保護している「何人も，自己に不利益な供述を強要されない」ことに違反する事態を惹起しないこととなるのである。

ウ　免責の範囲

刑事免責には，「訴追免責」(＝起訴自体が制限される)と「使用免責」(＝証拠としての使用だけが制限される)とがある。今回の制度は，後記のように，証拠の使用を一定の範囲で制限するものであって，「使用免責」に当たる。「使用免責」の場合には，起訴自体は禁止されていないから，当該証拠を用いない形での訴追は可能である。しかし，今回の制度では，派生証拠の使用も禁止されるから，検察官としては，訴追の根拠とする証拠は，免責対象の証拠はもとより，その派生証拠でもないことを立証する必要がある。そういった立証責任を果たせる事件だけが起訴されることになるから，今回の制度は，事実上大きな訴追制限をも果たすものといえる。

(2)　個別の要件の説明

ア　検察官の請求

刑事免責は，検察官の請求事項とされており(法157条の2第1項，157条の3第1項)，被告人側の請求や裁判所の職権に基づく刑事免責制度は予定されていない。この点について筆者なりに考えると，「自己負罪拒否特権に基づく証言拒否権の行使により犯罪事実の立証に必要な供述を獲得することができない」という刑事免責制度の前提事実からすれば，中立的な立場にある裁判所が職権で刑事免責制度を活用するのは明らかに不合理である。また，被告人側に同制度に対する請求権を認めることは，その前提が欠けていることになる。このように同制度の趣旨からすれば，検察官の請求事項とされるのは自然なことといえる。[112]

> 112)　なお，例えば，吉田・前掲31頁は，上記のような訴追の事実上の困難性から，免責決定が公訴権行使に重大な影響を与え得るものであることを，検察官の請求事項とされている根拠とする。訴追裁量権を前提とした説明と解される。

イ　請求ができる場合

法157条の2第1項の場合（＝証人尋問開始前の免責決定）は，

①証人が刑事訴追を受け，又は有罪判決を受けるおそれのある事項についての尋問を予定している場合で，

②当該事項についての証言の重要性，関係する犯罪の軽重及び情状その他の事情を考慮し，必要と認めるとき，である。

法157条の3第1項の場合（＝証人尋問開始後の免責決定）は，

①証人が刑事訴追を受け，又は有罪判決を受けるおそれのある事項について証言を拒んだと認める場合で，

②当該事項についての証言の重要性，関係する犯罪の軽重及び情状その他の事情を考慮し，必要と認めるとき，である。

このように対比すると明白であるが，要するに，尋問を予定している場合が法157条の2第1項の場合で，証言を拒んだ場合が法157条の3第1項の場合であって，各②の要件は変わっていない。

これらの条項からすれば，まさに当該状況に応じて検察官が請求することになるわけであるから，請求権者である検察官としては，事前の証人テスト等を通じて当該証人の証言内容を予測できていて，請求の有無やどういった段階に至ったときに請求するか，などといったことについては，事前に対処方針を決めることができている場合が多いであろうが，そうでない場合でも，当該証人尋問の過程で適切な対応ができるかが今後問われることとなろう。

ウ　証言の条件

この点は両条文で変わりはなく，法157条の2第1項1号，2号（法157条の3第1項）が定めている。

①尋問に応じてした供述とその派生証拠は，証人の刑事事件について，証人に不利益な証拠とすることができないこと（＝「使用免責」としての免責の範囲）

もっとも，法161条（宣誓・証言の拒絶と刑罰）と刑法169条（偽証罪）の場合は除外されているから，これらの場合には，上記証拠も証人に不利益な証拠とすることができる。

②自己が刑事訴追を受け，又は有罪判決を受けるおそれのある証言を拒むことができないこと

法146条は上記証言を拒むことができる証言拒絶権を定めているが，上記

の定めはその例外ということになる。

　上記最高裁の刑事免責制度に関する理解からも明らかなように，①，②ともに，刑事免責制度を設けるとすれば，その眼目となる要件であって，しかも立法事項とされていたから，その意味では，当然の内容ということができる。

エ　免責決定

　法157条の2第1項の請求の場合は，

　裁判所は，検察官から刑事免責の請求があると，下記例外の場合を除いて，上記証言の条件によって当該証人尋問を行う旨の免責決定をするものとされている（法157条の2第2項）。裁判所には，不許可とする裁量権はない前提である。刑事事件の立証責任を負っている検察官が請求しているのであるから，中立的立場にある裁判所としては，その請求に沿った裁判をするのが事柄の性質に即したものとなろう。

　ただし，証人に尋問すべき事項に，証人が刑事訴追を受け，又は有罪判決を受けるおそれのある事項が含まれないと明らかに認められる場合は，免責決定は行われないこととされている。これはある意味当たり前のことであって，証言拒絶権を行使すべき尋問事項が含まれていなければ，証人は証言しなければならないのであるから，免責決定の必要性は生じないのである。

　「明らかに認められる」とあることからしても，実務的に該当事例の多発は想定困難であって，該当事例としては，証人に対する尋問事項に関して，検察官と裁判官との見方が大きく異なった場合などであろう（明らかでなければ，検察官の請求が許容されることになるので）。

　法157条の3第1項の請求の場合は，

　裁判所は，検察官から刑事免責の請求があると，下記例外の場合を除いて，それ以降の尋問を上記証言の条件によって行う旨の免責決定をするものとされている（法157条の3第2項）。この定め方は，法157条の2第1項の請求の場合と同様なので，補足的な説明は省略する。

　ただし，①証人が証言を拒んでいないと認められる場合，②証人に尋問すべき事項に証人が刑事訴追を受け，又は有罪判決を受けるおそれのある事項が含まれないと明らかに認められる場合は，免責決定は行われない。このことも，これまでの説明からも，当然の規定であることが理解されよう。

　②は法157条の2第1項の請求の場合と同じなので，補足的な説明は省略

する。

①については，「明らかに認められる」とはされていないから，認められる程度は②の場合に比べれば低くても良いことになろう。この差異が設けられている理由は承知していないが，裁判所は証人が証言を拒んでいないと認められる状況について，検察官は証言を拒んでいると認めているわけであるから，裁判所と検察官とで認定に差異があっても良いとの前提があるのかもしれない。

(3) 第1回公判期日前の証人尋問との関係

法226条，227条に基づいて行われる，いわゆる第1回公判期日前の証人尋問には，法228条1項によって，第1編総則の証人尋問の章の規定が準用されるところ，法157条の2と157条の3とはいずれも同章内の規定であるから，準用されることになる。換言すれば，刑事免責制度は第1回公判期日前の証人尋問にも準用されることになる。これは，刑事免責制度を採用する以上は，第1回公判期日前の証人尋問をその対象から除外すべき理由はないことからして，自然な定めといえよう。

12 裁判員の参加する公判手続

(1) 概説

ア 制度の概観

国民が裁判に関与する制度としては，我が国にも陪審裁判制度があった。昭和3年から実施され，480件を超える重罪刑事事件で陪審裁判が行われたが，戦時下の昭和18年に停止されて現在に至っている。そして，裁判所法3条3項には，「この法律の規定は，刑事について，別に法律で陪審の制度を設けることを妨げない」とされている。

他方，裁判員制度は，制度の趣旨は裁判員法1条に定められているが，裁判官と裁判員とが同じ裁判体を構成するという制度設計によるものであって，平成16年の法改正で新設され，平成21年5月21日から施行された。その後，おおむね順調な運営が重ねられているのは，裁判官と裁判員とが同じ裁判体を構成するという制度設計の利点が生かされているものと評価できる。

この点を補足すると，裁判員裁判の尊重ということがいわれているが，当然のことながら，尊重に値する裁判がなされていることが前提となる。この視点から見れば，国民のみで判断をする陪審制度は，評議の質を確保し，安定的な判断を示す，といった，尊重に値する裁判を実現するという点において，制度

的に問題を包含していると解される。他方，裁判員制度の場合には，裁判官も加わった形で裁判体が構成されているから，評議の質を確保し，安定的な判断を示す，といった，尊重に値する裁判を実現する点で，制度的に保障し得るものであると解される。この点が上記のような順調な運営を実現した最大の要因ではないかと筆者は受け止めている。

　イ　裁判員裁判の合憲性

裁判員裁判の合憲性については，累次の最高裁判例によって肯定されている（**参考裁判例39**参照）。

(2)　対象事件

　ア　法定対象事件

裁判員法2条1項が定めていて，①死刑又は無期の懲役・禁錮に当たる罪に係る事件，②裁判所法26条2項2号に掲げる事件（法定合議事件）であって，故意の犯罪行為により被害者を死亡させる罪に係るもの，である。ただし，③裁判員等の生命，身体，財産に危害が加えられるおそれがあるなどとする場合（裁判員法3条1項），④審理に要すると見込まれる期間が著しく長期にわたるなどして裁判員選任が困難であるなどの場合（同法3条の2第1項），で裁判官の合議体で取り扱う旨の決定がされた事件を除く，とされている。

　イ　併合事件等

　　㋐　併合事件

非対象事件も対象事件と弁論が併合されることで，裁判員裁判としての取扱が可能となる。その手順は，まず裁判員法2条1項所定の合議体で取り扱う旨の決定をし，次いで，対象事件との弁論の併合決定（法313条）を行うことになる（裁判員法4条1項，2項）。裁判員裁判に関しては，当初は，裁判員の負担等を危惧して客観的併合を行うことについて消極的な指摘もあったが，裁判員裁判の安定的な運用の中で，上記の客観的な併合も行われるようになっている。

他方，主観的併合については，裁判員の負担等を考えると，通常であれば，わざわざ行われることはないであろうから，1通の起訴状で一括起訴されていて，量刑以外に相互の争点に相違がない事件など限られた事件において行われるのであろう。

　　㋑　罪名の撤回・変更された対象事件不該当事件

対象事件の全部又は一部について罪名が撤回・変更されて対象事件に該当し

なくなったときでも，当該合議体で引き続き取り扱うものとされている。ただし，決定で，裁判官裁判とすることができるとされている（裁判員法5条本文，ただし書）。これらは当然の定めといえる。

(3) 合議体の構成

合議体の構成には，大構成（＝裁判官3人，裁判員6人）と小構成（＝裁判官1人，裁判員4人）との2類型がある。大構成が原則型であって，小構成は，公訴事実に争いがないなどの場合に裁判員法2条3項に基づく決定がされて（関連する定めは同条4項～7項），実施されることになっている。しかし，まだその実例はない。

補充裁判員制度があり（同法10条），大構成の場合には最大6人の補充裁判員の選任が可能である（同条1項ただし書）。

(4) 裁判官及び裁判員の権限

裁判員法6条に定められている。構成裁判官の権限とされているのは，①法令の解釈に係る判断，②少年法55条決定（家庭裁判所への移送決定）を除く訴訟手続に関する判断，③その他裁判員の関与する判断以外の判断，である（裁判員法6条2項）。これらの審理は構成裁判官のみで行う（同条3項）が，裁判員及び補充裁判員の立会を許すことができ（同法60条），その合議にも裁判員に傍聴を許し，その意見を聴くことができる（同法68条3項），とされている。

構成裁判官と裁判員の合議体で行うのは，有罪・無罪等の終局裁判に関する事実の認定，法令の適用，刑の量定である（同法6条1項）。その審理は，構成裁判官と裁判員とで行うこととされている（同条3項）。

(5) 公判手続の特則

裁判員裁判も刑事裁判であるから，通常の手続に則って行われるが，裁判員裁判に即した特則，特に，裁判員の負担軽減を図りつつ，その職責を適切に果たすことを可能とする特則も設けられている。ここでは，そういった点を中心に説明する。

ア 第1回公判期日まで

(ア) 公判前整理手続の必要的前置

計画的な連日的審理を実現するには，争点と証拠の整理が行われていることが不可欠である。争点と証拠の整理を行うための手続である公判前整理手続は，裁判員裁判施行前から実施されていたが，裁判員裁判を念頭に置いて設け

られた制度であるから，裁判員裁判においては，公判前整理手続を経ることが義務付けられている（裁判員法49条）のは当然のことである。

　(イ)　鑑定の先行実施

　長期間を要する鑑定を公判開始後に行っていては適切な裁判員裁判の運営は困難となる。鑑定手続実施決定をして，鑑定の経過及び結果の報告を除いた限度で鑑定を実施することが可能とされている（同法50条，同規則41条）のは，事柄の性質に応じた適切な制度設計といえる。

　イ　第1回公判期日以後

　(ア)　裁判員の負担への配慮

　裁判官，検察官，弁護人には，①裁判員の負担が過重なものとならないようにすること，②裁判員がその職責を十分に果たすことができるようにすること，③「①・②」を可能とする前提として，審理を迅速で分かりやすいものとすること，の努力義務が課されている（裁判員法51条）。連日的開廷，継続審理を定める法281条の6は，開廷間隔の面から，上記努力義務の実現に資するものといえる。

　審理の面では，分かりやすい審理の実現に向けて法曹三者が工夫を重ね，従前の法廷の有り様を大きく変貌させているのは明らかである。そして，記録媒体の活用も可能とされている（裁判員法65条）。

　(イ)　冒頭陳述

　検察官の冒頭陳述は証拠調べのはじめに行われるが（法296条），裁判員裁判における冒頭陳述では，公判前整理手続における争点及び証拠の整理の結果に基づいて，証拠との関係を具体的に明示しなければならない，とされている（裁判員法55条前段）。

　被告人（弁護人）の冒頭陳述については，検察官の冒頭陳述後とされているが（規則198条1項），それ以上の定めはなく，その実施の有無も実施の時期も被告人（弁護人）の意向に任されている通常の事件とは異なり，法316条の30では，検察官の冒頭陳述に引き続いて行うべきこととされ，時期の指定がされている。冒頭陳述の内容については，上記検察官の冒頭陳述と同様とされ（裁判員法55条後段），内容も規制されている。

　検察官，弁護人が連続的に，公判前整理手続で整理された争点及び証拠に基づいて証拠との関係を具体的に明示した冒頭陳述を行うことは，裁判員にとっ

て，これから行われる証拠調べの内容を理解するのに資することとなることは明らかといえる。すなわち，双方の主張の内容と相違点，取り調べられる証拠との関係が明らかにされるからである。

　㋒　**公判手続の更新**

　裁判員が新たに加わると，その裁判員がそれまで補充裁判員であった場合を除いて，公判手続の更新が必要となる（裁判員法61条1項）。その際の手続は，同条2項に定められていて，当該裁判員が，争点及び取り調べた証拠を理解することができるものであることが求められ（この点はある意味当然のことである），かつ，その負担が過重にならないものとしなければならないとされている（この点が裁判員の負担軽減を意図した定めといえる）。そして，上記記録媒体を活用する実務例も生じている。

　ウ　**弁論終結後の手続**

　㋐　**評議**

　評議は，構成裁判官と裁判員が行うこととされ（裁判員法66条1項），裁判員は，評議に出席して意見を述べなければならないとされている（同条2項）。合議体で判断するわけであるから，合議体の構成員によって評議が行われ，構成員が評議において意見を述べないと評議の実は上がらないから，これらの定めは当然のことを規定したものといえる。

　そして，評議の前提となる証拠の証明力については，裁判官に対しては法318条で自由心証主義に委ねられていたが，裁判員法62条で，構成裁判官と裁判員にも，同様に，自由心証主義に委ねられることとされている。

　他方，構成裁判官のみで判断される事項があることは既に説明したが，必要な範囲で関連する情報提供もないと，構成裁判官と裁判員との間に不合理な情報格差があることになってしまう。裁判員法66条3項で，裁判長に対し，構成裁判官の合議による①法令の解釈に係る判断及び②訴訟手続に関する判断を示すことが義務付けられているのは，上記の情報格差を解消する方策としても適切なものといえる。そして，裁判員は，元々①，②の判断を行う権限はないから，裁判長から示された上記判断内容に従ってその職務を行うべきことが定められているのは（同条4項），事柄の性質に即したものといえる。

　裁判長は，評議の際，裁判員に対して，必要な法令に関する説明を丁寧に行い，分かりやすいものとなるように評議を整理し，裁判員に発言する機会を十

分に設けるなど，裁判員がその職責を十分に果たすことができるように配慮すべきことが義務付けられている（同条5項）。筆者は，評議そのものを体験することはできないが，模擬裁判の傍聴からも，陪席裁判官も交えて，論点を整理したペーパーを配る，評議においてホワイトボードを活用する，意見を書いた付箋を活用する，など様々な工夫が行われていることを実感している。

その結果，評議は充実したものとなっているといえる。そして，割合的には少ないであろうが，真に事件の捉え方・評価の仕方等において意見が対立する事案においては，まさに全人格的な意見の交換が，評議の質を高め・意義のある結論を導き出してくれるように考えていて，そういった評議の実現を期待している。

また，評議の秘密に関する定め（同法70条，裁判所法75条2項後段）も，活発で充実した評議の実現を下支えするものといえる。

(イ) **評決**

評決については，裁判所法77条の定めがあるが，裁判員法67条はその特則となっていて，構成裁判官及び裁判員の双方の意見を含む合議体の員数の過半数の意見によるものとされている（同条1項）。そして，量刑に関しては，上記の状態にない場合には，上記状態に達するまで，被告人に最も不利な意見の数を順次利益な意見の数に加え，その中で最も利益な意見によることとされている（同条2項）。

有罪の場合には，単純多数決では有罪の結論となっても，構成裁判官及び裁判員の双方の意見が含まれていないと，有罪の結論とはできないから，自動的に無罪の結論となる。

他方，無罪の場合には，単純多数決では無罪の結論となっても，構成裁判官及び裁判員の双方の意見が含まれていないと，無罪の結論とはできないこととなるが，上記のとおり，有罪とはできないから，結局は無罪の結論となる。

(ウ) **判決の宣告**

判決等の宣告を行う場合には，裁判員も公判期日に出頭しなければならない（裁判員法63条1項本文）。しかし，裁判員が出頭しないことは上記宣告の支障とはならないこととされている（同項ただし書）。

(6) **区分審理及び裁判の特例**

ア **概説**

区分審理は客観的併合がある前提での制度である。被告人に対して複数の事件が係属した場合に，一括審理が可能な場合は別として，裁判員の負担軽減を図るものとしてこの制度が設けられている。換言すれば，構成裁判官の負担軽減を狙った制度ではないから，構成裁判官は全ての事件に関与して審理・判決することに変わりはない。

　なお，最判平成27年3月10日刑集69巻2号219頁は，裁判員法71条以下の区分審理及び裁判に関する規定が憲法37条1項に違反しないとしている。

イ　制度の概要

㈠　区分審理と部分判決

　分かりやすくする趣旨で制度の概要を説明すると，一部の事件を区分し（弁論が分離されるわけではない），区分した事件ごとに当該事件の審理を担当する裁判員を選任して，有罪・無罪を判断する部分判決をする。手順としては，区分審理決定をし（裁判員法71条1項），区分審理の順序決定をする（同法73条1項）。そして，区分された事件が非対象事件であるときは，構成裁判官のみの合議体で審理・裁判を行う旨の決定をすることもできる（同法74条）。

　区分事件審判では，証拠調べが終わると，検察官は，部分的な形ではあるが意見を陳述し（同法77条1項。これは義務），被告人及び弁護人も意見を陳述することができる（同条2項。これは任意）。被害者参加人等も意見陳述が可能となることがある（同条3項〜5項）。

　そして，部分判決がなされ（同法78条），当該事件を担当した裁判員の任務は終了する（同法84条1号）。他方，部分判決に対しては控訴の申立はできない（同法80条）。これは，区分審理されている事件は全体として併合された1つの事件であるから，当然のことである。

　また，管轄違いの判決等同法79条所定の部分判決の言渡しがあった場合には，その後に当該区分事件に関して弁論分離決定がなされると，同決定の告知時に終局判決となるものとされている（同法81条）。そうなると，独立した不服申立の対象となる。

㈡　終局の裁判

　部分判決を踏まえて，新たに選任された裁判員の加わった合議体が全体の事件について併合事件審判をする（裁判員法86条1項）。この場合には，併合事件審判をするのに必要な範囲で，区分事件の公判手続を更新することになる

（同法87条）。

　法292条の2（被害者等の心情等に関する意見の陳述）に基づく陳述がなされ（裁判員法88条），検察官の論告・求刑（法293条1項），弁護人の弁論（同条2項），被害者参加人等の意見の陳述（法316条の38第1項）は，部分判決で示された事項については，することができないし，裁判長も制限することができる，とされる（裁判員法89条1項，2項）。重複的な陳述を許す必要はないから当然の規定である。しかし，厳密にこの規定に従うと，各陳述がかえって分かりにくくなることがあるから，事案に応じた重複的な陳述が許容されることはあろう。

　そして，併合事件全体について裁判をする場合には，部分判決で示された当該区分事件に関する事項については，原則として拘束される（同法86条2項）。これは，区分審理をして部分判決を行うといった制度設計からすれば当然のことであって，そうでなければこういった制度を設けた意義を大きく減じよう。

　なお，構成裁判官の合議で区分事件の審理又は部分判決について，法377条各号（絶対的控訴理由），383条各号（再審事由等）があると認めるときは，職権で，その旨の決定をしなければならない（裁判員法86条3項）として，これが同条2項の例外とされている。もっとも，既に説明したように，構成裁判官は，各区分審理や部分判決に関与しているから，同条3項に基づく決定がされるのは例外的な事態であろう。

(7)　**控訴審及び差戻審**

　控訴審及び差戻審に関しては，裁判員裁判に対応した特別の規定はないから，通常の事件と区別した取扱は法的には想定されていない。もっとも，控訴審においては，原審が裁判員裁判であると，自判を控えて差し戻す，といった運用も想定されるところであるから，差戻事件が増える可能性はある。

　差戻審は，新たに裁判員を選任の上，破棄理由に応じた審理及び裁判を行うことになる。

第5章　証拠

第1　全体の概観

1　学修の視点

　刑事訴訟を学修する過程にはいくつかの山があるが，1審の手続においては，証拠が最後の最大の山である。証拠に関する議論は，証拠が訴訟において果たす役割の重要性に対応して重要なものであることは当然である。しかし，どうしても議論が精緻になりがちで，初学者にとっては，一読・一聞しただけでは何のことかさっぱり分からず五里霧中といったことになりかねないものである。そのため，まずは，細かなことは気にせずに，ざっくりとした理解を得ることに心掛け，その上で徐々に理解を深めていくのが結局は早分かりの方法のように考えている。

2　証拠に関連した構造的な理解

　証拠に関しては，①証拠そのものに関する部分，②証拠の証拠能力に関する部分，③証拠の証明力に関する部分に大別できる。そして，②の部分の議論が大きなウエイトを占めている。そのため，当該議論がどの類型に関するものであるのかを理解するだけでも，当該議論の理解へのハードルは下がってくる。

　関係条文としては，証拠裁判主義を定めている法317条が基軸となる。同条を基にして，証拠とは何か，証拠能力，といった上記①，②の事柄が論じられることになる。他方，同条は，証拠物，供述証拠といった証拠の類型に特化されてはいない，その意味では包括的な定めである。

　そして，事実認定と関連してくるのが自由心証主義を定めた法318条である。同条を基にして，証拠の証明力が論じられることになる。

　法319条は自白に特化した条文であって，1項が任意性を欠く（疑いのある）自白の証拠能力を否定する自白法則を定めており，2項は補強法則を定めたものであり，3項は自白の範囲に関連した定めである。1項，2項が定めている事柄の重要性に照らしても，自白の証拠としての重要性を窺い知ることができ

るのである。

法320条〜328条は伝聞証拠に関連した定めであって、供述証拠に特化した定めである。このような規定振りからしても、供述証拠は伝聞証拠との関係性が重要事であることを窺い知ることができる。

第2　法317条

1　証拠裁判主義

法317条には「事実の認定は、証拠による。」とある。刑事の裁判は、裁判であるから、何らかの事実を認定しようとすれば、その認定の根拠が必要である。そして、それが判断者の勘などといった、他者の検討・批判の対象となり得ないものによるのではなく、他者の検討・批判の対象となり得る、より客観的な根拠に基づくことが求められている。そのため、同条は、「証拠」に基づいて何らかの「事実」を認定する、といったごく当たり前の趣旨を含んでいることは明らかである（以下、便宜「無限定な証拠裁判主義」という）。しかし、そういった程度の内容であれば、わざわざ「証拠」の節の冒頭に置かれていなくても良いのかもしれない。他方、同条に関しては、それにとどまらず、厳格な証明を定めたものと解するのが有力である（以下、便宜「限定的な証拠裁判主義」という）。

2　法317条にいう「事実」

無限定な証拠裁判主義を前提とすれば、この「事実」も訴訟で問題となる一切の事実といった包括的なものとなろう。他方、限定的な証拠裁判主義を前提とすれば、この「事実」も、限定されたものであって、犯罪事実を指すものと解されている。

3　法317条にいう「証拠」

無限定な証拠裁判主義を前提とすれば、この「証拠」も制限がなくなるが、証拠というのに値しないものまで含まれることになるのでは、証拠裁判主義とは相容れないものとなるから、何らかの限定が必要となる。他方、限定的な証拠裁判主義を前提とすれば、この「証拠」も、限定されたものであって、証拠能力を有し、法定の証拠調べを経た証拠を指すものと解されている。

第3　証明

1　証明の意義

「証明」といわれても何のことか分かりにくいが，一般に，裁判官が，ある事実について，証拠によって心証を形成することを「証明」というものと解されている。この定義から分かることは，証明は，①認定対象事実があること，②認定の根拠が証拠であること，③認定者は裁判官であること，である。しかし，①が変化すると，②，③も変化することがある。

このように「証明」は相対性を帯びた概念である。限定的な証拠裁判主義を前提として，証明は，厳格な証明，自由な証明，疎明の3種類に分類するのが一般的である。▼1)

> ▼1）「厳格な証明」，「自由な証明」といっても馴染みのない人がいよう。ドイツの刑事訴訟法学で成立し，我が国でも小野清一郎博士等によって研究されるようになったものである（注12で紹介する森岡・後掲492頁等）。「厳格な証明」との表現を最初に用いた最高裁判例は最大判昭和33年5月28日刑集12巻8号1718頁（特に1723頁。練馬事件）であるとされ，「厳格な証明」との表現を用いた最近の例としては，法328条に関する判例である最判平成18年11月7日刑集60巻9号561頁がある。

2　厳格な証明

(1)　厳格な証明の意義

厳格な証明については，白鳥事件として著名な最判昭和38年10月17日刑集17巻10号1795頁（川添万夫・判解刑同年度151頁）は，「刑訴《ママ》の規定により証拠能力が認められ，かつ，公判廷における適法な証拠調を経た証拠による証明を意味する」とした。この定義からして，厳格な証明の要素として，①証明の根拠となる証拠は証拠能力を有すること，②証明の手続は法定の証拠調べを経ていること，が指摘できる。③心証の程度については，項を改めて説明する。

(2)　証明の対象

①犯罪事実＝構成要件に該当する事実，違法性，有責性を基礎付ける事実

検察官は，原則として刑事事件の立証責任を負っているところから，違法性阻却事由，責任阻却事由が存在しないことについても立証責任を負っており，違法性阻却事由，責任阻却事由の該当事実の不存在についても，厳格な証明を要するものと解されている。

②処罰条件の存在，処罰阻却事由の不存在

処罰条件の存在，処罰阻却事由の不存在は，犯罪事実そのものではないが，犯罪事実訴追の前提となるものであるから，厳格な証明を要するものと解される。処罰条件は馴染みが少ないから，例示すると，刑法では，197条2項の事前収賄罪における「公務員になった場合」である。特別法では，破産法265条（詐欺破産罪），266条（特定の債権者に対する担保の供与等の罪），270条（業務及び財産の状況に関する物件の隠滅等の罪）における「破産手続開始の決定が確定したとき」である。

処罰阻却事由も馴染みが少ないから，例示すると，刑法では，244条1項（親族間の犯罪に関する特例）における「配偶者，直系血族又は同居の親族」である。

③刑の加重減免の理由となる事実

刑の加重減免の理由となる事実は，犯罪事実そのものではないが，その存否によって処断刑の範囲が異なってくるから，厳格な証明を要するものと解される。刑を加重する事由としては，累犯前科が代表例である▼2)。また，少し細かな議論となるが，併合罪関係を区分することになる確定裁判の存在も，同様に解するのが相当である（**参考裁判例40**参照）。

刑の減免事由は多数ある。典型例としては，ⅰ未遂（刑法43条本文《刑の任意的減軽事由》，ただし書《刑の必要的減免事由》）▼3)，ⅱ心神耗弱（刑法39条2項。刑の必要的減免事由），ⅲ過剰防衛（刑法36条2項。刑の必要的減免事由）・過剰避難（刑法37条1項ただし書。刑の任意的減免事由），ⅳ従犯（刑法62条，63条。刑の必要的減軽事由），ⅴ自首・首服（刑法42条1項，2項《刑の任意的減軽事由》，80条《刑の必要的免除事由》，銃砲刀剣類所持等取締法31条の5《刑の必要的免除事由》）が挙げられる。

そして，ⅰ～ⅳの各事実は，犯罪事実そのもの又はこれに関係する事実として，各事由の不存在について厳格な証明を要するものと解される。また，ⅴは犯罪事実そのものではないが，その存否が刑の減軽免除の可否に影響するから，その不存在について厳格な証明を要するものと解される。

▼2)　最大決昭和33年2月26日刑集12巻2号316頁（吉川由己夫・判解刑同年度81頁）は，累犯前科について，法「335条にいわゆる『罪となるべき事実』ではないが，」「刑の法定加重の理由となる事実であって，実質において犯罪事実に準ずるものである」とし，累犯前科を認定する証拠書類は，法305条による取調べを必要とするとした。もっとも，現在では，前科に関する資料が電子データ化

されて整備されていて，検察官から必要な立証も速やかになされているから，この判例の適用を問題とすべき事態は通常生じないものといえよう。
▼3)　「減刑」と誤記しないように。「減軽」は，刑法68条に基づいて，刑について行われ，処断刑の範囲を修正するものである。他方，「減刑」は既に形成された処断刑の範囲内で選択される宣告刑の減少をいうものである。

(3) 被告人に有利な事実

　この証明の位置付けについては争いがあるから，項を改めて説明することとした。被告人に有利な事実，例えば，被告人のアリバイ存在の事実については，自由な証明で足りるとの見解もある。被告人側の証拠収集能力に限界のあることを踏まえた見解かとも思われる。しかし，そのように解するのは誤りである。また，実際の立証の場面でも，筆者のように考えても，被告人に格別の不利益は生じないものと解される。補足すると，立法者は，被告人に有利な事実に対しても，証拠能力の点では上記見解に沿うような形での制度設計はしていないことである。すなわち，伝聞証拠の関係で，①被告人の供述に関する法322条1項は，被告人の利益供述についても証拠能力の要件を軽減せず，むしろ特信情況の存在を要件としていること，②第三者の供述に関する法321条1項3号も，「犯罪事実の存否」としていて，「犯罪事実の存在」に関する証拠と「犯罪事実の不存在」に関する証拠とで証拠能力に差異を設けておらず，同様に特信情況の存在を要件としていること，から，被告人に有利な事実については自由な証明で足りるとの制度設計は採られていないことが分かる▼4)。

　しかも，立証について具体的に考えても，同様にいうことができる。すなわち，既に説明したように，犯罪事実については厳格な証明を要し，検察官は，アリバイの不存在についても立証責任を負っているから，アリバイの不存在についても厳格な証明を要することになる。被告人側のアリバイの立証だけが自由な証明で足りるとすると，このような立証構造と相容れないことになる。しかも，証拠共通の原則があるから，被告人側の立証に基づいてアリバイの不存在を認定することは可能であるが，アリバイの存在についてだけ自由な証明で足りるとすれば，検察官としては，当該立証をアリバイの不存在の証拠として用いることができなくなって，証拠共通の原則とも抵触してくるのである。

　それでは，このような結論を得ることで被告人に不利益が生じるかといえばそうではない。仮に，アリバイの存在は合理的な疑いを超える程度にまでは立証されない，すなわち，アリバイの存在は積極的には立証されたことにはなら

ないとしても，アリバイの不存在に合理的な疑いが残っている程度に立証されていれば，被告人が無罪とされることに変わりはないし，他方，合理的な疑いを抱かせる程度にまでも立証できないのであれば，自由な証明によるといってもアリバイの存在が積極的に認定されることにはならないはずであるからである。

> ▼4） 場面を異にするが，証人が病気のために公判期日に出頭できないときに公判手続を停止しなければならない旨を定めた法314条3項も，対象証人に関して「犯罪事実の存否」としていて，「犯罪事実の存在」に関するか「犯罪事実の不存在」に関するかとで，取扱を異にしていないから，本文記載の結論が裏付けられているといえる。

(4) 間接事実（情況証拠）等と証明

ア 間接事実（情況証拠）と証明

これまでは本来の証明対象とされている事実（「主要事実」ともいわれる）を念頭に置いて説明してきたが，主要事実を推認させる事実（間接事実，情況証拠といわれる）と証明との関係について補足する。

主要事実と間接事実とで証明の方法が異なることは，証拠関係，手続関係を複雑にして相当とはいえないから，両者の証明方法は同一と解されている。そのため，主要事実の証明が厳格な証明によるのなら，間接事実の証明も同様であるべきである。他方，主要事実の証明が，後に述べる自由な証明で足りるのなら，間接事実の証明も同様であるべきである。

法規や経験則といったものも，事柄に応じて立証する必要が生じるが，その際の証明の有り様は間接事実に関するのと同様であって，厳格な証明の対象事実に関するものは厳格な証明，自由な証明で足りるものは自由な証明でよいと解される。▼5）

> ▼5） 法規は証明を要しないともいわれることがあり，現在ではインターネットの活用によっていわゆる六法非登載の法令についても比較的容易に知り得る機会が増えている。それでも，条例，施行令等の法令に関しては，証拠化された形で当該法令を知ることが簡便な場合も少なくなく，立証が望まれるときがある。また，経験則も，後に説明する「公知の事実」として立証を要しないものもあるが，立証を要するものもある。

イ 法328条の証拠の存在

法328条の証拠については，後に説明するが，争いを限定説で確定させた最判平成18年11月7日刑集60巻9号561頁（芦澤政治・判解刑同年度398

頁）では，自己矛盾の供述自体の存在については，厳格な証明を要するとされている。しかし，自己矛盾の供述自体は非伝聞供述であって，当該供述録取書によってその存在は立証できるから，具体的には，当該供述者の署名・押印（これと同視し得る事情）の存在を立証すれば足りるのである。

> ▼6）　法321条1項柱書きには，「署名若しくは押印」とあり，「且つ」とはされていないから，署名か押印のいずれかがあれば足り，両方がある必要はないことに留意しておく必要がある。以下同じ。
>
> ▼7）　法326条の同意があった場合は当然のこととして，それ以外では，例えば，録取状況が録音されていて署名・押印と同程度に録取の正確性が立証された場合などが想定できる（芦澤・前掲416頁参照）。

(5) 厳格な証明における心証の程度

ア　厳格な証明における心証の程度

　厳格な証明は上記のように犯罪事実を主要な対象とする証明であるから，その心証の程度は，「証明の優越」の程度では足りず，心証として最も高度な程度，すなわち，合理的な疑いを容れない程度に真実であるとの心証が求められているといえる。

> ▼8）　証明の優越は，肯定証拠が否定証拠を上回る程度の心証をいうものとされている。民事事件の証明の程度がこれに当たるともいわれるが，そうではなく，民事でも，この程度を超えて，確信までは至らなくても高度の蓋然性の程度の立証を要するとの理解が一般的なように筆者は受け止めている。
>
> ▼9）　この心証については「確信」ともいわれる。しかし，「確信」というと，個人的な信念のような印象も与えかねないから，筆者は，この用語の使用は避けた方が良いように考えている。

イ　「合理的な疑いを容れない程度に真実であるとの心証」の意義

　それでは，「合理的な疑いを容れない程度に真実であるとの心証」とはどのような心証をいうのかとなると，説明は容易ではない。「一般人なら誰も疑わない程度の状態をいう」といった説明がある（**参考裁判例41**参照）。しかし，この説明は具体的なものではないから，より具体的には，合理的な疑いについては，「反対事実が存在する疑いを全く残さない場合をいうものではなく，抽象的な可能性としては反対事実が存在するとの疑いを入れる余地があっても，健全な社会常識に照らして，その疑いに合理性がないと一般的に判断される場合」とされる。「抽象的可能性」の存在を「合理的な疑い」から除外した，この定義は支持されるべきであるが，まだ抽象的である。そのため，筆者は，当

該事実認定について，様々な疑問を提起してみて，その疑問が全て解消した状態を，合理的な疑いを容れない程度に達していると解する方が分かりやすいように考えている。

そして，心証の程度は，その根拠となる証拠関係では左右されないから，注10で紹介した最決平成19年10月16日が「このことは，直接証拠によって事実認定をすべき場合と，情況証拠によって事実認定をすべき場合とで，何ら異なるところはない」としたのは，当然のことを確認したものといえる。

▼ 10) 最決平成19年10月16日刑集61巻7号677頁（松田俊哉・判解刑同年度415頁）。

ウ 「合理的な疑いを容れない程度に真実であるとの心証」の検証方法

筆者は，事実認定は単線的ではなく複線的に行われるべきと考えているが，その複線の大きな1つは事実認定の検証である。最判平成22年4月27日刑集64巻3号233頁（鹿野伸二・判解刑同年度54頁）は，情況証拠によって認定すべき場合について「直接証拠がないのであるから，情況証拠によって認められる間接事実中に，被告人が犯人でないとしたならば合理的に説明することができない（あるいは，少なくとも説明が極めて困難である）事実関係が含まれていることを要するものというべきである」とした。この判例の理解については争いがある。筆者は，情況証拠による事実認定について新たな立証課題を設定したようにも読めるが，上記のように事実認定の検証の1つの手法を提示したものと解するのが相当だと考えている。そのような検証方法も活用されて事実認定がより正確なものとなっていくことが期待されているといえよう。

3 自由な証明

(1) 自由な証明の意義

「自由な証明」というと，どんな証明でも許容されるような印象を与えかねないが，「証明」である以上そのようなことにはならないのであって，厳格な証明の要件内の一定の制約を受けない証明をいうものと解される。ではどうなるのかといえば，厳格な証明中，①証拠能力を有し，②法定の証拠調べを経た証拠による証明の要件の制約を受けないことになるから，①の証拠能力，②の法定の証拠調べ，の制約を受けない証明ということになる。ところが実際はそれほど徹底したものとはならない。例えば，①の証拠能力についていえば，伝聞法則の適用はないとしても，任意性のない供述，重大な違法手続によって収集さ

れた証拠といった証拠に基づいて証明して良いかといえば，消極に解されるであろう。その意味で，証拠能力の制約から完全に自由であるわけではない。

また，②の法定の証拠調べについても，事柄によっては，相手方に知らせて弁駁の機会を与えた方が良い場合もあり，そういった場合には公開の法廷で行う方がふさわしいときもあり得る。情状に関する証明が自由な証明といわれるものの，厳格な証明同様の形で行うのが実務の有り様であるのも，こういった事柄の実質に沿ったものといえる。

このように見てくると，自由な証明という概念の有意性は限られたものといえるが，後に説明するように自由な証明の対象事実には幅広いものがあり，証明の幅広さを下支えするものとしての意義はなおあるものと考えている。

なお，「適正な証明[11]」ということもいわれるが，自由な証明の意義自体が上記のように限定されたものであるから，それを更に細分化するまでの必要はなく，「適正な証明」も自由な証明に含めておいて差し支えないものと考えている。

> 11) 簡易公判手続等を前提として，当事者の異議によって証拠能力の制限が復活することなどを主眼とするものである。

(2) 自由な証明における心証の程度

厳格な証明と同じとする見解と，証拠の優越で足りるとする見解とがある。しかし，上記のように自由な証明自体一律な取扱が困難なものであるから，心証の程度も，個別の立証事項に応じて考えていくべきであろう。

(3) 自由な証明の対象事実

間接事実（情況証拠）と証明との関係については，既に厳格な証明において説明しているので，それ以外の点について説明する。

ア 訴訟法上の事実

訴訟法上の事実は自由な証明で足りるものとされている[12]。しかし，訴訟法上の事実といっても幅広いのであって，例えば，公判期日における審理に関しては，公判調書に記載された事項については，法52条によって，公判調書に絶対的証明力が認められているから，それによることになる。

他方，それ以外の事項に関しては，そういった定めがないから，まさに自由な証明によることになるとはいっても，事柄の重要度に応じて，当事者の攻撃防御の対象とすべきであり，そうしなかった場合には，訴訟手続の法令違反と

なることもあり得るものと解される。この該当事項を例示すると，例えば，①自白の任意性について争われている場合に，検察官が疎明資料を法廷外で裁判所に提出して「自白の任意性」の立証を行う，といったことが不合理であることは明らかであって，実務でもそういった運用は行われていない。同様なことは，違法収集証拠，証拠の関連性等の証拠能力に関する事実，②判決の基礎となる訴訟条件に関する事実（例えば，公訴時効完成の有無）にも当てはまる。

他方，例えば，公判手続の停止を定めた法314条の場合には，当事者の攻撃防御の対象とするまでの必要性は認められないから，上記原則に則って自由な証明で足り，記録中に存在する資料に基づいて認定・処理することも可能である。

▼12）最決昭和58年12月19日刑集37巻10号1753頁（森岡茂・判解刑同年度489頁）は，電報電話局長に対し逆探知資料の送付嘱託を行うことの当否等を判断するため，右資料の存否という訴訟法的事実を認定するには，いわゆる自由な証明で足りるとした。

イ　情状

㈲　**情状の構造**

量刑の基礎となる事実を情状という。そして，裁判員裁判を契機として，犯罪事実に密接な関連性のある「犯行の動機・手段・方法，結果等の事実」を犯情とし，それ以外の示談，反省の情，被害感情等を一般情状として，両者を区別した取扱をする傾向が強まっている。

㈲　**情状として考慮できる余罪の範囲**

それまで全く逸脱行動のなかった被告人と，日頃から逸脱行動に出ていた被告人とでは，遵法精神の評価等で異なった扱いをすることに合理性がある場合がある。このように余罪という起訴されていない逸脱行動も，情状として考慮できる余地があるといえる。

判例（**参考裁判例42**参照）は，余罪の評価の方法を区別し，起訴されていない犯罪事実を余罪として認定しこれをも実質上処罰する趣旨のもとに，被告人に重い刑を科すことは憲法31条に違反するとし，他方，量刑のための一情状として，余罪をも考慮することは，必ずしも禁じられるところではないとした。この区別は，関連判例が上記**参考裁判例42**で紹介した2件しかないこともあって，微妙な点がないわけではないが，実務において定着している。▼13)

もっとも，例えば，多数の余罪を全て起訴すると，手続的な負担が重くなるがそれに応じて量刑が重くなるわけではない場合がある。こういった場合に，一部の事件だけを起訴し，他の事件は余罪として情状として考慮してもらうようにする，といった運用は，実務的にそれ程不合理なものとは解されない。要は，こういった限度で考慮されることとする余罪の特定と，その処理の明確性が確保できて，二重起訴などといった不合理なことが起こらないようにする工夫がされていれば足りるものと思われる。

▼13) しかし，その後も，その頻度は限られているとはいえ，この種の違法を理由とする破棄事案が見られるのは残念なことである。

(ウ) 情状事実の立証

a 犯情

犯情は，通常，犯罪事実の一環として立証されるから，厳格な証明に服することとなる。

b 一般情状

そのため，自由な証明で検討の対象となるのは一般情状の方である。量刑事情は自由な証明による，などといわれるのは▼14)，現在では，実質上この一般情状を対象としたものと化しているといえる。

しかし，一般情状であっても被告人の量刑に影響を及ぼすものであるから，原則として厳格な証明によっている実務の運用は，事柄の重みに沿った適切なものといえる▼15)。

▼14) 最判昭和24年2月22日刑集3巻2号221頁は，情状事実も適法な証拠に基づいて判断しなければならないとしつつ，「情状に属する事項の判断については，犯罪を構成する事実に関する判断と異り，必ずしも刑事訴訟法に定められた一定の法式に従い証拠調を経た証拠にのみよる必要はない」とした。厳格な証明による必要まではないことを肯定しているから，自由な証明によることを許容したものといえる。

▼15) 筆者の経験でも，裁判所として，正式の証拠調べを経ていない証拠に接することがあったのは，事実上裁判所に見てもらえば足りる，などといった要望が弁護人から行われて，多数人の署名を得ている減刑嘆願書を一読して返却した，などといった抽象的な情状立証に限られていた。

4 疎明

疎明は限定した場面でのみ問題となる。すなわち，訴訟手続上の事項に限定されていて，例えば，法19条3項（事件の移送決定に対する即時抗告），206条

1項（制限時間の不遵守に関する疎明），227条2項（証人尋問の請求），規則217条の32（やむを得ない事由の疎明）のように法文に明記されている。

　疎明に関しては，証拠能力については自由な証明に準じて考えることができ，証拠調べの方法については，自由な証明よりも緩やかに考えることができる。そして，心証の程度は，一応確からしいという心証（推測）で足りるとされている。

5　証明を要しない事実
⑴　公知の事実

　公知の事実は，通常の常識を備えている人に知られているが故に証明を要しないとされている事実である。歴史上の著名な出来事（例えば，関ヶ原の戦いがあったこと），人物（例えば，豊臣秀吉がいたこと），大きく報道されている大災害（例えば，東日本大震災が平成23年3月11日に発生したこと）等がその典型例である。このようにいうと，公知の事実は普遍的で不動なものであるとの印象を与えがちである。勿論，そういったものが公知の事実に属していることは明らかであるが，そういったものだけに限定されるわけではない。例えば，収賄事件でその当時の当該県の知事が◎◎であった，などのように，場所的，時間的に限定されていても，当該裁判所にとっては，公知の事実として扱って良い場合があり得る[16]。このように考えてくると，公知の事実については，注16で紹介した青柳・前掲134頁が，「公知か否かは」「事実の認定をする裁判所のその裁判の時において，その裁判所をも含めて一定地域の住民に知れ亘っているということを指すことになろう」との指摘は支持されるべきである。

　他方，こういった事実は，時間が経過し，また，審級が変化して裁判所の所在地が異なることになって，その公知性が薄れ，証拠による立証を要することも生じ得る[17]。そのため，こういった限定的な公知の事実については，念のために立証しておくことも可能といえる。

　　▼16）最判昭和31年5月17日刑集10巻5号685頁（青柳文雄・判解刑同年度133頁）は，「甲が昭和27年5月25日施行の富山県高岡市長選挙に際し，同年5月5日立候補し，同選挙に当選したものである」との事実は，高岡市及びその付近においては公知の事実に属するとし，場所的，時間的に限定された事実でも公知の事実に該当することを肯定している。
　　　もっとも，同事件に即せば，証拠の標目の記載に不十分さのあった1審判決に対する救済的な要素のある判例のように解されなくはない事案である（関連した説明は，青柳・前掲135頁にもある）。

▼17) 青柳・前掲135頁でも同様の事柄が想定されている。また，こういったことは，条例のように限定された場所に適用される法令についても当てはまる。1審の簡易裁判所にとっては，当該条例は日常的に用いられていて立証を要しない場合でも，その控訴審では，当該条例の内容を把握するために立証の必要性を感じることもあり得るのである。

(2) 裁判所に顕著な事実

　裁判所に顕著な事実とは，当該事件の担当裁判官がその職務上知り得た明らかな事実をいうものとされている。[18]証明不要との関係では，裁判所にとって証明を要しないことが主眼となっているから，そういった処理をすることによって，当事者の弁駁の機会を奪ってしまい，ひいては上訴審の審査にも支障をきたす結果となることは避けるべきである。そして，当事者においても，立証の必要性を感じるときは，その旨の訴訟活動を行うことが望まれているといえる（**参考裁判例43** 参照）。

▼18) 最判昭和30年9月13日刑集9巻10号2059頁（城富次・判解刑同年度244頁）は，通称「ヘロイン」が「塩酸ヂアセチルモルヒネ」を指すものであることは，裁判所に顕著な事実であるとし，必ずしも証拠による認定を要しないとした。

(3) 推定

ア　概説

(ア)　推定の意義

　証拠に基づいて事実を認定する必要はあるが，例えば，甲事実をA証拠から認定する，といった形で全ての事実を証拠から直接認定する必要はない。認定対象である甲事実に着目し，甲事実が乙事実と関係することが分かると，両者の関係性において，乙事実の存在（不存在）が証明されると，甲事実の存在（不存在）が推定できることがある。このような推定は，論理則，経験則等を活用した論理操作を通じて可能となる。そのため，このような論理操作自体，あるいはそういった論理操作によって甲事実の存在・不存在を推定することを「推定」という。そして，乙事実を前提事実，甲事実を推定事実という。

　また，推定は，事実上の推定と法律上の推定とに分類される。

(イ)　前提事実のない推定はここでいう推定ではないこと

　被告人には無罪の推定があるなどといわれる。しかし，被告人という存在が立証されれば無罪が推定されるといった関係にはない，換言すれば，前提事実のない事柄が推定という名の下にいわれているのである。その趣旨は，被告人

に対して原則的に立証責任を負わせないこととしている立法者の意思を別の形で表現したものである。そのため、「無罪の推定」は、ここで説明している推定とは意義を異にするものであることに留意する必要がある。

　㈼　擬制との差異

「推定」と「擬制」との差異は、反証を許すか許さないか、すなわち反証の許容性の有無にある。そのため、例えば、刑法36章「窃盗及び強盗の罪」については「電気は、財物とみなす」旨定めている刑法245条のように、いわゆるみなし規定がある場合には、当該「みなし」をすることに対して反証を挙げることは許されないし、仮にそういったことをしても無意義である。

他方、推定の場合には、反証を挙げることによって推定関係を完全に覆し、推定事実を認定することができなくすることが可能である。もっとも、事実認定の場面においては、被告人としては、このように推定関係を完全に覆さなくても、当該推定関係に合理的な疑いを生じさせれば、当該推定によって甲事実の存在（不存在）を認定することはできなくなるから、反証の目的を遂げたことになる。この点はとかく軽視されがちであるから、留意されるべきである。

　イ　事実上の推定

　㈰　概説

　　　a　供述調書依存からの脱却と、事実上の推定の活用との関係

事実認定の場面では、事実上の推定が活用されている。自白偏重といった批判は長年あるが、供述証拠に準拠すれば、推定を活用しなくても認定可能な範囲が広くなるし、具体的な事実関係を詳細に認定することも可能となる。自白調書を始めとする供述調書がこれまで重用されてきた大きな要因の1つは、事実上の推定を介さずに詳細な事実認定を比較的断定的な形で（「〜と推定される」という形ではなく、「〜である」という形で）行うことが可能となるところにあったと、筆者は考えている。

他方、供述調書に依拠しない事実認定を行おうとすれば、詳細な情報提供を得ることは通常困難であるから、認定できる事実には限りがあり、詳細な事実を認定しようとしても証拠がなくて認定できないことになるのが通例である。そうすると、本来意図する認定対象事実を認定するには、証拠によって認定できた事実と認定対象事実との関係性に着目した事実上の推定を活用する場面が増えてくるのは必然といえる。そうであるから、筆者は、供述調書依存から脱

却した形での事実認定においては，事実上の推定の活用の度合いが増えていくのが自然なように考えている。

b　事実上の推定の意義

事実上の推定は法律上の推定とは異なり，推定関係が法規に準拠しない，事実認定の過程でまさに必要となって行われるものであって，自由心証作用の一種とされている。事実上の推定の合理性を支えるのは，①前提事実の認定の確かさ，②前提事実と推定事実との関係性に根ざした推定関係設定の合理性にあると考えている。補足する。①については，正しい事実認定を前提としなければ，その事実認定に依拠して行われる事後の事実認定も正しいものとは通常なり得ない。そのため，事実上の推定においては，前提事実を正しく認定することがその出発点となる。

他方，予定していた前提事実がそのとおりに認定できなければ事実上の推定を活用する余地はないのかといえば，そうなることもあるが，そうではなく，認定できた前提事実に応じて可能となる事実上の推定関係もあり得る。要は，認定できた事実を前提として正しい事実上の推定関係を設定できるかが次に問われてくることになる。例えば，Aという事実が認定できれば甲という推定事実について事実上の推定を行うことが可能となるところ，Aの一部であるaしか認定できなかったとする。この場合には，甲は推定できないことになるが，aだと乙であれば推定でき，乙を認定することも事実認定上意義がある，といった場合もあり得る。そうなると，aを前提事実として推定した推定事実である乙を前提として次の事実認定が行われることになる。

このように事実上の推定関係は固定的に考えるのではなく，認定できた前提事実を前提として設定できる事実認定過程を前提として推定事実を想定することになるのである。

②については，事実上の推定の正しさは，この前提事実と推定事実との関係性に根ざした推定関係設定の合理性に係っているといえる。この点については，まさに論理則・経験則等を活用し，適切な洞察力を発揮してその合理性を判断することが求められているといえる。推定できないことまで推定してしまうことは明白な誤りであって，誤判に直結しかねないが，推定できることは推定して良いのであって，そこに躊躇する必要はないのである。

(イ) **具体例の説明**

事実上の推定事例はそれこそ枚挙にいとまがないが，いくつか例示する。

①構成要件に該当する事実が認定できると，違法性，有責性も推定されるということがいわれている。そして，この推定関係は，検察官は，違法阻却事由や責任阻却事由の各不存在についても立証責任を負っているといわれながら，被告人側から具体的な指摘がされないと，違法阻却事由や責任阻却事由の各不存在について格別の立証を行わないのが通例である，といった現在の訴訟の実態を支えているものであって，きわめて重要な役割を果たしている。

しかし，事実上の推定としてみると，純粋に認定した事実を前提として推定事実を考えるというのではなく，構成要件が違法・有責行為類型であるとの前提に立つと当てはめやすい推定関係であって，構成要件という概念の設定内容に依拠する推定関係といえる。そのため，構造的には，法律によって前提事実と推定事実との関係性を概念的に定めている法律上の推定に準じるものと，筆者は考えている。

②近接所持の法理などということがいわれている。これは，窃盗の発生時期に近接した時点で被害品を所持している，といった，犯罪と被害品の所持との時間的な接着性に着目して当該所持者を当該窃盗犯人と推定するものである（補足的な説明は，**参考裁判例44**参照）。これは，窃盗事件から間もない時期であれば，被害品が転々流通する可能性が乏しく，被害品を所持していることは，犯行によって得たこと以外には通常想定し難く，そうであれば，被害品を所持していた者は当該窃盗事件の犯人である可能性が高い，といった経験則に基づく推定関係であるといえる。事実上の推定の典型例ということができる。

③特別法に関するものであるが，実務でしばしば活用されている，採取された尿から覚せい剤が検出された場合の推定関係について説明する。ⅰ被告人が，その尿から覚せい剤を検出することが可能な期間内に覚せい剤を身体に摂取したということが推定できる（第一次推定）。そして，この推定に関しては，鑑定手法が誤りであった，他人の尿とすり替えられていた，他人の尿が混在していた，など，鑑定結果の真正さに疑念が生じるといった事態が併発しない限り，同推定の確度は高いことに通常なる。

次に，ⅱ覚せい剤が禁止薬物であって，その取扱いが厳しく規制されていることからすれば，過失による摂取等の可能性は事実上排除されて，上記摂取は

被告人の故意によるものである，といった推定をすることも可能である（第二次推定）。そして，被告人の刑事責任を認めるには，この第二次推定が重要な役割を果たすところ，第二次推定も実務において活用されている。

しかし，第二次推定の推定力は第一次推定の推定力ほど強いものではないから，反証によって否定される場合もあり得る。そうであっても，有効な反証が行われないと，第二次推定に基づいて有罪判決の根拠となる事実関係を認定することは可能である。[19)]

他方，自分を陥れるために第三者が自分の飲み物に覚せい剤を混入させた，などといった主張がされることがある。もちろん，真実そういった関係が認められれば第二次推定過程は否定されて被告人の刑事責任が認められないことになろう。しかし，被告人を陥れる前提で考えると，尿から覚せい剤を検出できる期間は限定されているから，そういった期間内に被告人の尿を捜査機関が入手できる関係にないと，被告人を陥れることはできないことになる。ところが，上記のような弁解では，通常，被告人が上記期間内に自己の尿を捜査機関に提供することなどは想定されていないから，陥れる前提が欠けることになり，第二次推定に合理的な疑いが生じることにはならず，その推定関係は否定されないままということになる。

> 19) 過失による摂取等の可能性が事実上排除されるといっても，個々の事件に応じた具体的な根拠を伴ってはいないのが通常であるからである。尿中からの覚せい剤成分の検出を，自己の意思で覚せい剤を摂取したことを強く推認させる事実であるとしつつ，使用の故意の認定には，その者の生活状況等や上記推認を妨げる特段の事情に関する慎重な検討を要するなどとして，第三者によって覚せい剤が混入された飲食物をそれと知らずに摂取した疑いが否定できないとし，有罪の原判決を破棄・無罪とした東京高判平成28年12月9日を紹介したものに及川京子・研修826号（2017年）73頁がある。

ウ　法律上の推定

法律上の推定は，その推定関係が法律で定められているものである。もっとも，実体的真実主義にそぐわないなどとして，法律的推定を設けることには消極的な意見が強く，人の健康にかかる公害犯罪の処罰に関する法律5条等，その立法例は限られている。

しかし，推定を活用することが実体的真実に反することにならないことは，事実認定の性質からして当然のことであるから，筆者は，その推定関係を適切に設定することができるのであれば，法律上の推定を必要に応じて設けること

に支障はないものと考えている。

6 証明責任＝挙証責任
(1) 実質的挙証責任
ア 原則型

挙証責任については，形式的挙証責任と実質的挙証責任ということがいわれる。訴訟では，訴訟当事者が立証活動を行うわけであるが，訴訟の終了場面で，当該認定対象事実を認定するに足るだけの証明がなされない結果に終わることがある。こういった場合にその責任を負うこと（＝立証対象であった事実《存在 or 不存在》[20]が自らの主張どおりには認められないこと）を実質的挙証責任という。

刑事手続では通常検察官が実質的挙証責任を負っており，既に説明したように厳格な証明を要する事実に関しては，その証明の程度も，合理的な疑いを超えるといった高い程度が求められているから，検察官が実質的挙証責任を負っている事実については，その求められる程度にまで証明がされないと，当該認定対象事実は存在しない（存在する）ものとして事実認定は進められることになる。

これを被告人側からみれば，検察官が立証責任を負っている事実に関しては，積極的に反対事実を立証することによって，検察官の認定対象事実を不存在（存在）とすることはもちろん可能であるが，そうでなくても，検察官の立証がその求められている証明の程度にまで達しないように反証活動を行えば，当該認定対象事実は認定されないから，不存在（存在）として扱われることになって，上記反対事実を積極的に立証した場合と同じ状態を現出させることができるのである。

このように実質的挙証責任を負うということは，訴訟において大きな意義を持っている。

▼20) 通常は，当該事実の存在が立証対象となるが，例えば，傷害事件の被告人が被害者が先に殴りかかってきたとして正当防衛を主張し，検察官は，その殴りかかりの事実はなかった旨その不存在を主張したが，不存在について合理的な疑いを容れない形での立証までは行われなかった場合には，不存在とできないから，上記殴りかかりの事実があった前提で正当防衛に対する判断が引き続き行われることになる。

イ　被告人が挙証責任を負う場合

例外的に被告人が挙証責任を負う場合があるから説明する。

(ア)　名誉毀損

名誉毀損罪は、その構造を正確に理解していないと、誤解しかねない罪である。すなわち、刑法230条1項では、「公然と事実を摘示し、人の名誉を毀損」すると、「その事実の有無にかかわらず」名誉毀損罪が成立するのである。被告人が指摘した事実は実際に存在する事柄である、といったことは、犯罪の成立を妨げる事由とはされていない。この点が通常の物事に対する理解と異なる点である。

そして、刑法230条の2第1項で、上記行為が i 「公共の利害に関する事実に係り」、かつ、ii 「その目的がもっぱら公益を図ることにあったと認める場合」との二つの要件を満たして初めて、iii 「事実の真否を判断し、真実であることの証明があったときは、これを罰しない」とされているのである。

こういった犯罪構造であって、「真実であることの証明があった」とされているところから、事実の真否については、被告人が挙証責任を負っているとされるのである。

しかし、この犯罪構造には元々無理な面がある。というのは、証拠という浮動性のある資料によって事実を立証しなければならないという事柄の性質上、「公然と事実を摘示」する時点では、当該事実の真実性を後の訴訟で確実に立証することができるとすることはできないからである。そのため、行為時点での被告人の予測・見込みと異なった事態が生じて上記立証に失敗した場合にも、その刑事責任を肯定することには不合理さが伴うことになる。その是正のために、被告人の故意を否定するという方策が案出されてくるのである（これら一連のことについては、**参考裁判例45**参照）。

(イ)　同時傷害

刑法207条が定める同時傷害の特例を図式的に説明すると、甲（＝2人以上で暴行を加えて人に傷害を負わせた場合）＋乙1（＝それぞれの暴行による傷害の軽重を知ることができないとき）or 乙2（＝その傷害を生じさせた者を知ることができないとき）→丙（＝「共犯の例による」）となる。

「共犯の例による」とされているから、共犯と擬制するのであって、共犯と推定するのではない。また、共謀の存在が証明されれば共犯とされ、本条が適

用されることにはならないから，共謀の不存在を本条適用の積極的な要件とする必要はない。

次にその立証構造が問題となるが，最決平成28年3月24日（**参考裁判例46**参照）で明確化が図られた。検察官が，①「各暴行が当該傷害を生じさせ得る危険性を有するものであること」（＝行為の危険性），②「同一の機会に行われたものであること」（＝機会の同一性）を立証する。そうすると，各行為者は，③「自己の関与した暴行がその傷害を生じさせていないこと」を立証する必要が生じる。この立証ができないと，④「傷害についての責任を免れない」ことになる。

機会の同一性については，時間的，場所的同一性が要件となろう。そして，時間的同一性については，時間的関係が一定の幅の範囲内にあることが必要であろう。また，場所的同一性については，移動手段によってその幅は事案によって異なろうが，そういった相違を考慮に入れても，共犯の例によって処理することが適切といえるだけの範囲内にあるかが問われることとなろう。

(ウ) 被告人請求証拠の証拠能力

規則190条1項に基づいて証拠決定が行われる前提には，当該証拠が証拠能力を備えていることがある。その証拠能力の立証責任は，請求者側が負うのが当然のことといえる。そのため，被告人請求証拠の場合には，被告人がその立証責任を負うことになる。

その立証の程度については，当該証拠が立証しようとする事実について求められている立証の程度に応じることになる。例えば，法328条該当証拠に関して，最判平成18年11月7日刑集60巻9号561頁（芦澤政治・判解刑同年度398頁）は，同条該当書面について，刑訴法が定める要件を満たしていることを求めているから，その点に関する厳格な証明を行う必要があることになる。

(2) 形式的挙証責任

訴訟の終結に至る具体的な場面において，誰が証拠を提出する義務・責任を負うのかということについて，形式的挙証責任ということがいわれる。完全な当事者主義の訴訟構造では，形式的挙証責任は当事者だけが負うことになる。他方，完全な職権主義の訴訟構造では，形式的挙証責任は裁判所だけが負うことになる。

現行法は，そのいずれでもないが，基本は当事者主義であるから，形式的挙証責任は基本的には当事者が負うことになる。そして，実質的挙証責任は検察官が原則として負っているから，形式的挙証責任も検察官が原則として負うことになる。殊に証拠調べの冒頭においては，検察官がまず証拠請求をし（規則193条1項），被告人（弁護人）は，上記請求が終わった後，証拠請求ができる（同条2項）とされているのは，実質的挙証責任を背景とした形式的挙証責任の有り様に沿ったものといえる。

他方，裁判所（裁判長，陪席裁判官）は，立証を促す権限があり（規則208条1項，2項），法1条の実体的真実の発見の実現を図る必要もあるから，職権で証拠調べをすることもできる（法298条2項）とされている。しかし，近時，裁判所に対しては，中立的判断者としての位置付けが強調されているから，この職権の権限行使についても謙抑的傾向が強まっている。

第4　証拠

1　証拠能力

(1)　概説

　ア　証拠能力

証拠能力は，その文字からして明らかなように，証拠の能力である。何の能力かと言えば，証明に用いることができる証拠として受け入れられる能力，形式的な資格＝証拠の許容性である。

厳格な証明においては，証拠能力のない証拠を証明の資料とすることはできないから，そのような証拠が請求されると，決定で当該証拠請求を却下するし（規則190条1項），取調済みであれば，職権で証拠排除する（規則207条）か当事者の異議を認めて証拠排除する（規則205条の6第2項）ことになる。

　イ　信用性，証明力

信用性は，証明対象を考慮に入れずに，当該証拠自体の真実性をいう。例えば，被告人甲が嘘を述べたものであることが別途立証されている甲の検察官面前調書（乙2号証）は，信用性はゼロということになる。そういった乙2号証は，立証対象に対しても，通常証明力を持ち得ないことになる。しかし，例えば，甲が乙2号証を作成された当時，正常な精神活動能力を有している事実を立証する場合には，嘘を言うことができている甲は通常上記のような精神活動

能力を有している，といって良いであろうから，上記立証事項との関係では証明力を有しているということができる。

　広義の「証明力」は「信用性」を含むとされるが，狭義の「証明力」は，上記のように特定の立証事項との関係における当該証拠が当該要証事実を推認させる力＝実質的価値ということができる。ちなみに，「証明力」の用語は，法308条，318条，328条等で用いられている。

ウ　証拠能力と信用性，証明力

　信用性，証明力は，個別具体的に判断されることになる。そのため，証拠能力を介さずに，全ての証拠について個別に直接その信用性，証明力を判断すれば足りる，といった法制度もあり得よう。しかし，信用性，証明力は個別具体的な判断であるだけに，手間も時間も掛かることがあり，また，判断にもバラツキが生じやすい（＝強気の判断，弱気の判断など）。

　他方，個別具体的な判断となる信用性，証明力の判断の前に，証拠能力という判断枠組みを介在させることによって，信用性，証明力の判断対象となる証拠を絞り込み，必要のない情報を最初から排除することは，適正な裁判の実現をより容易にすることができるといえる。立法者は，こういった考えに依っているものといえる。そのため，証拠能力の判断は，信用性，証明力の判断に先行して，個別事情をある程度捨象した一般的な枠組みの判断として行われることになる。しかし，信用性，証明力がゼロな証拠に証拠能力を肯定しても，訴訟としての有意性はないから，証拠能力の下限と信用性，証明力との下限とは一致するものと解することができる。

(2)　証拠能力を制約する法理

　法321条等の個別の規定に基づいて証拠能力は規定されているが，それとは別に，より個別の証拠に着目した形で証拠能力を制約する共通の法理が想定されている。証明対象事実と当該証拠との関係性に着目した関連性という概念である。

ア　自然的関連性

　「自然的関連性」といっても分かりにくいが，当該証拠が証明対象事実に対して必要最小限度の証明力を持っていることをいうものとされている。こういった理解を前提とすれば，「自然的」とは，法的視点を離れた「生の証明力」に着目した趣旨を表したものと解することができよう。証拠能力と信用性・証

明力との下限とは一致することを説明したが，この自然的関連性は，それを当該証拠と証明対象事実との関係性においてみたものと解することができる。その意味からすれば，自然的関連性は証拠能力に対して新たな制約を課したものではなく，証拠に対して元々ある制約の一側面を明確にしたものとの理解が可能となる。

自然的関連性がないものの典型例は，例えば，凶器と間違えて別の物が証拠物として請求された場合である[21]。また，証拠として扱えないものは自然的関連性がないのも当然のことであって，例えば，主張としての性格を有するのにとどまる論告（法293条1項），弁論（同条2項），被害者参加人等による弁論としての意見陳述（法316条の38第1項，4項）等である。

> [21] スコップが複数立て掛けてあった被告人方納屋の壁から，凶器のスコップではなく，その隣にあったスコップを凶器として押収して証拠請求してきた，といった場合である。

イ　法律的関連性[22]

法律的関連性は，自然的関連性が肯定されていることを前提として更に証拠能力を制約する概念である[23]。自然的関連性がある証拠について，裁判官に誤った心証を形成させる危険性の存在に着目した証拠能力の制限の概念である。しかし，具体的に考えると，法律的関連性がないとして独自に証拠能力が制限されることは限られた場面においてである。

①法律的関連性の典型は伝聞証拠とされている。しかし，伝聞証拠については，法320条以下の法定された制約があるから，それとは無関係に法律的関連性がないという形で伝聞証拠の証拠能力が制限されることにはならないのであって，法律的関連性による独自の証拠能力の制限が働く分野は限られていることになろう。

②うわさ，推測，想像等も挙げられるが，そういった証拠については，自然的関連性のなさで証拠能力が制限されることも多く含まれていよう。

③犯人性の立証との関係における被告人の同種前科，同種余罪についての立証も挙げられている。今のところ，法律的関連性で実務的な重要性を持っているのはこの点といえる。

判例としては，大判大正7年5月24日刑録24輯15巻647頁は，前科のある事実は，犯罪行為の成立を断定するについては適当でないとし，前科（窃

盗罪7度，殴打創傷罪）を証拠として援用して共同暴行を認めた判決を破棄した。この判旨は当然のことを確認したものといえよう。そして，犯人性の立証との関係における被告人の同種前科，同種余罪についての立証については，近時は，**参考裁判例47**で紹介した最判平成24年9月7日刑集66巻9号907頁等が説示している趣旨に則った限定的な立証活動が求められている。

　もっとも，これらの判例は犯人性の認定に関するものであるから，犯人性が立証されている場合において，犯人の故意等の主観的要素を認定することと前科等との関係については，上記判例の趣旨と無関係な判断にはもちろんならないものの，事柄に即した前科等の活用の余地はあろう（**参考裁判例48**参照）。

　　▼22）成瀬剛「科学的証拠の許容性」（2）法学協会雑誌130巻2号（2013年）94頁，特に102頁，黒崎久仁彦＝岡田雄一＝遠藤邦彦＝前田巌「科学的証拠とこれを用いた裁判の在り方」司法研究報告書64輯2号（2013年）38頁＊60によれば，英米法諸国においては，用語として正確でなく，混乱を招くなどといった理由から，法律的関連性という概念は，現在殆ど用いられておらず，法律的関連性という概念の再検討が提言されている（研究者から，こういった指摘がこれまで十分に行われてこなかったのは，ある意味不思議なことである）。
　　　しかし，我が国では，「法律的関連性」は，それなりに熟した用語として実務的にも活用されているから，少なくとも当面は用いられ続けていくものと，筆者は受け止めている。
　　▼23）論理的な順序として説明しただけのことであって，判断の順序も常にそうしなければならないというものではない。もっとも，法律的関連性が肯定される場合には，判断の順序はともかく，自然的関連性も肯定されている必要があるから，いずれにしても両関連性について肯定の判断をする必要があるため，その判断の順序は重要性を持たない。
　　　他方，法律的関連性が否定される場合で，その判断が容易である場合には，まず法律的関連性について判断して法律的関連性否定との結論が得られれば，更に進んで自然的関連性について判断する必要はないから，手続の簡易化の観点からは，判断の順序に有意性がある場合が生じ得る。

ウ　証拠禁止

　証拠禁止は，その用語から窺われるように，当該証拠を用いることが手続の適正さその他の利益を害することになることに着目して，証拠能力を制限するものであって，証明力の有無は検討対象とはされていない。

　典型例としては，①任意性のない自白（憲法38条2項，法319条1項），②違法収集証拠，③無効な手続で取り調べられた証拠等が挙げられている。

　　▼24）例えば，必要的弁護事件において，正当な理由に基づいて公判期日に出頭できない弁護人不在のまま行われた証人尋問で得られた証言等がこれに当たる。

2　証拠の種類

　証拠資料（例えば，証言）と証拠方法（例えば，証人）の意義等については，既に説明したが，証拠をいくつかに分類することは可能なので，まずその点について説明する。

(1) 人証・物証・書証

　証拠方法の性質に着目した分類である。証拠調べの方法もこの分類に応じて異なっている。

　人証は，証拠方法が人であって，証拠資料として供述を提供するものであり，証拠調べの方法は尋問（法304条），質問（法311条）である。証人の証言，鑑定人の鑑定，被告人の供述等が人証の典型例である。他方，証拠方法が人であっても，その供述ではなく，その人の体型，傷跡，指紋，掌紋等が証拠となる場合には，次に説明する物証であって，人証ではない。

　物証は，証拠方法が物体（法306条1項には「証拠物」とある）であって，証拠資料としてその存在・形状を提供するものであり，証拠調べの方法は展示である（法306条）。[25]

　これまでの説明からも明らかなように，人証と物証との区別は，「人」と「物」といった対比とは一致しない。人証は物体を含まないが，物証は人体を含むからである。

　書証は，証拠方法が書面であって，証拠資料として，その記載内容を提供するものであって，証拠調べの方法は，朗読（法305条），要旨の告知（規則203条の2）である。書面であっても，その記載内容を証拠とするのではなく，例えば，供述録取書を破った公文書毀棄罪（刑法258条）においては，当該供述調書は，証拠物としての役割を果たすから，書証ではなく物証である。

　他方，証拠方法によっては，書面の内容も書面の存在も，ともに証拠となる場合がある。これが法307条が定める「証拠物中書面の意義が証拠となるもの」である。この場合の証拠調べの方法は，証拠物としての取調べと書証としての取調べの双方（＝展示と朗読《要旨の告知》）を行う必要がある。

　人証と異なり書証は書面という物体を介して存在するから，物体の側面に着目すれば，全ての書証が証拠物たる書面であるということになりかねない。しかし，法は307条に先行する形で法305条，306条を置いているから，法307条に該当する証拠は，例外的な存在と解するのが自然である。最判昭和

27年5月6日刑集6巻5号736頁は，証拠書類（法305条）はその書面の内容だけが証拠となるもの，証拠物たる書面（法306条，307条）は書面そのものの存在又は状態等が証拠となるものであるとし，その書面の作成された人，場所又は手続等によって区別されるものではない旨の判断を示した。

　この定義が実務には受け入れられていて，書面の意義が証拠となる証拠物としては，例えば脅迫事件における脅迫状や名誉毀損事件の文書などが該当する。それ以外の，例えば，捜査機関が作成した供述録取調書，実況見分調書，私人が作成した被害届，報告書等は，証拠書類に分類されている。

　このような分類を前提とすれば，書面の意義が証拠となる証拠物は「証拠物」であるから代替性のないものであり，代替性のあるものは証拠書類といった区別が可能となる。

▼25）法306条には，「示させなければならない」（同条1項）などと「示」の用語だけがあって「展示」という用語は用いられていないが，実務的には「展示」という用語が用いられている。

(2) 供述証拠と非供述証拠

　これは，伝聞法則の適用の有無に着目した分類である。供述証拠は，後に説明する伝聞法則が適用される証拠であって，人の知覚・記憶を経た事実の表現で，その供述の内容の真実性が証拠となるものである。表現の手段としては，言語によるのがその主たるものであるが，補助的に動作による表現も含まれている。▼26）

　上記「(1)」の分類との関係でいえば，人証，例えば，被告人，証人はその提供する証拠資料である供述の内容の真実性が証拠となるときは，その証拠資料は供述証拠であって，そうでなければ非供述証拠となる。この場合の該当事例としては，例えば，甲が，会社の忘年会で，今年9月に会社を突然辞めた乙が辞める前に自分に対して，「この前の沖縄出張では，会社の金を無断で使って彼女を連れて行って豪遊した」と自慢げに話した，とみんなに聞こえるような大声で言った，という事例では，甲の乙に対する名誉毀損事件としては，甲の発言自体が要証事実であるから，甲の発言は非供述証拠ということになる。他方，乙の業務上横領事件においては，甲の発言の真偽が問題となるから，甲の発言は伝聞証拠となる。

　また，甲が「私は真田幸村である」と言ったのを甲の精神異常の立証に用い

る場合には非供述証拠であるとされる。確かに、この場合も、甲が真田幸村であれば、何ら甲の精神異常を立証することにはならないから、甲の発言が虚偽であることが当然の前提となっている。しかし、そのことは、甲に対して尋問するまでもなく明らかなことであるから、非供述証拠として扱って良いものと考えている。ここでも反対尋問の有意性の有無が供述証拠と非供述証拠とを区分していることになる。

このような観点からすれば、甲が「私は月に行ったことがある」と言ったのを、甲の精神異常の立証に用いる場合は、現在は、甲の発言は虚偽であることが明らかであるから、非供述証拠として差し支えない。しかし、宇宙旅行が普及した時代では、そうはならず、甲の発言の真偽を確認する必要がある。その場合でも、その発言の真偽は通常甲に対して尋問しなくても確認できることであろうから、通常は非供述証拠ということになろう。そうであっても、仮に甲の発言が虚偽と判明しても、そういった時代では、甲の発言は甲の精神異常の徴表とはならず、単に、甲の虚言癖の徴表にとどまることもあり得る。このように、同じく非供述証拠とされても、時代の変化に応じて、立証事項に対して自然的関連性を持ち得ない場合も生じてくるのである。

次に、最判昭和30年12月9日刑集9巻13号2699頁（寺尾正二・判解刑同年度393頁）は、伝聞証拠に関して有名な判例であるが、強姦致死事件で、被告人が、かねて被害者と情を通じたいとの野心を持っていたことを犯行動機とされている事案で、被害者が「あの人はすかんわ、いやらしいことばかりするんだ」と述べたとの証人の証言部分は、要証事実との関係で、伝聞証拠であることは明らかであるとし、法「324条2項、321条1項3号に則り、その必要性並びに信用性の情況保障について調査するを要する」として事実誤認を理由に破棄して1審に差し戻した。

補足すると、「あの人はすかんわ」の部分は、感情の発露とみれば、後に説明するように非伝聞ということになる。しかし、「いやらしいことばかりするんだ」との事実は、まさに被告人が「いやらしいことばかりしていること」を立証し、被害者と情を通じたいとの野心を持っていたという、被告人の動機を立証するものであるから、伝聞に当たることになるのである。ここでも、供述証拠と非供述証拠との区別が、立証趣旨との関係性において判断されることが分かる。

書証は，その記載されている供述の内容の真実性が証拠となるものであれば，供述証拠であり，そうでなければ供述証拠ではない。

このように，人証や書証の区別と供述証拠が対応しているわけではない。そして，供述証拠以外は非供述証拠ということになる。供述証拠と非供述証拠との区別は，上記のとおり伝聞法則の適用の有無と関連しているから，伝聞証拠の箇所で更に説明する。

> ▼26) 例えば，悲しいと言いながら悲しい顔をしたり，右手で打ったと言いながら右手で打つ動作をしたり，といったのが言語を中心とした動作による表現であり，右に行くという趣旨で，人差し指で右を指すのが言語に代わる動作による表現である。
>
> ▼27) 筆者注：ただし，上告趣意では指摘されている（刑集同号2727頁）が，判決文には，「同証言は」とあるだけで，こういった発言を対象としているのか，明示されてはいない。

(3) 直接証拠と間接証拠

直接証拠と間接証拠とで証拠能力に差異はないから，この両者の分類は，当該証拠と立証対象事実との関係性にある。直接証拠は立証対象事実を直接立証する証拠であり，間接証拠は立証対象事実を立証する事実を立証する証拠である。

直接証拠については，犯罪事実を直接証明する証拠，といった定義が一般的▼28)かと思われる。しかし，これは，直接証拠の意義を不明確にするものであって，直接証拠か間接証拠かは，証明対象事実との関係性で理解されるべきものと解される。例えば，犯罪事実（A）を直接立証する証拠（甲）が直接証拠であることは明らかである。他方，Aを推認させる事実（B）を直接立証する証拠（乙）は，上記定義からすれば間接証拠ということになる。このこと自体に間違いはないが，Bと乙との関係では，乙は，立証対象であるBを直接証明する直接証拠であるから，こういった関係性を前提とする直接証拠という方が自然である。このように，直接証拠か，間接証拠かは，立証対象事実と当該証拠との関係性で区別すれば足り，直接証拠を固定的に考える必要はない。

なお，乙によって認定されるBもAの事実の認定証拠となることは，既に紹介した最判昭和38年10月17日刑集17巻10号1795頁（川添万夫・判解刑同年度151頁）が説示している。▼29)

次に，Bは間接事実といわれ，間接証拠や間接事実を含めて情況証拠といわ

れる。

　そして，Aを推認させる事実（B）でいう「推認」とは，Bが直接Aを立証する関係にないから，論理則・経験則等を活用して，BがあればAがあるであろうとの思考結果である。

　以上の説明を例示すると，例えば，犯行現場に備え付けられている机の表面に被告人の血痕（通常，間接証拠とされる）が付着していたのであれば，被告人が犯行現場に少なくとも1回はいたことがあること（＝B事実）は，直接立証されていることである。そうすると，犯行現場に一度も行ったことはない，といった被告人の弁解は虚偽ということになる。

　他方，犯行の時点で被告人が犯行現場にいたこと（＝A事実）との関係では，上記血痕は，それだけではA事実を推認させる力はない。しかし，上記血痕は事件直後に現場に臨場した鑑識課員によって発見されたが，半円形の形状を保持していて，真新しいものであったこと（＝C事実）が立証されると，真新しい血痕という事実（＝D事実）が立証されたことになる。このD事実は，被告人が犯行時に犯行現場にいたことを推認させる力があるといえる。

　このように間接証拠である上記血痕は，それだけではA事実を推認させる力はないが，他のC事実が立証されると，そのC事実と合わさることによってD事実が立証され，そのD事実はA事実を推認する力を持つことになり，翻って，上記血痕は，A事実との関係で間接証拠となるのである。

　　▼28）　主要事実ともいわれる。そして，犯罪事実の全部だけでなく構成要素の一部の事実である場合も含むものである。
　　▼29）　この点は旧刑事訴訟法以来認められていることにつき，川添・前掲157頁。

3　伝聞証拠

(1)　概説

ア　自白より先に伝聞証拠について説明する理由等

　条文の順序としては，自白の証拠能力・証明力を定めた法319条が，法320条以下の伝聞証拠の規定の前に置かれているところから，自白について伝聞証拠より前に説明する教科書等も多い。しかし，公判廷での自白を別にすれば，証拠となる自白は伝聞証拠の形をとっているから，伝聞証拠の説明の前に自白の説明を独立した形で行うことは通常困難であって，伝聞証拠の説明をしながら自白の説明をする，といった形をとらざるを得なくなる。そこで，伝聞

証拠についての説明を自白の説明よりも前に行うこととした。

　また，公判（公判準備）期日における伝聞供述には，被告人の供述と被告人以外の供述とが含まれているから，自白について説明した後に一括して説明した方が分かりやすいと思って，その順序にしている。

イ　伝聞証拠の理解の仕方

　伝聞証拠は，刑事訴訟法の学修の1つの大きな山である。伝聞証拠が理解できないと刑事訴訟法の全体の理解が広がらないし深まらない。しかし，研究者間では細かで精緻な議論が行われていて，そのこと自体はある意味当然のことであるが，学生として本来理解しておくべき範囲を超えているように感じられる。まさに骨太に理解しておけば足りることだと思われる。

　伝聞証拠は，相手方による反対尋問によってその真実性をテストすることを経ていない供述証拠をいう（直接主義の要請も含まれていることは後で説明する）。そして，原則として伝聞証拠の証拠能力を認めないことを伝聞法則という。このように伝聞証拠は反対尋問を重視した証拠概念であるから，反対尋問に有意性があるかないかで伝聞証拠性を考えていくと分かりやすい。

　また，伝聞証拠は常に伝聞証拠であるといった形で抽象的に存在しているのではない。既に紹介した最判昭和38年10月17日刑集17巻10号1795頁（川添万夫・判解刑同年度151頁）は，伝聞証拠について「要証事実と当該供述者の知覚との関係により決せられる」と判示し，伝聞証拠が要証事実と当該証拠との関係性によって判断されるべきものとしているのである。

ウ　反対尋問の位置付け

　反対尋問権は憲法37条2項によって被告人に保障されているが，法廷における供述証拠の場合は，証拠となるのは供述であるから，人証によって法廷で提供された供述の真偽を吟味することが証拠調べの重要なポイントとなる。

　それでは反対尋問とは何をすることになるのだろうか。供述は，供述者の①知覚，②記憶，③表現（叙述）の過程を経て提供されるものである。供述の真偽をテストするということは，この①〜③の各正確性を，各過程で生じる可能性のある誤りの有無を反対尋問によってテストすることを介して確認することである，ということになる。そして，供述に誤りが生じるのは，知覚が誤っていたり，その後の記憶が誤っていたりすることによる影響が大きいといえるから，①，②に対する反対尋問が重要ということになる。

補足する。知覚・記憶を前提とすることと反対尋問との関係を考えると，一定の出来事を認識する，しない，といったことは，当該出来事と対比してその供述の信用性を判断できる事柄である。そのため，甲という出来事との関係で乙という供述がなされた場合には，甲との対比において乙の信用性を判断することが可能であって，そこに反対尋問の有効性が発揮される余地があるといえる。

他方，この反対尋問が有意性を持たない供述は，伝聞証拠ではない，非伝聞証拠である，といった理解が可能となる。例えば，供述の存在を立証趣旨とする場合には，非伝聞証拠である，といわれるが，供述の存在は原供述者に対する反対尋問をしなくてもその存在の有無は確認できるのである（例えば，供述調書にＡという記載があるということを立証する場合には，その供述調書を証拠として取り調べれば足り，原供述者甲に対して尋問する必要はない）。感情表現に関しては，項を改めて説明する。

　　エ　直接主義と伝聞証拠性

法322条については，後に説明するが，伝聞証拠性の関係でいえば，被告人が自分に対して反対尋問をすることはできない。他方，自白を含む不利益事実の承認については，検察官が反対尋問をする必要を感じることは限られた事案においてであろう。そうすると，法322条が伝聞例外の規定とされているのは，反対尋問との関係性では重要性がないということになる。他方，裁判所から見れば，法廷での口頭による供述でないことには変わりはないから，直接主義に反することに変わりはない。

法321条2項前段の「被告人以外の者の公判準備若しくは公判期日における供述を録取した書面」の場合には，当事者は，立会権があるから（公判準備につき法158条，159条），当該書面に対する反対尋問権が問題となるわけではない。法321条2項後段の「裁判所若しくは裁判官の検証の結果を記載した書面」も同様である。

これらからして，伝聞証拠とされる証拠の根拠として，直接主義も含まれていると解すべきである。

　⑵　**伝聞証拠と非伝聞証拠との区別の各論**
　　ア　**供述が非伝聞証拠となる場合**
　　　㋐　概説

供述の存在自体を立証する場合には，当該供述は非伝聞証拠となることは既に説明した。ここでは供述の内容も検討した上で供述が非伝聞証拠となる場合について説明する。心の状態の供述ともいわれるが，場合を分けて検討する必要がある。

　なお，心の状態を推認する手掛かりは当該供述が中心となるから，当該供述は供述者の心の状態を反映したものである必要がある。よく指摘されているように，ふざけて冗談半分に言った，酔っ払っていて（怒っていて・いらいらしていて）殊更過大に・わざと反対のことを言った，などといった場合には，当該供述だけから感情を推認することはできないから，ここでの検討対象とはならない。

　ここでの説明では，供述が真摯になされていることが前提となるから，当該供述の真摯性（正確性，誠実性）については，別途，立証が行われている必要がある。しかし，この点は，供述者本人（A）から確認する方法だけでなく，当該供述を聞いたとする者（B）から確認することも可能であるから（＝聞いたこと自体はBの体験であるから），この真摯性に関するテストの必要性があることは，心の状態の供述を伝聞証拠とする決め手とはならないのである。

　(イ)　**感情表現の場合**

　感情表現は様々であるが，基本的な考えは変わらないから，好意を例にとって説明する。

　甲が好きである，といった供述については，知覚・記憶の過程がない，といった形で体験供述性を否定する理解が多い。こういった説明で間違いではないが，より実態に即して考えてみたい。例えば，一目惚れ，といった言葉があるように，当該感情を引き起こした体験が特定できる場合がある。この場合に，甲と会ったこと自体は通常争いもないであろうから，反対尋問するとすれば，一目惚れしたか否かの点ということになる。しかし，これは供述者が一目で甲を好きになりました，と回答すれば，それ以上その真偽を確かめることは通常できない（前後の証人の行状等からその真偽を確かめることが可能となることもあるが，ここではその点を措いている）。

　ここでの問題は，甲と会ったという体験と，甲を好きになったという感情とは，一般性を持った形で連続的な体験とはならず，個別的な体験（＝一種の評価）にとどまるのである。そのため，1回しか会ったことがないのに人を好き

また，長年の交際の末に甲を好きになった，といった場合には，感情の基礎となっている体験の蓄積が膨大となるから，個々の体験の有無・程度，個々の体験が好きという感情に及ぼした影響等について反対尋問してみても，有効な反対尋問とは通常ならない。

このように感情表現に対して反対尋問は有意性を持たないのである。翻って考えれば，感情は体験と一義的な形で結び付くものでは元々ない（一種の評価であって，当該個人にとっては結び付いていても，それが一般的ではないから，一義的とはいえないとの趣旨を含む）から，反対尋問という形でその真偽を確かめるには適さないのである。換言すれば，反対尋問を有効に発揮することができないから，伝聞証拠として証拠能力を肯定することができないことになる。その結果，その証拠能力を肯定するか，しないか，ということになる。反対尋問を介さなくても証拠能力が認められる典型が物的証拠である。そうすると，関連性を証拠能力の判断の基軸とする物的証拠と同様の扱いをすることが可能であり，非伝聞証拠の証拠能力が認められることにも合理性があることになる。そのため感情表現は非伝聞とされるのである。

(ウ) 発言が発言者の心情を推測させる情況証拠である場合

「(イ)」で検討したこととほぼ同義であるが，感情そのものを述べてはいないが，当該発言が発言者の心情，関係性等を推測させる情況証拠である場合である。この場合も当該供述は非伝聞証拠となる。簡単な例としては，甲が乙に対して，「しばらく会わなかったね」と言ったとされる場合には，その発言の真偽は措いて（＝本当にしばらく会っていなかったか否かではなく），その発言から，甲と乙とが一定の親しい間柄であることを推認する場合には，上記発言は非供述証拠となる。

既に紹介した最判昭和38年10月17日刑集17巻10号1795頁（川添万夫・判解刑同年度151頁）は，「Ｓはもう殺してもいいやつだ」との発言は，被告人がそのような内容の発言をしたこと自体を要証事実としているものと解され，伝聞証拠であるとはいえないとした。これは，当該発言を発言者の内心の敵意を推測させる間接事実と解し，当該発言を非伝聞証拠としたものと解される。具体的に考えても，殺していい人というのは存在しないから，「Ｓは，本当に殺した方がいい人だった」などといった形での供述内容の真実性は問題と

(エ) **非伝聞証拠とすることが伝聞法則を潜脱することになる場合は伝聞証拠**

「(ウ)」でも述べた最判昭和38年10月17日刑集17巻10号1795頁は、証人がXから「Sを射殺したのは自分である」と打ち明けられた旨供述した場合は、Xの発言はXがSを射殺したことを要証事実としているとして伝聞供述であるとし、これを非伝聞証拠とした原審の判断を誤りとした。この発言が非伝聞証拠ではないとしたことは少し分かりにくい。川添・前掲159頁は、S「を殺したのは自分である」とのXの発言は、発言したこと自体に着目すれば非伝聞証拠だが、発言した事実からその発言内容の真実性を推認することになって伝聞法則に違反する、との見解に本判例は立っているとされる。補足すると、「Sを射殺したのは自分である」との発言を聞いた事実、といったXの発言を非伝聞証拠とした場合に、そのことで何を立証するのかといえば、結局はSの射殺犯はXであるという、Xの発言の真実性を立証することになる。換言すれば、Xの発言を伝聞証拠として用いているのと同義に帰するから、Xの発言を非伝聞証拠として取り扱うことは伝聞法則を潜脱することになる。そういった場合には、Xの発言は伝聞供述として取り扱うほかはないということである。

このように、発言について、その存在とすれば常に非伝聞証拠として取り扱うことが可能となるわけではないことが確認された点でも、この判例は重要である。

▼30) もっとも、当該発言は、法324条2項、321条1項3号による要件を具備している（筆者注：Xが被告人ではないところから、このような法条になる。Xが被告人の場合には、法324条1項、322条ということになる）として、原判決がX発言を「証拠としたことは、結局違法とは認められない」として上告は棄却した。

(オ) **行為の言語的部分**

行為の言語的部分（ラテン語の res gestae《レス・ジェステ》＝ things done と同義とされている）は、アメリカ法に由来する考えで、一定の場合を行為の言語的部分として非伝聞とするものである。

①言語が行為と共に発せられ、当該行為の意味付けをしている場合（＝例えば、年配者が幼児に対して袋を渡しながら、「これお年玉ね」と言えば、お年玉を渡す行為をしていることが分かる）、②言語が行為の最中や直後に発せられた自然なものであって、発言者の内心、感情を示す場合（＝Xが甲を右手拳で殴打しつ

つ,「思い知ったか」などと発言していれば,その発言から,Xが甲に対して悪感情を抱いていることを推認することができる)等が挙げられている。

しかし,筆者は,こういった点が伝聞か否かといった形で争われた記憶はないから,逆にいえば,学問的興味を措けば,非伝聞とされることに実質上争いのない事柄に属しているのかもしれない。

　㋕　犯行計画

関係者,内容の関係で複合的な問題が生じるところからしばしば論じられている事柄なので,ここで説明する。

例えば,複数人が,平成29年3月3日,甲理髪店前路上で,車から降りた直後の被害者Vに対し,バットや折りたたみ式の特殊警棒で殴打し,加療約4箇月間の重傷を負わせたとされる事案で,甲理髪店前路上に落ちていたとして証拠請求された1枚の紙(甲4号証)には,「①桃の節句はVの年貢の納め時。②車から降りて甲理髪店に向かう間を襲う。③バット,特殊警棒の用意は乙。④3月3日甲理髪店。参加者甲,乙,丙」との記載があった。そして,丙との関係では,犯行を実行したのは甲,乙であり,甲4号証の本件メモを書いたのは,犯行現場にもいた丙であることが立証されている場合には,本件メモを非供述証拠と解した上で,その記載内容からして,丙は,犯行状況にほぼ沿うメモを作成することができていることになるから,V襲撃の内容を事前に知っていたと推認することができることになり,しかも,犯行現場にも行っているから,甲,乙と自分との間で,事前に,本件に関する共謀を遂げたものである,との立証も可能となろう。

他方,甲,乙にとっては,丙が書いた本件メモは真実でない限り意味を持たないから,伝聞証拠である。そのため,本件メモを非伝聞証拠として,その記載内容に基づいて甲,乙との関係においても,丙との間で,事前に本件に関する共謀が成立しているとの立証を行うには,丙がこのメモを作成した後に,甲,乙がその内容を確認していることが立証されている必要があることになる。この立証がされていると,甲,乙も,本件メモの内容を知っていたことになり,そこから,V襲撃の内容を事前に知っていたと推認することができることになる。本件メモの内容を知っているだけでは共謀を認定することはできないが,さらに,甲,乙が犯行を実行し,丙も現場にいたことが立証されると,上記の共謀を遂げたものである,との立証も可能となろう。

(キ) 相手方の手元にある領収書等

領収書（例えば，「A様　金100万円を領収しました。×年×月×日　B」との領収書）の場合は，本来は，BがAから100万円を受け取ったというBの体験供述書である。そのため，基本的には伝聞証拠であって，上記記載だけを立証して，BがAから100万円を受け取ったという事実を認定することは，まさに伝聞法則を潜脱するものであって，許されない。

他方，Aの手元から上記領収書が発見された場合には，上記記載の存在という非供述証拠と，その記載内容の現金の受取人とされるAが当該領収書を所持しているという，2つの間接事実を総合して，BがAから100万円を受け取ったという事実を推認することは可能と解される。この場合は，その背後に，その記載に沿う現金の移動がなければ，領収書がBからAに交付されることは通常ないという経験則の存在が肯定されているからであろう。勿論，AとBとが通謀して虚偽の領収書を作成することもあろう。しかし，それは，上記推定の反証と位置づけられるべきものと解される。

こういったことは，借用書等の文書についても同様に当てはまる。

イ　写真

(ア) 概説

これまでは供述そのものについて検討してきたが，科学的技術が介在する（その限度では伝聞性は問題とならない）事柄について検討する。

写真はかつては写真家などの専門技術に依拠する面が大きかったが，現代は，スマートフォンその他の機器の写真機能の活用等によって，その素人化が極まっているといえる。そうではあるが，撮影の対象そのものではなく，対象の映像を媒体に固定化させたものであることに変わりはない。

原本（原体）そのものではなく，その写し的な存在が証拠となる点で伝聞証拠と通じる点があるところから，写真と伝聞証拠との関係については争いがある。しかし，その過程は，主要な部分は機械的操作であって，その正確性は担保されているといえ，人間の関与があるにしても，撮影者等の知覚，記憶，表現といった過程が介在しているわけではない。また，改ざん・合成その他の加工の可能性は存在するが，それは証拠の真正さの問題であって，伝聞性の問題ではない[31]。そのため，写真自体が伝聞証拠となるとは解されない。

そして，犯行現場等を撮影した現場写真については，判例は非伝聞証拠とし[32]

ている。犯行現場そのものは物的証拠であって，そのものを法廷に持ってきて証拠として取り調べる，といったことは通常不可能であるから，現場写真は，その写しとしての役割を果たすことになる。そのため，被写体について反対尋問をするといった余地はないから，伝聞証拠となる要素はないといえ，判例の見解は支持されるべきである。

もっとも，写真を見ただけでは何の現場なのかなど，立証趣旨との関連性が明らかではない場合が多いであろう。そういった場合には，撮影者を証人尋問することがあり得るが，この点も必ずそうしなければならないといったものではなく，関連性の立証一般の方法として自由な証明で行えば足りるものと解される。しかし，立証の結果，関連性が否定されることも生じ得ることである（**参考裁判例 49** 参照）。

他方，犯行現場に対する検証，実況見分も，その限度で犯行現場を再現するものではあるが，写真とは異なり作成者の体験供述の記載であるところから，後に説明する法321条3項で伝聞例外が定められた伝聞証拠とされているのである。こういった点を的確に理解すると，伝聞証拠に対する理解が深まろう。

▼31) 改ざん・合成等の有無・程度等については，撮影者等の当該写真に関与した者に対する尋問で解明することも勿論あるが，別途，鑑定その他の第三者による調査によって解明することもある。いずれにしても，伝聞証拠として作成者に対する反対尋問でテストすべき事柄ではないのである。

▼32) 最決昭和59年12月21日刑集38巻12号3071頁（新宿騒擾事件。高橋省吾・判解刑同年度568頁）は，撮影者不明（＝証人となった警察官らが公務上の秘密を理由に写真の撮影者・提供者の氏名を秘匿した）が犯行の状況等を撮影したいわゆる現場写真（＝犯行現場における犯行状況を撮影した写真）を「非供述証拠に属し，」「関連性を認めうる限り証拠能力を具備する」とした。

(イ) 写真の証拠能力が問題となるその他の場合

写真は，どのような状況で何を映したかによって，その証拠としての位置付けが異なってくる。現場写真以外では，①独立証拠として用いられる場合，②書面，証拠物の写し，③供述調書等の一部として用いられる場合，④供述の一部となっている場合が，一般に指摘されている。

①の場合には，現場写真も含まれるが，例えば，わいせつ写真等が該当事例として例示されている。この場合には，当該写真は証拠物の写しとして扱われることが多く，いずれにしても非伝聞証拠である。

②の場合も，被写体の写しとしての性格を有する。そのため，証拠物の写真は，証拠としての必要性の検討が必要となる場合を含めて，非伝聞証拠であることは明らかである。書面の写真の場合は，当該書面の証拠能力に応じて写真の証拠能力も変化する。当該書面の存在だけを立証する場合には，当該書面は非伝聞証拠であり，その写しである写真も非伝聞証拠である。他方，当該書面の記載内容の真実性を立証する場合には，当該書面は伝聞証拠となるから，その写しである写真も伝聞証拠となる。

③の場合には，検証調書，実況見分調書，鑑定書等に添付された写真が一般に該当事例として例示されている。これらの場合には，写真は当該検証調書等と一体となっているから，その証拠能力は，当該検証調書等の証拠能力に従うことになる。もっとも，当該写真だけを証拠として使いたい場合もあり得るが，その場合には，その写真が何を写したものであるのかによって，これまで説明したところに従って，その証拠能力を考えていくことになる。

④の場合には，証人尋問で証人が写真を示されて，写真に写っているとおりです，などと述べる場合が該当事例として例示されている。この場合は，証言に引用された限度で証言の一部となり，反対尋問の対象となっているから，その限度で伝聞性の問題はないことになる。問題はその引用される限度である。証拠物の写真の場合は，元々伝聞性の問題は生じないが，書面の写真は②で説明した限度で伝聞性が問題となり，再現状況を写した写真の場合には，後記の再現実況見分調書に関する説明で紹介する判例に準拠した検討が必要となる。

　㋒　**写真を示して証人尋問を行う場合**

写真を示して証人尋問を行うことは可能である（規則199条の10〜12）。規則199条の10に基づいて写真の同一性等を確認する場合には，伝聞の問題は生じない。

規則199条の11（記憶喚起のため），199条の12（供述の明確化のため）に写真を示す場合は，伝聞性の問題も起こり得るし，示し方の問題も起こり得る。それらについても，後記の再現実況見分調書に関する説明で紹介する判例に準拠した検討が必要となる。

　ウ　**ビデオテープ，映画フィルム等**

これらは，写真を連続した部分と音声等がある場合には，録音との複合されたものといえる。そのため，それらの議論が複合されることはあっても，ビデ

オテープ，映画フィルム等の独自の面はないと解される。

　また，録音は，映像がないことを除けば，連続した写真＝ビデオテープ，映画フィルム等の議論が当てはまることになるから，結局は，写真の議論によって基本的には解決される関係にあるといえる。

エ　録音テープ

　上記のとおり，録音テープは連続した写真＝ビデオテープ，映画フィルム等の議論が当てはまることになるが，少し具体的に説明しておく。

　①現場録音は現場写真と同様に非供述証拠と解される[33]。このことは，例えば，衝突音や悲鳴等が録音されている交通事故の衝突の場面の録音を想定してみると了解されよう。

　最近は，捜査段階での録音・録画が行われているが，供述を録音した部分は供述録取書と同義となる。録画の方は，録音と一体となって供述録取書の一部を構成すると解することができる部分もあろうし，供述状況の検証（実況見分）としての部分もあろう。

　供述録取書については，再現実況見分調書に関して後に述べる写真については署名・押印は不要と解されているから，録音・録画に関しても同様に解される。

　▼33）現場録音の事例としては，最決昭和35年3月24日刑集14巻4号462頁（吉川由己夫・判解刑同年度126頁）は，無許可運転に関連した公務執行妨害，傷害事件で，「存在及びその録音内容」として証拠とされた，現場にいた被害者のNHK放送記者の録音テープについて，控訴審は，犯行現場での被告人の発言を中心とした録音で，録音内容自体を証拠としているから，証拠能力に欠けるところはないとし，最高裁もその判断を維持した。

オ　電磁的記録媒体

　現在では，映像・音声は，人間が視覚的に確認できるフィルムなどといった媒体に固定されるのではなく，人間が直接認識することはできない電磁的記録としてその媒体に固定されている。そのため，原本そのものの確認はできなくなっているが，その記録が認識可能なものに転化すると，その内容については，人間が確認することが可能となる。そして，この転化の過程は，原本との同一性が担保されていることが技術的に担保されている。こういった理解が介在することになるが，電磁的記録媒体の証拠能力については，これまで説明したところがそのまま当てはまることになる。

捜査段階での録音・録画も電磁的記録媒体で保存されており，任意性の立証に用いられるのは制度的に予定されているといえるが，実質証拠として用いることが可能かについては争いがある。供述録取書が一定の要件を満たせば伝聞法則の例外として証拠能力が認められている我が国の法制度の下では，その素となる生の供述を記録したものを実質証拠とすることが全面的に否定されることにはならないものと解される。他方，録音・録画の情報は通常膨大なものとなろうし，部分部分に着目すれば様々な評価が可能となって，全体として適切な評価を行うことが困難となることもあり得る。そのため，その全てを実質証拠とする必要性は通常はないであろうし，相当でもないであろう。しかも，公判廷では被告人質問が行われるのである。このように考えてくると，録音・録画の実質証拠性については，そのこと自体は否定されないものの，通常は，まずは，被告人質問を先行させて，そこから看取される証拠としての必要性に即して，証拠化される情報量も含めて証拠としての採否を判断することになろう。▼35)

▼34) 弁護人も事前に視聴しているから，合意書面の作成に準じて，当事者が協議して必要部分を選択することに通常なろう。
▼35) 今後関連判例が増加していくものと推測されるが，その一例として，実質証拠として用いることに慎重な姿勢を示した東京高判平成28年8月10日判タ1429号132頁がある。

4 伝聞法則の例外
(1) 概説

伝聞法則の例外は，伝聞証拠の主要な検討分野であって，伝聞法則を裏から理解することを可能とするものであるから，項を改めて少し詳しく説明する。

伝聞証拠を全て排斥することは被告人の反対尋問権を確保することにはなるが，例えば，公判廷での供述を得られなくなっている者の公判廷外の供述を証拠として用いることが全くできないことになると，法1条が定める実体的真実主義はそれだけ実現困難となる。立法者は，伝聞証拠排除をそこまでは徹底しない形で実体的真実の実現を図ろうとした。それが法320条以下の定めということになる。

(2) 法320条の構造（法325条〜328条についての説明を含む）

法320条については，2項は簡易公判手続との関係で既に説明しているから，ここでは，1項について説明する。

同項では，①「第321条乃至第328条に規定する場合を除いては，」②「公判期日における供述に代えて書面を証拠とし，」③「公判期日外における他の者の供述を内容とする供述を証拠とすることはできない」としている。

ア 伝聞法則の例外規定

まず，①については，「第321条乃至第328条に規定する場合を除いては，」としているから，これらの条文に定める場合が伝聞法則の例外ということになる。しかし，個々的に見ると，伝聞法則の例外としての証拠能力を定めた規定としての意義には異なる面があるといえる。詳細な説明や関連した説明が必要となる法321条〜324条をひとまず措いて，法325条から説明する。

(ア) 法325条

法325条は，任意性の調査を行うべきことを定めている。その調査時期に関しては，事前の調査義務を課した規定との解釈は否定され，最決昭和54年10月16日刑集33巻6号633頁（龍岡資晃・判解刑同年度258頁）は，当該証拠の証拠調べ後にその証明力を評価するに当たって行っても良いことを肯定している。

しかし，同条は，それ自体で特定の類型の証拠について伝聞法則の例外として証拠能力を付与する規定ではない。そのため，伝聞法則の例外としての証拠類型を検討する，といった視点からは，その重要性に限界のある規定ということになる。

(イ) 法326条

a 概説

法326条は，伝聞証拠に証拠能力を付与する訴訟行為ではあっても，それ自体が証拠となるものではない。換言すれば，法326条が独自の伝聞例外を定めたものとして特定の類型の証拠について独自の証拠能力を付与する，といったものではない[36]。そのため，伝聞法則の例外としての証拠類型を検討する，といった視点からは，その重要性に限界のある規定ということになる。

同意の権限者については，法326条1項に「検察官及び被告人」とあるから，弁護人には固有の同意権はないことが分かる。そのため，同意・不同意の最終的な決定権は被告人にあるから，被告人の明示の意思に反して弁護人が同意の意見を述べても無効ということになる。

また，同意は対象となる証拠の全部に対して行わなければならないものでは

なく，部分同意という形で部分的に同意することも可能である。

▼36) しかし，そうだからといって法326条が伝聞法則の例外として果たしている役割が限定されているかといえばそうではなく，自白事件を中心として，多くの伝聞証拠が同条の同意を得て証拠能力を得ているのである。その意味では，伝聞法則の最大の例外規定ということになる。

b 法326条の同意の意義

この意義については，時代の経過とともに考え方が増えてきたが，現在では，3説に分類されている。▼37)

①反対尋問放棄説　反対当事者の反対尋問権の放棄によって伝聞証拠も証拠として許容されるとする。

同意書証として証拠採用された原供述者に対して，別途証人尋問が実施されるのは限られた事案においてであるから，同意の意義の中心概念にこの考えがあることは肯定されよう。問題は，それで伝聞証拠が証拠能力を付与される場合の全てが説明できるかである。被告人の供述書面については反対尋問を想定できない。また，法323条該当書面はその該当性が肯定されるとそれだけで証拠能力が肯定されるから，反対尋問は前提とされていないと解される。こういったところから，この考えが批判されている。

②証拠能力付与説　証拠に証拠能力を付与する積極的な訴訟行為と解する。

反対尋問との関連付けを行わないから，反対尋問放棄説にある難点と直面することがない。実務で一般的な支持を得ている所以である。

③伝聞性解除行為説　伝聞証拠の証拠能力を伝聞性を理由に責問（＝証拠能力の欠如を主張）する権利を放棄（＝伝聞性を解除）する行為と解する。

法326条が法320条の伝聞証拠原則禁止の定めの一環としての規定であるところから，伝聞法則の例外としての位置付けを基にして法326条の意義をとらえ直したものといえ，近時支持者が増えている。

しかし，実際の運用の場面では，②，③説で差異は生じないであろう。以下では，関連論点として指摘されている事柄について説明する。

▼37) 井上弘通「326条の意義と機能」『刑事訴訟法の争点』（2013年，有斐閣）174頁に的確な紹介・検討があるから，以下の説明は，この論考を踏まえ，筆者なりの観点から行っている。

c 同意書証の原供述者に対する証人尋問

この点は，①説を厳格に適用すると実施困難となりそうであるが，必要性がある場合は肯定されるとすれば，差異は解消されよう。いずれにしても，標題の点は必要性如何に係っており，同意の効力で一律的な判断をするのはふさわしくないものと考えている。換言すれば，反対尋問放棄説も，反対尋問に重点を置いた説明になっているが，主尋問省略肯定説とでもいえば，主尋問の代わりに書面が出てくることを肯定するだけということになり，標題の点を肯定することに違和感はなくなろう。

他方，近時は同意があっても書証ではなく証人尋問を先行させる運用も積極的に行われている。このような運用においては，法 326 条の同意の意義が相対的に低下することになるが，伝聞証拠を原則的に排除しようとする法 320 条の趣旨には沿ったものといえよう。また，こういった運用が分かりやすさの現出を通してより正しい事実認定の実現に繋がることを期待したい。

d 証拠に伝聞性以外の瑕疵・違法がある場合と同意の関係

証拠に伝聞性以外の瑕疵・違法がある場合に同意があることによって証拠能力が付与されるのかがここでの問題である。この点については，②説が最も説明しやすいことは明らかである。そして，相手方から請求のあった証拠について，証拠としての取調べを許容するか否かについては，反対当事者に一定の処分権があることは，当事者主義の観点からすれば肯定されて良いことである。

そうすると，法 326 条の同意の効果として，一定の範囲の瑕疵・違法はその瑕疵・違法が治癒される（又は証拠として取り調べるのを妨げる瑕疵・違法はないこととする）とすることは，許容されて良いと解される[38]。確かに，この点は，伝聞法則の例外との関係と直結するものではないが，伝聞証拠を証拠として許容する，という大きな効果を伴う法律行為の付随的な効果として認めることは可能なように考えている。その意味では，③説は法 326 条の趣旨を純化させすぎているともいえる。

もっとも，同意という当事者の処分権を前提として不問に付される瑕疵・違法には自ずと限界があるから，その限界を超えた瑕疵・違法，例えば，重大な違法があるとして証拠排除されるべき違法収集証拠に関しては，同意を前提として証拠調べが終わっていたとしても，その後の審理，あるいは上訴審において証拠排除や原判決の破棄などといった手続を介してその是正が行われることがあり得ることである。

▼ 38）最大判昭和 36 年 6 月 7 日刑集 15 巻 6 号 915 頁（栗田正・判解刑同年度 141 頁）は，麻薬所持の捜索差押調書，鑑定書は同意書証として取り調べられていて，捜索，差押手続が違法か否かにかかわらず証拠能力を有するとした。もっとも，当該捜索差押えについては，緊急逮捕に先行したとはいえ，時間的にはこれに接着し，場所的にも逮捕の現場でなされたものであるとして，違憲違法とすべき理由はないとしていた（違法との 6 名の裁判官の少数意見あり）から，当該捜索差押えが違法とされた場合でも同様の判断となったかについては，なお検討の余地が残っているように思われる。

　　e　不同意の撤回・同意，同意の撤回・不同意の許容性

　訴訟行為の変更の許容性についてここで検討しておく。似たような用語だがその取扱は大きく異なっている。すなわち，不同意の撤回・同意は手続的な混乱を招く等例外的な場合を除いては原則として許容されている。請求証拠が伝聞法則の例外として証拠能力が付与されない状態にとどまっていたのを改めて証拠能力を付与することとするだけであるから，当事者の処分権の範囲内のことといえ，この変更を許容しない根拠はないと解されるからである。

　他方，同意の撤回・不同意は，原則として許容されない。これは一旦付与した証拠能力を付与しないこととするからである。特に，証拠調べを経た後では，当該証拠は裁判所の心証形成の資料となっているから，同意を撤回して不同意とすることで当該証拠の証拠能力を欠く状態とすることは許容し難いからである。もっとも，事柄の内容に応じて，規則 207 条に基づく証拠排除といったことがあることは別問題である。

　他方，証拠調べを経ていない場合には，裁判所の心証形成との関係での上記のような問題は起きないから，上記意見の変更に合理性があって，意見を変更した時機も適切であり，手続の混乱その他の支障がない場合には，許容される余地はあろう。しかし，その場合でも，同意は裁判所への意見として述べられているのであるから（規則 190 条 2 項，法 316 条の 16，316 条の 19），その撤回については，裁判所の許可を必要としよう。

　　f　黙示の同意

　同意は，証拠決定を行うに当たって（規則 190 条 1 項）明示的に行われる訴訟行為であって（関係条文は上記のとおり），「同意する」といった形で明確にその意義を明示して行うのが原則型である。

　他方，公判供述として伝聞供述が行われた場合には，上記のような形で同意・不同意の意見を述べる機会は通常与えられていないから，当該伝聞供述に

対して不同意の意見を持っている場合には，法 309 条の異議申立等の形で不同意の意見を表明する必要がある。そういったことをしないまま当該証人に対する尋問が終了した場合には，直ちに異議の申立てができないなどの特段の事情がない限り黙示の同意があったものとして，当該伝聞供述は証拠能力を有することになる。[39)]

> [39)] この点に関する判例が**参考裁判例 52 vi** で紹介する，高輪グリーンマンション・ホステス殺人事件として著名な最決昭和 59 年 2 月 29 日刑集 38 巻 3 号 479 頁である。

g 擬制同意（法 326 条 2 項）

「f」の黙示の同意は，黙示の形での同意の存在を，特段事情のないことを前提として肯定するものであったが，擬制同意は文字どおり同意を擬制するものであるから，擬制にふさわしい事象の存在が前提となる。

該当法条には，いわゆる軽微事件に関する，法 283 条（法人被告人と代理人出頭），284 条（軽微事件における出頭義務の免除・代理人の出頭），285 条（出頭義務とその免除）がある。

さらに，法 286 条の 2（出頭拒否と公判手続），341 条（被告人の陳述を聴かない判決）の場合にも適用されるかについては，争いがある。判例は，本項の趣旨について，「被告人が出頭しないでも証拠調べを行うことができる場合において被告人及び弁護人又は代理人も出頭しないときは，裁判所は，その同意の有無を確かめるに由なく，訴訟の進行が著しく阻害されるので，これを防止するため，被告人の真意のいかんにかかわらず，特にその同意があったものとみなす趣旨に出た規定と解」し，341 条について積極に解しているから，法 286 条の 2 に関しても積極と解される。もっとも，最近では，これらの該当事例は限られていよう。[40)]

> [40)] 最決昭和 53 年 6 月 28 日刑集 32 巻 4 号 724 頁（反町宏・判解刑同年度 223 頁）は，東大安田講堂事件で，法 326 条 2 項が，341 条によって審理を進める場合にも適用されることを肯定した。

h 相当性

相当性については，法 326 条 1 項に「その書面が作成され又は供述のされたときの情況を考慮し相当と認めるときに限り，」と定めている。この定めの意義について争いがあるが，判例は，同意書面や供述が任意性を欠き又は証明[41)]

力が著しく低い等の事由があれば証拠能力を取得しないとの趣旨と解し、証拠能力の要件としている。上記規定振りからしても判例のように解するのが相当である。

しかし、「任意性を欠き又は証明力が著しく低い等の事由」の存否・その程度などは、まさに、当事者が同意・不同意の意見を決するに当たって考慮される重要事項に含まれていようから、同意があった場合に、なお上記のような事由があって、相当性の判断を要することになるのは、限られた事案において、ということになろう。

▼41）最決昭和29年7月14日刑集8巻7号1078頁（青柳文雄・判解刑同年度183頁）。

(ウ) **法327条**

法327条は合意書面について定めている。規定が複雑なので要件的に分類すると、前段は、合意書面について証拠能力を付与する定めであって、裁判所は、①検察官及び弁護人（被告人）が合意の上、文書の内容又は公判期日での供述が予想されるその供述の内容を書面に記載して（この書面が合意書面である）提出したときは、②その文書又は供述すべき者を取り調べないでも、③その書面を証拠とすることができる、としている。要するに、①があれば、合意書面には証拠能力が認められるとしているのであって、②は証拠能力の要件とは関係のない、確認的・注意的な定めといえる。

後段は、合意書面の証明力について争える旨の定めである。そうではあるが、両訴訟当事者が文書の内容等を合意して書面を作るわけであるから、反対尋問というものが元々想定されない類型の書面と解される。上記②はその趣旨を表していると解することができよう▼42）。

他方、伝聞法則の例外としての証拠類型を検討する、といった視点からは、その重要性に限界のある規定ということになる。そして、実際の活用頻度としても、合意書面の活用は限られているから、法326条に比べて、伝聞法則の例外規定としての役割も限られている。しかし、相手方の意見も入れて書面を作るわけであるから、筆者は、実質上、大枠において争いのない事実関係等の立証においては、もっと合意書面の活用が行われて良いように考えている。規則198条の2も、合意書面の活用の検討について定めている。

▼42）条解刑訴911頁は、合意書面「の証明力を争うために供述者を証人として喚問

(エ) **法328条**

　　a　概説

　法328条を要件的に分類して説明すると，①法321条〜324条の規定により証拠とすることができない書面又は供述が対象証拠であること（＝伝聞法則の例外として証拠能力が付与されることのない証拠であること），②公判期日（公判準備）における被告人，証人その他の者の供述の証明力を争うためには，③これを証拠とすることができる，である。要するに，伝聞法則の例外として証拠能力が付与されることのない証拠について，②の限度での証拠能力を認めた規定である。

　伝聞法則の例外として証拠能力が付与されることのない証拠であるから，当該証拠は罪体の立証そのものに活用できるものではない上，後記判例が本条の該当証拠とする自己矛盾の供述自体は非伝聞証拠（非供述証拠）であるから，伝聞法則の例外との観点からすれば，その位置づけには大きな限界がある規定といえる。

　　b　「証明力を争う」の意義

　この点については争いがある。当初は原供述との関係性を問わない無限定説も有力であったが，実務的には，近時は「原供述者の自己矛盾の供述に限る」との限定説による運用が一般的になっていた。そのような状況下で，限定説の運用を確定させたのが既に紹介した最判平成18年11月7日刑集60巻9号561頁（芦澤政治・判解刑同年度398頁）である。すなわち，法328条により許容される証拠は，信用性を争う供述をした者のそれと矛盾する内容の供述が，同人の供述書，供述録取書（刑訴法が定める要件を満たすものに限る），同人の供述を聞いたとする者の公判供述又はこれらと同視し得る証拠の中に現れた部分に限られるとした。

　このように，本条で証拠能力が認められるのは，上記の内容のものに限定され，同時に，自己矛盾の供述自体の存在については，厳格な証明を要することとなった。しかし，厳格な証明を要するといっても，自己矛盾の供述自体は非伝聞供述であって，当該供述録取書等によってその存在は立証できるから，具体的には，当該供述者の署名・押印[43]（これと同視し得る事情の存在[44]）の存在を立証すれば足りるのである。

また，争い方の態様としては，証明力のⅰ「減殺」ⅱ「回復」ⅲ「増強」の3類型が想定されるが，上記のとおり自己矛盾の供述に限定されることになったから，ⅰの「減殺」が自然な運用であって，当初からⅲの「増強」を図る，といった運用は許されないことといえる。他方，ⅱの「回復」は言葉からしても，いったん減殺された証明力を回復する意味合いに受け止められるから，先行して，証明力の減殺があった場合に，本条該当証拠が活用されるといった運用が想定される。しかし，証明力の回復といっても，ぴったりと原証明力の程度に回復するとは限らないのであって，原証明力を超える場合も出てこよう。そういった場合には，ⅲの「増強」ともいえるが，事柄の性質として，そういった事態の発生は許容されよう。このような運用を前提とすれば，ⅱ「回復」とⅲ「増強」とを殊更に峻別する必要はないと解される。

▼ 43) この意義については，注6参照。
▼ 44) この意義については，注7参照。

(オ) **小括**

条文の順序ではない形での説明に戸惑った方もいらっしゃるかもしれないが，以上のように見てくると，法320条1項は，321条〜328条が伝聞法則の例外規定といっても，特定の類型の証拠について伝聞法則の例外としての証拠能力を付与する定めとしては，法321条〜324条に絞り込まれていること，さらには，各規定内容に照らしても，これらの規定をしっかりと学習することが，伝聞法則の例外を理解することに実質上強く繋がっていくことを実感されよう。

上記の個別の証拠については項を改めて説明するが，全体を俯瞰すれば，法は，伝聞法則の適用されるべき供述を，被告人以外の者の供述と，被告人の供述とに二分し，それぞれに応じて伝聞法則の例外の定めを置いている。そして，伝聞法則の例外の要件の基軸となっているのは，信用性の情況的保障がある場合と，当該証拠を証拠として採用する必要性が高い場合とであることが分かる。

しかし，この前提で考えても，後に詳しく説明するように，被告人の供述に関しての方が，伝聞法則の例外として許容される要件が緩やかなものとなっている。この点については，筆者は，被告人は，自分の上記供述が証拠となるのであるから，その反駁を公判廷で行うことは容易である，こういった点が上記

のような法制度の差異の背景にあるように考えている。

イ　法320条1項で禁じられていること
㈦　公判供述に代えて書面の証拠化の禁止

　法320条1項は，上記のとおり，②「公判期日における供述に代えて書面を証拠とし，」としている。ここで禁じられていることは，公判期日における供述（以下，便宜「公判供述」ということがある）の代わりに書面を証拠とすることである。ということは，公判供述をそのまま証拠とする場合には，法320条による制約は及ばないということになる。そのため，この場合の公判供述に証拠能力を認めることについては争いがあるが，証拠能力自体は認めて良いと解される。

　補足すると，通常は，公判供述は相手方の反対尋問を経るから，まさに伝聞法則に反しない形で証拠調べが行われていて，そういった公判供述に証拠能力が認められるのは，伝聞法則との関係で何の問題も生じないことは明らかである。勿論，ここでの検討対象の事象もそういったものではない。すなわち，ここでの検討対象事象は，例えば，ⅰ証人が主尋問終了後に死亡その他の事由によって供述不能となった場合（＝この場合には，およそ反対尋問が行えないことになる），ⅱ証人が，主尋問には答えたものの，反対尋問や裁判所の補充尋問に答えなかった場合（＝反対尋問の実効性が発揮されないことになる）である。そして，こういった場合に，当該主尋問に答えた証人の供述に証拠能力を認めるのかがここでの問題である。

　確かに，反対尋問が伝聞法則に則った形で十分に行われていないことは，当該公判供述の証拠能力を否定することの根拠とはなる。しかし，公判供述であるから，直接主義の要請は満たしている。そうすると，伝聞法則の例外としては，直接主義の要請を満たしていない証拠でも証拠能力が認められていることからすれば（法321条1項2号等），上記公判供述の証拠能力は肯定し，反対尋問が伝聞法則に則った形で十分に行われていないことは，その信用性の判断において考慮すれば足りるものと解される（下級審裁判例に関して**参考裁判例50**）。

　　▼45）　細かな説明になるが，例えば，供述不能の場合に特信性を要件としないとの判例の立場からすれば，法321条1項2号前段で証拠能力が認められるPSよりも，供述不能で反対尋問を経ていないものの，公判廷で検察官の尋問を受けてされた証人の供述の方が，直接主義の要請を満たしている点で，より証拠能力を認めるのはふさわしいように解される。

(イ) 再伝聞供述の証拠化の禁止

法320条1項は，上記のとおり，③「公判期日外における他の者の供述を内容とする供述を証拠とすることはできない」としている。この定めは，複合化しているので少し分かりにくい。本来の禁止の対象は，「公判期日外における他の者の供述」（＝便宜，供述者を「甲」，供述内容を「甲の供述」とする。次の乙に関する符号等も同様である）である。しかし，それが供述者である甲の供述として存在しているのではなく，甲の供述が他の供述者である乙の供述内容として存在している場合には，乙の供述の証拠化も禁止する。というのが，法320条1項の定めであると解される。

なお，乙の供述自体は，公判廷での供述だけでなく，公判廷外の供述も含まれるとされている。この点は，法324条に関して後に更に説明する。

(3) 法321条1項柱書き

法321条1項は，被告人以外の者に関する定めで，供述書と供述録取書とに分けて定めている。供述書については，柱書きとしては独自の要件を定めていない。他方，供述録取書については，供述者の署名・押印（この意義については既に注6で説明している）を要件としている。[▼46)]

この署名・押印の意義は，供述録取書とそれが要件とされていない供述書とを対比することによって理解できる。すなわち，供述書は，供述者（甲）が自らの供述を書面化させたものであるから，伝聞性としては体験供述が書面化したという1つの段階があるだけである（一重の伝聞といわれる）。そのため，一重の伝聞を解消するには，供述者甲に対する反対尋問を行うことが想定される。他方，供述書に供述者（甲）の署名・押印があっても，供述が書面化したという一重の伝聞性が解消されることにはならない。そのため，供述書では，供述者（甲）の署名・押印は要件とはされていないのである。

他方，供述録取書の場合には，供述者（甲）が供述録取者（乙）に対して供述し（一重の伝聞），乙が自らの体験として聞いた甲の供述内容を供述録取書として書面化する（二重の伝聞），こういった二重の伝聞構造となっている。では，供述録取書にある甲の署名・押印の意義は何かといえば，この点を正確に理解していない学生が少なくないから，少し詳しく説明する。一重の伝聞性の部分は，甲の体験が乙に対する口頭での伝達となっているという点で書面ではないものの，体験供述者が法廷で口頭で供述していない点では，供述書と同じ

構造である。そのため，供述書では甲の署名・押印が伝聞性の解消となっていないから，供述録取書でも，一重の伝聞性の部分は甲の署名・押印によっても伝聞性は解消されないのである。このように説明すると少し分かりにくいが，この場合には，伝聞性を解消しようとすれば，当該体験供述をしている甲を証人尋問すべきであって，乙を証人尋問しても，甲から聞いた話を再現するだけになって，伝聞供述が復元されるのに過ぎないことを考えると，分かりやすいと思う。

　次に，二重の伝聞性に関する部分については，乙の体験に基づく供述書の性質を有するから，乙の署名・押印は不要である。そして，ここでの伝聞性のポイントは，甲が乙に話したことが忠実に再現されているか否かであって，乙の体験供述自体に意味があるわけではない（上記のように乙の体験供述の内容は甲が話した内容の再現に過ぎないから）。他方，上記忠実な再現の有無・程度は，甲が確認すれば担保されることである。この確認の証(あかし)として甲の署名・押印があるのである。そして，このことによって，立法者は二重の伝聞性は解消されるものとしたのである。

　このように説明してくると既に明らかになっているが，供述録取書を甲から見れば，甲が署名・押印をした供述録取書は，甲の供述が正確に記載されたものであるから，乙を手足として作成した甲の供述書ということになる。そのため，供述録取書は，供述者の署名・押印があることによって，供述者の供述書と化すから，供述録取者が誰であるかに拘わらず，その証拠能力は，供述書と異ならないはずである。ところが，法321条1項2号と3号とでは，同じ供述録取書であっても，証拠能力が認められる要件には大きな違いがある。この差は，理論的なものではなく，立法裁量によって設けられたものということになる。

　　　▼46）供述書と供述録取書とにある，このような要件の違いを正しく読み取っていない学生がいるから，適切な学修が望まれる。
　　　▼47）後に説明するが，法322条がPSとKSとを区別せずに定めているのは，署名・押印のある供述録取書の証拠能力の有り様としては本来型に沿ったものと解される。

(4)　**供述不能**

伝聞法則の例外に関する共通の要件として，先に説明する。

　　ア　その意義

立法者は，供述不能に関しては，「その供述者が死亡，精神若しくは身体の故障，所在不明若しくは国外にいるため公判準備若しくは公判期日において供述することができないとき」と，法321条1項の各号ともに同じ内容の定めとしている（1号前段，2号前段，3号前段）。

　そして，供述不能の場合には反対尋問ができないから，反対尋問重視の観点からは，伝聞法則の例外として供述不能が定められることについては，疑問が提起されよう。他方，法1条が定める実体的真実主義からすれば，供述不能の場合には，反対尋問はできないから，まさに，伝聞法則の例外として許容されるべきである，ということになろう。現行法は，後者の考えに依っているものと解される。

　個別の定めとしては，死亡は供述不能の最たるものである。外国にいる場合は，一律の処理は不相当である。要するに，証人尋問を実施する際に出頭できるのかどうかが問題なのであって，それ以外の時期にどのような態様で外国にいるかは，ここでの問題ではない。他方，当該証人尋問を実施させるべく，いつまでも訴訟の進行を待機させておくことは迅速な審理の実現に悪影響を及ぼすから，しかるべき時期までの証人尋問ができなければ，当該証人に関しては，供述不能として処理するほかはないものと解される。

　こういった期間的な視点からの判断は，身体的，精神的支障の場合，所在不明の場合にも当てはまる。

　法廷での証人尋問の際に，反対尋問に答えない場合はどうか。この点については，既に述べたが，主尋問にも答えなかった場合は，供述不能としての処理が可能である。

イ　特信性は非要件

　特信性を要件とするかについては，法321条1項3号のように法自体が特信性を要件としている場合を措けば，それ以外の場合にも同様に要件であるかについては争いがある。しかし，立法者としては，1号，2号に関しては，類型的に特信性の要件を満たしていると判断しているものと解されるから，解釈によって特信性を要件とする必要はないものと解される。

(5)　裁判官の面前調書（法321条1項1号）

ア　該当調書の例示

　1号には，「裁判官の面前（第157条の6第1項及び2項に規定する方法による

場合を含む。）における供述を録取した書面」とあるから，ビデオリンク方式による場合を含む裁判官面前調書であることが分かる。

該当調書としては，ⅰ法179条（被告人側の証拠保全）の場合の証人尋問調書，ⅱ法226条，227条（検察官の請求による第1回公判期日前の証人尋問）の場合の証人尋問調書，ⅲ265条（準起訴手続の審判）の場合の証人尋問調書，ⅳ当該事件以外の事件での公判期日（公判準備期日）における被告人（証人）の供述録取書面が例示されている。

イ　伝聞法則例外の要件

伝聞法則例外の要件として定められているのは，①供述不能の場合（特信性は非要件）と②前と異なる供述の場合（特信性は非要件）とである。両者は「1号前段の書面」，「1号後段の書面」などといった形で区別される。

①については既に説明しているから，②について説明する。条文に則すると，「供述者が公判準備若しくは公判期日において前の供述と異なった供述をしたとき」である。ここで説明すべきは「前の供述と異なった」の意義である。2号後段にも類似する字句がある（「前の供述と相反するか若しくは実質的に異なった」）ので，その対比で説明する。

両号に共通してある「前の供述」の意義も正しく理解していない学生が見られるが，この点は条文を読めば直ぐ分かることであって，「前の供述」とは，伝聞法則の例外として証拠能力を認めようとする当該「裁判官の面前調書」（2号後段であれば，当該PSということになる）における供述のことである。そして，②に関する本号の意義は，要するに，供述者が公判準備若しくは公判期日において，既に作成されている裁判官の面前調書で供述したのとは異なった供述をしたときには，ともかくも当該「裁判官の面前調書」にも証拠能力を認めましょうということである。どちらが信用できるのか，などといったことは，その後に検討すれば良いということになる。

次に「異なった」の意義であるが，上記のとおり2号後段では「前の供述と相反するか若しくは実質的に異なった」と定められているから，それとは異なる意義であるとの理解が自然であろう。そして，「前の供述の方が詳細で証明力が異なるだけでも足りる」（条解刑訴854頁），などと解釈されている。

しかし，元々本号該当書面の活用頻度は限られているが，裁判員裁判の実施を契機として公判廷での供述の活用が積極的に行われると，こういった「前の

供述の方が詳細で証明力が異なる」程度の差異であれば、公判廷で当該供述者に「前の供述」に相当する供述をしてもらうように努めるべきであって、本号後段による調書の活用は限られた事案において行われるのが望ましい有り様となろう。

(6) 検察官の面前調書（法321条1項2号）

ア 該当調書の例示

該当調書としては、例えば、ⅰ法198条1項・3項、ⅱ223条1項によって検察官の面前で作成された供述録取書である。

イ 伝聞法則例外の要件

㈦ 概説

伝聞法則例外の要件として定められているのは、①供述不能の場合（特信性は非要件）と、②相反供述の場合とである。両者は「2号前段の書面」、「2号後段の書面」などといった形で区別される。

①については、1号書面の場合と同様であって、既に説明している。

②の要件が1号と大きく異なっているところに本号の特徴がある。すなわち、条文に則すると、その供述者が「公判準備若しくは公判期日において前の供述と相反するか若しくは実質的に異なった供述をしたとき。ただし、公判準備又は公判期日における供述よりも前の供述を信用すべき特別の情況の存するときに限る。」である。

この「ただし書」が後段のみに関するものであることを正しく理解していない学生もいるから、まずこの点について説明する。文言的には、前段と後段を分ける「，又は」の字句によって文字どおり、前段と後段が分けられているから、「ただし書」は、その位置からして後段のみのただし書となると解される。また、意味的にも、①の場合には、「ただし書」にある「前の供述」と対比されるべき「公判準備若しくは公判期日」における供述がそもそも存在しないから、「ただし書」を適用すべき前提が欠けているのである。このように条文を読めば誤解することのないことが、留意されるべきである。

㈡ 「前の供述と相反するか若しくは実質的に異なった」の意義

「前の供述と相反するか若しくは実質的に異なった」の意義については、「前の供述」については、1号後段との関係で既に説明したが、公判期日（公判準備）における供述よりも前に作成されているPSが該当する。そのため、例え

ば，証人尋問が行われた後に，当該証人は虚偽を述べていると疑った検察官が，当該証人を取り調べて作成したPSといったものは該当しない。もっとも，当該PSが作成された後に再度当該証人に対する証人尋問が行われた場合には，この新たな証言との関係で，当該PSは本号該当書面となり得ることになる。しかし，同じ証人に対して2度も同じ事項について証人尋問が行われること自体例外的なことである上，その2回目の証人尋問でも新たに作成されたPSと相反する公判供述がなされ，2号書面の採用が必要となる，というのは更に限られた事案においてということになろう。▼48)

「相反するか若しくは実質的に異なった」については，「相反する」と「実質的に異なった」の差異を検討することは重要性がなく，全体としてその意義を理解すれば良いものと解される。その上で，1号の「異なった」との差異も必ずしも明らかではないが，前者は既に説明したように証明力の差異で足り，後者は，「多少なりとも事実認定に差異を生ずる可能性があることを要する」といった指摘がある（条解刑訴857頁）。こう説明されても分かりにくいが，実際には明白に異なった供述がされているのが通例であるから，この点を余り危惧する必要はないであろう。▼49)

> 48) 該当判例としては，最決昭和58年6月30日刑集37巻5号592頁（金築誠志・判解刑同年度150頁）は，既に証言した証人に対して作成された検察官調書を当該証人の再度の証言の後に2号書面として請求するのは適法とした。もっとも，特信情況を慎重に判断すべきとはしている。
> また，東京高判平成5年10月21日高刑集46巻3号271頁は，証言後に作成された検察官調書について，当該供述者が再度予定されていた証人尋問期日前に自殺した場合には，新たな予定証言との関係で2号前段の該当性を認めた。
> 49) 最決昭和32年9月30日刑集11巻9号2403頁（青柳文雄・判解刑同年度472頁）は，公判供述より前の供述の方が詳細なものも本号後段に該当する旨の判示をした判例として紹介されている。しかし，青柳・前掲474頁の説明からすれば，尋問の在り方や調書の作成方法の改善で対処可能な事案であったと窺われる。公判での尋問方法やその調書作成が改善されている現在では，この判例の先例性は限定的に解すべきであって，単に詳細であるといった程度のPSは本号後段には該当せず，尋問の工夫や逐語調書の作成によって対処すべきものと解すべきである。

㈦ 「ただし書」が定める相対的特信性

a 相対的特信性の意義

次に，「ただし書」の意義であるが，「公判準備又は公判期日における供述よりも前の供述を信用すべき特別の情況の存するとき」については，いわゆる相

対的特信性を要件としたものと解されている。この相対的特信性という意義自体正確に理解していない学生がいるから、まずこの点から説明する。上記のように、本「ただし書」は、公判準備又は公判期日における供述（＝便宜「Ａ」とする）と前の供述（＝便宜「Ｂ」とする）とを比較して、Ｂについて特信情況があるときとしているから、この場合の特信情況は、Ａと対比してＢにその存在が認められることを前提としている、その意味で相対的なのである。他方、３号の場合にはそういった比較の対象が定められていないから、それ自体に特信性が備わっていることが要件とされていることになり、絶対的特信性といわれるのも、そのためである。

　　ｂ　特信性の判断資料

次に、この特信性を何に基づいて判断するのかが問題である。この特信性については、証拠能力の要件ではないとの説もあるが、条文の定めからしても証拠能力の要件と解すべきである。その前提で考えると、供述内容だけで特信性を肯定するというのは、まさに信用性が肯定できるから証拠能力が認められるということになってしまい、特信性を証拠能力の要件としていることからすれば、不合理である[50]。そして、証拠能力という枠組み的な発想からすれば、特信性については、供述がなされた時期、周囲の状況その他の外部的な事情を中心に考えるのが本来型といえる。しかし、元々、当該供述に特信性があるか否かの判断であるから、外部的状況が供述内容にどのように影響を与えているのかを判断するためにも、供述内容と離れては論じられないところである[51]。こういった外部的状況と供述内容という双方向の視点を持って特信性を判断することが、事柄の性質に最も沿うものと解される。

　　　▼50）既に説明しているように、信用性の判断は、証拠能力が認められた証拠について行うものとされているから。
　　　▼51）例えば、事件直後は記憶が新鮮で当該供述の信用性が一般的に高い、といった前提に立っても、被害直後の畏怖状態から、真実が語られず嘘を言ってしまう、といったこともあり得る。そのため、どういった供述内容となっているかの検証は避けられない。最判昭和30年1月11日刑集9巻1号14頁（青柳文雄・判解刑同年度6頁）が、特信性について、必ずしも外部的な特別の事情によらなくても、供述内容自体によって判断することができるとしているのも、こういった趣旨に理解すべきである。

　　ｃ　特信性の立証

そして、特信性の立証も、原則として、当該証人尋問の過程で、関係する尋

問を通じて行われるのが本来型と解される。そういった尋問においては，上記の双方の視点を持っていることが有益である。このことは，裁判員裁判においても適切な立証が行われることを可能としよう。

　他方，この特信性は，公判供述との対比での判断にとどまるから，例えば，公判供述が傍聴人との関係で真実を言いにくい状況に陥っている証人によって行われている場合などでは，その状況が立証されると，PSの特信性が肯定される可能性が高くなる。しかし，既に述べたように，ここで判断されるのはあくまでも相対的な特信性であるから，当該PSの信用性が他の関係証拠との関係で否定されることもあり得ることである。

> ▼52）例えば，①組長が起訴されている事件で，組員が組長の犯行状況について証言するときに，傍聴席に組関係者が多数傍聴している場合，②会社の不祥事（例えば，脱税，談合等）が訴追されている事件で，会社の経理担当の証人が証言するときに，傍聴席に人事担当者等の会社関係者が多数傍聴している場合など，様々に想定可能である。

ウ　2号書面の位置付けの変化

　2号書面は，その合憲性が争われるほどに，証人が公判で捜査段階における供述を変更させた場合の有力な立証手段として検察官によって活用され，他方，弁護側からは，公判で折角証人の供述を弾劾したのに，裁判所は安易に2号書面を採用するといった批判もなされてきた。

　しかし，これには，基本的には公判の尋問の充実化で解決されるべきことが徹底されていなかったことの裏返しの現象としての側面もあったといえる。例えば，捜査段階の供述が公判では供述されない事案では，検察官がそういった捜査段階での供述の存在を指摘すれば，通常は当該証人はそのことを肯定するであろうから，捜査段階の供述自体は公判供述として現れるのである。問題は，公判供述と捜査段階の供述の信用性如何ということになるが，それはまさに当該証人尋問の過程で自ずと明らかになるような尋問がなされることが期待されているといえる。そのため，2号書面の活用といったものは，例えば，証人が捜査段階の供述の存在を否認したり・記憶がないなどとして，当該証人による供述では公判供述として再現されない事案など，ごく限られた事案において活用される，といった限定的な運用が本来の想定であったと解される。近時の公判中心主義の運用がそういった本来の想定形態に近づいているとすれば，歓迎されるべきことである。

他方，上記弁護側の批判に対しては，筆者は，捜査段階の供述を否定する公判での証人の供述自体に合理性に欠けるなど，その信用性が低い事例が多く含まれていることの反映であると理解している。

▼ 53）最判昭和36年3月9日刑集15巻3号500頁（栗田正・判解刑同年度59頁）は，恐喝・恐喝未遂の被害者とされる者が証人として採用されながら外国旅行中であった事案で，そのPSの採用は憲法37条2項に違反しないとの判断を示した。なお，最判平成7年6月20日刑集49巻6号741頁（池田耕平・判解刑同年度239頁）は，管理売春（売春防止法12条）事件における供述者が退去強制された事案で，2号前段書面として証拠請求することが手続的正義の観点から公正さを欠くと認められるときは，証拠とすることが許容されないこともある旨を説示した。

　ちなみに，出入国管理及び難民認定法上，刑事事件の証人として召喚されたことは送還の障害事由とはならないとされている。

▼ 54）近時の実情については，例えば，清野憲一「裁判員裁判が警察捜査に与える影響について」警學69巻12号（2016年）1頁，特に8頁参照。

(7) その他の書面（法321条1項3号）

ア　該当書面

3号は，「前2号に掲げる書面以外の書面」としているから，まさに，1号書面，2号書面以外の，被告人以外の者が作成した全ての書面が該当することになる。そして，該当書面としては，実務的には，警察官面前調書（KS），警察官作成の捜査報告書その他の捜査関係書類が多いが，関係者その他の者の陳述書等被告人側の作成書面もある。

イ　伝聞法則例外の要件

(ア)　概説

3号該当書面は，「ア」で説明したように作成者に1号，2号のような制限はないから，伝聞証拠としてみた場合には，証明力に多様性のある書面が含まれることになる。そういった書面について伝聞法則の例外を広範に認めて証拠能力を肯定すると，伝聞法則が設けられている意義も減ずることになりかねない。このように考えると，3号における伝聞法則の例外の要件は，1号，2号に比べても一段と厳しいものとなっているのが自然なことといえる。そして，現に3号の定めはそういった内容となっているが，厳格に過ぎるとの批判もあるところである。

(イ)　供述不能が絶対的な要件

供述不能自体の説明は既に行っているが，1号，2号においては，供述不能

は伝聞法則の例外が認められる1つの類型にとどまっているのに対し，3号では，「かつ」とされているところからして，供述不能が証拠能力の不可欠な要件とされている。そのため，当該供述者が証人として公判廷に出頭可能であれば，それだけで，当該供述者に関する3号該当書面は，伝聞法則の例外が肯定されてその証拠能力が肯定されるといったことにはならないのである。

(ウ) 犯罪事実の存否の証明への不可欠性

供述不能だけで伝聞法則の例外が肯定される1号，2号の場合とは異なり，3号の場合には，供述不能を前提として更に要件が付加されているところに特徴がある。この不可欠性の要件を，例えば，唯一の証拠とか，他に適当な証拠がない，などといった形で厳格に解すると，本号に基づいて証拠能力が認められるのは，極めて限られた証拠に限られよう。捜査側証拠であればそういった厳格な制限を課すことにも合理性を肯定できる場合があるかもしれないが，上記のとおり被告人側の書面も同じ要件を課されることになると，被告人側の反証が大きく制限されることになって，合理性があるとはいえない▼55)。他方，この不可欠性の要件を緩やかに解すると，必要性に乏しい証拠まで証拠能力が認められることになるのではないかとの懸念が生じかねない。

このように考えてくると，その供述が「事実の証明につき実質的に必要と認められる場合」といった解釈には合理性があるといえる▼56)。補足すると，この裁判例は，上記のような厳格性までは要件とせず，他方で，上記必要性の点を「実質的に必要」という限度で取り込んだものといえ，実務的に適切な線引きを行ったものといえよう。

▼55) 法文に「犯罪事実の存否の証明」とあって，犯罪事実の否定の証明にも当てはまる要件とされているところからして，被告人側の証拠については別の要件で判断するといった相対的な発想は，法文に反する解釈となってしまい，採用できない。
▼56) 下級審裁判例ではあるが東京高判昭和29年7月24日高刑集7巻7号1105頁は，米人の米国軍師団刑事捜査官に対する口供書について，このように判断している。

(エ) 絶対的特信性

この点については，既に説明したように，2号のように比較対照すべき事象がないから，当該供述自体に特信性が備わっている必要があることになる。特信性の内容や立証の方法等については，2号に関して述べたところが当てはまる。

(オ) 3号書面の位置付け

　これまでの検討から分かるように，1号，2号該当の各調書とは異なり，3号該当書面が伝聞法則の例外として証拠能力が認められるのは限られている。殊に原供述者の証人尋問が可能な場合には，3号該当書面の証拠能力が認められる余地はないから，公判廷での証人尋問等による立証活動の充実が先決問題としてあることになる。そうであれば，3号該当書面が立証の基軸となることは通常想定されないこととなり，不可欠性の要件を満たす場合も一層限られてこよう。このように3号該当書面の証拠能力が認められて，しかも，当該事件の立証上有意性を持つ場合というのは，限られた事案においてということになろう。

(8) ビデオリンク方式による証人尋問調書（法321条の2）

　条文の位置としては，法321条の後にあるから，同条に関する説明を終えてから本条の説明をするのが順序ということになるが，既に説明したように法321条1項1号では，法157条の6第1項，2項の場合が含まれているから，そのこととの対比の便宜を考え，ここで説明することとした。本条は3項からなるが，1項のみに関して説明する。

　同項には，ビデオリンク方式による「証人の尋問及び供述並びにその状況を記録した記録媒体がその一部とされた」証人尋問調書の証拠能力の特則が定められている。すなわち，法321条1項の規定にかかわらず，証拠能力が認められる。これは，状況も含めた映像の価値の有意性，証人に重複的な手続を経させることの回避等が考慮されたものといえる。確かに，音声も含めて再現される映像を見ることで，当該尋問の場にいたのと同様の効果が得られよう。そうであれば，当該尋問を踏まえて，追加的な尋問が必要ならそれを行わせることで足りるとの発想は自然なものといえ，本条1項後段はその趣旨を定めたものといえる。[57]

　▼57) 細かな議論になるが，この後段を，前段で上記調書の証拠能力が認められる条件のような説明も行われている（条解刑訴873頁等）。しかし，この説明は分かりやすい比喩的な表現と理解すべきである。補足すると，前段では「証拠とすることができる」とされているから，証拠とするかどうかの判断は裁判所が行うことになり，裁判所が証拠とすることとした場合には，後段の義務を負うことになり，その義務に違反すると，当該裁判所の訴訟手続に違法があることにはなる。しかし，そのような違法が生じたからといって，翻って，前段によって当該調書の証拠能力を認めたこと自体が違法となるものではない，その意味で後段の上記

義務は，前段によって証拠とすることの条件ではないと解される。

(9) **法321条2項該当書面**

ア　法321条2項前段書面

「被告人以外の者の公判準備若しくは公判期日における供述」とあるから，当該事件における供述ということになる。もっとも，公判期日における供述は伝聞証拠ではないから，当該供述そのものが証拠となるのであって，調書が証拠となるものではない。そのため，前段が定めているのは，そのような場合では勿論なく，後記の場合である。

まず，第1例としては，前段該当書面の典型例である，法158条（裁判所外の証人尋問），281条（公判期日外の証人尋問），（法171条を介して両条は鑑定人へ準用されるものと解されている。規則の準用につき規則135条）に基づく場合について説明する。

法158条に基づいて，証人尋問が裁判所外で行われた場合には，規則38条，52条の2に基づいて証人尋問調書が作成される。当該調書については，法303条に基づいて，裁判所が公判期日に取り調べる義務を負うことになるが，そうなった場合の当該証人尋問調書の証拠能力を付与するのが，この前段である。この場合は，当該調書は当初から伝聞証拠であるが，当該証人尋問では反対尋問の機会が与えられているから，実質的には伝聞証拠には当たらないといえ，無条件で証拠能力が認められるのである。

第2例としては，上記公判期日における供述を録取した書面に関しては，当初は上記のとおり伝聞証拠でなかった供述が後の事情で伝聞証拠化し，その供述を録取した調書の証拠能力が問われることになる場合である。例えば，裁判所の構成が変わって更新手続が行われた場合，上訴審から差戻しがあった場合等における，それまでに作成されていた調書である。これらも前段によって証拠能力が認められることになる。

この場合は，当初は伝聞証拠ではなかったのであるから，事後の事情で伝聞証拠化しても，無条件で証拠能力が認められることには合理性があるといえる。

イ　法321条2項後段書面

裁判所又は裁判官の検証の結果を記載した書面である（検証の意義等は次の「(10)」項で説明する）。

裁判所が公判廷で検証を行えば，それは伝聞証拠ではないから，該当するのは，「ア」で例示した第1，第2の2つの場合が典型例ということになる。

裁判官の検証としては，法142条（受命裁判官，受託裁判官による押収・捜索を定めた125条を検証に準用），179条（証拠保全としての検証）が典型例である。また，法142条では，当事者の立会権を認めている法113条も準用している。裁判員裁判に関しては，裁判員法57条2項，1項に関係する定めがある。

裁判所の検証が後段で証拠能力が付与されるのは，「ア」での検討を踏まえれば了解されよう。また，裁判官についても，中立的な立場の裁判官が行う検証であって，当事者の立会も認められていることからすれば，後段で証拠能力が付与されるのも了解されよう。

また，前段の場合とは異なり，他の事件の場合も含まれているとするのが通説とされる。「公判準備若しくは公判期日」といった制約はないから，この解釈にも根拠があるといえる。しかし，上記のように当事者の立会権が認められていることも後段の合理性を支えている事情に当たるとすれば，立会権のない事件の検証にも後段が適用されるとするには更なる説明が必要となり，消極に解する考え方が支持できる。[58]

▼58) 最大判昭和24年5月18日刑集3巻6号783頁は，裁判所が弁護人に立ち会う機会を与えないで公判廷外でした検証の調書を証拠とすることは違法であるとした。もっとも，この場合は，立会権を侵害しているから当該検証が違法性を帯びることは明らかである。他方，他事件の場合には，元々立会権はないから，そういった違法は生じない点で，問題点は異なっている。しかし，後段で証拠能力を付与するかとの観点からすれば，同様に解する方に合理性があるといえる。

⑽　捜査機関作成の検証調書・実況見分調書（法321条3項）

ア　概説

伝聞証拠の中でも本項の理解が一つの山となっている。直ぐに理解する人もいるが，論点が複合的に絡み合っているせいもあって，なかなか理解できない人もいるから，しっかりと学修しよう。

3項は，①「検察官，検察事務官又は司法警察職員の」②「検証の結果を記載した書面は，」③「その供述者が公判期日において証人として尋問を受け，その真正に作成されたものであることを供述したときは，」「第1項の規定にかかわらず，これを証拠とすることができる。」と定めている。本項での論点は，筆者が付した主に①〜③の文言に関連しているが，近時の最高裁判例によって

その意義が一段と明確にされた分野の規定である。

　検証の意義については，法文上は手掛かりが限られている。すなわち，法128条からは，「事実発見のため必要があるとき」に行われるものであることが，法129条からは，「身体の検査，死体の解剖，墳墓の発掘，物の破壊その他必要な処分をすることができる」ものであることが分かるものの，それ以上にその意義は明らかにされていない。しかし，この必要な処分として定められた事項を総合すると，検証では認識が重要であることを看取することができる。そうであれば，検証について，一般に，物，場所，人の身体等の存在及び状態を五官・五感[59)]の作用によって認識する処分であるなどとされているのは，支持し得るものといえる。

　　▼59)　五官と五感との用語方法には不正確なケースも見られるが，五官（目，耳，鼻，舌，皮膚）は，五感（視覚，聴覚，臭覚，味覚，触覚）を生ずる感覚器官とされている（広辞苑《第6版》979頁）。

イ　検証調書は見分者の供述書

　検証調書がなぜ伝聞法則の例外として問題となるのかを正しく理解していない人がいるから，説明する。検証調書は，見分者が自らの見分の結果という体験供述を記載した供述書であって，その意味で伝聞証拠となっている。3項に，「その供述者が」とあるところにもその点が現れている。

　そのため，法321条1項柱書きとの関係では，署名・押印は不要である[60)]。

　　▼60)　もっとも，規則58条で，公務員の作るべき書類として，年月日を記載して署名押印し，その所属の官公署を表示することが義務付けられているから，検証調書における署名・押印等は，同条に基づくものとして理解されるべきである。

ウ　「検証の結果を記載した書面」には実況見分調書も含まれること

　説明の分かりやすさの観点から，①の論点より先に②の論点を説明する。

　検証調書に実況見分調書[61)]（実況見聞などと誤記しないように）が含まれるかについては，当初争いがあったが，次の2つの判例が実務に定着しているから，現在では争いはなくなっているものと解される。すなわち，最判昭和35年9月8日刑集14巻11号1437頁（田中永司・判解刑同年度342頁）は，3項書面には，捜査機関が任意処分として行う検証の結果を記載したいわゆる実況見分調書も包含されることを肯定し，最判昭和36年5月26日刑集15巻5号893頁（栗田正・判解刑同年度131頁）は，同判例を踏襲した。強制処分か任

意処分かで，見分の正確性に差異は生じないと考えて良いから，これらの判例は支持されるべきである。

▼61）実況見分は犯罪捜査規範104条に定められていて，「実況見分調書」との用語は同条2項，157条1項にある。

エ　3項該当書面の作成者は同項が定める「検察官，検察事務官又は司法警察職員」に原則限定されること

㋐　問題状況と判例による解決

まず，3項が定めている強制処分としての検証は，法218条（令状による検証）及び220条（逮捕の現場での検証）に基づく場合である。そして，私人は現行犯逮捕を除く強制処分を行えないから，検証について規定している3項該当書面の作成者が「検察官，検察事務官又は司法警察職員」と限定されているのは当然のことといえる。

ところが，3項該当書面に任意処分である実況見分調書も含まれることになると，上記のような制約が当然視されることにはならず，私人作成の実況見分調書も3項該当書面となるのではないかとの疑念が生じる。この問題点は，早期から意識されていて，例えば，田中・前掲344頁は，私見と断りながらも，上記最判昭和35年9月8日の「判示の様に解したからといって，捜査機関がその職責上作成する検証の結果を記載した書面についての刑訴321条3項は，右の様な職責のない一般私人の作成したものについて準用乃至は類推適用を認めなければならないことに通じはしない」として，消極的な見解を表明していた。そして，最決平成20年8月27日刑集62巻7号2702頁（三浦透・判解刑同年度608頁）は，私人作成の燃焼実験報告書について，法321条3項の作成主体が限定されていることやその趣旨に照らし，本件のような私人作成の書面への同項の準用を否定し，同条4項書面に準ずる書面として同項による証拠能力を認めた。この私人は，その作成書面が4項によって証拠能力を認められていることからも窺われるように，いわゆる消防OBとして火災調査に関して専門的な知見を備えていたが，そういった者が作成した書面でもその3項該当性が否定されたから，判例上は，私人作成の実況見分調書の3項該当性が肯定されることは原則としてないものと解される。▼62)

他方，公務員の場合には，法321条3項所定以外の公務員が作成者である場合でも，事案に応じて法321条3項該当性を認める余地があろう。例えば，

東京高判平成26年3月13日判タ1406号281頁は，税関職員が犯則事件（関税法違反）の調査において作成した，検証の結果を記載した書面と性質が同じ書面について法321条3項該当性を認めているが，こういった判断は，最高裁でも支持されよう。

　もっとも，外国の官憲については，3項ではなく，法321条1項3号によって証拠応力が判断されるとするのが多数説とされている（三浦・前掲622頁）。

　(イ)　**作成者が限定される根拠**

　それでは，何故3項該当書面の作成者が限定されるのであろうか。それは，実況見分調書の作成者に元々制限がない点に求められよう。すなわち，4項の場合には，法文上は作成者について何らの制限もないが，鑑定という事柄の性質上，その作成者は専門的な知見を有する者に実質上限定されている。他方，実況見分の場合には，勿論，長年交通事故の実況見分に携わった捜査官が各種の専門的な機材も活用して行った実況見分調書は鑑定に準じる専門性を有しているとの評価も可能であろう。しかし，実況見分はそういったものに限定されず，部屋の長さを測ったり，露光計を用いて当該場所の明るさを確認したりなど，仮に機材を用いた場合でも格別の専門的な知見を備えない者でも行うことが可能なものまで含まれている。そういった多様な実況見分調書について全て3項該当性が肯定されることになると，伝聞法則の例外規定としての3項の意義が大きく減じることとなろう。

　それでは，3項で証拠能力を認めるに足りる程度の信用性を備えているものだけに3項該当性を肯定すれば良いのではないかとの考えは，上記意義の減少を回避する観点からは支持できる部分を含んではいる。しかし，証拠能力が認められた証拠についてその信用性を検討するのが証拠の本来的な有り様であることを逆転させることとなって，やはり不合理といえる。

　このように考えてくると，3項該当書面の作成者を類型的に信用性を肯定できる3項所定の捜査機関に限定した立法者の判断には合理性があるといえる。

> ▼62) しいて私人作成の実況見分調書について考えれば，例えば，刑務所業務が民間に委託された施設のような場合には，元々は公務員が作成していた文書を私人が作成することとなるから，当該施設における職員研修等の有り様によっては，私人作成の実況見分調書であっても3項該当性が肯定されることはあり得なくはないように思われる。

　オ　**立会人の指示・説明の位置付け**

(ア) 非伝聞供述としては実況見分調書と一体となること[63]

　実況見分においては，当該見分者のみで行う場合も勿論あるが，立会人を置いて，その指示・説明等を受けながら実況見分が行われる場合も多い。そして，その指示・説明等も実況見分調書の内容として記載されていることがある。ここでの検討対象は，そういった指示・説明等の記載と実況見分調書との関係性である。従前から，これを現場指示と現場供述とに二分する考え方が有力であり，そういった用語は説明の手段として便利である。筆者は，その考え方の基本的部分に異論はないものの，そのような分類を行う必要はないものと考えている。具体的に説明する。

　例えば，傷害事件の実況見分で被害者で立会人Ｖが，見分官のＫ警察官に対して，甲地点を指して，ここで犯人のＸから頭部をバットで強打されました，そして，私は１ｍ離れた乙地点に倒れました，といった説明をし，その旨が実況見分調書に記載されていたとしよう。

　実況見分はＫ警察官の供述書であって，Ｖが上記のような説明をしたことは，Ｋが体験していることである。そうすると，Ｋの体験の限度で（換言すればＶの説明を非伝聞供述として扱う限度で）実況見分調書の内容となっていると解することに何らの支障はないといえる。より具体的にいえば，①甲地点は，ＶがＸから頭部をバットで殴られた地点として特定した地点であること，②乙地点は，Ｖが上記暴行を受けた結果倒れた地点であるとして特定した地点であること，の限度（上記はいずれも非伝聞供述である）であれば，Ｖの指示説明は非伝聞として実況見分調書と一体となったものとして証拠能力を付与することが可能となる。従前から現場指示といわれているものも，その趣旨は同じであると解される。

　また，上記最判昭和36年５月26日刑集15巻５号893頁が，「立会人の指示，説明を実況見分調書に記載するのは結局実況見分の結果を記載するに外なら」ないとして，立会人の指示説明を記載した実況見分調書には「立会人の署名押印を必要としない」とし，立会人を公判期日に尋問する機会を被告人に与えなくても，証拠にできることになることを肯定したのも，当然の事柄が確認されたものといえる。[64]

　他方，本当に，Ｘが甲地点でＶの説明する態様でＶを殴打し，Ｖは乙地点に倒れたのかといえば，それは，見分官Ｋの見分の体験を超えたものであるか

ら，実況見分の範囲を超えており，実況見分調書とは一体とならないものであって，Ｖの伝聞供述ということになる。このことは，実況見分調書の作成者であるＫを証人尋問して，上記Ｖの伝聞供述部分の反対尋問が可能かと考えてみれば直ぐに分かることである（Ｖがそう言っていましたなどとの供述以上のものは得られないはずである）。

換言すれば，その限度では，当該実況見分調書の該当部分は，Ｖの伝聞供述を録取した書面ということになる。従前から現場供述といわれているものに該当する。そうすると，法321条1項柱書きに基づくＶの署名・押印がないと二重の伝聞性は解消せず，証拠能力を付与される余地はないことになる。しかし，実況見分調書では通常，立会人に実況見分調書の内容を読み聞かせて署名・押印を求める，といった手続はとられていないから，この二重の伝聞性は解消されず，当該供述録取部分については証拠能力が付与される余地はないのである。

▼63）以下の説明では検証も実況見分もその結論が変わらないので，便宜，実況見分で代表させる。

▼64）補足すると，実況見分調書は見分者の供述書であるから，見分の結果が記載されている同調書の内容となっている限りは，立会人の署名押印も，立会人の証人尋問も不要であることは当然のことである。

(イ) **再現実況見分調書**

関係者にその体験を再現させる再現実況見分も基本的には同じ構造であって，一連の最高裁判例でもそのことが確認されているといえる（**参考裁判例51** 参照）。要点だけを補足する。最決平成17年9月27日刑集59巻7号753頁では，3項所定の要件の充足に加えて，「再現者の供述の録取部分及び写真については，再現者が被告人以外の者である場合には，（刑事訴訟法）321条1項2号ないし3号所定の，被告人である場合には同法322条1項所定の要件を満たす必要がある」とされている点については，上記のように再現者の伝聞供述に該当する部分は実況見分調書の一部として3項で証拠能力が付与されるのではなく，再現者の供述録取書であるから，供述者と供述録取者に応じて，供述者が被告人以外の者の場合には法321条1項2号（実況見分者が検察官の場合で，事例的には少ない），3号（実況見分者が警察官の場合で，一般的）所定の，供述者が被告人の場合には法322条1項所定の，各要件を満たす必要があることになる。そして，上記のとおり，通常は，実況見分調書に立会人の署

名・押印はなされていないから，再現者の供述録取部分は証拠能力が付与される余地はない。

他方，近時この種の写真については，「供述写真」ともいわれるが，写真であるから既に説明したように署名・押印は不要であるものの，供述者が被告人以外の者の場合には，法321条1項2号・3号の要件を満たす必要があるところ，再現実況見分に立ち会うことができたような人であれば，通常公判廷への出頭も可能であって，供述不能の要件を満たさないから，3号の要件を満たす余地はないことになる。そして，事例的には限られている検察官による実況見分が行われた場合で，2号後段の要件を満たすようなときに写真の証拠能力が認められる場合があり得ることになるが，事例としては極めて限られていよう。

被告人が供述者の場合には，再現実況見分に立ち会っているのであるから，任意性が肯定されることもあろう。そうすると，写真については証拠能力が認められることはあり得る。しかし，写真だけでは，その証明力には限界があるから，通常は，被告人質問によってその説明が行われることとなろう。

▼65) 再現実況見分の類型としては，ⅰ被告人による犯行再現の実況見分，ⅱ被害者による被害再現の実況見分，ⅲ目撃者による目撃再現の実況見分などが想定される。

カ　真正立証

③の論定について説明する。上記のとおり「その供述者が公判期日において証人として尋問を受け，その真正に作成されたものであることを供述したときは，」とあるが，この真正立証の範囲については争いがある。既に述べたように実況見分調書は見分者の供述書であるから，その全部にわたって反対尋問が可能なはずである。そして，見分者が反対尋問に答えればそういった質問をしても差し支えはない。しかし，法は，そういった形での伝聞法則の例外の要件設定をせず，作成の真正の限度としている。その趣旨は，実況見分調書が実況見分調書たり得ていることが反対尋問を通じて確認されれば，実況見分調書に証拠能力を認めて良いとするところにあると解される。換言すれば，立法者は，実況見分調書について，公判供述とは別に，独自の証拠価値があることを前提としているということになる。そうであれば，その真正さは，個別事案を離れた定型的なものにとどまろう。このように考えてくると，ⅰ作成名義の真

正と，ⅱ記載内容の真正を持って足りると解するのが相当である。ⅰの点は当然のことであるが，ⅱの点については，例えば，上記の設例を前提とすると，Ｖが指示した甲地点を正しく実況見分調書に記載しているかが，記載内容の真正の問題である。他方，本当は甲地点はＶが指示した地点より１ｍ北だった，といったことは，記載内容の真正の問題ではない。こういった区別を的確に理解しよう。

キ　他の３項該当書面

指摘されているものとしては，写真撮影報告書（ただし，実質的に実況見分としての写真に関するもの），検死調書（法229条），臭気選別結果報告書等があり▼66)，書面の一部に関しては，酒酔い・酒気帯び鑑識カード中の化学判定欄等がある。▼67)

▼66)　最決昭和62年３月３日刑集41巻２号60頁（臭気選別カール号事件。仙波厚・判解刑同年度37頁）。
▼67)　最判昭和47年６月２日刑集26巻５号317頁（大久保太郎・判解刑同年度68頁）は，本文記載の化学判定欄のほか，被疑者の言語，動作，酒臭，外貌，態度等の外部的状態に関する記載のある欄を挙げている。

ク　実況見分調書と証人尋問

(ア)　規則 199 条の 12 による場合▼68)

実況見分調書等の活用に関しても２類型に分かれるように考えている。

第１類型は証人尋問の冒頭から当該図面等を示す形での尋問の実施が可能である類型である。すなわち，例えば，現場見取り図を用いて証人に関係箇所を書き込んでもらったりする形で証人尋問が行われる場合である。もっとも，従前は，地点の説明等で争いのないものは当該図面に残されたままのものも使用されることがあった。しかし，裁判員にとっては，非伝聞供述としての記載と伝聞供述としての記載の区別を行うことなどは困難であるから，現在では，無用な記載を全て削除した現場の図面等の活用頻度が高まっている。そうした場合には，当該図面を示しても，証人に不当な影響を与えるおそれはないから，冒頭から当該図面を示す形で証人尋問を行うことも可能となっている。▼69)

第２類型は，図面等を示すと，証人に不当な影響を与える可能性があるところから，該当の証言を行ってもらった後に，示す類型である。▼70) 例えば，最決平成23年９月14日刑集65巻６号949頁（上岡哲生・判解刑同年度123頁）は，被害者の証人尋問において，検察官が，証人から被害状況等に関する具体的な

供述が十分にされた後に，その供述を明確化するため，証拠として採用されていない捜査段階で撮影された被害者による被害再現写真を規則199条の12に基づいて示すことは，写真の内容が既にされた供述と同趣旨のものであるときは，適法である旨の説示をしている。この場合には，当該写真を示すことは証人に不当な影響を与える可能性があるから，まさに，第2類型としての適切な判断を示したものといえる。

　この2類型は，実際の場面でその区別に迷うことは通常ないと思われるが，適正な証人尋問が実施されるためには，留意されておくべきである。

▼68）写真を証人に示す場合としては，規則199条の10，11の場合もあるが，便宜，本条の場合を代表させて説明する。
▼69）細かな議論となるが，例えば，原実況見分調書では①地点の説明部分を証人が勘違いして，本文で例示したような図面を示されて，②地点のこととして説明しても，裁判所がそのことに気付く手掛かりが与えられていないことがあるから，原実況見分調書と対比できる訴訟当事者には，的確にそういった誤りを是正することが求められていることになる。
▼70）「証人に対する不当な影響」については，上岡・後掲134頁等にも言及がある。
▼71）上岡・前掲137頁の説明を参酌すれば「争点に関する実質的な証言が」終わった後に，ということになる。

⑷　**証拠として採用されていないが証人に示された写真と証言との関係**

　当該写真が既に証拠として採用されていれば，その立証趣旨との関係で事実認定の資料に供されることは当然のことである。ここでの検討は，証拠としては採用されていない写真が証人に示された場合である。示したことを契機として，当該写真を事実認定の用に供することを肯定することは，まさに証拠法則に反するものであって，許されないことは明らかである。

　他方，当該写真を基に証言がなされた場合に，その写真を除外して証言だけを事実認定の用に供すると，当該証言が分かりにくくなることは多分に予想される。そのため，証言に取り込まれた範囲では当該写真も事実認定の用に供し得るものであって，写真を示すということには，そういった趣旨まで含まれているものと解するのが相当である。上記最決平成23年9月14日刑集65巻6号949頁が，証言に引用されている限度で被害再現写真の内容は証言の一部となっているとし，そのような証言全体を事実認定の用に供することができるとしたのは，支持できる。

　そして，最決平成25年2月26日刑集67巻2号143頁（岩﨑邦生・判解刑

同年度36頁）が，被告人に示して尋問がされ，規則49条に基づいて公判調書へ添附されたものの，証拠としては取り調べられていない電子メールについて，その存在及び記載内容を被告人の故意，共謀の認定の用に供し，そこに訴訟手続の法令違反はないとした原判決を違法とし，上記最決平成23年9月14日刑集65巻6号949頁を先例として挙げ，被告人の「供述に引用された限度においてその内容が供述の一部となるにとどまる」とした（ただし，上記被告人の供述等から犯罪事実は認定できるとして上告は棄却した）のも，支持できるものである。

　㈦　**当該写真の規則49条に基づく調書への添附**

　細かな点だが，判例で判断が示されているので説明しておく。証拠調べを経ていない写真が示された場合には，証拠ではないから，当然に記録と一体化することはない。他方，規則49条は，写真を訴訟記録に添付して調書の一部とすることができる旨を定めている。この判断は裁判所がその必要性の程度を勘案して行うものであるから，訴訟当事者の同意を要するものではないと解される。上記最決平成23年9月14日刑集65巻6号949頁が，訴訟当事者の同意を求めずに，当該写真を規則49条に基づいて証人尋問調書に添附したのを適切な措置としたのは，支持されるべきである。

⑾　**鑑定書（法321条4項）**

　鑑定については，既に説明しているが，4項に「前項と同様である」と定められていることからも分かるように，証拠能力の要件については，真正立証も含めて3項の説明がそのまま当てはまる。

　そして，本条が直接念頭に置いているのは，裁判所（裁判官）が命じて行われた鑑定による鑑定書であろうが，文言上は何らそういった制約はない。そして，判例によって，本項の準用が肯定されている。すなわち，①捜査機関から鑑定嘱託（法223条1項）された者が作成した鑑定書（最判昭和28年10月15日刑集7巻10号1934頁），②医師作成の診断書（最判昭和32年7月25日刑集11巻7号2025頁《高橋幹男・判解刑同年度404頁》）についてである。

　下級審裁判例では，③ポリグラフ検査書（東京高決昭和41年6月30日高刑集19巻4号447頁），④声紋鑑定書（東京高判昭和55年2月1日判時960号8頁），⑤柔道整復師が作成した施術証明書（福岡高判平成14年11月6日判時1812号157頁）についてである。

補足すると，①は，依頼者が裁判所か，捜査機関か，との違いを除けば，裁判所による鑑定と手続面において相違がないから，まさに，4項を準用する実態が備わっているといえる。②は，手続面からは裁判所による鑑定と異なっているが，作成者が医師という専門的な知見を持つ者であるから，内容面において鑑定書たり得るものといえ，4項の準用が肯定されよう。医師による死体検案書（医師法19条2項，21条）も同様に解される。また，作成者の専門性に着目した最決平成20年8月27日刑集62巻7号2702頁（既紹介の事案）もある。

　③は，上記裁判例の関連説示の内，鑑定性に関しては，主に，機器の性能，操作技術，検査者の適格者性の指摘が関係している。これらの指摘からして，鑑定性を認めることは可能といえよう。「4項に則り」検査書に「証拠能力を付与」としているのは，4項を適用した趣旨であろう。

　④は，上記裁判例の関連説示の内，鑑定性に関しては，主に，検査実施者の適格者性，器具の性能，作動の正確性，検査結果の信頼性が関係している。これらの指摘からして，鑑定書性を認めることは可能といえよう。ただ，証拠能力を認めた根拠条文は明示されていない。

　⑤は，「鑑定の実質を有する」とし，4項を準用している。

　他に実務的にも肯定されているものとしては，指紋対象結果報告書，被告人側の私人作成の鑑定書等がある。

(12) その他の書面（法323条）

ア　概説

　伝聞法則の例外であるから，無限にその例外が認められるわけではない。法322条については，自白の箇所で一括して説明するので，その点を措くと，法323条の柱書きからして，同条に定めるものがその例外の残余のものということになる。同条が定める文書は次の3類型である。文書類型は限定されているが，文書類型に該当すれば，それだけで証拠能力が認められ，真正立証等の他の要件は不要であるところに，本条の特徴がある。そういった特性を支えているものは，本条所定の文書の類型的な証明力の高さにあるといえる。循環論的な議論になるが，逆にいえば，そういった類型的な証明力の高さがないと本条該当文書たり得ないということになる。

イ　公務員の職務上の証明文書（1号）

該当するのは，公務員がその職務上証明することができる事実について当該公務員が作成した書面である。戸籍謄本，公正証書謄本が例示されているが，それ以外では，不動産登記簿謄本，商業登記簿謄本，印鑑証明書，前科調書，身上事項照会回答書，裁判書等が指摘されている。

他方，「成立並に内容において信用度が特に高い書面」が該当するとの前提で，捜査報告書は該当しないものとされている（最決昭和24年4月25日裁判集刑事9号447頁）。捜査官が作成した文書に関しては，別に，例えば，法321条3項のような定めがあることからすれば，本項に当たるとすることは上記3項の存在意義を失わせるものであるから，上記判例の判断は支持されるべきであるし，実務もそのように運用されている。

ウ　業務の通常の過程において作成される書面（2号）

本号は，英米法にいわゆる業務文書に関する法則を取り入れたものであるとされ（仙波・後掲44頁），証拠能力が肯定されるのは，類型的な，作為介入の余地の乏しさ，記載の正確性に着目したものといえる。本号に該当するのは，業務の通常の過程で作成された書面である。例示されているのは，商業帳簿，航海日誌であるが，医師の診療録（カルテ），タクシーの運転日報等も例示されている。そして，最決昭和32年11月2日刑集11巻12号3047頁（三井明・判解刑同年度566頁）は，闇米の取引事案（食糧管理法違反）で，被告人が販売未収金関係の備忘のために作成していた「未収金控帳」について，「犯罪の嫌疑を受ける前にこれと関係なく」記入されたものとして自白性を否定し，法323条2号書面として証拠能力を認め，補強証拠能力を認めた。▼72)

また，これらの書面が電磁的記録化されていることもある（例えば，会社法435条3項）が，その場合も，本号が適用されるものと解されている。

なお，本号該当書面性の判断においては，当該書面の形状，内容だけでなく作成者の証言等関係証拠もその判断資料となり得ることが肯定されている。▼73)

　　▼72)　筆者は，自白性否定の判断の先例価値は高いものと考えているが，本号該当性については，事案に即した判断との色彩があり，その先例性については慎重な判断を要しよう。
　　▼73)　最決昭和61年3月3日刑集40巻2号175頁（仙波厚・判解刑同年度40頁）。なお，同事件では，位置情報についての無線通信をその都度機械的に記録した書面が問題となったが，発信側も受信側も，ともに業務性があり，真実性を担保できる状況があった事案である。他方，検察官が受信用紙の原本を提出者に還付し，提出者がその後に原本を焼却してしまい，原本を証拠として用いることは不可能

になっていた事情もあった。

エ　特に信用すべき情況の下に作成された書面（3号）

「特に信用すべき情況」の意義については，本号冒頭に「前2号に掲げるものの外」とあるところからも，1号，2号に準じるような高度の信用性を保証する類型的な外部的情況などと解されているのは，自然なことといえる。

判例としては，最判昭和29年12月2日刑集8巻12号1923頁（龍岡資久・判解刑同年度381頁）は，単独犯としての甲の殺人未遂事件が確定した3年余り後に，乙が殺人未遂教唆，幇助で起訴された事件で，「認定を強力ならしめる状況」として掲げられていた，有罪判決が確定していた服役者甲「とその妻との間における一連の信書」の法323条3号該当性を肯定した1，2審の判断を支持した。本判決は，手紙の概観・内容と甲とその妻の公判供述で3号該当性を認めているが，事案に即した判断との色彩があり，その先例性には慎重な考慮を要しよう。▼74)

> ▼74)　本判例は，仮定論として，証拠能力を認めたのが誤りとしても，他の証拠で認定できるとしていたから，微妙な判断であったことが窺われる。

5　自白

(1)　概説

自白に関しては，自己の犯罪事実（構成要件事実）を認める犯人の供述をいう，などといった定義がある。それでは，例えば，構成要件該当事実の存在自体は認めつつ，正当防衛を主張する，責任能力を争う，などといった供述は，それだけでは犯罪事実を認定することはできないから，自白ではないことになろうか？

自白を直接定義した規定はないから，関連する規定を踏まえて検討してみる。法322条1項の本文とただし書とを対比すると，「不利益事実の承認」が自白より広い概念であることが分かる。そして，憲法38条3項は，「自己に不利益な唯一の証拠が本人の自白である場合には，有罪とされ，又は刑罰を科せられない」とされている（法319条2項も同趣旨）から，自白は，不利益供述であって，しかも，それだけで被告人を有罪とできる内容である，ということが分かる。この点を重視すれば，上記設例は自白ではないことになる。

他方，法319条3項には，「自白には，起訴された犯罪について有罪であることを自認する場合を含む」とあるから，自白は有罪であることを認める自認

これらをまとめると，自白は不利益事実の承認よりは狭く，有罪であることの自認よりは広い概念であることが分かる。他方，自白には補強証拠を要するから，自白の範囲を狭めることは補強証拠を要する範囲を狭めることになる。しかし，実際問題としては，自白だけで犯罪事実を認定する，といったことは通常ないし，補強証拠がないのに犯罪事実が認定されるといったことも通常ない。そして，不利益事実の承認についても，自白同様に任意性が要件とされている（法322条1項ただし書）。そうすると，これらの面から自白の意義を厳密に考える必要性は高まらない。

このようにみてくると，当該供述が自白なのか不利益事実の承認にとどまるのかといった区別を厳密に行う実益は乏しいといえ，上記設例の供述を自白に含めて考えても実害はないようであるが，他方，自白でないとしても，特にその意義に実質的な変化が生じるものでもないといえる。

(2) 自白の証拠能力

ア 概説

伝聞証拠と自白との関係は，後に説明するから，ここでは，伝聞証拠性を措いた自白の証拠能力について説明する。

憲法38条2項は，①「強制，拷問若しくは脅迫による自白」②「又は不当に長く抑留若しくは拘禁された後の自白」「は，これを証拠とすることができない」とし，法319条1項は，上記憲法38条2項の①，②の定めに引き続いて，③「その他任意にされたものでない疑のある自白」「は，これを証拠とすることができない」としている。

以上からすると，結局③の定めに明示されている「任意性の疑い」のないことが自白の証拠能力の要件であることが分かる。

イ 不任意自白の証拠能力排除の根拠

3説が挙げられている。即ち，i 虚偽排除説＝不任意な自白には虚偽が混入するおそれがあるから，実体的真実発見のために不任意自白を排除する考え，ii 人権擁護説＝供述の自由（＝供述をする・しないの自由と供述内容選択の自由）を中心とする被告人の人権を保障するために不任意自白を排除する考え，iii 違法排除説＝捜査官の自白採取過程に違法（主に適正手続の違法）があるときに不任意自白を排除する考えである。

検討すると，人は任意の状態でも嘘を言うことがあるから，自白が真実か否かといったことは，「任意性の疑い」の有無とは直接的な関連性はない。そのため，純粋に虚偽の自白を排除するといった発想は，上記関係法令が定める自白の証拠能力の要件には沿わないことになる（換言すれば，虚偽排除説といっても，こういった内容ではないことになる）。

　それでは嘘を言わない状況設定が要件かといえば，例えば，証人は宣誓をすることが義務付けられている（法154条）が，被告人は宣誓をせずに供述をすることが認められている。それでも，被告人の供述については，その証拠能力は否定されてはいない。このように，嘘を言わない状況が類型的に確保されているか否かによって自白の証拠能力が左右されてはいない。

　さらに考えると，人は，自己に不利益な事実は，通常，言いたくないから，人が自己に不利益な事実を述べているということは，外部からの何らかの影響を受けたのではないかとの推定が働くことになる。もっとも，この推定は，それだけでは推定の根拠が抽象的であるから，推定力も弱いことになる。他方，立法者は，①，②を例示して，③の定めをしているから，「任意性の疑い」は，相応の根拠のある推定が前提となっていると解することができる。それでは，そういった「任意性の疑い」がある状況下でされた自白の問題点は何かといえば，上記のように真実性の有無そのものは証拠能力の要件ではないから，供述が強いられている点にあるといえよう。さらにいえば，供述を強いるのであるから，被告人の人権を侵害することになろうし，強いられた供述の中には，自己の記憶に反すること（＝嘘）を言う可能性が類型的に含まれてこよう。このように考えてくると，虚偽排除説や人権擁護説は一つの事柄の各側面を強調・指摘しているとの理解が可能となる。

　他方，違法排除説については，後に検討する供述証拠についても違法収集証拠排除法則の考えが適用されることが肯定されれば，そこで検討することが可能となろう。

　　▼75）任意性に通常問題が生じない公判廷での供述の信用性が否定されることも，勿論あるし，自白の証拠能力を認めつつ，自白の信用性を否定する裁判例が多数存在することは，こういったことを裏から肯定しているとみることもできる。

ウ　不任意自白の具体的な検討
㋐　強制・拷問・脅迫による自白

肉体的・精神的な苦痛を与える強制行為による自白を排除するものである。そして，強制等と自白との間の因果関係については，判例（最大判昭和23年6月23日刑集2巻7号715頁）はその必要性を肯定している。しかし，近時においては，典型的な該当事例は，特に録音・録画が実施される事件では，通常，生じないであろう[76]。

> [76] 該当事例，例えば，最判昭和32年7月19日刑集11巻7号1882頁（八丈島事件。髙田義文・判解刑同年度374頁。旧刑事訴訟法時代の事件），最判昭和33年6月13日刑集12巻9号2009頁（小島事件。龍岡資久・判解刑同年度439頁。外に二俣事件，幸浦事件ともに，一連の終戦後の間もない時期の事件である）は，現時点での参考という点では限界のあるものも含まれている。

　(イ)　**不当に長く抑留・拘禁された後の自白**

「不当に長」いことが問題となるから，違法な身柄拘束だけでなく，それ自体としてみれば適法であっても，逮捕・勾留が累積された結果，「不当に長」いという評価を受けることもあり得ることである。そのため，この判断は，事案の内容・性質，勾留の必要性等の客観的事情と，被疑者の年齢，健康状態等の主観的事情とを総合して行われている[77]。

不当に長く抑留・拘禁されたことと自白との間の因果関係を要することは，強制等の場合と同様である。もっとも，「不当に長い抑留又は拘禁によるか否かが明らかでない自白の場合すなわち自白の原因が不当に長い抑留又は拘禁であるか否かが不明である場合をも包含する」ものとされているのは，自白の任意性についても検察官に立証責任があることの当然の帰結といえる[78]。

> [77] 最大判昭和27年5月14日刑集6巻5号769頁は，満16歳に満たない少年に対して，勾留の必要性が認められない事件で7箇月余り勾留し，その間になされた自白について，不当に長く抑留・拘禁された後の自白に当たるとした。しかし，勾留の必要性が認められない事件というのであるから，当該勾留自体に問題があった事案といえよう。
> 　他方，「不当に長く抑留・拘禁された後の自白」の不該当事例としては，例えば，最大判昭和30年4月6日刑集9巻4号663頁（帝銀事件。髙田義文・判解刑同年度104頁。なお，1，2審は旧刑事訴訟法，いわゆる刑訴応急措置法等によって審理されていて，現在の参考としては限界がある）がある。
> [78] 最大判昭和23年6月30日刑集2巻7号715頁（ただし，刑訴応急措置法時代の事件）。

　(ウ)　**その他任意性に疑いのある自白**

これは，その規定振りからしても包括的な定めであるから，様々な態様のものが包含されている。例えば，ⅰ約束による自白，ⅱ偽計による自白，ⅲ手錠

を掛けたままの取調べによる自白，iv糧食差入禁止中の取調べによる自白，v長時間にわたる取調べによる自白，vi宿泊を伴う取調べによる自白，viiポリグラフ検査の結果を告げた後の取調べによる自白，viii弁護人との接見を制限した取調べによる自白（以上につき**参考裁判例 52** 参照）等がある。

　㈘　**任意性の立証**

　任意性の立証については，まず何が争点であるかを解明する必要があるが，これは被告人側が提示しないと始まらない事柄であるため，従来は，被告人質問で任意性についての争点を確認し，関係部分に関する捜査官の証人尋問を行う，といった流れになるのが一般的であった。しかし，被告人と捜査官との言い分が対立し，外に有力な関係証拠に乏しいために水掛け論に陥るといったことが指摘されていて，客観証拠として取調経過一覧表を作成・提出するといった工夫もされていた。

　近時の法改正を通じて，取調べ状況の証拠化に関する法整備も進み，取調状況捜査報告書（法 316 条の 15 第 1 項 8 号，警察＝犯罪捜査規範 182 条の 2，検察＝「取調べ状況の記録等に関する訓令」），録音・録画（現在は検察，警察で試行されているが，改正法の施行は平成 28 年 6 月 3 日の法律公布から 3 年以内）による可視化も図られるようになっている。

　これらの証拠が得られることは，任意性に争いが起こったときの立証に役立つことは当然のことであるが，同時に無用な争いの発生を事前に回避できているものと受け止めている。▼79)　また，公判前整理手続が実施される事件では，その手続過程を通じて，争点が詰められ，立証内容も整理されることが期待されているから，公判での立証もより有効化していくものと期待される。

　なお，任意性の立証は訴訟的事実であるから自由な証明で足りるとされているが，これはかなり概念的な指摘であって実際問題としては，上記のとおり証人尋問が行われるし，被告人の言い分も被告人質問において検察官からの質問も行われるし，仮に，捜査報告書等の書面が提出されても，被告人側が不同意とした場合でも証拠として採用する，といったことは通常行われないから，厳格な証明に準じた取扱が行われている。このことは，任意性という事柄の重要性に即したものといえよう。

　　▼ 79)　録音・録画の資料を検察官が任意開示しても弁護人が余り閲覧していないといった話も聞く。しかし，筆者は，これは，弁護過誤の事例を除くと，ある意味

自然な側面もあるように受け止めている。すなわち，録音・録画は基本的な情報整備として重要である。そして，被告人も，取調べ状況が録音・録画されていることを前提として任意性を争うかを判断することになり，少なくとも映像・音声と対比して明白に否定されるような言い分は，通常，持ち出さないことになろう。そういったことを踏まえて弁護人が被告人との面会を通じて知った捜査段階の有り様について，録音・録画の内容を確認して弁護活動をしなければならない必要性を感じる事案は自ずと限られてくると思われるからである。

(3) 自白の取調べ時期

自白の取調べの時期については，法301条は自白の請求の時期の制約として定めているが，判例（最決昭和26年6月1日刑集5巻7号1232頁）は，自白の請求の時期の制約ではなく取調べの時期の制約と制限的に解釈し，自白を補強し得る証拠を取り調べた後なら，自白の取調べは可能としている。規則193条は，検察官に対して「事件の審判に必要と認めるすべての証拠の取調」請求義務を課しているから，この定めとの関係では，上記判例の解釈は整合的であるといえよう。そして，自白調書も他の証拠と一括して同時に請求されるのが実務の通例となっている。

(4) 自白の証明力

ア 信用性の判断

自白の信用性の判断といっても，供述証拠の信用性の判断一般と特に異なる点はない。しかし，自白が持つ証拠としての重要性と対応する形で，その判断は訴訟の帰趨を決するほど重要である場合が実務上多発するのは自然なことといえる。

判断の視点としては，①供述内容自体の検討，②供述内容と他の関係証拠，特に客観証拠との対比・検討がその主要なものとなる。そして，勿論，①，②の検討をバランス良く行うのが肝要であるが，自白を重視する観点からは，勢い①の視点が重視されがちとなる。その点を回避して情況証拠を重視していく観点からは，②の視点が重要視されていくことになる。

補足すると，これまでの指摘からは，①に関しては，ⅰ自白内容の合理性，具体性，自然性，迫真性，ⅱ自白内容の一貫性（変遷の有無・程度），ⅲ自白の動機，経緯，時期等が挙げられる。

②に関しては，ⅰ客観証拠との整合性の有無・程度，ⅱ秘密の暴露の有無・程度，ⅲ自白者の年齢，知能程度，健康・心理状況等が挙げられる。

▼80

▼80）秘密の暴露については，最判平成12年2月7日民集54巻2号255頁（草加事件として著名。尾島明・判解民同年度54頁）は，「自白中のあらかじめ捜査官の知り得なかった事項で，捜査の結果客観的事実であると確認されたもの」（なお，この部分は，最判昭和57年1月28日刑集36巻1号67頁《鹿児島の夫婦殺し事件。木谷明・判解刑同年度26頁》の定義を踏襲している）であって，秘密の暴露性は「犯行との関連において判断されるべきもの」とした。

イ　補強法則
㋐　概説

自白に補強証拠を要するとする補強法則については，憲法38条3項，法319条2項が定めている。証拠に対する評価は自由心証主義（法318条）に基づいて行われるが，自白だけでは有罪の認定をできないこととしている補強法則は，自由心証主義の例外を定めたものといえ，消極的な形での法定証拠主義が定められているものといえる。

補強法則の存在根拠については，自白偏重・自白強要の回避，誤判防止（空中楼閣的なでっちあげの事実認定の防止等）が指摘されていて，後記練馬事件の大法廷判決が，「実体的真実でない架空な犯罪事実が時として被告人本人の自白のみによって認定される危険と弊害とを防止する」旨明確に判示している。

そして，補強法則は，自白には必ず補強証拠を要する，という形で捜査の手法や事実認定の指針となっていて，その意味での重要性はあるが，補強証拠がないのに有罪の心証を形成する，といった事案は実際問題としてはないから，事実認定の現実的な指針となっているわけではない。[81]

▼81）補強証拠を欠く，といった指摘がされる裁判例では，実際は補強証拠の取調べがされているのにそれを判決の証拠の標目に掲げるのを失念していたり，弁論の併合分離が重なって，検察官が当該補強証拠を当該公訴事実との関係で請求し忘れたり，などといった過誤事例がほとんどであるはずであって，補強証拠がないことを確知していながら有罪判決が行われるといったことは想定し難いことである。

㋑　憲法・刑訴法と補強証拠を要する自白の範囲

憲法38条3項には，「何人も，自己に不利益な唯一の証拠が本人の自白である場合には，有罪とされ，又は刑罰を科せられない」とあるが，この「本人の自白」に公判廷における自白が含まれるかがここでの問題である。

この点については争いがあるが，判例（最大判昭和23年7月29日刑集2巻9号1012頁等）は，裁判所が公判廷における自白の真実性，任意性を直接判断できる点を重視し，消極に解している。そのため，公判廷における自白に関し

て補強証拠を欠いているとの主張は，上告との関係では法405条1号の憲法違反の主張には当たらないことになる。他方，アレインメント制度を採用するに当たっては，憲法違反の問題は生じないことになる。

しかし，法319条2項は，「被告人は，公判廷における自白であると否とを問わず，その自白が自己に不利益な唯一の証拠である場合には，有罪とされない」としているから，公判廷での自白に関しても補強証拠を要するものとされている。そのため，この点の違法は，控訴との関係では法379条の訴訟手続の法令違反として相対的控訴理由に（なお，法378条4号の理由不備との考えもある），上告との関係では法411条1号の主張に，それぞれとどまることとなる。また，アレインメント制度を採用するに当たっては，上記法319条2項との調整が必要となろう。

> ▼82）刑訴応急措置法時代の判断であるが最大判昭和23年7月29日刑集2巻9号1012頁には，公判廷における自白に関して「被告人の発言，挙動，顔色，態度並びにこれらの変化等からも，その真実に合するか，否か，又，自発的な任意のものであるか，否かは，多くの場合において裁判所が他の証拠を待つまでもなく，自ら判断し得る」などとしている。

(ウ) 本人の自白と共犯者の自白との関係

共同正犯者であって共同被告人（便宜「乙」とする）であっても，本人（便宜「甲」とする）ではないから，乙が自白したからといって，憲法38条3項，法319条2項にいう本人の自白には当たらない，というのが自然な解釈といえる。そして，争いはあるものの判例でもこのことが確認されているのは，ある意味当然のことといえ，この問題の現在性は乏しいものと受け止めている。[83]

ただ，学生に具体的に質問すると（＝机上の設例として，殺人事件で甲は全面否認し，乙は甲と共謀して犯行を犯した旨自白しており，他に補強証拠がない場合の結論を問うと），良く理解されていないことがあるから，補足する。①甲は，乙の自白があり，乙の自白には補強証拠を要しないから有罪となり，②乙は，自分の自白しかなく，補強証拠を欠くから無罪となる。この結論に違和感を感じると，上記の乙の自白も本人の自白に含める，との考えに親和性を持つことになる。しかし，実際問題としては，補強証拠がないのに乙の自白の信用性が肯定されるというのは，通常，想定し難い上，乙の自白は類型的に引き込みの危険性のある共犯者の自白であるから，甲からの乙に対する質問（法311条3項）等を介して，その信用性は厳しく吟味されることになる。こういった審理

の実態を踏まえると，上記の違和感は自然と解消されることとなろう。

補足すると，引き込みの危険性は，共犯者に限らず，悪意の被害者，目撃者，鑑定人等様々に想定可能である（岩田・前掲411頁にも被害者に関して同様の指摘がある）。また，補強証拠が他に全くないというのは，実務的にはほとんどないであろう（岩田・前掲410頁，練馬事件の原審の東京高判昭和28年12月26日刑集12巻8号1809頁，特に1815頁）し，仮にそういった事案であれば，共犯者の自白の信用性は一層慎重に判断されることとなるはずである。そして，関係者が二人の場合でも，双方とも自白している場合は，外に補強証拠を要するということにはならないであろうし，また，共犯者が例えば10人いて，9人が自白し，1人だけ否認しているといった場合にも，全員無罪になるのはかえっておかしい，などと考えてくると，二人だけでしかも上記設例のような場合だけを特別視することの不合理性が分かりやすいであろう。

▼83) 最大判昭和33年5月28日刑集12巻8号1718頁（練馬事件として著名。岩田誠・判解刑同年度399頁）は，共犯者の自白を「本人の自白と同一視し又はこれに準ずるものとすることはできない」と明示した。関連判例として，最判昭和51年2月19日刑集30巻1号25頁（高木典雄・判解刑同年度7頁），最判昭和51年10月28日刑集30巻9号1859頁（香城敏麿・判解刑同年度293頁）がある。

　㈐　補強を要する範囲

犯罪事実を分解すると，①犯罪の客観的事実の存在（罪体ともいわれる），②被告人と犯罪事実との結び付き（犯人性），③被告人の故意，過失等の主観的要件の存在が認定対象となる。この全てに補強証拠があることが望ましいことは明らかである。しかし，当該事件においてどのような補強証拠が存在するのかは，ある意味偶然に左右されるところがある。▼84) また，客観的事実であれば，目撃，痕跡等様々に補強証拠が存在する可能性が想定できるが，犯人性，主観的要件となると，補強証拠が得られない場合も想定可能である。そうすると，補強証拠の有り様は類型的に差異があるといえるから，補強証拠を要する範囲を固定的に考えること（＝罪体説等）は，証拠の有り様に対応しない側面があることになる。

判例が，補強証拠を要する範囲について，どの範囲の事実について補強証拠を要するかといったアプローチではなく，自白の真実性の担保といった視点（＝実質説）から判断しているのは，上記の事柄の性質に沿ったものといえ，

支持できる。すなわち，最判昭和24年4月30日刑集3巻5号691頁は，補強証拠は「必ずしも自白にかかる犯罪構成事実の全部に亘ってもれなくこれを裏付けするものであることを要しないのであって，自白にかかる事実の真実性を保障し得るものであれば足」りるとし，強盗傷人事件で，被告人から暴行を受けて怪我をしたとの被害者の供述の補強証拠性を認めた。そして，犯人性，犯意・知情等の犯罪の主観的部面について補強証拠を要しないとしているのも（**参考裁判例53**参照），支持できるところである。

　他方，こういった思考と若干視点を異にするのが，最判昭和42年12月21日刑集21巻10号1476頁（海老原震一・判解刑同年度354頁）であって，無免許運転においては，運転行為と無免許の双方について補強証拠を要するとした。これは無免許運転の通常の発覚形態を想定すると支持できる判断だといえる。補足すると，運転の際に警察官から職務質問を受けて無免許運転が発覚するのが通常の形態であろう。そのため，運転行為の補強証拠は，警察官から容易に得られることになる。他方，有免許者は社会に多数存在するから，運転行為自体は無免許運転の徴表とはいえず，運転行為に関する補強証拠は，無免許性については補強力を有しないのが通常である。そうであるから，無免許性についても補強証拠を要するとすることが，犯罪が成立していない者まで処罰されることを回避することを可能とし，適切なものといえる。

　もっとも，こういった判断の前提としては，免許の有無に関する資料が容易に得られることがあるところ，上記判例においても，運転者管理センターで，昭和44年10月には全運転免許者の登録が完了する予定とされていた（海老原・前掲359頁）のである。補強証拠を要するか否か，といった判断には，こういった技術的な側面も考慮に入れて行う必要がある場合もあり得るのである。[85]

　　▼84）例えば，被害者が生存していれば，通常，その供述が得られるが，死亡していれば得られないなど，様々に想定可能である。
　　▼85）例えば，東京高判昭和56年6月29日判時1020号136頁は，覚せい剤事犯における「法定の除外事由」については，犯罪の成立阻却事由にすぎないとし，補強証拠を要しないとした。しかし，覚せい剤事犯では，通常は，行為態様（例えば，公園のトイレで覚せい剤を注射使用する）から，その無資格性が明らかであり，補強証拠を必要とするといっても支障は生じないが，仮に無資格の証明を必要とするとなると，登録事務の全国的な一元化も必要といった要請も起こりかねないと思われる。

(オ) 補強証拠を欠く自白の証拠能力と証明力

既に説明したように補強法則は，自由心証主義の例外であるから，換言すれば，自白の証明力を制限するものであるから，補強証拠を欠く自白だけでは有罪判決はできないのである。そうであれば，自白の証拠能力自体は，補強証拠の有無によって影響を受けないはずである。上記練馬事件の最大判昭和33年5月28日刑集12巻8号1718頁が，共同被告人の供述はそれだけでは完全な独立の証拠能力を有しない半証拠能力（ハーフ・プルーフ）を有するにすぎず，他の補強証拠を待ってはじめて完全な独立の証拠能力を具有するに至るとして，補強証拠を自白の証拠能力の問題としていた最大判昭和24年5月18日刑集3巻6号734頁を明示的に変更し（大法廷による先行する大法廷判例の変更の例である），「憲法38条3項の規定は，被告人本人の自白の証拠能力を否定又は制限したものではな」いことを明示し，補強法則を自由心証主義の例外規定と位置付けているのは，上記の検討からすれば当然のことといえる。

(カ) 補強証拠の適格性

補強証拠も証拠であるから証拠能力を必要とするが，それ以外の要件としては，自白ではないことである。自白で自白を補強することを認めると，補強法則を採用する意義が失われてしまうからである。しかし，被告人が書いたり，述べたりしたことが全て自白として補強証拠としての適格性が失われるわけではない。ここでの理解の基軸となるのはこの点である。法323条2号の関係で紹介した最決昭和32年11月2日刑集11巻12号3047頁を関係部分に限って再度紹介すると，被告人が販売未収金関係の備忘のために作成していた「未収金控帳」について，「犯罪の嫌疑を受ける前にこれと関係なく」記入されたものとして自白性を否定し，法323条2号書面として証拠能力を認め，補強証拠能力を認めた。

自白の偏重や自白の強要のおそれ，といった危険性のなさが自白か自白でないかを振り分けるポイントであるとすると，捜査との関連性の有無で判断するのが分かりやすく，上記判例が「犯罪の嫌疑を受ける前にこれと関係なく」記入されたものとして自白性を否定したのは，まさに適切な判断であったといえる。この前提では，捜査を受ける前に書いた日記の記載などといったものの該当性も容易に理解できよう。

(キ) 補強証拠の証明力

この点も争いがあるが，判例は，▼86)①自白の真実性を保障するに足りる程度，②自白と補強証拠とが相まって有罪を認定できる程度で足りる，などとする。既に説明したように補強法則は自白の証明力を制約しているのに過ぎないから，判例の考えは支持されるべきであって，他方，補強証拠だけで一応の心証を抱かせる程度の証明力が必要だ，などと解するのは，補強法則を超えた議論といえよう。

　他方，判例の考えを前提とすると，証明力の高い自白の場合には，補強証拠の証明力は低くても良いことになるが，実際は，証明力の高い自白の場合には，良質な補強証拠が多数得られていることも多いであろう。しかし，上記の説明を逆転させた，証明力の低い自白の場合には，証明力の高い補強証拠が必要となるといった説明は，論理的な提示にとどまり，事実認定の実態に沿ったものとはいえず，実務的な意義に乏しいものといえる。すなわち，上記のような証拠関係にあれば，補強証拠を中心とした事実認定がなされるはずであって，証明力の低い自白を中心とした事実認定とはならないはずであるからである。

　　▼86）最判昭和24年4月7日刑集3巻4号489頁，最判昭和25年10月10日刑集4巻10号1959頁等。

6　被告人の供述を記載した書面
(1)　概説

　説明を控えていた被告人の伝聞供述について，ここで説明する。対象となるのは，法322条1項である。同項は，立法者において良く考えられた条文だとは思うが，一読するだけでは分かりにくい条文となっており，法文の内容を誤解する学生が少なくないから，まず，法文の構造を中心に説明する。

　供述書と供述録取書の違い，署名・押印の位置付けは既に説明しているから，その前提で適宜簡略化すると，1項は，2分類されていて，第1グループは，被告人作成の供述書，供述録取書（署名・押印あり。以下，この記載を省略することがある）は，「その供述が被告人に不利益な事実の承認を内容とするものであるとき，」「これを証拠とすることができる」である。したがって，（ただし書をひとまず措くと）不利益事実の承認を内容とする供述書，供述録取書は，それだけで証拠能力が認められることになる。ところが，こういった理解をせずに「又は」以下の要件まで読み込む（＝「又は」の意義を正確に理解してい

ないことに帰する）学生がいるから、この点を正確に理解しておく必要がある。

そして、ただし書は、「但し、被告人に不利益な事実の承認を内容とする書面は、その承認が自白でない場合においても、第319条の規定に準じ、任意にされたものでない疑があると認めるときは、これを証拠とすることができない。」のであるから、不利益事実の承認を内容とする第1グループは、任意性が要件として付加されていることが分かる。他方、同ただし書は、第2グループには適用のないことが明白である。

第2グループは、被告人作成の供述書、供述録取書は、「又は特に信用すべき情況の下にされたものであるときに限り、」「これを証拠とすることができる」である。そのため、第2グループでは、特信性が要件となるが、他方、上記のとおりただし書の適用はないから、任意性は要件とされていない。この点を正確に理解しておく必要がある。

このように、法322条1項は、2つの事柄を1つの文章で表現しているから分かりにくいが、分解して考えれば理解できよう。

(2) **不利益事実の承認**

法322条1項ただし書の「その承認が自白でない場合においても」との文言からも明らかなとおり、不利益事実の承認は自白を含んだ概念である。自白以外の不利益事実の承認は、犯罪事実を部分的に認めるのがその典型例ということになる。[87]

不利益事実の承認も、書面化されているから伝聞証拠である。しかし、反対尋問という観点から検討すると、既に説明しているように、被告人が自分の承認に対して反対質問するということは考えられないことである。他方、不利益事実の承認であれば、通常、検察官にとっては有利な事項であるから、検察官が被告人に対して反対質問をする必要は、通常、ない。このように考えてくると、ただし書を措けば、不利益事実の承認はそれだけで証拠能力が認められることの自然さを理解できよう。そして、自白には任意性が要件とされているから、自白を含んだ概念である不利益事実の承認にも任意性を要件とする方が適切である。ただし書の合理性も理解されよう。

もっとも、被告人は公判期日に在廷しているのが原則型であるから、法322条1項で採用された不利益事実の承認の記載について反論したければ、自ら行うことが可能であって、実質上の反対質問に代わる訴訟行為を行うことができ

るのである。▼88)

> ▼87) 例えば，犯人性は否認するが，犯行の日時に犯行場所にいたことは認める，などといった供述である。
> ▼88) この点は，例えば，後記注90でも紹介している最判昭和32年1月22日刑集11巻1号103頁，特に109頁も，被告人「は，欲すれば，任意の供述によってその自白とされる供述について否定なり弁明なりすることができるのであるから，それによって自らを反対尋問すると同一の効果をあげることができる」としている。

(3) 不利益事実の承認以外の供述

第2グループに該当する被告人の供述は何なのかがまず問題となる。被告人作成の供述書，供述録取書から，不利益事実の承認を除いたものということになり，その中心にあるのは「利益供述」であろうが，それには限定されない。検討すると，この場合も，被告人が自分の供述に対して反対質問するということは考えられないことである。他方，検察官は，不利益事実の承認とは異なり，被告人に対して質問する必要のある場合も生じよう。しかし，被告人には黙秘権があるから，たとえ質問してもその質問が有効なものとなる保障はない。そのため，特信性を証拠能力の要件とするのは合理性のあることといえる。そして，特信性に関しては，特段の定めがされていないから，法321条1項3号の絶対的特信性と同様に解される。

7 公判（公判準備）期日における伝聞供述

(1) 供述者が被告人以外の者の場合

ア 法324条1項の場合

被告人以外の者の公判期日（公判準備）における供述で被告人の供述をその内容とする場合には，法322条の規定が準用される。被告人の供述が伝聞の形で述べられているから，その伝聞性解消には同条に依ることになる。

イ 法324条2項の場合

被告人以外の者の公判期日（公判準備）における供述で被告人以外の者の供述をその内容とする場合には，法321条1項3号が準用される。被告人以外の者の供述が伝聞の形で述べられているから，その伝聞性解消には同条に依ることになる。したがって，既に説明したように，供述不能が必須の要件となるから，その点を充足できないと，証拠能力が認められることはないことになり，書面での伝聞供述に関して伝聞例外を定めている法321条〜323条の場

合と対比しても証拠能力が認められる範囲がより限定されているといえる。そのため，特に信用すべき情況が存在し，証拠とすることの相当性が認められる場合には証拠能力が付与されるべきである，などの見解があることも了解可能である。しかし，当該被告人以外の者は供述不能ではないのであるから，公判廷での供述を求めている立法者の考えは尊重されるべきであろう。

(2) 供述者が被告人の場合

ア 法322条2項の場合

被告人の当該事件の公判（公判準備）期日における供述を録取した書面は，[89]「その供述が任意にされたものであると認めるときに限り」（この意義については後に説明する）その証拠能力が認められるとされている。

該当事例としては，公判期日外では，①既に説明した公判期日外で被告人質問が行われた場合，②公判期日外で行われた証人尋問で被告人が対質質問された場合（規則124条），③公判期日外の検証における供述等がある。

公判期日では，供述が行われていて，書面が証拠となるわけではないから，本項とは関係がない。本項が適用される場合は，既に説明したように，更新手続が行われた場合，破棄差戻事件等の場合における当該時点以前の公判期日における被告人の供述を録取した書面が本項に該当する。

このように見てくると，本項が「その供述が任意にされたものであると認めるときに限り」を要件としているのが今一つ理解し難い。というのは，上記の該当事例を見れば明らかなように，被告人の供述の任意性が問題とされるのは通常想定し難いし，法322条1項では「不利益事実の承認以外の供述」については任意性が要件とされていないこととの整合性にも疑問があるからである。

「法311条2項の『任意に供述する場合』に対応する趣旨に解する」見解（条解刑訴878頁）があるのも，ある意味了解できることである。しかし，規定の文言は，上記のとおり法311条2項とは明らかに異なり，「その供述が任意にされたものであると認めるときに限り」とされているから，上記のような見解は法文の文言と齟齬するように思われる。そのため，実質的には有意性に乏しい定めと解しておくほかないものと考えている。

▼ 89) 争いはあるが，検察官の反対質問を確保する観点からすれば，当該事件に限るべきであって，他の事件の場合には，法322条1項によるべきである。

イ　他の者の供述を内容とする場合

　法324条に相応する場合であるが，関係する定めはないから，専ら解釈に委ねられていることになる。例えば，被告人が公判期日に「Aが甲と言っていた」と述べた場合には，その内容の真実性が立証事項であれば，伝聞供述であることは明らかである。当該内容が被告人にとって不利益事実の承認に当たる場合には，被告人自身が述べていて，Aに対する反対尋問権を放棄したものと考えることができるから，法322条1項を準用して考えるのが相当である。

　他方，不利益事実の承認に当たらない場合には，検察官のAに対する反対尋問権を保護する必要があるから，法321条1項3号を準用して考えるのが相当である。

(3) 再伝聞供述

　伝聞供述中に更に伝聞供述がある場合に，この供述を再伝聞供述という。伝聞供述に対して法326条の同意があった場合には，再伝聞供述についても同意したと解される場合は勿論あるが，裁判所としては，釈明権を行使して再伝聞供述についても同意した趣旨であるかを明確にしておくことが，証拠の取扱として望ましい場合もある。

　また，伝聞供述に証拠能力が認められると，この伝聞供述を公判廷の供述に代わるものと見て，再伝聞供述について法324条の適用を肯定することができると解されている。▼90)

　▼90) 最判昭和32年1月22日刑集11巻1号103頁（三井明・判解刑同年度20頁）。

8　違法収集証拠

(1) 違法収集証拠排除法則の採用

　刑事訴訟法も施行されて70年近く経過しているから，時の経過を感じさせる場面も少なくないが，この違法収集証拠もそういった1つである。一連の最高裁判例については**参考裁判例54**を参照願いたいが，違法に収集された証拠物の証拠能力を排除すべきかについては，違法に収集されても通常その証明力に変わりがないところから，争いがあった。▼91) しかし，大審院以来の伝統的立場といわれる違法収集証拠の許容説（岡・後掲398頁）が徐々に支持を失い，アメリカ法の影響も受けた排除説が支持されるようになり，最判昭和53年9月7日刑集32巻6号1672頁（「昭和53年判例」という。岡次郎・判解刑同年度386頁）が違法収集証拠排除法則を採用してからは，排除法則は実務に定着し

ていった。この点に関しては，違法即排除といった厳格な排除法則ではなく，違法の重大性[92]と排除相当性とを要件とする相対的排除説を採って，様々な事態に実務的に適切な形で対応できる余地を認めたところが大きく寄与しているように，筆者は受け止めている。

該当事例としては，覚せい剤の所持，使用に関連して発生することが多いように受け止めている。証拠が覚せい剤，尿，といった被告人に直接関連するものであって，通常，犯罪性を直接根拠づける証拠となるところから，証拠獲得の必要性が高く，他方，犯人側もそのことを承知していて，捜査官による獲得を困難にしようとすることがあることも，上記の該当事例が生じる一因となっていよう。そして，所持であれば覚せい剤の鑑定書，使用であれば尿鑑定書の証拠能力が争われるのが中心となり，これらの証拠の証拠能力が排除されると，自白事案でも補強証拠を欠くことになる（唯一でない場合でも，有力な証拠である）から，通常，無罪判決となる。

他方，違収集証拠排除法則の定着度が高まったせいか，近時の学生は，違法収集証拠排除法則について，上記のような歴史的な経過への理解に乏しく，政策的な選択という視点が欠落して[93]，一種の法理として受け止めている印象を受けるまでになっている。まさに，時の経過を感じさせている。

　　▼91）違法に収集された証拠物の証拠能力を肯定する説では，当該違法に対しては，国家賠償，公務員の懲戒，処罰等で対処すべきものとしていた。
　　▼92）昭和53年判例は，「憲法35条及びこれを受けた刑訴法218条1項等の所期する令状主義の精神を没却するような重大な違法」という。もっとも，供述証拠にも違法収集証拠排除法則を適用するとなると，この「令状主義の精神」といったものは事案に応じて読み替える必要も生じよう。なお，注94も参照されたい。
　　▼93）違法な押収物に関する証拠排除は，憲法上の権利の内容ではなく，政策的な証拠法則と考えるのが相当とされ（岡・前掲400頁），排除の根拠は法1条とされている（岡・前掲401頁）。

(2) 検討の視点

ア　基本的な問題点

上記のように関連判例が積み重なっているが，骨太の観点からすれば，現在の視点としては，違法収集証拠の排除の場面を，①当該違法手続（厳密には当該手続ではなくても前後の一連の手続を含めて良い）によって直接発見・収集された証拠と，②当該違法手続と因果関係があるものの，当該違法手続そのものから発見・収集されたものではなく，後の手続によって発見・収集された証拠

とに分けて考えるのが簡便である。

　①については，排除の基準となるのは，まさに，上記の違法の重大性と排除相当性である。この両者の関係についても争いがあるが，違法の重大性が肯定されれば，排除相当性も通常肯定されることになる関係にあるといえる。[94]

　このような関係性からしても，違法の重大性の判断が重要なことが分かる。そして，違法性の判断要素としては，ⅰ客観的側面，ⅱ主観的側面，ⅲ違法行為と証拠収集との関連性などが指摘されてきた。ⅰ客観的側面としては，当該手続が適法手続から逸脱の程度，当該手続によって侵害される利益の性質・程度等が指摘されている。ⅱ主観的側面としては，担当者の違法の認識の有無・程度，当該行為の計画性・組織性・反復性等が指摘されている。なお，組織性・反復性[95]については，ここでも判断されるべきであるが，排除相当性でも判断されるべきである。ⅲ関連性に関しては，高める要素としては，当該違法行為が当該証拠の収集を目的としたものなのかどうかが，低減させる要素としては，当該違法行為がなくても当該証拠は収集可能だったのか，裁判所の令状審査を経たものか，などが想定される。

　②については，先行手続と後行手続との間に同一目的，直接利用といった関係性が肯定されると，先行する違法手続の違法性が後行手続にも承継されるといった判断枠組みが示されたが，後記平成15年判例によって，違法手続との間に密接関連性があることを要するとの判断枠組みに収斂された。この一環として毒樹の果実として論じられているのは，違法な手続で収集された証拠（例えば，「A」）に基づいて，更に新たな証拠（例えば，「B」）が収集された場合に，当該Bの証拠能力を前記違法な手続との関係で検討するものである。[96]

　▼94）同意，異議がない，といった当事者の応訴態度で違法収集証拠の証拠能力が肯定されることにはならないから（岡・前掲403頁），その意味で，この排除法則は強力というか，徹底しているといえる。
　▼95）細かな議論となるが，違法が重大であっても排除の相当性がない事例として，たまさかな違法などといったことが例示されることがある。組織性・反復性に欠ける（乏しい）違法による場合には，当該証拠を排除するまでもないとの趣旨に解される。この指摘は有益であるが，例えば，故意によって当該違法行為がされた場合（例えば，令状を得ていないことを熟知していながら敢えて違法な捜索を行った場合）には，通常，そういった行為を故意で行うことは想定できないとしても，違法の重大性が故意による分高まるから，当該違法行為の発生頻度で排除相当性が否定されることにはならないであろう。そうしてみると，組織性・反復性といったものも，排除相当性を低減する要素にとどまり，決定的な要素ではな

▼96）この点の補足的な説明については，細かな議論となるところから，**参照裁判例 54** の平成15年判例の項を参照願いたい。

イ　供述証拠と違法収集証拠排除法則との関係

　供述証拠についても，違法収集証拠排除法則が適用されるかについて争いがある。確かに，自白に関しては，自白法則について説明したように法319条で任意性を欠く自白の証拠能力が否定されているから，その点から解決される事態が多いことは明らかである。しかし，筆者は，手続自体の違法性に着目した対処が相当な場合もあることも事実であって，一種の棲み分けをしつつ，違法収集証拠排除法則を供述証拠に対しても適用していくことが，様々な事態に適切に対処できて，被告人の権利を守ることにもなって，相当であるように考えている（関連判例としては，**参考裁判例 55** 参照）。

▼97）例えば，違法な別件逮捕・勾留中の取調べ，弁護人との接見妨害，秘密交通権を侵害した形での取調べ等で得られた自白については，任意性が否定されることにはならなくても，当該違法の程度の高さから，違法収集証拠としての排除が検討されるべき事案の想定は，可能である。任意性に関する違法排除説がこういった場合を想定しているとすれば，そのこと自体は肯定されるべきであるが，それは，任意性を基に自白の証拠能力を否定しようとする立法者の意図とは少し面を異にするように解される。

9　共同被告人と証拠関係
(1)　概説
ア　手続の概要

　実務的には共同被告人（以下の説明では，便宜，甲，乙2人の共同被告人の事件として説明する）の事件は日常的だが，法科大学院の授業では意外と軽視されている印象を受けた。しかし，共同被告人の事件における証拠関係は，技術的な面が問題を複雑化している点が少なくないから，上記の有り様もある意味自然な側面もあろう。「骨太」の観点から必要な限度で説明する。

　共同被告人が存在するということは主観的併合が行われているということであるから，甲，乙各被告人に対する手続はそれぞれ独立している。しかし，手続は同時並行的に進行しているから，同じ内容で行われているのが便宜なことは明らかである。こういった調整の中で（弁論の分離・併合という手続を介するなどして）手続が進行していくものといえる。

イ　被告人質問

　まず被告人質問についていえば，被告人質問の対象である当該甲被告人にとっては，当然のことながら被告人質問であるが，他の被告人である乙にとっては，実質は証人尋問であるものの，我が国ではそういった制度がないから，被告人質問として行われる。そのため，証人にはない黙秘権があるから，反対質問（法311条3項）としては達成度に限界があることはあり得る[98)]。そういったことが予想される場合には，弁論を分離して，乙被告人の事件で，甲被告人に対する証人尋問を行い，その後に，必要があれば再び弁論を併合して共同被告人の事件に復帰する，といった手続の流れになることがある[99)]。

▼98)　しかし，法311条3項に，被告人に対する質問者として「共同被告人」が挙げられていることからしても，被告人質問の結果は共同被告人に対しても証拠能力を有するものと立法者は解していたといえ，判例も，その証拠能力を肯定している（最判昭和28年10月27日刑集7巻10号1971頁）。

▼99)　しかし，裁判員裁判では，こういった運用は困難であるから，共同被告人に対する反対質問の達成度に限界があることが当初から見込まれる事案では，主観的併合の相当性を慎重に検討することとなろう。

ウ　証人尋問

　甲，乙両被告人共に例えばWのPSを不同意にしてWが証人尋問されたといった場合には，お互いの視点から反対尋問されることに何ら問題はない。

　他方，甲被告人が同意し，乙被告人が不同意とした場合には，甲被告人との関係ではWのPSを同意書証として取り調べることは可能である。しかし，乙被告人との関係ではWの証人尋問が行われるが，その際は，甲被告人は，反対尋問できないことになる。乙被告人としては，これから証人尋問を行おうとするWに関して，裁判所がそのPSを事前に見てしまうことになって，予断を持ってWの証人尋問に臨むのではないかとの懸念が生じ得る。裁判所から見ても，WのPSとWの証言内容とが食い違ってくる可能性があって，証拠の面から合一的な事実認定を行うことが困難となる可能性も生じ得る。

　そのため，通常は，甲被告人との関係でも，Wの証人尋問を先行させ，WのPSはその取調べの結果を踏まえて検察官が請求を撤回して（あるいは，裁判所が請求を却下して），同意書証としての取調べは行わない（あるいは，その段階で，甲被告人との関係でWのPSの取調べを行う），といった運用となる。

　また，甲，乙両被告人が共に同意した場合には，WのPSの証拠調べが行わ

れることになるが，人証を優先させる観点からは，Wの証人尋問が優先して行われるべきこととなり，そのような運用も行われている。この点は，単独の被告人の事件の場合と同様である。

　　エ　書証
　書証についても，これまでの説明が当てはまるところが多いが，補足する。部分同意がされて，同意箇所が両被告人で異なる場合である。それぞれを部分同意のあった書面として証拠採用することも可能であるが，証拠関係が不一致となるから，「ウ」と同様に，証人尋問を優先させる運用が望ましい場合があり得る。

(2)　共同被告人の一部が不出頭の場合
　こういった問題は共同被告人の場合でしか生じないから，その意味での特有な問題である。
　典型例が，Wの証人尋問期日に，甲被告人が出頭しなかった場合である。当該証人尋問を別の期日に改めて実施することになれば，審理がその分遅延することを除けば何ら問題は生じない。ここで検討すべきは，証人の都合等から，当該期日に証人尋問を実施せざるを得ない場合の手続である。
　甲被告人が出頭していないから，甲被告人の関係では，法284条，285条によって不出頭許可ができる事案を除いては，公判期日を開廷することは不可能である。ここから手続の流れは二つに分かれる。
　1つ目の方法は，弁論を分離して，乙被告人との関係でのみWの証人尋問を行うことである。そのこと自体に問題はないから，問題はその先である。別の期日に甲被告人との関係でWの証人尋問が行えれば，問題は通常生じない。しかし，通常はそういったことが困難であって，弁論を分離してまでWの証人尋問を行うのであるから，そのための方策が検討されるべきこととなる。その方策としては，Wの証人尋問調書を甲被告人との関係で書証として取り調べることである。しかし，そうなると，甲被告人としては，Wの証人尋問の際に反対尋問ができた方が望ましいことは明らかである。
　ここから2つ目の方法が出てくる。すなわち，甲被告人の関係では，当該公判期日を公判準備期日に切り替えてWの証人尋問を甲被告人との関係でも，同時並行的に行い（法281条），その証人尋問調書を甲被告人との関係で別の公判期日に取り調べる（法321条2項）方法である。

このように，主観的競合は，手続の簡易化になることは明らかではあるが，共同被告人の故の手続の複雑化を招くこともあるから，そういった点をも考慮した上で選択して行うべき手続であるということになる。

▼100）細かな説明になるが，公判期日を公判準備期日に切り替えるに当たっては，被告人に対して当該期日の通知（法157条2項），証人尋問の尋問事項の告知（法158条2項，規則108条1項）を行う必要があるが，当然のことながら，そのことを行うことはできない。そのため，この切り替えは，甲被告人の弁護人が出頭していて，異議なくWの証人尋問に立ち会うことが前提とされている（換言すれば，弁護人の出頭によって上記の瑕疵は治癒されるものと解される）。

10　原本と謄本等

証拠は原本が原則であるべきなのは，ベストエビデンスを用いるといった観点からも，当然のことである。原本が手書きのものであれば，筆跡も分かるし，偽造等があればその痕跡を発見できる場合もあるからである。また，かつては，写しは手書きであったから，原本とは明らかに異なるし（カーボンコピーの場合でも，文字は一緒でも用紙自体が異なっていた），書き写す際に書き間違うなどの誤りが生じることもあり得たから，形式，内容，いずれの面から見ても，原本が優れた資料たり得ていた。しかし，技術革新で，電子データとして文書が作成されるようになると，そのデータをプリントアウトしたものは，原本といっても写しといっても，形式，内容ともに全く差のないことがある。また，機械コピーでは原本とは内容的な差異は生じない。▼101）こうなってくると，原本にこだわる意義は薄れてくる。また，裁判員裁判の運用を通じて，複数の捜査報告書を争点に即してまとめ直した統合捜査報告書が活用されるようになる▼102）と，内容的な面での原本性の必要性は限られたものとなってくる。

このように，原本を取り調べることが可能なときはそうすべきであるとはいえるが，原本があるときは必ず原本を証拠とする，といった要請は薄れてきているといえよう。

ここで，用語の説明をしておくと，謄本は，「原本の内容全部を原本と同一の文字，記号で完全に転写したものであって，その内容が原本と同一である旨の認証，証明を付した文書」とされている（仙波厚・判解刑昭和61年度46頁）。写しは，内容としては原本と同一であるが，上記認証が付されていないものである。抄本は，原本の一部の写しである。

▼101）例えば，共犯者多数の事件では，関係者の供述録取書の原本は，当該供述者

の事件で取り調べられ，他の被告人の事件では，その謄本が取り調べられる，といった運用も広く行われている。

▼102) 統合捜査報告書に関しては，様々に紹介・論じられているが，争いのない事実を立証する手段としての「統合捜査報告書」の普及の指摘に，清野憲一「裁判員裁判が警察捜査に与える影響について」警學69巻12号（2016）1頁，特に17頁。

　また，裁判員裁判とベストエビデンスとの関係については，拙稿『注釈刑事訴訟法（第3版）6巻』（2015年，立花書房）88頁参照。

第6章　裁判

第1　裁判の意義と裁判の種類

1　裁判の意義と主体
　裁判は，裁判の主体が行う意思表示的内容を有する訴訟行為である。裁判を行う主体は裁判所と裁判官であり，裁判所も，これまでは，裁判官のみが構成員であったが，裁判員裁判においては裁判員も構成員となっていることは既に説明したとおりである。

2　形式面からみた裁判の種類
　裁判は，形式面からみれば，判決，決定，命令に分かれる。そして，判決と決定は裁判所が行う裁判であり，命令は裁判官が行う裁判である。裁判の主体による区別である。
　判決は，口頭弁論に基づいて（法43条1項）公判廷で言い渡されるものである（法342条）のに対し，決定は必ずしもそうではない（規則33条1項，3項，4項）。裁判の根拠と裁判の告知との相違である。
　理由付記の要否の点では，判決では必ず理由を付記する必要がある（法44条1項，335条）が，決定・命令では，上訴を許さないものについては，理由の付記は求められていない（法44条2項本文。なお，同ただし書）。
　裁判に対する不服申立の方法の点では，判決に対しては，控訴・上告である（法372条，405条柱書き）。決定に対しては，抗告・即時抗告（法419条，420条）・高裁決定に対する抗告に代わる異議申立て（法428条）・特別抗告（法433条）である。命令に対しては，準抗告（法429条）・特別抗告（法433条）である。

　　▼1）　法408条（弁論を経ない上告棄却の判決），416条（訂正の判決）がその例外であるが，いずれも上告審特有のものである。

3　内容面からみた裁判の種類
　内容面からみると，形式裁判と実体裁判とに区別される。形式裁判は手続の

有効性に対する判断であり，実体裁判は理由の有無に対する判断である。起訴手続との関係でいえば，免訴の判決（法337条），公訴棄却の判決（法338条）・決定（法339条），管轄違いの判決（法329条）が形式裁判である。有罪・無罪の判決が実体裁判である。

4　行われる時期からみた裁判の種類

標題の時期を基準にすると，裁判は，終局的裁判，終局前の裁判，終局後の裁判に分かれる。終局的裁判は，当該訴訟の当該審級における訴訟係属を終了させる効果を持つ裁判である。有罪・無罪の実体裁判，免訴，公訴棄却，管轄違いの判決等の形式裁判が含まれる。他方，法332条の簡易裁判所の事件を管轄地方裁判所に移送する決定は[2]，簡易裁判所の訴訟係属を終了させるものの，同じ第1審の管轄地方裁判所に係属させることになるから，終局的裁判には該当しないものと解される。

終局前の裁判は，終局に至る過程での付随的な裁判であり，勾留・保釈等の身柄に関する裁判，証拠決定等の訴訟手続に関する裁判等が含まれる。

終局後の裁判は，終局的裁判が行われた後にされる裁判であり，訴訟費用執行免除の決定（法500条，規則295条の2第2項），裁判の解釈の申立に対する決定等がある[3]。

なお，上訴があった場合の勾留・保釈等の身柄に関する裁判は，既にされた終局的裁判からみれば，終局後の裁判に当たるが，将来行われる上訴審における終局的裁判からみれば，終局前の裁判ということになる。

> ▼2）　同条にいう「地方裁判所において審理するのを相当と認める」場合としては，当該事件について地方裁判所が事物管轄を有する場合において（最決昭和39年12月25日刑集18巻10号978頁《坂本武志・判解刑同年度172頁》），①事案複雑等の事情から地方裁判所での審理を相当とするとき，②裁判所法33条2項が定める簡易裁判所の科刑権の範囲を超える量刑を相当とするとき（同条3項によりこの移送は必要的である）等が含まれる。
>
> ▼3）　この裁判そのものを規定した条文はないが，裁判の形式が決定であることは法503条1項に「決定」とあるところから分かる。

5　裁判書

裁判の成立過程については，自由心証主義，裁判の内部的成立，外部的成立が論じられるが，これらは既に説明しており，ここでは，裁判書について説明する。

裁判をするときは，裁判書の作成義務が課されている（規則53条本文）。関

連する定めとしては，規則54条（裁判書の作成者），55条（裁判書の署名押印）・60条の2（署名押印に代わる記名押印），56条（裁判書の記載要件），218条・218条の2（判決書への引用）がある。また，裁判書の特例としては，規則53条ただし書（決定・命令についての調書の記載による代替），219条（調書判決）がある。

第2　有罪・無罪の判決

終局的裁判の典型例である有罪・無罪の判決について個別に更に説明する。

1　有罪の判決

(1)　概説

被告事件について犯罪の証明があったときは，判決で，刑の言渡し（法333条1項），刑の免除の言渡し（法334条）が義務付けられている。そこで，以下で有罪判決というときは，刑の言渡しを必要とする有罪判決の意味で用いる。

有罪判決は，主文と理由から構成されていて，理由については法335条に定められている。かつては，判決でも主文はなかった（例えば，大津事件の判決参照）が，その後，主文を用いる運用が確立している。

主文は，裁判の結論的判断を示す部分である。この意義は無罪判決でも同様であるから，この点は再述しない。

(2)　主文

ア　主刑（法333条1項）

刑法9条が定める主刑を，例えば，懲役10年，罰金10万円などと，具体的な刑の種類とその量（ただし，死刑と無期刑については刑の種類だけということになる）を明示する。刑法48条1項に基づいて罰金と他の刑とが併科される場合には，両者が合わさって1つの刑となっているから，例えば，「被告人を懲役1年及び罰金10万円に処する」というように1つの主文で記載する必要がある。

イ　未決勾留日数の算入（刑法21条）

実務的には，かつては全部算入説（算入可能な未決勾留日数を全部算入する考え）もあったが，一部算入説[4]で運用されている。算入可能な日数等については，細かな説明になるので，**参考裁判例56**を参照願いたい。

▼4）算入可能な未決勾留日数から，審理に要した日数等を控除した残りの日数を算

入するのを原則形態とする考え。
なお、「参入」と誤記しないように。

ウ　その他の主文事項

その他の主文事項としては，①刑の執行猶予・保護観察（法333条2項），②刑の執行の減軽・免除（刑法5条ただし書），③罰金等の労役場留置（換刑処分。刑法18条4項），④没収・追徴（刑法19条，19条の2，197条の5），⑤押収物の被害者還付（法347条1項，2項），⑥罰金等の仮納付（法348条2項），⑦訴訟費用の負担（法181条，182条），⑧特別法に規定のある処分等（例えば，補導処分《売春防止法17条・20条》，公民権の不停止・停止期間の短縮《公職選挙法252条4項》）がある。

補足すると，没収に関しては，共同被告人の場合には，どの被告人から没収するのかを明示する必要がある。また，実体法に第三者の所有物の没収が可能な旨の定めがある場合（例えば，覚せい剤取締法41条の8）に，その規定に基づいて第三者の所有物について没収するときは，「刑事事件における第三者所有物の没収手続に関する応急措置法」による手続を経る必要がある。

追徴の場合には，物そのものではなく，物の価格を追徴するわけであるから，犯行時から追徴の裁判が行われるまでの間に，当該物の価格の変動があり得る。そういった場合に，いつの時点の価格で追徴すべきかについては争いがあるが，判例は，大審院判例を維持し，当該物の授受当時の価格（＝収受時説）を追徴すべきものとしている。犯人に不法な利益を残させないとの観点と，追徴の裁判を的確に行う必要があることとの調整も必要となるから，判例の立場は支持されよう。

訴訟費用に関しては，刑事訴訟費用等に関する法律2条に訴訟費用の範囲が定められている。そして，訴訟費用を負担させる裁判は裁判所の職権で行われ（法185条前段），その裁判に対しては独立に不服の申立をすることはできず，本案の裁判について上訴があったときに限って不服を申し立てることができるものとされている（同条後段）。付随的な処分であって，しかも，後に述べるように，訴訟費用の裁判執行免除の申立手続が別に設けられていることからすれば，こういった制度設計も了解されよう。

▼5）　この処理に関する手続規定はないが，主文で言い渡すべきであると解されている。筆者は経験しなかったが，国際化の時代では，該当事例が出てくるかもしれ

▼6）　この手続を経ると，実体法に第三者所有物の没収可能な定めがなくても，第三者所有物への没収が可能となるといった誤解がときにみられるから，留意する必要がある。

▼7）　最大判昭和43年9月25日刑集22巻9号871頁（千葉裕・判解刑同年度266頁）は，没収不能時の価格で追徴した原判決を破棄自判した。

(3) 理由

有罪判決の理由の内容については法335条に定めがあるから，同条に即して説明する。

ア　罪となるべき事実

罪となるべき事実は，確定すれば「罪となる事実」であって，犯罪構成要件に該当する具体的な事実ということになる。共謀共同正犯における「共謀」[▼8]，処罰条件等も含まれる。他方，違法阻却事由・責任阻却事由の不存在，単なる情状事実は含まれない。

具体的な説示の程度としては，刑罰法令の「各本条の構成要件に該当すべき具体的事実を該構成要件に該当するか否かを判定するに足る程度に具体的に明白に」する必要があり[▼9]，「各個の行為の内容を一々具体的に判示し更らに日時，場所等を明らかにすることにより一の行為を他の行為より区別し得る程度に特定」することを要するとされる（最大判昭和24年2月9日刑集3巻2号141頁）。この点は，併合罪関係にある罪相互について特に当てはまるものといえる。

しかし，証拠を基にして事実認定が行われるから，具体的に認定するといっても限度のある事案があり得るし，犯罪の日時，場所，方法等が概括的なもの等にとどまる場合も生じ得る。例えば，共謀による殺人事件の実行行為者に関して「A（＝共犯者）又は被告人あるいはその両名」といった択一的な認定も許容される場合がある（最決平成13年4月11日刑集55巻3号127頁《池田修・判解刑同年度57頁》）し，犯行の方法に関して，被害者の身体を，有形力を行使して……路上に落下させて路面に激突させた旨判示して，被害者を落下させた手段・方法をより具体的に摘示していなくても許容される場合がある（最決昭和58年5月6日刑集37巻4号375頁《龍岡資晃・判解刑同年度93頁》）。

▼8）　最大判昭和33年5月28日刑集12巻8号1718頁（練馬事件として著名。岩田誠・判解刑同年度399頁）。

▼9）　この判示をした最判昭和24年2月10日刑集3巻2号155頁がしばしば引用されているが，直接的には，現行の法335条1項に対応する旧刑事訴訟法360

条1項の「罪ト為ルヘキ事実」に関して説示されたものである。

イ　証拠の標目

　罪となるべき事実は，法317条に則り，証拠に基づいて認定する必要があるから，その認定の資料となった証拠を判決に掲げることが求められているのである。もっとも，判決文だけで証拠と罪となるべき事実との認定関係を明らかにしようとすれば，証拠の内容についても説明しておく必要がある。旧刑事訴訟法時代にはそのように定められていた[10]。しかし，現行法はそういった考えには立たず，「証拠の標目」を記載させるのにとどめている。そのため，罪となるべき事実の認定が証拠内容に即したものであるかは，判決文だけでは分からず，記録と併せて判断する必要が生じている。また，証拠を取捨した理由を明示する必要はないとされている[11]。

　しかし，これらのことは，判決書の最低の充足要件として法が定めたものであって，裁判所が，事案に即して事実認定に関する説明を行うことは，被告人の納得，国民の裁判制度への信頼を得るためにも重要なことであるばかりか，何と言っても，裁判所自身が正しい事実認定を行ったことを検証する意味でも重要な事柄であって，現に「補足説明」などの標題の下でそういった説明が行われているのが通例である。

▼10）法335条1項に対応する旧刑事訴訟法360条には，「罪ト為ルヘキ事実及証拠ニ依リコレヲ認メタル理由ヲ説明シ」とされていた。

▼11）最決昭和34年11月24日刑集13巻12号3089頁（吉川由己夫・判解刑同年度411頁），最判昭和35年12月16日刑集14巻14号1947頁（「菅生事件」として著名。三井明・判解刑同年度447頁）。

ウ　法令の適用

　法令の適用は，技術性が高い性質を帯びているが，罪となるべき事実に対して該当実体法を適用し，更に必要な法条を適用して主文の刑の前提となる処断刑を導く過程を記載するものである。

　また，主文において未決勾留日数の算入，没収等の付随処分が言い渡されているときは，その根拠も法令の適用の箇所で明らかにしておくべきである。

　記載の形式については，従前は文章体で書かれていたが，必要事項だけを羅列する羅列式が一般化している[12]。

▼12）実務的な観点からいえば，羅列式が簡便である。他方，文章体の場合には，文章の流れで，欠落している必要事項に気づく，といった副次的な効果もあったが，

羅列式ではそういった副次的効果は期待できない。

エ　法335条2項所定の当事者の主張に対する判断

同項では，当事者から，①「法律上犯罪の成立を妨げる理由」又は②「刑の加重減免の理由となる事実」が主張されたときは，これに対する判断を示さなければならないとされている。

実際の訴訟においては，当事者から様々な主張がなされる。その内容は千差万別であって，重要度の高いものもあれば，そうではないもの，明らかに失当と思われるものもあれば，慎重な判断を要すると思われるものもある。そのため，当該事件における当事者の主張に対して，何に対してどのように答えるべきかについても裁判所の裁量に任されているといえる。これが原則であるが，立法者は，そういった主張の一定のものについては，上記のとおり，裁判所に対して判断義務を課すこととした。これは，当事者主義の尊重の表れであることは当然のことであるが，当該主張の類型的な重要性に照らし[13)]，そういった主張に対して裁判所が判断を示すことが，裁判所の事実認定の正しさを担保し，被告人の納得，国民の裁判制度への信頼を得る所以であると解されているものといえる。

①，②に該当する主張は，「2項該当の主張」などと実務的に総称されることがある。主張の趣旨が不明確な場合等では，規則208条に基づいた釈明を活用してその明確化を図ることが期待されている。

そして，①に該当する主張としては，違法性阻却事由，責任阻却事由がある。犯罪事実の成立そのものを否定する主張（いわゆる否認の主張）は，「法律上犯罪の成立を妨げる」わけではないから，不該当である[14)]。

②に該当する主張としては，「刑の加重減免」が必要的となる場合に限定して解されている[15)]。任意的な場合には，仮に該当しても，更に裁判所の裁量行為が介在して最終的な「刑の加重減免」が決定されることになり，「刑の加重減免」事由該当の有無の判断を判決で明示する重要性が相対的に低い，ということが上記のような解釈の背景になっていよう。

その他，①，②に関連する主張に関しては，**参考裁判例57**を参照願いたい。

▼13) 具体的事件の状況に全く言及していない法335条2項の定め方からして，個別の事件における当該主張の重要度ではなく，当該主張の類型的な重要度が考慮されているものと解される。

▼ 14）最決昭和 29 年 12 月 24 日刑集 8 巻 13 号 2420 頁（岩田誠・判解刑同年度 423 頁）は，窃盗未遂事件で，対象物を遺失物と誤認した錯誤があったとの主張は，犯意の否認の主張にすぎず，犯罪事実の否認等の主張は，刑訴法 335 条 2 項の主張に当たらないとした。

▼ 15）例えば，最判昭和 28 年 8 月 18 日刑集 7 巻 8 号 1737 頁，最決昭和 32 年 7 月 18 日刑集 11 巻 7 号 1880 頁（高橋幹男・判解刑同年度 370 頁）は，法 335 条 2 項にいう法律上刑の減軽の理由となる事実は，法律上必要的減軽事由に限るとの旧法以来の判例（例えば，大判昭和 9 年 8 月 9 日刑集 13 巻 1072 頁，特に 1076 頁は，法 335 条 2 項に対応する旧刑事訴訟法 360 条 2 項について障害未遂の主張を不該当とした）を前提として，自首（刑法 42 条）の主張は不該当との判断を示している。

オ　量刑の理由

　事実認定に関する補足説明については既に説明したが，法 335 条では求められていないものの，量刑の理由についても説明するのが，特に，重罪事件が対象となることが多い合議事件（裁判員裁判を含む）では，一般的である。

　この説明の必要性も，事実認定の補足説明に関して説明したのと基本的には同様であって，被告人の納得，国民の裁判制度への信頼を得るのに重要な事項といえるばかりか，裁判所が当該量刑を行ったことの適切さを検証する意味でも重要なこといえる。しかし，何をどのように説明すべきかについても何らの定めもなく，まさに各裁判体に任されているが，当該裁判所がどういった事情を考慮して当該主刑を導いたのかを分かりやすく説明するのがその眼目であることに変わりはない。そして，裁判員裁判実施後においては，行為責任が強調されているところから，犯罪行為やそれに密接に関係する犯情といわれる部分を中心とした説明をまず行い，それを補充する形で，一般情状といわれるそれ以外の情状事実に関する説明を行う，といった説明振りが一般化している。

2　無罪の判決（法 336 条）

(1)　概説

　①「被告事件が罪とならないとき」，②「被告事件について犯罪の証明がないとき」は，判決で無罪の言渡しをしなければならないこととされている（法 336 条）。

　①については，「起訴状に記載された事実が真実であっても，何らの罪となるべき事実を包含していないとき」は，決定で公訴を棄却すべきことが定められている（法 339 条 1 項 2 号）から，この場合は除外されている。その前提で

いえば，法解釈上犯罪の構成要件に該当しないといっても，そのことが起訴状の記載自体で明らかな場合は上記のとおり除かれるから，証拠調べの結果判明した事実に即して法解釈をすると，犯罪の構成要件に該当しないことが判明した場合が該当事例に当たることになる。また，違法阻却事由・責任阻却事由がある場合も，通常は，証拠調べをしてみないと判明しない事柄であるから，該当事例に当たることになる。

②の場合が無罪事件の典型例といえよう。この場合も，いわゆるえん罪事件に限定されず，検察官に立証責任があるから，合理的な疑いを超える程度に犯罪事実の証明がされていないと，②に該当することになる。

無罪の理由については，有罪判決に関する法335条のような定めはないから，裁判に関する総則規定である法44条1項が根拠条文となる。そのため，無罪判決の理由をどういった内容のものとするかは裁判所の裁量に任されていることになるが，当該無罪の結論が要点を踏まえた簡潔な内容として説明されていることが望ましいことは明らかである。

(2) **無罪の判断と説明の要否**

無罪の判断がされると，必要な範囲で説明されるべきことは上記のとおりであるが，非無罪の判断と有罪の判断との関係で，例えば，有罪の判断は非無罪の判断を当然の前提としているといった関係性があれば，有罪の判断を説明すれば，非無罪の判断を示さなくても良いことになる。もっとも，このことは，最低限の要請であって，事案に応じて非無罪の点の説明をすることは何ら差し支えはない。例えば，択一的訴因の場合に認定しなかった訴因についての説明を必要とされていないが，その点などについては，**参考裁判例58**を参照願いたい。

(3) **無罪の判断と主文**

無罪の判断がなされても，それが主文の内容となるとは限らない。一罪については1個の主文（一罪一主文）の原則で実務は運用されているからである。そのため，併合罪の関係にあるA，B2つの罪が共に無罪の判断をされた場合，A又はBいずれかの罪について無罪と判断された場合には，いずれも無罪の判断が主文として表示される（例えば，A，B両罪について被告人は無罪，A《B》罪について被告人は無罪）。

他方，単純一罪の一部について無罪の判断がされた場合はもとより，牽連

犯，観念的競合といった科刑上一罪の関係にあるA，B両罪の内のA又はB罪が無罪とされた場合でも，主文は1個である関係で，当該無罪の判断は主文には反映されず，理由中で無罪の判断が示されることになる（理由中無罪，などといわれる）。[16)]

[16)] 例えば，最判昭和32年9月24日裁判集刑事120号507頁は，観念的競合の一部を無罪と認める場合（傷害と公務執行妨害で，公務執行妨害が無罪の結論の事案）には，主文でその言渡しをなすべきではないが，理由中でその判断を示すことは必要である，としている。そして，公務執行妨害罪につき，主文で無罪の言渡しをすべきでないとしただけでなく，理由中でも，無罪の理由を判示する必要はないとした（弁護人の上告趣意引用箇所）控訴審判決の説明は当を得ないとしたが，破棄はしなかった。

(4) 無罪判決が確定した場合

無罪判決が確定するということは，当該訴訟は被告人に一方的な負担を課したことになるから，関連する補償の定めが設けられている。すなわち，裁判に要した費用の補償については，法188条の2〜188条の7の定めがある。また，抑留・拘禁されたことに対する補償については，「刑事補償法」が設けられている。

第3 裁判の効力

1 裁判の確定力

(1) 形式的確定力

裁判が外部的に成立し，上訴その他の通常の不服申立方法によって争う余地がなくなった状態を確定又は裁判の形式的確定という。[17)]裁判が確定すると通常の不服申立は許されなくなるから，この効力を形式的確定力という。

裁判の確定時期を上訴の関係でいえば，上訴を許さない裁判は告知と同時に確定し，上訴を許す裁判は上訴期間の経過，上訴申立後の上訴の取下げ，上訴棄却の裁判等によって確定する。

[17)] 「通常の」というのは，非常上告，再審といった手続を除外する趣旨である。

(2) 内容的確定力

裁判が確定すると，上記のとおり通常の不服申立が許容されないことになるから，確定裁判が認定している事実も争いようがなくなる。そのため，この判断内容は後訴を審理する裁判所に対する拘束力を持つものとされている。これ

が内容的確定力である。[18]

　実体的裁判にこの効力があることは当然のことである（関係判例については，**参考裁判例59**参照）が，形式的裁判にもこの効力のあることが肯定されている。[19]

>　▼18）次注で紹介する福崎・後掲210頁は，確定裁判に内容的確定力があることについてはほとんど異説を見ないとされる。
>　▼19）最決平成12年9月27日刑集54巻7号710頁（福崎伸一郎・判解刑同年度205頁）は，1審無罪の検察官控訴事件で控訴審においてされた勾留の裁判に対する異議申立を棄却する決定が確定した後に，同異議申立と同一の論拠に基づいて勾留を違法として取り消すことはできないとした。

(3) 一事不再理効

ア 概説

　一事不再理効を実体裁判の内容的確定力（＝実体的確定力といわれる）で根拠付ける考えも有力である。しかし，公訴事実の範囲内で一事不再理効を肯定する前提では，訴因に掲げられていない公訴事実の部分については，裁判所の判断が示されていないから，そこに実体的確定力を及ぼさせることには難点があることになる。

　他方，憲法39条における二重の危険の禁止に基づく政策的なものとして説明する考えが有力化しているとされる。これは，公訴事実の範囲内では訴因変更が可能であることを前提としている。学修としてはこの考えに依拠していて良い。関連した説明に興味のある人は**参考裁判例60**を参照願いたい。

イ 一事不再理効の及ぶ範囲

　一事不再理効の及ぶ範囲については，公訴の効力は被告人にしか及ばない（法249条）から，人的には，一事不再理効も当該被告人にしか及ばない。

　物理的には，上記のとおり一般に公訴事実の範囲内に及ぶと解されている。もっとも，最判平成15年10月7日刑集57巻9号1002頁（多和田隆史・判解刑同年度456頁）が注目すべき判断をしているから，関連判例も含めて**参考裁判例61**を参照願いたい。実体法のレベルに引き戻るのではなく，訴因を中心として一事不再理効の及ぶ範囲を考えていこうという傾向が強まったものといえ，支持できる。

　時的範囲については，裁判の効力であるから，事実審理の可能性のある最後の時点（＝刑事では弁論の再開が可能なので，判決宣告時ということになる。この

ことを正確に理解しよう。）が基準時とされるべきである。そのため，例えば，当該判決の前後を通じて常習一罪が犯された場合には，実体法的には一罪であっても，上記時点で当該犯罪は二分化されることになる。

(4) 判決の当然無効

実体的判決が確定しても，上記の内容的確定力が認められない場合がある。それが判決の当然無効の場合であって，判決の内容に明白で重大な誤りがある場合である。この説明だけだと分かりにくいが，該当例として指摘されている，例えば，①同一事件について二重に実体判決がなされた場合の後で行われた方の判決，②被告人の死亡を看過してされた判決[20]，③法定刑以外の刑を言い渡した判決（例えば，法定刑が罰金刑以下の罪の事件で懲役刑を言い渡した判決）などに照らすと，判決の当然無効も了解できよう。

しかし，判決として言い渡された以上は，その誤りは上訴で是正する必要があり，万一確定した場合には，形式的確定力は生じるので，非常上告（法454条）で是正されることがある。

▼20）既に説明したように，被告人が死亡した場合には，法339条1項4号に基づいて公訴棄却の決定がされることになっている。

2　裁判の付随的効力

関連する規定は法343条以下にあり，禁錮以上の刑の宣告があると，保釈等が失効し（法343条），法60条2項ただし書（勾留更新の回数制限の定め），89条（必要的保釈）の適用が排除される（法344条）。宣告された判決は確定しているわけではないが，立法者は，宣告という訴訟行為に重大な意義を認めているものといえる。実際問題としても，判決を言い渡される前よりも判決を言い渡された後の方が逃亡のおそれは高まろうから，これらの規定の合理性は理解されよう。

他方，無罪等の判決があると，勾留状は失効する（法345条[21]）。なお，1審の無罪判決があった後に，控訴審で勾留ができるかについては，これを積極に解する一連の最高裁判例がある[22]。他方，勾留がおよそできないとするのは，無罪判決が確定したのと同じ状態にすることであって，元々無理な議論といえよう。

「押収した物について，没収の言渡がないときは，押収を解く言渡があったものとする」（法346条）とされている。もっとも，この効果は確定によって

生じるものと解されている。

　また，押収物の還付に関しては，法347条に定めがある。

▼ 21）同条の制定過程については，次注で紹介する矢野・後掲160頁注5参照。
▼ 22）①最決平成12年6月27日刑集54巻5号461頁（福崎伸一郎・判解刑同年度134頁。同事件の控訴審以後の推移については，矢野・後掲155頁注2参照），②最決平成19年12月13日刑集61巻9号843頁（松田俊哉・判解刑同年度476頁），③最決平成23年10月5日刑集65巻7号977頁（矢野直邦・判解刑同年度147頁。同事件の無罪判決は控訴審で破棄・有罪とされ，上告も棄却されて確定したことにつき，矢野・前掲153頁）。これらの判例に関する筆者の検討は，「無罪判決を受けた被告人について上訴審裁判所が勾留することの可否」別冊判タ34号（2012年）193頁参照。

第7章　付随手続

　裁判に関しては，上訴手続等説明すべき点はまだあるが，学生にとっては，第1審の手続を理解するのが最初で最大の課題であるから，第1審の判決が確定した前提で関連する説明を先行させ，上訴手続等のその余の説明はその後に行うことにした。この前提でまず付随手続について説明する。

　付随手続としては，併合罪について1個の刑が確定した後に，その一部について大赦があると，他に罪について刑を定める必要が生じる。その場合の定めとして刑法52条があるが，例外的な事態なので，この程度の説明にとどめ，他の手続について説明する。

1　訴訟費用負担の手続

　訴訟費用については，既に部分的に説明しているが，訴訟費用を負担させることができる場合は複雑な定めとなっていて，技術的側面もあるから，骨太の観点から必要な限度で説明する。

　典型的なのは刑の言渡しをしたとき（法181条1項本文）である。しかし，それ以外でも，被告人の責めに帰すべき事由によって費用が生じた場合（同条2項），その他の場合（同条3項，4項，183条，184条）にも負担させることがある。そして，共犯の訴訟費用は連帯負担も可能である（法182条）。また，裁判によって訴訟手続が終了する場合で，被告人に訴訟費用を負担させるときは，職権でその裁判が行われ（法185条前段），被告人以外の者に訴訟費用を負担させるときは，職権で別にその決定が行われる（この場合は即時抗告が可能。以上につき法186条）。その他の場合の定めとしては法187条，187条の2がある。また，負担額の算定に関する法188条がある。

　他方，訴訟費用の負担を命じられても，貧困のため完納することができない場合があり得る。そういった場合には，訴訟費用の負担を命ずる裁判が確定した後20日以内に，訴訟費用の全部又は一部について，その裁判の執行免除の申立をすることができるとされている（法500条，規則295条～295条の5）。

2 刑の執行猶予の取消手続

　刑の執行猶予の取消は，刑法26条，26条の2，26条の3に定められているが，検察官の請求によって行われる（法349条1項）。管轄裁判所も同項に定められている。また，保護観察の遵守事項違反に基づいて執行猶予を取り消す場合には，検察官は，保護観察所長の申出に基づいてこの請求をしなければならないとされている（同条2項。その際の方式等については規則222条の4〜222条の6）。

　裁判所で行われる取消に関する決定手続は，法349条の2に定められている。決定に対する不服申立は即時抗告である（同条5項）。

第8章　裁判の執行

1　概説
(1)　確定後執行が原則型
　裁判の内容である意思表示を国家の強制力によって実現することを裁判の執行といわれる。裁判が確定した後にその執行が行われるのが原則型である（法471条）。その例外としては，①訴訟費用の裁判については，第6章の訴訟費用の裁判執行免除の申立手続があるから，同申立期間の経過（同申立があると，その裁判の確定）後に執行が行われることになる。また，②罰金等の仮納付の裁判（法348条1項，2項）は，直ちに執行することができる（同条3項）とされているのは，事柄の性質上当然のことである。

(2)　検察官による書面で行う執行が原則型
　裁判の執行は，法472条1項，2項に定める検察庁の検察官が行うのが原則型である（同条1項本文）が，裁判所（裁判官）が執行する場合もある（同項ただし書）。そして，裁判の執行指揮は書面で行うのが原則型である（法473条本文）が，裁判書の原本等に認印して行われることもある（同条ただし書）。

　また，裁判の執行に関して必要があるときは，公務所等に照会して必要な事項の報告を求めることができる（法507条）。

2　刑の執行
　刑が2つ以上あると，その執行の順序が問題となる。法474条がその定めであって，罰金・科料を除いては，重いものを先に執行するが，検察官は重い刑の執行を停止して，他の刑の執行をさせることができる（法474条）。これは，例えば，当該刑に対する執行の状況が要件とされている仮釈放の資格を得させようとする場合に行われる。

　各刑に応じた執行に関する詳細な定めがあるが，骨太の観点から，その概要を示しておく。死刑の執行については法475条～479条がある。自由刑の執行については，刑法及び「刑事収容施設及び被収容者等の処遇に関する法律」の定めによっている。そして，自由刑の執行停止については法480条～482

条がある。

　財産刑等（＝罰金，科料，没収，追徴，過料，没取，訴訟費用，費用賠償，仮納付）については，法490条～494条，506条がある。また，訴訟費用の予納に関して法500条の2～500条の4がある。

　労役場留置の執行は，自由刑の執行に準じて行われる（法505条）。

　勾留日数の法定通算については法495条があり，没収等に関しては法496条～499条の2がある。

　拘禁されていない者に対しては，執行のための呼出が可能で，呼出に応じないときは収容状を発しなければならないとされている（法484条）。収容状に関する定めとしては，他に法485条～489条がある。

3　執行に関連した申立て

　①訴訟費用の負担の裁判の執行免除の申立てについては既に説明したが，②裁判の解釈の申立て（法501条，規則296条）については，申立の対象となるのは判決の主文に限定されている▼1)。

　③執行に関する異議の申立てについては，法502条▼2)，規則295条1項がある。

　①～③の申立については，裁判所が決定をするが，不服申立は即時抗告である（法504条）。他方，上記決定があるまでは申立を取り下げることが可能とされている（法503条1項）。

　　▼1)　最決昭和25年12月22日刑集4巻13号2880頁は，法501条の「裁判の解釈について疑があるとき」について，「判決主文の趣旨が明瞭でなく，その解釈につき疑義がある場合のこと」をいうとしている。
　　▼2)　同条にある「処分を不当」に関して，違法な処分に限るのか，不相当な処分も含むのかについては争いがあり，最高裁の見解は明らかにされていないとされている（髙木俊夫・判解刑昭和54年度33頁注12）。

第9章　上訴

第1　全体の概観

1　概説

　裁判は，既に説明したように上訴を許さないものもあるが，訴訟手続の基軸となる裁判に対しては上訴の制度が設けられている。憲法32条が国民に保障している裁判を受ける権利をより充実させるものといえる。

　上訴の種類については既に説明しているが，法351条〜367条に上訴に関する通則の定めがあるものの，上訴そのものの定義規定はない。しかし，上訴の要素を考えていくと，上訴であるから上級審での訴訟手続としての是正が中心となる制度であると理解でき，①訴訟手続としての不服申立制度であること，②その対象は未確定の裁判であること，③上訴審裁判所に対してその是正を求めること，がその内容であると解される。

　この内容に照らすと，①からは，司法行政上の措置を求めること（法277条）とは異なること，②からは，ⅰ裁判確定後の手続である再審，非常上告制度とも，また，ⅱ裁判ではない，捜査機関の処分に対する準抗告（法430条），裁判の執行に対する異議の申立て（法502条）とも異なること，③からは，同じ裁判所に対する異議の申立て（法309条）や判決の訂正申立て（法415条）とも異なること，がそれぞれ理解できる。

　他方，裁判官の裁判に対する準抗告（法429条），高等裁判所の決定に対する抗告に代わる異議申立て（法428条）は，同一審級内での不服申立制度であって，上訴ではないものの，その性質としては上訴に準じるものと解される。

2　上訴権者

　上訴権者は，上訴ができる権能を有する者ということになる。

(1)　裁判を受けた者

　ア　検察官，被告人（法351条）

上訴は，裁判に対する不服申立制度であるから，当該裁判を受けた者が固有の上訴権者となる。検察官（法351条2項所定の者を含む）と被告人とが該当する（同条1項）。

イ　決定を受けた者（法352条）

決定手続の場合には，上記以外でも裁判を受けた者が存在する場合がある（法352条）。法規に直接規定されている者としては，法133条・150条（出頭拒否による過料，費用賠償），160条（宣誓拒否による過料，費用賠償），183条（告訴人等の費用負担），184条（上訴等の取下げによる費用負担），186条（第三者に対する訴訟費用の負担）等に該当する者がある。

また，保釈に関する裁判では，争いがあったが，判例によって，以下の者の該当性が肯定されている。すなわち，①被告人の配偶者・直系の親族・兄弟姉妹で保釈請求をした者（いずれも法88条所定の保釈請求権者である）[1]，②保証金を納付した者・これに代わる有価証券を納付した者・保証書を差し出した者である[2]。

▼1）　最決平成17年3月25日刑集59巻2号49頁（藤井敏明・判解刑同年度48頁）は，法429条1項にいう「不服がある者」にも該当するとしている。

▼2）　最大決昭和43年6月12日刑集22巻6号462頁（綿引紳郎・判解刑同年度168頁）は，本文記載の判断を示し，保証金を納付し，保証書を差し出した者（＝第2審の弁護人《綿引・前掲171頁》）を法351条2項所定の者に不該当とした原決定を判例を変更して，取消差し戻した。
　　また，本決定が被告人も異議申立権者であることを認めていることにつき，綿引・前掲174頁。

(2)　法定代理人，原審弁護人等（法353条～355条）

被告人のために上訴をすることができる者として法文に明記されている者であって，被告人の法定代理人・保佐人（法353条），勾留理由開示の請求をした者（法354条），原審代理人・弁護人（法355条）である。

法356条が，被告人の明示の意思に反して上訴できない旨定めているのは，上記のように被告人のための上訴であることからすれば，自然なことといえる。

原審弁護人の意義については，判例に変遷があったが，①原判決言渡し後に選任された弁護人を含まないこと，②このような弁護人弁護士は被告人を代理して上訴することができること（最大判昭和24年1月12日刑集3巻1号20頁），③同弁護人には上訴権を有しない選任権者によって選任された者も含まれることとされている[3]。

▼3）最大決昭和63年2月17日刑集42巻2号299頁（安廣文夫・判解刑同年度95頁）。判例の変遷については，安廣・前掲103頁に紹介がある。こういった判例の変遷からは，法解釈にとって何が大切であるか（＝被告人の上訴権を広く保護していくこと），固定的な思考（＝判例は◎◎説だ）から脱却することの重要性を看取できよう。

3　上訴の利益

　上訴は当事者の訴訟行為によって開始されるものであるから，基本は，当該当事者にとって利益なものであることが前提とされている。この利益性は，法律的・客観的（＝類型的）に判断されるべきである。こういった利益性が求められているということは，上訴というのは，純粋に裁判の是正を目的とした制度ではないということを意味する。すなわち，例えば，正当防衛を認めた無罪判決に対して検察官が控訴しない場合には，被告人には控訴の利益がないとされているから，当該判決は確定するのであって，犯人性を否定するのが正しい結論であったとしたところで，そういった是正の余地はないのである。そして，判例は，無罪判決だけでなく，免訴判決，公訴棄却の決定，管轄違いの判決（大判明治37年6月27日刑録10輯1416頁）に対しても，被告人には上訴の利益はないとしている。

　検察官は，公益の代表者であるから，例えば，処断刑の範囲を超える重い刑を科した判決に対して控訴するなど，被告人の利益のためにも上訴することができる。他方，無罪判決に対しても上訴ができるとされている（最大判昭和25年9月27日刑集4巻9号1805頁）ことについては批判もある。

　被告人や被告人のために上訴できる者は，被告人に不利益な上訴をすることはできない。

▼4）　最大判昭和23年5月26日刑集2巻6号529頁（「プラカード事件」として著名），最大判昭和29年11月10日刑集8巻11号1816号（青柳文雄・判解刑同年度350頁），最判平成20年3月14日刑集62巻3号185頁（「横浜事件」に関する再審事件。松田俊哉・判解刑同年度146頁）。

▼5）　最決昭和53年10月31日刑集32巻7号1793頁（堀籠幸男・判解刑同年度415頁）。

▼6）　現行法上はこの判例は当然の結論と解されるが，一般論として考えても，3審制を前提とする方が，有罪・無罪を問わず，裁判の適正を確保する意味からも適切なものと解される。

4　上訴権の発生，消滅等

(1)　**上訴権の発生，消滅**

上訴は裁判に対する不服申立手続であるから，上訴権は，裁判の告知によって発生し，上訴提起期間が進行する（法358条）。そして，上訴期間の定めがあると，その期間の経過によって上訴権は消滅する。

> ▼7）　上訴期間の定めがない例としては，法421条は，一般抗告について，原決定の取消の実益がある限り，何時でも行える旨を定めている。

(2)　上訴の放棄・取下げ（法359条）

　上訴をするかどうか，一旦行った上訴を維持するか取り下げるか，は，当事者の意思に委ねられている（法359条）。しかし，訴訟の推移に重大な影響を与える訴訟行為であるから，その処理には手続的慎重さが求められている。すなわち，上訴の放棄の申立は書面でしなければならないし（法360条の3），死刑又は無期の懲役（禁錮）に処する判決に対する上訴の放棄は許されない（法360条の2）。また，被告人のために上訴する法353条，354条に規定する者が上訴の放棄・取下げをするには，書面による被告人の同意を得ておく必要がある（法360条）。

　そして，その効果は確定的であるから，上訴の放棄・取下げをした者（上訴の放棄・取下げに同意した被告人を含む）は，その事件について再度の上訴をすることは禁止されている（法361条）。

　その他の手続的な定めには，規則223条〜224条の2，229条（227条・228条），230条がある。

(3)　上訴権回復（法362条）

ア　概説

　上訴できなかったことについていかなる理由があろうとも，上訴期間が経過すると上訴権は消滅する，と一律に扱うことは，上訴権者の保護に欠けるところがある。上訴権回復はそのことについて対応した制度である。上訴権回復の要件は，法351条〜355条所定の上訴権者が「自己又は代人の責に帰することができない事由によって上訴の提起期間内に上訴をすることができなかったとき」である（法362条）。

　先に「責に帰することができない事由」の意義について説明すると，上訴不能の事由が上訴権者又はその代人の故意又は過失に基づかないものをいう，と解されている。この点は支持されよう。問題はその先にある。上訴を上訴権者が行う場合には，代人は登場しない。しかし，他人を介した場合には，その者

に故意，過失があると，その者が代人に当たるかどうかが問題となる。「代人」という用語方法からして，代理人よりは広い概念であるとはいえるが，例えば，条解刑訴1008頁は，代人について「上訴に必要な諸般の行為を法律上または事実上本人に代わって行なう者をいい，弁護人（事務所員等を含む），本人の家族，従業員などがこれに含まれる」と幅広く解している。代人を幅広くとらえると，上訴権者は自分には故意過失がなくても，代人に故意過失があるとその不利益を被って上訴権の回復はできないことになってしまうことに留意しておく必要がある。

▼8）最決昭和31年7月4日刑集10巻7号1015頁（吉川由己夫・判解刑同年度200頁）。
▼9）最決昭和36年6月7日刑集15巻6号956頁（栗田正・判解刑同年度150頁）は，法362条が代人（当該事件では1審弁護人）の過失によって上訴期間を徒過した場合上訴権回復の請求権がないものとしたのを合憲としている。

  イ　上訴権回復の手続

　請求先は原裁判所である（法362条）。請求期間は，「事由が止んだ日から上訴の提起期間に相当する期間内」である（法363条1項）。上訴の申立と同時に（同条2項），書面で（規則225条）行わなければならない。刑事施設にいる被告人については，法367条によって，その特則を定めた法366条が準用される。

　この請求が認められると，同時に申し立てられている上訴の申立に応じた手続が進行することになり，原裁判は未確定の状態に戻るのである。他方，この請求についてされた決定に対する不服申立方法は即時抗告である（法364条）。

　この請求があると，原裁判所は，上記決定をするまで裁判の執行を停止する決定をすることができ，この場合には，被告人に対し勾留状を発することができる。その他の手続的な定め（上訴もしなければならないのでその点も含めて）には，規則225条〜230条がある。

▼10）細かな点だが，裁判は確定している状況下で裁判の執行が停止されると，身柄拘束が必要な被告人に関しては身柄拘束の根拠がなくなってしまうからである。

5　上訴の申立

(1)　上訴申立の手続

　申立書を原裁判所に提出する（判決について法374条，414条。決定について423条，434条）。刑事施設にいる被告人に対しては上記のとおり法366条，

規則227条，228条でその特則が定められている。申立書であるから，口頭・電報による申立は許されない。[11]

　なお，原裁判所に提出する意義については既に説明した。

　上訴の範囲は裁判の全部だけでなく，一部に対しても行うことができるが，部分を特定していないと全部に対して上訴したものとみなされる（法357条）。この「一部」の意義は分かりにくいが，共同被告人の場合には各被告人ごとに判決はされていることになるから，例えば，3名の共同被告人の内の1名の被告人だけが控訴した場合でも，当該被告人に関しては全部控訴である。単独の被告人について更に説明すると，罪数は直接関係はなく，主文の個数で考えるべきである。例えば，確定裁判があって主文がA，B2個に分かれた場合に，A（B）についてのみ控訴した場合が一部控訴である。他方，甲罪・乙罪が併合罪の関係にあっても主文が1個の場合には，甲罪についてのみ控訴するといったことはできないのである。

　　▼11）最決昭和35年2月27日刑集14巻2号206頁（髙橋幹男・判解刑同年度65頁）は，電報による上告の申立を不適法とした。

(2) 上訴申立の効果

ア　裁判の確定の阻止，執行の停止

　この効果は，上訴という訴訟行為の性質から導かれる範囲内の，その意味では当然の事柄である。すなわち，まず，裁判の確定を阻止することになる。そのことから，裁判の確定を前提とした執行力も停止させることになるはずであるが，こちらは，必ずしもそうではない。判決の場合には，原裁判の主文は確定を待って執行力を有することは既に説明しているから，控訴，上告があると，上記のとおり裁判の確定が阻止され，執行力も停止されることになる。

　しかし，既に説明したように仮納付の裁判の執行は裁判の確定を待たずに行えるから，上訴によって停止されることもない（法348条3項）。

　他方，抗告（準抗告）では，即時抗告を除いて，執行停止の効力はないから（法424条1項本文，434条），そういった場合に裁判の執行停止をするには，原裁判所又は抗告裁判所が執行停止の決定をする必要がある（424条1項ただし書・2項，434条）。

イ　移審の効果

　移審は，文字どおり，訴訟の係属が原審から上訴審に移ることである。上訴

が上訴審での原裁判の是正を求める不服申立手続であるから，移審の効果があることは当然のことである。もっとも，決定に関しては，原裁判所が原裁判を審査する「再度の考案」という手続があり（法423条2項本文），抗告を理由があるものと認めて原決定の更正が行われてそれが外部的に成立すると，その段階で当該抗告の手続は終了してしまうから[12]，当該事件は上訴審に移審しない。

また，上訴権の存在が前提となるから，上訴が明らかに上訴権の消滅後になされた場合には，不適法なことが明白であるから（しかも，反対当事者も上訴していない場合には[14]，当該事件は既に確定していることになる）[13]，原裁判所は決定で上訴を棄却しなければならないこととされている（法375条前段，414条）。同決定に対する不服申立手続は，即時抗告とされている（法375条後段）。

他方，法375条前段の類推適用については，判例は慎重な態度をとっており（細かな説明となるので，**参考裁判例62**参照），上訴に関して上記以外の法令違反等があっても，原裁判所は，上訴棄却の決定をすることなく，上訴審に当該事件を移審させる必要がある（＝具体的には一件記録・証拠物を上訴審に送付することになる《規則235条》）。

▼12）この更正決定に対しては，一般抗告が可能と解されている（条解刑訴1107頁）。

▼13）上級審は，上訴権の消滅後にされたものであるときは，決定（法385条1項・414条）又は判決（法395条，414条）で当該上訴を棄却できる旨定められているから，そういった上訴審での裁判を待つまでもないほど明白な場合ということになる。

▼14）上訴権は，既に説明したように，上訴期間の経過，上訴の放棄，取下げによって消滅する。

第2　控訴

1　控訴審の構造

「構造論」などというと抽象的な感じがするが，控訴審の議論をする場合には，控訴審の構造を前提とした議論となる割合が高いから，この点の理解は避けて通れないところがある。もっとも，個別事項の解決・判断に当たっては，当該事項の問題点に即して考えるのが最も適切であって，構造論から演繹的に考えていくのは避けるべきであるが，当該事項の問題点に即して考える視点を構造論が提供してくれていると理解されたい。

上訴審の構造については，3類型が指摘されている。すなわち，①覆審＝審

理を最初からやり直すもので，旧刑事訴訟法における控訴審が該当したとされている。[15]

②続審＝原審の審理（弁論終結の直前）を継続して行う。民事訴訟における控訴審，破棄後の刑事の上訴審が該当するとされている。[16]

③事後審＝刑事の上訴審の基本的な構造とされ，当事者が提出する「上訴の趣意」で指摘されたことを中心の判断対象として，原審の審理・判決の適法性，相当性等を事後的な立場から審査する手続である。そのため，上訴裁判所には，上訴の趣意に対する審査義務がある（法392条1項，414条）。それ以外でも職権調査可能（法392条2項，414条）である。事後審は，1審の審理が充実していることが前提となる（＝控訴審で再度同じことをすると手続的に重複してしまう）。その「充実」の中心にあるのは，直接主義・口頭主義であろう。裁判員裁判の実施を契機として直接主義・口頭主義のことが強調されているのは，まさに，原点復帰の現れともいえよう。

> ▼15）筆者は，その当時の控訴審の有り様を直接は知らないが，青柳文雄『刑事訴訟法通論（5訂版）下巻』(1976年，立花書房) 521頁は，「覆審といって建前上は全くのやり直し審であった」とした上で，当時の第1審の審理の状況を紹介しつつ，「被告人が公判で述べる不服の点を中心とした重点的な取調であって，その点だけから見れば続審ないし事後審と実質は変わらないものであった」とされている。この指摘を前提とすれば，抽象的な議論とは別の実務の実態が見えてこよう。

> ▼16）もっとも，刑事控訴審の場合には，破棄と判決宣告は同時に行われるから，破棄判決の根拠資料が原判決後の控訴審で審理分も含まれることを意味するのにとどまり，続審として新たな審理が行われるわけではない。

2　控訴審の手続

(1)　控訴の意義等

地方裁判所（簡易裁判所）がした1審の判決に対して行うのが控訴である（法372条）。控訴については高等裁判所が裁判権を持つ（裁判所法16条1号）。控訴の提起期間は14日である（法373条）。[17] 控訴申立書の提出先が第1審裁判所であること（法374条）は既に述べた。

> ▼17）民事でも，起算日は異なるものの，期間としては同じであるが，「二週間」とされている（民事訴訟法285条本文）。

(2)　控訴審における審査・審理

ア　控訴審における審査

控訴趣意書は，裁判所が指定した期間内に控訴裁判所に提出する必要がある（法376条，規則236条）。この期間内に控訴趣意書が提出されないと，控訴は成立しないから，法386条1項1号により控訴棄却の決定がされることになる。控訴趣意書が提出されると，控訴審裁判所は，控訴趣意書に包含された事項について調査義務を負っていることもあって（法392条1項），控訴の趣意を中心に審査することになるが，職権調査も可能とされている（同条2項）。しかし，近時は，事後審制の徹底が強調されていて，職権調査については謙抑的な運用が強まっている[18]。

審査の資料の中心は原審記録である。それ以外の資料を参照して良いのかについては，関係の控訴趣意のところで説明する。ちなみに，法394条は，1審の証拠は控訴審でも証拠能力を有する旨を定めており，証拠調べをし直す必要がないことは判例で確認されている[19]。

判断の基準は原則原判決時である。それ以外の基準時については関係の控訴趣意のところで説明する。

審査の視点については，記録に基づいて控訴審が独自の心証を形成して原判決の内容と比較する心証比較説が有力であったとされる[20]が，後に紹介する近時の一連の最高裁判例を通じて，特に，事実誤認については，原判決にある論理則，経験則等の違反を具体的に指摘することが重視されるようになっている。

▼18) なお，いわゆる攻防対象論は技術性の高い議論であるから，**参考裁判例63**を参照願いたい。
▼19) 最判昭和34年2月13日刑集13巻2号101頁（栗田正・判解刑同年度30頁）。
▼20) 細かな議論となるけれども，筆者は，控訴趣意を抜きにした形で控訴審が独自に心証を形成するというのは想定しにくいから，この種の指摘には疑問もあるが，ここでは措いておく。

イ 控訴審における公判

控訴審は，当該事件を法的観点から審査する法律審であるとともに，事実の観点から審査する事実審でもあるから，1審の公判と共通するところも多い。法404条，規則250条で，1審の公判に関する規定が基本的に準用されている所以である[21]。そこで，1審の公判手続とは異なる点を中心に説明する。

被告人は，出頭の権利はあっても，出頭の義務は原則としてない（法390条本文・ただし書）。そのため，被告人が出頭しないまま審理・判決が行われるこ[22]

ともある。

　弁護人は弁護士に限られ（法387条），被告人のためにする弁論は，弁護人のみが行えることとされている（法388条）[23]。控訴審の審理の専門性をうかがわせるものといえる。そして，控訴審における弁論は，控訴趣意書に基づいて行われる（法389条）[24]。

　なお，既に説明した原審弁護人は控訴の申立はできるが，審級代理の原則が採用されているから（法32条2項）[25]，控訴審の弁護人として選任されない限り，控訴審で弁論を行うことはできない。それでも，判例は，控訴申立との不可分的関連性を肯定して控訴趣意書の提出は認めている[26]。

　控訴審の審査は，1審とは構造が異なるから，冒頭手続に関する法291条は準用されないし，また，1審記録の検討が前提となるから予断排除の原則に関する諸規定の準用もない。事実取り調べは説明すべき点が多いので，項を改めて説明する。

　そして，この法393条1項，2項に基づく事実取調べが行われると，検察官及び弁護人は，その結果に基づいて弁論をすることができる（同条4項）。1審でも証拠調べが終わると，弁論の手続が設けられていて，検察官に対しては義務とされ，被告人（弁護人）に対しては権限とされている（法293条）。しかし，1審では証拠調べを経ることが必然であるから，この弁論の機会も必ず訪れるが，控訴審の場合には，事実取調べが行われるとは限らないから，弁論の機会がないまま結審する事件も，上記の事実取調べの実施割合に反比例して増加傾向にあることになる。

　訴因変更も単純ではない。事後審の観点からすれば，1審の審査を行うわけであるから，訴因変更を行う余地はないはずである。しかし，それでは実体的真実を保つことの困難度が高まる。他方，破棄後は続審構造となるとすると，続審構造となった段階では，訴因変更を認めても続審構造と矛盾することにはならない。他方，控訴審で広範に訴因変更が認められると，事後審制や充実した1審の審理の意義も限りなく乏しくなる。

　こういったことを考えると，控訴審においては，1審の審理構造（特に，公判前整理手続を経た場合）を無に帰することになるような形での訴因変更は認められるべきではない。しかし，そういった限定の下で，破棄事案における適切な結論を得るのに必要な限度で訴因変更を認めることは，事後審制と齟齬す

るものとまでは解されない。判例も，破棄を前提とする訴因変更を認めている（説明が細かくなるので，**参考裁判例64**参照）。

▼21) 他方，法414条で控訴審の規定が上告審に準用されているのは，法律審としての共通性の現れともいえる。このように，控訴審は混合的な性格を持っており，逆にいえば，そういった重要な役割を担っているからこそ，控訴審が事実認定・量刑における事実上の最終審などといわれる所以でもあるといえよう。

▼22) 高等裁判所の管内は1審よりも通常広いから，在宅の被告人にとっては，出頭の負担が軽減されることになる場合もある。

▼23) 他方，弁護人が欠けた場合（該当事例は，弁護人の不出頭，元々弁護人の不選任等）でも，一定の条件下で判決も行えるとしている（391条）。

▼24) 公判の冒頭で控訴趣意書を陳述する必要があるが，1審では検察官が起訴状を朗読して手続が進行していくのに慣れているせいか，被告人控訴の場合には，まず，弁護人が控訴趣意書を陳述することに戸惑う弁護人もみられる。
　なお，規則245条では，裁判長は，合議体構成裁判官に控訴趣意書等を検討した報告書の作成を命じられることなどが定められているが，筆者は，この規定を活用したことはなかった。

▼25) 各審級の終局裁判が行われた段階でその審級の弁護活動も実質的に終了する。審級代理は，こういった弁護活動の実情に沿ったものといえる。もっとも，上訴の提起前の保釈請求や記録の閲覧等一部原審弁護人の立場で行えるものもないではない。

▼26) 最大判昭和29年7月7日刑集8巻7号1052頁（天野憲治・判解刑同年度170頁）。

ウ　控訴審における事実取調べ

㋐　概説

事実取調べも，1審での審理が充実していれば，控訴審での事実取調べの必要性はそれだけ減ることになる。事実取調べの実施割合が減ってきているのにも，そういったことが反映しているのであれば，歓迎すべきこととなろう。▼27) そして，事実取調べ請求は，検察官，被告人（弁護人）から行える（法393条1項本文）が，1審より構造が複雑になっている。すなわち，法382条の2（新たな事実の援用。同条に関しては後に説明する）の疎明があると，量刑不当，事実誤認を証明するために欠くことができない場合には，取調べ義務が裁判所に課されている（法393条1項ただし書）。

なお，被告人は，法404条によって法311条が準用され，裁判長等の求めに応じて任意の供述をすることができるとされているが，事実取調べとしての被告人質問については，証人同様に，事実取調べの規制の下で行う運用が一般化している。この点は，事後審の徹底といった観点からすれば，事柄の性質に

即したものといえよう。

　また，事実取調べを行うこと自体で続審化したといった捉え方もあるが，原判決の審査のために行われている限りは事後審として理解されるべきである。他方，破棄を前提とした（そのことも念頭に置いた，といった程度も含む）事実取調べが行われると，続審化したことになるが，この両者の実際の区別は困難な場合があるとしても，理念的には区別されるべきである。

▼27）最高裁判所事務総局刑事局「平成26年における刑事事件の概況（上）」曹時68巻2号（2016年）27頁，特に85頁では，控訴審において事実取調べが行われた人員が，平成22年の4053人（59.1％）から平成26年の3043人（51.7％）に減じていることが分かる。

(イ) 職権による場合の特則

　裁判所の職権による事実取調べの範囲については，争いがあるが，判例は，1審判決以前に存在した事実に関する限り，第1審で取調べないし取調べ請求がされていない新たな証拠について，法393条1項ただし書の要件を欠く場合でも，第1審判決の当否を判断するため必要と認めるときは，同項本文に基づいて，裁量によってその取調べをすることができるとしている[28]。

　原判決後の事情については，事後審構造からすれば，そのことを考慮することは，原判決に瑕疵のない事情を判断対象とすることになるから，論理矛盾といえる。しかし，昭和28年の法改正で追加された法393条2項によって，裁判所は，必要があると認めるときは，職権で，1審判決後の量刑に影響を及ぼすべき事情について取調べをすることができる，とされている。この限度では続審構造となっている。制度の純粋性を欠くことにはなるが，裁判の妥当性，被告人の納得といった観点からは必要性のある法改正ということができよう。

　この事実取調べは，受命・受託裁判官にもさせることができる（同条3項）。

▼28）最決昭和59年9月20日刑集38巻9号2810頁（安廣文夫・判解刑同年度381頁）。

3　控訴の理由

(1) 概説

　控訴審に関する学修の中心に控訴の理由があるが，先に，控訴審の構造を全体的に頭に入れてもらってから控訴の理由を学修する方が分かりやすいのではと考え，法文の順序とは異なる順序で説明する。

ア　控訴の理由は限定されていること

控訴の理由は法377条～383条に定められている。そして，控訴の申立ての理由はこれらの条文に定められたものに限定されている（法384条）。そうすると，控訴の申立てが窮屈なように受け止められかねないが，実際はそうではない。問題とすべき事態を上記条文のどこに当てはめるのか，といった作業を伴うけれども，問題とすべき事態があるのに，それが控訴の理由として指摘できないということにはなっていないからである。

イ　控訴の理由の分類と実務的な位置付け

　控訴の理由は，絶対的控訴理由と相対的控訴理由とに二分される。絶対的控訴理由は，当該理由が認められるとそれだけで原判決が破棄されることになる理由であって，法377条，378条で定められている。また，法383条も，法379条等とは異なり，判決への影響が明記されていないから，絶対的控訴理由を定めたものと解される。

　相対的控訴理由は，当該理由が認められても，判決に影響を及ぼすべきときに限って原判決が破棄されることになる理由であって，法379条以下に定められている。破棄との関係でいえば，絶対的控訴理由は直接的であり，相対的控訴理由は判決への影響を介することになるから間接的である。しかし，実務的に主張される頻度としては相対的控訴理由の方が高い。そのため，こういった実務の有り様も考慮して以下で個別に説明する。

　説明の順序としては，認定事実を中心に考えると，①認定の資料である証拠に関連する訴訟手続の法令違反，②その証拠に基づいた事実誤認，③当該事実に対する法令適用の誤り，④法令の適用で導き出された処断刑を前提とする量刑不当，これが相対的控訴理由の主要な位置付けである。そして，絶対的控訴理由の中では，認められるかはともかく，⑤理由不備，理由齟齬の主張頻度が高いから，まずは，この5つの控訴理由を説明し，その後で，その余の控訴理由について説明する[29]。

　「判決に影響を及ぼすことが明らかである」の意義については，判例では，「その法令違反がなかったならば現になされている判決と異る判決がなされたであろうという蓋然性のある場合」をいうものとされている[30]。そして，この「判決」の意義については，主文に限定されず，より幅広く，理由も含まれると解するのが一般的である[31]。是正すべき範囲が広がるから，こういった解釈は支持されるべきである。

▼29) 前掲最高裁判所事務総局刑事局「平成26年における刑事事件の概況（上）」曹時68巻2号27頁，特に84頁によれば，被告人側の控訴事件では，量刑不当が71.1％（このほかに原判決後の情状＝393条2項が11.0％），事実誤認が30.8％（なお，これらで既に100％を超えているのは，複数の控訴理由が重複計上されているためである），訴訟手続の法令違反と法令適用の誤りの合計で10.1％，法377条・378条の合計で2.0％であった。

▼30) 最大判昭和30年6月22日刑集9巻8号1189頁（三鷹事件として著名である。城富次・判解刑同年度475頁）。

▼31) 例えば，被告人が出頭していないのに判決を言い渡すのは，法283条，284条に該当する場合を除いて法286条に違反するものであるが，被告人が出頭しているか否かで宣告刑が変わるとは考えられないから，主文に影響があることが，「明らか」とはいえない。そのため，主文に限定すると，こういった違法は是正されなくなってしまう。

ウ　控訴審の実情の一端

事後審制の徹底が強調され，控訴審全般において事実取調べを行うことが謙抑的になっている。すなわち，注27で紹介したように控訴審において事実取調べが行われた人員が減少しているが，その内訳でも，「被告人質問のみ」は32.1％から24.5％と7.6％減少している。そして，控訴の結果としては，上記期間において，控訴棄却が68.6％から70.3％へ増加し，破棄が10.8％から9.3％へ減少している。原審尊重の姿勢が強まっているといえる。

事後審を前提とすれば，控訴審が原判決を破棄する場合には，原審に差し戻すのが原則型といえよう（400条本文）。しかし，実務では殆どの場合が自判処理されてきた（400条ただし書）。これは，原判決を破棄できるほどの審理内容になっていると，控訴審において自判が可能となっている方が自然なことといえることが，その基盤にあるといえる。

▼32) 特に，被告人側の控訴事件では，9.9％から8.6％へ減少していて，原判決を変更させることが一段と困難となっている。

▼33) 平成26年でも，破棄人員中，自判が548人で，差戻し・移送が10人である。

(2)　訴訟手続の法令違反等

ア　訴訟手続の法令違反（法379条）

法令適用の誤りとの区別が分かりにくいが，こちらは，法文に「訴訟手続に法令の違反」とされているように，訴訟手続に関する法令への違反を理由とするものである。そして，法文に「前二条の場合を除いて，」とあるところからも分かるように，訴訟手続の法令違反の内の重大なものは，法377条，378

条の絶対的控訴理由に定められているから，それ以外のものということである。しかし，上記のように主張頻度は訴訟手続の法令違反の方が圧倒的に多いことからも分かるように，法377条，378条の発生頻度はそれ程多くはない。

他方，訴訟手続の法令違反としては，違法収集証拠を証拠採用して事実認定に用いた場合などが該当例の典型例といえる。そして，訴訟手続の誤りについては，訴訟の過程では，法309条の異議手続を介して是正されることがあるが，そこで争いが決着せずに，この控訴理由として主張されることもある。しかし，上記のように重大なものが除かれた訴訟手続の法令違反には軽微な違反も含まれてくるところから，破棄事由として考えると，「判決への影響」が要件とされているのは自然なことといえる。

イ　事実誤認（法382条）

(ア)　概説

著名な無罪事件，更には再審無罪事件があるように，事実誤認[34]は，その有無について深刻に争われることがあり，控訴審の審査において実質的に重要な位置を占めているといえる。しかし，全ての事実の誤認が是正されるわけではなく，判決に影響を及ぼすべき事実誤認だけが是正の対象とされている（何故そうなのかについては細かな説明になるので，**参考裁判例65** 参照）。

事実誤認の対象事実は，厳格な証明を要する刑罰権の存否及びその範囲に関する事実が該当することは一般に承認されていて，①構成要件該当事実，②違法性阻却・責任阻却に関する各事実，③刑の加重減免の理由事実，④処罰条件に関する事実，⑤附加刑の前提事実，が該当すると解されている。そして，重要な情状事実も事実誤認の対象事実とすることが考えられるが[35]，この点については異論もある。

無罪判決の場合には，多様な無罪の理由[36]に応じて，当該事実の誤認が判決に影響を及ぼすような事実が事実誤認の対象となる，といった，やや同義反復的な理解が自然なこととなろう。その前提でいえば，有罪判決における事実誤認の対象事実として指摘した上記事実は，通常，事実誤認の対象となってこよう（刑の量定はされていないから，情状事実はその対象とはならない）。

判断の基準時は原判決時である。

▼34)　興味のある人は，拙稿「事実誤認（382条）」法学教室411号（2014年）36頁も参照願いたい。

▼35) 例えば，最判昭和47年2月17日裁判集刑事183号241頁は，情状事実である弁償事実を誤認した控訴審判決を法411条3号（事実誤認）で破棄・差し戻した。

▼36) 例えば，①犯罪事実自体が認められない，②犯罪事実は認められるが被告人はその犯人ではない，③被告人には故意が認められない，④共謀が認められない（被告人が共謀共同正犯者とされる場合），⑤被告人には正当防衛・緊急避難が成立する，⑥被告人の責任能力が認められない（心神喪失），など無罪の理由は多様である。

(イ) 事実誤認の意義と事実誤認評価の視点

事実誤認の意義については，裁判員裁判実施後の最高裁判例である最判平成24年2月13日刑集66巻4号482頁，特に490頁は，「382条の事実誤認とは，第1審判決の事実認定が論理則，経験則等に照らして不合理であることをいう」とした。▼37) 要するに，事実誤認は不合理な事実認定を指し，その不合理性は論理則，経験則等に照らして判断されるということである。事実誤認については，控訴審として独自に形成した心証に照らして第1審の事実認定を誤りであるとする（＝心証比較説）のではなく，原判決に即して審査し，その認定の中にある論理則，経験則等に不合理な点を発見して，その事実認定を誤りとする，といった考え（＝論理則，経験則等違反説）によっていると解される。

そして，事実誤認評価の視点については，上記平成24年最判，特に，刑集同号490頁〜491頁は，「控訴審が第1審判決に事実誤認があるというためには，第1審判決の事実認定が論理則，経験則等に照らして不合理であることを具体的に示すことが必要である」とした。この具体的な指摘は常に容易であるとは限らないが，具体的に指摘できないような心証にとどまる事実の誤認は，破棄という形での是正の必要性が通常肯定されないということになる。

▼37) 上岡哲生・判解刑同年度115頁。関連判例の紹介や筆者の考えについては，拙稿「最近の薬物事犯を中心とした最高裁判例に見る刑事控訴事件における事実誤認について」刑ジャ40号（2014年）31頁参照。

(ウ) 援用

控訴趣意書に，「訴訟記録及び原裁判所において取り調べた証拠に現われている事実であって，」事実誤認「があることを信ずるに足りるものを援用しなければならない」とされている（法382条）。このことには，①事実誤認を控訴趣意として主張するには，その根拠を具体的な事実として主張する必要があるという，当事者的側面と，②当該援用のある主張があると，控訴審裁判所

は，当該控訴趣意をより適正に理解することができるという，裁判所的な側面であるといえる。

　そして，昭和28年の法改正で追加された382条の2によって，主張できる範囲が拡大され，①弁論終結前に取調べを請求することができなかった証拠によって証明することができる事実，②弁論終結後判決前に生じた事実，についても，やむを得ない事由があれば援用可能とされるようになった。①と②は若干紛らわしいが，証拠との関係，事実の生じた時点の相違に着目すればその相違を理解できよう。

ウ　法令適用の誤り（法380条）

　ここでの法令は，上記訴訟手続の法令違反で前提とされている法令は除外されているから，認定事実に対する刑法その他の実体法の解釈・適用をいうものと解される。

　既に説明した内容と重複する点を除くと，審査の基準時は原判決時であるが，法383条2号所定の事項（判決があった後の刑の廃止・変更，大赦）については，原判決後のものが許容されている。

エ　量刑不当（法381条）

　量刑不当であるから，原判決の量刑が重すぎるか，軽すぎるか，する場合である。刑の種類，刑量だけでなく，執行猶予の有無・その期間，保護観察の有無，未決勾留日数の本刑への算入の有無・程度，換刑処分の割合等も含まれる。

　判断対象事実については，原判決前の事情に限られるが，法393条2項に基づき職権により，1審判決後の刑の量定に影響を及ぼすべき情状について取調べをすることができるとされているから，この取調べによって取り調べられた事実も含まれることになる。

　なお，量刑不当に関しては，訴訟記録等に現れていない裁判例が援用されることがある（特に，検察官から）。この点に関しては，最判昭和29年10月22日刑集8巻10号1653頁（天野憲治・判解刑同年度305頁）は，「同種事案に関する従来の裁判例の如きは，……証拠によってその有無を判断すべき性質のものではなく，裁判所が刑を量定し，又は量刑の当否を判断するにあたり，規範的要素として当然に考慮し得べきもの」とし，法「381条，382条の2，393条の諸規定はその適用がない」としている。

被告人にとっては、量刑は重大な関心事であるから、量刑不当が被告人側の控訴の理由の主要な部分を占めていることは自然なことといえる。そのため、量刑不当に対する控訴審の判断の適正さが控訴審の裁判について被告人、ひいては国民の納得を得る上で大きな位置を占めていることになる。現状は、上記のように被告人側の控訴事件の破棄率が低下しているから、被告人にとっては、控訴は成果を得にくい手続である割合が高まっているといえる。

(3) 理由不備・理由齟齬（法378条4号）

判決の理由は、法44条1項、335条に定められている。

「理由を附せず」とは、理由が全く欠如している場合と、重要な部分が欠如している場合とであるが、判決で理由が完全に欠如しているのは想定し難いから、理由の重要な部分が欠如している場合が通常の対象事案ということになる。「理由にくいちがい」とは、主文と理由の間、理由相互の間に食い違いがあることをいうとされている。

これらの点に関連して、有罪判決において、当事者の主張に対する判断が示されていないことを理由不備として、また、理由の中の説明の食い違いを理由齟齬として主張されることがある。しかし、既に述べたように「理由不備・理由齟齬」は訴訟手続の法令違反を超える、それだけで原判決を破棄するに足りる事由であるから、それ相応の重大な事由である必要がある。そうすると、法335条2項の主張に該当しないと裁判所は判断義務を負わないし、また、同項に該当する主張であっても、その判断を示さなかったことは理由不備には該当せず訴訟手続の法令違反にとどまるとされているから、いずれにしても理由不備には該当しないのである。[38]

また、理由齟齬についても、理由の食い違いが理由不備と同視できる程度に達していることが必要であるといえる。

> [38] 最判昭和28年5月12日刑集7巻5号1011頁は、心神耗弱の主張に対する判断の遺脱について、理由不備該当性を否定した原判断を支持し、当該事案における訴訟手続の法令違反性を否定した。

(4) その他の控訴理由

法377条、378条に定められている控訴理由については、骨太的観点からは、378条3号の「事件」について補足するのにとどめる。この点については、審判の対象が訴因か公訴事実かといった争いを措くと、当該事実が当該訴

訟に提示されているのかを中心に考えた方が分かりやすい。いわゆる狭義の同一性で説明できる部分については，仮に訴因と異なる事実を認定しても（例えば，横領の訴因で詐欺と認定），当該事実自体は訴因として提示されているから，同号に当たることにはならず，上記認定が本来経るべき訴因変更手続を経ていなかった場合に，その点が訴訟手続の法令違反に当たるかが問われることになるものと解される。

他方，単一性で説明される部分については，当該事実自体は訴因として提示されていないから（例えば，窃盗のみが訴因とされているのに，住居侵入も認定した場合），同号に該当するものと解される。

法383条については，2号については既に説明したから，1号について説明する。事実誤認の特殊類型といえるが，法435条に該当する事由があれば再審請求が可能なのであるから，未確定の段階で同じ該当事由があれば，確定を待つことなく主張させた方が訴訟経済にも合致するため，控訴理由として認められたものである。ただ，まだ確定していない段階なので，法435条とは異なり，被告人に不利益な場合でも主張できるものと解されている。

証拠の明白性・新規性に関しては，最判昭和45年6月19日刑集24巻6号299頁（千葉裕・判解刑同年度95頁）は，上告審において，交通事故の身代わり犯人と判明した事案で，事実取調べを行った上で，法411条4号により有罪としていた1，2審判決を破棄・無罪とした。身代わりの点は，被告人は当初から分かっているから，新規性は，裁判所との関係で考えるといった思考が分かりやすい。

▼39) 松川事件以来の方式である公判廷顕出という方法がとられたとのことである（千葉・前掲105頁）。

4 控訴審の裁判

(1) 控訴棄却の決定，公訴棄却の決定

控訴棄却の決定に関する法385条・386条の各1項については既に一部説明しているが，各同項に基づく決定に対しては，428条2項所定の抗告に代わる異議申立が可能とされている（385条・386条の各2項）。

原裁判所が不法に公訴棄却の決定をしなかったときは，決定で公訴を棄却すべきことが裁判所に義務付けられており，この決定に対しては，法385条2項に基づく抗告に代わる異議の申立が可能である（403条1項，2項）。

また，控訴審係属後に被告人が死亡する場合もある。その場合には，原判決を破棄することなく，法404条，339条1項4号に基づいて公訴棄却の決定を行うことになる。

(2) 控訴棄却の判決

　法395条に基づく場合は，法385条と棄却事由は同一であるが，「明白性」の有無の相違に基づくものである。判決であるから不服申立も上告となる。

　法377条以下の控訴の事由がないときにされる法396条に基づく場合（法392条2項の職権調査の結果も含んだ処理である）が，上記のとおり控訴審の処理の大部分を占めるものである。したがって，控訴の理由がないことに対する説明振りが控訴審の被告人，ひいては国民の納得を得る上での大きな位置を占めていることになる。控訴審の説明振りについては「木で鼻をくくったような」などの揶揄もあるが，当該事件に即するとともに，主張のポイントも念頭に置いた説明が望ましいものといえよう。

(3) 原判決破棄の判決

ア　概説

　「破棄」は原判決を存在しなくするものであるが，どこまで存在しないことになるかは，破棄事由によって変わってくる。例えば，量刑不当のみで原判決を破棄する場合には，原判決の事実認定は維持されていることになる。他方，1審の手続全体が違法であって，手続全体をやり直す必要があるとして破棄された場合には，通常，原判決が存続している部分はないことになる。

　また，原判決を破棄しただけでは，当該事件は，原判決言渡し前の状態に戻って控訴審に係属していることになる。続審構造による審理が開始されるといった訴訟構造もあり得る（この場合には，破棄判決は終局判断とはならず，中間的な判断との位置付けとなろう）が，現行法はそういった訴訟構造を採用していないから，破棄に引き続いて，終局判決となる判断も示さなければならない。それが破棄後の判決である。

　そこで，本項でも，破棄判決のこの2側面に対応した形で引き続き説明する。

イ　原判決破棄

　1項に基づく破棄（「1項破棄」といわれる）の場合には，控訴棄却の法396条に対応した破棄である。控訴の理由に基づく場合だけでなく職権調査の結果

に基づく場合もある。

　2項に基づく破棄（「2項破棄」といわれる）の場合には，法393条2項に基づいて取り調べられた証拠に基づいて行われる職権判断である。そのため，量刑不当の場合には，1項に基づいて破棄される場合もあれば，2項に基づいて破棄される場合もある。そして，この区別は，法393条2項に基づいて取り調べられた証拠に基づいた判断部分も含まれているか否かによるものであって，判断内容を明確にする意味からも，この区別を明示した形での判断が望ましいものといえる。しかし，原判決前後の全体の量刑事情を総合考慮した結果によって破棄される場合もあるところから，1項，2項を区別しない形で破棄される運用も行われている。

　控訴した共同被告人がある場合の特則としては，法401条の定めがある。すなわち，被告人の利益のため原判決を破棄する場合で，破棄の理由が控訴をした共同被告人に共通であるときは，その共同被告人のためにも原判決を破棄することが裁判所に義務付けられており，判断の統一化が図られている。

ウ　破棄後の判決

　破棄後に差し戻された・移送された裁判所における手続については，規則217条があるのみであるから，同条所定以外の事項について適宜補足して説明する。

㋐　差戻し・移送

　法398条（破棄差戻し），399条（破棄移送），400条本文（破棄差戻し・破棄移送）に基づく場合である。398条の場合には，不法に管轄違いを言い渡すなどしていて，1審での実体裁判はされていないから，差戻しを受けた1審は実体審理・裁判を行うことになる。

　399条の場合には，不法に管轄を認めているから，原裁判所に差し戻すことはできず，管轄1審裁判所への移送（控訴審が1審管轄権を有するときは1審として審理）をすることになる。この場合には，1審は実体審理・判決を行っているから，移送を受けた1審は，他の手続等について違法判断がされていないときは，更新手続を行えば，他に特段の手続をすることなく実体判決を行うことが可能な場合もあり得る。

　400条本文の場合の1審の審理の有り様は個別事件ごとに異なるから，差戻し・移送を受けた1審は，当該事件に応じた実体審理・裁判を行う必要がある。

(イ) **自判**

　自判することは法400条ではただし書に定められているから，例外的な処理といえるが，現状は既に紹介したとおりであって，自判が控訴審の取扱の主流となっている。そして，1審が裁判員裁判である場合には，1審での審理・判断を再度経る方が望ましい事案が，1審が裁判官のみの構成による裁判であった場合よりも高い頻度で発生しようが，その点は，現在までのところでは，さほど大きな変化（＝自判率の低下）を生じさせてはいないように受け止めている。

　では，何故自判をするのかといえば，原判決を破棄できるほどの審理内容になっていると，不意打ち認定・審級の利益剥奪などの難点のなさをも確認の上で控訴審において自判をすることが可能となっている方が自然なことといえるのが，その基盤にあるといえる。[40)]

　自判の場合には，控訴審でも事実取調べをしていないといけないのかといった点については，昭和30年代を中心に最高裁判例が積み重ねられており（関連する判例については**参考裁判例66**参照），1審判決が犯罪事実を確定させているか否かによって差異が生じ，確定させていれば，事実取調べをしなくても（＝記録を前提とした書面審査だけで），無罪の点を法解釈によって有罪としたり，1審の量刑より被告人に不利な量刑とすることも，可能であるが，控訴審が自らの事実認定によって犯罪事実を確定させる場合には事実取調べを要するとされている。そして，その根拠にあるものとして，直接審理主義，口頭弁論主義の原則が挙げられている。[41)]

　なお，証拠に基づいているから，控訴審で新たな事実取調べをしなくても，法317条の証拠裁判主義には違反していないといえよう。

▼40) さらに細かな点を補足すれば，受差戻審に対する控訴審からの情報伝達が，判決や公判調書の記載内容となっている控訴審での審理結果，といった書面による情報に限られているところから，控訴審の考え・意図が受差戻審に適切な形で伝わり切らない，といった，いわば隔靴掻痒的な難点も背後にあるように思われる。

▼41) どの程度の証拠を調べれば良いかは，まさに事案によろうが，事実取調べを必要とされている趣旨を満たす程度が最低限度ということになろう。また，近時，この点での控訴審における問題事例を目にしていないから，上記最高裁判例の趣旨が実務に定着していることになろう。

(ウ) **不利益変更禁止の原則（法402条）**

　被告人が控訴した（被告人のため控訴をした）事件では，[42)]原判決の刑より重い

刑を言い渡すことはできない，とされている。これは，被告人側の控訴を量刑面から萎縮させないという政策的な制度とされている。しかし，控訴という不服申立制度が当事者の意思に委ねられていることからすれば，不服を申し立てた側に対して原判決よりも不利な結果が出るのは，制度的な矛盾ともいえる。このように考えると，不利益変更禁止の原則は，上訴制度の内在的な制約の側面もあることになる。この原則は，差戻し・移送を受けた後の１審にも適用される。[43]

　また，この不利益変更禁止の原則は刑のみを対象としていて，事実面には制約はなく，原判決より重い罪・事実を認めることは可能と解されている。しかし，被告人が控訴して，自己に不利益な重い罪や重い事実を主張することはしないし，許されないから，専ら，裁判所による職権判断ということになる。そうすると，既に説明した攻防対象論からの制約を受けることになる。また，原判決より重い罪・事実を認めようとすれば，不意打ち認定等の問題も介在する。しかも，事後審制の徹底から職権調査には謙抑的な姿勢が高まっている。このように考えてくると，裁判所が職権を行使して原判決より重い罪・事実を認定する事案は，従前よりも限られた事案においてということになろう。実務の動向を注視していく必要がある。

　不利益性の判断には微妙な事案も出てくるが，骨太の観点からすれば，最判昭和30年４月５日刑集９巻４号652頁（松本勝夫・判解刑同年度99頁）が，刑の全体を観察して実質的に不利益か否かによって判断すべき旨を説示していることを理解しておけば足りよう。[44]

▼42）当然のことながら，検察官控訴（利益控訴を除く）がない前提での説明である。また，以下では，説明の便宜上被告人控訴事件として説明する。
▼43）条解刑訴1071頁〜1072頁は，「不利益変更禁止の制度は，」「濫上訴の一因ともなっており，立法論として問題がないわけではない」とされる。しかし，筆者は，現在は，不利益変更禁止の制度の故に濫上訴が惹起されるおそれを危惧するような状況にないように受けとめている。
▼44）１審の１万円の追徴を控訴審が9000円の没収と1000円の追徴に変更した事案で，大審院判例を変更して不利益変更には当たらないとした。

(4) 差戻し・移送後の手続

　上級審の裁判所における裁判の判断は，その事件について下級審の裁判所を拘束する（裁判所法４条）。これは，上級審と下級審との判断の不一致により，事件が限りなくその間を上下して訴訟が遅延するのを回避するための制約とさ

れている)。ちなみに，民訴法325条3項後段には，「上告裁判所が破棄の理由とした事実上及び法律上の判断は，差戻し又は移送を受けた裁判所を拘束する」と規定されているが，刑事訴訟法にはそういった規定はない。

また，下級審を拘束するが，事実面においては，新たな証拠調べが行われると証拠関係が変わってきて，拘束力の前提事実も変わってくることがあり，そういった場合には，拘束力は失われてしまう。他方，例えば，原判決を破棄した控訴審判決に対して上告があった場合には，上告審は，当該控訴審の判断に拘束されないのは当然のことである。

この拘束力の点を除くと，差戻し・移送後の手続に関する定めはなく，争いがあるが，破棄の理由に即して，更新手続にとどまらず，必要な手続のやり直し，追加的な証拠調べ等を行うこととなろう。

▼45) 1審も上級審も同じ裁判官の構成だとこういった事態も想定可能であるが，通常は裁判官の構成が変わるし，裁判員裁判の場合には裁判員が当然変わることになるから，「限りなくその間を上下して」といった事態は，実際問題としては想定し難い。そのため，判断の不一致による訴訟の遅延を回避するという趣旨と理解しておけば足りよう。

▼46) 最判昭和43年10月25日刑集22巻11号961頁（八海事件として著名。木梨節夫＝船田三雄・判解刑同年度298頁）は，この拘束力は，破棄の直接の理由，すなわち原判決に対する消極的否定的判断についてのみ生じるとしている。

▼47) 細かくなるが，こういった証拠の変化に伴う拘束力への影響について興味のある人は，拙著『実践的刑事事実認定と情況証拠』（第3版，2016年，立花書房）5頁参照。

▼48) 最大判昭和32年10月9日刑集11巻10号2520頁（寺尾正二・判解刑同年度519頁）。他方，上告審の破棄判決は後の上告審を拘束するとされるが（最判昭和39年11月24日刑集18巻9号639頁《納金ストにかかる横領事件。坂本武志・判解刑同年度153頁》），例外を許さないものであるかは，「将来に残された課題」とされている（注46で紹介した木梨等・前掲328頁）。

第3　上告

1　概説

⑴　上告審の位置付け

上告審も事後審構造をとっているが，その主要な役割は，違憲立法審査権（憲法81条）の行使や，法令解釈の統一や判例の統一を主要な任務とする法律審である。そのため，上告理由も法405条で憲法違反と判例違反とに限定されている。しかし，法411条が定める裁量破棄の制度も設けられているから，

立法者は，上告審のことをもう少し幅広く位置付けていて，事実面，量刑面等をも含めた形での最終審としての役割も付与していることになる。

　上告理由が制限されているのは，上告の件数を制限し，重要な問題の処理に集中させる，といったマンパワーの効率的な活用思想がその背景にあるといえる。審級制度を前提としているとはいえ，全国の裁判所で行われる裁判の最終審としての役割を担っている最高裁判所の位置付けからすれば，合理性のあるものといえる。

(2) 上告審が対象とする裁判

　上告の対象は，高等裁判所の判決である（法405条柱書き）。そして，高等裁判所の判決は，通常は控訴審として判決のみである[49]。地方裁判所・簡易裁判所の1審判決も跳躍上告の制度（法406条，規則254条）を活用すると，最高裁判所が審理することになる。その申立事由は，規則254条1項に定められている。

> ▼49) 裁判所法16条4号は，高等裁判所に対して，刑法77条（内乱）～79条の罪について1審としての管轄権を認めているが，その罪の特殊性からして，通常は，該当判決はない。

2　上告の理由

(1) 法405条1号の憲法違反

　法405条1号の憲法違反については，違憲立法審査権を持つ最高裁の当然の役割といえる。そして，事後審制からすればある意味当然のこととなるが，控訴審において適法に主張せず，控訴審の判断を経ていない違憲の論旨を上告理由として主張することは許されないとされている[50]。注50で紹介した判決が，「上告は，控訴審の判決に対する上訴であるから，控訴審で審判の対象とならなかった事項を上告理由として主張することは許されない」としているのは，上告審の事後審制を的確に表現したものといえる。なお，既に説明したように，憲法違反は控訴の理由に端的には当てはまらないから，控訴審で主張する場合には，訴訟手続の法令違反，法令適用の誤り等の控訴理由の中で主張されていることになろう。

　そして，同号では，①「憲法の違反があること」②「又は憲法の解釈に誤があること」とされていて，②は判決理由中に示された憲法の解釈適用に誤りがある場合をいい，①はそれ以外の場合をいうといった指摘もある。しかし，上

記のように，控訴審で主張して控訴審で判断を経ているのが適法理由である前提では，例えば，特定の刑罰法規を違憲とする主張をしていて，控訴審がその主張に対して判断を示していることになるから（黙示の場合も含まれよう），①，②の差異を重視する必要はないことになる。

▼ 50）最大判昭和 39 年 11 月 18 日刑集 18 巻 9 号 597 頁（海老原震一・判解刑同年度 134 頁）。

(2) 法 405 条 2 号，3 号の判例違反

判例違反の対象となる判例は最高裁判所の判例である（本条 2 号）。この場合に，常に判例に違反するとして当該下級審の裁判を破棄する判断がなされるのであれば，上告の手続を俟つまでもなく，当該下級審の裁判を判例違反を理由として直ちに無効扱いしても差し支えないともいえる。そうではなく，上告の理由とされ，最高裁判所で判断することとしているのは，勿論，判例違反の有無自体を判断する必要性があるが，それだけでなく，当該最高裁判例について再検討の機会を設け，必要に応じて判例変更を行うことがあり得ることが前提とされているといえる。このように考えてくると，本条 2 号が設けられていることは，判例変更の可能性があることを立法者が肯定している証左といえよう。

しかし，最高裁判所の判例がないことがある。その場合には，最高裁判所以外の裁判所の判例が対立することとなるから，判例を統一するという役割も担っている最高裁判所としては，その統一を図る必要がある。そのため，①大審院の判例，②上告裁判所たる高等裁判所の判例，③控訴裁判所たる高等裁判所の判例が判例違反の対象となる判例となる。▼51) 換言すれば，地方裁判所，簡易裁判所の判決に相互の対立があっても，それは判例違反として最高裁で判断対象となることはない。しかし，そういった有り様が例えば，法 411 条 1 号の「法令の違反」といった判断を介して統一が図られる，といったことはあり得よう。

▼ 51）判例としての有効性が前提となるから，最決昭和 51 年 9 月 14 日刑集 30 巻 8 号 1611 頁（堀籠幸男・判解刑同年度 266 頁）が，最高裁判所の判決により破棄された高等裁判所の判決は本条 3 号にいう判例に当たらない，としているのは，当然の判断といえる。もっとも，当該事件の控訴審判決時は，上記破棄された高等裁判所の判決はその破棄前であったから，その当時は判例違反状態があったことになるが，その後のその破棄によって，そういった状態が解消されたことになっている。

3　上告受理制度等（法406条）

　対象は，法令の解釈に関する重要な事項を含むものと認められる事件である。「認められる」とあり，認める主体は最高裁判所であるから，上告受理の制度は請求権として構成されてはいない。関係の定めは規則257条〜264条であるが，最高裁判所が事件受理の決定をすることになっている（規則261条）のは，上記上告受理制度の構造と合致するものといえる。

　また，法406条に基づいて規則で定められた制度としては，既に一部説明した①跳躍上告の制度（規則254条，255条）と，②高等裁判所の事件の最高裁判所への移送の制度とがある（規則247条〜249条）。②の移送が最高裁判所の許可が前提となっていること（規則248条1項）も，上記上告受理制度の構造と合致するものといえる。

4　上告審の手続と裁判
(1)　上告審の手続

　公判期日に被告人を召喚することは不要とされている（法409条）。そして，法414条によって控訴審の規定が準用されている（以下の説明では，法414条の記載は省略している）。その結果，上告趣意書に包含された事項について調査義務を負い（法392条1項），同時に，法411条が定める事項について職権調査が可能となっている。また，事実の取調べも可能であって（法393条1項），注39で説明したように，顕出という方法がとられている。

(2)　上告審の裁判
ア　上告棄却の決定・判決，公訴棄却の決定

　決定については，上告の申立が不適法な場合（法385条1項），上告趣意書不提出等の場合（法386条1項）には，上告棄却の決定がなされる。そして，上告の理由が上告の理由に不該当の場合も上告棄却の決定がされるから（法386条1項3号），最高裁判所としての判例の蓄積に伴って，この決定処理の割合が高まっている。

　判決については，弁論を経ない上告棄却の判決がなされる場合もある（法408条）が，上告棄却の判決としては，法396条に基づく場合が中心であって，他に，法395条に基づく場合もある。

　公訴棄却の決定（法403条1項）が定められているのも，控訴審と同様である。

イ　原判決破棄の判決

　この点の定めとして法410条がある。他方，判例違反の対象となっている判例を変更して原判決を維持することができる旨定められている（同条2項）のも，判例統一の権限を委ねられている最高裁判所ならでは，といった印象を受ける。そして，同項の定めのとおり判例が変更されて原判決が維持される事例も生じている[52]。また，既に一部説明しているように，法411条に基づく場合がある。

　そして，破棄後の裁判として法412条（破棄移送），413条（破棄差戻し・破棄移送，破棄自判）が定められているのは，控訴審の場合と同様である。

> ▼52）最高裁判例を変更して上告を棄却した比較的最近の事例としては，最大判平成15年4月23日刑集57巻4号467頁（福崎伸一郎・判解刑同年度277頁）。なお，最高裁判例を変更するには大法廷によることとなっている。

5　訂正の判決（法415条～418条）

　最終審であるから，本来不服の申立は予定されておらず，裁判が外部的に成立すれば確定するはずであるが，この制度が設けられたことによって，確定の時期も変化している（法418条）。

　この制度は，米国の再聴（rehearing）の制度を換骨奪胎して採用されたもので，単なる判決中の誤記等の訂正の申立ではなく，再考を求めるものとされる（岩田誠・判解刑昭和30年度451頁）。そして，判決訂正の要件については，最大決昭和30年12月23日刑集9巻14号2963頁（岩田・前掲450頁）は，判決の内容に誤りのあることを発見した場合に限られるとした。関係法令としては，法415条～418条，規則267条～270条がある。

　他方，決定に対しては，対応する定めがなく争いがあるが，判例で，414条で準用される386条2項に基づく異議申立によるべきものとされている[53]。そして，同項で準用される385条2項によって即時抗告の規定も準用されるから，申立期間は3日となる（法422条）。

> ▼53）最大決昭和30年2月23日刑集9巻2号372頁（伊達秋雄・判解刑同年度64頁）。なお，この決定は，最大決昭和26年12月26日刑集5巻13号2654頁を変更したものである。大法廷による大法廷判例の変更事例である。

第4 抗告

1 抗告と即時抗告
(1) 概説

　抗告は，裁判所のした決定に対する不服申立ての手段である（法419条本文）。そして，抗告については，一般抗告と即時抗告とがあり，高等裁判所が担当する（裁判所法16条2号）。

　抗告は，即時抗告が許される場合以外の裁判所の決定に対して行え（法419条），取消の実益が消滅していない限り何時でも申立ができる（法421条）が，執行停止の効力はなく，原裁判所（抗告裁判所）が執行停止の決定をすることができるとされている（法424条）。

　他方，判決前の決定に対しては，原則として抗告を申し立てることはできない（法420条）。そういった場合には，基本的には上訴で争うことが予定されているが，法309条の異議を活用するなどして対処できるときもあり得る。

　他方，特に迅速処理を必要とするところから，勾留等の身柄に関する裁判等に関しては，抗告が可能とされている（法420条2項）。しかし，勾留に関しては，犯罪の嫌疑がないことを理由として抗告をすることはできない（法420条3項）。本案の裁判の判断事項であるからである。そうはいっても，犯罪の嫌疑がないのに勾留の裁判が許容されることは背理である（法60条1項柱書きにも犯罪の嫌疑の存在は明記されている）から，抗告裁判所が職権でしかるべき判断もしているのが通例である。その意味では，不自然な訴訟構造となっているが，抗告審で本格的に犯罪の嫌疑の有無について判断するとなると，まさに本案の裁判の先取りとなってしまう。そうであれば，抗告裁判所が職権で，主として当該事件記録から判明する限りでの判断が可能な範囲で抗告審としての判断を示すことが許容されている現在の訴訟構造にも，それなりの合理性があるといえる。[54]

　また，高等裁判所の決定については，抗告をすることはできず，抗告に代わる異議申立てがある（法428条1項，2項）。[55] 上訴裁判所が担当するわけではないから，厳密な意味での上訴ではない。

　抗告の決定に対しては再抗告の申立をすることはできない（法427条）が，高等裁判所でされる決定であるところから，時に，抗告の決定と高等裁判所と

しての決定とが混同されることがあるから，その相違は正確に理解されておくべきである。

即時抗告が可能な裁判は法定されていて（法419条本文），即時抗告の提起期間は3日であり（法422条），その提起期間内及びその申立があったときは，執行停止の効力があるものとされている（法425条）。

▼54）そういった制約の下での判断であるから，犯罪の嫌疑のなさが容易に判断できる場合が，抗告裁判所で嫌疑がないとして勾留から解放される主要な事案ということになろう。

▼55）ここでも，仮に抗告が設けられるとその担当裁判所となる最高裁判所の負担を軽減しようとする立法者の視点を看取できよう。

▼56）どのような手続が即時抗告の対象になるかについては，本書でも一部言及しているが，前田巌・判解刑平成18年度251頁，楡井英夫・判解刑平成25年度101頁〜102頁注12，条解刑訴1101頁に多数の紹介がある。

(2) **手続等**

申立書は原裁判所に差し出すこととされているから，原裁判所には再度の考案の機会が与えられる（法423条1項，2項前段）。そして，再度の考案の際に，抗告に理由があるとして決定が更正されると抗告の申立はその目的を達成してしまうから，手続としては終了する。他方，原裁判所が，抗告の全部又は一部を理由がないと認めると，申立書を受け取った日から3日以内に，その旨の意見書を添えて抗告裁判所に送付する義務が課されている（法423条2項後段）。

抗告に対する裁判は法426条の定めに則って行われることになる。裁判の構造としては事後審とされているが，迅速処理の要請等から，原裁判後の事情も考慮されている事例も少なくない。

2　準抗告

裁判官による裁判（命令），検察官等による処分については準抗告がある（法429条，430条）。これらの準抗告については，抗告の規定が準用されている（法432条）。

(1) **法429条による準抗告**

法429条による準抗告においては，法420条3項が準用され（この趣旨については既に説明したことが当てはまる），合議体で決定される（法429条3項）が，上訴裁判所が担当するわけではないから，厳密な意味での上訴ではない。また，申立書は準抗告裁判所に提出される（法431条）から，抗告とは異なり再度の考案や意見提出の機会は制度的に設けられていないことになる。これは，

準抗告が抗告よりも一層迅速な処理が求められていることによるものと解される。

なお，法429条1項4号，5号の裁判の取消・変更の請求に関しては，申立期間の制限，執行停止の効力について即時抗告と同様の定めがある（法429条4項，5項）。

準抗告の裁判の構造は事後審とされているが，迅速処理の要請等から，原裁判後の事情も考慮されている事例も少なくない。

(2) **法430条による準抗告**

法39条3項の被疑者と弁護人との接見の日時等の指定処分に対する準抗告が頻繁に申し立てられる時期もあったが，近時は，捜査機関が上記接見に対しても柔軟に対処していることもあって，この種の準抗告事件は減少している。そのため，本条による準抗告としては，押収物の還付に関する処分に対する準抗告がその重要性を高めている。押収物に関する押収の必要性は，捜査の進展等に応じて変化する可能性があるから，準抗告裁判所としては，的確な見極めが必要となることもある。

この準抗告の請求書を管轄裁判所に提出するのは，法429条の準抗告の場合と同様である（法430条1項，2項，431条）が，単独体の裁判所が処理することになる（法429条3項に対応する定めがないため，このように解されることになる）のは異なっている。また，行政訴訟に関する規定の適用はない（法430条3項）。

3 特別抗告（法433条，434条）

「特別」とあるのは，刑事訴訟法によっては不服申立ができない決定（命令）に対して「特に」抗告をすることを許容しているからである。抗告決定，準抗告決定等が該当する。

担当裁判所は最高裁判所であり，申立の理由は上告の理由（法405条）と同じである（法433条1項）。憲法違反，判例違反がある場合には，最高裁判所による裁判を受ける機会を保証したものといえる。また，判例（最決昭和26年4月13日刑集5巻5号902頁）によって法411条の準用も認められている。

抗告の提起期間は，即時抗告の提起期間の3日よりは長い5日である（法433条2項）が，裁判については抗告の規定が準用される（法434条）。

第10章　非常救済手続

第1　概説

　「非常」というのであるから，通常の不服申立手続等の救済手続ではない，すなわち，確定した裁判を対象とする救済手続である。再審と非常上告とがその内容となる手続である。

　再審は，主として事実認定の誤りを救済することを目的とするものであるが，憲法39条で「何人も，……既に無罪とされた行為については，刑事上の責任を問はれない」とされていて，再審に関する法435条柱書きにも「再審の請求は，……有罪の言渡をした確定判決に対して，その言渡を受けた者の利益のために，これをすることができる」とされていて，不利益再審は認められていない。

　非常上告は，主として確定裁判の法令違反を救済することを目的としたものであるが，法令の解釈統一を主たる目的としていて，被告人の利益は副次的な考慮要素にとどまるものである。そのため，被告人の救済という点では，再審とは異なる制度設計となっている。

第2　再審

1　概説

　対象は，「有罪の言渡をした確定判決」である。判決が確定しているから，確定していること自体の意義は尊重されるべきであり，安易に再審を認めるのでは，裁判自体の意義を損ないかねないばかりか，裁判が確定したことを前提として新たに築かれる社会生活の安定にも悪影響を及ぼすことになりかねない。しかし，勿論無辜の者が処罰されて良いことにはならない。そのため，再審の理由をどのように定め，どのように運用すべきかについては，適切なバランス感覚が反映されたものとなっていることが期待されているといえる。

2　再審の理由

再審の理由については，法 435 条の 1 号〜7 号に定められている。実務的に活用頻度が高いのは，いわゆる証拠の明白性と新規性を要件とする 6 号（同号所定の事由を「認めるべき明らかな証拠をあらたに発見したとき」である）である。

その他の再審の理由では，①原判決が事実認定に関して依拠している証拠に誤りがあることが判明したこと（法 435 条 1 号〜5 号），②原判決に職務犯罪が介在したこと（同条 7 号）である。

6 号以外の理由に該当する事例は自ずと限られていようから[1]，再審の制度が適切に活用されているかは，6 号に関する解釈・運用如何に係っているといえる。

このような観点からすれば，再審の理由を制限的に解釈する傾向の強かった（換言すれば，裁判が確定しているということに対する尊重度が高かった）との印象（＝再審は開かずの扉などといわれた）を与えていた解釈・運用に変化をもたらした，いわゆる白鳥事件の再審事件の最高裁判例が著名である。すなわち，最決昭和 50 年 5 月 20 日刑集 29 巻 5 号 177 頁（田崎文夫・判解刑同年度 82 頁）は，①6 号の「無罪を言い渡すべき明らかな証拠」（＝証拠の明白性）について，「確定判決における事実認定につき合理的な疑いをいだかせ，その認定を覆すに足りる蓋然性のある証拠をいう」とした（＝蓋然性）。

②証拠の明白性の判断基準について，「もし当の証拠が確定判決を下した裁判所の審理中に提出されていたとするならば，はたしてその確定判決においてなされたような事実認定に到達したであろうかどうかという観点から，当の証拠と他の全証拠とを総合的に評価して判断すべきであ」るとした（＝総合評価）[2]。

③総合評価の仕方について，「この判断に際しても，再審開始のためには確定判決における事実認定につき合理的な疑いを生ぜしめれば足りるという意味において，『疑わしいときは被告人の利益に』という刑事裁判における鉄則が適用される」とした（＝「疑わしきは被告人の利益に」の原則の適用）[3]。

▼1）　最高裁判所事務総局刑事局「平成 26 年における刑事事件の概況（上）」曹時 68 巻 2 号（2016 年）27 頁，特に 181 頁によれば，平成 22 年〜26 年の累計で既済人員 1453 人中 6 号が主張されたものが 960 人（＝66％）である。

▼2）　確定判決との関係で，心証引継説も有力であるが，この判例は，「どちらかと言えば再評価説に近い立場」との理解が示されている（田崎・前掲 92 頁）。細か

な議論になるが補足する。例えば，明白なアリバイ，真犯人の出現，などといったことがあると，確定判決の事実認定の誤りは明白であって，その心証を引き継ぎようもないから，心証引継説が再審の全てに適用できるものでないことは明らかである。しかし，完全な再評価説では，判決が確定しているという事実を無視することになり，再審ではなく4審制を想定したものとなろう。再審といえども判決が確定していることを前提とした制度であるから，まさに，旧証拠の中に新証拠が加わったことによる心証の変化を総合的に判断することとなろう。

▼3) 現在の視点からは当然のような印象を受けるかもしれないが，同原則の適用を否定する考えも少なくとも当時は有力だったのであって，この考えはドイツの学説に立脚するものとされている（田崎・前掲93頁）。

3 再審の手続

再審は二重構造となっていて，まず再審請求審があり，再審請求が認められて初めて再審審の審理が行われる。

(1) 再審請求審の手続

再審請求権者は法439条1項が原則的な定めであり，2項に該当する場合は検察官に限定されている。検察官以外の者については，弁護人の選任が可能である（法440条）。再審請求は刑の執行停止の効力を持たないが，検察官が執行停止を行うことは可能とされている（法442条本文，ただし書）。

請求の時期は刑終了後などでも可能であり（法441条），再審の請求先は原判決をした裁判所である（法438条）。

再審の請求を受けた裁判所は，請求者，その相手方の意見を聴き（規則286条），必要に応じて事実の取調べを行って（法43条3項。これは受命・受託裁判官によることも可能・法445条），決定する。

請求が不適法な場合も，理由がない場合も，棄却決定がされる（法446条，447条1項）。447条1項の決定があると，同一の理由では再度の再審請求はできない（法447条2項）。その他の場合の請求棄却決定については，法449条が定めている。

再審請求の理由があると，再審開始決定がなされ，刑の執行を停止される場合もある（法448条1項，2項）。

以上の決定に対しては即時抗告が可能とされている（法450条）。

(2) 再審審の審判手続

再審開始決定が確定すると，法449条の場合を除いて，その審級に従って更に審判が行われる（法451条1項）。同条2項〜4項に手続の細則が定めら

れている。そして，不利益変更禁止の適用があり，原判決の刑より重い刑を言い渡すことができないとされているのは（法452条），不利益再審が禁止されていることからすれば，当然なことといえよう。再審の判決が確定すると，新たな確定判決が出現するから，原確定判決は当然に失効する。

　無罪の言渡しがされると，当該判決は官報及び新聞に掲載されて公示される（法453条）。また，刑事補償法1条に基づいて刑事補償を求めることもできる。

第3　非常上告

1　概説

　「上告」とあるところから推測されるように，この制度は，担当裁判所と申立権者に大きな特徴があり，まさに「非常」というのに相応する制度設計となっている。すなわち，担当裁判所は最高裁判所のみであり，申立権者も検事総長のみである（法454条）。

　請求の時期，請求の対象は，判決確定後の当該事件の審判である。請求の理由は当該審判が法令に違反したことである。「判決」とあるが略式命令等の終局裁判も含めて解されている[4]。以下，説明の便宜上「判決」をそういった幅広い内容のものとして用いる。

　また，「審判」とあるから，この法令違反は，判決に関するものに限定されず，判決前の訴訟手続も含まれる。法令違反も，手続法，実体法を問わないものと解されている。

　そして，「発見したとき」とあるから，当該法令違反に気付いたのは，確定後ということになる[5]。確定前であれば，通常の訴訟手続で是正できる，というのがその前提となっている[6]。

　「法令の解釈統一」が主目的であるから，前提事実に誤りがあるだけで，法令の解釈自体に誤りがないときは，この救済の対象にはならない。それが基本であるが，その限界は微妙である[7]。最大判昭和25年11月8日刑集4巻11号2221頁は，非常上告は「法律命令の解釈適用を統一することを目的とする」とし，「刑訴454条の『事件の審判が法令に違反したこと』とは，該事件の審判に手続法上の違背あるか，または確定判決において認定した事実を変更することなくして，これを前提として実体法の適用に違法あることをいう」とした。

また，純粋に「法令の解釈統一」を目的として考えると，当該法解釈自体に争いがない場合には，たまたま個々の事件で生じた誤りは非常上告の対象とする必要はないことになるが，判例は，そこまで制限的ではなく，「法令の解釈，適用の誤りを指摘することも非常上告の目的と解する立場をとったもの」とされている（注4で紹介の佐藤・前掲51頁）。

▼4）　例えば，略式命令は確定判決と同一の効力を有し（法470条），判例も非常上告の対象としており（最判昭和53年2月23日刑集32巻1号77頁《佐藤文哉・判解刑同年度44頁》），該当事例も相当数ある。佐藤・前掲49頁注1では，略式命令が非常上告の対象となることには争いがないとされる。

▼5）　なお，例えば，上訴審が職権調査を行わず，下級審の違法を看過しているときは，当該上訴審の法令違反とは解されていない（最判昭和30年9月29日刑集9巻10号2102頁《伊達秋雄・判解刑同年度250頁》）。

▼6）　非常上告ではなく検察官の上告受理の申立によって過誤が是正された比較的最近の事例である最判平成19年7月10日刑集61巻5号436頁（前田巌・判解刑同年度266頁）では，最高裁判所から高等裁判所判事の職務を代行させる旨の人事措置が発令されていなかった判事補が構成に加わった高等裁判所により宣告された判決が法411条1号により破棄差戻しされている。この事案は，判事補に対しては発令権限のない高等裁判所が同高等裁判所判事の職務代行を命じた人事発令上の過誤から生じたものである。

▼7）　事実誤認と非常上告による救済との関係については，興味のある人は，拙稿「検察官事務取扱の職務命令の発令を受けていなかった検察事務官がした公訴に基づき発付された略式命令に対する非常上告が認められた事例」判時2205号（2014年）178頁を参照願いたい。拙稿が検討の対象とした最判平成24年9月18日刑集66巻9号958頁（楡井英夫・判解刑同年度348頁）は，検察官事務取扱の職務命令の発令を受けていなかった検察事務官がした公訴に対して略式命令を発付したことは，手続の前提事実の誤認によるものではなく，手続そのものの誤りであるとして，審判の法令違反性を認めた。

2　非常上告の手続

非常上告を申し立てるには，理由を記載した申立書を最高裁判所に差し出して行うこととされている（法455条）。公判期日には，検察官が申立書に基づいて陳述をすることになっており（法456条），最高裁判所は，申立書に包含された事実について調査義務を負い（法460条1項），同条2項所定の事項に関しては，事実の取調べが可能であって，受命・受託裁判官の活用も可能である。

理由がないときは申立棄却の判決がなされ，理由があるときは，法458条の1号と2号の区別に従って判決がなされる。すなわち，①原判決が法令に違反したとき，②訴訟手続が法令に違反したとき，は，当該違反部分，違反手続

を破棄するが，その効力は被告人に及ばないものとされている（法458条1号本文，2号，459条）から，理論的なものにとどまる。

　②は判決前の手続を，①は判決の内容に関するものと手続に関するものとを含むものと，解されている。

　①に関して，原判決が被告人のため不利益であるときは，これを破棄して，被告事件について更に判決をする，とされている（法458条1号ただし書）。

参 考 裁 判 例

○小見出しとの区別を明確にするため，各参考裁判例の番号の前に■を附した。
○文中の重要な裁判例はゴシック体で表記した。

第 1 章該当（■1～■9）

■1　最決昭和30年5月17日刑集9巻6号1065頁（吉川由己夫・判解刑同年度154頁）は，犯罪地は東京都内，被告人の住所は横須賀市内（上告趣意では，被告人の居所も山形地方裁判所の管轄区域内になかったことは記録上明らかであるとされている）である詐欺等の罪が山形地方裁判所で審理された事件で，検察官が，逮捕状・勾留状による適法な強制手続によって山形市内にいるとして，被告人の現在地と認めた旨釈明した事案で，「『現在地』とは，公訴提起の当時被告人が現在する地域を指称し，これに現在する事由の如何を問わない」旨の判断を示して，上記検察官の釈明を実質上肯定している。

■2　最決昭和48年10月8日刑集27巻9号1415頁（近藤和義・判解刑同年度246頁）は，水俣病被害者による傷害事件で，「裁判官の忌避の制度は，」「裁判官がその担当する事件の当事者と特別な関係にあるとか，訴訟手続外においてすでに事件につき一定の判断を形成しているとかの，当該事件の手続外の要因により，当該裁判官によっては，その事件について公平で客観性のある審判を期待することができない場合に，当該裁判官をその事件の審判から排除し，裁判の公正および信頼を確保することを目的とするもの」とし，「その手続内における審理の方法，態度などは，それだけでは直ちに忌避の理由となしえない」とし，「訴訟手続内における審理の方法，態度に対する不服を理由とする忌避申立は，しょせん受け容れられる可能性は全くないものであって，」「訴訟遅延のみを目的とするものとして，」法「24条により却下すべきものである」とした。

■3　最大決昭和34年7月1日刑集13巻7号1001頁等

本編第1章注16で述べたように，説明が長くなるので，ここで説明する。

裁判外の事由として，例えば，当該事件で，ある法律の合憲性が争われていて，担当の裁判官が，以前に，研究の成果として，当該法律が合憲であることを前提とした見解を表明していた場合を考えてみる。裁判官は，法令に従い公平誠実に執務すべき職責を負っており，当該訴訟で当事者から提出されてくる資料や参考文献等を基にして上記の合憲性をまさに，公平誠実に判断することになる。そのため，ここでの判断の分かれ目は，当該裁判官が，そういった職責を放擲して自分の見解に固執するのか否かであって，上記の見解を表明していることだけでは，上記「虞」には該当しないものと解される。人には思想の自由も表現の自由もあり，裁判官も当然のことながら，そういった自由を享受する主体であるから，一般論としては，そういった自分の考えを表明したことと，「不公平な裁判をする虞」とは元々無関係なものと考えるべきものといえるからである。もちろん，見解の表現振り等から上記職責の放擲の可能

性，自己の見解への固執の可能性等が推定されることもあり得る。しかし，それは個別事案の内容によることであって，一般論としては当てはまらないことである。

同様なことは，立法に参画したなどといった事柄についてもいえることである。

①最高裁大法廷裁判長（＝最高裁判所長官）が日本国憲法の理念や社会現象についてその所感を発表したことの忌避事由該当性を否定した**最大決昭和 34 年 7 月 1 日刑集 13 巻 7 号 1001 頁**（脇田忠・判解刑同年度 233 頁），②最高裁判所長官として裁判員制度の実施に係る司法行政事務に関与したことの忌避事由該当性を否定した**最大決平成 23 年 5 月 31 日刑集 65 巻 4 号 373 頁**（矢野直邦・判解刑同年度 27 頁）は，いずれも主として前提事実の評価で不該当性を根拠付けているが，筆者が述べる観点からの理解も可能であろう。

■ **4　最大判昭和 37 年 5 月 2 日刑集 16 巻 5 号 495 頁**（田原義衛・判解刑同年度 124 頁）は，道路交通法の前身の道路交通取締法所定の報告義務違反に関する憲法 38 条 1 項違反の主張に対し，報告対象である「事故の内容」は交通事故の態様に関する事項を指すとし，「刑事責任を問われる虞のある事故の原因その他の事項までも右報告義務ある事項中に含まれるものとは，解せられない」から，「憲法 38 条 1 項にいう自己に不利益な供述の強要に当らない」とした。

なお，この大法廷判決は，いわゆる論点回付されたものであり，当該論点だけを対象とした判断が示されている。そして，最判昭和 45 年 7 月 28 日刑集 24 巻 7 号 569 頁（大久保太郎・判解刑同年度 144 頁）は，道路交通法 119 条 1 項 10 号の報告義務に関しても，上記昭和 37 年 5 月 2 日の最大判の趣旨に照らし，憲法 38 条 1 項に違反しないとの控訴審判決の判断を相当として支持した。

場面は異なるが，最判平成 16 年 4 月 13 日刑集 58 巻 4 号 247 頁（芦澤政治・判解刑同年度 190 頁）は，死体を検案して異常を認めた医師について，医師法 21 条所定の異常死体の警察署への届出義務を負うとすることは，憲法 38 条 1 項に違反しないとの判断を示した。

なお，芦澤・前掲 199 頁には，各種の届出・報告義務等と憲法 38 条 1 項との関係に関する最高裁判例や関連する学説の紹介がある。

■ **5　最決昭和 50 年 5 月 30 日刑集 29 巻 5 号 360 頁**（内藤丈夫・判解刑同年度 106 頁）

被告人が犯したのは無免許・酒気帯び運転（判例上，この両罪は観念的競合の関係にあるとされている）であるが，捜査段階で A の氏名を冒用して，酒気帯び運転のみに対して A 名義で三者即日処理方式（注・警察，検察，裁判所の三者）による略式命令を受けたのち，上記無免許運転が発覚して起訴された事案である。略式命令の効力が被告人に及ぶのか（及べば，法 337 条 1 号に該当して免訴判決がなされることになる），否

かが争われた。1審の東京地裁は，略式命令の効力は被告人に及ぶことを前提として，確定判決の既判力の範囲を制限的に解して（観念的競合の関係にある無免許運転には及ばないとして）本件起訴を有効として有罪としたが，控訴審は，略式命令の効力はAに及び，被告人には及ばないとして起訴を有効とした上で控訴を棄却し，最高裁もこの判断を是認した。

そのため，最高裁決定では明示されていないものの，決定要旨とされている，被告人がAの氏名を冒用し，捜査機関に対し被疑者として行動し，かつ，裁判所で被告人としてA名義の略式命令の謄本の交付を受けて即日罰金を仮納付したといった事実をもって，略式命令の効力が冒用者である被告人に生じたものとすることはできない旨の判断が示されているものと解することができる。

このことを筆者なりにいえば，被告人Xが上記のような被疑者・被告人として行動していることは客観的な事実ではあっても，裁判所は知りようのない事実であるから，被告人の特定に関する判断者である裁判所にとっては，有意性を持たない事実ということになるのである。このことを敷衍すれば，本編で説明しているように，こういったことになったのは，裁判所が冒用の事実に気付いていないからであって，気付いた場合の事態の推移は異なるものとなるのが自然であるが，そのことまで本判例が判断しているわけではないのである。

なお，通常略式に関して，東京高決昭和36年7月28日東高時報刑事12巻7号128頁は，被冒用者に略式命令が送達された後に検察官が正式裁判を請求し，その第1回公判期日において，被告人の氏名を冒用者に訂正することを認めなかった原決定の判断を支持しており，内藤・前掲108頁は，「判例は，『通常略式』の場合には，被告人を定める基準に関し，いわゆる表示説の立場に立つものといってよい」とされる。

■6 **最決昭和60年11月29日刑集39巻7号532頁**（池田修・判解刑同年度275頁）

複雑な事案だが，先行して被告人が実名で受けた実刑の確定判決（昭和53年6月5日宣告で，昭和54年11月5日刑執行終了）を前提として，刑法26条3号に基づく確定裁判（昭和59年9月10日宣告）の執行猶予の取消しの可否が問題となり，それが肯定された事案である。

確定裁判の事案は，被告人Xは，実刑を免れるために，捜査段階から知人Y女の氏名を冒用し（警察官は指紋照合をしなかった），Y名義で逮捕中求令状起訴され，Y名義で懲役10月，3年間執行猶予の上記確定裁判を受けたものである（なお，情状証人も，Xに同調して，偽名使用を明らかにしなかった）。

その後に偽名使用の事実が判明して，確定裁判の効力は被告人Xに及ぶことを前

提として，その執行猶予の取消しが求められ（執行猶予の取消手続は，法349条，349条の2第5項），1審（昭和60年7月23日）は執行猶予を取り消し，即時抗告審もその判断を維持し，最高裁もその判断を維持した。

しかし，最高裁は，「本件取消請求の対象である執行猶予の判決の効力が申立人に及ぶとした原審の判断は正当である」とするだけで，最高裁としての独自の判断は示していない。そこで，抗告審の関連部分の説示を見ると，「被告人の特定については，起訴状あるいは判決書の表示のみによってではなく，公訴を提起した検察官の意思や，現実に審理の過程において被告人として行動し，取り扱われた者が誰であるかをも併せて決定すべきである」とし，確定裁判では「起訴状あるいは判決の表示のみからすると，」Y「に対し公訴が提起され，同人に対し判決があったかのような外観を呈しているものの」「現実に逮捕，勾留（その後保釈）され，審理，判決を受けたのはXであることからすれば，右事件の被告人はX以外の何者でもなく，従って右判決の効力は当然Xに及ぶ」としている。

■7　①**最決昭和29年7月30日刑集8巻7号1231頁**（「昭和29年最決」という。青柳文雄・判解刑同年度208頁）は，懲役2年に処せられた被告人による控訴取下げの事案で，訴訟能力について，一定の訴訟行為をするに当たりその行為の意義を理解し，自己の権利を守る能力とし，責任能力とは異なる旨を判示している。

②**最決平成7年2月28日刑集49巻2号481頁**（「平成7年公判停止最決」という。川口政明・判解刑同年度125頁）は，耳が聞こえず言葉も話せない被告人について訴訟能力がないとして公判手続を停止した事案で，法314条1項にいう「心神喪失の状態」について，「訴訟能力，すなわち，被告人としての重要な利害を弁別し，それに従って相当な防御をすることのできる能力を欠く状態をいう」とした。

③**最決平成7年6月28日刑集49巻6号785頁**（「平成7年控訴取下げ無効最決」という。中谷雄二郎・判解刑同年度260頁）は，昭和29年最決の判断を前提として，申立人は，「控訴取下げ時において，自己の権利を守る能力を著しく制限されていた」として，控訴取下げを無効と認めた。

■8　**最決平成4年12月14日刑集46巻9号675頁**（井上弘通・判解刑同年度175頁）は，国選弁護人を付された被告人が判決宣告後に上訴申立てのため必要であるとして公判調書の閲覧を請求した事案で，法49条にいう「弁護人がないとき」に当たらず，この閲覧請求は許されないとした。

補足すると，公判調書の閲覧・謄写は弁護人にその権限があり（法40条），被告人については，法49条によって，弁護人がないとき，閲覧だけができることとされている。そのため，本件では，1審段階では被告人には国選弁護人が選任されていたが，既に判決の言渡しがされていたから，審級代理を前提として，本編紹介の①説〜③説

のいずれの考えによるかで，弁護人の有無の判断が異なる関係にあった。①説では，既に審級が終わっていることになって，被告人には弁護人がない状態になるから，同条に基づく閲覧は可能という結論が導かれることになる。他方，被告人は控訴申立てをしているものの，それは本件閲覧請求後のことであったから，②，③説では，同請求時点では審級が終了していないことになる。

そのような状況の中で，上記最決は「弁護人選任の効力は判決宣告によって失われるものではない」として，同請求を否定したから，少なくとも，①説を採用しないことが明らかとなっている。

▓ 9　最決平成17年11月29日刑集59巻9号1847頁（芦澤政治・判解刑同年度640頁）は，被告人は公判の終盤において従前の供述を翻して全面的に否認する供述をするようになったが，弁護人は被告人の従前の供述を前提とした有罪を基調とする最終弁論をした事案で，1審の訴訟手続に法令違反はないとした。

一見すると違和感のある判断だが，この事件は死体が発見されていない殺人等の事件であるという特殊性があり，弁護人が，「証拠関係，審理経過を踏まえた上で，その中で被告人に最大限有利な認定がなされることを企図した主張をした」と評価されているから，了解できる説示といえる。

第2章該当（▓10〜▓24）

▓ 10　最大判昭和47年11月22日刑集26巻9号554頁（川崎民商事件。柴田孝夫・判解刑同年度218頁）。所得税法上の質問検査手続が問題となった事案で，関係する判示は，①「当該手続が刑事責任追及を目的とするものではないとの理由のみで，その手続における一切の強制が，」憲法35条1項による「保障の枠外にある」ことにはならないとされている点と，②「憲法38条1項」「による保障は，」「実質上，刑事責任追及のための資料の取得収集に直接結びつく作用を一般的に有する手続には，ひとしく及ぶもの」とされている点とである。

▓ 11　最決昭和51年3月16日刑集30巻2号187頁（香城敏麿・判解刑同年度64頁）は，警察官が，酒酔い運転の疑いが濃厚な被疑者をその同意を得て警察署に任意同行し，呼気検査に応じるように説得を続けるうち，母が警察署に来ればこれに応じる旨を述べたので，母の来署を待っていたところ，被疑者が急に退出しようとしたため，その左斜め前に立ち，両手でその左手首を掴んだ行為に関して，本編**第2章第1**の**2(3)イ**で紹介した判示をした上で，任意捜査において許容される限度内の有形力の行使であるとした。

▓ 12　最判昭和53年6月20日刑集32巻4号670頁（岡次郎・判解刑同年度198頁）は，「米子銀行強盗事件」（＝4人組で，猟銃，登山用ナイフで銀行員らを脅迫して現

金605万円余を強取した事件）として著名な事件であるが，所持品検査について，警察官職務執行法は所持品検査について明文の規定を設けていないことを認めつつ，所持品検査は，「口頭による質問と密接に関連し，かつ，職務質問の効果をあげるうえで必要性，有効性の認められる行為である」とし，「職務質問に附随してこれを行うことができる場合がある」とした。

　そして，所持品検査は，「所持人の承諾を得て，その限度」で行うのを原則としつつ，所持品検査が行政警察上の作用であるという性格・機能，「流動する各般の警察事象に対応して迅速適正に」処理すべき行政警察の責務を挙げて（岡・前掲215頁は，この判示の趣旨について，①所持品検査が犯罪捜査そのものではなく，直接には刑罰を科すための刑事目的の手続ではないこと，②相手方の承諾がない限り一切の所持品検査が許容されないとすると，犯罪の予防，鎮圧等を目的とする行政警察の実効性が確保できないことになることを指摘している），所持人の承諾のない限り一切許容されないのではなく，「捜索に至らない程度の行為は，強制にわたらない限り，所持品検査においても許容される場合がある」とし，「所持品検査の必要性，緊急性，これによって害される個人の法益と保護されるべき公共の利益との権衡などを考慮し，具体的状況のもとで相当と認められる限度においてのみ，許容される」とした。

　そして，事案への当てはめとしては，被告人の承諾を得ないまま所持品の無施錠のボーリングバッグのチャックを開披し内部を一べつした行為について，所持品検査の緊急性・必要性の強さ（①犯人としての濃厚な容疑の存在，②凶器を所持している疑いの存在下で，職務質問に黙秘し，所持品開披要求を拒否するなどの不審な挙動），所持品検査の態様の相当性（施錠されていないチャックを開披し内部を一べつ→法益侵害はさほど大きくない）を踏まえて，その適法性を肯定した。

　引き続いてアタッシュケース鍵の部分をドライバーを差し込んでこじ開けた行為については，最大判昭和36年6月7日刑集15巻6号915頁を引用しつつ，逮捕目的で（その後に行われた）緊急逮捕手続に先行して逮捕の現場で時間的に接着して行われた捜索手続と同一視できるとして，違法性を否定した。この最大判昭和36年6月7日刑集15巻6号915頁（違法との6名の少数意見あり。栗田正・判解刑同年度141頁）は，無罪の原判決を破棄・差し戻したが，麻薬所持の現行犯逮捕した者の当該麻薬の入手先である被告人方で，被告人を緊急逮捕しようとしたが他出中で，留守番をしていた被告人の17歳の娘の承諾を得て，捜索を開始し，捜索がほとんど終わる頃帰宅した被告人を緊急逮捕した事案である。

　1審は麻薬の譲渡と所持で有罪。2審は，捜索差押えは，緊急逮捕に先立って行われた点，逮捕事実である麻薬譲渡とは別の余罪である麻薬所持の証拠保全のために行われたと解される点で，違法であるなどとして証拠排除をし，麻薬所持は無罪とした。

最高裁は，上記判断の前提として，法220条の「逮捕する場合」は，時間的接着を必要とするが，逮捕着手時の前後関係は問わないとし，「捜索，差押は，緊急逮捕に先行したとはいえ，時間的にはこれに接着し，場所的にも逮捕の現場と同一であるから，逮捕する際に逮捕の現場でなされたもの」と解して適法とした。
　この判例は，学説による批判も強いが，本参考裁判例12によって，判例としての位置付けが安定したものとなったといえる。

■13　最判昭和45年12月22日刑集24巻13号1862頁（坂本武志・判解刑同年度374頁）は，やや特殊な事案であるが，ブロック塀の損壊事件において，同塀の共有者の一人の妻で，同塀によって居住の平穏等を維持している者も告訴権者と認めた原審の判断（告訴権を否定して公訴棄却とした1審判決を破棄差し戻していた）を，器物損壊罪の告訴権者を所有者に限定した大判明治45年5月27日刑録18輯676頁を変更した上で，維持した。

■14　最決昭和45年12月17日刑集24巻13号1765頁（千葉裕・判解刑同年度366頁）は，犯行終了前に被害者が犯人を知った包括一罪の事案で，本編の記載と同旨の判断をした。
　継続犯を例に取ると，事件継続中に告訴期間が終了することとすると，事後の新たに犯されていく犯行は全て起訴できないことが確定していて，訴追という形では犯行継続を阻止できなくなって不合理な上，事件を告訴するという趣旨からすれば，事件継続中には告訴対象が確定しないわけであるのに，告訴期間だけが進行するというのも不合理である。他方，犯行継続中は告訴期間が進行しないこととすると，その分犯人を不安定な状態に置くことになるが，それは犯人が犯行を継続させているからであって，何ら不合理なことではない。これらを考えるだけでも，上記判例の合理性が肯定できよう。

■15　最決昭和33年6月4日刑集12巻9号1971頁（高田義文・判解刑同年度471頁）は，住居侵入の事件で，急報を受けて自転車で現場に駆けつけた巡査が，現場から約30m離れたところで被疑者を逮捕したのを「現に罪を行い終わった」現行犯人の逮捕として適法とした。
　もっとも，この判例は，控訴審では現行犯に関する争いがなかった事案で，最高裁も，現行犯逮捕における時間的な側面しか判断していないから，「罪を行い終わった」が，「終わった瞬間」を指すのではなく，ある幅を持ったものであって，その幅は「犯罪の性質，態様，その他の具体的事情によって異なってくる」（高田・前掲472頁）ことを看取できるものの，「犯罪が行われたという状況が生々しく現存している」との点に関しては，逮捕警察官がどのような認識・情報を得ていたのかは，急報に接していたという以上のことは分からない。

■ 16　最決昭和42年9月13日刑集21巻7号904頁（堀江一夫・判解刑同年度211頁）は，枚方事件で，犯罪の発生後直ちに現場に急行した警察官が，引き続き犯人を捜索の上，犯行後4，50分を経過した頃，現場から約1100ｍの場所で逮捕行為を開始したときは，「罪を行い終わってから間がないとき」に当たるとした。

　また，警察官が犯人と思われる者を懐中電灯で照らし，同人に向かって警笛を鳴らしたのに対し，相手方がこれによって警察官と知って逃走しようとしたときは，口頭で「たれか」と問わないでも，法212条4号の「誰何されて逃走しようとするとき」に当たるとした。

■ 17　最決平成8年1月29日刑集50巻1号1頁（木口信之・判解刑同年度1頁）は，内ゲバ事件が発生したとの無線情報を受けて逃走犯人を警戒，検索中の警察官らが，犯行終了の約1時間ないし1時間40分後に，犯行場所からいずれも約4km離れた各地点で，それぞれ被疑者らを発見し，その挙動や着衣の汚れ等を見て職務質問のため停止するよう求めたところ，いずれの被疑者も逃げ出した上，腕に籠手を装着していたり，顔面に新しい傷跡が認められたりした被疑者らに対する各逮捕について，法212条2号ないし4号に当たる者が罪を行い終わってから間がないと明らかに認められるときにされたものとして，適法とした。

　また，逮捕現場付近の状況に照らし，被疑者の名誉等を害し，被疑者らの抵抗による混乱を生じ，又は現場付近の交通を妨げるおそれがあるなどの事情のため，その場で直ちに捜索，差押えを実施することが適当でないときは，速やかに被疑者を捜索，差押えの実施に適する最寄りの場所まで連行した上でこれらの処分を実施することも，法220条1項2号にいう「逮捕の現場」における捜索，差押えと同視することができるとした。

■ 18　最決昭和48年7月24日裁判集刑事189号733頁は，逮捕中求令状起訴の事件で，「起訴後の勾留は，裁判所の審判の必要という観点から裁判官が独自に職権でその要否を判断するものである」として，「逮捕手続の当否は，起訴後の勾留の効力に何ら影響を及ぼさない」とする。

　また，最決昭和44年9月27日裁判集刑事172号529頁は，起訴前の勾留中における捜査官の取調べの当否は，起訴後の勾留の効果に影響を及ぼさないとする。

　しかし，その逮捕中に収集された証拠が違法収集証拠として起訴後の勾留審査の資料から排除されて嫌疑の相当性が認められずに勾留の職権発動がなされないといった事態は想定可能である。

■ 19　最決昭和59年11月20日刑集38巻11号2984頁（安廣文夫・判解刑同年度446頁）は，複雑な事案で，申立人に対しては，被疑者段階で勾留の裁判（以下「裁判Ａ」という）と，勾留取消請求を却下する裁判（以下「裁判Ｂ」という）とがなさ

れ，申立人は，裁判Aに対して準抗告を申し立てた。この申立は，裁判Bが申立人に対して告知される前にされているから，裁判Aに対するものであることは明白であったが，原裁判所は，準抗告の対象裁判を誤解して，裁判Bは相当である旨の準抗告棄却決定をした。申立人は特別抗告申立をし，その後に被疑事実と同一事実で起訴された。

最高裁は，原決定は不服申立の対象とされていない裁判に対して判断した違法があるとして原決定を取り消した。他方，起訴前の勾留の裁判に対する準抗告申立の利益は起訴後は失われるとして，本件準抗告を棄却した。抗告の利益に関しては，法421条ただし書に「原決定を取り消しても実益がないようになったとき」は抗告はできない旨の規定がある。他方，準抗告に関しては，この規定を準用する定めはないものの，同様に解されている（安廣・前掲450頁）。

なお，特別抗告審では，法433条2項の期間経過後に「抗告趣意書」が提出されたが，最決昭和34年4月13日刑集13巻4号448頁（三井明・判解刑同年度148頁）を引用して，判断対象とはされなかった。

■20　**最決昭和53年10月31日刑集32巻7号1847頁**（田中清・判解刑同年度426頁）については，記録を見ているわけではないから，一般論としていえば，最高裁の判断は措いて，実務的には検討すべき点のある事案であったといえる。

まず，一旦10日間の勾留延長がされたが，準抗告で延長期間が7日間に短縮された。その後，3日間の延長の裁判がされ，準抗告審でその勾留延長の裁判が取り消されたといった，ジグザグした経緯がまずある。延長の判断はどうあるべきかの検討事案ともなっているといえる。

次に，検察官に上記準抗告審決定謄本が午後1時5分に送付されたが，検察官は，釈放手続を取らないまま（従前の勾留期間は経過していた），同日午後2時20分，勾留の被疑事実との同一性のある事実で「勾留中」と表示して起訴し，同日午後9時35分，勾留状発付の職権発動を求め，同日夜（時刻不明）裁判官が勾留質問をして勾留状を発付し，同日午後11時52分同勾留状が執行された事案で，本編紹介の判断をした。

準抗告審としては，原裁判を取り消すと，身柄が釈放されることになるが，起訴事案であるから，起訴手続はどうなるのか，身柄はどうなるのか，などといったことも当然考えているであろう。準抗告審はどうあるべきかの検討事案ともなっている。

なお，上記「勾留中」の記載の意義は分かりにくい。釈放を命じられている勾留中という意義であれば，「勾留中」との表示の通常の意味とは異なるように思われる。

■21　①**最決昭和56年11月20日刑集35巻8号797頁**（判事補偽電話事件。佐藤文哉・判解刑同年度258頁）は，会話者の一方当事者である私人が，会話内容を相

手方の同意を得ずに録音したことを違法ではないとした。

②**最決平成 12 年 7 月 12 日刑集 54 巻 6 号 513 頁**（稗田雅洋・判解刑同年度 153 頁）は，相手方の同意を得ないで電話会話を録音することは違法ではないとして，その録音テープの証拠能力を認めた。

稗田・前掲 162 頁以下に関係の最高裁判例を含む裁判例の紹介がある。

■ 22　①**最決昭和 28 年 3 月 5 日刑集 7 巻 3 号 482 頁**は，他人の誘惑により犯意を生じ（強化され）た者が犯罪を実行した場合には，その誘惑者が捜査機関であるとの一事をもって，犯罪構成要件該当性，責任性，違法性を阻却し又は公訴提起の手続規定に違反し若しくは公訴権を消滅させるものではないとし，②**最判昭和 29 年 11 月 5 日刑集 8 巻 11 号 1715 頁**（龍岡資久・判解刑同年度 331 頁）は，この判断を踏襲している。

■ 23　**最大判平成 11 年 3 月 24 日民集 53 巻 3 号 514 頁**（大坪丘・判解民同年度 250 頁）は，論点回付された事件（論点回付については，大坪・前掲 282 頁注 7 参照）で，法 39 条 3 項は憲法の保障に由来するものであるとし，「捜査のため必要があるとき」について，「接見等を認めると取調べの中断等により捜査に顕著な支障が生ずる場合に限られ」る，との限定的な定義をし，その前提で，①接見指定ができるのは，「取調べの中断等により捜査に顕著な支障が生ずる場合に」限られること，②「接見等の申出を受けた時に，捜査機関が現に被疑者を取調べ中である場合や実況見分，検証等に立ち会わせている場合，また，間近い時に右取調べ等をする確実な予定があって，弁護人等の申出に沿った接見等を認めたのでは，右取調べ等が予定どおり開始できなくなるおそれがある場合などは，原則として右にいう取調べの中断等により捜査に顕著な支障が生ずる場合に当たる」こと，③接見指定をする場合には，「捜査機関は，弁護人等と協議してできる限り速やかな接見等のための日時等を指定し」なければならないこと，を判示した。

なお，大坪・前掲 263 頁に，その当時までの接見指定の運用等の紹介がある。

■ 24　**最判平成 12 年 6 月 13 日民集 54 巻 5 号 1635 頁**（矢尾渉・判解民同年度 522 頁）は，①逮捕直後の初回の接見について，「身体を拘束された被疑者にとっては，弁護人選任を目的とし，かつ，今後捜査機関の取調べを受けるに当たっての助言を得る最初の機会」と位置付け（この理解は適切なものといえる），②接見申出を受けた捜査機関は，指定要件が具備された場合でも，「弁護人となろうとする者と協議して，……留置施設の管理運営上支障があるなど特段の事情のない限り，……比較的短時間であっても，時間を指定した上で即時又は近接した時点での接見を認めるようにすべきである」，とした。このように逮捕直後の初回の接見の緊急性，重要性が適切に指摘されている。

第 3 章該当（■ 25 〜■ 32）

■ 25　最決昭和 25 年 6 月 8 日刑集 4 巻 6 号 972 頁が，窃盗の訴因で，公訴事実中に「屋内に侵入し」との記載はあるが，罪名に住居侵入の記載も，罰条に刑法 130 条の記載もない事案で，1 審は何らの法律適用を示していないのに，控訴審が破棄自判する際に住居侵入の判示事実を認定し，同条を適用したのに対し，法 378 条 3 号後段に当たるとしたのは適切であって，この違法が訴訟手続の法令違反とされることはないであろう。

他方，最判昭和 29 年 8 月 20 日刑集 8 巻 8 号 1249 頁（天野憲治・判解刑同年度 216 頁）は，強制わいせつの訴因に対し，公然わいせつの事実を，訴因の変更・追加の手続を経ることなく認定したことについて，審判の請求を受けない事件について判決をした違法があるとした。こういった関係になってくると，具体的な事実関係，当事者の訴訟活動によっては，訴訟手続の法令違反とされる余地も生じる可能性があり，一律的な処理は困難であろう。

■ 26　最大判昭和 41 年 7 月 13 日刑集 20 巻 6 号 609 頁（木梨節夫・判解刑同年度 165 頁）は，①「起訴されていない犯罪事実をいわゆる余罪として認定し，実質上これを処罰する趣旨で量刑の資料に考慮し，これがため被告人を重く処罰することは許されない」，②余罪を，被告人の性格，経歴，犯罪の動機，目的，方法等の情状を推知するための資料として考慮することは許される旨の判断枠組みを示した。そして，①の判断根拠として，不告不理原則違反，法定手続によらずに刑罰を科す憲法 31 条違反，法 317 条の証拠裁判主義違反，自白と補強証拠に関する憲法 38 条 3 項，法 319 条 2 項，3 項違反，余罪が起訴されて有罪判決を受けた場合の憲法 39 条違反を挙げている。

しかし，事件処理としては，郵便物の窃盗 1 件の事案で，1 審が懲役 1 年 6 月，5 年間執行猶予とした（余罪を述べた検察官調書が証拠の標目に挙げられていた）のを，2 審が破棄して懲役 10 月の実刑に処した事案で，最高裁は，原判決の「被告人が本件以前にも約 6 か月間多数回にわたり同様の犯行を重ね，それによって得た金員を飲酒，小遣い銭，生活費等に使用したことを考慮すれば」といった説示も，起訴に係る窃盗の動機，目的及び被告人の性格等を推知する一情状として考慮したもので，違法ではないとし，上告は棄却した。

他方，その翌年の最大判昭和 42 年 7 月 5 日刑集 21 巻 6 号 748 頁（海老原震一・判解刑同年度 255 頁）は，最大判昭和 41 年 7 月 13 日の上記判断枠組みを踏襲し，第 1 審は，①起訴されていない犯罪事実を余罪として認定しこれをも実質上処罰する趣旨のもとに，被告人に重い刑を科したものと認め，憲法 31 条に違反するとし，また，

②余罪事実中には被告人の自供のみによって認定したものがあるから，その実質において自己に不利益な唯一の証拠が本人の自白であるのにこれに刑罰を科したこととなり，憲法 38 条 3 項にも違反する，とし，他方，この違反を根拠とはせずに 1 審判決を量刑不当で破棄した原判決については，自判する際には，余罪を犯罪事実として認定しこれを処罰する趣旨をも含めて量刑したものではないとして，上告は棄却した。

確かに，1 審判決が，1 回の犯行のみの起訴であるのに，「被告人の犯行は，その期間，回数，被害数額等のいずれの点よりしても，この種の犯行としては他に余り例を見ない程度のものであった」「事件の性質上量刑にあたってこの事実を考慮に入れない訳にはいかない」と明記しているのは，やはり問題視されよう。

■ 27　最大判昭和 35 年 12 月 21 日刑集 14 巻 14 号 2162 頁等

本編で説明した事項ごとに該当判例を紹介する。

○　両罰規定に関しては，**最大判昭和 35 年 12 月 21 日刑集 14 巻 14 号 2162 頁**（田中永司・判解刑同年度 451 頁）は，両罰規定における事業主たる法人（人）に対する公訴時効は，その法人（人）に対する罰金刑に付き定められた 3 年の期間経過によって完成する旨判示し，行為者に対する刑を標準として時効の完成を否定した 1, 2 審判決を破棄して免訴とした。

○　包括一罪については，**最判昭和 31 年 8 月 3 日刑集 10 巻 8 号 1202 頁**（吉川由己夫・判解刑同年度 266 頁）は，医師が麻薬中毒患者に対して行った麻薬注射について，2 グループの各包括一罪が成立するとし，第 1 グループの途中で法改正があって刑も変更されているところ，原判決（1 審判決も）が，各行為を併合罪と解して，上記改正法が適用されないとした行為について，有罪とした 1 審判決を破棄して免訴としたのを誤りとし，その包括一罪の最終犯罪行為が終わった時から時効が進行するとし，原判決を破棄・差し戻した。

しかし，現在では，例えば，覚せい剤の自己使用事案では，文字どおりの連続使用といった態様以外では，各使用ごとの併合罪と解されているから，この事案では医師と患者という特殊性があったとはいえ，現在では，包括一罪との考えにはならないであろう。

○　営業犯については，**最判昭和 31 年 10 月 25 日刑集 10 巻 10 号 1447 頁**（高田義文・判解刑同年度 339 頁）は，貸金業法違反の事案で，営業犯の公訴時効は，包括一罪の場合と同様に，その最後の犯罪行為が終わったときから進行する旨判示した。

○　継続犯については，**最判昭和 28 年 5 月 14 日刑集 7 巻 5 号 1026 頁**は，外国人登録令所定の登録不申請罪の公訴時効については，申請期間経過後も申請義務が存続していて，申請義務の履践によって，その義務が消滅した時を時効の起算点とする旨判示した。

○　結果犯については，**最決昭和 63 年 2 月 29 日刑集 42 巻 2 号 314 頁**（金谷利廣＝永井敏雄・判解刑同年度 137 頁）は，水俣病刑事事件で，法 253 条 1 項にいう「犯罪行為」には，刑法各本条所定の結果も含まれることを確認し，業務上過失致死罪の公訴時効は，被害者の受傷から死亡までの間に業務上過失傷害罪の公訴時効期間が経過したか否かにかかわらず，その死亡の時点から進行する旨判示した。

○　観念的競合については，上記**最決昭和 63 年 2 月 29 日刑集 42 巻 2 号 314 頁**は，観念的競合の関係にある各罪の公訴時効完成の有無を判定するに当たっては，その全部を一体として観察して，最終結果が生じたときから時効期間を起算する旨判示し，一体説を踏襲することを明示した。また，その関連で，1 つの罪の公訴時効期間内に他の罪の結果が発生するときは，時効的連鎖があるものとし，これらを一体的に観察して公訴時効完成の有無を判定すべきであるとの時効的連鎖説の採用を否定した。1 審が時効的連鎖説に従って，時効完成を理由に免訴とした部分については（被告人のみの上訴で検察官からの控訴はなかった），攻防の対象から外されているとした。

○　牽連犯については，**最判昭和 47 年 5 月 30 日民集 26 巻 4 号 826 頁**（柴田保幸・判解民同年度 152 頁）は，目的行為が手段行為についての時効期間の満了前に実行されたときは，両者の公訴時効は不可分的に最も重い刑を標準に最終行為の時より起算すべきものとし，大判大正 12 年 12 月 5 日刑集 2 巻 922 頁と大判昭和 7 年 11 月 28 日刑集 11 巻 1736 頁を指摘していた。大判大正 12 年 12 月 5 日刑集 2 巻 922 頁は，大正元年の文書偽造・同行使と大正 11 年の詐欺未遂の事案で，時効的連鎖説を採用し，文書偽造・同行使について独自に時効期間を判断して時効完成を認めた。大判昭和 7 年 11 月 28 日刑集 11 巻 1736 頁は，牽連犯の場合には，結果たる行為が手段たる行為の時効完成後に実行された場合の外，最も重い刑を標準としてその罪名全体に対する公訴時効の成否を判定すべきだとした。

■ 28　公訴棄却との関係

公訴棄却との関係では，起訴自体の適法性が問題となっている場合もあり，そういった場合における時効の停止の効力の有無については争いがあるが，判例は積極に解している。被告人には不利ではあるが，中断ではなく，停止なので，その影響は限定的である。そして，結果的に公訴棄却とされるとはいえ，当該公訴（甲）が係属中は二重起訴禁止の効果が及んで，新たな訴追（乙）はできない関係にあるから，視点を変えれば，甲に時効停止の効力を認める合理性があることになる。また，被告人が被る不利益との関係では，龍岡・後掲昭和 55 年度判解刑 110 頁が指摘しているように，検察官による適切な訴追裁量によって，あるいは，後記最決昭和 55 年 5 月 12 日刑集 34 巻 3 号 185 頁の 1 審が，禁錮 6 月の求刑に対し罰金 10 万円に処した（龍岡・後掲同 102 頁，110 頁）ように，裁判所の適切な量刑判断によって，実務的な対

○　起訴状の不送達と時効停止　最決昭和55年5月12日刑集34巻3号185頁（龍岡資晃・判解刑同年度100頁）は，起訴状の謄本が法定の期間内（法271条2項）に被告人に送達されず，公訴棄却された場合（法339条1項1号）でも，時効停止の効力はある旨の判示をした。

なお，法339条1項1号の新設等の昭和28年の法改正との関係は，龍岡・前掲104頁参照。

○　訴因の不特定と時効停止　最決昭和56年7月14日刑集35巻5号497頁（木谷明・判解刑同年度177頁）は，法338条4号の場合に関して，公訴事実の記載に不備があって実体審理を継続するのに十分な程度に訴因が特定していない起訴状による公訴提起であっても，特定の事実について検察官が訴追意思を表明したものと認められるときは，同事実と公訴事実を同一にする範囲において，公訴時効の進行を停止する効力を有する旨判示している。

■ 29　東京地判昭和49年4月2日判時739号131頁

例えば，三者即日方式による略式命令の被告人の特定に関する最決昭和50年5月30日刑集29巻5号360頁（内藤丈夫・判解刑同年度106頁）の1審の東京地判昭和49年4月2日判時739号131頁は，そういった試みを行った下級審裁判例である。すなわち，Xは酒気帯び運転で取調べを受けた際，拾得所持していた知人Aの運転免許証を呈示してAを名乗り，無免許運転の発覚を免れて，Aの氏名で酒気帯び運転で罰金2万円の略式命令を受けた。その後にこの氏名冒用の事態が発覚して，Xは無免許運転で起訴された。

東京地裁は，酒気帯び運転と無免許運転とを観念的競合の関係にあるとした上で，一部の罪についての裁判手続において他の罪について現実に審判するのが極めて困難であったという事情が認められる場合には，合理的な例外としてその一部の罪についての確定裁判の既判力は他の罪については及ばないと解して，有罪判決をした。

■ 30　最判昭和36年6月13日刑集15巻6号961頁等

①最判昭和36年6月13日刑集15巻6号961頁（堀江一夫・判解刑同年度152頁）は，収賄の共同正犯の訴因に対し贈賄の共同正犯の事実を認定するには，訴因変更を要するとした。

②最判昭和41年7月26日刑集20巻6号711頁（桑田連平・判解刑同年度157頁）は，業務上横領の訴因が特別背任の訴因に変更された後，変更前の業務上横領の事実を認定するには訴因変更を要するとした。事案としては珍しい（桑田・前掲159頁にも類似の指摘がある）が，その結論自体は支持されよう。

■ 31　最判昭和33年6月24日刑集12巻10号2269頁等

①最判昭和33年6月24日刑集12巻10号2269頁（青柳文雄・判解刑同年度461頁）は，強盗殺人の共同正犯の訴因で，殺人の幇助を認定するには訴因変更を要しないとした。被告人の犯意をどの程度に認定するかが主要な判断事項であった事案のようであるから，自然な結論といえよう。青柳・前掲462頁，岩崎邦生・判解刑平成24年度175頁に関連する判例の紹介がある。

②最判昭和33年7月18日刑集12巻12号2656頁（吉川由己夫・判解刑同年度538頁）は，傷害の同時犯の訴因で，共同正犯と認定するには訴因変更を要しないとし，その根拠として「被告人に不当な不意打ちを加え，その防禦権の行使に実質的な不利益を与えるおそれはない」ことを挙げている。吉川・前掲540頁に関連する判例の紹介がある。

もっとも，筆者としては，「共謀」という，それまでの訴因事実になかった重要な事実が付加されるわけであるから，訴因変更を経ておくことが望ましいものと考えている。

③最決昭和55年3月4日刑集34巻3号89頁（反町宏・判解刑同年度61頁）は，酒酔い運転の訴因に対し訴因変更手続を経ずに酒気帯び運転を認定しても，運転当時の身体内のアルコール保有量について被告人の防御が尽くされている場合には，違法ではないとした。

■32　最判昭和34年12月11日刑集13巻13号3195頁等

①最判昭和34年12月11日刑集13巻13号3195頁（寺尾正二・判解刑同年度444頁）は，訴因の狭義の同一性の解釈に審級間で相違があるなど複雑な事案だが，追起訴は実質において訴因変更の趣旨であると解し，二重起訴とはしなかった。

なお，②最大判昭和31年12月26日刑集10巻12号1746頁（高橋幹男・判解刑同年度429頁）は，常習営利の一罪を構成する行為について追起訴された事案で，訴因を追加補充する趣旨と解した原審の判断を維持し，二重起訴とはしなかったが，この判決の趣旨については，高橋・前掲435頁は「必ずしも明らかでない」としている。

また，最決昭和35年11月15日刑集14巻13号1677頁（本編で紹介した川添・前掲393頁）は，併合罪として追起訴された事実を従前の訴因と単純一罪の関係にあると認定した場合には，訴因変更の手続も公訴棄却の言渡しも要しないとした。

第4章該当（■33～■39）

■33　最決平成12年6月27日刑集54巻5号461頁等

この点に関しては，関連判例として①最決平成12年6月27日刑集54巻5号461頁（福崎伸一郎・判解刑同年度134頁），②最決平成19年12月13日刑集61巻9号843頁（松田俊哉・判解刑同年度476頁），③最決平成23年10月5日刑集65巻7号977頁

（矢野直邦・判解刑同年度147頁）がある（拙稿・別冊判タ34号《2012年》193頁は，これらの判例を検討したものである）。

これらの判例によって，控訴裁判所は，無罪の1審裁判所の判決の内容，取り分け無罪とした理由及び関係証拠を検討し，罪を犯したことを疑うに足りる相当な理由があり，法345条の趣旨及び控訴審が事後審査審であることを考慮しても，勾留の理由及び必要性が認められるときは，その審理の段階を問わず，被告人を勾留することができるとしている。

■ 34　規則217条の19等

①規則178条の6第1項が適用されないのは，同趣旨の法316条の14が設けられたためである。

②規則178条の6第2項2号が適用されないのは，同趣旨の法316条の16が設けられたためである。

③規則178条の6第2項3号が適用されないのは，同趣旨の法316条の18が設けられたためである。

④規則178条の7が適用されないのは，法316条の14第1項2号が設けられたためである。

⑤規則178条の13及び⑥193条は，公判前整理手続の趣旨からして適用されないのである。

このように①～④は，従来の事前準備と公判前整理手続との連続性を裏付けるものといえる。

■ 35　関係法令等

旧刑事訴訟法時代では，起訴と同時に一件記録（証拠書類，証拠物）が検察官から裁判所に提出されるため，弁護人は，裁判所で記録を読み，検察官の証拠の全体を知って防御方針を定めて公判に臨むことが可能であったから，証拠開示といった問題は生じなかった。

他方，現行刑事訴訟法では，起訴状一本主義，予断排除の原則が前提とされたことで，弁護人の証拠への上記のような形態でのアクセスの手段が失われ，証拠開示が重要な問題として浮上するようになった。もっとも，現行刑事訴訟法では，旧刑事訴訟法44条1項とほぼ同趣旨の法40条がある。しかし，前提となる裁判所における訴訟書類・証拠物の有り様が上記のように全く異なっているから，同条の存在は，弁護人の検察官手持ち証拠へのアクセスの有効手段とはなり得ないのである。制度を設けるに当たっては様々な面から考慮することが必要であることを示唆する事態の1つといえる。

■ 36　最決平成25年3月18日刑集67巻3号325頁は，法「316条の17は，

被告人又は弁護人において，公判期日においてする予定の主張がある場合に限り，公判期日に先立って，その主張を公判前整理手続で明らかにするとともに，証拠の取調べを請求するよう義務付けるものであって，被告人に対し自己が刑事上の責任を問われるおそれのある事項について認めるように義務付けるものではなく，また，公判期日において主張をするかどうかも被告人の判断に委ねられているのであって，主張をすること自体を強要するものでもない。そうすると，同法316条の17は，自己に不利益な供述を強要するものとはいえないから，憲法38条1項違反をいう所論は前提を欠」くとして，上告を棄却した。

「前提を欠」く，としているから，合憲性を直接判断したことにはならないが，明白に違憲であれば合憲性の判断を先行させるであろうから，少なくとも，そういった違憲性はないことは確認されているものといえる。

▓ 37 証人の取扱と対比した形での被告人の公判供述の信用性の評価

少し，細かな説明となるため，注ではなくここで説明する。本編で紹介した個別質問に備えた在廷証人の取扱は，他の情報を得させないでいることが，当該供述者の供述の信用性を確保する有効な手段であるとの前提に立つものと解される。他方，被告人は，こういった措置の枠外にあり，証人を含む全ての証拠内容を知った上で審理の最後に被告人質問という形で自分の言い分を述べるのが一般的な訴訟進行である。そのため，証人と対比して考えれば，その供述の信用性は，他の情報を得た後にされている分，類型的に低く，そういった情報を得ていない時期である捜査段階における供述の信用性の方が類型的に高い，といったことになりかねない（こうであっては，被告人側の防御活動は有効性を類型的に欠くことになる）。しかし，捜査段階では，捜査官の働きかけなどの，被告人の供述の信用性（任意性も）を低減させる，公判段階にはない契機がある，などといった主張が，上記の公判供述の信用性に対する判断思考への対抗主張として想定される。こういった複眼的な思考に基づいて，被告人の公判供述の信用性は判断されていくことになる。

それでも，被告人の公判廷での供述だけを取り上げても，その信用性判断が，当該供述がなされた時期・状況に応じて変化するのはやむを得ないと考えている。例えば，①被告人がアリバイに関する供述をした後に，当該アリバイ主張を裏付ける証人尋問が行われた場合と，②被告人のアリバイを述べる証人尋問が行われた後に，被告人が当該証言に沿ったアリバイ供述をした場合とでは，一般的には，②の被告人の供述の方が①のそれに比べてその信用性が高い，といったことにはならないであろう。

▓ 38 最判昭和25年11月17日刑集4巻11号2328頁等

最判昭和25年11月17日刑集4巻11号2328頁は，後記大判大正13年11月20日を引用しつつ，判決宣告の際に判決書が作成されていることが望ましいが，作成さ

れていなくても違法ではないとしている。

　上訴の申立がない場合に作成が認められている調書判決といった制度があることからしても（規則219条），この最判昭和25年11月17日は支持されるべきである。先行する判例として，大判大正13年11月20日刑集3巻797頁は，判決宣告の際の判決書作成を不要としていた。

　なお，このような判例を前提とすると，刑事の裁判所が手抜きをしているような印象を持つ人がいるかもしれないが，それは誤解である。判決宣告の際に判決書が作成されていることが望ましいことは明らかであるが，書面としての判決書を完成させるには，文章としての完成度，ケアレスミスの回避，印刷（現在は裁判官がパソコンで作成するのを原本とする取扱いが一般化しているが，かつてはタイピストによってタイプ印刷されていた）等，それなりの手間と時間を要する作業が介在するところから，判決宣告を早期に実施する観点からは，書面による完成を待たずに口頭による宣告を優先させることには実務的な有意性があるのである。

　もっとも，主文を朗読するから，主文は書面化されている必要はある。大判昭和8年2月4日刑集12巻22頁は，判決の主文は判決宣告の際既に書面に作成せられたることを要するものとし，上記最判昭和25年11月17日も，「主文を朗読し」ているから，「言渡の際に文書に記載せられていたものということができる」としている。他方，最決昭和45年4月20日裁判集刑事176号211頁，判時591号98頁，判タ247号272頁は，「少なくとも主文だけは書面に作成されていなければならないが，理由については必ずしも書面に作成されていなければならないものではない」とする。しかし，実際問題としては，全くの口頭で理由を全て告げるというのは通常想定し難く，きちんとした文書を作成していなくても，起訴状，その他の文書を活用して理由を告げているのが最低限の有り様といえる。

■ **39　最大判平成23年11月16日刑集65巻8号1285頁等**

○　**最大判平成23年11月16日刑集65巻8号1285頁**（西野吾一＝矢野直邦・判解刑同年度257頁）は，憲法は下級裁判所については国民の司法参加を禁じていないとし，憲法31条，32条，37条1項，76条1項，80条1項，76条3項，2項に違反しないとした。また，同判決は，本来は裁判員に関する違憲主張について，その主張適格を認めた上で，裁判員の職務等は憲法18条後段が禁ずる「苦役」に当たらないとの判断も示した。

○　**最判平成24年1月13日刑集66巻1号1頁**（西野吾一・判解刑同年度1頁）は，裁判員裁判の審理裁判を受けるか否かの選択権を認めていないことは憲法32条，37条に反しないとした。

○　裁判員裁判が憲法78条，14条1項，19条，第6章，18条後段に違反しな

いことについては，最判平成24年3月6日裁判集刑事307号699頁（78条），最判平成24年10月16日裁判集刑事308号255頁（14条1項，19条，第6章），最判平成24年12月6日裁判集刑事309号67頁（18条後段）がある。

第5章該当（■40～■55）

■40　併合罪関係を区分する確定裁判について

　刑法45条前段は「確定裁判を経ていない二個以上の罪を併合罪とする」としているから，確定裁判の存在は，併合罪関係を区分することになる。例えば，甲，乙，丙，丁の4罪が刑法45条前段の併合罪関係にあったとすると，47条，10条に基づいて併合罪加重をされるものの1個の刑が言い渡される。他方，上記乙罪と丙罪との間に戊罪の確定裁判があると，併合罪関係が甲，乙の2罪と，丙，丁の2罪との2つに区分され，それぞれが併合罪関係を形成し，上記と同様に併合罪加重をされて甲，乙の2罪，丙，丁の2罪それぞれに対して1個の刑，全体として合計2個の刑が言い渡されることになる。そうすると，通常は被告人にとって不利となるから，確定裁判の存在も，刑の加重の理由となる事実に準じて考えるのが相当である。そうであれば，その立証についても，累犯前科と同様に取り扱うのが相当ということになる。

■41　最判昭和23年8月5日刑集2巻9号1123頁

　この判例も著名であるが，証明に関して，①訴訟上の証明は，自然科学者の用いる実験に基づく論理的証明ではないとした上で歴史的証明である，とし，②歴史的証明は「真実の高度な蓋然性」をもって満足する，とし，これを言い換えて「通常人なら誰でも疑いを差挟まない程度に真実らしいとの確信を得ることで証明ができたとするものである」とし，③論理的証明に対しては当時の科学の水準においては反証を容れる余地は存在し得ないとの前提で，「歴史的証明である訴訟上の証明に対しては通常反証の余地が残されている」とする。

　訴訟上の証明に関して論理的証明との対比をする必要があったのか，また，本判決が説示する論理的証明に対する理解が適切なものなのかは，筆者は理解できていない。しかし，証拠に基づく推論の結果行われるものであるという訴訟上の証明の性格からすれば，「真実の高度な蓋然性」と理解すべきであるとの指摘自体は支持されるべきものと考えている。

■42　最大判昭和41年7月13日刑集20巻6号609頁等

　○　最大判昭和41年7月13日刑集20巻6号609頁（木梨節夫・判解刑同年度165頁）は，郵便物の窃盗1件の事案で，1審が懲役1年6月，5年間執行猶予とした（余罪を述べたPSが証拠の標目に挙げられていた）のを，2審が破棄して懲役10月の実刑に処した事案で，最高裁は，「起訴されていない犯罪事実をいわゆる余罪として認

定し，実質上これを処罰する趣旨で量刑の資料に考慮し，これがため被告人を重く処罰することは許されない」とした。

この根拠について，木梨・前掲170頁〜171頁は，①不告不理の原則に反し，憲法31条違反となること，②刑訴法317条の証拠裁判主義違反，憲法38条3項，刑訴法319条2項の制約を免れるおそれがあること，③余罪が起訴されて有罪判決を受けると憲法39条違反となること，の3点を挙げている。

もっとも，上記最大判は，量刑のための一情状として，余罪をも考慮することは，必ずしも禁じられるところではないとし，括弧書で，「考慮する程度は，個々の事案ごとに合理的に検討して必要な限度にとどめるべきであり，従ってその点の証拠調にあたっても，みだりに必要な限度を超えることのないよう注意しなければならない」とした。そして，原判決の「被告人が本件以前にも約六ヶ月間多数回にわたり同様の犯行をかさね，それによって得た金員を飲酒，小使銭，生活費等に使用したことを考慮すれば」といった説示も，「起訴にかかる窃盗の動機，目的および被告人の性格等を推知する一情状として考慮したものであって」違法ではないとし，上告は棄却した。

なお，憲法31条，38条3項違反だが，その事実を除いても量刑不当とはいえず上告は棄却すべきとする6裁判官の意見あり。

○　**最大判昭和42年7月5日刑集21巻6号748頁**（海老原震一・判解刑同年度255頁）は，第1審判決について，①起訴されていない犯罪事実を余罪として認定しこれをも実質上処罰する趣旨のもとに，被告人に重い刑を科したものと認め，憲法31条に違反するとし，また，②余罪事実中には被告人の自供のみによって認定したものがあるから，その実質において自己に不利益な唯一の証拠が本人の自白であるのにこれに刑罰を科したこととなり，憲法38条3項にも違反する，とした。

他方，原判決は，1審判決を量刑不当で破棄し，自判する際には，余罪を犯罪事実として認定しこれを処罰する趣旨をも含めて量刑したものではないとして，上告を棄却した。

確かに，1審判決が，1回の犯行のみの起訴であるのに，「被告人の犯行は，その期間，回数，被害数額等のいずれの点よりしても，この種の犯行としては他に余り例を見ない程度のものであった」「事件の性質上量刑にあたって，この事実を考慮に入れない訳にはいかない」と明記しているのは，問題視されてもやむを得ないものであったといえる。

■43　**東京高判昭和62年1月28日東京高刑時報38巻1〜3号6頁，判タ647号222頁，判時1228号136頁**

1審判決が，量刑事実中の「病院の看護職員の一部の者が患者の一名に対し執拗か

つ激烈な暴行を加えて死に至らしめ，他の一名にも暴行を加えたとして起訴されていること」を，裁判上顕著な事実であるとしたことについて，起訴されたこと自体を除く，上記態様の暴行行為が存在したこと等の事実を，裁判所に顕著であるとして何らの証明を要しないと解することは，被告人の防御や上訴審による審査に支障をきたすことに照らして，相当でなく，証拠により証明される必要のある事実であるとし，法317条の法意に反する訴訟手続の法令違反を理由に破棄自判している。

裁判上顕著な事実との関係で，起訴されたこと自体と，起訴の対象となっている事実が存在していることとは全く異なる事柄であって，前者が裁判上顕著な事実に当たるからといって，後者も裁判上顕著な事実に当たることになるわけではない。この点を的確に区別した上で，裁判所に顕著な事実であるとすることが，被告人の防御や上訴審による審査に支障をきたすことがあることを肯定している点が注目される。

他方，同判決の自判の量刑理由では，1審判決が裁判上顕著な事実とした上記事項を証拠によって認定し直した，などの説示はないから，当該事項は，元々，量刑上考慮するのが相当ではないものであったのかもしれない。

■ 44 近接所持の法理に関する補足説明

近接所持の法理の要件として，①場所的近接性もいわれることがある。場所が近ければ，転々流通する可能性を低める事情に当たるといえるから，近接所持による推定関係を高める役割を果たすものであるとはいえる。しかし，場所の関係は，移動手段（例えば，車，飛行機等），当時の周囲の状況（例えば，人混みの中にいた，渋滞中であった，台風来襲中であった，など）によって，同じ単位時間においても異なってくるから，一律な関係にはないのである。そのため，場所的近接性については，推定関係の積極的な要素とはせずに，推定の正しさを確認する要素として考えておくのが相当だと解される。

上記要件として，②所持の経緯について合理的な弁解ができないことも，いわれている。犯行から間もない時期に所持していれば，所持し始めてから当該時点までの時間的間隔が短いために，所持の経緯について正しい記憶を保持できているのが通常であって，そうであれば，当該所持者が犯人でないとすると，その所持の経緯を合理的に説明できるはずである，といった経験則に基づくものといえる。しかし，被告人には黙秘権があるから，黙秘したことで犯人と推定するのは許されない。そうすると，不合理な弁解をしていることに依拠して，当該対象者を犯人と推定することも差し控えておく方が相当である，換言すれば，被告人が黙秘していようが，不合理な弁解をしていようが，時間的接着性から推定される犯人性が否定されることにはならない，といった関係性さえ肯定されていれば足りるものと筆者は解している。

■ 45 名誉毀損罪における摘示事実の真実性の証明の程度等について

1　証明の程度

　この証明の程度については，被告人が立証責任を負うとされる点に着目して，被告人の負担を軽減すべく，証明の優越の程度で足りるといった見解もある。しかし，**東京高判昭和 41 年 9 月 30 日高刑集 19 巻 6 号 683 頁**は，事実の真実性の証明の程度について，証拠の優越で足りるとの弁護人の主張を排斥し，合理的な疑いを容れない程度の証明を要求している。もっとも，当該事案では，証拠の優越で足りるとの前提でも証明はされていないとしているから，厳密には，上記説示は傍論ということになる。

　マスコミとの関係では，**最判昭和 30 年 12 月 9 日刑集 9 巻 13 号 2633 頁**は，ニュースソース秘匿の倫理慣行があるとしても，真実性の証明が不十分でも名誉毀損罪の成立が阻却されることはないとした（寺尾正二・判解刑同年度 390 頁は簡潔で，本争点には有益ではない）。

2　故意との関係

　立証に関しては，立証の基軸と考えていた証人が死亡，病気その他の事情で公判廷での証言不能となる，基軸の証拠を紛失してしまう，など，当初に見込んだとおりには立証できなくなる事態は，様々に想定可能である。そして，**最大判昭和 44 年 6 月 25 日刑集 23 巻 7 号 975 頁**（鬼塚賢太郎・判解刑同年度 242 頁）は，「刑法 230 条の 2 の規定は，人格権としての個人の名誉の保護と，憲法 21 条による正当な言論の保障との調和をはかったもの」とし，行為者がその事実を真実であると誤信し，その誤信したことについて，確実な資料，根拠に照らし相当の理由があるときは故意はないとし，真実の証明がないと名誉毀損罪の成立は阻却されないとする最判昭和 34 年 5 月 7 日刑集 13 巻 5 号 641 頁を明示的に変更した。

　また，記事内容の真実性については伝聞であるが，被告人が記事内容を真実であると誤信したことについて相当の理由があったか否かの点については，伝聞とはいえないとし，第 1 審が検察官の異議を認めて伝聞証拠として証拠排除した（規則 205 条の 6 第 2 項。供述内容は，鬼塚・前掲 245 頁に紹介がある）のを違法とした。

　そして，**最決平成 22 年 3 月 15 日刑集 64 巻 2 号 1 頁**（家令和典・判解刑同年度 1 頁）は，インターネットの個人利用者による表現行為の場合においても，他の表現手段を利用した場合と同様に，行為者が摘示した事実を真実であると誤信したことについて，確実な資料，根拠に照らし相当の理由があると認められるときに限り，名誉毀損罪は成立しないものと解するのが相当であって，より緩やかな要件で同罪の成立を否定すべきではないとし，上記最大判昭和 44 年 6 月 25 日刑集 23 巻 7 号 975 頁を先例として引用し，同最大判の基準の緩和を認めて被告人を無罪とした 1 審判決を破棄自判（有罪・罰金 30 万円）した控訴審の判断を支持した。

ただ，上記昭和44年最大判が「相当の理由があるときは，犯罪の故意がなく，名誉毀損の罪は成立しない」としていたのを，「相当の理由があると認められるときに限り，名誉毀損罪は成立しない」としていて，「相当の理由があるとき」に故意が否定されることを明示しない形となっている。この点については，解釈に争いがあり得る（成瀬幸典・論究ジュリスト5号《2014年》240頁等）。しかし，上記のとおり昭和44年最大判は大法廷の判決であり，他方，今回の平成22年最決は小法廷の決定であるから，少なくとも，明確な判例変更はできない裁判形式（＝最高裁判例を変更するには大法廷で判断する必要がある）であり，相当な理由があるときは故意が否定されるとの判断枠組みが変更されたとみるのは困難であろう。

■ 46　最決平成28年3月24日刑集70巻3号1頁等

○　**最決平成28年3月24日刑集70巻3号1頁**では，被害者（飲食店の客）に対し，A・B（飲食店従業員）が午前6時50分頃から午前7時10分頃までの間，共謀して，被害者の顔面をエレベーターの壁に打ち付け，スタンド式灰皿に被害者の頭部を打ち付けるなどの第1暴行を加え，C（飲食店の客）は，被害者に対し，午前7時4分頃（背中付近の踏み付け1回）と午前7時15分頃（背中の足蹴り1回），暴行を加え，午前7時50分頃〜54分頃，寝ている体勢の被害者の顔面，頭部を踏み付け，サッカーボールを蹴るように頭部を蹴り，いびきをかき始めた被害者の顔面を蹴り上げるなどの第2暴行を加え，被害者は翌日午前3時54分頃，急性硬膜下血腫に基づく急性脳腫脹で死亡したが，第1暴行でも第2暴行でも急性硬膜下血腫を発生させることが可能ではあるものの，そのいずれによって生じたかは不明な事案である。

1審は，「仮に第1暴行で既に被害者の急性硬膜下血腫の傷害が発症していたとしても，第2暴行は，同傷害を更に悪化させたと推認できるから，いずれにしても，被害者の死亡との間に因果関係が認められる」として，同時傷害の規定の適用を否定した。

最高裁は，検察官が「各暴行が当該傷害を生じさせ得る危険性を有するものであること」，「同一の機会に行われたものであること」を証明すれば，「各行為者は，自己の関与した暴行がその傷害を生じさせていないことを立証しない限り，傷害についての責任を免れない」とし，傷害致死の事案でも同様に解されるとし，他方，「このような事実関係が証明された場合においては，本件のようにいずれかの暴行と死亡との間の因果関係が肯定されるときであっても，別異に解すべき理由はな」いとして，1審判決を破棄・差戻した控訴審判決の判断を支持した。

○　関連判例として，**最決平成24年11月6日刑集66巻11号1281頁**（石田寿一・判解刑同年度433頁）は，「被告人は，共謀加担前に」Aら（被告人が共謀加担後には共犯者となった者）「が既に生じさせていた傷害結果については，被告人の共謀及び

それに基づく行為がこれと因果関係を有することはないから、傷害罪の共同正犯としての責任を負うことはなく、共謀加担後の傷害を引き起こすに足りる暴行によって」Ｃら「の傷害の発生に寄与したことについてのみ、傷害罪の共同正犯としての責任を負うと解するのが相当である」とした。

この判例は、それまで争いのあった、一連の暴行に途中から加担した者が傷害罪の罪責を負う範囲について、共謀加担後の傷害を引き起こすに足りる暴行によって被害者の傷害の発生に寄与したことについてのみ傷害罪の共同正犯としての責任を負うことを明確にした。

■ 47　最判平成 24 年 9 月 7 日刑集 66 巻 9 号 907 頁等

最判平成 24 年 9 月 7 日刑集 66 巻 9 号 907 頁（岩﨑邦生・判解刑同年度 275 頁）は、前科が事実であって、前科証拠は一般的には犯罪事実について自然的関連性を有していることを認めた。他方、前科証拠は、それ「によって証明しようとする事実について、実証的根拠の乏しい人格評価によって誤った事実認定に至るおそれがないと認められるときに初めて証拠とすることが許される」、「前科証拠を被告人と犯人の同一性の証明に用いる場合に」は、「前科に係る犯罪事実が顕著な特徴を有し、かつ、それが起訴に係る犯罪事実と相当程度類似することから、それ自体で両者の犯人が同一であることを合理的に推認させるようなものであって、初めて証拠として採用できる」とした。

そして、**最決平成 25 年 2 月 20 日 67 巻 2 号 1 頁**（岩﨑邦生・判解刑同年度 1 頁）は、上記平成 24 年最判の判断が類似事実を被告人と犯人との同一性の証明に用いようとする場合にも当てはまることを確認した。なお、金築裁判官の補足意見がある。

■ 48　最決昭和 41 年 11 月 22 日刑集 20 巻 9 号 1035 頁等

○　**最決昭和 41 年 11 月 22 日刑集 20 巻 9 号 1035 頁**（綿引紳郎・判解刑同年度 212 頁）は、詐欺の故意の認定に同種前科を使用するのを肯定した。もっとも、この判例も、同種前科があることだけで故意を認定して良いとする趣旨でないことは明らかである。同種前科があることによって、例えば、共犯者との関係、当該犯行における言動の意味付け等を知っていることが推定され、そういった事実を前提とすれば当該故意の存在が推認される、などの判断枠組みを前提としているものと解される。このように解すれば、上記最判平成 24 年 9 月 7 日等の判旨と齟齬することにはならない。換言すれば、最判平成 24 年 9 月 7 日は最高裁判例を変更する権限のない小法廷で示された判断であるから、最決昭和 41 年 11 月 22 日と異なる判断をすることは元々許されない判断構造にあったのである。

○　**高松高判昭和 30 年 10 月 11 日高刑特 2 巻 21 号 1103 頁**は、強盗致死事件で、起訴されていない殺人未遂事件について証人尋問が行われた事案で、殺人未遂事件と

「本件強盗致死事件を関連ある一連の行為として前者を証明することによって後者の犯意と情状特にその計画性を立証しようとしたものと認めるのが相当であり、右証拠は何ら関連性のない前者を証明することによって後者の犯罪を憶測推断させるものとは認められない」として、証拠調べが違法との主張を排斥した。これも、「関連ある一連の行為」との関係性において主観的な認定に余罪に関する証拠調べを適法としたものであって、上記最判平成24年9月7日等の判旨と齟齬することにはならないものと解される。

■49 東京高判平成24年4月26日（判例秘書登載）は、停車中の電車内で痴漢行為をしたという神奈川県迷惑行為防止条例違反事件で、被害者は犯人と被告人との同一性は分からない旨述べており、被告人と犯人との同一性を裏付けるのは、痴漢取締中に本件行為の一部を現認し、その犯人を追跡して逮捕したという警察官の公判証言しかない証拠関係の事案で、同警察官が追跡中の犯人を携帯電話のカメラ機能により撮影したとされる写真に写っている後ろ姿の男性と、被告人が本件当日撮影された写真とを対比して、両者は「別人であると判断するのが妥当であろう」とする控訴審での鑑定結果に依拠して、被告人の犯人性には合理的な疑いがあるとし、上記警察官証言の信用性を認めて有罪とした原判決を破棄・無罪とした。

逃走中の犯人を撮影したという現場写真であっても、前後の状況から、その被撮影者が逃走中の犯人であったことが立証されている必要があるのは、当然のことである。

■50 札幌高判平成26年7月8日（岡田馨之朗・研修795号《2014年》75頁）等
札幌高判平成26年7月8日（この裁判例の紹介は岡田馨之朗・研修795号75頁）は、被告人が、被告人質問において、弁護人の質問に対しては任意に供述したものの、検察官の反対質問に対しては、黙秘するか、「黙秘します」とだけ答え、裁判官の補充質問に対しては、裁判官の質問にも答えるつもりがない旨を返答して黙秘の態度を続け、原判決が被告人の供述の信用性が低いと認めた根拠の1つとして「反対質問等による信用性の吟味を経ていない」点を挙げ、弁護人がこの判断は供述拒否権を規定した憲法38条1項に反し許されないなどと主張した事案で、「被告人が原審公判で任意の供述を行うのであれば、反対質問や補充質問に応じるべきであり、そのような対応を取らなかった以上，」信用性を減殺すべき1つの事情であると評価することは当然の判断というべきであるとして、原判決の判断を支持した。

証拠能力は認めて信用性の判断で反対尋問等の有り様は考慮されている。同様な判断が示された事例としては、例えば、逮捕の現場での差押えに関する判例である最決平成8年1月29日刑集50巻1号1頁の原審の東京高判平成5年4月28日高刑集46巻2号44頁は、被告人の供述の信用性判断において、①「弁護人の質問に対し

ては答えるが，検察官の反対質問に対しては供述を拒否する場面が多く，その信憑性については少なからぬ疑問が持たれる」（高刑集同号68頁），②「被告人両名の供述は，いずれも，検察官の質問に対しては黙秘を繰り返すほか，………虚言が多く，到底信用できるものではない」（高刑集同号86頁），などとされているのがある。

■ 51　最決平成17年9月27日刑集59巻7号753頁等

○　**最決平成17年9月27日刑集59巻7号753頁**（芦澤政治・判解刑同年度338頁）は，痴漢事件（条例違反で簡裁事件）で，被害者立会いの「被害再現状況」の立証趣旨の実況見分調書及び被告人立会いの「犯行再現状況」の立証趣旨の写真撮影報告書が，いずれも3項書面として請求され，弁護人は異議を述べたが，取り調べられた。

最高裁は，「再現されたとおりの犯罪事実の存在」が要証事実であると解釈し（この点を筆者なりに補足する。決定手続なので，最高裁では弁論が開かれていないから，当事者に直接求釈明する，といった機会はなく，決定中でこういった解釈を示している。しかし，下級審では，口頭弁論の過程で裁判所において求釈明することができる事柄である），3項所定の要件の充足に加えて，「再現者の供述の録取部分及び写真については，再現者が被告人以外の者である場合には，（刑事訴訟法）321条1項2号ないし3号所定の，被告人である場合には同法322条1項所定の要件を満たす必要がある」とした。3項書面として取り調べた第1審の手続を違法としつつ，その余の証拠で認定できるとして上告を棄却した。

なお，再現状況自体を立証することは通常有意性に乏しいが，例えば，当該態様で犯行を行うことが可能であったとか，目撃者の位置，明るさ等からして当該目撃が可能であったとか，など，再現状況自体を立証することの有意性がある場合には，そういった立証趣旨による立証が許されることは当然のことである。

○　**最決平成27年2月2日裁判集刑事316号133頁，判タ1413号101頁，判時2257号109頁**は，公務執行妨害事件で，被害者及び目撃者が被害・目撃状況を再現した結果が記載され，「被害者指示説明に基づく被害再現状況等」，「目撃者指示説明に基づく犯行目撃状況等」を立証趣旨とする捜査状況報告書2通について，法321条1項3号所定の要件を満たさないのに法321条3項のみによって採用した1審の措置（ただし，両書証は有罪の1審判決の証拠の標目には掲げられていない）を，上記平成17年最決を前提としつつも是認した原判決（原判決は，1審判決は両書証を被害状況及び目撃状況それ自体を立証する証拠として採用していないと認めた）に違法がある（両書証は，実質においては，被害者や目撃者が再現したとおりの犯罪事実の存在が要証事実になるとした）とした。ただし，同違法は原判決の結論に影響を及ぼさないとして上告は棄却した。

■ 52　最判昭和41年7月1日刑集20巻6号537頁等

ⅰ 約束による自白

最判昭和 41 年 7 月 1 日刑集 20 巻 6 号 537 頁（坂本武志・判解刑同年度 100 頁。拙稿「約束による自白」司研論集 99 号《1997 年》271 頁）は、税務署職員の収賄事件で、「検察官の、自白をすれば起訴猶予にする旨のことばを信じ、起訴猶予になることを期待してした自白は、任意性に疑いがあるものとして、証拠能力を欠くものと解するのが相当である」とし、自白の証拠能力を否定し、福岡高判昭和 29 年 3 月 10 日高判特 26 号 71 頁（坂本・前掲 102 頁。こちらは副検事から不起訴の約束を受けた者から聞いた被告人らの供述の事案で、検察官の不起訴処分に附する旨の約束に基づく自白は任意になされたものでない疑いのある自白と解すべきで、これを任意になされたものと解することは到底是認し得ないとした）に違反していたとして法 405 条 3 号該当を認めつつ、他の証拠で犯罪事実は認められるとして法 410 条 1 項ただし書で上告棄却。

補足する。約束による自白は、捜査官側の説得方法の許容限度の問題でもある。約束どおりに不起訴になっていれば、その自白の証拠能力が争われることは、他の関与者の事件における場合等限られた場合であるから、通常の形態は、当該約束が実行されずに起訴されて争いとなった場合であろう。そうなると、偽計による自白との関連性も出てくるときがあり得よう。

本件は、検察官が直接被告人に対して不起訴の約束をして自白を得たのではなく、共犯者の弁護人が、検察官から打ち明けられた「犯意を自供して改悛の情を示せば、」「起訴猶予処分も十分考えられる」旨の内意を、被告人の弁護人を同伴して行った接見の際に伝えた、というものであった。そして、検察官は、被告人が賄賂をそのまま返していることを起訴猶予とする前提にしていたが（この点は、弁護人から被告人には伝えられていない）、被告人は、それまでの弁解を改めて、賄賂の大半を費消したと自白したため、起訴猶予の前提が欠けることになった。そのため、検察官としては、偽計はない事案とみることができよう。

坂本・前掲 103 頁は、英米では、約束による自白の要件として、①約束の内容が、刑事責任に関係のある不起訴、減軽、免除等であること、②約束の主体が、これらの事項について処分の権限を持つものであること、③約束と自白との間に因果関係があること、が挙げられているとする。しかし、我が国では、約束による自白について、もう少し幅広く当てはまる前提での議論も有力なように受け止めている。

ⅱ 偽計による自白

最大判昭和 45 年 11 月 25 日刑集 24 巻 12 号 1670 頁（鬼塚賢太郎・判解刑同年度 403 頁。切り違え尋問《弁護人が名付けたとされる・鬼塚・前掲 405 頁》の事例として著名）は、被告人の妻を実行犯、被告人を共謀共同正犯とする銃刀法違反（旧軍用拳銃 1 丁の所持）、火薬類取締法違反（実包 3 発の所持）の事案（ただし、妻は不起訴＝鬼塚・前

揭 404 頁）で，1 審判決が掲げる証拠の標目中では，共謀の認定根拠は被告人の KS 1 通（本件で問題の検察官取調べの翌日作成されたもの＝鬼塚・前揭 405 頁）のみであった。

検察官は，妻の単独犯行とされていた供述状況下において，最初に，夫に対して，妻が自白したと嘘を言って夫から共謀の自白を取り，次に，妻に対して，夫が自白したと述べて共謀の自白を取り，次に，夫に対して再度妻が自白しているが間違いないかと確認して自白を取った，とされる。最高裁は，上記偽計を認めつつ，「偽計を用いたという理由のみでこれを違法視することはできない」，偽計「によって得られた自白は自白の動機に錯誤があるに止まり虚偽の自白を誘発する蓋然性は少ない」などとして，自白の任意性を肯定した原判決を破棄差し戻した（「偽計によって被疑者が心理的強制を受け，その結果虚偽の自白が誘発されるおそれのある場合には，」任意性に疑いがあるものとして，自白の証拠能力を否定すべきとした）。

もっとも，取調べの状況に関しては，原判決（1 審）を破棄・無罪とした受差戻控訴審の**大阪高判昭和 47 年 2 月 9 日刑裁月報 4 巻 2 号 231 頁，判タ 275 号 281 頁**では，若干異なった形（最初に嘘を言った相手が被告人ではなく妻）で認定されている。すなわち，取調順序は上記と同じだが，検察官は，被告人は顔に書いてあるという，自供までもう一押しという状況で，暗黙には認めているものと判断したとの前提で，夫は相談したといっているなどと最初に嘘を言ったのは，妻に対してであったと認定している。その上で，KS の任意性を否定した。

関連して考えると，①自白（以下便宜「甲自白」とする）自体が存在した場合と対比すれば，甲自白が全部真実の場合には，甲自白の存在を前提として被告人が新たに行う自白（以下便宜「乙自白」とする）については，客観証拠を示して取り調べることの妥当性同様に，手法としての妥当性が残り，信用性の問題が生じることはあっても，任意性は否定されないのではないか。②他方，真に無実の場合は，甲自白は明白に虚偽の自白であることになり，そういったことを知りながら，被告人が乙自白をするとすれば，他の動機から虚偽自白をすることになろうから（妻がひどい取調べを受けたのではないか，自分が虚偽自白をして供述を合わせることで，妻の取調べを軽減したいなど），同じく信用性の問題が生じることはあっても，任意性の問題とはならないであろう。

なお，偽計の事案はそんなに多くはないと思われるから，下級審裁判例も紹介しておくと，**東京地判昭和 62 年 12 月 16 日判時 1275 号 35 頁**は，住居侵入，窃盗，強姦未遂の犯人性が争点の事件で，被害者は，強度の近視で，当時コンタクトを外していて，室内は暗く，犯人の人相等の識別が全くできなかった事案（ただし，被告人の靴下についての臭気選別結果は得られていた）において，裁判所は，「分泌物検出云々のあざとい虚言を述べて自白を引き出した点のみで既に許されざる偽計を用いたものと

して」任意性を肯定すべきではないとした。そして，情況証拠等を細かに検討しているが，被告人は，足の指が親指より人差し指の方が際立って長いという特徴があって，現場に残されていたデッキシューズの痕跡とは異なっているなどの鑑定結果も参酌している。

iii　手錠を掛けたままの取調べによる自白

最判昭和 38 年 9 月 13 日刑集 17 巻 8 号 1703 頁（石丸俊彦・判解刑同年度 114 頁）は，公選法違反の買収罪で有罪とされた事案で，「手錠を施されたままであるときは，その心身になんらかの圧迫を受け，任意の供述は期待できないものと推定せられ，反証のない限りその供述の任意性につき一応の疑いをさしはさむべきである」とした上で，「終始おだやかな雰囲気のうちに取調を進め」任意性について反証が立証されている，とした。（なお，石丸・前掲 114 頁で紹介されている上告趣意では「両手錠で取調を受けた」とある。もっとも，何故手錠をしたままだったのか判示されていない）

なお，**最大判昭和 26 年 8 月 1 日刑集 5 巻 9 号 1684 頁**では，「手錠をはめたままで」被告人の取調べが行われたこと，その他の事情が警察官証人によっても認められている，とし，「強制，拷問によるものであることを思わせる十分の理由がある」とした。

また，**大阪高判昭和 50 年 9 月 11 日判時 803 号 24 頁**（最高裁からの受差戻事案で，事件発生以来 23 年，原判決後 20 年近くが経過した事件）は，片手錠の事案で，「両手錠か片手錠かによっても差異があることは是認される」「取調に際し片手錠を施用したままであったときは，両手錠施用のときのようにしかく厳格に解すべきではなく」「片手錠の施用と自白との間の因果関係が存在しないと認められる場合には」自白の任意性があるとした。

補足する。現在では，手錠を掛けたままの取調べが行われるのは，仮にあっても例外的な事態だと思われるから，これらの裁判例の現時点での先例性は限られていよう。もっとも，これらの裁判例の当時，手錠をしたままの取調べが何故行われていたのか，筆者には分からないが，建物の構造に逃走防止の観点からの不備があった（取調対象者による暴行のおそれも想定は可能であるが，そういった事案は限られていよう）などの背景事情があったのかもしれない。

iv　糧食差入禁止中の取調べによる自白

最判昭和 32 年 5 月 31 日刑集 11 巻 5 号 1579 頁（高橋幹男・判解刑同年度 283 頁《ただし，ここでの検討に有益な説明はない》。原判決の説明が簡略であるところから，問題が生じた可能性がある）は，貨物自動車への放火事案で，糧食禁止の有無（糧食禁止を行うことは，法 207 条 1 項・81 条で禁じられている）と関連して KS の任意性が争われ，「警察における糧食差入禁止の行われたことは記録上これを窺うに難くない」とする原判決の説示を踏まえ，糧食差入禁止があったとみるかについて，最高裁の裁判官の

意見が分かれた（2裁判官の少数意見あり）。多数意見は「警察における糧食差入禁止の行われた事実を認め」とし，反対意見は「原審判示のごとく差入禁止というのは必ずしも正鵠（せいこく）を得たものではない」とした。

証拠能力の排除は，任意性について「合理的な疑のあるものについてもまた存しない」とし，いずれとも決し難いときは，「被告人の不利益に判断すべきでない」とする（最大判昭和23年6月30日刑集2巻7号715頁を引用）。「外形的には糧食差入禁止と自白との間に因果の関係を推測させ，少なくともその疑ある事案である」とし，原判決を破棄差し戻した。

飽食の時代ともいわれる現在への参考度は限られている事案といえる。

v　長時間にわたる取調べによる自白

最決平成元年7月4日刑集43巻7号581頁（裁判官1名の反対意見あり。出田孝一・判解刑同年度198頁）は，午後11時過ぎに任意同行の上翌日午後9時25分頃通常逮捕されるまで，一睡もさせずにポリグラフ検査を受けさせるなどして徹夜の取調べを行い，強盗致死事案の強盗の犯意を認める自白を得た取調べについて，特段の事情のない限り，容易に是認できないとした上で，取調べが本人の積極的な承諾を得て参考人からの事情聴取として開始されたことなどの特段の事情の存在を認定し，任意捜査の許容限度内として適法とした。まさに，限界事例であったといえる。なお，犯罪捜査規範168条3項は，深夜・長時間の取調べは避けるべきこととしつつ，「やむを得ない理由がある場合」を除外している。例えば，深夜に逮捕された事案などの中には該当事例も含まれよう。

本件は，短期間での事案であったが，長期間にわたる事案として下級審裁判例であるが紹介する。**東京高判昭和60年12月13日刑事裁判月報17巻12号1208頁**（長文の判決で，ピース缶爆弾事件，日石事件，土田邸事件として有名）は，約45日間身柄を拘束し，連日，夜間に及ぶ相当長時間の厳しい取調べは，虚偽を誘発するおそれをもつものとし，人権擁護及び虚偽排除の観点から，任意性に疑いがあるとし，被告人だけでなく他の被告人に対する関係でも証拠能力を否定すべきものであるとした。

vi　宿泊を伴う取調べによる自白

最決昭和59年2月29日刑集38巻3号479頁（高輪グリーンマンション・ホステス殺人事件として著名。裁判官2名の反対意見あり。龍岡資晃・判解刑同年度169頁。宿泊を伴う取調べに関する私の考えは，拙稿「任意取調べの限界」『新実例刑事訴訟法Ｉ巻』《1998年，青林書院》65頁）は，殺人事件で，被告人が虚偽のアリバイを主張し，ポリグラフ検査も実施されたが，4夜にわたり捜査官の手配した宿泊施設に宿泊させて取調べを続行した事案で，任意捜査として許容される限界を超えた違法なものであったとまでは断じがたい，として任意性を肯定した原審の判断の結論を維持し，上告を棄却し

た。なお，この判例は，伝聞証言に対する黙示の同意の判例でもある。

他方，**東京高判平成 14 年 9 月 4 日判時 1808 号 144 頁**は，9 泊の宿泊を伴った連続 10 日間の取調べの事案で，任意捜査として許容される限度を超えた違法なものであるとした上で，違法収集証拠排除法則を適用して（この点は 1 審も同じ），自白の証拠能力を否定した。

vii ポリグラフ検査の結果を告げた後の取調べによる自白

最決昭和 39 年 6 月 1 日刑集 18 巻 5 号 177 頁（西川潔・判解刑同年度 52 頁）は，放火等の事案で，ポリグラフ検査が実施され，その結果（＝容疑濃厚）を身体不拘束で否認していた被告人（農家の主婦＝西川・前掲 53 頁）に告げて得た自白の証拠能力を肯定した原審の判断を支持した。

viii 弁護人との接見を制限した取調べによる自白

最決平成元年 1 月 23 日裁判集刑事 251 号 13 頁，判時 1301 号 155 頁は，余罪の贈収賄事件の取調べに関して，弁護人の接見を検察官取調べ後としたことに関して，自白調書の証拠能力が争われたが，接近した時期に行われた複数弁護人の接見も考慮され，任意性を疑いがないとした原審の判断を支持し，上告を棄却した。

なお，**最判昭和 28 年 7 月 10 日刑集 7 巻 7 号 1474 頁**は，弁護人と被告人（被疑者）との面接時間が 2，3 分に指定されたとすれば不当である，その面接に検察官が立ち会っていたとしても，本件では，自白との間に因果関係を認められないとし，自白の証拠能力を認めた第 1 審の措置を違法ではないとした。しかし，現在とは時代が違うので，判例としての先例性には限界があり，現在の接見の状況をこの判例から想定してはいけない。

■ 53 最判昭和 24 年 7 月 19 日刑集 3 巻 8 号 1348 頁等

○ 犯人性について，**最判昭和 24 年 7 月 19 日刑集 3 巻 8 号 1348 頁**は，強盗事件で被害届しか補強証拠がなく，犯人性については補強証拠がない事案で，「補強証拠」「は」「自白した犯罪が架空のものではなく，現実に行われたものであることを証するものであれば足り」，当該「犯罪と被告人との結びつきまでをも証するものであることを要するものではない」とした。

また，**最大判昭和 30 年 6 月 22 日刑集 9 巻 8 号 1189 頁**（三鷹事件として著名。城富次・判解刑同年度 475 頁）は，電車転覆致死事件で，単独犯行と認定された事案で，「犯罪の実行者であると推断するに足る直接の補強証拠が欠けていても，」違法ではないとした（＝被告人と犯行との結び付きについては補強証拠を要しないとしたことになる）。

なお，被告人は，控訴趣意で被告人の自白通りの 1 審判決の事実認定は正しいと述べていたとある（城・前掲 478 頁参照）。

○ 知情の点について，**最判昭和 24 年 4 月 7 日刑集 3 巻 4 号 489 頁**は，補強証拠

を要する趣旨は、「空中楼閣的な事実が犯罪としてでっち上げられる危険」「を防止するにある」とし、贓物故買事案における知情性について「犯罪の客観的事実が認められ得る場合においては、」「犯意とか知情とかいう犯罪の主観的部面については、自白が唯一の証拠であっても差支えない」とした。

○　**最大判昭和25年11月29日刑集4巻11号2402頁**は、贓物寄蔵（盗品保管）事案で、「自白の真実性を保障するに足る他の証拠があれば足る」とし、「贓物たるの情を知っていたかどうかと」いうような「犯罪の主観的要件に属するものについては、」自白のみであっても認定可能とした。

○　**最決昭和29年5月4日刑集8巻5号627頁**（戸田弘・判解刑同年度88頁）は、公判廷における自白と盗難被害届とによって、贓物故買（＝盗品等有償譲受）の犯罪事実を認定しても法319条2項に違反しないとした。なお、戸田・前掲90頁に罪体として「corpus delicti」の紹介がある。

■　**54　最判昭和53年9月7日刑集32巻6号1672頁等**

○　**最判昭和53年9月7日刑集32巻6号1672頁**（岡次郎・判解刑同年度386頁）は、覚せい剤0.62gの所持事案（以下「本件」という）で、1審は、4つの訴因で有罪・懲役1年6月（3年間執行猶予）とし、本件については、違法収集証拠として覚せい剤の証拠能力を否定し、鑑定結果等の立証趣旨の証人の必要性を否定し、自白に対する補強証拠がないとして無罪とした。全事件に対する検察官控訴の2審は、有罪部分は検察官の控訴を認めて原判決を破棄して懲役1年の実刑とし、他方、無罪の本件については、本件の証拠物の収集手続の瑕疵は極めて重大であって、令状主義に違反するものであるなどとして、1審と同様の判断をして、控訴を棄却した。

検察官から全事件について、被告人から有罪部分について、各上告があった最高裁は、1、2審判決を破棄して1審に差し戻した。警職法2条1項に基づく職務質問に付随して行う所持品検査は、任意手段として許容されるものではあるが、「捜索に至らない程度の行為は、強制にわたらない限り、」「所持人の承諾がなくても、所持品検査の必要性、緊急性、これによって侵害される個人の法益と保護されるべき公共の利益との権衡などを考慮し、具体的状況のもとで相当と認められる限度において許容される場合がある」とした。

そして、「被告人の承諾がないのに、」「上衣左側内ポケットに手を差し入れて所持品を取り出したうえ検査した」「行為は、一般にプライバシイ侵害の程度の高い行為であり、かつ、その態様において捜索に類するものであるから、」「相当な行為とは認めがた」く、「職務質問に附随する所持品検査の許容限度を逸脱したもの」とし、「逮捕に伴い行われた本件証拠物の差押手続は違法」とし、原判決の判断を「その限りにおいて相当である」とした。

しかし，「証拠物は押収手続が違法であっても，物それ自体の性質・形状に変異をきたすことはなく，その存在・形状等に関する価値に変りのないことなど証拠物の証拠としての性格にかんがみると，その押収手続に違法があるとして直ちにその証拠能力を否定することは，事案の真相の究明に資するゆえんではなく，相当でない」として違法収集証拠＝即・証拠排除の考えを否定した。そして，「証拠物の押収等の手続に，憲法35条及びこれを受けた刑訴法218条1項等の所期する令状主義の精神を没却するような重大な違法があり，これを証拠として許容することが，将来における違法な捜査の抑制の見地からして相当でないと認められる場合においては，その証拠能力は否定される」とした。

本件では，「所持品検査として許容される程度をわずかに超えて行われたに過ぎない」，「令状主義に関する諸規定を潜脱しようとの意図があったものではな」い，などとして違法の重大性や違法捜査抑制の見地での相当性を否定し，本件証拠物の証拠能力は肯定すべきであるとした。

▼1）　この上告の有り様は少し分かりにくいが，本件が有罪となると被告人に併合の利益を得させるためには検察官は有罪部分も上告する必要があり，他方，被告人は無罪部分については上訴の利益がないから，こういった形の上告となっている。

○　昭和53年の関連判例として，同判例に先行する所持品検査に関する**参考裁判例12**で詳細に紹介している**最判昭和53年6月20日刑集32巻4号670頁**（米子銀行強盗事件として著名。岡次郎・判解刑同年度198頁）は，強盗，爆発物取締法違反，殺人未遂事件で，所持品検査は，捜索に至らない程度の行為は，強制にわたらない限り，許容される場合があるとし，所持品検査の必要性，緊急性，これによって害される個人の法益と保護されるべき公共の利益との権衡などを考慮し，具体的状況の下で相当と認められる限度で許容される，とした。当該事案への当てはめとしては，所持品のバッグ（筆者注：バックと誤記しないように）の施錠されていないチャックを開披し，内部を一べつした行為について，所持品検査の緊急性・必要性の強さ（①犯人としての濃厚な容疑の存在，②凶器を所持している疑いの存在下で，不審な挙動），所持品検査の態様の相当性（施錠されていないチャックを開披し内部を一べつ→法益侵害はさほど大きくない）を考慮して，所持品検査において許容される限度内の行為であるとした。

なお，岡・前掲213頁は，任意手段にいう任意については，「相手方の自発的又は協力的意思をいうのではなく，相手方の意思に反する場合のある程度の有形力の行使も『任意』に含まれる」とする。

また，アタッシュケースのこじ開け行為については，緊急逮捕手続に先行して逮捕の現場で時間的に接着してされた捜索手続と同視できる，とした。

なお，この点に関する先例として，**最大判昭和36年6月7日刑集15巻6号915**

頁（違法との 6 名の裁判官の少数意見あり。栗田正・判解刑同年度 141 頁）は，麻薬所持の現行犯逮捕した者の入手先である被告人方で被告人を緊急逮捕しようとしたが他出中で，留守番をしていた被告人の 17 歳の娘の承諾を得て，捜索を開始し，捜索がほとんど終わるころ帰宅した被告人を緊急逮捕した事案で，1 審は，被告人が全部自白していて，麻薬譲渡と麻薬所持について有罪とし，2 審は，捜索差押えは，緊急逮捕に先立って行われた点，逮捕事実である麻薬譲渡とは別の余罪である麻薬所持の証拠保全のために行われたと解される点で，違法であるなどとして証拠排除をし，麻薬所持は無罪としたが，最高裁は，その原判決を破棄・差し戻した。法 220 条の「逮捕する場合」は，時間的接着を必要とするが，逮捕着手時の前後関係は問わないとし，「捜索，差押は，緊急逮捕に先行したとはいえ，時間的にはこれに接着し，場所的にも逮捕の現場と同一であるから，逮捕する際に逮捕の現場でなされたもの」と解して，適法とした。また，麻薬所持の捜索差押調書，鑑定書は同意書証として取り調べられていて，捜索，差押手続が違法か否かにかかわらず証拠能力を有するとし，これを証拠とした 1 審判決に違法はないとした。

◯ **最判昭和 61 年 4 月 25 日刑集 40 巻 3 号 215 頁**（尿鑑定書の証拠能力を否定する島谷裁判官の反対意見あり。松浦繁・判解刑同年度 65 頁）は，1 審は，任意同行とその後の任意の捜査によって作成現出した証拠の証拠能力に欠けるところはないとし，懲役 1 年に処し，2 審は，任意同行を違法なものとし，留め置きも任意捜査の域を超えた違法な身体拘束とし，同意書証として取り調べられた尿鑑定書を違法として，尿鑑定書の証拠能力を否定し，自白の補強証拠がないとして無罪とした事案で，違法の承継を肯定しつつ，違法の重大性を否定し，尿鑑定書の証拠能力は否定されないとして，高裁判決を破棄して高裁に差し戻した。

覚せい剤の自己使用の事案で，尿鑑定書の証拠能力が争われ，採尿手続は，先行する一連の手続と覚せい剤事犯の捜査という同一目的に向けられたもので，一連の手続によりもたらされた状態を直接利用してなされているから，その適法性については，一連の手続における違法の有無，程度をも充分衡量して判断するのが相当とした。

補足すると，先行する違法手続（①被疑者方寝室内に承諾なく立ち入ったこと，②明確な承諾のないまま警察署に任意同行した上，退去の申し出にも応ぜず，留め置いたことなど任意捜査の域を逸脱した一連の手続）があり，違法判断の対象となる手続＝上記違法手続に引き続いて行われた尿の任意提出，押収手続（採尿に当たって，被告人は同意していた）が，違法性を帯びる契機として，同一目的・直接利用の判断枠組みが採用・呈示され，その後の判例の先例としての役割を果たした。

◯ **最決昭和 63 年 9 月 16 日刑集 42 巻 7 号 1051 頁**（島谷・奥野裁判官の反対意見あり。原田國男・判解刑同年度 334 頁）は，①警察署への車両による同行は，承諾が

あったとは認められないこと，②警察署での所持品検査も，連行なども考慮すると，黙示の承諾があったとは認められず，違法な連行の影響下でそれを直接利用してなされたもので，靴下の膨らんだ部分から物件を取り出した態様からすれば，違法であり，③採尿手続には承諾があったが，一連の違法な手続によりもたらされた状態を直接利用して行われたものであるから，違法性を帯びる，としたが，違法の重大性を否定して証拠能力を肯定した。

○　**最決平成6年9月16日刑集48巻6号420頁**（中谷雄二郎・判解刑同年度152頁）は，覚せい剤取締法違反，公文書毀棄の事案で，平成4年12月26日午前11時過ぎころ被告人運転車を停車させ，午前11時10分ころ職務質問を開始し，エンジンキーを取り上げ，午後3時26分ころ，令状請求のために警察官が現場を離れ，午後5時43分ころまで職務質問を継続したが，午後5時2分ころ，車両と被告人の身体に対する各捜索差押許可状と強制採尿令状が発付され，午後5時43分ころから各令状が執行され，午後6時32分ころ警察車両で被告人を移動させ，午後7時10分ころ病院に到着して，強制採尿し，覚せい剤の検出で緊急逮捕された。

1審は，全体として捜査に違法があったとはいえないとし，2審は，先行手続に違法はあるが，証拠排除すべきほどの違法があるとはいえないとして，尿鑑定書の証拠能力を肯定した。

最高裁は，職務質問開始の段階については，エンジンキーを取り上げた行為を含めて，適法性を肯定したが，約6時間半以上もの現場への留め置きは，任意捜査として許容される範囲を逸脱した違法があるとしつつ，①有形力はさほど強いものではなく被告人に運転させないため必要最小限度の範囲に止まるもの，②被告人の運転を阻止する必要性が高かったこと，③被告人が運転に固執して他の方法による任意同行をかたくなに拒否する態度をとり続けたこと，→警察官の説得が長時間に及んだのもやむを得ない面があり，警察官に当初から違法な留め置きをする意図があったとは認められないこと→令状主義の精神を没却するような重大なものとはいえないとした。

そして，強制採尿手続については，①留め置きが違法とされるほど長期化する前に収集された疎明資料に基づいて発付されたもので，発付手続には違法がないこと，②強制採尿令状▼2)の効果として，採尿に適する最寄りの場所まで連行することができ，その際，必要最小限度の有形力を行使することができるとした。→強制採尿手続自体には違法な点はないとし，尿鑑定書の証拠能力を認めた。

なお，その根拠について争いがあった，採尿のための「連行」に関しては，法111条所定の「必要な処分」として許されるとの裁判例ではなく，令状効果説の裁判例を支持したことになる。

▼ 2) 強制採尿の可否については争いがあったが，最決昭和55年10月23日刑集34

巻5号300頁（稲田輝明・判解刑同年度166頁）が強制採尿令状を呈示して，強制採尿を肯定していた。

○　**最決平成7年5月30日刑集49巻5号703頁**（今崎幸彦・判解刑同年度218頁）は，被告人車両の検索の適法性が問題となり（所持品に対する予試験は警察署で行われ，覚せい剤所持で現行犯逮捕《この点は不起訴＝今崎・前掲235頁注1参照》され，翌朝尿の任意提出），1審は，承諾を理由に適法とし，2審は，検索は「まさに捜索に等しい」とし，「しょうがない」という趣旨の発言では，任意の承諾があったとは認められないとし，採尿手続を違法としたが，重大な違法ではないとして尿鑑定書の証拠能力を肯定した。最高裁は，警察官が自動車内を調べた行為は所持品検査として許容される限度を超えたもので，任意の承諾はなかったとする原判断を，違法であることは否定し難い，として支持し，他方，違法の重大性は否定し（①嫌疑の存在，②所持品検査の必要性，緊急性，③明示的に異議を唱える言動の不存在），また，覚せい剤所持の現行犯逮捕を違法とし，採尿手続も一連の違法な手続によりもたらされた状態を直接利用して行われたものであるから，違法性を帯びるとしたが，採尿手続の違法は重大とはいえないとして（①警察署への同行に任意に応じていること，②自由意思による応諾に基づいて採尿手続が行われたこと，③自動車内を調べた行為が重大な違法ではないこと），尿鑑定書の証拠能力を肯定した。

○　**最決平成8年10月29日刑集50巻9号683頁**（三好幹夫・判解刑同年度133頁）は，覚せい剤の所持・使用の事案で，捜索の結果，覚せい剤用の粉末1包みが発見され，それを示された被告人が「そんなあほな」などと言ったところ，その場に居合わせた警察官が暴行を加えた。予試験の後，被告人は現行犯逮捕された。1審（証拠決定は平成4年12月11日付け・判タ840号273頁）は，覚せい剤の発見は令状に基づく適法なもので，警察官らによる暴行で証拠が収集されたという関係にないことを認めつつ，暴行の「あまりにも違法の程度は重大」で，令状なくして被告人のアドレス帳を入手していて，令状主義に反する重大な違法があるとし，全体として，覚せい剤の証拠能力を否定し，尿の証拠能力も否定し，補強証拠がないとして全部無罪とした。

　2審は，①暴行は覚せい剤の発見・押収の手段として行われたものではなく，捜索差押え手続自体を違法と判定することはできない，アドレス帳を勝手に被告人方から持ち出したことは令状主義に反する違法な行為とした，②尿については，被告人が1審で尿を任意に提出したと述べていて，その意思決定に暴行が影響したことを窺わせる証拠は存在せず，尿鑑定書の証拠能力を否定すべき理由もない，として，全体として重大な違法性を否定し，尿提出手続に違法はないとし，訴訟手続の法令違反を理由に原判決を破棄差し戻した。

最高裁は，覚せい剤及び鑑定書について，捜索の現場で行われてはいても暴行は証拠物発見後であって，証拠物の発見を目的とし捜索に利用するために行われたものとは認められないとして，証拠能力は否定しなかった。手帳の押収手続に違法があるからといって，先行して全く無関係に発見押収された覚せい剤の証拠能力にまで影響を及ぼさないとした。

もっとも，三好・前掲146頁が「どのような違法行為が介在したとしても，証拠物発見との間に因果関係さえなければ証拠能力を否定されないというように判旨を一般化して受け取るべきではあるまい」としているのは，後記平成15年判例が捜査官の公判での証言内容をも証拠排除の判断要素に取り込んでいることからすれば，示唆に富むものといえよう。

尿鑑定書については，被告人が任意に提出した旨述べていて，暴行はその意思決定に実質的な影響を及ぼさなかったと認められ，任意提出の手続に違法はないとし，証拠能力が肯定された。

なお，受差戻1審は，懲役1年2月，執行猶予3年とし，控訴棄却で確定した（三好・前掲150頁後注参照）。

○　**最判平成15年2月14日刑集57巻2号121頁**（「平成15年判例」という。朝山芳史・判解刑同年度21頁）は，最高裁で証拠排除した最初の事例であり，同種事例はその後まだ出ていない。1審は，窃盗のみを有罪とし，窃盗罪の逮捕手続には逮捕状が呈示されていないという違法があり（なお，逮捕状の緊急執行に関する定めは，法201条2項，73条3項），これを利用して収集された尿鑑定書等の証拠能力を否定し，覚せい剤の使用・所持を無罪とし，控訴も棄却された。

最高裁は，覚せい剤使用に関しては上告を棄却した（無罪確定）が，覚せい剤の所持と窃盗に関しては原判決を破棄して1審に差し戻した。[3] 逮捕手続の違法＝逮捕状の呈示がなく逮捕状の緊急執行手続もされていない手続的な違法＋その違法を糊塗するため，逮捕状への虚偽記載，内容虚偽の捜査報告書の作成，事実と反する証言←逮捕手続の違法は重大。そして，採尿は本件当日にされたもので，逮捕と密接な関連を有し，尿鑑定書も同様として証拠能力を否定した。[4]

覚せい剤については，尿鑑定書を疎明資料として発付された捜索差押許可状に基づいて差し押さえられた物で，証拠能力のない証拠と関連性を有するが，①司法審査を経た令状によって差し押さえられたこと，②適法に発付されていた窃盗についての捜索差押許可状の執行と併せて行われたものであることなど，から尿鑑定書との関連性は密接なものではないとして，覚せい剤及びその鑑定書については，収集手続に重大な違法があるとまではいえない，証拠の重要性等も考慮し，証拠能力は否定できないとした。

本編の「②」の「因果関係」に関して補足する。平成15年判例について，朝山・前掲40頁は，同一目的・直接利用は，後行手続の違法性判断基準として絶対視する必要はなく，因果関係の判断の中に解消するのが適当とされ，同41頁は，「先行手続の違法の後行手続への承継という判断手法を採っていた」それまでの判例「とは異なる判断手法を採ったもので，前述の違法行為と因果関係を有する証拠がどのような場合に証拠能力を否定されるのかを端的に検討すれば足りるという立場に立脚するものと見る余地もあろう」として，注4で紹介した和田・前掲201頁のような理解の存在の可能性を肯定しつつ，それまでの判例と本判決との表現上の差異は事案の違い，「すなわち，本件においては先行手続と後行手続との間に『同一目的』が認められず，利用関係の直接性が乏しいことによるものであって，『直接利用』が認められることを前提として，先行の逮捕手続の違法の程度が重大である場合には，後行の採尿手続が先行の逮捕手続の影響を受けて違法となることを明らかにした趣旨であると見ることが可能であろう。」とし，本判決は，それまでの判例が「違法とした類型以外にも，後行手続が先行手続の違法の影響を受けて違法と評価される類型があることを明らかにしたものであり，これらの判例の判断基準を実質的に変更したとまではいえないであろう。」とされている。

判例変更の権能のない小法廷での判断であるから，ある意味当然の解説内容といえようが，上記和田理解のような読み方も可能な説示となっている点は，平成15年判例の問題点として残ろう▼5)。

検討すると，和田理解のような読み方は，例えば，争われていた捜査手続の違法の重大性の有無をまず判断することになる。他方，仮に違法の重大性が肯定されても，その捜査手続と，証拠能力の判断対象である例えば甲1号証の収集手続とが密接関連性がないことになると，甲1号証から見れば，証拠能力の判断に影響を及ぼさない事項を先行して判断したのに過ぎない結果となる。そして，その判断とは別に，甲1号証の証拠能力の判断自体は依然として行う必要があるから，判断枠組みとしては，和田理解のような考え方は合理性に乏しいように受け止めている。

筆者は，違法手続の有無・程度自体が判断対象ではなく，甲1号証の証拠能力が問われているから，そこに焦点を当てて判断すべきであり，問題とされている当該手続に影響を与える限度で先行手続の違法は考慮されるべきであると考える方が相当だと解している。やや比喩的にいえば，違法収集証拠排除は，「違法な手続」自体を排除するのではなく，違法に収集された「証拠」を排除するのであるから，「証拠」を中心に考えるべきだと解されるからである。

　　▼3) 控訴棄却という原判決の主文を，覚せい剤使用の部分と覚せい剤所持・窃盗の部分とに分けて（朝山・前掲54頁注2），それに応じた上告審の主文となっている。

こういった主文に対する解釈が許容されることについては，拙稿『少年事件の実務と法理』(2010年，判例タイムズ社) 279頁参照。
　　なお，この事件の差戻し後の有罪判決が上告審で確定している（朝山・前掲55頁注3）。
▼4) なお，和田雅樹「先行手続の違法と証拠能力（2）」刑訴百選（第9版）200頁，特に201頁左欄下も指摘するように，採尿が任意にされたことへの言及はない。
▼5) 先行判断として紹介されるものとしては，最判昭和58年7月12日刑集37巻6号791頁の伊藤補足意見であって，毒樹の果実について，①第1次的証拠の違法の程度，②収集された第2次的証拠の重要さの程度，③第1次的証拠と第2次的証拠との関連性の程度等を考慮して総合的に判断されるべきことが指摘されていた。なお，同意見では，「毒樹の実」という言葉が用いられている。

○　**最決平成15年5月26日刑集57巻5号620頁**（永井敏雄・判解刑同年度314頁）は，警察官が，被疑者在室のホテル客室の無施錠の外ドアを開けて内玄関に入り，いったん開けた後に被疑者が押さえている内ドアを押し開けて立ち入り，被疑者の財布について所持品検査をし，発見したビニール袋入り白色結晶に対する予試験の結果を踏まえて被疑者を覚せい剤所持で現行犯逮捕した事案で，その間，全裸の被疑者を警察官が押さえ続けていたが，仮に押さえるのを止めた場合には，警察官側が殴られるような事態が予想される状況にあった。

1審は，警察官のホテル客室への立ち入り等を違法とし，覚せい剤及びそこから派生した鑑定書等の証拠能力を否定し，無罪とした。控訴審は，客室への立ち入りを適法とし，その後の所持品検査の一部に行き過ぎがあったが，その違法は覚せい剤等の証拠能力に影響を及ぼすほどの重大性を否定し，破棄・差し戻した。

最高裁は，立ち入りの適法性を肯定し，「本件における具体的な諸事情の下においては，」「所持品検査は，適法に行い得るものであった」とし，「警察官らが約30分間にわたり全裸の被告人をソファーに座らせて押さえ続け，その間衣服を着用させる措置も採らなかった行為」「が職務質問に付随するものとしては許容限度を超えていたとの点は，いずれにしても，財布に係る所持品検査によって発見された証拠を違法収集証拠として排除することに結び付くものではない」とし，覚せい剤，尿鑑定書の証拠能力を肯定した。

なお，受差戻第1審は懲役3年の有罪判決（覚せい剤の使用，所持）とし，控訴，上告が棄却されて確定した（永井・前掲329頁）。

○　**最決平成21年9月28日刑集63巻7号868頁**（増田啓祐・判解刑同年度371頁）は，宅配便業者の運送過程下にある荷物についてエックス線検査を行うには検証許可状を要するとし，同令状を得ずに行われた捜査手続を違法としたが，その証拠能

力は排除しなかった。

なお、増田・前掲398頁以下に、これまでの判例が要約紹介されていて参考になる。

■ 55　最判昭和58年7月12日刑集37巻6号791頁

関連判例として、**最判昭和58年7月12日刑集37巻6号791頁**（森岡茂・判解刑同年度174頁）は、昭和48年5月1日午前8時半ころ、放火の嫌疑を抱いていたXの交際相手である被害者方への住居侵入でXを逮捕し（第1次逮捕）、放火事件の自白を得て、2日午後零時20分釈放し、同日午後1時40分放火で逮捕し（第2次逮捕）、4日に勾留した事案で、1・2審は、第1次逮捕は違法な別件逮捕であったとし、Xの供述調書の証拠能力及び第2次逮捕・勾留中の調書の証拠能力を否定したが、勾留質問調書の証拠能力を認め、Xを有罪とした。

最高裁は、勾留請求に先立つ捜査手続に違法のある場合でも、勾留質問を違法とすべき理由はないとし、他に特段の事情のない限り勾留質問調書の証拠能力を否定すべきものではないとした。

そして、消防法32条1項による質問調査も、勾留に先立つ捜査手続に違法のある勾留中に行われても、違法とすべき理由はなく、消防職員が捜査機関による捜査の違法を知ってこれに協力するなど特段の事情のない限り質問調書の証拠能力は否定されないとし、原審の判断を支持した。

第6章該当（■ 56〜■ 61）

■ 56　未決勾留日数の算入

○　起算日

起訴前の勾留日も当然に含まれるが、裁定算入の対象日の起算日については、勾留状の執行がされた日とするのが判例である（最判昭和43年7月11日刑集22巻7号646頁《千葉裕・判解刑同年度184頁》）。被疑者勾留の起算日は勾留請求日（法208条1項）であるから、この判例は紛らわしいものとなっていて、過誤の原因ともなりかねないものである。しかし、本編で説明したように、全部算入説を実務は採っていないから、仮に過誤が生じても現実に算入される未決勾留日数日の誤りに連動するおそれはほとんどなく、その意味で、実害の生じるおそれはないといって良いであろう。

○　1日の途中で身柄の拘束状態に変化があった日

例えば、保釈で釈放された日、保釈が取り消されて収監された日等が標題の日の典型例である。これも、被告人に有利に解されていて、全1日として算入可能日数に算入されている。

○　判決言渡日

この取扱いは，法定通算（法495条1項）と関連してきて分かりにくい。実刑の場合には，判決言渡当日の言渡しまでの分は裁定算入の対象となるが，言渡し後は上訴提起期間となって法定通算の対象となる（法495条1項）。法定通算の方が必ず通算される点で裁定算入の対象となるより被告人に有利であるから，この場合には，言渡当日は算入対象日とはしない。そのため，算入可能な未決勾留の終期は判決言渡日の前日となる。

　他方，執行猶予の場合には，言渡しと同時に勾留状は失効する（法345条）から，言渡し後の未決勾留は存在しない。そうなると，上記の裁定算入の対象となっている判決言渡当日の言渡しまでの分については全1日として裁定算入の対象日とすべきである。そのため，この場合には，算入可能な未決勾留の終期は判決言渡日の当日となる。なお，この点は，本当に細かな点なので，そこまで説明されていない教科書等も少なくない。

　○　他の控除日

　刑の執行，労役場留置の執行と重複する日を，未決勾留日数として刑に算入することとすれば二重の利益を得させることになるから，当該日数を控除する必要がある。

　○　主刑が複数の場合

　どの刑に算入するのかを明示する必要がある。

■ 57　法335条2項の主張の該当性

(1)　**自救行為の主張は違法阻却事由の主張で，該当**（最決昭和46年7月30日刑集25巻5号756頁《近藤和義・判解刑同年度164頁》）

　1審は，上記主張に対して判断を示さず，控訴審は同主張を不該当としたが，最高裁は，その原審判断を法令解釈を誤ったものとし，他方，自力救済を認めるべき場合に当たらないとして，上告は棄却。

(2)　**予見不可能の主張は否認の主張で，不該当**（最決昭和45年2月13日刑集24巻2号17頁《海老原震一・判解刑同年度7頁》）

　業務上過失致死事件で，被害者を事前に発見することが不可能であったという主張は，単なる過失の否認に帰着し，法335条2項にいう「法律上犯罪の成立を妨げる理由となる事実」の主張に当たらない旨の原判断を維持。

(3)　**期待可能性がない旨の主張は該当**（東京高判昭和29年3月6日高刑集7巻2号163頁）

　公職選挙法違反（受供与）事件で，被告人が5000円の供与を受けたことにつき，当時の実情によりこれを辞退することができなかったとの，期待可能性がなかった旨の弁護人の主張は，法335条2項の主張に当たるとしつつ（ただし，積極的な根拠は示されていない），裁判所が受供与の事実を認定すれば，間接ながら弁護人の主張を否

定した判断を示していると解されるとした。

なお，この判示方法に関しては，最判昭和24年9月1日刑集3巻10号1529頁（旧刑事訴訟法事件）が，期待可能性がないとの主張については，この主張に対して直接的に判断を示す必要はなく，弁護人の主張事実に関し反対の事実を認定して間接的に主張否定の判断を示す方法をとることも差し支えない，との判断を示していたのを踏まえたものと解される。ただ，同最判は，「2項に該当するものとしても」としていて，弁護人主張の2項該当性については仮定的な説示である。

(4) **不能犯の主張は不該当**（最判昭和24年1月20日刑集3巻1号47頁。旧法事件）

殺人未遂等の事件（旧刑事訴訟法事件）で，青酸カリを炊飯釜に投入しただけでは殺人の目的を達することは不能であるとの不能犯の主張について，行為と結果との因果関係を不能なりとするもので，殺人罪の罪となるべき事実を否定する主張に帰着し，2項の主張には当たらないとした。

(5) **食糧管理法施行規則47条の法定の除外事由の主張は該当**（最決昭和32年7月11日刑集11巻7号1820頁《青柳文雄・判解刑同年度364頁》）

犯罪は成立して，法定の除外事由があると犯罪の成立が妨げられることになる構造が認められているが，違法阻却事由に当たるとの明示の説示はない。しかし，1，2審では，同主張はされていないから，判断しなくても何ら違法ではないとされた。

旧刑事訴訟法時代の関連判例に，①**最判昭和24年3月10日刑集3巻3号281頁**（銃刀禁止令違反等事件で，本争点に関しては棄却され，他の被告人に関する争点部分は破棄差戻しされた。銃刀禁止令2条所定の犯罪は銃砲等を所持するにより直ちに成立し，法定の除外事由は同罪の成立を阻却する，とし，原審でその主張のない本件では原判決が特に判断を示さなかったからといって違法ありといえない，とした），②**最判昭和24年9月15日刑集3巻10号1587頁**（物価統制令違反事件で，法定の除外事由は本罪《営利目的で統制額を超える価格で新しょうゆを販売した，とされる事案》の成立を阻却する原因で，原審では，その主張がなかったから，判断を示さなかったのに違法はない，とした）。

■58　**最決昭和25年10月3日刑集4巻10号1861頁等**

○　**最決昭和25年10月3日刑集4巻10号1861頁**は，択一的関係にある窃盗と贓物運搬との2個の訴因のうち，窃盗について有罪の判決をした以上，贓物運搬の訴因を排斥した理由をことさらに判決に示す必要はなく，又これを示さないからといって，審判の請求を受けた事件について判決をしない違法があるとはいえないとした。

窃盗が認められれば，窃盗犯でないことが前提となる贓物運搬の成立の余地はない。その意味で，贓物運搬の説明をする必要がなくなっている。判文に「ことさら」とあるのは，こういったことが背景にあると解される。

○　**最決昭和29年3月23日刑集8巻3号305頁**（戸田弘・判解刑同年度51頁）

は，「主たる訴因と予備的訴因のある場合に，予備的訴因につき有罪を認定したときは，主文において主たる訴因につき無罪を言渡すべきものでないことは勿論，理由中においても，かならずしもこれに対する判断を明示することを要するものではない」とした。主たる訴因が横領（税務署滞納整理係の被告人が，納税会社から徴収した固定資産税の小切手を保管中に横領した）で，予備的訴因が詐欺（被告人が上記納税会社に対して権限がないのに固定資産税の請求をして同額の小切手を詐取した）の事案であって，詐欺が成立すれば横領は成立する余地はなくなる関係にある。判文に「かならずしも」とあるのは，こういったことが背景にあると解される。

なお，矢野直邦・判解刑平成25年度88頁が，この判例の趣旨について，「予備的訴因を認定するに当たり，本位的訴因に対する判断を何ら示さなくても構わないという趣旨まで含むとは解されず，予備的訴因を認定する判断の中で，本位的訴因を排斥する理由が実質的に示されている限りは，形式的に本位的訴因を排斥する理由として独立に判断を示さなくても差し支えないという程度の趣旨に解すべきであろう」と指摘されるのは，支持できる。

■ 59　最決昭和56年7月14日刑集35巻5号497頁（1審の免訴の結論維持の伊藤裁判官の反対意見あり。木谷明・判解刑同年度177頁）の事案は，被告人3名は，昭和50年11月26日公正証書原本不実記載・同行使で起訴されたが，公正証書原本不実記載の内容として「保存登記」と記載されている部分が，併合罪関係にある「保存登記」か「表示登記」か，いずれともとれるような記載があるなど，訂正ないし補正の許される余地のないほど訴因が不特定であるとした公訴棄却の判決が確定した。（なお，このようなことが生じたのは，当時の法改正で，表示登記を経て保存登記をする方法に改まったのに，それに沿った形で訴因が構成されていなかったのが原因と推定される）

その後，検察官は，昭和53年6月28日，被告人3名を起訴した（上記起訴を考慮しない形での公訴時効期間5年を超える約5年8箇月での起訴がなされた《木谷・前掲181頁》。公訴棄却判決から約2年7箇月後。処理の遅れが新たな問題を惹起した例でもある）。

1審（大阪地判昭和51年11月18日刑月8巻11＝12号504頁，判時873号111頁）は，旧起訴は公訴時効の進行を停止する効力はないとして，免訴とした。2審（大阪高判昭和55年8月28日刑月12巻8号777頁）は，公訴事実第2（保存登記に関するもの）については控訴を棄却したが，公訴事実第1（表示登記に関するもの）については公訴時効の進行停止の効力を有するとして破棄・差し戻した。

最高裁は，実体審理を継続するのに十分な程度に訴因が特定されていない場合でも，それが特定の事実について検察官が訴追意思を表明したものと認められるときは，同事実と公訴事実を同一にする範囲において，公訴時効の進行を停止する効力を有する，とし，旧起訴で検察官が公訴事実第一と同一性を有する事実につき公訴を提

起する趣旨であったと認めるに十分であったとして，被告人の上告を棄却した。

内容的確定力に関しては，確定判決の理由中，本件の受訴裁判所を拘束するのは，旧起訴は実体審理を継続するのに十分な程度に訴因が特定されていないという判断のみであるとし，旧起訴状の公訴事実によっては併合罪関係に立つ建物の表示登記と保存登記に関する各公正証書原本不実記載・同行使罪のいずれについて起訴がなされたのか一見明らかでない，という趣旨に解し得る部分は，拘束しないとした。

消極的な形ながらも確定裁判に内容的確定力があることを認めている。

■ 60　一事不再理効と公訴事実の同一性の範囲との関係

本編で説明したように，一事不再理効は公訴事実の同一性の範囲内に及ぶというのが一般的な考え方である。そして，その前提となっている公訴事実の単一性については，実体法上の罪数判断がある。しかし，本編の次項「イ」で説明するように，判例は純粋の実体法上の罪数判断とは異なる立場に立っている（以下，便宜，「訴訟法上の罪数判断」という）。筆者なりの考えを述べると，刑法50条，51条の定めからして，刑法は併合罪の関係にある罪については複数の判決宣告を想定した対処方法を定めている。他方，一罪についてはそういった定めがないから，刑法は，一罪については複数の判決宣告を想定していないと解される（一罪一主文といった考えの根拠ともいえる）。他方，例えば，営利目的犯，常習犯などといった犯罪類型は，当該目的，常習性が訴因として掲げられていないと，該当する罪同士は併合罪の関係にある。この点に着目すると，判例のように，訴訟法上の罪数判断が可能となって，訴因を前提とする限りは，上記の罪を併合罪として処理することが可能となり，ひいては複数の判決宣告も可能となるが，刑法の定めとも齟齬が生じないことになる。

このことを前提とすると，一事不再理効も，訴訟法上の罪数判断において一罪の関係にある公訴事実の同一性の範囲内に及ぶと解することができる。付言すれば，単純一罪，観念的競合については，訴因の構成をどのようにしても，結局は一罪との判断が訴訟法上も行われるであろう（例えば，既に紹介した水俣病事件でも判例は一罪性を肯定している）から，訴訟法上の罪数判断と実体法上の罪数判断とは一致しよう。他方，上記のように，営利目的犯，常習犯は，訴訟法上の罪数判断と実体法上の罪数判断とが異なり得ることになる。同種犯行が複数回反復累行された形での包括一罪はどうかといえば，これは，原則的には，訴訟法上の罪数判断と実体法上の罪数判断とは一致しようが，犯行を限定した形での訴因の構成によっては，訴訟法上の罪数判断と実体法上の罪数判断とが異なることもあり得よう。

問題は牽連犯であって，例えば，私文書偽造・同行使・詐欺といった事件で，詐欺が起訴されている場合には，通常は先行して犯されている私文書偽造・同行使も判明しているから，それらに対して一事不再理効が及んでいくことに違和感はない。しか

し，私文書偽造・同行使だけが起訴されている場合には，当該犯行が目的としていた詐欺の犯行までは判明していないこともあり得，そういった場合でも，詐欺罪についてまで一事不再理効が及んでいくことには違和感がある（極端な例示をすれば，軽微な文書偽造・行使があり，それも犯行の過程で犯されてはいるものの軽微事案としてそれ以上の捜査が行われずに有罪処理された後に，当該犯行が巨額の詐欺事件の一部であったことが判明した場合である）。牽連犯の合理性については疑問の余地があるが，こういった場面もその１つといえよう。一事不再理効が及ぶことを否定できないとすれば，立法的な是正も必要であろう。

■ 61　最判平成 15 年 10 月 7 日刑集 57 巻 9 号 1002 頁等

最判平成 15 年 10 月 7 日刑集 57 巻 9 号 1002 頁（多和田隆史・判解刑同年度 456 頁）は，被告人に対する窃盗罪等による懲役１年２月の実刑確定判決の，確定前に犯された余罪の事案で，１審は，常習性を否定して懲役２年に処したが，２審は，常習特殊窃盗の１罪を構成することを認めつつ，控訴を棄却した。

最高裁は，高裁判例と相反する判断であることを認めつつ，検察官は，立証の難易等諸般の事情を考慮し，常習性の発露という面を捨象して単純窃盗罪として起訴できるのは当然であり，実体的には常習特殊窃盗罪を構成するとみられる窃盗行為が単純窃盗罪として起訴され，確定判決があった後，確定判決前に犯された余罪の窃盗行為が単純窃盗罪として起訴された場合には，確定判決による一事不再理効は後訴には及ばない，とした。

この判断を前提とすれば，実体法上は１罪であっても訴訟法上は併合罪の関係にあることになるから，２個の判決の宣告が可能となる。

>　6）高松高判昭和 59 年 1 月 24 日判時 1136 号 158 頁は，原判決は昭和 54 年 6 月 28 日ころから昭和 56 年 9 月 15 日ころまでの 34 回にわたる窃盗で懲役６年６月に処したが，被告人には昭和 56 年 10 月 22 日窃盗罪等により懲役１年８月の判決が確定していた，として，確定判決には本件起訴の窃盗行為とともに常習特殊窃盗の１罪を構成する窃盗行為が含まれていて，本件起訴の窃盗行為はいずれも確定判決前の行為であるから，免訴されるべき筋合いであるとし，原判決を破棄して免訴にした。

>　7）同最判が引用する最判昭和 43 年 3 月 29 日刑集 22 巻 3 号 153 頁（千葉裕・判解刑同年度 42 頁）は，１審は常習累犯窃盗を認定して懲役５年としたが，被告人は，最初の犯行（甲）後に犯した窃盗事件で懲役 10 月の確定判決を受けていた。最高裁は，甲の犯行については，確定裁判にかかる窃盗犯行と共に常習累犯窃盗の１罪を構成すべきものと認めて免訴とすべきだったとしたが，不著反正義として上告は棄却した。

>　　なお，常習累犯窃盗の前提となる１審が認定した最初の前科（＝盗犯等の防止及び処分に関する法律３条所定の前科の意義である）は窃盗幇助であったところ，

控訴審は窃盗幇助は上記条項に定められた前科に当たらないとして法令解釈の誤りがあるとしつつ，更にその前に常習累犯窃盗の要件を満たす窃盗の前科があるとして控訴を棄却していた。この点については，最高裁は，窃盗幇助も要件を満たす前科である旨の判断を示している。

第9章該当（■62～■66）（第7章，第8章，第10章該当なし）

■62　法375条の類推不可について

○　上訴の法令違反について

この点については，旧刑事訴訟法397条前段では，原裁判所が控訴に関して決定棄却すべき旨が定められていたが，現行の刑事訴訟法はその点を除外しているといった立法の経緯からすれば，類推適用を認めることは困難であろう。そして，**最決昭和33年11月24日刑集12巻15号3531頁**（栗田正・判解刑同年度727頁）は，被告人が成人していて上訴権者としての資格を喪失している被告人の父が控訴したという瑕疵のあった事案で，弁護人が，1審が控訴を決定棄却すべきだったと上訴審で主張したが，上記類推適用について消極に解している。

○　即時抗告の申立について

この点に類推適用されないことについては，**最決平成18年4月24日刑集60巻4号409頁**（前田巌・判解刑同年度239頁）。

■63　最大判昭和46年3月24日刑集25巻2号293頁等

職権調査は，係属している事件の全体に及び得るのが原則型であるが，一連の最高裁判例を通じて，いわゆる攻防対象論の考えを基にして，この職権調査の範囲は制限されてきている。

①**最大判昭和46年3月24日刑集25巻2号293頁**（新島ミサイル事件。千葉裕・判解刑同年度87頁）は，牽連犯又は包括一罪として起訴された事実につき，その一部を有罪とし，その余については理由中で無罪の判断を示した1審判決に対し，被告人だけが控訴を申し立てた場合，控訴審が，職権調査によって，原判決に事実誤認があるとして，破棄自判して起訴事実の全部について有罪とすることは，職権の発動として許される限度を超えていて，違法とした。その根拠としては，事後審査は，当事者の控訴趣意を中心としてするのが建前であって，職権調査はあくまで補充的なものとし，1審判決が無罪とした部分は当事者間において攻防の対象から外されたものであるから，これをも有罪とすることは被告人に不意打ちを与えるものであるとした。

②**最決昭和47年3月9日刑集26巻2号102頁**（大信実業事件。鬼塚賢太郎・判解刑同年度92頁）は，①を先例として引用し，（事案が複雑なので矢野・後掲66頁の要約部分を参考に紹介する）観念的競合（無免許・無許可輸出罪）の一部につき控訴審判決

の理由中で無罪の判断がされ，被告人のみが上告した場合には無罪とされた訴因部分は当事者間において攻防の対象から外されたものとみるべきであり，上告審が職権調査により有罪の判断等をすることは許されないとした。

③**最決平成25年3月5日刑集67巻3号267頁**（矢野直邦・判解刑同年度58頁）は，①，②を先例として指摘し，本位的訴因（共同正犯）を否定し予備的訴因（幇助犯）を認定した1審判決に対し検察官が控訴をしなかった場合に，控訴審が職権調査により本位的訴因について有罪の自判をすることは職権発動として許される限度を超えるものとして違法であるとした。

なお，矢野・前掲67頁には，包括一罪の一部について控訴審で無罪の判断が示された富士銀行背任事件，観念的競合の関係にある罪の一部について免訴の判断がされた熊本水俣病事件について，攻防対象論が採用された最高裁判例の，他方，本位的訴因を否定して予備的訴因を認定した事案で本位的訴因は攻防対象から外されたものとみる余地はないとした船橋交差点事件の最高裁判例の，各紹介もある。

なお，船橋交差点事件と③の事件とは本意的訴因と予備的訴因という関係性においては同じであるが，その実態が，前者は過失の態様に関する争いであり，③の事件は共同正犯と幇助犯という犯行への関わり合いの違いの争いであり，事案を異にするものとされている。

■64　**最決昭和29年9月30日刑集8巻9号1565頁**（寺尾正二・判解刑同年度281頁）は，1審で，検察官が，裁判所からの，業務上横領教唆と贓物収受の訴因について，共謀による業務上横領の共同正犯の予備的訴因の追加の勧告を拒否したが，裁判所は，訴因，罰条の変更がないまま上記予備的訴因を認定した事案で，控訴審は，検察官から上記予備的訴因の追加請求があり，弁護人から控訴審では訴因変更は許されないとの反論があったものの，訴因変更を許可し，訴訟手続の法令違反を理由に原判決を破棄して自判し，最高裁は，控訴審で事実取調べが行われ，破棄自判する場合を前提として，法404条，312条を根拠に，上記訴因変更の許可を肯定した。

もっとも，事実取調べが行われていない事案でも訴因変更は可能であろうから，事実取調べが行われたことは訴因変更の要件ではないと解される（寺尾・前掲284頁にも同趣旨と解し得る指摘がある）。また，自判だけでなく，訴因変更を許可した上で差し戻すことも可能であろう（寺尾・前掲284頁にも同趣旨の指摘がある）から，結局，「破棄」が控訴審における訴因変更の最低限度の要件ということになる。

他方，この事案に即して考えると，当事者追行主義が強調されている現在で，このような事案での訴因変更が認められるかは疑問もあり，今後の実務の動向に注目する必要がある。その意味で，この判例の先例性は，控訴審での訴因変更を許容した点そのものではなく，こういった事案でも訴因変更を許容した点においては低くなってい

るといえる。その上で更に付言すれば，仮に，控訴審で，この事案で訴因変更請求が認められないとした場合には，被告人は無罪となるのかといえば，そうはならないであろう。一部起訴を認めなければ無罪との結論も想定可能であるが，業務上横領の共同正犯の事実について，一部起訴として，業務上横領教唆と贓物収受の訴因で起訴することを許容するのであれば，当初の訴因のままで有罪とすることができる。そうすると，控訴審が原判決を破棄することに変わりはないものの，上記内容の事実認定を行った自判をすることは可能であろう。

■ 65 是正すべき事実誤認が限定されている理由

筆者は，この理由を2つの側面から考えている。すなわち，1つは，事実は多様であるから，その全てを是正しようとすると，控訴審の手続に要する時間と手間が過大となり，適正，迅速な裁判を実現するという刑事訴訟法の目的には沿わない事態を招来しかねないことである。

他の1つは，事実認定は微妙な場合も少なくないから，控訴審といえども誤る可能性を否定できず，そうであれば，控訴審で対象とすべき事実誤認の範囲を判決に影響を及ぼすべき事実誤認といった程度にまで絞り込んで，控訴審の審査対象を適正化して審査精度を高め，ひいては適正な事実認定の確保に，より資することとすることである。

■ 66 最大判昭和44年10月15日刑集23巻10号1239頁等

(1) 原審の事実認定を前提とした自判では控訴審が書面審理のみで破棄有罪は可

○ **最大判昭和44年10月15日刑集23巻10号1239頁**（「悪徳の栄え」事件などとして著名。坂本武志・判解刑同年度497頁）は，1審が法律判断の対象となる事実を認定し，法律判断だけで無罪を言い渡した場合には，控訴裁判所は，原判決を破棄して，改めて事実の取調べをすることなく，有罪の自判をすることができるとした。

同趣旨の先例として，①**最大判昭和32年3月13日刑集11巻3号997頁**（「チャタレイ事件」として著名。松本勝夫・判解刑同年度164頁），②**最判昭和35年11月18日刑集14巻13号1713頁**（栗田正・判解刑同年度396頁）がある。なお，同判決は「(3)」と同旨の判断をして一部の被告人に関しては破棄差戻しもしている。

(2) 量刑不当で破棄し，書面審理だけで1審より不利益な刑を科す自判も可

○ **最大判昭和31年7月18日刑集10巻7号1173頁**（岩田誠・判解刑同年度260頁）は，執行猶予付き懲役刑の1審判決を破棄して書面審理のみで懲役刑（実刑。罰金刑は1審と同額）とするのも，法400条ただし書に違反しないとした。

同趣旨のものとして，①本編第9章注30で紹介した**最大判昭和30年6月22日刑集9巻8号1189頁**（三鷹事件）の他，②**最大決昭和32年2月15日刑集11巻2号756頁**（岩田誠・判解刑同年度113頁。ただし，多数意見は明示的なものではなく，岩田・

前掲 115 頁は,「『決定要旨』に表明されたような,判断を,暗黙にではあるが,判示されているものと信ずる」とされる)は,量刑不当で破棄し書面審理で原判決の懲役 15 年を無期懲役に変更した控訴審判決を維持した。

(3) 1 審が犯罪事実の存在を確定しないでの無罪判決の場合には,控訴審が書面審理のみにより破棄有罪は不可

○ **最大判昭和 31 年 7 月 18 日刑集 10 巻 7 号 1147 頁**(岩田誠・判解刑同年度 249 頁。破棄・一部自判・一部差戻)は,1 審が犯罪事実の存在を確定しないでの無罪判決の場合には,控訴審が,事実の取調べをせずに破棄して 1 審で取り調べた証拠だけで有罪の判決をすることは法 400 条ただし書の許容されるところでないとした。その根拠として,憲法 31 条,37 条等の「憲法上の権利を害し,直接審理主義,口頭弁論主義の原則を害すること」を挙げている。

○ **最大判昭和 31 年 9 月 22 日刑集 10 巻 9 号 1391 頁**(岩田誠・判解刑同年度 311 頁)同趣旨で破棄差戻(1 審は,自転車窃盗の事実は認められないとして無罪としたのを控訴審は書面審理だけで破棄し,上記事実を認定して有罪とした事案)。

同趣旨のものとして①**最判昭和 32 年 2 月 12 日刑集 11 巻 2 号 939 頁**(松本勝夫・判解刑同年度 157 頁。恐喝未遂事件で破棄差戻),②**最判昭和 33 年 2 月 11 日刑集 12 巻 2 号 187 頁**(吉川由己夫・判解刑同年度 45 頁。上告受理の申立が受理されたが,その理由は採用されなかった事件でもある《吉川・前掲 47 頁〜 48 頁》。同趣旨で破棄差戻。もっとも,吉川・前掲 48 頁は,この事件は 1 審が犯罪事実を確定していたとして,法 400 条ただし書違反はないとの指摘をしている)。

判例索引

最高裁判所（大審院を含む）

大判明 37・6・27 刑録 10・1416 ……………203, 445
大判明 45・5・27 刑録 18・676 ……………… 489
大判大 7・5・24 刑録 24・15・647 …………… 351
大判大 12・12・5 刑集 2・922 ………………… 495
大判大 13・11・20 刑集 3・797………………499, 500
大決大 15・9・13 刑集 5・407 ………………… 265
大判昭 7・11・28 刑集 11・1736 ……………… 495
大判昭 8・2・4 刑集 12・22 …………………… 500
大判昭 9・8・9 刑集 13・1072 ………………… 432
大判昭 9・12・17 刑集 13・1740 ……………… 316
大判昭 13・2・28 刑集 17・141………………… 70
最大判昭 23・5・26 刑集 2・6・529 ………205, 445
最大判昭 23・6・23 刑集 2・7・715 ………… 405
最大判昭 23・6・23 刑集 2・7・734 ………… 260
最大判昭 23・6・30 刑集 2・7・715 ………405, 512
最大判昭 23・7・14 刑集 2・8・846 ………… 131
最大判昭 23・7・29 刑集 2・9・1012 ……408, 409
最判昭 23・8・5 刑集 2・9・1123 …………… 501
最大判昭 24・1・12 刑集 3・1・20 …………… 444
最判昭 24・1・20 刑集 3・1・47 ……………… 524
最大判昭 24・2・9 刑集 3・2・141 …………… 429
最判昭 24・2・10 刑集 3・2・155 …………178, 429
最判昭 24・2・22 刑集 3・2・221 …………… 339
最判昭 24・3・10 刑集 3・3・281 …………… 524
最判昭 24・4・7 刑集 3・4・489 …………413, 513
最決昭 24・4・25 裁判集刑事 9・447 ………… 401
最判昭 24・4・30 刑集 3・5・691 …………… 411
最大判昭 24・5・18 刑集 3・6・734 ………… 412
最大判昭 24・5・18 刑集 3・6・783 ………… 390
最大判昭 24・6・1 刑集 3・7・901 …………… 66
最判昭 24・7・19 刑集 3・8・1348 …………… 513

最判昭 24・9・1 刑集 3・10・1529 …………… 524
最判昭 24・9・15 刑集 3・10・1587 ………… 524
最決昭 25・6・8 刑集 4・6・972 ……………… 493
最大判昭 25・9・27 刑集 4・9・1805 ………… 445
最決昭 25・10・3 刑集 4・10・1861 ………… 524
最判昭 25・10・10 刑集 4・10・1959 ………… 413
最大判昭 25・11・8 刑集 4・11・2221 ……… 478
最判昭 25・11・17 刑集 4・11・2328 ……499, 500
最判昭 25・11・21 刑集 4・11・2359 ……… 131
最大判昭 25・11・29 刑集 4・11・2402 …… 514
最決昭 25・12・22 刑集 4・13・2880 ……… 442
最決昭 26・4・13 刑集 5・5・902 …………… 473
最決昭 26・6・1 刑集 5・7・1232 …………258, 407
最判昭 26・8・1 刑集 5・9・1684 …………… 511
最大決昭 26・12・26 刑集 5・13・2654 …… 470
最判昭 27・2・21 刑集 6・2・266 …………… 134
最判昭 27・3・5 刑集 6・3・351 ……………… 168
最判昭 27・3・19 刑集 6・3・502 …………… 133
最判昭 27・3・27 刑集 6・3・520 ……………… 80
最判昭 27・5・6 刑集 6・5・736 ……………… 354
最判昭 27・5・14 刑集 5・6・769 …………… 405
最判昭 27・8・6 刑集 6・8・974 ……………… 267
最決昭 28・3・5 刑集 7・3・482 ……………… 492
最判昭 28・3・13 刑集 7・3・561 …………… 287
最判昭 28・4・14 刑集 7・4・841 …………… 131
最判昭 28・5・12 刑集 7・5・1011 ………… 460
最判昭 28・5・14 刑集 7・5・1026 ………… 494
最決昭 28・5・29 刑集 7・5・1195 …………… 67
最決昭 28・7・8 刑集 7・7・1462 …………… 284
最判昭 28・7・10 刑集 7・7・1474 ………… 513
最判昭 28・8・18 刑集 7・8・1737 ………… 432
最判昭 28・10・15 刑集 7・10・1934 ……147, 399

最判昭 28・10・27 刑集 7・10・1971 ………… 421	最大判昭 30・12・14 刑集 9・13・2775 ……… 205
最大決昭 28・12・22 刑集 7・13・2595 ……… 162	最大判昭 30・12・16 刑集 9・14・2791 ………… 85
最決昭 29・3・23 刑集 8・3・305 …………… 524	最大判昭 30・12・23 刑集 9・14・2963 ……… 470
最判昭 29・5・4 刑集 8・5・631 ……………… 15	最判昭 31・4・12 刑集 10・4・540 ………… 201
最決昭 29・5・4 刑集 8・5・627 ……………… 514	最判昭 31・4・24 刑集 10・4・608 ………… 136
最大判昭 29・7・7 刑集 8・7・1052 ………… 453	最判昭 31・5・17 刑集 10・5・685 ………… 340
最判昭 29・7・14 刑集 8・7・1078 …………… 374	最決昭 31・7・4 刑集 10・7・1015 ………… 447
最決昭 29・7・15 刑集 8・7・1137 …………… 61	最判昭 31・7・5 刑集 10・7・1020 ………… 316
最決昭 29・7・30 刑集 8・7・1231 …………… 486	最判昭 31・7・17 刑集 10・7・1127 ………… 214
最判昭 29・8・5 刑集 8・8・1237 …………… 104	最大判昭 31・7・18 刑集 10・7・1147 ……… 531
最判昭 29・8・20 刑集 8・8・1249 …………… 493	最大判昭 31・7・18 刑集 10・7・1173 ……… 530
最判昭 29・9・7 刑集 8・9・1459 …………… 104	最判昭 31・8・3 刑集 10・8・1202 ………… 494
最判昭 29・9・8 刑集 8・9・1471 …………… 202	最大判昭 31・9・22 刑集 10・9・1391 ……… 531
最判昭 29・9・24 刑集 8・9・1519 …………… 287	最決昭 31・10・25 刑集 10・10・1439 …… 83, 84
最判昭 29・9・30 刑集 8・9・1565 …………… 529	最判昭 31・10・25 刑集 10・10・1447 ……… 494
最判昭 29・10・22 刑集 8・10・1653 ………… 459	最大判昭 31・12・26 刑集 10・12・1746 …… 497
最判昭 29・11・5 刑集 8・11・1715 ………… 492	最判昭 32・1・22 刑集 11・1・103 …… 415, 417
最大判昭 29・11・10 刑集 8・11・1816 …… 205, 445	最判昭 32・2・12 刑集 11・2・939 ………… 531
最決昭 29・11・18 刑集 8・11・1850 ………… 33	最大決昭 32・2・15 刑集 11・2・756 ……… 530
最判昭 29・12・2 刑集 8・12・1923 ………… 402	最大判昭 32・2・20 刑集 11・2・802 ………… 23
最決昭 29・12・24 刑集 8・13・2420 ……… 432	最判昭 32・3・13 刑集 11・3・997 ………… 530
最判昭 30・1・11 刑集 9・1・14 …………… 384	最判昭 32・5・31 刑集 11・5・1579 ………… 511
最大決昭 30・2・23 刑集 9・2・372 ………… 470	最決昭 32・7・11 刑集 11・7・1820 ………… 524
最判昭 30・4・5 刑集 9・4・652 …………… 465	最決昭 32・7・18 刑集 11・7・1880 ………… 432
最大判昭 30・4・6 刑集 9・4・663 ………… 405	最判昭 32・7・19 刑集 11・7・1882 ………… 405
最決昭 30・5・17 刑集 9・6・1065 ……… 5, 483	最判昭 32・7・25 刑集 11・7・2025 ………… 399
最大判昭 30・6・22 刑集 9・8・1189	最判昭 32・9・24 裁判集刑事 120・507 …… 434
………………………… 456, 513, 530	最決昭 32・9・30 刑集 11・9・2403 ………… 383
最判昭 30・9・13 刑集 9・10・2059 ………… 341	最大判昭 32・10・9 刑集 11・10・2520 …… 466
最判昭 30・9・29 刑集 9・10・2102 ………… 479	最決昭 32・11・2 刑集 11・12・3047 …… 401, 412
最決昭 30・11・22 刑集 9・12・2484 ……… 138	最判昭 33・1・23 刑集 12・1・34 ………… 180
最判昭 30・12・9 刑集 9・13・2633 ………… 504	最判昭 33・2・11 刑集 12・2・187 ………… 531
最判昭 30・12・9 刑集 9・13・2699 ………… 355	最判昭 33・2・13 刑集 12・2・218 ………… 261
最大判昭 30・12・14 刑集 9・13・2760 ……… 87	最大判昭 33・2・17 刑集 12・2・253 ………… 210

最大決昭 33・2・26 刑集 12・2・316 ……… 332
最判昭 33・5・20 刑集 12・7・1398 ……… 168
最判昭 33・5・20 刑集 12・7・1416 ……… 194
最大判昭 33・5・28 刑集 12・8・1718
　……………………………… 331, 410, 412, 429
最決昭 33・6・4 刑集 12・9・1971 ……… 83, 489
最判昭 33・6・13 刑集 12・9・2009 ……… 405
最判昭 33・6・24 刑集 12・10・2269 …… 496, 497
最判昭 33・7・18 刑集 12・12・2656 ……… 497
最大決昭 33・7・29 刑集 12・12・2776 …… 135
最決昭 33・11・24 刑集 12・15・3531 ……… 528
最判昭 34・2・13 刑集 13・2・101 ……… 451
最判昭 34・4・13 刑集 13・4・448 ……… 491
最判昭 34・5・7 刑集 13・5・641 ……… 504
最大決昭 34・7・1 刑集 13・7・1001 …… 483, 484
最決昭 34・11・24 刑集 13・12・3089 ……… 430
最判昭 34・12・11 刑集 13・13・3195 ……… 497
最決昭 35・2・27 刑集 14・2・206 ……… 448
最決昭 35・3・24 刑集 14・4・462 ……… 367
最判昭 35・9・8 刑集 14・11・1437 … 145, 391, 392
最決昭 35・11・15 刑集 14・13・1677 ……… 497
最判昭 35・11・18 刑集 14・13・1713 ……… 530
最判昭 35・12・16 刑集 14・14・1947 ……… 430
最大判昭 35・12・21 刑集 14・14・2162 …… 494
最決昭 36・2・7 刑集 15・2・304 ……… 193
最判昭 36・3・9 刑集 15・3・500 ……… 386
最判昭 36・5・26 刑集 15・5・893 …… 391, 394
最大判昭 36・6・7 刑集 15・6・915
　……………………………… 143, 372, 488, 515
最決昭 36・6・7 刑集 15・6・956 ……… 447
最判昭 36・6・13 刑集 15・6・961 ……… 496
最決昭 36・11・21 刑集 15・10・1764 ……… 26
最大判昭 37・5・2 刑集 16・5・495 …… 24, 484
最決昭 37・9・18 刑集 16・9・1386 ……… 176

最大判昭 37・11・28 刑集 16・11・1633 …… 177
最判昭 38・9・13 刑集 17・8・1703 ……… 511
最判昭 38・10・17 刑集 17・10・1795
　…………………………… 331, 356, 358, 361, 362
最決昭 39・6・1 刑集 18・5・177 ……… 513
最判昭 39・11・10 刑集 18・9・547 ……… 74
最大判昭 39・11・18 刑集 18・9・597 ……… 468
最判昭 39・11・24 刑集 18・9・639 ……… 466
最決昭 39・12・25 刑集 18・10・978 ……… 426
最大判昭 40・4・28 刑集 19・3・270 ……… 186
最決昭 40・7・20 刑集 19・5・591 ……… 39
最決昭 41・2・21 判時 450・60 ……… 280
最決昭 41・7・1 刑集 20・6・537 …… 508, 509
最大判昭 41・7・13 刑集 20・6・609 …… 493, 501
最決昭 41・7・26 刑集 20・6・711 ……… 496
最決昭 41・7・26 刑集 20・6・728 ……… 157
最決昭 41・10・19 刑集 20・8・864 ……… 225
最決昭 41・11・22 刑集 20・9・1035 ……… 506
最決昭 42・5・19 刑集 21・4・494 ……… 173
最判昭 42・6・8 判時 487・38 ……… 135
最大判昭 42・7・5 刑集 21・6・748 …… 493, 502
最判昭 42・8・31 刑集 21・7・879 ……… 185
最決昭 42・8・31 刑集 21・7・890 ……… 107
最決昭 42・9・13 刑集 21・7・904 …… 85, 490
最判昭 42・12・21 刑集 21・10・1476 ……… 411
最決昭 43・2・8 刑集 22・2・55 ……… 24
最判昭 43・3・29 刑集 22・3・153 ……… 529
最大決昭 43・6・12 刑集 22・6・462 ……… 444
最判昭 43・7・11 刑集 22・7・646 ……… 522
最大判昭 43・9・25 刑集 22・9・871 ……… 429
最判昭 43・10・25 刑集 22・11・961 …… 132, 466
最判昭 43・11・26 刑集 22・12・1352 ……… 194
最決昭 44・3・18 刑集 23・3・153 ……… 56
最決昭 44・4・25 刑集 23・4・248 ……… 213

最決昭 44・4・25 刑集 23・4・275 ……………… 213
最決昭 44・6・11 刑集 23・7・941 ……………… 39
最大判昭 44・6・25 刑集 23・7・975 …………… 504
最決昭 44・9・27 裁判集刑事 172・529 ……… 490
最大判昭 44・10・15 刑集 23・10・1239 ……… 530
最大決昭 44・11・26 刑集 23・11・1490 …… 144, 291
最大判昭 44・12・24 刑集 23・12・1625 ……… 127
最決昭 45・2・13 刑集 24・2・17 ……………… 523
最決昭 45・4・20 裁判集刑事 176・211 ……… 500
最判昭 45・6・19 刑集 24・6・299 …………… 461
最判昭 45・7・28 刑集 24・7・569 …………… 484
最大判昭 45・11・25 刑集 24・12・1670 ……… 509
最決昭 45・12・17 刑集 24・13・1765 ………… 489
最判昭 45・12・22 刑集 24・13・1862 ………… 489
最大判昭 46・3・24 刑集 25・2・293 ………… 528
最決昭 46・7・30 刑集 25・5・756 …………… 523
最判昭 47・2・17 裁判集刑事 183・241 ……… 458
最判昭 47・3・9 刑集 26・2・102 ……………… 528
最判昭 47・5・30 民集 26・4・826 …………… 495
最判昭 47・6・2 刑集 26・5・317 ……………… 397
最決昭 47・11・16 刑集 26・9・515 …………… 161
最大判昭 47・11・22 刑集 26・9・554 …… 54, 487
最大判昭 47・12・20 刑集 26・10・631 ……… 204
最決昭 48・7・24 裁判集刑事 189・733 ……… 490
最決昭 48・10・8 刑集 27・9・1415 ……… 13, 483
最判昭 50・4・3 刑集 29・4・132 …………… 84, 88
最決昭 50・5・20 刑集 29・5・177 …………… 476
最決昭 50・5・30 刑集 29・5・360
……………………… 28, 199, 316, 484, 496
最決昭 50・9・11 裁判集刑事 197・317, 判時 793・106 …………………………………… 219
最判昭 51・2・19 刑集 30・1・25 ……………… 410
最決昭 51・3・16 刑集 30・2・187 …………… 487
最決昭 51・9・14 刑集 30・8・1611 …………… 468

最判昭 51・10・28 刑集 30・9・1859 ………… 410
最判昭 51・11・4 刑集 30・10・1887 ………… 305
最判昭 51・11・18 裁判集刑事 202・379, 判時 837・104 ………………………………… 135
最決昭 52・8・9 刑集 31・5・821 ……………… 109
最決昭 52・8・25 刑集 31・4・803 …………… 162
最判昭 53・2・16 刑集 32・1・47 ………… 165, 166
最判昭 53・2・23 刑集 32・1・77 …………… 479
最決昭 53・6・20 刑集 32・4・670
………………………………… 61, 143, 487, 515
最決昭 53・6・28 刑集 32・4・724 ……… 219, 373
最判昭 53・9・7 刑集 32・6・1672 ……… 417, 514
最決昭 53・10・31 刑集 32・7・1793
………………………………… 204, 226, 445
最決昭 53・10・31 刑集 32・7・1847 …… 106, 491
最判昭 54・7・24 刑集 33・5・416 ………… 44, 49
最決昭 54・10・16 刑集 33・6・633 ………… 369
最判昭 55・3・4 刑集 34・3・89 ……………… 497
最決昭 55・4・28 刑集 34・3・178 …………… 157
最決昭 55・5・12 刑集 34・3・185 ……… 495, 496
最決昭 55・9・22 刑集 34・5・272 ……………… 64
最決昭 55・10・23 刑集 34・5・300 ……… 137, 517
最決昭 55・11・18 刑集 34・6・421 …………… 154
最決昭 55・12・17 刑集 34・7・672 …………… 160
最決昭 56・4・25 刑集 35・3・116 …………… 179
最決昭 56・7・14 刑集 35・5・497 ……… 496, 525
最決昭 56・11・10 刑集 35・8・797 …………… 280
最決昭 56・11・20 刑集 35・8・797 …………… 491
最判昭 57・1・28 刑集 36・1・67 …………… 408
最決昭 57・5・25 判時 1046・15 …………… 280
最決昭 57・8・27 刑集 36・6・726 ……………… 89
最決昭 58・5・6 刑集 37・4・375 ……… 179, 429
最決昭 58・6・30 刑集 37・5・592 …………… 383
最判昭 58・7・12 刑集 37・6・791 ……… 521, 522

最判昭 58・9・6 刑集 37・7・930 ……………… 194
最決昭 58・9・13 裁判集刑事 232・95, 判時 1100・156, 判タ 513・168…………………………… 278
最判昭 58・10・13 刑集 37・8・1139 ……………… 5
最判昭 58・12・13 刑集 37・10・1581 …………… 190
最決昭 58・12・19 刑集 37・10・1753 …………… 338
最決昭 59・2・29 刑集 38・3・479 ………… 373, 512
最決昭 59・9・20 刑集 38・9・2810 ……………… 454
最決昭 59・11・20 刑集 38・11・2984 …… 106, 490
最決昭 59・12・21 刑集 38・12・3071 …………… 365
最決昭 60・11・29 刑集 39・7・532
………………………………… 27, 29, 32, 485
最決昭 61・2・14 刑集 40・1・48 ………………… 128
最決昭 61・3・3 刑集 40・2・175 ………………… 401
最判昭 61・4・25 刑集 40・3・215 ……………… 516
最決昭 62・3・3 刑集 41・2・60 ………… 280, 397
最大決昭 63・2・17 刑集 42・2・299 …………… 445
最決昭 63・2・29 刑集 42・2・314 ……………… 495
最決昭 63・9・16 刑集 42・7・1051 …………… 516
最決昭 63・10・25 刑集 42・8・1100 …………… 197
最決平元・1・23 裁判集刑事 251・13, 判時 1301・155 …………………………………………… 513
最大判平元・3・8 民集 43・2・89………………… 210
最決平元・7・4 刑集 43・7・581 ………………… 512
最決平 2・7・9 刑集 44・5・421 ………………… 291
最判平 3・5・10 民集 45・5・919 ………………… 157
最判平 4・9・18 刑集 46・6・355 ………………… 71
最決平 4・12・14 刑集 46・9・675 ……………… 486
最決平 6・9・8 刑集 48・6・263 ………………… 138
最決平 6・9・16 刑集 48・6・420 ………… 137, 517
最大判平 7・2・22 刑集 49・2・1 ……………… 317
最決平 7・2・28 刑集 49・2・481 ………… 297, 486
最決平 7・3・27 刑集 49・3・525 ……………… 221
最決平 7・4・12 刑集 49・4・609 ……………… 107

最決平 7・5・30 刑集 49・5・703 ……………… 518
最判平 7・6・20 刑集 49・6・741 ……………… 386
最決平 7・6・28 刑集 49・6・785 ……………… 486
最判平 8・1・29 刑集 50・1・1 ………… 490, 507
最決平 8・10・29 刑集 50・9・683 …………… 518
最判平 10・5・1 刑集 52・4・275 ……………… 139
最判平 11・12・16 刑集 53・9・1327 ………… 124
最大判平 11・3・24 民集 53・3・514 ………… 492
最判平 12・2・7 民集 54・2・255 ……………… 408
最判平 12・6・27 刑集 54・5・461 ……… 437, 497
最判平 12・6・13 民集 54・5・1635 ………… 492
最判平 12・7・12 刑集 54・6・513 …………… 492
最判平 12・7・17 刑集 54・6・550 …………… 279
最決平 12・9・27 刑集 54・7・710 …………… 435
最決平 13・4・11 刑集 55・3・127
…………………………………… 180, 183, 429
最判平 14・7・18 刑集 56・6・307 …………… 180
最判平 14・10・4 刑集 56・8・507 …………… 140
最判平 15・2・14 刑集 57・2・121 ……… 79, 519
最大判平 15・4・23 刑集 57・4・467 ………… 470
最判平 15・5・26 刑集 57・5・620 …………… 521
最判平 15・6・30 刑集 57・6・893 …………… 142
最判平 15・10・7 刑集 57・9・1002
…………………………………… 198, 435, 527
最判平 16・4・13 刑集 58・4・247 …………… 484
最決平 16・7・12 刑集 58・5・333 ……… 148, 149
最決平 17・3・25 刑集 59・2・49 ……………… 444
最決平 17・4・14 刑集 59・3・259 …………… 277
最判平 17・4・19 民集 59・3・563 …………… 155
最決平 17・9・27 刑集 59・7・753 ……… 395, 508
最決平 17・11・25 刑集 59・9・1831 ………… 154
最決平 17・11・29 刑集 59・9・1847 ………… 487
最決平 18・4・24 刑集 60・4・409 …………… 528
最判平 18・11・7 刑集 60・9・561

………………………… 331, 334, 348, 375
最決平 19・2・8 刑集 61・1・1 ……………… 137
最判平 19・7・10 刑集 61・5・436 …………… 479
最決平 19・10・16 刑集 61・7・677 …………… 336
最決平 19・12・13 刑集 61・9・843 ……… 437, 497
最決平 19・12・25 刑集 61・9・895 …………… 243
最判平 20・3・14 刑集 62・3・185 …………… 445
最判平 20・4・15 刑集 62・5・1398 …… 128, 132
最判平 20・4・25 刑集 62・5・1559 …………… 279
最決平 20・6・25 刑集 62・6・1886 …………… 243
最決平 20・8・27 刑集 62・7・2702 ……… 392, 400
最決平 20・9・30 刑集 62・8・2753 …………… 243
最判平 21・7・14 刑集 63・6・623 ……… 311, 312
最決平 21・9・28 刑集 63・7・868 ……… 145, 521
最決平 21・10・20 刑集 63・8・1052 ………… 175
最決平 22・3・15 刑集 64・2・1 …………… 504
最判平 22・4・27 刑集 64・3・233 …………… 336
最大決平 23・5・31 刑集 65・4・373 ………… 484
最決平 23・9・14 刑集 65・6・949
………………… 273, 274, 397, 398, 399
最決平 23・10・5 刑集 65・7・977 ……… 437, 497
最決平 23・10・26 刑集 65・7・1107 ………… 200
最大判平 23・11・16 刑集 65・8・1285 ……… 500
最判平 24・1・13 刑集 66・1・1 …………… 500
最判平 24・2・13 刑集 66・4・482 …………… 458
最判平 24・2・29 刑集 66・4・589 …………… 190
最判平 24・3・6 裁判集刑事 307・699………… 501
最決平 24・5・10 刑集 66・7・663 …………… 40
最判平 24・9・7 刑集 66・9・907 … 352, 506, 507
最判平 24・9・18 刑集 66・9・958 …………… 479
最判平 24・10・16 裁判集刑事 308・255……… 501
最判平 24・11・6 刑集 66・11・1281 ………… 505
最判平 24・12・6 裁判集刑事 309・67………… 501
最決平 25・2・20 刑集 67・2・1 …………… 506

最決平 25・2・26 刑集 67・2・143 ……… 274, 398
最決平 25・3・5 刑集 67・3・267 …………… 529
最決平 25・3・18 刑集 67・3・325 …………… 498
最決平 27・2・2 裁判集刑事 316・133,
　判タ 1413・101, 判時 2257・109 ………… 508
最決平 27・3・10 刑集 69・2・219 …………… 327
最決平 27・5・25 刑集 69・4・636 …………… 213
最判平 27・8・25 刑集 69・5・667 …………… 306
最判平 27・12・3 刑集 69・8・815 …………… 173
最決平 28・3・24 刑集 70・3・1 ……… 348, 505
最決平 28・3・31 刑集 70・3・58 …………… 150
最決平 28・8・1 刑集 70・6・581 …………… 8
最決平 28・12・19 刑集 70・8・865 …………… 36
最大判平 29・3・15（裁判所ホームページ）
………………………………………………… 130

高等裁判所

名古屋高判昭 26・6・14 高刑集 4・7・704 …… 66
福岡高判昭 26・10・18 高刑集 4・12・1611 … 289
名古屋高判昭 28・10・7 高刑集 6・11・1503
………………………………………………… 75
東京高判昭 28・12・26 刑集 12・8・1809 …… 410
東京高判昭 29・3・6 高刑集 7・2・163 …… 523
福岡高判昭 29・3・10 判特 26・71 ………… 509
東京高判昭 29・7・24 高刑集 7・7・1105 …… 387
東京高判昭 30・4・23 高刑集 8・4・522 …… 72
高松高判昭 30・10・11 高刑特 2・21・1103
………………………………………………… 506
東京高決昭 36・7・28 東高時報刑事 12・7・128
………………………………………………… 485
東京高決昭 41・6・30 高刑集 19・4・447 …… 399
東京高判昭 41・9・30 高刑集 19・6・683 …… 504
東京高判昭 45・12・3 刑裁月報 2・12・1257,
　判タ 259・205………………………………… 72

大阪高判昭 47・2・9 刑裁月報 4・2・231,
　判タ 275・281 ………………………………… 510
大阪高判昭 50・9・11 判時 803・24 ………… 511
福岡高裁那覇支部判昭 51・4・5 判タ 345・321
　…………………………………………………… 186
大阪高決昭 52・3・17 判時 850・13 ………… 29
東京高判昭 55・2・1 判時 960・8 ………280, 399
大阪高判昭 55・8・28 刑月 12・8・777 …… 525
東京高判昭 56・6・29 判時 1020・136 ……… 411
東京高判昭 58・3・29 判時 1120・143 …140, 141
高松高判昭 59・1・24 判時 1136・158 ……… 527
東京高判昭 60・12・13 刑事裁判月報 17・12・1208
　…………………………………………………… 512
大阪高判昭 60・12・18 判時 1201・93 ……… 85
東京高判昭 62・1・28 東京高刑時報 38・1~3・6,
　判タ 647・222, 判時 1228・136 …………… 502
東京高判昭 63・4・1 判タ 681・228, 判時 1278・
　152 ……………………………………………… 129
東京高判平 5・4・28 高刑集 46・2・44 …… 507
東京高判平 5・10・21 高刑集 46・3・271 … 383
大阪高判平 6・4・20 高刑集 47・1・1, 判タ 875・
　291 ……………………………………………… 141
東京高判平 14・9・4 判時 1808・144 ……… 513
福岡高判平 14・11・6 判時 1812・157 ……… 399
東京高判平 19・8・7 高検速報集同年度 280
　…………………………………………………… 129
東京高判平 20・11・18 高刑集 61・4・6 …… 186
福岡高判平 23・7・1 判時 2127・9 ………… 156
東京高判平 24・4・26 (判例秘書登載) ……… 507
東京高判平 26・3・13 判タ 1406・281 ……… 393
札幌高判平 26・7・8
　(岡田馨之朗・研修 795《2014 年》・75) … 507
東京高判平 26・12・12 高刑集 67・2・1 …… 243
東京高判平 28・8・10 判タ 1429・132 ……… 368

東京高判平 28・12・9 研修 826 (2017 年)・73
　…………………………………………………… 345

地方裁判所

東京地判昭 38・11・28 下民集 14・11・2336
　…………………………………………………… 51
東京地判昭 49・4・2 判時 739・131 …… 199, 496
大阪地判昭 51・11・18 刑月 8・11=12・504,
　判時 873・111 ………………………………… 525
東京地判昭 62・12・16 判時 1275・35 ……… 510
東京地判平元・3・15 判タ 726・251, 判時 1310・
　158 ……………………………………………… 129
京都地決平 2・10・3 判時 1375・143 ……… 129
大阪地判平 6・4・27 判タ 861・160, 判時 1515・
　116 ……………………………………………… 129
東京地判平 17・6・2 判時 1930・174 ……… 129
宇都宮地判平 22・3・26 判時 2084・157 …… 279
横浜地判平 24・7・20 判タ 1396・379 ……… 279

〈著者紹介〉
植 村 立 郎（うえむら　りつろう）
昭和44年東京大学法学部卒業（法学士）。同年司法修習生。名古屋地裁判事補、福島家地裁会津若松支部判事補、最高裁事務総局刑事局付、東京地裁判事補、釧路家地裁判事補、東京地裁判事補・東京高裁判事職務代行、東京地裁判事・東京高裁判事職務代行、静岡地家裁判事、東京地裁判事、札幌地裁部総括判事、東京高裁判事、東京地裁部総括判事、東京高裁判事、函館地家裁所長、新潟地裁所長、東京高裁部総括判事、平成23年定年退官、弁護士登録（第一東京弁護士会）
平成21年より東京大学法科大学院非常勤講師、平成23年より学習院大学法科大学院非常勤講師、学習院大学法科大学院教授、平成29年3月東京大学法科大学院・学習院大学法科大学院を退職
現在　弁護士

骨太刑事訴訟法講義	書籍番号 29-16

平成29年10月30日　第1版第1刷発行

著　者　植　村　立　郎

発行人　平　田　　豊

発行所　一般財団法人　法　曹　会

〒100-0013　東京都千代田区霞が関1-1-1
振替口座　00120-0-15670
電　話　03-3581-2146
http://www.hosokai.or.jp/

落丁・乱丁はお取替えいたします。　印刷製本／(株)ディグ

ISBN978-4-908108-83-9